Grundlagen der Deutschdidaktik

Sprachdidaktik – Mediendidaktik – Literaturdidaktik

Herausgegeben von

Günter Lange / Swantje Weinhold

Schneider Verlag Hohengehren GmbH

Umschlaggestaltung: Regina Herrmann, Esslingen

Gedruckt auf umweltfreundlichem Papier (chlor- und säurefrei hergestellt).

Bibliografische Information der Deutschen Nationalbibliothek

Die Deutsche Nationalbibliothek verzeichnet diese Publikation in der Deutschen Nationalbibliografie; detaillierte bibliografische Daten sind im Internet über ›http://dnb.d-nb.de› abrufbar.

ISBN 978-3-8340-0693-6

12. unveränderte Auflage

Schneider Verlag Hohengehren, Wilhelmstr. 13, 73666 Baltmannsweiler

Homepage: www.paedagogik.de

© Schneider Verlag Hohengehren, 73666 Baltmannsweiler 2022
Printed in Germany – Druck: Format Druck, Stuttgart

Inhaltsverzeichnis

Vorwort

Bei den gegenwärtig auf dem Markt befindlichen Deutschdidaktiken handelt es sich meist um sehr umfangreiche, zweibändige Werke, die in außerordentlich differenzierter Form die einzelnen Lernbereiche des Deutschunterrichts und ihre Teilbereiche vorstellen. Für Studienanfänger und zur schnellen, überblickshaften Information sind diese Werke – nach unseren Erfahrungen mit Studierenden – weniger geeignet, weil sie oft zuviel voraussetzen. Zudem gehen sie in ihrer Mehrzahl sehr theoretisch vor, setzen fachwissenschaftlich hoch an und blenden z. T. die konkrete Unterrichtspraxis aus oder behandeln sie lediglich am Rande. Diese Tatsachen waren der **eine Grund**, eine kompakte Einführung in die Grundlagen der Deutschdidaktik vorzulegen, und zwar als einbändiges Werk zu einem erschwinglichen Preis. Berücksichtigt werden in dieser Didaktik die grundlegenden Lernbereiche des Deutschunterrichts. Der Aufbau des Bandes spiegelt die Großbereiche der Deutschdidaktik wider: Sprachdidaktik – Mediendidaktik – Literaturdidaktik. Die Mediendidaktik ist deswegen <u>zwischen</u> die Sprach- und Literaturdidaktik eingefügt, weil sie mit beiden Teildidaktiken enge Berührungspunkte besitzt. Sie ist geradezu eine Klammer zwischen diesen beiden, was sich auch in dem Artikel zur Mediendidaktik an den ausgewählten Beispielen deutlich zeigt.

Die einzelnen Artikel folgen in ihrem Aufbau im Allgemeinen einem einheitlichen Schema, das sich in der Darstellung deutschdidaktischer Lernbereiche bewährt hat: In einem ersten Teil werden fachwissenschaftliche Grundlagen des jeweiligen Lernbereichs vorgestellt, in einem zweiten Teil wird die didaktische Diskussion entfaltet, während sich der dritte Teil methodischen und unterrichtspraktischen Fragen widmet. Die Literaturverzeichnisse zu den einzelnen Artikeln sind begrenzt. Es war nicht die Absicht, die ganze Fülle der didaktischen Untersuchungen aufzulisten, sondern sich auf einschlägige Werke zu konzentrieren. Um den Lesern noch eine weitere Hilfe im Umgang mit der Sekundärliteratur zu bieten, sind in jedem Literaturverzeichnis etwa zehn Texte, die zur vertiefenden Beschäftigung mit dem betreffenden Bereich besonders geeignet sind, durch Fettdruck hervorgehoben. Dieses Prinzip ist in dem Artikel zur Lesesozialisation allerdings durchbrochen, weil es der Autorin hier darauf ankam, die Literatur nach thematischen Schwerpunkten zu untergliedern, um dadurch den Lesern eine Anleitung zur weiteren Auseinandersetzung mit speziellen Teilfragen der Lesesozialisation zu bieten.

Die einzelnen Artikel berücksichtigen in ihrer Darstellung die grundlegenden didaktischen Fragestellungen der Primar- <u>und</u> Sekundarstufe. Dabei kann es in einzelnen Artikeln aber durchaus zu einer Schwerpunktbildung hinsichtlich einer der beiden Schulstufen kommen. Gerade in den sprachdidaktischen Artikeln lässt sich – aus sachlichen Gründen – oft eine gewisse Akzentsetzung hin-

sichtlich des Primarbereichs nicht vermeiden, da hier die Grundlagen für die späteren Schulstufen gelegt werden (z. B. im Schriftspracherwerb, im Aufsatzunterricht oder im Rechtschreibunterricht). Andererseits werden in der Literaturdidaktik z. T. stärkere Akzente auf die Sekundarstufe gelegt, z. B. bei den Konzepten der Dramendidaktik. Während die Kinder- und Jugendliteratur inzwischen
ihren festen Platz in der Literaturdidaktik erworben hat, sind die Gebrauchstexte sowohl in der Fachwissenschaft als auch der -didaktik seit Ende der 1970er
Jahre eher vernachlässigt worden. Dass sie aber im Deutschunterricht fest verankert sein müssen, hat die PISA-Studie unzweifelhaft deutlich gemacht. Schließlich werden in dieser Deutschdidaktik auch die Lehrbücher einer Analyse unterzogen, das Sprach- und das Lesebuch. Die Artikel zu beiden schließen jeweils die
Sprach- und Literaturdidaktik ab, weil in diesen Lehrbüchern die Ergebnisse der
sprachdidaktischen bzw. literaturdidaktischen Lernfelder letztlich zusammen-
fließen.

Ein **zweiter Grund**, diese *Deutschdidaktik* herauszubringen, ist in dem Wunsch
ihrer Autorinnen und Autoren zu suchen, als junge Wissenschaftlerinnen und
Wissenschaftler einmal die Gelegenheit geboten zu bekommen, Handbucharti-
kel zu ihren Forschungsschwerpunkten zu verfassen. In den bisher vorliegenden
Didaktiken sind als Autoren fast ausschließlich die seit vielen Jahren bekannten
und etablierten Kolleginnen und Kollegen vertreten. Die Möglichkeiten für
junge, gerade promovierte oder habilitierte Wissenschaftler, einmal an einem
derartigen Unternehmen beteiligt zu werden, sind daher sehr gering. Deswegen
habe ich die Anregung von Swantje Weinhold gern aufgegriffen, ihr und ihren
jungen Kolleginnen und Kollegen aus Österreich, der Schweiz und aus Deutschland eine Publikationsmöglichkeit im Schneider Verlag Hohengehren zu bieten.
Rainer und Ulrich Schneider, die beiden Verlagsleiter, haben meinen Vorschlag
bereitwillig aufgegriffen und unser Unternehmen nach Kräften unterstützt.
Ihnen sei wie auch allen fünfzehn Autorinnen und Autoren für die äußerst
erfreuliche Zusammenarbeit herzlich gedankt. Mögen diese *Grundlagen der
Deutschdidaktik* sich in der deutschdidaktischen Diskussion erfolgreich behaupten und den Studierenden des Faches Deutsch eine Hilfe sein.

Braunschweig, im Dezember 2004   Günter Lange

Sprachdidaktik

SWANTJE WEINHOLD

Schriftspracherwerb

1 Der Begriff 'Schriftspracherwerb' in der didaktischen Diskussion

Alltagssprachlich spricht man bei dem, was Kinder im ersten und zweiten Schuljahr im Deutschunterricht der Grundschule machen, von „Lesen- und Schreibenlernen". Als „ABC-Schützen" werden sie eingeführt in das Handwerk des Schreibens und in das Erlesen von Buchstaben, Wörtern und kleinen Sätzen.

Auch in der traditionellen Fachdidaktik herrschte bis Ende der 1960er Jahre dieses Verständnis von Lesen- und Schreibenlernen als Erwerb von zwei zentralen Kulturtechniken. Im Vordergrund der didaktischen Diskussion stand die Frage, mit welcher Methode Kindern in der Schule am besten beigebracht werden kann, Sprache und Schrift ineinander zu übersetzen – ein Lernprozess, der im Prinzip nach dem Erstunterricht, also am Ende des zweiten Schuljahres, abgeschlossen sein soll.

Mit Beginn der 1980er Jahre änderte sich das Verständnis des Erwerbs von Lese- und Schreibfähigkeiten, da – unterstützt durch Ergebnisse der Kognitionsforschung – erkannt wurde, dass es deutliche Parallelen zwischen dem Spracherwerb und dem Lesen- und Schreibenlernen gibt. Um diese Nähe deutlich zu machen, wird nun vom „Schrift*sprach*erwerb" gesprochen. Der Begriff betont die kognitiven und sprachlichen Anforderungen dieses Erwerbsprozesses und möchte dessen technische Seite stärker als bisher in den Hintergrund stellen. Außerdem verdeutlicht er, dass Kinder die Schriftsprache in eigenaktiven (Re-)Konstruktionsprozessen erlernen und nicht nur durch Instruktion in der durch einen Lehrgang vorgegebenen Systematik. Um auch die kulturelle Bedeutung des Schriftspracherwerbs zu betonen, hat Dehn (1988) als Kontrast zu dem Begriff 'Kulturtechniken' die Rede vom 'Zugang zur elementaren Schriftkultur' geprägt. Entsprechend dieses neuen, umfassenden Verständnisses von Lesen- und Schreibenlernen richtete sich das Augenmerk der didaktischen Forschung nun v. a. auf die Lernprozesse der Kinder.

In den 1990er Jahren wandelte sich der Forschungsschwerpunkt abermals, denn es wurde im Hinblick auf die Lerner deutlicher, dass das Lesen- und Schreibenlernen maßgeblich auch von der Herkunft bzw. von sozialen und geschlechtsspezifischen Bedingungen abhängt. Im Hinblick auf den Gegenstand wurde vor allem durch Ergebnisse der Schrift- und Schreibforschung erhellt, worin genau die Unterschiede zwischen Mündlichkeit, Schriftlichkeit, Lesen und Schreiben bestehen. Seitdem wird akzentuiert, dass Lesen- und Schreiben v. a. konzeptionelle Prozesse sind. Um diesen Akzent für den sprachlichen Anfangsunterricht deutlich zu machen, wird nun vermehrt vom 'Erwerb der Schriftlichkeit' gesprochen. Dieser Begriff hat sich jedoch bisher nicht durchgesetzt.

Lesen- und Schreibenlernen, so lässt sich zusammenfassen, wird heute als kognitiver und kommunikativer Lernprozess begriffen, in dem die Kinder nicht nur motorische und sprachliche, sondern auch konzeptionelle Fertigkeiten und Fähigkeiten erwerben sollen, die später in einzelnen Lernbereichen weiter ausdifferenziert werden können (vgl. dazu die entsprechenden Beiträge i.d.B.). Dieses Verständnis schließt grammatisches/orthographisches Lernen und das Schreiben und Lesen von Texten ebenso ein wie den Umgang mit neuen Medien und hebt damit die strikte Trennung von Erstlesen/Erstschreiben und weiterführendem Lesen/Schreiben auf. In den Rahmenrichtlinien bzw. Lehrplänen der 16 deutschen Bundesländer ist dieses Verständnis sehr unterschiedlich verankert worden. Schleswig-Holstein (1997) und Bayern (2000) beispielsweise verzichten auf die künstliche Trennung von Anfangs- und weiterführendem Unterricht und sprechen von der Einführung in die Schriftkultur, die schon vor der Schule beginnt. Sachsen-Anhalt (1993) und Baden-Württemberg (1994) dagegen halten noch an dem traditionellen Konzept fest und sprechen vom Erlernen der Kulturtechniken als der zentralen Aufgabe des Erstunterrichts (vgl. Giese/Osburg/Weinhold 2003).

In den folgenden Ausführungen bleiben trotz des zugrunde liegenden weiten Verständnisses von Schriftspracherwerb die Bereiche Grammatik, Neue Medien und Textproduktion weitestgehend unberücksichtigt, da sie in anderen Beiträgen in diesem Band ausführlich auch in ihrer Bedeutung für den Schriftspracherwerb dargestellt werden. Diese analytische Trennung erlaubt eine etwas ausführlichere Darstellung des elementaren Schreiben- und Lesenlernens.

2 Was bedeutet Lesen- und Schreibenlernen?

2.1 Zum Verhältnis von Sprache und Schrift

Äußern wir einen Satz, sprechen wir in einem zusammenhängenden Redefluss, einem Lautkontinuum, das sich in der Zeit ausdehnt. Pausen machen wir nur nach bestimmten Sinneinheiten. In diesem Sprachfluss kann man eine Vielzahl von Wörtern erkennen (wenn man die Sprache kennt) und verschiedene Laute wahrnehmen, die sich in ihrer Klangfarbe, Dauer, Intensität und Höhe unterscheiden. Dennoch sprechen wir keine einzelnen (diskreten) Laute und Wörter. Die Laute werden vielmehr zu größeren Einheiten, den Silben, miteinander verbunden und sie werden dadurch einander angenähert und verändern ihren Klang (bis zu 90% der Artikulation besteht aus Übergängen zwischen den Lauten; vgl. Maas 1992). Diesen Vorgang nennt man Koartikulation. Jeder Versuch, diese Koartikulation zu umgehen und ganz besonders deutlich zu sprechen, würde das Gesprochene verfremden oder völlig unverständlich machen.

Dass wir denken könnten, einzelne Laute und Wörter zu sprechen, hängt an einem falschen Rückschluss von der geschriebenen Sprache auf die gesprochene: Weil wir in der Schrift einzelne Buchstaben, Wörter und Sätze sehen können und schreiben müssen, meinen wir diese Einheiten auch zu sprechen.

Eine Alphabetschrift wie die deutsche bezieht sich anders als Bilder- oder Begriffsschriften auf der Lautung von Wörtern. Das heißt, sie zeigt weder Ähnlichkeiten zwischen den Wörtern und ihrer Bedeutung noch fixiert sie für jedes gesprochene Wort ein Zeichen. Eine Alphabetschrift bedient sich einer sehr begrenzten Zahl von Zeichen, den Buchstaben und Satzzeichen, um Sprache zu fixieren. Dabei bildet sie aber nicht einfach den gesprochenen Lautstrom ab, was sich bereits daran erkennen lässt, dass das Geschriebene Lücken (Spatien) zwischen Wörtern, Sätzen und Absätzen zeigt, die es im Gesprochenen nicht gibt. Vielmehr fixiert die Schrift auf Basis der Lautung silbische, morphematische und grammatische Strukturen. Letztere werden u. a. durch große und kleine Buchstaben zur Kennzeichnung der Wortarten oder Satzzeichen zur Markierung von Sinnzusammenhängen sichtbar gemacht.

Das war in der Geschichte der Schrift nicht immer so. Die Schrift hat sich erst allmählich dahin entwickelt, dem Leser durch graphische Repräsentationen grammatischer Strukturen eine möglichst schnelle und deutliche Sinnentnahme des Geschriebenen zu ermöglichen. Günther (1995, S. 21) veranschaulicht das so:

I.

INDERANTIKEUNDIMMITTELALTERWIRDWIEINDIESEMBEISPIELGESCHRIEBEN ESGIBTKEINETRENNUNGDERWÖRTERKEINEGROSSUNDKLEINSCHREIBUNGKEI NEINTERPUNKTIONKEINEABSÄTZEUNDSOWEITER

II.

SOLCHETEXTESINDSCHWERZULESEN.EINERSTERSCHRITTZURGLIEDERUNGDES SCHRIFTBILDESISTDERFOLGENDE.GRÖSSEREEINHEITENWIESÄTZEWERDENDUR CHINITIALENUNDSCHLUSSPUNKTMARKIERT.SOREDUZIERTSICHDIEGRÖSSEDER JEWEILIGENLESEEINHEIT.

III.

DEN EINTSCHEIDENDEN SCHRITT ABER STELLT DIE EINFÜHRUNG DES WORT-ZWISCHENRAUMS DAR. DER TEXT WIRD AUF DIESE WEISE GRAMMATISCH GE-GLIEDERT UND DAS LESEN UND SCHREIBEN VEREINFACHT. DIE BEIDEN PRO-ZESSE VERÄNDERN SICH. LEISES LESEN UND SCHREIBEN WIRD ERLEICHTERT ODER SOGAR ERST MÖGLICH.

> **IV.**
> Etwa um die gleiche Zeit wird durch die Entwicklung der karolingischen Minuskel das Schriftbild weiter gegliedert durch Ober- und Unterlängen.
>
> **V.**
> Schließlich wird / durch die schrittweise Entwicklung der Interpunktion / die syntaktische Organisation des Satzes schon im Schriftbild angezeigt / zuerst durch die Virgel / wie in diesem Beispiel / danach durch weitere Satzzeichen.

Ein entscheidender Schritt, nämlich die bis dahin zusammenhängende Schrift (scriptura continua) durch Spatien in einzelne Wörter zu gliedern (vgl. Raible 1994), wurde erst im 15. Jh. getan. Alle weiteren Entwicklungen der Schrift und Orthographie (zuletzt die Reform von 1996) dienen bis heute dazu, das Verständnis von Texten durch Leser zu vereinfachen. Verantwortlich dafür ist der Schreiber: Er muss sich mit seinem Bedürfnis, einen Gedanken schriftlich zu fixieren (Aufzeichnungsfunktion der Schrift), einer stetig wachsenden Gliederung und Normierung der Schrift, unterwerfen, die ihm vorgibt, wie Wörter, Sätze und Texte geschrieben werden, damit ein Leser ihren Sinn leicht erfassen kann (Erfassungsfunktion der Schrift).

Als kompetenter Schreiber kann er sich dabei der Bauprinzipien deutscher Wörter bedienen, die wesentlich regelmäßiger sind, als vielfach behauptet. Sie basieren maßgeblich auf der silbischen und morphematischen Gliederung der Wörter, die wiederum wiederkehrende orthographische Merkmale wie Dehnung (‹h›, ‹ie›) oder Dopplung nach sich zieht. Im Folgenden soll der silbische Aufbau der deutschen Wörter kurz erläutert werden, denn er ist zentral für den Schriftspracherwerb am Schulanfang.

Es gibt im Deutschen drei Silbentypen: Normalsilben, Akzentsilben und Reduktionssilben. In Wörtern wie ‹Ba.na.ne, Ka.len.der, ra.die.ren, Gi.ra.ffe› etc. kommen sie alle drei vor: Die jeweils erste Silbe der Wörter ist eine Normalsilbe. Sie ist in deutschen Wörtern eher selten, immer unbetont und kann jeden Vollvokal enthalten. Akzentsilben (prominente Silben) sind betonte Silben, von denen es in jedem Wort eine gibt. Sie werden mit größerem Druck artikuliert als Normalsilben und sind daher besser wahrnehmbar. Die Vokale in Akzentsilben haben die gleichen Klangqualitäten wie die Vokale in den Normalsilben. Im Unterschied zu diesen, haben sie aber auch noch das Merkmal Länge / Kürze. In den Beispielwörtern sind [na, len, die, ra] die Akzentsilben. [na] und [die] enthalten einen gespannten, langen Vokal; [len] und [ra] einen ungespannten, kurzen Vokal. Reduktionssilben werden auch als Schattensilben bezeichnet, da sie als unbetonte Silben immer im „Schatten", d. h. im Normalfall hinter den betonten Silben stehen. Sie alle beinhalten in der geschriebenen Sprache den Buchstaben ‹e›. In Gesprochenen aber werden keine Vollvokale artikuliert, sondern nur die beiden Zentralvokale [ə] und [ɐ] wie in den Wörtern [bananə] oder [kalɛndɐ]. In Wörtern wie ‹Kugel› [kugl] und ‹laufen› [laufn] übernehmen die Konsonanten ‹l› und ‹n› die Funktion des Vokals in der Reduktionssilbe.

Die häufigste Struktur im Deutschen bilden zweisilbige Wörter, die sich aus einer betonten Silbe und einer Reduktionssilbe zusammensetzen (Trochäus). Nach Maas (1992) lässt sich diese Wortgestalt noch einmal in vier Typen unterteilen. Die Unterschiede kommen dadurch zustande, dass die betonten Silben entweder offen (sie enden mit einem Vokal) oder geschlossen sind (sie enden mit einem Konsonanten) und sich die folgenden Konsonanten der Reduktionssilbe artikulatorisch lose oder fest anschließen:

	Offene betonte Silbe / Konsonant in der unbetonten Silbe	Geschlossene betonte Silbe / Konsonant in der betonten Silbe
Vokal hat einen losen Anschluss („Langvokal")	Wa.gen, Re.gen, Ku.gel, Schü.ler, Stie.fel, Rie.se,	Lüg.ner, Mäd.chen, Freun.de, Hühn.chen,
Vokal hat einen festen Anschluss („Kurzvokal")	Wo.lle, Ka.sse, Ro.bbe, Ha.mmer, Ko.ffer	Wol.ke, Pin.sel, Kis.te, Tul.pe, Kin.der

Von diesen Verbindungen (Maas (z. B. 2002) spricht von „Anschlussverhältnissen", Eisenberg (1998) von „Silbengelenken") hängt es ab, ob z. B. ein Vokal durch ein ‹h› gedehnt oder ein Konsonant gedoppelt werden muss (vgl. dazu ausführlich Maas 1992, Duden 1998).

Kinder, die lesen und schreiben lernen, kennen verschiedene Silben bereits als Einheiten der gesprochenen Sprache. Im Schriftspracherwerb müssen sie entdecken, wie diese Silben, mit denen sie schon gereimt, gesungen und gespielt haben, in der Schrift repräsentiert werden. Nicht nur die Frage, wie sie kombiniert werden, spielt dabei eine große Rolle, sondern auch, wie sie selbst aufgebaut sind. Um dies zu verstehen, müssen sie auch die folgenden Besonderheiten des Verhältnisses von gesprochener und geschriebener Sprache kennen lernen und im Laufe des Lernprozesses immer selbstverständlicher beachten.

• Für die Darstellung der gesprochenen Sprache stehen in der deutschen Alphabetschrift 30 Buchstaben zur Verfügung, wir produzieren aber beim Sprechen viel mehr unterschiedliche Laute. Selbst wenn man umgangssprachliche und dialektale Varianten, Sprechstörungen etc. außer Acht lässt, bleiben noch 44 bedeutungsunterscheidende Laute (Phoneme) übrig (vgl. Duden 1998), die darzustellen sind. Also müssen einzelne Buchstaben mehrere, verschiedene Laute repräsentieren. So steht zum Beispiel der Buchstabe ‹E, e› für drei verschiedene Laute, die sich je daraus ergeben, in welcher Silbe eines Wortes das ‹E, e› vorkommt und welche Laute (Konsonanten) ihm folgen: Er klingt [ɛ] in der ersten Silbe von ‹Decke›, [ə] in der zweiten Silbe von ‹Decke›, ‹Hobel›, ‹sagen› etc., [e] in der ersten Silbe von ‹Besen›, ‹Segel› etc.; weitere Beispiele für lagebedingt unterschiedliche Lautung eines Buchstabens sind das ‹ch› in ‹Sichel›, ‹Kachel›, ‹Christa› oder das ‹b› in ‹Blume›, ‹Taube› und ‹gelb›.

- Umgekehrt entspricht nicht jedem Buchstaben, der in einem Wort zu sehen ist, ein Laut. Wörter wie ‹Bohne›, ‹Waage›, ‹Ziegel›, ‹Ecke› enthalten Buchstaben, die als Leseanweisungen zur Dehnung und Schärfung von betonten Vokalen in prominenten Silben dienen, selber aber nicht gesprochen werden. So auch das ‹h› in ‹Rehe, Frühe›, das als silbeninitiales-h auf der Schriftebene eine Silbengrenze markiert, beim Lesen aber nicht artikuliert wird.

- Die Schrift enthält ein- und mehrgliedrige Grapheme, d.h. Buchstabenkombinationen, die erst zusammengenommen einen Laut repräsentieren. So z.B. ‹ei, eu, au, äu, ch, sch›. Im Leseprozess müssen diese Buchstabeneinheiten erkannt werden und von identischen Kombinationen unterschieden werden, die sie aufgrund morphematischer Schreibungen zufällig ergeben. So ist beispielsweise ‹Du.sche› von ‹Häus.chen› und ‹biss.chen› zu unterscheiden oder ‹Bei.ne› von ‹be.inhalten›.

- Es werden nicht nur verschiedene Laute durch ein gleiches Graphem repräsentiert, sondern auch umgekehrt, gleiche Laute durch verschiedene Grapheme. So stehen beispielsweise ‹x› (Axt), ‹ks› (Keks), ‹cks› (Klacks), ‹chs› (Wachs), ‹gs› (unterwegs) für den Laut [ks]; oder die Buchstaben ‹f›, ‹ph›, ‹v› für den [f]-Laut (vgl. Duden 1998).

Alle diese hier nur angedeuteten Eigenheiten des Verhältnisses von gesprochener Sprache und Alphabetschrift (von den Einzelheiten der Orthographie noch einmal abgesehen) machen das Lesen und Schreiben zu anspruchsvollen kognitiven und sprachlichen Tätigkeiten, die Kinder im Schriftspracherwerb erlernen müssen.

2.2 Lesenlernen

2.2.1 Lesen

Die bisherigen Ausführungen über Wesen und Funktion der geschriebenen Sprache machen deutlich, dass Lesen nicht einfach ein technischer Prozess sein kann, in dem die einzelnen Buchstaben in Laute übersetzt und aneinander gereiht werden, wie es die Herkunft des Wortes in seiner ursprünglichen Bedeutung nahe legt. Der Begriff kommt von lat. ‘legere’ und bedeutete zunächst „(ein-, auf-)sammeln". In dieser Bedeutung findet er sich noch in Wörtern wie „Weinlese", „handverlesen", „Auslese".

Lesen ist vor allem ein informationsverarbeitender Prozess. Es ist – mit den Worten des Leselernforschers Goodman – „ein psycholinguistisch-kognitives Probierverhalten [und] schließt das Zusammenspiel von Sprache und Denken ein" (Goodman 1977, S. 296). Mit dieser Bestimmung wendet sich Goodman gegen eine Einschränkung des Lesebegriffes, die in der Geschichte der Leselernfor-schung immer wieder vorgenommen wurde. Das Lesen wurde reduziert auf einen technischen Prozess, in dem Auge, Ohr und Sprechwerkzeuge auf die Buchstaben und Wörter reagieren und diese fast mechanisch in Laute übersetzen. So erklärt beispielsweise Gagné (1969), Lesen sei „die Produktion von Sprachlauten und die Zuordnung von Lauten zu geschriebenen Buchstaben" (zit. nach Gümbel 1980, S. 45). Goodman und viele andere betonen dagegen den kognitiven Charakter dieses Prozesses, in dem der Leser aktiv sprachlich handeln muss, um Geschriebenem Sinn entnehmen zu können:

> Der Leser bewegt nicht bloß seine Augen über die geschriebene Sprache, empfängt und registriert einen Strom von visuell-perzeptuellen Eindrücken. Er muss seine Sprachkenntnis, seine vergangene Erfahrung, seine begrifflichen Fähigkeiten aktiv in der Verarbeitung von Sprachinformationen einsetzen (Goodman 1976, S. 139).

Findeisen et al. sprechen vom Lesen als einer „durch Leseerwartung bestimmte[n] Sinnkonstruktion der Schriftsprache" und kennzeichnen den Leseprozess routinierter Leser als ein komplexes

> Analyse-Synthese-Verfahren, das auf allen Sprachebenen angewandt wird. Die sinnkritischen Merkmale eines Textes (Wortteile, Morpheme, Beziehungen zwischen Wörtern …) werden mit Hilfe der durch die Erwartungshaltung bestimmten Suchstrategie herausgearbeitet [analysiert] und zu einer sinnvollen Bedeutung synthetisiert (Findeisen / Melenk / Schillo 1988, S. 77).

2.2.2 Lesenlernen heißt Erlesen

Beobachtet man Kinder in der ersten Klasse, die versuchen ein Wort zu lesen, dann kann man sehen, dass Lesenlernen ein schwieriger und bisweilen lang andauernder Prozess ist, der sich vom routinierten Lesen deutlich unterscheidet. Im Unterschied zum geübten Leser müssen sich Anfänger die Wörter erlesen. Das heißt, die visuelle Wahrnehmung und Unterscheidung einzelner Buchstaben, die artikulatorische Umsetzung und das Synthetisieren von Buchstaben zu Silben und Wörtern, die sich bei geübten Lesern gar nicht als Einzelprozesse wahrnehmen lassen, spielen hier eine bedeutende Rolle. Viele Kinder zeigen beim Lesen auf die einzelnen Buchstaben, um das zu erlesende Element zu fixieren. Sie versuchen einen oder mehrere Buchstaben in Laute umzusetzen und zusammenzuziehen, sprechen sich diese laut vor, kehren vielleicht wieder an den Anfang des Wortes zurück, beginnen von Neuem.

Gelingt es ihnen, jeden Buchstaben nacheinander zu rekodieren, ihm also einen Laut zuzuordnen, haben sie sich dennoch das Wort nicht unbedingt erlesen. Im Gegenteil, sie produzieren als Anfänger beim Erlesen häufig Lautfolgen, die keinen Sinn ergeben. Die Klanggestalt der gelesenen Wörter ist so verfremdet, dass Leseanfänger sie nicht mit den Wörtern, die sie aus der gesprochenen Sprache kennen, identifizieren können. So liest zum Beispiel ein Kind im ersten Schuljahr für das Wort ‹Pinsel› [piːnzeːl] statt [pɪnzl]. Es zieht die Vokale ‹i› und ‹e› in die Länge und betont so beide Silben des Wortes.

Dass das Erlesen eines Wortes nicht selbstverständlich zur Sinnentnahme führt, hat seinen sachlogischen Grund darin, das man den Buchstaben nicht ansehen kann, ob und in welcher Klangvariante sie ausgesprochen werden müssen. In ihrem Buchstabenrepertoire repräsentiert die Schrift nämlich zunächst aus ökonomischen Gründen abstrakte, lageunabhängige Normlaute. Wie diese jeweils in einem bestimmten Wort genau auszusprechen sind, ergibt sich erst über ihre Anordnung innerhalb der Silben eines Wortes. Man spricht hier von sog. prosodischen (wörtlich übersetzt „mitgesungenen") Merkmalen der gesprochenen Sprache, die nicht durch Extrazeichen in der Schrift abgebildet werden, aber artikuliert werden müssen, damit ein Wort, Satz oder Text verstanden werden kann. Zu ihnen gehören Betonung, Lautstärke, Geschwindigkeit, Intonation und Pause. Diese Elemente der Sprache haften den einzelnen Lauten bzw. Buchstaben nicht an. Sie ergeben sich erst über mehrere Segmente hinweg und überlagern diese. D. h., die bestimmte Klangqualität eines Buchstabens lässt sich nicht an ihm selber erkennen, sondern nur an seiner Position und Kombination im Wort (vgl. Glück 1993, Meiers 1998). Aus dieser Struktur muss herausgelesen werden, wie ein Wort zu betonen ist und wie seine einzelnen Segmente zu artikulieren sind. Weiß ein Leselerner aus der Anordnung der Buchstaben noch keine Schlüsse auf ihren Klang zu ziehen, liest er Normlaute und kann der verfremdeten Klangstruktur keinen Sinn entnehmen.

Zu dieser sachlichen Schwierigkeit des Leseprozesses kommt auf der Seite der Leseanfänger erschwerend hinzu, dass sie zum Rekodieren der einzelnen Buchstaben in Laute relativ viel Zeit benötigen und dabei versuchen, sich die schon erarbeitete Lautung durch dauerhaftes Sprechen zu erhalten. Dies führt ebenfalls zur Dehnung, nicht nur der Vokale, sondern auch der Konsonanten (sog. Dehnlesen). Die Wörter klingen entsprechend fremd und können nicht dekodiert, also mit Sinn gefüllt werden (vgl. Lange 1999).

Viele Leselernmethoden, egal ob es sich um synthetische oder analytische Methoden handelt, begünstigen sogar das durch Unwissen begründete falsche Vorgehen der Kinder, da sie ihnen die einzelnen Buchstaben beibringen und die jeweils dazugehörigen „Normallaute". Damit legen sie den Kindern die Theorie nahe, dass die Buchstabenkette des Geschriebenen einer gesprochenen Lautkette entspräche und jeder Buchstabe – unabhängig davon, wo er in einem Wort steht – immer gleich ausgesprochen würde (vgl. Bartnitzky 1998, Röber-Siekmeyer 2004). Dies entspricht aber wie in 2.1 skizziert nicht dem Aufbau und der Funktion der Schrift. Sie transportiert die Bedeutung von Wörtern und Sätzen auf Basis der Lautung durch silbische und grammatische Botschaften. Diese müssen vom Leser analysiert und synthetisiert werden, um den Sinn des Geschriebenen zu verstehen.

Für Anfänger besteht diese komplexe geistige Tätigkeit zunächst einmal darin, zu verstehen, dass:

1. ein Wort wie ‹Pinsel› aus zwei Silben besteht: ‹Pin.sel›,

2. die erste Silbe betont und die zweite Silbe unbetont und reduziert ist ['pɪn.zl],

3. der Vokal der betonten Silbe ungespannt und kurz gesprochen werden muss,

4. der Vokal ‹e› in der zweiten Silbe nicht gesprochen wird, sondern nur anzeigt, dass es sich um eine reduzierte Silbe handelt.

2.2.3 Lesenlernen heißt Silben- und Lautanalyse

Lesenlernen bedeutet also – entgegen vieler Ansätze der Leselernforschung der letzten 30 Jahre – durch verschiedene Analyse- und Syntheseprozesse in der Kette der Buchstaben zunächst die Silben zu identifizieren, da sie die kleinsten artikulatorischen Einheiten der Sprache sind und in der Schrift repräsentiert werden. Die Silben sind die zentralen Einheiten, die vom Leselerner dann weiter analysiert werden müssen, um herauszufinden, was die Position und Umgebung eines Buchstabens in den bestimmten Silben eines Wortes über den Klang und die Funktion dieses Buchstabens aussagt.

Diese Erkenntnis ist nicht neu, geriet aber lange Zeit in Vergessenheit: Schon 1527 hat der Schulmeister Valentin Ickelsamer darauf hingewiesen „wer von sich selbst oder auch sonst mit einem Lehrmeister schnell und leicht lesen lernen will, der achte darauf [...] das ABC aus den Wörtern und der Rede und nicht die Wörter aus dem ABC, wie wir es jetzt üblicherweise tun, zu lernen" (zit. in: Maas 1992, S. 232). Heinrich Stephani stellte 1814 fest, dass

> augenscheinlich [...] derjenige Schüler in der Lesefertigkeit schnellere Fortschritte machen [wird], der bei dem ersten Augenblicke eines Wortes weiß, wie viele Buchstaben davon zu jeder Sylbe gehören, als ein anderer, der am Ende solches, und zwar bloß empirisch, ohne sicheren Grund erkennt (Stephanie 1814, zit. in: Röber-Siekmeyer 2004).

Bernhard Bosch hat dieses Wissen 1937 wieder aufgegriffen und in zahlreichen Beiträgen, in denen er immer wieder für eine linguistisch fundierte Theorie des Schriftspracherwerbs eingetreten ist, weiter ausgeführt. Wegweisend wurde das Ergebnis einer seiner empirischen Untersuchungen. Er stellte fest, dass insbesondere für Kinder, die die Schrift noch gar nicht kennen, die Silben die kleinsten Einheiten sind, die sie beim Sprechen wahrnehmen. Das zeigt sich u. a. daran, dass sie intuitiv Silben zählen, wenn man sie am Anfang des ersten Schuljahres fragt, aus wie vielen Elementen ein Wort besteht. B. Bosch selbst drückt dies so aus:

> Das Kind diesen Alters ist ohne weiteres noch sehr wenig in der Lage, die konstitutiven Einzellaute des Wortes isoliert herauszuhören und zu nennen [...] es zeigt eine relative starke Gestaltgebundenheit der Laute. Dieses

Ergebnis verwundert nicht, wenn man bedenkt, dass isolierte Laute [...] im lebendigen Sprachgeschehen nicht existieren, vielmehr als solche ein Abstraktionsprodukt sind (Bosch 1937, Neuabdruck in: Giese 2003, S. 34 f.).

Besondere Aufmerksamkeit muss bei der Auseinandersetzung mit den Silben den Vokalen gelten, denn sie haben je nach dem, in welcher Sorte von Silbe sie stehen, ganz unterschiedliche Klangqualitäten bzw. Funktionen. So klingt z. B. das ‹i› in ‹Pin.sel› [ɪ]; in ‹Stie.fel› aber [i]. Dieser Unterschied wird in der Schrift durch zwei unterschiedliche Schreibweisen markiert. Die jeweils zwei Buchstaben ‹e› in ‹Me.ter› und ‹En.te› dagegen sehen immer gleich aus, klingen aber durch ihre verschiedenen Positionen im Wort [e], [ɐ], [ɛ], [ə]. Das ‹e› zur Kennzeichnung des langen ‹i› wird gar nicht gesprochen, Doppelvokale ‹aa, ee, oo› werden nicht doppelt artikuliert.

Die Frage, mit welchem Wortmaterial Kinder am besten Lesen lernen, wird in verschiedenen didaktischen Konzepten kontrovers diskutiert. Das Konzept „Lesen durch Schreiben" beispielsweise setzt vor allem darauf, dass die zu lesenden Wörter die Kinder motivieren, ganz gleich, welche Struktur sie haben. Die silbenanalytische Methode dagegen stellt zweisilbige Wörter in den Vordergrund des Leselernprozesses, da diese Wortstruktur die häufigste im Deutschen ist. Fibeln wiederum arbeiten häufig nicht mit trochäischem Wortmaterial, sondern mit Wörtern, die Normalsilben enthalten (z. B. Au̲to, E̲lefant, Ba̲nane, To̲mate, Salami, Ra̲kete) und daher untypisch für das Deutsche sind. Begründet wird diese Auswahl damit, dass solche Wörter besonders einfach zu lesen und zu schreiben sind, da sie eine hohe „Lauttreue" haben. Diese didaktische Entscheidung ist in zweifacher Hinsicht problematisch. Zum einen suggerieren derartige Wortstrukturen, die Buchstaben würden unabhängig davon, wo sie im Wort stehen, immer gleich klingen. Zum anderen haben gerade die ersten Wörter in Leselernwerken die Funktion von sog. Lernwörtern, aus deren Struktur Kinder Schlüsse über den Aufbau anderer Wörter ziehen sollen. Wenn diese aber für das Gros der später zu lernenden Wörter gar nicht repräsentativ sind, kann es aufgrund falscher Hypothesenbildung der Kinder zu Verlesungen (und Verschreibungen) kommen.

2.2.4 Lesenlernen heißt Automatisierung

Unabhängig von dieser Kontroverse besteht Einigkeit darüber, dass sich im Laufe des Lesenlernens der Leseprozess verändert. Er ist zunächst dadurch gekennzeichnet, dass die Lerner sehr langsam lesen, nur kleine Einheiten eines Wortes überblicken und viele Fehler machen, die sie schwer selbstständig korrigieren können. Mit zunehmender Lesekompetenz lesen die Lerner schneller. Sie nehmen größere Einheiten, ganze Wörter oder auch Satzteile auf einmal in den Blick und sie entwickeln Strategien, um Fehler zu vermeiden oder zu korrigieren. Um dorthin zu gelangen, müssen die Lerner das Lesen lange Zeit üben, um es als Tätigkeit zu automatisieren. Didaktisch lässt sich dieser Automatisierungsprozess unterstützen. Meiers (1998) nennt dafür u. a. folgende wichtige Bedingungen: Den Lernern muss es ermöglicht werden,

> den komplexen Leseprozeß immer wieder von der ersten visuellen Wahrnehmung der Schrift bis zur Sinnerfassung und deren Überprüfung zu durchlaufen. Damit die den Leseprozeß steuernden Metaverfahren aufgebaut werden können. Dörner spricht von der heuristischen Kompetenz (Dörner 1984, S. 10) [...]. Zum zweiten muss verhindert werden, daß durch zu häufiges Lesen des gleichen Textes der Text memoriert wird; ein memorierter Text ist für die Automatisierung des Leseprozesses wertlos. Zum dritten muss auch verhindert werden, daß die Wortbilder zu schnell gespeichert werden, so daß das logographische (ganzheitliche) Pseudolesen begünstigt wird, was bei schwächeren Kindern – wie Chr. Mann nachgewiesen hat – zu einer Wortbildlegasthenie führen kann (1989, S. 27ff.). Zum vierten dürfte es hilfreich sein, den Lernenden Anstöße zum Erkennen größerer über den Einzelbuchstaben hinausgehende Einheiten zu geben [...]. Zum fünften muss den Lernenden ein individuelles Problemlöseverhalten zugebilligt werden, [...] hinsichtlich der Größe der erfassten Einheiten (Meiers 1998, S. 82f.).

Die Punkte 1 und 4 deuten darauf hin, dass der Leseprozess von Anfängern stark linear gefasst wird. Leselerner – das legt auch das berühmt gewordene Modell der Tüchtigkeitsniveaus von Goodman (1976) nahe – arbeiten sich demnach von Buchstabe zu Buchstabe vor und versuchen am Ende dieses Prozesses dem Gelesenen Sinn zu entnehmen. Diese Kennzeichnung, der sich auch Meiers nicht anschließen möchte, ist problematisch. Leseprotokolle von Erstlesern machen nämlich deutlich, dass auch sie schon den Leseprozess mit Sinnerwartungen beginnen und im Laufe des Erlesens immer wieder Bedeutungshypothesen aufstellen, wenn man ihnen von Anfang an klar macht, dass Lesen Sinn(re)konstruktion bedeutet.

Die dennoch häufig beobachtbare Linearität des Erleseprozesses deutet darauf hin, dass die gängigen Methoden des Leseunterrichts diese Vorgehensweise anregen und befördern. Sie führen die Kinder in die einzelnen Buchstaben ein und fordern sie dazu auf, diese beim Lesen – unabhängig von den Silbenstrukturen des Wortes – in Laute zu übersetzen und sukzessiv zu synthetisieren. Warum dies nur schwer oder gar nicht zur Sinnentnahme führt, wurde zu Beginn des Kapitels erläutert.

2.2.5 Lesenlernen heißt Fehler machen und kontrollieren

Kinder machen, unabhängig von einer bestimmten Methode, beim Lesenlernen ähnlich wie beim Laufen- oder Sprechenlernen Fehler. Betrachtet man diese Fehler nicht als notwendiges Übel, das es eigentlich zu vermeiden gilt, sondern als Lernschritte, dann können sie Aufschluss darüber geben, wie sich die Kinder mit dem Lerngegenstand Schriftsprache auseinander setzen. Blesi beispielsweise hat an dem Leseprotokoll einer Zweitklässlerin sehr anschaulich demonstriert, was Lehrer an Verlesungen über das Sprachwissen und die Lesestrategien ihrer Schüler herausbekommen können. So beweist er, dass die Schülerin, deren Leseleistung auf den ersten Blick sehr schwach wirkt, verschiedene Lesestrategien anwendet. Sie orientiert sich an der graphischen Gestalt des Textes, nutzt den Kontext und ihr grammatisches Wissen (vgl. Blesi 1986).

Ein guter Leseunterricht unterstützt Anfänger darin, im Laufe des Leselernprozesses verschiedene Strategien zu entwickeln, um die notwendig auftretenden Fehler zu korrigieren und zu verringern, denn der Umgang mit Fehlern entscheidet maßgeblich über die Lesekompetenz. „Fortgeschrittene und langsame Leser unterscheiden sich [...] nicht dadurch, dass sie beim Vorgang des Erlesens Fehler machen. Gute und schwache Leseanfänger unterscheiden sich in der Art, wie sie mit ihren Fehlern umgehen" (Dehn 1988, S. 34).

Meiers unterscheidet vier Fehlerkontrollstrategien, die im Laufe des Leselernprozesses aufgebaut werden müssen:

- Die Wissenskontrolle mit der Kernfrage „Was weiß ich (nicht)?"
- Die Sequenzkontrolle mit der Kernfrage „Habe ich es so gesprochen, wie es da steht?"
- Die Verstehenskontrolle mit der Kernfrage „Welche Bedeutung hat das gelesene Wort?"
- Die Sinnkontrolle mit der Kernfrage „Ergibt das Gelesene insgesamt einen Sinn?" (Meiers 1998, S. 90).

Kinder mit Schwierigkeiten beim Lesenlernen kennen derartige Strategien durchaus, wissen sie aber nicht anzuwenden. Lehrerhilfen, die sie dabei unterstützen sollen, ein Wort zu erlesen und mittelbar Fehlerkontrollstrategien zu entwickeln, können sie häufig nur schwer in ihren Lernprozess integrieren. Während gute Leser beispielsweise unzureichende Buchstabenkenntnisse dadurch kompensieren, dass sie einfach nachfragen, betrachten schwache Leser ihre Unkenntnis als Hürde, die sie alleine überwinden müssen, ohne zu wissen, wie. Sie verstricken sich in langwierige Versuche und Buchstabenverwechslungen (vgl. Dehn 1984). Misserfolgserlebnisse wie diese, machen es im Laufe des Lernprozesses für diese Kinder immer unattraktiver, sich dem mühsamen Leseprozess zu stellen und ihre Leseresultate selbstständig zu überprüfen und zu korrigieren. Dies aber ist erforderlich, um Leser zu werden.

2.3   Schreibenlernen

2.3.1 Schreiben als konzeptioneller Prozess

Was bis hierher über das Lesen und den Leselernprozess ausgeführt wurde, gilt korrespondierend für das Schreiben. Auch Schreiben ist nicht bloß ein technischer Prozess, in dem fertig formulierte Gedanken oder gesprochene Sprache in Schrift übersetzt werden. Der Begriff 'Schreiben' umfasst verschiedene Tätigkeiten, die ihrerseits unterschiedliche konzeptionelle, sprachliche und motorische Fertigkeiten und Fähigkeiten fordern und fördern. Schreiben kann z. B. bedeuten, einen Text zu produzieren, etwas richtig zu schreiben oder etwas leserlich oder besonders schön zu Papier zu bringen. Diese verschiedenen Formen des Schreibens lassen sich isoliert betreiben, häufig werden sie aber auch in einen Gesamtprozess integriert: Wer einen Text schreibt, muss auch auf die Orthographie und das Schriftbild achten, damit das Schreibprodukt gelesen werden kann. Ludwig unterscheidet in diesem Sinne zwischen „integrativem und nicht integrativem Schreiben" (vgl. Ludwig 1995, S. 281).

Schreiben ist im Unterschied zum Lesen ein produktiver Prozess, in dem ein Textproduzent Gedanken entwickelt, formuliert und versprachlicht. Damit ihm dies so gelingt, dass ein Leser seinen Text möglichst einfach und sicher verstehen kann, muss er konzeptionell tätig werden. Er muss genau überlegen, was er sagen und wie er seine Gedanken ordnen und formulieren will, denn er befindet sich im Unterschied zu einem Sprecher in einer anderen Kommunikationssituation.

Im Mündlichen findet die Kommunikation normalerweise face-to-face statt: Sprecher und Hörer befinden sich in einer gemeinsamen Situation. Sie können mit Worten, aber auch durch Mimik oder Gestik ihre Gedanken zum Ausdruck bringen und sie können an der Reaktion des Anderen direkt erkennen, wie das Gesagte ankommt. Ob etwas wiederholt, ergänzt, korrigiert werden muss, teilen sich die Gesprächspartner wechselseitig mit.

Die geschriebene Sprache dagegen ist eine Sprache ohne Gesprächspartner. Schreiber und Leser produzieren bzw. rezipieren einen Text an verschiedenen Orten und zu unterschiedlichen Zeiten. Der Schreiber muss daher den gemeinsamen Kontext mit dem Leser sprachlich erst durch den Text schaffen. Außerdem ist die geschriebene Sprache „eine Sprache ohne Intonation, ohne das Musische, Expressive, überhaupt ohne ihre lautliche Seite" (Wygotski 1969, S. 224). Schreiber müssen daher Mimik, Gestik und Intonation in Worte fassen, um sie schriftlich transportieren zu können. Und dies wiederum erfordert einen großen, differenzierten Wortschatz und eine komplexe Syntax.

Diese Anforderungen des Schreibens machen deutlich, dass Schreibenlernen ein schwieriger Prozess ist, denn „die Situation der schriftlichen Sprache fordert von dem Kind eine doppelte Abstraktion, die von der lautlichen Seite der Sprache und die vom Gesprächspartner" (Wygotski 1969, S. 225).

Schreibanfänger müssen lernen, ihre Gedanken zu einem Thema selbstständig zu entwickeln, zu ordnen und zu formulieren und dabei fortwährend daraufhin zu überprüfen, ob und wie sie verstanden werden können. Um dies herauszubekommen, müssen sie ihren Adressaten antizipieren, sich also überlegen, was ihr Leser schon weiß, was er wissen möchte und was sie ihm noch mitteilen sollten. Weicht das Ergebnis dieser Prüfung von bereits Geschriebenem ab, ist dieses zu überarbeiten, was wiederum ein schwieriger Teilprozess des Schreibens ist.

Zusammengenommen ist das Textproduzieren schon auf der konzeptionellen Ebene ein hoch komplexer Prozess, in dem der Schreiber eine Reihe von Subprozessen durchführen und koordinieren muss. Dafür ist ein viel höheres Maß an Bewusstmachung inhaltlicher Zusammenhänge und sprachlicher Strukturen notwendig als beim Sprechen, in dem häufig ein Wort das andere gibt (vgl. auch den Beitrag „Aufsatzunterricht" i. d. B. sowie Sieber 2003).

Schreiblerner müssen sich erst allmählich daran gewöhnen, ohne anwesenden Gesprächspartner zu kommunizieren und alles das, was sie sagen und ausdrücken wollen, so zu formulieren, dass es durch die Schrift Wege zu Lesern findet. Verschiedene Untersuchungen und Modelle der Schreibentwicklungsforschung zeigen, dass sich Textkompetenz auf Basis der elementaren Lese- und Schreibfähigkeit – je nach Schreibaktivität und Unterstützung – unterschiedlich (schnell) entwickelt; in jedem Fall aber über die Schulzeit hinausgeht (vgl. Feilke 2003). Das bedeutet jedoch umgekehrt nicht, dass Kinder in den ersten beiden Schuljahren noch gar keine Texte schreiben können, weil sie das Handwerkzeug des Schreibens, das Produzieren von Buchstaben und Wörtern noch nicht beherrschen. Auch sie haben schon Erfahrungen mit Texten und deren Strukturen gemacht und sie produzieren selber welche, wenn sie dazu durch bestimmte Vorgaben angeregt und im Schreibprozess unterstützt werden. Dabei lassen die besonderen Strukturen ihrer Texte erkennen, wie sie am Übergang von Mündlichkeit zur Schriftlichkeit die für sie neue Kommunikationssituation wahrnehmen und zu bewältigen versuchen (vgl. Weinhold 2002).

2.3.2 Schreiben als orthographischer Prozess

Ein zentrales Moment des Textschreibprozesses ist die Berücksichtigung der Orthographie. Sie ist ein Bestandteil des Formulierungsprozesses, denn sie trägt maßgeblich dazu bei, dass ein Leser dem Geschriebenen schnell und sicher Sinn entnehmen kann. Für die Schreiben lernenden Kinder kommt also zu den konzeptionellen Anforderungen die anspruchsvolle Aufgabe hinzu, das, was sie inhaltlich sagen wollen, erst einmal unter sprachstrukturellen Gesichtspunkten zu analysieren. Sie müssen sich die Struktur der Wörter und Sätze, die sie schreiben wollen, bewusst machen, um sie dann in die Einheiten zu gliedern, die in der Schrift repräsentiert werden. Denn damit beim Lesen das Geschriebene so decodiert werden kann, wie es für die Sinnentnahme nötig ist, muss das Gedachte oder Gesagte beim Schreiben entsprechend codiert worden sein. Zu begreifen ist daher korrespondierend zum Lesenlernen, dass die Orthographie die Funktion hat, silbische, morphologische und grammatische Strukturen auf der Basis von Laut-Buchstaben-Beziehungen sichtbar zu machen. Wie sie dies im Einzelnen tut, ist Gegenstand des sprachlichen Anfangsunterrichts und des weiterführenden Rechtschreibunterrichts (vgl. den Beitrag „Rechtschreiben" i. d. B.). Die Besonderheiten des Verhältnisses von gesprochener und geschriebener Sprache, die beim Erwerb der Orthographie zu berücksichtigen sind, wurden unter 2.1 dargestellt.

2.3.3 Schreiben als motorischer Prozess

Schreibelernen ist nicht nur ein kognitiver Prozess, der konzeptionelle und sprachliche Komponenten umfasst, sondern auch ein motorischer. Dieser unterscheidet sich beim Hand- und Tastaturschreiben erheblich. Trotz der zunehmenden Verbreitung des Tastaturschreibens gehört es nach wie vor zu den zentralen Aufgaben des schulischen Schriftspracherwerbs, den Kindern eine Ausgangsschrift anzubieten, aus der sie im Laufe der Grundschule eine flüssige und gut lesbare eigene Handschrift entwickeln können. Dabei müssen Schreibanfänger zunächst die Spezifik der einzelnen Buchstabenformen kennen lernen und trainieren, diese isoliert oder verbunden zu Papier zu bringen. Das erfordert hoch komplexe Bewegungsabläufe, die viel Aufmerksamkeit in Anspruch nehmen und sich daher auch auf die konzeptionelle und orthographische Arbeit auswirken können (vgl. u. a. Weinhold 2000).

Die graphomotorische Entwicklung im Verlauf des Schriftspracherwerbs zeigt sich auf der Wortebene an der Individualisierung der Handschrift, die häufig mit einer Ökonomisierung der Buchstabenformen einhergeht. Außerdem nimmt die Schreibgeschwindigkeit ebenso zu wie der Automatisierungsgrad der Bewegungsabläufe. Auf der Satzebene steigt die Zahl der Zeiten, in der der Stift vom Papier abgehoben wird, was innerhalb eines Wortes vor allem an Silben- und Morphemgrenzen der Fall ist (vgl. Weingarten 2003, S. 11). Auch beim Erwerb der motorischen Schreibfertigkeit zeigt sich also, dass die Silbe eine zentrale Einheit der Sprache bzw. Schrift ist. Sie sollte daher im Unterricht eine bedeutende Rolle spielen.

Kinder können im Erstunterricht in ihrer graphomotorischen Entwicklung unterschiedlich lernwirksam unterstützt werden. So zeigen Untersuchungen zu Schreibtrainingsmethoden, die im Rahmen von neurologischer Rehabilitation mit Erwachsenen erprobt wurden, u. a. folgende, vielleicht überraschende Erkenntnisse, die sich auf den Anfangsunterricht übertragen lassen und berücksichtigt werden sollten:

- Knüpft der graphomotorische Schreiblernprozess an Zeichenbewegungen wie Auf- und Abstriche an, die die Lerner bereits können, wird die Automatisierung der Schreibbewegung erleichtert. Es sollte daher genutzt werden, was Schreibanfänger an graphomotorischen Fertigkeiten mit in die Schule bringen.

- Die Aufforderung, den Schreibprozess sehr aufmerksam visuell zu kontrollieren, führt zu einer deutlichen Reduzierung flüssiger und bereits automatisierter Bewegungsabläufe. Derartige Hinweise sollten daher möglichst wenig gegeben werden.

- Auch die Vorgabe von Linien, auf denen die einzelnen Buchstaben genau platziert werden sollen, führt häufig dazu, dass Schreibbewegungen langsamer und kontrollierter werden, die eigentlich schon automatisiert worden waren.

„Es stellt sich daher die Frage, ob die Vorgabe eines Liniensystems, mit der Anweisung, diese streng einzuhalten, der Entwicklung einer flüssigen Handschrift nicht eher hinderlich ist." (Quenzel 1998, S. 267)

• Die Erlaubnis, Fehler zu machen, führt zu besseren Schreibergebnissen.

• Werden Schreiber dazu aufgefordert, alle Buchstaben eines Wortes miteinander zu verbinden, erhöht sich der Druck auf das Schreibblatt und eine flüssige und Kraft sparende Bewegungsausführung wird erschwert. Routinierte Schreiber entgehen dem, indem sie nur wenige Buchstaben eines Wortes wirklich verbinden. Schreibanfängern sollte diese Möglichkeit auch eingeräumt werden (vgl. Quenzel 1998).

Die erste Schrift, die Kinder normalerweise zum Schreibenlernen in der Schule kennen lernen, ist die Druckschrift. Sie gehört zu den sog. Umweltschriften, da sie auch und gerade im außerschulischen Alltag am häufigsten vorkommt (vgl. Krichbaum 1998). Haben die Kinder alle Buchstaben in Druckschrift gelernt, werden sie mit einer verbundenen Ausgangsschrift konfrontiert, die nun genau genommen keine Ausgangsschrift mehr ist, sondern eine Sekundärschrift, da die Schreibanfänger ja bereits eine Schrift kennen. In den einzelnen Bundesländern ist die Festlegung auf eine verbundene Ausgangsschrift unterschiedlich verbindlich geregelt. Zur Wahl stehen die „Lateinische Ausgangsschrift" (LA), die „Vereinfachte Ausgangsschrift" (VA) und die „Schulausgangsschrift" (SAS). Sie unterscheiden sich im Wesentlichen in ihrer Ähnlichkeit zur Druckschrift sowie durch die Anzahl der Auf- und Abstriche und der Drehrichtungswechsel (vgl. z. B. Schenk 2002).

2.3.4 Schreib-Schriften

Die LA wurde 1953 in Westdeutschland eingeführt, die SAS 1968 in der DDR. Die VA wurde 1970 aus einer Kritik an der LA in der damaligen BRD entwickelt. Sie sollte durch größere Formkonstanz der Buchstaben zu einer besseren Handschrift führen. Dafür verzichtet sie auf den Anstrich bei den Kleinbuchstaben und lässt damit im Prinzip alle Buchstaben am Mittelband beginnen und enden. Damit soll gewährleistet werden, dass alle Buchstaben in sich immer gleich aussehen und nach dem Baukastenprinzip beim Schreiben zusammengeführt werden können.

Dieses Ziel konnte in umfassenden empirischen Untersuchungen nicht bestätigt werden. Stattdessen zeigte sich, dass es entweder keinen Unterschied macht, mit welcher Schrift die Kinder schreiben lernen, oder aber, dass die Kinder, die LA lernen, besser abschneiden (vgl. Topsch 1996).

Mai (1991) kommt in seinen Untersuchungen dagegen zu dem Ergebnis, dass

sich der Zeitbedarf für die Buchstabenformen der Lateinischen Ausgangsschrift gegenüber den vereinfachten Buchstaben [...] drastisch erhöht. [Daher erscheint es sinnvoll] eine Ausgangsschrift zu entwickeln, die stark vereinfacht ist. Ein erster noch nicht ausreichender Schritt in diese Richtung ist die Vereinfachte Ausgangsschrift (VA) von 1973. (zit. in: Quenzel 1998, S. 274).

Nicht alles, was hier über den Lese- und Schreiblernprozess dargestellt wurde, lernen Kinder erst, wenn sie in die Schule kommen; manches bringen sie bereits mit.

3 Lernvoraussetzungen für den Schriftspracherwerb

3.1 Vorschulische Lese- und Schreiberfahrungen

Aus vielen alltäglichen Berichten von Lehrerinnen ist bekannt, dass sie es gerade im sprachlichen Anfangsunterricht im ersten Schuljahr mit sehr heterogenen Lerngruppen zu tun haben. Einige Kinder können noch gar nichts lesen und schreiben, andere ihren Namen und wieder andere ganze Wörter oder sogar Sätze und Texte.

Und auch aus einer umfassenden Forschung zum frühen Lesen und Schreiben, die v. a. im angloamerikanischen Sprachraum unter dem Begriff „early literacy" erfolgte, geht eindeutig hervor, dass viele Kinder wichtige unterschiedliche Erfahrungen mit Schrift und Schreiben gemacht haben, bevor sie in die Schule kommen. So hat beispielsweise Neuhaus-Siemon in einer empirischen Untersuchung in Köln und Unterfranken herausgefunden, dass etwa 4 % der Kinder aus ländlichen Umgebungen und 2,5 % der Kinder aus Städten bereits lesen können, wenn sie in die Schule kommen (vgl. Neuhaus-Siemon 1991).

Dies hat seine Gründe u. a. darin, dass Kinder heutzutage eine Sprechsprache lernen, die selber stark durch Schriftlichkeit geprägt ist (vgl. Ong 1987). Außerdem ist das Sprechenlernen bereits eine kognitive und artikulatorische Auseinandersetzung mit Einheiten der Sprache (Wörter, Silben, Laute), die für das Lesen und Schreiben relevant sind (zu den Stichwörtern phonologische Bewusstheit, phonologisches Bewusstsein vgl. zusammenfassend Andresen / Funke 2003). Ein dritter Grund ist darin zu sehen, dass der Schriftspracherwerb nicht alleine an die Institution Schule gebunden ist, sondern von Kindern selbst ausgeht und von Eltern unterstützt werden kann.

Die schriftspezifischen Erfahrungen, die Kinder vor der Schule machen können, sind sehr unterschiedlich. Sie hängen maßgeblich davon ab, welchen Stellenwert das Lesen und Schreiben in der Familie und der Umgebung des Kindes hat und wie viel Zeit Eltern für ihre Kinder haben. Bekommt ein Kind schon in den allerersten Lebensjahren die Möglichkeit, andere Menschen beim Lesen und Schreiben zu beobachten, lernt es Funktionen von Schrift und Schreiben kennen. Es kann entdecken, dass geschrieben wird, um zu kommunizieren (z. B. Brief) oder um sich etwas zu merken (z. B. Einkaufszettel, Notiz), und dies erprobt es selber gerne in sog. Kritzelbriefen.

Wird gelesen, lässt sich beobachten, dass dies zu Freude, Ärger, Trauer oder
Grübelei führen kann; wird dem Kind vorgelesen oder hat es Gelegenheit, Hör-
spiele oder Filme zu rezipieren, kann es in die Welt der Geschichten eintauchen,
lernt formulierte Sprache und literarische Muster kennen. All dies sind
Momente des ungesteuerten Schriftspracherwerbs, in dem das Kind Strukturen
und Verwendungsweisen von Schriftlichkeit kennen lernt, an die es im schulischen Lernprozess anknüpfen kann.

Kinder, die diese Erfahrungen und Experimente mit der Schriftsprache vor der
Schule nicht machen konnten, weil sie in einer Umgebung aufwachsen, in der
Lesen und Schreiben nicht zu beobachten sind, können diese ersten Einsichten
erst in der Schule gewinnen. Wie wichtig sie am Anfang des Schriftspracherwerbs
sind, um mögliche später auftretende Lese-Rechtschreibschwierigkeiten oder
Analphabetismus zu vermeiden, wurde in verschiedenen Forschungsprojekten
und Modellversuchen der letzten 20 Jahre bestätigt (vgl. u. a. Hüttis-Graff / Widmann 1996).

Der Schule kommt daher die wichtige Aufgabe zu, solche Erfahrungen u. a. im
sprachlichen Anfangsunterricht zu ermöglichen, damit alle Kinder erfolgreich
Lesen und Schreiben lernen können. Dass dies in Deutschland in der Mehrzahl
der Fälle nicht gelingt, zeigen große vergleichende Untersuchungen (zuletzt
LAU, PISA und IGLU): Immer wieder ergibt sich, dass Kinder aus schriftfernen, eher sozial schwächeren Familien (und/oder mit Deutsch als Zweitsprache)
vom Schulanfang bis zum Abschluss schlechtere Lese- und Schreibleistungen
erbringen als Kinder aus Familien, in denen Schrift eine Selbstverständlichkeit
ist. Normalerweise wird etwa bei 10–15 % der Kinder einer Grundschulklasse
erkennbar, dass sie besondere Schwierigkeiten im Erlernen der Schriftsprache
haben. In der IGLU-Studie waren es sogar bis zu 48 % aller getesteten Kinder,
die gravierende Rechtschreibprobleme aufwiesen (vgl. Bos et al. 2004, S. 19).

3.2 Möglichkeiten der 'Diagnose' von Lernvoraussetzungen und -prozessen

Um wirklich allen Kindern in der Grundschule das Lesen- und Schreibenlernen
zu ermöglichen, ist es in Anbetracht dieser Ergebnisse offenbar nicht nur von
Bedeutung, die Unterschiede in den Lernvoraussetzungen zu konstatieren. Sie
müssen im Einzelnen ermittelt und analysiert werden, um im Unterricht ein entsprechendes Lernangebot machen zu können. Dafür gibt es 'Diagnose-Instru-
mente'. Sie ermöglichen es Lehrenden am Schulanfang und im Verlauf des
Schriftspracherwerbs Aufschluss darüber zu gewinnen, welche Hypothesen sich
die Schüler über einen bestimmten Gegenstand gebildet haben, welche Strategien sie beim Lesen- und Schreibenlernen anwenden, kurz gesagt: was sie können und womit sie noch Schwierigkeiten haben.

Die Durchführung von Lernbeobachtungen oder Testverfahren kann hilfreich sein, um Lernvoraussetzungen und Lernprozesse in dem wörtlichen Sinne von Diagnose genau zu erkennen. Dieses Vorgehen birgt aber auch Gefahren:

Zum einen muss darauf geachtet werden, die lernenden Kinder nicht zu Patienten zu machen, die Krankheiten, also Defizite, attestiert bekommen, nur weil sie etwas (noch) nicht können. Denn damit würden die Kinder selbst zur Ursache erklärt und die Lehrpersonen könnten sich zu einem Gutteil aus der Verantwortung zurückziehen (Dass zahlreiche sog. hyperaktive Kinder tatsächlich mit Medikamenten behandelt werden, um in der Schule zu 'funktionieren', ohne dass die Langzeitwirkungen dieser Behandlung erforscht wären, ist problematisch genug.) Zum Zweiten besteht eine Gefahr darin, die eigenen Schüler nun fortwährend zu testen, anstatt möglichst viel Zeit dafür zu nutzen, ihnen Lernangebote zu machen. Diese 'Diagnostik-Mode' würde über das Ziel hinaus schießen und sich kontraproduktiv auswirken. Zum Dritten ist bei jedem einzelnen diagnostischen Verfahren sehr genau darauf zu achten, was untersucht wird, welche Erklärungsansätze das Verfahren explizit oder implizit vorschlägt und welche Konsequenzen ein Testergebnis hat bzw. haben kann (s. dazu 4.2.2). Zur 'Diagnose' von Lernvoraussetzungen und Lernprozessen lassen sich im Wesentlichen zwei große Verfahren unterscheiden: Lernbeobachtungen und (standardisierte) Testverfahren.

3.2.1 Lernbeobachtungen

Lernbeobachtungen zielen zu Beginn und im Verlauf der Grundschulzeit darauf ab, die Kinder in ihren individuellen Lernprozessen zu beobachten. Charakteristisch für Lernbeobachtungen ist, dass

- sie den Kindern auch während der Durchführung Lernangebote machen,
- Kinder häufig Aufgaben zusammen bearbeiten können, um auch den sozialen Aspekt des Lernens zu betonen und beobachten zu können,
- sie keine Aufgaben enthält, die falsch gemacht werden können. Die Aufgaben sollen im Gegenteil die Kinder dazu ermuntern, ihre eigene Strategie anzuwenden,
- sie auch während des normalen Unterrichts durchgeführt werden können und keiner größeren Vorbereitung oder Durchführungs- und Auswertungsschulung bedürfen.

Zu den bekanntesten Lernbeobachtungen gehören z. B. die „Lese- und Schreibaufgaben für Schulanfänger", die Brügelmann, Brinkmann, Richter et al. im Rahmen des berühmt gewordenen Projekts *Kinder auf dem Weg zur Schrift* ab Mitte der 1980er Jahre an der Universität Bremen entwickelt haben. Mit den Aufgaben werden zum einen einfache Teilleistungen des Lesens und Schreibens untersucht: wie viele Buchstaben kann ein Kind benennen, wie viele Wörter aus der Alltagswelt kann es schreiben etc.. Zum anderen sollen die Aufgaben Auf-

schluss über die Konzepte der Kinder zu Funktion und Aufbau der Schriftsprache geben. Dazu gehört z. B. die Frage, ob den Kindern der Unterschied
zwischen Schreiben und Malen bekannt ist (vgl. zusammenfassend Richter /
Brügelmann 1994).

Die sog. „Schulanfangsbeobachtung" ist eine zweite bekannt gewordene Form
der Lernbeobachtung. Sie wurde Mitte der 1990er Jahre im Rahmen eines
Modellversuchs zur „Prävention von Lese-Rechtschreibschwierigkeiten und
Analphabetismus bei Grundschulkindern" von Dehn, Hüttis-Graff et al. an der
Universität Hamburg umfassend erprobt. Die Schulanfangsbeobachtung arbeitet mit dem „Leeren Blatt" und dem „Memory mit Schrift". Je zwei Kinder
bekommen gemeinsam ein leeres DIN-A2-Blatt und einen verschieden farbigen
Stift. Die Aufgabe lautet: „Ihr könnt jetzt auf dem Blatt schreiben, was ihr möch-
tet". Diese Aufgabe zielt darauf herauszubekommen, was die Kinder unter
„schreiben" fassen und welche Inhalte ihnen wichtig sind. Das „Memory mit
Schrift" funktioniert wie ein herkömmliches Memory, nur dass auf der Rückseite
eines der Kärtchen das Wort für den Gegenstand steht, der auf der anderen Seite
abgebildet ist. Beobachtet man Kinder dabei, wie sie das Memory spielen, lässt
sich leicht erkennen, ob sie die Schrift überhaupt registrieren, ob sie versuchen
sie zu entziffern und ob sie das Lesen in den Spielprozess integrieren (vgl. Hüttis-
Graff / Baark 1996).

Ein weiteres sehr hilfreiches Instrument zur Beobachtung von Leselernprozes-
sen ist das Buchkonzept von M. Clay (vgl. dazu in deutscher Adaption Holle
o. J.).

3.2.2 Standardisierte Testverfahren

Im Unterschied zu Lernbeobachtungen zeichnen sich standardisierte Testverfahren dadurch aus, dass sie Aufgaben stellen, die richtig oder falsch gelöst werden
können. Außerdem werden die getesteten Leistungen quantitativ (wie viele Fehler?) und qualitativ (welche Fehler?) ausgewertet. Um die Gültigkeit, Genauigkeit und Vergleichbarkeit dieser Ergebnisse zu gewährleisten, sind diese Tests in
hohem Maße genormt. Zeitpunkt, Aufgabenstellung, Wortmaterial und Auswer-
tungsverfahren sind vorgegeben und müssen unbedingt eingehalten werden,
damit die Anzahl der Fehler sog. Prozentrangplätzen zugeordnet werden können. Das ermöglicht es, Leistungen eines Kindes oder einer ganzen Klasse mit
anderen Kindern gleichen Alters oder gleicher Stufe zu vergleichen. Ein Beispiel
mit fiktiven Zahlen: Anne hat 17 Fehler in einem Rechtschreibtest für das zweite
Schuljahr gemacht. Das entspricht einem Prozentrang (PR) von 45. Das bedeutet, dass Anne im Vergleich zu allen anderen Mädchen ihres Alters im zweiten
Schuljahr in Deutschland 5 % unter dem Durchschnitt liegt. Anders ausgedrückt: 55 % der Vergleichsgruppe erzielt bessere Rechtschreibleistungen als sie.

Es gibt mittlerweile zahlreiche Lese- und Rechtschreibtests für alle Klassenstu-
fen, die von Lehrern, Schulpsychologen, Beratungsstellen und Ärzten durchge-

führt werden (vgl. für Lesetests Baumann 2003, für Rechtschreibtests Herné 2003). Differenziert wird dabei zwischen Individual- und Gruppentests; bei den Lesetests außerdem zwischen der Ermittlung von Lesefertigkeit und Lesefähigkeit. Häufig verwendete Tests sind die „Hamburger Schreibprobe" (HSP), der „Diagnostische Rechtschreibtest (DRT), der „Züricher Lesetest" (ZLT) und „Knuspels Leseaufgaben" (Knuspel-L). Eine Übersicht über alle verfügbaren Lese- und Rechtschreibtests ist bei der „Deutschen Testzentrale" erhältlich.

Unabhängig von einem bestimmten Test ist zu beachten, dass alle mit sehr unterschiedlichen Fehlerschlüsseln arbeiten, d.h., sie ordnen den gleichen Fehler unterschiedlichen Fehlerkategorien zu und erhalten so Fehlerprofile, die wiederum verschiedenen Interpretations- und Erklärungsansätzen entsprechen. Mit anderen Worten: Der Fehler selbst sagt je nach Fehlerschlüssel Unterschiedliches darüber aus, wie er entstanden ist, ob und wenn ja, welche Schwierigkeit/ Schwäche ein Kind hat, was und wie es als Nächstes lernen sollte. Dies muss bei der Wahl eines Tests und der Entscheidung über didaktische Konsequenzen unbedingt berücksichtigt werden, denn schließlich sollen Testverfahren dazu dienen, Lerner in ihrem Entwicklungsprozess zu Lesern und Schreibern adäquat zu unterstützen.

4 Die Entwicklung von Lese- und Schreibfähigkeiten

Zu Beginn der 1980er Jahre wurde in der Schriftspracherwerbsforschung zunehmend erkannt, dass Kinder die Schriftsprache nicht nur in der Schule lernen, sondern eigenaktiv auch vor und neben ihr (vgl. 1). Das zeigte sich zum einen daran, dass viele Kinder schon einige Wörter lesen und schreiben können, wenn sie in die Schule kommen. Zum anderen brachten genauere Analysen von Lese- und Schreibfehlern Aufschluss darüber, dass sich die Lerner ihre eigenen Regeln bilden: Bei verschiedensten Kindern ließen sich wiederkehrende Typen von Fehlern ermitteln (s.u.). Seitdem werden Fehler nicht mehr bloß als Abweichungen gesehen, die es zu vermeiden gilt, sondern als normal und notwendig für den Schriftspracherwerb. Kennzeichnungen wie „Lernerschreibungen" oder „Schreibirrtümer" sollen diese Funktion unterstreichen und die Defizitorientierung, die mit dem Begriff Fehler transportiert wird, vermeiden.

Die entwicklungspsychologische Forschung blieb aber nicht bei dem Postulat stehen, dass im Schriftspracherwerb Fehler gemacht werden müssen. Sie erkannte, dass Lese- und Schreibfehler wie Fenster in die geistige Tätigkeit der Kinder genutzt werden können, da sich in ihnen die kognitiven Auseinandersetzungsprozesse der Kinder mit den Strukturen und Regelhaftigkeiten der Schriftsprache zeigen. Sie ermöglichen Hypothesen darüber, was Kinder unterschiedlichen Alters beim Lesen und Schreiben denken, warum sie ein Wort in einer bestimmten Weise lesen oder schreiben und womit sie Schwierigkeiten haben.

Aus der Analyse und Systematisierung der Fehler wurden verschiedene Entwicklungsmodelle zum Schriftspracherwerb abgeleitet (vgl. für den deutschen Sprachraum u. a. Balhorn 1985, Günther 1986, Valtin 1988). Übereinstimmung zwischen ihnen besteht darüber, dass es im Laufe der Entwicklung qualitative Veränderungen der Lese- und Schreibprozesse gibt. So werden sowohl für das Schreiben- als auch das Lesenlernen grob drei Entwicklungsphasen beschrieben:

1. Die logographemische Stufe: In dieser Phase können Lerner Wörter lesen (z. B. Schriftzüge von Firmen und Produkten), die sie wiedererkennen, und sie schreiben Wörter, deren Grapheme sie vorher auswendig gelernt haben. D. h., sie reproduzieren die Buchstaben, ohne sich an deren Beziehung zur Lautung orientieren zu müssen (z. B. ihren Namen).

2. Die alphabetische Stufe: In dieser Phase wenden sich die Kinder einer lautorientierten Strategie zu. Sie entdecken allmählich, welche Einheiten der gesprochenen Sprache mit welchen Einheiten der geschriebenen Sprache korrespondieren. So können sie sich – zunächst rudimentär, später vollständig – auch unbekannte Wörter erschreiben und erlesen (Beispiele für Schreibungen: Lmp für Lampe (rudimentär), Hunt für Hund (entfaltet).

3. Die orthographische Stufe: In dieser Phase werden die Schreibungen und Lesungen, die sich bisher vor allem an der Lautung orientiert haben, durch schriftstrukturelle und orthographische Besonderheiten ergänzt. Die Kinder fangen beim Schreiben z. B. an, besondere Zeichen zur Dehnung (‹h, ie›) und Schärfung (‹ll, mm, tt, ck, tz›) von betonten Vokalen zu verschriften, die nicht hörbar sind. Beim Lesen erkennen sie diese Buchstaben als „Lesezeichen", die ihnen etwas über die Aussprache eines Wortes und seiner Bestandteile sagen, ohne selbst gesprochen zu werden.

Worin genau die Veränderungen im Laufe der Schriftsprachentwicklung bestehen, wann und in wie vielen Schritten sie stattfinden, wie eng der Zusammenhang zwischen Lesen und Schreiben ist, diese Fragen wurden in den Modellen bisher nicht einvernehmlich beantwortet.

Harte Versionen [...] postulieren eine ontogenetisch festgelegte irreversible Stufenfolge; weiche Versionen stellen nur die Frage nach den jeweils dominanten Strategien und lassen Raum für individuelle Entwicklungen sowie aufgabenspezifische Abweichungen (Scheerer-Neumann 1996, S. 1154).

Trotz der Heterogenität der Modelle können sie eine Hilfestellung sein, um Kinder in ihrem Schriftspracherwerb zu unterstützen, und zwar dann, wenn sie als Orientierungsrahmen dafür genommen werden, was die Kinder schon können und was sie alles noch lernen müssen (zu Modellen vgl. zusammenfassend Scheerer-Neumann 1996). Besonders zu berücksichtigen ist dabei, dass „Entwicklungsstufen" auch Ergebnisse von Lernprozessen sind, also davon abhängen, was für ein Angebot an Lerninhalten und Strategien ein Kind bekommen hat. Danach variiert, worin sich die Entwicklung zeigt.

Wenn Lehrer die Modelle allerdings als Richtschnur für eine naturnotwendige (normierte) Entwicklung nehmen und ihren Unterricht gemäß vermeintlicher Entwicklungsstufen sequenzialisieren, dann wird dies den Kindern in ihrer individuellen Entwicklung wenig nützen. Denn dann werden ihre Leistungen daran gemessen, was 'normal' ist. Im Mittelpunkt steht damit nicht die Frage, was und wie die Kinder gelernt haben bzw. welche Schwierigkeiten sie damit hatten, sondern ob sie zum Durchschnitt passen. Wer nicht zum Durchschnitt passt, wird schnell zum Problemfall erklärt: LRS, Legasthenie, Hyperaktivität oder auch Hochbegabung sind 'Diagnosen', die in solchen Fällen häufig viel zu schnell gestellt werden (vgl. u. a. Naegele / Valtin 1997).

5 Didaktische Konzepte für den Schriftspracherwerb

Unter Punkt 2 dieses Beitrages wurde in Auszügen dargestellt, wie das Verhältnis von Sprache und Schrift beschaffen ist und was Kinder im Schriftspracherwerb alles lernen müssen. In Punkt 3 und 4 wurde gekennzeichnet, welche Lernvoraussetzungen für das Lesen- und Schreibenlernen Kinder mitbringen, wenn sie in die Schule kommen und in welchen groben Phasen sich Schriftsprachkompetenz entwickelt. Auf der Basis dieses Wissens um die Sachlogik des Gegenstandes Schriftsprache und um die Lernvoraussetzungen und Lernprozesse der Kinder wurden in den letzten 25 Jahren in Fortführung und in Absetzung von einem klassischen Lehrgang mit Fibel neue didaktische Konzepte für den Schriftspracherwerb entwickelt. Sie unterscheiden sich (trotz der sprachwissenschaftlichen und entwicklungspsychologischen Erkenntnisse) vor allem in der Auffassung darüber,

- wie das Verhältnis von Sprache und Schrift beschaffen ist;
- welches daher die zentralen Einheiten der gesprochenen Sprache sind, die in der Schrift repräsentiert werden (Laut-, Silben- oder Wortorientierung), also gelernt werden müssen;
- in welcher Reihenfolge und Gewichtung motorische, sprachliche und konzeptionelle Komponenten des Lesen- und Schreibenlernens im Unterricht zur Sprache kommen sollen;
- in welchem Verhältnis eigenaktives und instruktives Lernen stehen;
- ob der Unterricht eher durch Kind- oder Sachorientierung gekennzeichnet sein sollte.

Aus dem Spektrum der Konzepte werden im Folgenden drei große Richtungen herausgegriffen und kurz dargestellt. Dabei geht es zunächst um die Arbeit mit einer Fibel – dem Klassiker zum Lesen- und Schreibenlernen.

5.1 Der systematische Lehrgang mit einer Fibel

Die Fibel ist wohl das berühmteste Schulbuch, das seit 500 Jahren herangezogen wird, um Kindern das Lesen beizubringen. Der Begriff ist abgeleitet von dem Wort 'Bibel', da zunächst ein Großteil der Fibeltexte aus der Bibel stammte. Dabei war die Fibel-Konzeption durchaus nicht immer gleich: Ein Blick in die Geschichte der Schriftsprachdidaktik zeigt, dass sie bis etwa 1970 eine Geschichte des Streits um die richtige Leselernmethode war (das Schreibenlernen spielte eine untergeordnete Rolle). Gestritten wurde um die Frage, ob sich besser mit einer synthetischen oder mit einer analytischen Methode Lesen lernen lasse. Eine synthetische Methode zeichnet sich dadurch aus, dass ein Element eines gesprochenen bzw. geschriebenen Wortes zum Ausgangspunkt des Leseprozesses genommen wird (Laut oder Buchstabe), das dann mit dem nächsten Element zusammen gefügt (synthetisiert) wird, bis das Wort vollständig erlesen ist. Differenziert wurde innerhalb der synthetischen Methoden u.a. zwischen „Buchstabier-", „Sinnlaut-", „Anlaut-" und „Artikulationsmethode".

Analytische Methoden nehmen ihren Ausgangspunkt bei einem ganzen Wort („Ganzwortmethode") oder Satz („Ganzsatzmethode") und trainieren zunächst das Erfassen von ganzen Wortgestalten. Später steht das Erfassen und Analysieren der einzelnen Bestandteile des Wortes bzw. Satzes im Mittelpunkt (vgl. ausführlich z.B. Gümbel 1980).

Die Diskussion um die richtige Methode wurde beendet, als ab 1960 verschiedene empirische Untersuchungen durchgeführt wurden, um herauszubekommen, mit welcher der Methoden Kinder besser lesen lernen. Das Ergebnis war ein „Ende eines Streits ohne Sieger", denn es konnten am Ende des 2. und 4. Schuljahres keine signifikanten Unterschiede zwischen den Leistungen der Kinder festgestellt werden (vgl. Bartnitzky 1998).

Seitdem gibt es nur noch sog. Methoden integrierende Verfahren, in denen Möglichkeiten für synthetische und analytische Lernprozesse kombiniert werden. Dies ist auch sachlogisch konsequent, da sich der Leseprozess immer aus analytischen und synthetischen Akten zusammensetzt (vgl. 2.2.1). Allerdings ist aber mit dem Aufkommen integrativer Verfahren die Suche nach der richtigen Methode nicht aus der Mode gekommen. Stattdessen dreht sie sich nun um die Frage, welches die effektivste integrative Methode ist. Unabhängig vom Ausgang dieser Debatte gibt es heute eine große Zahl und Vielfalt von Fibeln, die analytische und synthetische Elemente unterschiedlich gewichten. Zurzeit befinden sich 47 verschiedene Fibeln auf dem Markt. Nur vier davon (*Bausteine-Fibel, Jo-Jo-Fibel, Lesezauber, Tobi-Fibel*) sind in allen 16 Bundesländern zugelassen, was einmal mehr darauf hinweist, dass es keine einheitlichen Vorstellungen darüber gibt, wie eine Fibel konzipiert sein muss, um einen möglichst erfolgreichen Schriftspracherwerb im ersten und zweiten Schuljahr zu gewährleisten (vgl. Grömminger 2002).

Bei aller Heterogenität zeigen Fibeln Gemeinsamkeiten, die den Unterricht mit ihnen von anderen didaktischen Konzepten wie dem „Spracherfahrungsansatz" (s. 5.2) oder der „silbenanalytischen Methode" (s. 5.3) unterscheiden. Fibeln beinhalten systematische Lehrgänge, die ihren Ausgangspunkt in der isolierten Einheit Buchstabe / Laut nehmen und allmählich zu den komplexen Einheiten Wort / Satz gelangen. Dem entsprechend werden die einzelnen Buchstaben nacheinander in einer bestimmten Reihenfolge eingeführt und zu einzelnen kleinen Wörtern zusammengesetzt, die die ersten Lese- und Schreibwörter bilden. Im Laufe des Lehrgangs werden alle Buchstaben thematisiert und die Anzahl und Vielfalt der zu lesenden Wörter und Sätze nimmt stetig zu. Fast alle Fibeln haben heute zusätzlich eine Anlauttabelle, auf der alle Buchstaben mit je einem Gegenstand abgebildet sind, der mit dem entsprechenden Laut / Buchstaben beginnt (z. B. ‹A› für Affe, ‹E› für Elefant). Sie kann – je nach Unterrichtskonzept – von den Kindern zum Nachschlagen von Lauten und Buchstabenformen herangezogen werden, z. B. beim Schreiben freier Texte. Viele Fibeln beinhalten außerdem Reime, Liederstrophen und kleine Geschichten; alle sind bunt illustriert. Außerdem gibt es Schreiblehrgänge, die sich in getrennten Übungs- und Aufgabenheften befinden. Zentral ist hier das graphomotorische Lernen, also das Einüben und später das Verbinden der Buchstaben(formen).

5.2 Der Spracherfahrungsansatz

In den letzten 25 Jahren ist der Fibellehrgang als Herzstück des schulischen Schriftspracherwerbs immer wieder heftig kritisiert worden. In Titeln wie *Schulanfang ohne Fibeltrott* (Bergk / Meiers 1985) wurde von ihren Gegnern erklärt, dass die Fibel kein geeignetes Lehr- und Lernmittel sei, um allen Kindern in der Grundschule das Lesen und Schreiben beizubringen. Die Gründe dafür speisen sich aus den Erkenntnissen, die aus der Analphabetismus- und der kognitionspsychologischen Schriftspracherwerbsforschung gewonnen wurden (vgl. Abschnitt 3 und 4): Für Kinder beginnt der Schriftspracherwerb nicht erst mit Schulbeginn; sie machen unterschiedlichste Erfahrungen mit Schrift und Schreiben, und sie lernen die Schriftsprache auch außerhalb von Unterricht. Auf diese Lernvoraussetzungen und Prozesse aber – so die Kritik der Fibelgegner – nähmen Fibellehrgänge keine Rücksicht, wenn sie allen Kindern das gleiche sukzessive Lernangebot machen. Weder würde damit die Heterogenität der Lerngruppe berücksichtigt noch die Erkenntnis, dass Lerner nicht nur die Technik des Lesens und Schreibens kennen lernen sollen, sondern auch Schrift in den unterschiedlichsten Zusammenhängen und Funktionen.

Aus dieser Kritik heraus wurde der stark pädagogisch motivierte Spracherfahrungsansatz entwickelt, der – wie der Name schon sagt – große Ähnlichkeiten zwischen Sprach- und Schriftspracherwerb sieht, die im Unterricht berücksichtigt werden sollen (vgl. für die Anfänge u. a. Brügelmann 1983). Der Spracherfahrungsansatz hat ähnlich wie das Fibelkonzept vielfältige Ausprägungen erfahren; *den* Spracherfahrungsansatz gibt es daher nicht, aber es gibt zentrale Merkmale. Das Konzept verzichtet auf einen festgelegten systematischen Lese- und Schreiblehrgang. Stattdessen arbeitet es von Anfang an mit allen Elementen der Schrift, die die Kinder lesend und schreibend in unterschiedlichen Funktionen erproben. Das Schreiben und Lesen eigener Texte spielt dabei eine große Rolle. Nicht nur, weil man Lesen und Schreiben am besten lernt, indem man viel liest und schreibt, sondern auch, weil in den Texten das Ausdrucks- und Mitteilungsbedürfnis der Lerner besonders zum Zuge kommt, was die Lernmotivation steigert (vgl. z. B. Spitta 2000).

Die sog. didaktische Landkarte bietet Lehrenden Orientierung über die verschiedenen kognitiven, sprachlichen und motorischen Fähigkeiten und Fertigkeiten, die sich die Lerner im Laufe des Schriftspracherwerbs aneignen müssen. Sie hilft dabei die Zusammenhänge zwischen diesen Kompetenzen zu berücksichtigen und sie im Unterricht in einem sinnvollen Verhältnis zu thematisieren.

Abb. 1 (Brinkmann / Brügelmann 1997)

Um die Kinder in ihren vielen eigenaktiven Lernprozessen zu unterstützen, können zahlreiche Arbeitsmaterialien herangezogen werden, die von Vertretern des Spracherfahrungsansatzes in den letzten 20 Jahren entwickelt wurden und größtenteils im „Verlag für pädagogische Medien" (vmp) verlegt werden.

Besonders berühmt geworden ist eine Ausprägung des Spracherfahrungsansatzes, nämlich das Konzept „Lesen durch Schreiben" von Jürgen Reichen.

Zentrales Element dieses Ansatzes zum Lesenlernen ist eine Anlauttabelle, die den Kindern vom ersten Schultag an alle Buchstaben zum Schreiben eigener Ideen, Erfahrungen und Geschichten zur Verfügung stellt und damit individuelle Lernprozesse fördert. Die Inhalte, die die Kinder schreiben können, werden nicht durch die Buchstaben bestimmt, die sie schon schreiben können, sondern umgekehrt: Buchstaben werden gelernt, weil die Kinder sie zum Schreiben ihrer Gedanken brauchen (vgl. zusammenfassend Reichen 2001).

Das Schreiben mit der Anlauttabelle erfordert von den Kindern mehrere Schritte, die am Anfang viel Zeit in Anspruch nehmen: Wollen sie ein Wort zu Papier bringen, müssen sie es beim Sprechen zunächst in seine lautlichen Bestandteile zerlegen. Die isolierten Laute müssen dann mit den Anlauten der Gegenstände verglichen werden, die auf der Tabelle abgebildet sind, um herauszufinden, welcher Laut der passende ist. In einem dritten Schritt müssen die Kinder den entsprechenden Buchstaben genau betrachten und anschließend reproduzieren. Diese Prozedur, die für jeden Laut wiederholt werden muss, übt die Kinder in der Analyse von Sprachlauten und ihrer Zuordnung zu Schriftzeichen und führt dadurch – so die These von Reichen – automatisch zum Lesenlernen, da dies die gleichen Teilprozesse (in umgekehrter Reihenfolge) erfordert.

Sprachwissenschaftlich problematisch an dem Konzept „Lesen durch Schreiben" ist die Tatsache, dass den lernenden Kindern der Eindruck vermittelt wird, man schreibe das, was man höre; die Schrift bilde also mit je einem Buchstaben einen Laut ab:

> Die reine Form des Konzepts „Lesen durch Schreiben" unterstellt die Lauttreue der Schreibung, hier begründet durch den Lernprozess der Kinder, der eine solche Phase notwendig mache: „Das wesentliche Lernziel ist die Fähigkeit des Schülers, ein beliebiges Wort in seine Lautfolge zu zerlegen und danach phonetisch vollständig aufzuschreiben" (Reichen 1988, S. 8). Es sei daran erinnert, dass das wesentliche Lernziel das sinnfixierende Schreiben und sinnentnehmende Lesen mit dem System der Buchstabenschrift in der deutschen Sprache ist. Es ist also komplexer und muss bei aller didaktischen Reduktion doch die Komplexität von Anfang an beinhalten (Bartnitzky 1998, S. 37) (vgl. auch 2.1).

Außerdem bleibt die Frage offen, welche alternativen eher systematischen Lernangebote den Kindern gemacht werden können, die mit diesem Ansatz weder richtig schreiben noch lesen lernen. Zu dieser Frage wie zu vielen anderen Kritikpunkten, die von Seiten des Spracherfahrungsansatzes am Fibelkonzept gemacht wurden, hat sich Metze, selber Fibelautor, in seinem aufschlussreichen Aufsatz *Schluss mit einer Scheindebatte* (1995) geäußert. Er stellt Merkmale moderner Fibeln heraus, kennzeichnet ihre Nähe zu Elementen des Spracherfahrungsansatzes, betont aber auch Unterschiede, die gerade für Kinder mit Schwierigkeiten beim Lesen- und Schreibenlernen von Vorteil seien.

Vor allem an der sprachwissenschaftlichen Kritik, aber auch an der Frage, wie strukturiert der schulische Schriftspracherwerb sein sollte, setzt auch die „silbenanalytische Methode" an, die seit Beginn der 90er Jahre entwickelt und erprobt wird.

5.3 Die silbenanalytische Methode

Dieses Konzept ist stark sprachwissenschaftlich fundiert und basiert auf der Erkenntnis, dass wir, wie in Kapitel 2 ausgeführt, nicht in einzelnen Lauten oder Wörtern sprechen, sondern in Silben. Sie sind die kleinsten artikulatorischen Einheiten, während Laute und Wörter Einheiten der Schrift sind. Insofern stellt dieser Ansatz im Unterschied zum Spracherfahrungsansatz und zum Fibelkonzept nicht die Analyse und Synthese von Lauten und Buchstaben in den Mittelpunkt des Unterrichts, sondern von Silben. Ihr Aufbau und ihre Kombination und Funktion im Wort ist das zentrale Thema dieses didaktischen Konzepts für den Schriftspracherwerb.

Entsprechend des spezifischen Verhältnisses von Sprache und Schrift, plädiert die silbenanalytische Methode dafür, die gesprochene Sprache der Kinder zum Ausgangspunkt für den Schriftspracherwerb zu machen. Die Lerner können in der Regel die Wörter ihrer Muttersprache richtig sprechen und haben damit das beste Ausgangsmaterial, um Lesen und Schreiben zu lernen. Denn sie sprechen ganz normal in betonten und unbetonten Silben und genau die gilt es in ihrem lautlichen und schriftlichen Aufbau zu erfassen. Wie sind Silben aufgebaut, wie klingt ein Laut an einer bestimmten Stelle innerhalb einer Silbe, wodurch unterscheiden sich Laute in betonten und unbetonten Silben, welche Aufgabe hat das zweite ‹t› in ‹Mutter› oder das ‹h› in ‹Sahne›? Fragen wie diese stehen neben zahlreichen Reimspielen im Zentrum des Unterrichts. Dabei geht es zunächst schwerpunktmäßig um zweisilbige Wörter, deren erste Silbe betont ist (Trochäen), denn diese Wortstruktur ist die häufigste im Deutschen (vgl. 2.1 und 2.2). Es werden aber auch einsilbige Wörter verwendet, die nur aus einer prominenten Silbe bestehen und dreisilbige Wörter, die neben einer betonten und einer reduzierten auch noch eine Normalsilbe enthalten.

Um die Analyse und Synthese der verschiedenen Silbentypen didaktisch zu unterstützen, arbeitet die silbenanalytische Methode mit „Häuschen", in deren verschiedenen Zimmern und einer Garage die einzelnen Silben mit ihren Bestandteilen „wohnen". Die vier Typen zweisilbiger Wörter haben jeweils ein eigenes Haus, dessen „Innenarchitektur" den unterschiedlichen Aufbau der Silben veranschaulicht.

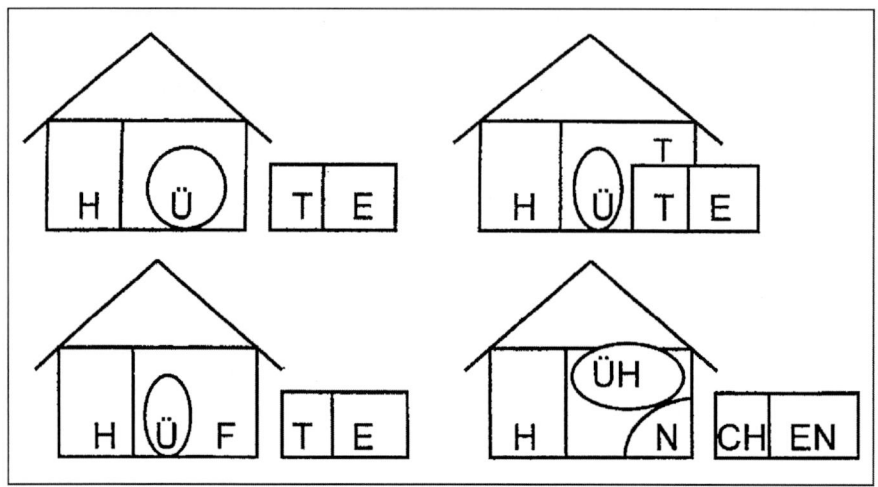

Abb. 2 (Röber-Siekmeyer 2004)

Zur Unterstützung des Leselernprozesses werden die einzelnen Silben eines Wortes mit einem „Lasso" eingefangen (vgl. Röber-Siekmeyer 2004 a). Auf diese Weise lernen die Kinder beim Lesen zunächst die Wörter in die richtigen Segmente, die Silben zu gliedern, was die graphische Komplexität des zu Lesenden reduziert. Das Besondere an dieser Vorgehensweise ist der Umstand, dass der „Cowboy Jim von hinten an die Wörter heranreitet". Mit anderen Worten: Die Kinder lernen erst die zweite, unbetonte Reduktionssilbe vom Wort abzugrenzen. Sie beginnen dabei mit dem Vokal, der den Kern des Silbenreims bildet. Die Tatsache, dass in jeder Reduktionssilbe der Buchstabe ‹e› vorkommt, dieser aber nicht als Vollvokal, sondern als Schwa artikuliert wird, soll den Kindern sehr früh im Leselernprozess bewusst gemacht werden. Denn dann artikulieren sie diese Silbe gleich so, wie sie tatsächlich im Gesprochenen klingt. Das „Dehnlesen" wird vermieden und damit die Wahrscheinlichkeit verbessert, dass der Sinn des Wortes schon beim ersten Lesen erkannt wird.

Im zweiten Schritt wird die betonte Silbe mit dem Lasso markiert, dabei wird auch hier mit dem vokalischen Kern begonnen. Er wird kombiniert mit dem Endrand der Silbe (soweit dieser vorhanden) und dann erst um den Anfangsrand ergänzt. Abschließend werden die Silben kombiniert. So z. B. wird das Wort ‹Dose› in den Schritten [zə] [ʔo] [do] [do.zə] gelesen. Das Wort ‹Muster› gliedert sich in [tɐ] [ʊs] [mʊs] [mʊs.tɐ].

> Beides – die silbische Gliederung mit ihren Akzentuierungen und die Artikulation des Reims [= vokalischer Kern und Endrand der Silbe] garantieren das Lesen realer Wörter. Bei dieser phonologisch geleiteten Dekodierung ist die Suche [nach der Bedeutung] im 'mentalen Lexikon' die beim Lesen automatisch gleichzeitig stattfindet, relativ stark kanalisiert, so dass es kaum noch zu falschen Assoziationen kommt. Das belegt die Lesepraxis in zahlreichen

Klassen auch über den Anfangsunterricht hinaus: Die Lassos verhindern die Artikulation künstlicher Wortgebilde, ermöglichen damit ein schnelleres Erfassen größerer Zusammenhänge im Rahmen der syntaktischen Strukturen, letztlich der Sätze als semantische Einheiten (Röber-Siekmeyer 2004).

Aussagen über die Bedeutung und Funktion des Schreibens und Lesens eigener Texte werden im Rahmen der silbenanalytischen Methode nicht gemacht.

Die hier dargestellten didaktischen Konzepte zum Schriftspracherwerb werden derzeit alle an deutschen Grundschulen praktiziert und viele Kinder lernen mit ihnen Lesen und Schreiben. Ob es mit einem neuen Konzept wie der silbenanalytischen Methode eher gelingt, dass alle Kinder einer Klassen die Schriftsprache erwerben und nicht die üblichen 10–20 % erhebliche Schwierigkeiten behalten, muss sich in der Praxis erst noch erweisen und empirisch erforscht werden (vgl. Weinhold i. V.). Eines steht aber auf jeden Fall jetzt schon fest: Kein Konzept garantiert guten Unterricht oder erfolgreichen Schriftspracherwerb, sondern nur Lehrerinnen und Lehrer, die das erforderliche Wissen über die Bedeutung und Funktion geschriebener Sprache, die Struktur und Regelhaftigkeit der Schrift, die Prozesse Lesen und Schreiben und die Lernvoraussetzungen der Kinder haben. Dazu soll dieser Aufsatz einen Beitrag leisten.

Literaturverzeichnis

Andresen, Helga / Funke, Reinold: Entwicklung sprachlichen Bewusstseins und sprachlicher Bewusstheit. In: Bredel, Ursula / Günther, Hartmut / Klotz, Peter / Ossner, Jakob / Siebert-Ott, Gesa (Hrsg.): Didaktik der deutschen Sprache. Bd. 1. Paderborn: Schöningh 2003, S. 438–451.

Balhorn, Heiko: Fehleranalysen – ein versuch, ausschnitte des regelbildungsprozesses, in dem lerner sich das orthografische system re-konstruieren, zu rekonstruieren. In: Augst, Gerhard (Hrsg.): Graphematik und Orthographie. Frankfurt a. M. [u. a.]: Lang 1985, S. 206–243.

Bartnitzky, Horst: 'Die rechte weis aufs kürzist lesen zu lernen' Oder: Was man aus der Didaktik-Geschichte lernen kann. In: Balhorn, Heiko / Bartnitzky, Horst / Büchner, Inge / Speck-Hamdan, Angelika (Hrsg.): Schatzkiste Sprache 1. Frankfurt a. M.: Arbeitskreis Grundschule 1998, S. 14–46.

Baumann, Monika: Lesetests. In: Bredel, Ursula / Günther, Hartmut / Klotz, Peter / Ossner, Jakob / Siebert-Ott, Gesa (Hrsg.): Didaktik der deutschen Sprache. Bd. 2. Paderborn: Schöningh 2003, S. 869–882.

Bergk, Marion / Meiers, Kurt: Schulanfang ohne Fibeltrott. Bad Heilbrunn: Klinkhardt 1985.

Blesi, Pankraz: Lernen an Lesefehlern. In: Meiers, Kurt (Hrsg.): Fibeln und erster Leseunterricht. Frankfurt a. M.: Arbeitskreis Grundschule 1986, S. 16–27.

Bos, Wilfried / Lankes, Eva Maria / Prenzel, Manfred / Schwippert, Knut / Valtin, Renate / Walther, Gerd: Internationale Grundschul-Lese-Untersuchung (IGLU). Einige Länder der Bundesrepublik Deutschland im nationalen und internationalen Vergleich. Münster: Waxmann 2004.

Brügelmann, Hans: Kinder auf dem Weg zur Schrift. Eine Fibel für Lehrer und Laien. Konstanz: Libelle 1983.

Dehn, Mechthild: Lernschwierigkeiten beim Schriftspracherwerb. Kriterien zur Analyse des Leselernprozesses und zur Differenzierung von Lernschwierigkeiten. In: Zeitschrift für Pädagogik 1984, H. 1, S. 93–114.

Dehn, Mechthild: Zeit für die Schrift: Lesenlernen und Schreibenkönnen. Bochum: Kamp 1988.

Duden: Grammatik der deutschen Gegenwartssprache. Mannheim [u. a.]: Dudenverlag 1998 (Duden, Bd. 4).

Feilke, Helmuth: Entwicklung schriftlich-konzeptualer Fähigkeiten. In: Günther, Hartmut / Klotz, Peter / Ossner, Jakob / Siebert-Ott, Gesa (Hrsg.): Handbuch Didaktik der deutschen Sprache. Bd. 1. Paderborn: Schöningh 2003, S. 178–192.

Findeisen, Uwe / Melenk, Gisela / Schillo, Heidi: Lesen lernen durch lauttreue Leseübungen. Leseschwäche, Leselernprozess, Leseübungen. Bochum: Winkler 1988.

Giese, Heinz W. (Hrsg.): Lesen lernen. Diskussionsbeiträge aus 50 Jahren; Bernhard Bosch zum 100. Geburtstag. Duisburg: Gilles & Francke 2003.

Giese, Heinz W. / Osburg, Claudia / Weinhold, Swantje: Sprachunterricht in der Primarstufe. In: Bredel, Ursula / Günther, Hartmut / Klotz, Peter / Ossner, Jakob / Siebert-Ott, Gesa (Hrsg.): Didaktik der deutschen Sprache. Bd. 2. Paderborn: Schöningh 2003, S. 684–697.

Goodman, Kenneth: Die psycholinguistische Natur des Leseprozesses. In: Hofer, Adolf (Hrsg.): Lesenlernen. Düsseldorf: Schwann 1976, S. 139–151.

Goodman, Kenneth S.: Lesen als psycholinguistisch-kognitives Probierverhalten. In: Meiers, Kurt / Schwartz, Erwin (Hrsg.): Fibeln und Erstlesewerke II. Frankfurt a. M.: Arbeitskreis Grundschule 1977, S. 295–307.

Grömminger, Arnold (Hrsg.): Geschichte der Fibel. Frankfurt a. M. [u. a.]: Lang 2002.

Gümbel, Ruth: Erstleseunterricht Entwicklungen – Tendenzen – Erfahrungen. Kronberg: Scriptor 1980.

Günther, Hartmut: Die Schrift als Modell der Lautsprache. In: OBST 1995, H. 51, S. 15–31.

Günther, Klaus-B.: Ein Stufenmodell der Entwicklung kindlicher Lese- und Schreibstrategien. In: Brügelmann, Hans (Hrsg.): ABC und Schriftsprache. Rätsel für Kinder, Lehrer und Forscher. Konstanz: Faude 1986, S. 32–54.

Herné, Karl-Ludwig: Rechtschreibtests. In: Bredel, Ursula / Günther, Hartmut / Klotz, Peter / Ossner, Jakob / Siebert-Ott, Gesa (Hrsg.): Didaktik der deutschen Sprache. Bd. 2. Paderborn: Schöningh 2003, S. 883–898.

Holle, Karl: Buchkonzepte von Kindern. unveröffent. Manuskript o. J.

Hüttis-Graff, Petra / Baark, Claudia: Die Schulanfangsbeobachtung – Unterrichtsaufgaben für den Schrifterwerb. In: Dehn, Mechthild / Hüttis-Graff, Petra / Kruse, Norbert (Hrsg.): Elementare Schriftkultur. Schwierige Lernentwicklung und Unterrichtskonzept. Weinheim, Basel: Beltz 1996, S. 132–153.

Hüttis-Graff, Petra / Widmann, Bernd-Axel: Elementare Schriftkultur als Prävention von Lese-/ Rechtschreibschwierigkeiten und Analphabetismus bei Grundschulkindern. Abschlußbericht des Modellversuchs der Bund-Länder-Kommission für Bildungsplanung und Forschungsförderung. Behörde für Schule 1996.

Krichbaum, Gabriele: Ausgangsschriften: Ballast oder Notwendigkeit? In: Balhorn, Heiko / Bartnitzky, Horst / Büchner, Inge / Speck-Hamdan, Angelika (Hrsg.): Schatzkiste Sprache 1. Von den Wegen der Kinder in die Schrift. Frankfurt a. M.: Arbeitskreis Grundschule 1998, S. 258–265.

Lange, Günter: „Wer nur Lesen lehrt, lehrt nicht Lesen" (Hördt). Der Leseprozess und seine Bedingungen. In: Kiper, Hanna / Nauck, Joachim (Hrsg.): Unterrichten im ersten Schuljahr. Baltmannsweiler: Schneider 1999, S. 83–95.

Ludwig, Otto: Integriertes und nicht integriertes Schreiben. Zu einer Theorie des Schreibens: eine Skizze. In: Baurmann, Jürgen / Weingarten, Rüdiger (Hrsg.): Schreiben. Prozesse, Prozeduren und Produkte. Opladen: Westdeutscher Verlag 1995, S. 273–287.

Maas, Utz: Grundzüge der deutschen Orthographie. Tübingen: Niemeyer 1992.

Meiers, Kurt: Lesenlernen und Schriftspracherwerb im ersten Schuljahr: ein Studienbuch. Bad Heilbrunn: Klinkhardt 1998.

Naegele, Ingrid / Valtin, Renate (Hrsg.): LRS in den Klassen 1–10. Grundlagen und Grundsätze der Lese-Rechtschreib-Förderung. Weinheim, Basel: Beltz 1997.

Neuhaus-Siemon, Elisabeth: Frühlese-Ergebnisse einer Fragebogenerhebung in den Regierungsbezirken Unterfranken und Köln. In: Zeitschrift für Pädagogik 1991, H. 2, S. 285–308.

Ong, Walter J.: Oralität und Literalität: Die Technologisierung des Wortes. Opladen: Westdeutscher Verlag 1987.

Quenzel, Irmina: Erstschreibunterricht – Implikationen aus dem Schreibtraining in der neurologischen Rehabilitation. In: Balhorn, Heiko / Bartnitzky, Horst / Büchner, Inge / Speck-Hamdan, Angelika (Hrsg.): Schatzkiste Sprache 1. Von den Wegen der Kinder in die Schrift. Frankfurt a. M.: Arbeitskreis Grundschule 1998, S. 266–278.

Raible, Wolfgang: Orality and Literacy. In: Günther, Hartmut / Ludwig, Otto (Hrsg.): Schrift und Schriftlichkeit. Ein interdisziplinäres Handbuch internationaler Forschung. Bd. 1. Berlin [u. a.]: de Gruyter 1994, S. 1–18.

Reichen, Jürgen: Hannah hat Kino im Kopf. Hamburg / Zürich: Heinevetter / Scola 2001.

Richter, Sigrun / Brügelmann, Hans: Der Schulanfang ist keine Stunde Null. In: Brügelmann, Hans / Richter, Sigrun (Hrsg.): Wie wir recht schreiben lernen. Konstanz: Libelle 1994, S. 62–77.

Röber-Siekmeyer, Christa: Schrifterwerb. In: Knapp, Karlfried (Hrsg.): Angewandte Linguistik. Ein Lehrbuch. Paderborn: Schöningh 2004, S. 5–25.

Scheerer-Neumann, Gerheid: Der Erwerb der basalen Lese- und Schreibfähigkeiten. In: Günther, Hartmut / Ludwig, Otto (Hrsg.): Schrift und Schriftlichkeit. Ein internationales Handbuch interdisziplinärer Forschung. Bd. 2. Berlin [u. a.]: de Gruyter 1996, S. 1153–1169.

Schenk, Christa: Lesen und Schreiben lernen und lehren. Eine Didaktik des Erstlese- und Erstschreibunterrichts. Baltmannsweiler: Schneider 2002.

Sieber, Peter: Modelle des Schreibprozesses. In: Günther, Hartmut / Klotz, Peter / Ossner, Jakob / Siebert-Ott, Gesa (Hrsg.): Handbuch Didaktik der deutschen Sprache. Bd. 1. Paderborn: Schöningh 2003, S. 208–223.

Spitta, Gudrun (Hrsg.): Freies Schreiben – eigene Wege gehen. Lengwil: Libelle 2000.

Topsch, Wilhelm: Das Ende einer Legende. Die Vereinfachte Ausgangsschrift auf dem Prüfstand. Analyse empirischer Arbeiten zur Vereinfachten Ausgangsschrift. Donauwörth: Auer 1996.

Topsch, Wilhelm: Grundkompetenz: Schriftspracherwerb. Neuwied: Luchterhand 2000.

Valtin, Renate: Schriftspracherwerb als Entwicklungsprozess. In: Grundschule 1988, H. 12, S. 12–16.

Weingarten, Rüdiger: Schriftspracherwerb. In: Rickheit, Gerd (Hrsg.): Handbuch Psycholinguistik. Berlin [u. a.]: de Gruyter 2003.

Weinhold, Swantje: Text als Herausforderung. Zur Textkompetenz am Schulanfang. Freiburg i. B.: Fillibach 2000.

Weinhold, Swantje: Textkompetenz am Schulanfang. Ergebnisse einer Untersuchung von Texten aus dem ersten Schuljahr. In: Portman-Tselikas, Paul R. / Schmölzer-Eibinger, Sabine (Hrsg.): Textkompetenz. Österreichische Beiträge zu Deutsch als Fremdsprache. Graz: Studienverlag 2002, S. 147–162.

Weinhold, Swantje: Konzepte zum Schriftspracherwerb im Vergleich [i. V.]

Wygotski, Lew S.: Denken und Sprechen. Frankfurt a. M.: S. Fischer 1969.

ANJA WILDEMANN

Aufsatzunterricht – Texte schreiben

1 Entwicklung von einer Aufsatzdidaktik zu einer Schreibdidaktik

Das Schreiben von Texten ist ein eigenständiger Lernbereich im Deutschunterricht der Schule. Dabei hat sich im Laufe der Zeit eine sukzessive Entwicklung von einem traditionellen Aufsatzunterricht hin zu einer Schreibdidaktik vollzogen, die das Verfassen von Texten in den Mittelpunkt ihrer didaktischen und methodischen Überlegungen stellt. Die Intentionen und Schwerpunkte der verschiedenen Richtungen der Schreibdidaktik spiegeln sich in einer ebenso vielfältigen Terminologie wider. Neben Bezeichnungen wie 'Schriftliche Kommunikation', 'Kreatives Schreiben', 'Freies Schreiben', und 'Sprachgestaltung' wird in den letzten Jahren zunehmend von 'Textproduktion' gesprochen, womit der Prozess des Schreibens an Bedeutung gewinnt. Damit einher geht eine stärkere Fokussierung der Funktionen des Schreibens im Hinblick auf literarisches und literales Lernen – insbesondere in den ersten Schuljahren.

Die unterschiedlichen didaktischen Positionen der letzten Jahrzehnte und ihr Einfluss auf die fachwissenschaftliche Diskussion geben einen Einblick in die Entwicklung von eher traditionellen Ansätzen des Aufsatzunterrichts zu prozessorientierten Schreibformen. Sie sollen im Folgenden kurz dargestellt und erläutert werden.

1.1 Kommunikativer Aufsatzunterricht

Mit der 'kommunikativen Wende' hat sich in den 1960er und 70er Jahren ein adressatenorientierter Ansatz der Aufsatzdidaktik etabliert, der sein Vorbild vornehmlich in den Merkmalen der mündlichen Kommunikation sah. Begründet wird diese Nähe zur Mündlichkeit mit der kindlichen Sprachentwicklung (vgl. Sanner 1964, S. 45). Der im frühen Kindesalter dominante mündliche Sprachgebrauch soll danach auch Ausgangspunkt für den schulischen Aufsatzunterricht sein:

> Voraus geht in jedem Falle [...] der sogenannte „mündliche Aufsatz", d. h. die selbständige Wiedergabe eines persönlichen Erlebens in wenigen zusammenhängenden Sätzen vor der Klasse. Ende des zweiten, besser noch Anfang des dritten Schuljahres erfolgt dann der allmähliche Übergang zur schriftlichen Gestaltung eines Erlebnisinhaltes (Sanner 1964, S. 45).

Das Schreiben von Aufsätzen ist damit nicht nur ein in erster Linie kommunikativer Akt, sondern vollzieht sich zugleich in einem dem Kinde vertrauten Bezugsrahmen. Das Kind soll von Erlebnissen 'erzählen', über Ereignisse 'berichten' und Vorgänge 'beschreiben' oder 'schildern'. Die damit präferierten realistischen Schreibanlässe lassen die in einem solchen Unterricht entstehenden Texte nicht selten zu Gebrauchstexten werden, bei denen der informative Charakter dominiert. Die Schüler schreiben weniger für sich als vielmehr für bzw. an andere – also an reale oder fiktive Leser – und müssen deshalb in erster Linie die Normen eines adressatenbezogenen Schreibens berücksichtigen. Neben dem Realitätsbezug und der damit verbundenen Textsortenorientierung des kommunikativen Aufsatzunterrichts sind der 'Adressatenbezug', die 'Schreibintention' und die 'Situationsangemessenheit' die wesentlichen Merkmale einer solcher Schreibdidaktik (vgl. Merz-Grötsch 2000, S. 221 ff.).

Adressatenbezug

Der geschriebene Text richtet sich immer an einen Adressaten oder Adressatenkreis, der beim Schreiben des Textes berücksichtigt werden muss. Das erfordert vom Schreiber ein hohes Maß an kognitiven Fähigkeiten, da der Adressat im Moment des Schreibens – anders als in der mündlichen Kommunikationssituation – nicht anwesend ist und somit keine direkten Rückmeldungen liefern kann. Der Schreiber muss also die möglichen Verstehensleistungen des Lesers antizipieren und sich dabei vom eigenen Text distanzieren. Ein solcher Perspektivwechsel erfordert eine Loslösung von der unmittelbaren Situation, um eine für den Leser nachvollziehbare Darstellung zu gewährleisten (vgl. u. a. Merz-Grötsch 2000, S. 222).

Der Aspekt des adressatenorientierten Textschreibens in Verbindung mit der Forderung nach alltagsnahen Schreibthemen schränkt jedoch die Auswahl an möglichen Schreibanlässen von vornherein stark ein. Nicht selten ist der eigentliche Adressat die Lehrperson, die den Text des Schülers schließlich bewertet. Dies bleibt oftmals das einzige Feedback, das Schüler in Bezug auf ihre Texte erhalten, sodass sie die Wirkung ihrer Texte auf den Leser nur unzureichend oder gar nicht erfahren.

Schreibintention

Auch die Schreibintention ist im kommunikativen Aufsatzunterricht unmittelbar an das Postulat des Schreibens in Realsituationen gebunden. Der Schreiber, der sich zunächst an reale und später auch an fiktive Leser wendet, verfolgt eine kommunikative Absicht. Der schriftliche Text kann dabei eher einen informierenden, einen appellativen oder einen erzählenden Gestus haben.

Situationsangemessenheit

Das Schreiben von Texten im kommunikativen Aufsatzunterricht soll sich in konkreten (Alltags-)Situationen ereignen. Der Schreibende soll dann in Abhängigkeit zu Intention und Adressat einen situationsadäquaten Text verfassen.

Gemeint ist damit eine an die Situation angepasste Ausdrucksweise sowie eine entsprechende formale schriftliche Darstellungsform.

Der kommunikative Aufsatzunterricht mit seinen Forderungen nach realistischen und konkreten Schreibanlässen, die ebensolche Adressaten beinhalten, fand sein Pendant in der realistischen Kinder- und Jugendliteratur dieser Zeit. Die Literaturdidaktik der 1970er Jahre zeigte sich in der Auswahl ihrer Themen jedoch um einiges radikaler, „problemorientierter" (Kliewer 1990, S. 338) und gesellschaftskritischer als die normorientierte Aufsatzdidaktik.

1.2 Emanzipatorischer Aufsatzunterricht

Der emanzipatorische Aufsatzunterricht stellt bereits in den 1970er Jahren einen deutlichen Gegensatz zu den theoretischen Ansätzen des kommunikativen Aufsatzunterrichts dar. Der Fokus einer solchen Schreibdidaktik richtet sich nicht so sehr auf die kommunikativen Sprachhandlungen, sondern vielmehr auf das Schreiben als einer Form der Aneignung von Welt. Der Schreibende setzt sich schreibend mit der Welt, in der er lebt, auseinander und bringt sein Selbst dadurch in Relation zur Wirklichkeit (Schuster 2003, S. 121).

Wegweisend für die Entstehung des emanzipatorischen Aufsatzunterrichts war dabei das Buch *Aufsatzerziehung als Hilfe zur Emanzipation*, in dem Ingendahl das Schreiben als einen emanzipatorischen Akt der Selbstbefreiung und Entfaltung des Menschen einfordert. Dabei spielt die sprachliche Form eine herausragende Rolle, da sie den Schreibenden in die Lage versetzt, die Sprache als soziales Mittel der Emanzipation zu verwenden. Das Schreiben von Texten und die formale Sprachgestaltung gehen beim emanzipatorischen Schreiben eine Symbiose ein, in deren Verlauf eine Bewusstseinserweiterung erfolgen soll (vgl. Merkelbach 1982, S. 80).

Der emanzipatorische Ansatz von Ingendahl wird in der Literatur auch als heuristisches Schreiben bezeichnet (vgl. Merz-Grötsch 2000, S. 228f. und Schuster 2003, S. 121). Während der Terminus 'emanzipatorisch' nicht nur eine in Bezug auf das Schreiben für seine Zeit innovative Ausrichtung, sondern zugleich eine gesellschaftskritische Sichtweise zum Ausdruck bringt, beinhaltet der Begriff 'heuristisch' eine stärkere Fokussierung auf die erkenntnisbringenden, kognitiven Funktionen des Schreibens.

1.3 Kreatives und Freies Schreiben

In den 1970er und 80er Jahren hält schließlich der Kreativitätsbegriff Einzug in die Schreibdidaktik. Unter dem Begriff Kreativität werden Denk- und Handlungsmuster verstanden, die ungewöhnliche und unerwartete Lösungen beinhalten. Ein wesentlicher Aspekt stellt dabei das Durchbrechen vorgegebener Normen dar. Eine besondere Bedeutung erhält in diesem Zusammenhang das Spiel mit Sprache, sei es in Form von selbst verfassten Unsinnstexten oder das Verfremden von Textvorlagen. Das Kreative Schreiben ist vor allem in den 1970er Jahren somit ein ästhetisches Verfahren im Umgang mit der Sprache. Erst in den 1980er Jahren wird der Kreativitätsbegriff ausgedehnt auf die Persönlichkeit des Schreibers und Kreativität nun zunehmend als Selbstausdruck verstanden (Spinner 2001, S. 109 f.). Hier kommt dann auch wieder der emanzipatorische Ansatz von Ingendahl zum Tragen, wonach das Kreative Schreiben ein Mittel zur Expression und Selbstvergewisserung ist, welches einen wesentlichen Beitrag zur Identitätsfindung leistet. Spinner sieht in der Entstehung des Kreativen Schreibens

> einen Versuch [...], sich gegen die zunehmende Anonymisierung in unserer Gesellschaft zu wehren, sich zu behaupten in einer Welt, in der durch Medienflut und Bürokratisierung der Einzelne immer mehr aus dem Blick gerät (Spinner 2001, S. 110).

Das Kreative Schreiben geht schließlich in den 1980er Jahren im Freien Schreiben auf und knüpft damit wieder an die Reformpädagogik an. Beide schreibdidaktischen Richtungen – das Kreative und das Freie Schreiben – stellen eine Gegenbewegung zu der stark kognitiven Ausrichtung der kommunikativen und der emanzipatorischen Schreibdidaktik dar, indem sie ihren Blick verstärkt auf die Persönlichkeit des Schreibenden richten. Vielleicht werden auch deshalb beide Begriffe häufig synonym verwendet. Während jedoch beim Freien Schreiben eine freie Themenwahl erfolgt, sind die Schreibanlässe beim Kreativen Schreiben, bei dem eine bewusst inszenierte Manipulation der Sprache stattfindet, vorgegeben. Im schulischen Aufsatzunterricht hat sich insbesondere das personal-kreative Schreiben durchgesetzt (vgl. Schuster 2003). Auch hier wird ein Schreibanlass von der Lehrperson vorgegeben; die Schüler werden jedoch anders als bei den kognitionstheoretischen Methoden nicht dazu aufgefordert, nach normierten Schreibmustern zu schreiben, sondern haben die Möglichkeit, individuelle Zugangs- und Ausdrucksweisen für ihre Textproduktion zu verwirklichen (vgl. Merz-Grötsch 2000, S. 220). Der Individualität des Schülers wird schließlich auch in der Bewertung der Schreibprodukte Rechnung getragen, indem von der Lehrperson unterschiedliche Lösungen akzeptiert werden und ein sensibler Umgang mit den entstandenen Schülertexten im Unterricht erfolgt.

1.4 Texte schreiben

Lange Zeit haben die oben beschriebenen Aufsatzformen die Didaktik des Deutschunterrichts maßgeblich bestimmt. Einige von ihnen spielen auch heute noch eine Rolle im kanonisierten Aufsatzunterricht der Schule. Anders als in den vergangenen Jahrzehnten wird seit den 1990er Jahren aber immer weniger eine bestimmte, zumeist textsortenspezifische Schreibdidaktik vertreten. Vor allem in der fachwissenschaftlichen Diskussion rückt zunehmend eine Didaktik des Textschreibens in den Fokus empirischer Untersuchungen und schließlich unter-

richtsdidaktischer Überlegungen. Damit haben sich auch die fachdidaktischen
Termini verändert; statt von Aufsatzunterricht spricht man nun von Schreibunterricht oder vom Texteverfassen (vgl. Ludwig 2003, S. 175). Mit der Bedeutungszunahme der Textproduktion im Deutschunterricht etabliert sich eine prozessorientierte Schreibdidaktik, die einerseits den Prozess des Schreibens und
andererseits literale und literarische Entwicklungsprozesse der Schreibenden
beinhaltet (Böttcher / Becker-Mrotzek 2003, S. 38). Auf den Aspekt der Prozessorientierung möchte ich im Folgenden näher eingehen. Dazu ist es erforderlich,
den Blick zunächst auf den Textbegriff zu richten, der sich in den letzten Jahrzehnten ebenfalls gewandelt hat. Denn die Entwicklung in der Aufsatzdidaktik
vom Schreibprodukt hin zum Schreibprozess beinhaltet nicht nur eine Erweiterung der verschiedenen Teilaspekte des Schreibens, sondern auch einen veränderten Textbegriff. So geht Nussbaumer im Rahmen seines Zürcher Textanalyse-
rasters (siehe Anhang) von einem Textbegriff aus, der primär monologische und
schriftliche Texte beinhaltet und damit zugleich mündliche Textformen und
bestimmte Arten schriftlich fixierter Sprachformen (z. B. Telefonbücher) aus seinem Textbegriff ausschließt. Ein wesentliches Merkmal von Texten ist die Kohärenz, also das Zusammenstimmen der einzelnen Textteile. Entsprechend deklariert Nussbaumer Textualität als „Zusammenstimmen von Teilen zu einem inte-
gralen Ganzen, [das] seinen Ort im Kopf eines Sprachbenützers hat" (Nussbaumer 1993, S. 65). Eine solche Fokusverschiebung, in deren Folge nicht mehr ausschließlich das fertige Produkt betrachtet wird, sondern der Text dimensionali-
siert wird als ein „Text O" im Kopf des Textproduzenten, ein „Text 1" auf dem
Papier und schließlich ein „Text 2" als Text im Kopf des Rezipienten (ebd.,
S. 64), stellt eine wesentliche Erweiterung des Textbegriffes bzw. der Vorstellung
von Textualität dar (Abb. 1). Dabei beinhaltet die Trinität des Nussbaumer'schen Textbegriffes, welche Texte als „äußerliche Objekte" (Text 1) von
Texten als „mentale Entitäten" (Text 0 und Text 2) (ebd.) unterscheidet, nicht
nur einen eher verstehensorientierten Umgang mit den Schreibprodukten, sondern auch einen ontogenetischen Blick auf die Schreibentwicklungen von Schülern und Schülerinnen.

Text im Kopf des Textproduzenten TEXT 0	Text auf dem Papier TEXT 1	Text im Kopf des Rezipienten TEXT 2

Abb. 1 (Quelle: Nussbaumer 1993, S. 64)

Wenn der auf dem Papier sichtbare Text nicht mehr als endgültiger und einziger
Text des Schreibers gedacht wird, sondern einerseits als Ausdruck der mentalen
Prozesse des Schreibenden (Text 1) und andererseits als individuelle Wahrneh-
mungsleistungen des Rezipienten (Text 2), dann stellt sich die Frage, über

welche Fähigkeiten und welches Wissen ein Schreiber verfügen muss, damit sein Text vom Leser auf die eine oder andere Art verstanden werden kann. In Nussbaumers Überlegungen sind es vor allem die Verstehensleistungen des Rezipienten, die wesentlich zur Textualität beitragen. Auf der Grundlage von „verstehensrelevantem Vorwissen" (Nussbaumer 1993, S. 65) ist der Leser in der Lage, sich Texte zu erschließen. Dazu zählen das Weltwissen, das Sprachwissen und das Handlungswissen als die drei Säulen, auf denen der Rezipient durch Assimilation und Akkomodation Verstehen herstellt. Gleiches gilt aber auch für den Textschreiber, der bei der Konzeption seines Textes nicht nur über sprachliches Wissen verfügen muss, sondern gleichzeitig sein Welt- und sein Handlungswissen anwendet und erweitert.

Textualität ist damit im Sinne Nussbaumers ein wechselseitiger Prozess, der mentale Leistungen von Seiten des Schreibers und des Lesers erfordert und an dessen Ende bei gelungener 'Korrespondenz' ein kohärenter Text steht. Bevor sich jedoch der Rezipient einem Text nähern kann, ist es Aufgabe des Textproduzenten, einen Text herzustellen, der ein Verstehen ermöglicht. So wollen Baurmann und Weingarten das Textschreiben als einen Vorgang verstanden wissen, der neben den grapho-motorischen Handlungen „mentale Prozesse" (Baurmann / Weingarten 1995, S. 7) im Hinblick auf den Textentwurf und die Textfassung beinhaltet. Sie sprechen in diesem Zusammenhang vom Schreiben als einer „textkonstituierenden Operation" (ebd., S. 7), in deren Zuge vielfältige Teilhandlungen vom Schreiber erbracht werden müssen.

Es ist inzwischen Common Sense der Schreibforschung, dass das Schreiben von Texten ein Vorgang ist, bei dem verschiedene Teilprozesse realisiert werden. Als immanente Prozesse des Schreibens gelten u. a. das Planen, Formulieren und Überarbeiten (vgl. Baurmann / Ludwig 1996, S. 15 und Böttcher / Becker-Mrotzek 2003, S. 17). Die Überarbeitungsprozesse, die während des Schreibens stattfinden, werden später in Kapitel 2.1 noch einmal eingehender vorgestellt.

Wenn das Textschreiben in der modernen Schreibdidaktik inzwischen als ein mehrdimensionaler Prozess verstanden wird, dann beinhaltet eine solche Perspektive eine Loslösung von der Produktorientiertheit der traditionellen Aufsatzerziehung. Nicht mehr ausschließlich der fertige Text steht im Mittelpunkt des Interesses, sondern auch der Prozess seines Werdens. Damit richtet sich der Blick zunehmend auf die Entstehungsbedingungen von Texten, also auf die Kontexte des Textschreibens. Die Kontexte für das Textschreiben sind vielfältig; sie umfassen nicht nur die aktuelle Situation des Schreibers im Moment des Schreibens, sondern auch mögliche Vorerfahrungen und Wechselwirkungen mit bereits geschriebenen Texten und dem zu schreibenden Text. Feilke spricht hier auch von „Texterfahrung" oder „Intertextualität" (Feilke 2000, S. 18). Eine solche Kontextgebundenheit sieht Dehn auch für das schulische Schreiben und plädiert hier für ein erweitertes Modell des Textschreibens bei dem die Kontextualisierung von (mindestens) zwei Seiten aus betrachtet wird. Danach ist das Schreiben einerseits stets an äußere Bedingungen gebunden („Kontexte für Texte"), die den Schreibprozess und das Schreibprodukt nachhaltig prägen, und andererseits an andere Texte („Texte als Kontexte") (Dehn 1999, S. 70). Dieses gilt es beim schulischen Schreiben stets zu berücksichtigen.

Mit der zunehmenden Fokussierung des Schreibens als ein problem- und prozessorientiertes Verfahren, bei dem die Kontexte der Textproduktion Berücksichtigung finden, widmet sich die gegenwärtige Didaktik des Textschreibens zunehmend methodischen Fragestellungen. Es geht nicht mehr so sehr um normierte Zielsetzungen, sondern vielmehr um „die Entwicklung von sprachlichen Handlungsmöglichkeiten" (Haueis 1994, S. 1265).

2 Didaktische Diskussion

In der didaktischen Diskussion der letzten Jahre richtet sich der Blick nach wie vor auf den im Schreibunterricht entstandenen Text. Das ist auch plausibel, ist doch der Text das sichtbar gewordenen Produkt diverser mentaler, sprachlicher und grapho-motorischer Schreibhandlungen. Während jedoch in den Jahrzehnten des kommunikativen und heuristischen Schreibens der Text Dreh- und Angelpunkt für die Umsetzung normativer Schreibstrategien und die Realisierung von Textsorten war, ist das Schreibprodukt heutzutage auch immer Ausdruck eines Lernprozesses, der bei dem einzelnen Schreiber stattfindet. Die Perspektive auf den Schreibenden beinhaltet deshalb immer auch die Wahrnehmung seiner individuellen Ausgangssituation. Kinder kommen nicht ohne jegliches Vorwissen in die Schule, sie haben bereits erste Erfahrungen mit Schrift gesammelt – sei es durch das elterliche Vorlesen, durch die Konfrontation mit Geschriebenem in ihrem Alltag (z. B. Straßenschilder, Werbung usw.) oder durch erste eigene Schreibversuche (z. B. das Schreiben des eigenen Namens) (vgl. den Beitrag zum Schriftspracherwerb i. d. B.). Neben dem literalen (Vor-)Wissen verfügt die Mehrheit der Schulanfänger über primäre literarische Erfahrungen, die unbedingt in den Schreibunterricht der Grundschule einfließen sollten. Ähnlich sieht es auch Kruse, wenn er konstatiert,

> dass vor- und außerschulische Schrifterfahrung immer schon auch zu einem Können und zur einer je eigenen Perspektive auf das führt, was im schulischen Unterricht angeboten wird (Kruse 2003, S. 239).

Neuere didaktische Konzepte stützen sich auf diese Kenntnis und versuchen die primären Schrifterfahrungen der Kinder aufzugreifen und fortzuführen. Das wirkt sich auch auf den schulischen Umgang mit den im Unterricht entstandenen Texten aus, die dann nicht mehr von vornherein als defizitär angesehen werden, sondern als Ausdruck einer aktuellen Lernentwicklung. Ziel eines solchen Unterrichts ist schließlich die Entwicklung von Textkompetenz. Insbesondere in den Arbeiten von Mechthild Dehn werden die Texte von jungen Schreibanfängern als „Korrespondenzen" (Dehn 1999, S. 48) in Bezug auf Schreibvorgaben (z. B. in Form von Gedichten, Bilderbüchern oder Bildern) und vor dem Hintergrund individueller Vorerfahrungen untersucht. Dabei hat sie in den Kindertexten konstitutive Textmerkmale entdeckt (Metaphern, erlebte Rede, Selbstreferentialität, Chiasmus, Geschichtenform etc.), die sie als „literarische Muster" hinsichtlich einer „ästhetischen Sprachfunktion" deklariert (ebd., S. 58). Aufgabe der Schule ist es demnach, die „anthropologische Ausstattung" (ebd., S. 59) der Kinder zu erkennen und Möglichkeiten für individuelle Schreibentwicklungen bereitzustellen.

2.1 Produktorientierung versus Prozessorientierung

In der Aufsatzdidaktik steht zunächst das Produkt – also der Text – im Fokus der Aufmerksamkeit. Das ist auch nachvollziehbar, wo doch die Funktion des schulischen Schreibens in erster Linie in der Bewertung der schriftlichen Textproduktionen gesehen wird. Die Produktorientierung ist aber nicht selten auch ein Wunsch von Lehrern und Lehrerinnen, die es als wesentlich einfacher empfinden, 'fertige' Texte im Gegensatz zu dynamischen Entwicklungsprozessen zu beurteilen. Der geschriebene Text dient dabei häufig als Kontrollinstanz für eine Leistungsbewertung (vgl. Merz-Grötsch 2000, S. 190).

Ein solches didaktisches Verständnis beinhaltet zugleich eine Favorisierung des textsortenspezifischen Schreibens. Der Deutschunterricht dient dann in erster Linie dazu, die Schüler mit den verschiedenen Textsorten vertraut zu machen, wobei der abschließend geschriebene Aufsatz dann einer Reproduktion gleichkommt. Die starke Orientierung auf den Text ist auch eine Verkürzung des Lehr-Lern-Verständnisses, wie sie Kruse für den Bereich der vorschulischen Erfahrungen beschreibt. Er schreibt in Bezug auf eine Didaktik, welche die vor- und außerunterrichtlichen Schrifterfahrungen von Kindern negiert, dass „das Lernen derart mit dem Lehren kurzgeschlossen wird, dass alles, was der Lehrer lehrt, vom Schüler auch gelernt wird. In diesem Verständnis ist Lernen immer eine Bewegung des Lehrers" (Kruse 2003, S. 239). Dies lässt sich auch auf ein einseitig produktorientiertes Schreiben, in dessen Vollzug das zuvor im Unterricht erworbene Textsortenwissen lediglich mechanisch angewandt wird, übertragen. Der Lehrer fungiert hierbei in erster Linie als Vermittler von Schreibnormen, die der Schüler schließlich umsetzen soll.

Auf dem Weg zu einer prozessorientierten Schreibdidaktik gibt es jedoch Übergänge, die ein Nebeneinander und Miteinander von Textsortenwissen auf der einen Seite und Prozesshaftigkeit auf der anderen Seite als sinnvoll erscheinen lassen. So beschreibt Feilke in seinem Beitrag *Wege zum Text* das Wissen um verschiedene Textsorten als eine Stütze für das eigene Schreiben (Feilke 2000, S. 18). Er plädiert für ein umfangreiches Textsortenbewusstsein auf Seiten der Schüler, mit dessen Hilfe sie zunehmend in die Lage versetzt werden, kohärente Texte zu verfassen. Und obwohl Feilke vor allem die kommunikative Funktion von Texten betrachtet und damit einem textsortenorientiertem Schreiben den Vorrang gewährt, sieht er auch die Notwendigkeit einer prozesshaften Schreibdidaktik. Dazu zählt er beispielsweise die Planung des zu schreibenden Textes sowie das Überarbeiten von Texten. Insgesamt benennt Feilke vier Bereiche, die er für die Entwicklung von Textkompetenzen verantwortlich zeichnet: 1. Kontexte klären, 2. Textsortenbewusstsein entwickeln, 3. Texte gliedern, 4. Zusammenhänge deutlich machen (Feilke 2000, S. 17). Ausgehend von einem rezeptiven Umgang mit fremden Texten soll dabei auch „eine Kultur der Arbeit mit und an eigenen Texten aufgebaut und gefördert werden" (ebd., S. 21).

Während die Planungs- und Überarbeitungsakte bei Feilke noch Übungscharakter haben, werden sie von Baurmann / Ludwig als essentielle Bestandteile des Schreibprozesses angesehen (vgl. Baurmann / Ludwig 1996). Anhand der verschiedenen Formen der Überarbeitung machen die Autoren deutlich, dass ein Text mehr ist als ein sichtbares Produkt auf dem Papier. Dementsprechend unterscheiden sie Überarbeitungen auf dem Papier und Überarbeitungen im Kopf des Textproduzenten. Diese können mündlich, schriftlich und in Gedanken vollzogen werden (ebd., S. 15). Hier ist eine Übereinstimmung mit dem eingangs dargestellten triadischen Textbegriff von Nussbaumer auszumachen. Auch bei Baurmann / Ludwig gibt es Texte in den Köpfen der Schreiber (Text 0) sowie Texte auf dem Papier (Text 1) und letztlich Texte in den Köpfen der Rezipienten (Text 2), wobei die Autoren ihren Blick vornehmlich auf die Texte 0 und 1 richten, um daran Merkmale von Schreibprozessen auszumachen. Sie widmen ihr Augenmerk insbesondere den Überarbeitungen, die bereits vor der eigentlichen Niederschrift stattfinden und deklarieren diese als Überarbeitungen von „Prätexten" (ebd., S. 15). Es handelt sich hierbei vor allem um die Arbeit an Formulierungen, also um mentale Prozesse und damit um eine metasprachliche Auseinandersetzung mit dem Gedachten. Bei Baurmann / Ludwig ist das Überarbeiten ein wesentlicher Teilaspekt des eigentlichen Schreibprozesses:

> Das Verfassen von Texten schließt das Überarbeiten von Formulierungen ein. […] Änderungen, auch Streichungen im Text sind kein Makel und kein Zeichen für Unordentlichkeit. Ehe Lehrerinnen und Lehrer dies kritisieren, sollten sie anerkennen, daß sich Schreiberinnen und Schreiber überhaupt um eine Weiterentwicklung ihres Textes bemüht haben (Baurmann / Ludwig 1996, S. 18 und 20).

2.2 Schreiben als kulturelle Tätigkeit

Das Schreiben wird in der Literatur ebenso wie das Lesen als eine Kulturtechnik verstanden, die dem Menschen die Teilhabe an der Gesellschaft ermöglicht. Darüber, dass das Schreiben mehr ist als ein technischer Akt, bei dem es lediglich darum geht Grapheme abzubilden, ist sich die Schreibdidaktik inzwischen einig. Die Erweiterung des Kulturalitätsbegriffs in Bezug auf das Schreiben hat vor allem Mechthild Dehn mit ihrem Buch *Texte und Kontexte. Schreiben als kulturelle Tätigkeit in der Grundschule* vorangetrieben. Sie unterscheidet darin als zwei wesentliche Aspekte des Schreibens als kultureller Tätigkeit die Literalität von der Literarität (Dehn 1999, S. 39). Während sie Literalität stärker an den Buchstaben bindet und damit an das geschriebene Wort, verweist der Terminus Literarität in ihrem Modell gleichermaßen auf geschriebene und gesprochene Sprache und ist Ausdruck eines intertextuellen Gefüges (s. Abb. 2). D. h., Intertextualität bezeichnet in Bezug auf Literarität immer das Dasein eines Textes zwischen Texten.

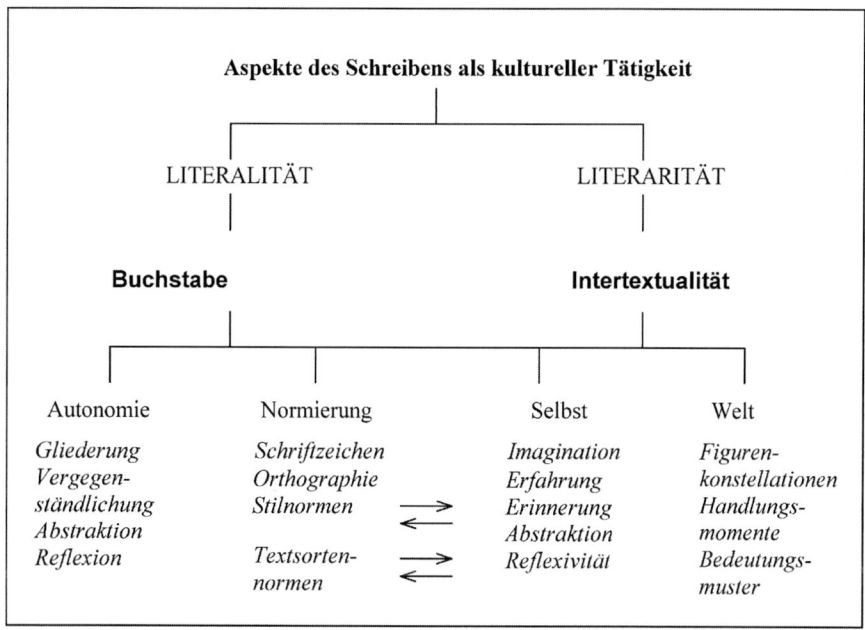

Abb. 2 (Quelle: Dehn 1999, S. 39)

Wenn Kinder Texte schreiben, dann spielen bei ihnen bereits vertraute Texte (als Kontexte für Texte) eine Rolle für die eigene Textproduktion. In den Texten der Kinder lassen sich literarische Spuren entdecken – mehr noch, Dehn bezeichnet das Literarische in den Kindertexten als etwas Alltägliches (ebd., S. 40). Diese Kontextualisierung von literarischen Erfahrungen und dem Verfassen von Texten hat nach Dehn eine zentrale Bedeutung für das Schreiben als kulturelle Tätigkeit:

> Kontextualisierung – mit Bezug auf die innere Sprache – meint den Zugang zu den inneren Bildern im 'Formulieren der Gedanken beim Schreiben'. Das ist der Kern des Schreibens als 'kultureller' Tätigkeit (ebd., S. 70).

Das Schreiben als kulturelle Tätigkeit ist – folgt man den Überlegungen von Dehn – ein vieldimensionaler Prozess, bei dem einerseits Schreibnormen und andererseits Weltwissen und Selbsterfahrung zum Tragen kommen. Ein gewisses Maß an Weltwissen und Selbsterfahrung in Bezug auf ein Handlungsrepertoire bringen Kinder bereits mit in die Schule. Da die vorschulischen Erfahrungen der Kinder im Umgang mit Schrift jedoch sehr heterogen sind, ist es Aufgabe der Schule 'Kontexte' zu schaffen, in denen die Kinder zum Schreiben ermutigt werden. Innerhalb dieser Kontexte geht es im Sinne eines Schreibens als kultureller Tätigkeit eben nicht allein darum, die Normen des Textschreibens zu vermitteln, sondern vielmehr um das Schreiben als einen Akt der Imagination, der Reflexion und der Abstraktion (vgl. ebd., S. 37 ff.).

2.3 Literarisches Lernen

Im Zusammenhang mit der Kontextualisierung beim Schreiben – die Dehn als kulturell vermittelt ansieht (Dehn 1999, S. 70) – möchte ich an dieser Stelle die Aspekte des literarischen und literalen Lernens näher betrachten.

Die individuellen Erfahrungen, mit denen Kinder in die Schule kommen, bezeichnet Norbert Kruse auch als „Lerngeschichten" (Kruse 2003, S. 235), die in der Schule ihre Fortsetzung finden müssen. Dabei gilt es dann, das Vorgefundene aufzugreifen und für die individuellen Schreibprozesse der Kinder zu nutzen. In diesem Sinne handelt auch Dehn, die bereits Kinder in Klasse 1 Texte schreiben lässt und diese dann im Hinblick auf literarische Spuren untersucht (vgl. Dehn 1999). Anders als bei den literalen Erfahrungen, die vornehmlich Erfahrungen mit Funktionen der Schrift und konzeptioneller Schriftlichkeit beinhalten, umfasst das literarische Lernen ein literarisches Verstehen und den Umgang mit literarischen Mustern. Unabhängig vom Gebrauch der Buchstaben können Kinder bereits bei Schuleintritt über literarische Erfahrungen verfügen. Das wird häufig auch in den Texten von schreibschwachen Schülern deutlich, die trotz ihrer großen Schwierigkeiten beim Verschriften in der Lage sind, ihr literarisches Wissen umzusetzen (vgl. Weinhold 2000). In der didaktischen Konzeption eines Schreibunterrichts führt das dazu, die Schreibprozesse der Schuler im Sinne eines literalen – also schriftsprachlichen – und literarischen Lernens zu betrachten. Ein solcher Blick lehnt sich schließlich an die angloamerikanische Forschung der 1970er und 80er Jahre an, die mit dem Begriff 'Emergent Literacy', den frühen vorschulischen Beginn der Lese- und Schreibentwicklung beschreibt.

Wenn man davon ausgeht, dass Kinder bereits mit ersten Erfahrungen in Bezug auf Schrift (Literalität) und auf Texte (Literarität) in die Schule kommen – mögen diese Erfahrungen auch noch so unterschiedlich und sozial determiniert sein –, dann bietet es sich an, von „Lerngeschichten" oder „Lernbiographien" zu sprechen. Insbesondere im Schreibunterricht der Grundschule wird in jüngster Zeit zunehmend das Schreiben als eine Form des literarischen Lernens perspektiviert. Die Schüler werden im Anfangsunterricht nicht mehr auf das Schreiben vorbereitet, sondern es wird vielmehr an ihre sprachlichen und literarischen Erfahrungen angeknüpft. Der Blick auf die bereits vorhandenen Fähigkeiten und das primäre Wissen von Kindern lässt schon bei Schreibern aus dem ersten Schuljahr ein unerwartet hohes Maß an Textkompetenz erkennen (vgl. Weinhold 2000) und provoziert eine Wende in der didaktischen und methodischen Konzeption des Schreibunterrichts. Im Gegensatz zum herkömmlichen Aufsatzunterricht werden die ersten Schreibversuche der Kinder nicht mehr als defizitäre Produkte betrachtet, die den Charakter des Unvollständigen und Mangelhaften haben, sondern als Ausdruck eines individuellen Lernprozesses. Die in einem solchen Deutschunterricht entstehenden Texte bedürfen schließlich auch einer entsprechenden Aufmerksamkeit. So plädiert Norbert Kruse dafür,

> dass die Interpretation der Texte und Äußerungen der Kinder durch die Lehrenden sich auf die Lernprozesse und Spracherfahrungen beziehen muss, die sich in den jeweils gegenwärtigen Texten zeigen, nicht aber auf äußere Modelle von 'Text', 'Schreibprozess' oder 'Schreibentwicklung' (Kruse 2003, S. 235).

Das literarische Lernen ist damit im Sinne Dehns ebenfalls abhängig von Kontextualisierungen. Diese beziehen sich einerseits auf die Texte (Texte als Kontexte) und Schreibsituationen (Kontexte für Texte) selbst, aber auch auf die individuellen Vorerfahrungen der Kinder. Dies gilt insbesondere für den Schreibunterricht in der Grundschule, der sich in sensibler Weise auf das bereits Vorhandene einstellen muss. Aber auch in der Sekundarstufe gilt es, die bisherigen Erfahrungen der Schüler im Umgang mit Geschriebenem für das eigene Schreiben nutzbar zu machen. Während im Anfangsunterricht der Grundschule noch allzu häufig davon ausgegangen wird, dass die Kinder nichts oder wenig können, gehen Lehrer der Sekundarstufe oftmals von einem Wissenskanon aus, ohne das Können der Schüler vor dem Hintergrund ihrer jeweiligen Lernerfahrungen zu betrachten. Aber gerade die individuellen Erfahrungen der Schüler im Umgang mit Literatur und Schrift beeinflussen nachhaltig ihre Einstellung zum Schreiben und schließlich auch ihre Textkompetenzen.

3 Überlegungen für den schulischen Schreibunterricht

Auf der Grundlage der bisherigen Ausführungen zur empirischen Forschung und didaktischen Diskussion des Textschreibens in der Schule sollen im Folgenden einige ausgewählte Verfahren des Deutschunterrichts vorgestellt werden. Es handelt sich dabei vorwiegend um didaktische und methodische Konzeptionen, in denen versucht wird, die Erkenntnisse der neueren Schreibforschung umzusetzen. Nichtsdestotrotz bleibt es eine Tatsache, dass viele Anteile des traditionellen Aufsatzunterrichts auch heute noch im schulischen Alltag eine große

Rolle spielen. Das spiegelt sich wiederum in den Richtlinien und Rahmenplänen der einzelnen Bundesländer wider. Dennoch finden auch hier zunehmend die Resultate der empirischen Forschung ihren Niederschlag. Danach wird das Textschreiben immer mehr als ein prozesshafter und mehrdimensionaler Vorgang betrachtet, der eine ebensolche methodische Herangehensweise erfordert (vgl. Giese / Osburg / Weinhold 2003).

Neben verschiedenen Methoden des Textschreibens werden in diesem Kapitel abschließend Möglichkeiten und Hindernisse in der Beurteilung und Bewertung von Schülertexten aufgezeigt.

3.1 Schreibaufgaben

Die Schreibaufgaben sind ein wesentlicher Bestandteil des Textschreibens in der Schule, da „fast alle Schreibaufgaben zugleich auch Schreibaufträge sind" (Baurmann / Ludwig 2001, S. 6). Im Rahmen des traditionellen Aufsatzunterrichts geht es dabei in erster Linie um das Einüben von Schreibnormen, während neuere Konzeptionen den Lernprozess des Schreibens in den Mittelpunkt stellen.

Unterschieden werden in der Schreibdidaktik zunächst gebundene und geöffnete Schreibaufgaben. Gebundene Schreibaufgaben werden in der Literatur auch unter dem Terminus „angeleitetes Schreiben" (Blumenstock 1996, S. 7) geführt. Das angeleitete oder gebundene Schreiben ist vor allem im traditionellen Aufsatzunterricht, in dem Texte nach bestimmten Vorgaben verfasst werden sollen (z. B. eine Erzählung, ein Bericht, eine Nacherzählung usw.), zu finden. Formen des geöffneten Schreibens werden hingegen auch unter dem Begriff des „freien Schreibens" (ebd.) geführt. M. E. bezeichnet der Begriff 'freies Schreiben' jedoch eine eigenständige Methode des Schreibunterrichts und sollte deshalb von den Schreibaufgaben separiert werden. Zudem gibt es in Bezug auf die Gestaltung der Schreibaufgaben immer ein Kontinuum zwischen den Polen 'gebunden' und 'offen' oder 'frei', so dass es sinnvoller erscheint von gebundenen und geöffneten Schreibaufgaben zu sprechen. Hier sind die Aspekte „Offenheit" und „Gebundenheit" dann auch nicht mehr dichotomisch zu verstehen, sondern als sich einander bedingende Faktoren, die je nach Schreibanlass stärker oder schwächer auftreten. Dabei gilt die These von Blumenstock: „Im Schreiblernprozeß sind alle Freiheits- und Gebundenheitsgrade zu wählen, wenn sie dem Kind weiterhelfen." (Blumenstock 1996, S. 40)

3.2 Kooperatives Schreiben

Beim kooperativen Schreiben können zwei oder mehrere Schüler zusammen einen Text oder ein Textteil verfassen. D. h., sie planen den Text, handeln gemeinsam Intentionen und Inhalte aus, erarbeiten Formulierungen und überarbeiten ihren Text. Das gemeinsame Verfassen von Texten ist jedoch im Schreibunterricht der Schule noch selten anzutreffen. Das hat zwei wesentliche Gründe:

1. Das kooperative Verfassen eines Textes ist häufig ein langwieriger und mühsamer Prozess, bei dem alle Teilschritte gemeinsam geplant und ausgeführt werden müssen.

2. Lehrer scheuen sich vor dieser Methode, da sie im Nachhinein nur schwer die Leistungen der einzelnen Schreiber erkennen und bewerten können.

Der gemeinsame Schreibprozess erfordert von den Schülern nicht nur die Bereitschaft zur Zusammenarbeit, sondern darüber hinaus soziale und kommunikative Kompetenzen. Sie müssen sich über ihren Text verständigen, also auf einer Metaebene ihre Textideen versprachlichen und reflektieren. Sie bewegen sich damit zugleich an den Schnittstellen von mündlicher und schriftlicher Kommunikation und sind immer wieder dazu aufgefordert, ihre Gedanken und Diskussionsbeiträge in Schriftsprache zu transferieren. Gleichzeitig müssen sie sich in emphatischer Weise auf ihren Schreibpartner einlassen und ein gewisses Maß an Offenheit für den anderen mitbringen.

Bislang wird das kooperative Schreiben vor allem im Hinblick auf das „Interactive writing" (vgl. Böttcher / Becker-Mrotzek 2003, S. 34) und dort als Methode der Textüberarbeitung thematisiert. Hierbei tritt der Schreiber in eine Interaktion mit anderen Schülern, um durch deren Anregungen den eigenen Text zu überarbeiten. M. E. ist das weniger eine Form des kooperativen Schreibens als eine Methode des Revidierens. Das kooperative Schreiben im eigentlichen Sinne beinhaltet die Planung und Durchführung des gemeinsamen Schreibprozesses und mündet schließlich in der gemeinsamen Überarbeitung. Hier besteht ein wesentlicher Unterschied zum 'Interactive writing'.

3.3 Schreibkonferenzen

Auch die Methode der Schreibkonferenz gehört zu den revidierenden Verfahren, durch welche die Schüler lernen sollen, ihre Texte in Kooperation mit Mitschülern zu überarbeiten. Im deutschsprachigen Raum wurde diese Methode vor allem durch die Arbeiten von Gudrun Spitta (1989, 1992, 1993) bekannt. Sie koppelt diese Form der Überarbeitung an das freie Schreiben, d.h., es entstehen zunächst erste Textentwürfe im Rahmen von freien Schreibanlässen.

Nachdem ein Schüler einen ersten Textentwurf verfasst hat, versucht er diesen im gemeinsamen Gespräch mit seinen Mitschülern zu überarbeiten. Er stellt seinen Textentwurf also einer kleinen Öffentlichkeit zur Diskussion, um Hinweise für die Überarbeitung zu erhalten. Dabei sollen inhaltliche, stilistische und orthografische Aspekte des Textes Berücksichtigung finden. Sehr häufig lässt sich jedoch beobachten, dass Schüler vor allem an den Formulierungen – und damit an der Textoberfläche – arbeiten. Besonders inhaltliche Überarbeitungen fallen vielen Schülern schwer, da dazu eine andere, distanzierte Sicht auf den Text erforderlich ist. Die Erörterung des Textentwurfs in der Kleingruppe soll den Schülern helfen, die Perspektive zu wechseln und die Wirkung ihres Textes auf andere zu antizipieren. Aber gerade der Blick in die Tiefenstruktur von

Texten erfordert von den Schülern einen abstrakten und metakognitiven Zugriff auf das Geschriebene. Hier bedarf es der Übung, die allein mit der Durchführung von Schreibkonferenzen nicht erreicht wird.

Im Anschluss an eine Schreibkonferenz und eine daraus erfolgte Überarbeitung kann der Schüler seinen Text noch einmal in die Schreibkonferenz oder dem Lehrer für die Endredaktion geben. Im Anschluss an die Korrektur des Lehrers fertigt der Verfasser eine Reinschrift seines Textes an, so dass dieser veröffentlicht werden kann (z. B. im Klassenraum).

In der Schreibkonferenz findet der Austausch mit den anderen Schülern auf einer Metaebene statt, auf der über den eigenen Text verhandelt wird. Ähnlich wie das „laute Denken", bei dem der Schreiber dazu aufgefordert wird, alles zu verbalisieren, was ihm während des Schreibens durch den Kopf geht (Baurmann / Ludwig 1996, S. 15), werden somit Einblicke in die Denkprozesse der Schreiber – und Leser – möglich. Das ist besonders für das Überarbeiten von Texten von Bedeutung, da Schreiber und Leser hierbei im Austausch über den Text eine Verständigung erzielen wollen. Die Schreibkonferenz ist damit eine anspruchsvolle Methode der Überarbeitung, bei der den Schülern vielfältige Leistungen abverlangt werden. Z. B. müssen die Schüler bei ihren Überarbeitungsvorschlägen einerseits den ganzen Text im Auge behalten und andererseits einzelne Textteile verändern. Ein anderes Problem ist die Umsetzung der Überarbeitungsvorschläge für den Schreiber. Hier ist es manchmal hilfreich, wenn ein Schüler oder der Lehrer als 'Protokollant' fungiert. Insbesondere für Grundschüler ist das Überarbeiten in Form von Schreibkonferenzen sehr anspruchsvoll und bedarf der konzeptionellen Einbettung in einen prozessualen Schreibunterricht. Böttcher / Becker-Mrotzek plädieren deshalb dafür „Schreibkonferenzen grundsätzlich in ein umfassendes Konzept zur Förderung der Planungs- und Überarbeitungsfähigkeit [...] zu integrieren." (Böttcher / Becker-Mrotzek 2003, S. 137).

3.4 Beurteilung und Bewertung

Die Beurteilung von Schülertexten ist eine von Lehrern oft ungeliebte Aufgabe. Sie hangeln sich zumeist an pseudoobjektiven Kriterien entlang wie z. B. folgenden Fragen:

- Ist der Text spannend?
- Hat der Text einen Anfang, einen Hauptteil und einen Schluss?
- Ist der Text verständlich geschrieben?
- Sind die Ausdrücke zutreffend?
- Wurden Wiederholungen vermieden?
- Sind die Satzanfänge unterschiedlich gestaltet?
- Wurde das Tempus eingehalten?
- Wie viele Rechtschreibfehler enthält der Text? usw.

Auf der Grundlage einer prozessorientierten Schreibdidaktik ist ein solcher Kriterienkatalog abzulehnen, denn er bezieht sich zu großen Teilen auf Schreibnormen und Merkmale einer bestimmten Textsorte. Es geht vielmehr darum, eine verstehende Haltung gegenüber den Schülertexten einzunehmen, bei der der Lehrer nicht mehr ausschließlich als 'Korrigierer' und 'Beurteiler' agiert. Dies gilt in besonderer Weise für Texte, die im Rahmen von kreativen und freien Schreibanlässen entstanden sind, aber auch für Texte, die aus kooperativen Schreibversuchen stammen. Ein neuerer Versuch, die Beurteilung von Texten anhand von Kriterien zu vollziehen, findet sich bei Böttcher / Becker-Mrotzek, die diverse Kriterienkataloge für die einzelnen Schreibanlässe (z. B. Geschichten erzählen, lyrische Texte verfassen, Berichten etc.) konzipiert haben (Böttcher / Becker-Mrotzek 2003, S. 56 ff.). Auf den ersten Blick erscheint es hilfreich, einen solchen Katalog in der Hand zu haben und sich an den einzelnen Aspekten zu orientieren. Für gewisse Textsorten (wie Briefe, Rezepte) mag eine kriteriengeleitete Bewertung – wenn sie denn auch den Schülern bekannt ist – sinnvoll und hilfreich sein. Nichtsdestotrotz erscheint das Erfordernis von solchen Kriterienkatalogen oftmals eher das Ergebnis von Unsicherheiten auf Seiten der Lehrperson und weniger als ein objektives Bewertungsverfahren.

Bei der Bewertung von Schülertexten sollte es vielmehr darum gehen, die individuellen Lernwege der Schüler zu dokumentieren. Dazu gehört es, dass nicht nur der fertige Text im Blickpunkt der Beurteilung steht, sondern auch die Textentwürfe, die Überarbeitungen und die Formen der Auseinandersetzung mit dem eigenen Text. Eingangs wurde der Textbegriff von Nussbaumer vorgestellt, demzufolge es von einem Text 1 auf dem Papier immer auch einen Text 0 im Kopf des Schreibers und einen Text 2 im Kopf des Rezipienten gibt. Folgt man diesem Modell der mentalen Präsentationen von Texten in den Köpfen der Produzenten und Rezipienten, dann bedeutet das für die Beurteilung, dass man als Lehrer immerzu lediglich einen Text 2 und niemals einen Text 0 bewerten wird. Es ist somit nach wie vor nicht möglich in die Köpfe der Schüler zu blicken. Das sollte jedem Lehrer bei der Beurteilung von Schülertexten immer bewusst sein.

Dennoch sind Lehrer gezwungen Noten zu vergeben. Dies gilt natürlich auch für das Fach Deutsch und dort für die Bewertung von Schülertexten. In der Praxis ist es nach wie vor immer noch so, dass in der Schule pro Halbjahr eine gewisse Anzahl an Aufsätzen geschrieben wird, die dann der Benotung unterliegen. Dabei sollen die Schüler in einer bestimmten Zeit zu einem bestimmten Thema einen Text verfassen, der dann vom Lehrer beurteilt wird. Textentwürfe und -revisionen finden in einer solchen Form der Leistungsfeststellung nur selten Beachtung. Insbesondere vor dem Hintergrund der Vereinheitlichung von Schulabschlussprüfungen scheint der Weg wiederum in eine eher traditionelle Aufsatzdidaktik mit der Bemühung um die Vermittlung eines allgemeingültigen Textkanons zu verlaufen. Dies widerspricht jedoch allen bisherigen Forschungsergebnissen, die das Textschreiben als ontogenetischen Entwicklungsprozess betrachten. Lehrer stehen deshalb vor dem Dilemma, einerseits die institutionellen Ansprüche, die sich aus den Forderungen der Bildungsträger und der

Wirtschaft ergeben, zu erfüllen und andererseits die Erkenntnisse der Empirie umzusetzen. Auch hier wäre der goldene Mittelweg einzuschlagen, bei dem sich die Noten für das Textschreiben aus unterschiedlichen Teilleistungen zusammensetzen können. So könnten sehr wohl Textentwürfe und -überarbeitungen als Klassenarbeiten anerkannt und benotet werden. Nur so lässt sich auch die individuelle Schreibentwicklung dokumentieren und für den betroffenen Schüler sichtbar machen. Ein solches Vorgehen beinhaltet zudem, dass der Schreibprozess gleichwertig neben das Schreibprodukt gestellt wird. Dabei ist es jedoch wichtig, Kriterien für die Notenvergabe zu haben und diese den Schülern auch offen zu legen, damit sie nachvollziehen können, woraus sich ihre Noten ergeben. Böttcher / Becker-Mrotzek (2003, S. 170) schlagen hier wiederum einen Kriterienkatalog vor, der zugleich als Schreibhilfe und als Grundlage für eine Schreibberatung genutzt werden kann.

Als Alternative für das Schreiben von Klassenarbeiten ist in der jüngeren Zeit zunehmend das so genannte Portfolio im Gespräch. Es handelt sich dabei um eine Schreibmappe, die den eigenen Lernweg in Bezug auf das Textschreiben dokumentiert (Bräuer 1998, S. 178 ff.). Schreibprozessorientierte Portfolios enthalten sämtliche Texte des jeweiligen Schreibers – von den Vorarbeiten (z. B. Cluster) über die Textentwürfe und Überarbeitungen bis hin zu den Endfassungen (ebd., S. 179). Zusätzlich können die Schüler ihre Schreibergebnisse in Form von Selbsteinschätzungsbögen beurteilen. Das Anlegen von Portfolios ermöglicht nicht nur den Lehrenden die Beobachtung von Schreibentwicklungen ihrer Schüler in Bezug auf das Textschreiben, sondern gibt auch den Lernenden einen Einblick in die eigene Lernbiographie. Auf dieser Grundlage ist es dann auch möglich Noten zu vergeben, die schließlich die Lernentwicklung des Schülers widerspiegeln und nicht allein punktuell erbrachte Leistungen.

Anhang

Das Zürcher Textanalyseraster

---

0 Bezugsgrößen / Korrelate
  0.1 Textlänge. token-Zahlen
    0.1.1 Buchstaben
    0.1.2 Wortformen
    0.1.3 Teilsätze
    0.1.4 Ganzsätze
  0.2 types-Zahlen
    0.2.1 Lexeme
    0.2.2 grammatische Kategorien
    0.2.3 Teilsätze (Satzbaupläne)
    0.2.4 Ganzsätze
  0.3 Charakterisierung des Wortschatzes:
      Grundwortschatz / Nicht-Grundwortschatz
  0.4 Charakterisierung der Syntax:
      einfach / komplex; normal / ausgefallen
  0.5 Charakterisierung der Kohäsionsleistung:
      viel / wenig; einfach / schwierig
  0.6 Charakterisierung der Komplexität des Themas sowie der
      Komplexität der Behandlung des Themas im Text

A. Sprachsystematische und orthographische Richtigkeit

  O   Orthographie
  I   Interpunktion
  M   Morphologie
  SY Syntax
  T   Textbau / Satzverknüpfung
  SA Semantik von Inhaltswörtern / Autosemantika
  SS Semantik von Funktionswörtern / Synsemantika
  SK Semantik komplexer Ausdrücke
      (komplexe Wörter, Wortgruppen, Sätze)

B B.1 Funktionale Angemessenheit: Verständlichkeit / Kohärenz
    B.1.1 Gesamtidee, Thema, Absicht des Textes
        1.1.1 In welchem Maße läßt sich im Text eine
              Gesamtidee erkennen, die den einzelnen Textteilen
              ihren Ort zuweist?
        1.1.2 Welches ist diese Gesamtidee?
        1.1.3 Entspricht die Gesamtidee der Aufgabenstellung,
              (wie sie z. B. durch den Titel markiert sein kann)?
    B.1.2 Aufbau, Gliederung (Textmakrostruktur)
        Hat der Text eine der Gesamtidee entsprechende Gliederung?
        Welches sind die einzelnen Glieder?

1.2.1 Innere Gliederung
1.2.2 Äußere Gliederung (graphisch mittels Absatz,
       Spiegelstrich u. ä.)
B.1.3 Thematische Entfaltung
1.3.1 Läßt sich in der thematischen Entfaltung eine Logik
       hinter dem Text rekonstruieren?
       (Texthintergrundslogik THL)
1.3.2 Zeigt sich in der thematischen Entfaltung eine Logik
       im Text selbst?
       (Textvordergrundslogik TVL)
B.1.4 Grad an Implizitheit / Explizitheit
1.4.1 Ist der Text so implizit wie möglich?
1.4.2 Ist der Text so explizit wie nötig?
B.1.5 Ausdrückliche Rezipientenführung
1.5.1 Metakommunikative Elemente
1.5.2 Kohäsionsmittel (Verweis-, Verknüpfungsmittel:
       Pronomen, Konjunktionen, Konjunktionaladverbien
       u. a.; textstrukturierende Mittel, Wortstellung)
1.5.3 Graphische Mittel (Unterstreichung,
       Schriftauszeichnung u. ä.)
1.5.4 Explizite Nennung von Produzent und Rezipient;
       Markierung des Standpunktes des Produzenten
B.1.6 Angemessenheit der Sprachmittel (Sachadäquatheit,
      Funktionsadäquatheit, Ususadäquatheit)
1.6.1 Interpunktion
1.6.2 Wortformen-, Phrasen- und Satzbau
1.6.3 Textbau
1.6.4 Wahl von Autosemantika
1.6.5 Wahl von Synsemantika
1.6.6 Semantik komplexer Ausdrücke
1.6.7 Registerwahl
B.1.7 Erfüllung von Textmusternormen

B.2 Ästhetische Angemessenheit: Besondere formale Qualitäten
     B.2.1 Sprachlich-formales Wagnis
     B.2.2 Qualität der Sprachmittel (Attraktivität / Repulsivität)
     2.2.1 Wortwahl
     2.2.2 Satz- und Textbau
     2.2.3 Rhythmus
     2.2.4 Registerwahl, Tonlage

B.3 Inhaltliche Relevanz: Besondere inhaltliche Qualitäten
     B.3.1 Inhaltliches Wagnis
     B.3.2 Inhaltliche Wegqualität (Attraktivität / Repulsivität)

Literaturverzeichnis

Baurmann, Jürgen / Weingarten, Rüdiger: Prozesse, Prozeduren und Produkte des Schreibens. In: Baurmann, Jürgen / Weingarten, Rüdiger (Hrsg.): Schreiben. Prozesse, Prozeduren und Produkte. Opladen: Westdeutscher Verlag 1995, S. 7–25.

Baurmann, Jürgen / Ludwig, Otto: Schreiben: Texte und Formulierungen überarbeiten. In: Praxis Deutsch 1996, H. 137, S. 13–21.

Baurmann, Jürgen / Ludwig, Otto: Schreibaufgaben und selbst organisiertes Schreiben. In: Praxis Deutsch 2001, H. 168, S. 6–11.

Blumenstock, Leonhard / Renner, Erich (Hrsg.): Freies und angeleitetes Schreiben. Beispiele aus dem Vor- und Grundschulalter. 4. Aufl. Weinheim, Basel: Belts praxis 1996.

Böttcher, Ingrid / Becker-Mrotzek, Michael: Texte bearbeiten, bewerten, benoten. Schreibdidaktische Grundlagen und unterrichtspraktische Anregungen. Berlin: Cornelsen Scriptor 2003.

Bräuer, Gerd: Schreibend Lernen. Grundlagen einer theoretischen und praktischen Schreibpädagogik. Innsbruck: Studienverlag 1998.

Dehn, Mechthild: Texte und Kontexte. Schreiben als kulturelle Tätigkeit in der Grundschule. Berlin: Volk und Wissen 1999.

Feilke, Helmuth: Wege zum Text. In: Praxis Deutsch 2000, H. 161, S. 14–22.

Fritzsche, Joachim: Schriftlicher Sprachgebrauch. In: Lange, Günter / Neumann, Karl / Ziesenis, Werner (Hrsg.): Taschenbuch des Deutschunterrichts. 8. unverändert. Aufl. Bd. 1. Baltmannsweiler: Schneider 2003, S. 201–225.

Giese, Heinz W. / Osburg, Claudia / Weinhold, Swantje: Sprachunterricht in der Primarstufe. In: Bredel, Ursula/Günther, Hartmut / Klotz, Peter / Ossner, Jakob / Siebert-Ott, Gesa (Hrsg.): Didaktik der deutschen Sprache. Band 1. Paderborn: Schöningh 2003, S. 684–697.

Haueis, Eduard: Aspekte und Probleme des Schreibunterrichts: Aufsatzunterricht. In: Günther, Hartmut / Ludwig, Otto (Hrsg.): Schrift und Schriftlichkeit. Writing and Its Use. Ein interdisziplinäres Handbuch internationaler Forschung. Berlin, New York: de Gruyter 1994, S. 1260–1268.

Ingendahl, Werner: Aufsatzerziehung als Hilfe zur Emanzipation. Düsseldorf: Schwann 1972.

Kliewer, Heinz-Jürgen: Die siebziger Jahre. In: Wild 1990, S. 328–353.

Kruse, Norbert: Literarisches Lernen in der Grundschule – Textschreiben als Herausforderung literarischen Lernens bei Kindern. In: Brinkmann, Erika / Kruse, Norbert / Osburg, Claudia (Hrsg.): Kinder schreiben und lesen. Beobachten – Verstehen – Lehren. Freiburg: Fillibach 2003, S. 233–254.

Ludwig, Otto: Geschichte der Didaktik des Textschreibens. In: Bredel, Ursula / Günther, Hartmut / Klotz, Peter / Ossner, Jakob / Siebert-Ott, Gesa (Hrsg.): Didaktik der deutschen Sprache. Band 1. Paderborn: Schöningh 2003, S. 171–177.

Merkelbach, Valentin: Studienbuch: Aufsatzunterricht. Paderborn: Schöningh 1982 (Studienbücher Sprach- und Literaturdidaktik).

Merz-Grötsch, Jasmin: Schreiben als System. Band 1: Schreibforschung und Schreibdidaktik. Ein Überblick. Freiburg: Fillibach 2000.

Nussbaumer, Markus: Textbegriff und Textanalyse. In: Eisenberg, Peter / Klotz, Peter (Hrsg.): Sprache gebrauchen – Sprachwissen erwerben. Stuttgart: Klett 1993, S. 64–84.

Ott, Margarete: Schreiben in der Sekundarstufe I. Differenzierte Wahrnehmung und gezielte Förderung von Schreibkompetenzen. Baltmannsweiler: Schneider 2000 (Deutschdidaktik aktuell; 9).

Payrhuber, Franz-Josef: Schreiben lernen. Aufsatzunterricht in der Grundschule. 4. Aufl. Baltmannsweiler: Schneider 2003 (Deutschdidaktik aktuell; 3).

Sanner, Rolf: Aufsatzerziehung und Ausdruckspflege. München: Kösel 1964.

Schuster, Karl: Einführung in die Fachdidaktik Deutsch. Unveränd. 10. Aufl. Baltmannsweiler: Schneider 2003.

Schuster, Karl: Das personal-kreative Schreiben im Deutschunterricht. 4. unverändert. Aufl. Baltmannsweiler: Schneider 2003.

Spinner, Kaspar H.: Kreativer Deutschunterricht. Identität – Imagination – Kognition. Seelze: Kallmeyer 2001.

Spitta, Gudrun (Hrsg.): Schreibkonferenzen. Grundschulzeitschrift 1989, H. 30.

Spitta, Gudrun: Schreibkonferenzen in Klasse 3 und 4. Ein Weg vom spontanen Schreiben zum bewußten Verfassen. Bielefeld: Cornelsen Scriptor 1992.

Spitta, Gudrun (Hrsg.): Schreibkonferenzen – ein Impuls verändert die Praxis. Grundschulzeitschrift 1993, H. 61.

Weinhold, Swantje: Text als Herausforderung. Zur Textkompetenz am Schulanfang. Freiburg: Fillibach 2000.

Wild, Rainer (Hrsg.): Geschichte der Deutschen Kinder- und Jugendliteratur. Stuttgart: Metzler 1990.

TABEA BECKER

Mündliche Kommunikation

1 Mündliche Kommunikation

Seit der sogenannten kommunikativen Wende, die Anfang der siebziger Jahre stattfand, sind sich die Deutschdidaktiker bewusst, dass mündliche Kommunikation die eigentliche Grundlage von Unterricht oder sogar von Erziehung überhaupt bildet (vgl. Krejci 1977). Forschungen innerhalb der Didaktik zielen mit dem Untersuchungsbereich der Kommunikation in zwei Richtungen:

1. Zum einen wird untersucht, welche kommunikativen Prozesse innerhalb von Schule und Unterricht ablaufen. Welche Formen von Kommunikation finden während einer Unterrichtsstunde statt? Wie kann oder muss Kommunikation aussehen, die didaktische Ziele verfolgt? Erkenntnisse aus diesen Forschungsbereichen sollen in erster Linie der Lehrperson dienen, sich die kommunikativen Prozesse der Institution Schule bewusst und transparent zu machen.

2. Die zweite Richtung zielt auf die methodische Umsetzung und Vermittlung der verschiedenen Formen mündlicher Kommunikation. Welche dieser Formen können als Lernziele definiert werden und wie lassen sie sich den Schülern nahe bringen? Wie kann z. B. Argumentieren oder Erzählen gelernt werden?

Der Begriff der Kommunikation, der diesen Forschungen und Überlegungen zugrunde liegt, ist nicht immer der gleiche. Mittlerweile besteht eine Vielzahl von Kommunikationsmodellen und -theorien. Obwohl sich Schwerpunkte und Umsetzung von Kommunikationstheorien seit den 1970er und 1980er Jahren deutlich gewandelt haben, ist die Ausbildung kommunikativer Fähigkeiten heute bedeutender den je. Kommunikative Kompetenzen sind ein erklärtes Lernziel in den Lehrplänen, schließlich haben sie in der heutigen Gesellschaft einen sehr hohen Stellenwert gewonnen.

Was die Mündlichkeit betrifft, so ist auch hier eine Bedeutungszunahme zu verzeichnen. Zum einen weicht in der heutigen Gesellschaft die scharfe Trennlinie zwischen Mündlichkeit und Schriftlichkeit immer mehr auf. Man denke nur an Kommunikationsformen wie E-Mails oder SMS. In manchen Theorien wird nicht zwischen 'mündlich' und 'schriftlich' an sich unterschieden, sondern man spricht z. B. von konzeptioneller und medialer Mündlichkeit (Günther 1997). Während das Medium entweder phonisch oder graphisch sein kann, sind auf konzeptioneller Ebene eine ganze Reihe von Ausprägungen möglich entlang des Kontinuums von schriftlich zu mündlich. So wäre ein Vortrag zwar medial mündlich, der konzeptionelle Aspekt liegt aber eher bei Schriftlichkeit (z. B. im Unter-

schied zu einem vertrauten Gespräch). E-Mails dagegen weisen oft Merkmale
von Mündlichkeit auf.

In einigen der neueren Ansätze zum Schrifterwerb kommt Mündlichkeit außerdem eine größere Rolle zu. Sie findet z. B. Eingang in Form von Spracherfahrun-
gen oder Schreibkonferenzen (z. B. Spitta 1992).

1.1 Kommunikationstheorien

Im Folgenden wird ein kurzer Überblick über die wichtigsten Kommunikationstheorien des 20. Jahrhunderts gegeben. Mit ihrer Hilfe sollen die verschiedenen
grundlegenden Aspekte von Kommunikation deutlich gemacht werden.

1.1.1 Das Sprachspiel von L. Wittgenstein

Die relevante philosophische Leistung Wittgensteins lag darin, dass er eine
Bedeutungstheorie mit einer Theorie sprachlicher Handlungen verband, was sei-
nem Ansatz den Beinamen „Gebrauchstheorie" einbrachte. Im Zentrum dieser
Theorie steht die Aussage: „Die Bedeutung eines Wortes ist sein Gebrauch in der
Sprache." Damit schuf er eine ganz neue Auffassung von Bedeutung.

Weiterhin stehen Äußerungen in verschiedenen Verwendungskontexten, die
Wittgenstein als „Sprachspiele" bezeichnet. Dies ist so zu verstehen, dass Kommunikation auf bestimmten festgelegten gesellschaftlichen Regeln beruht, die
die Teilnehmer einhalten. Es geht ihm also nicht darum, ob eine Äußerung wahr
oder falsch ist, sondern welche Rolle sie in einem bestimmten Kontext einnimmt. Als Beispiel wird die Situation genannt, in der jemand in ein Geschäft
kommt und sagt: „Fünf rote Äpfel." Ziel der Äußerung ist nicht das Benennen
von Gegenständen, sondern in diesem Fall eine Aufforderung an den Verkäufer.
In einem anderen Verwendungskontext – oder Sprachspiel – könnte die Äußerung aber auch als Behauptung (werde ich etwa gefragt, was ich heute gegessen
habe) oder Wunsch fungieren.

1.1.2 Das Organonmodell von Karl Bühler

Mit seinem Buch *Sprachtheorien* (1934) begründete Karl Bühler in den 1930er
Jahren die moderne Sprachhandlungstheorie. Er ging nicht mehr nur von einer
referentiellen Funktion von Sprache aus, sondern definierte drei verschiedene
Funktionen von Sprache:

1. die Darstellungsfunktion: In seiner Eigenschaft als Symbol kann das sprachliche Zeichen informieren, darstellen, referieren. Diese Funktion ist bezogen
   auf Sachen, Gegenstände und Zustände.

2. die Ausdrucksfunktion: In seiner Eigenschaft als Symptom kann das sprachliche Zeichen ausdrücken, kommentieren, werten. Diese Funktion ist spre-
   cherbezogen, indem der Sprecher innere Zustände ausdrücken kann.

3. die Appellfunktion: In seiner Eigenschaft als Signal kann das sprachliche Zeichen appellieren, agitieren, motivieren. Diese Funktion ist hörerbezogen, indem der Hörer zu einer Handlung aufgefordert werden kann.

Eine reale sprachliche Handlung ist meist eine Kombination aus diesen Funktionen. Weiterhin unterscheidet Bühler zwei sprachliche Felder. Mit dem Zeigfeld sind die deiktischen Zeichen umfasst. Das sind die sprachlichen Zeichen, die wir nur situationsgebunden anwenden können, z. B. wenn wir sagen: „Der Stift liegt da." und auf einen bestimmten Ort deuten.

Ohne den situativen Kontext (dem Hier-und-Jetzt oder auch der Origo) könnten wir solche Äußerungen nicht verstehen. Das Besondere an Sprache ist jedoch, dass wir uns mit ihrer Hilfe von einer konkreten Raum-Zeit-Situation lösen können. Wir können nämlich über Dinge sprechen, die uns zeitlich und räumlich entrückt sind, uns also von der Hier-und-Jetzt-Origo lösen. Diese Funktion umfasst das Symbolfeld des sprachlichen Zeichens. Vor dem Hintergrund dieser beiden Felder entfaltet Bühler ein allgemeines Zeichenmodell, das er Organonmodell (von griech. Organon = Werkzeug, Instrument) nennt. Das sprachliche Zeichen hat weiterhin drei Bezugspunkte: den Sprecher, den Hörer und die Gegenstände und Sachverhalte, über die gesprochen wird. Diesen drei Bezugspunkten sind nun die oben genannten drei Funktionen des sprachlichen Zeichens zugeordnet.

1.1.3 Die Sprechakttheorie von J. L. Austin und J. R. Searle

Mit einer Reihe von Vorlesungen begründete John Austin Ende der sechziger Jahre des 20. Jahrhunderts eine Richtung, die heute als Sprechakttheorie bekannt ist. Austin begann seine Argumentationsreihe mit der Beschreibung so genannter „performativer Verben". Damit sind Verben gemeint, wie „taufen", „versprechen", „wetten", also Verben, mit denen wir Handlungen vollziehen allein dadurch, dass wir sie äußern. Indem ich äußere „ich verspreche dir, morgen zu kommen", habe ich die Handlung „ein Versprechen geben" vollzogen. Dies geschieht mittels der konventionellen Kraft, was bedeutet, dass bestimmte Konventionen mit den einzelnen Sprachhandlungen verbunden sind, die den Sprechern vertraut sind und die sie beachten. Austin beschreibt auch ausführlich, was geschieht, wenn diese Konventionen verletzt werden, nachzulesen in seiner sehr anschaulichen Vortragssammlung *How to do things with words* (1962/dt.1972).

Im Verlaufe seiner Ausführungen kommt Austin dann zu dem Schluss, dass eigentlich alle sprachlichen Äußerungen grundsätzlich als sprachliche Handlungen gesehen werden können, nämlich als Sprechakte. Ein Sprechakt besteht aus mehreren Teilakten und kann in verschiedene Äußerungstypen eingeteilt werden.

Austin definierte zunächst drei Teilakte:

1. **der lokutionäre Akt**: Damit ist der reine Äußerungsakt bezeichnet. Sinn und Referenz werden determiniert.

2. **der illokutionäre Akt**: Er meint die spezifische vom Sprecher mit diesem Akt mittels der konventionellen Kraft ausgeführte Handlung, also z. B. etwas feststellen, anbieten.

3. **der perlokutionäre Akt**: Hiermit wird eine Wirkung auf den Hörer hervorgebracht.

Nach Austins Tod entwickelte John Searle (1969) die Sprechakttheorie weiter. Obwohl er sich grundsätzlich an Austins Theorie anschloss, variierte er die verschiedenen Teilakte und Äußerungstypen etwas, was leicht zu Verwirrung führen kann. Da der perlokutionäre Akt, also die Wirkung, die auf den Hörer ausgeübt wird, nur schwerlich kategorisierbar ist und da sie auch nicht unmittelbar an die Kategorien des illokutionären Aktes angeknüpft werden kann, wird er von Searle in seiner Weiterführung vernachlässigt. Dafür legt er in seiner Theorie noch größeren Wert auf den Inhalt oder die Bedeutung des Geäußerten, wofür er den Begriff „Proposition" gebraucht.

1.1.4 Die menschliche Kommunikation von P. Watzlawick

In den siebziger Jahren des 20. Jahrhunderts erfuhr auch die Kommunikationstheorie von Paul Watzlawick eine breite Rezeption in der Fachdidaktik. Er legte in einer Reihe von Axiomen Grundregeln des menschlichen Verhaltens fest (ohne genau zwischen Verhalten, Handeln und Kommunizieren zu unterscheiden). Das berühmte erste Axiom lautet: „Man kann sich nicht nicht verhalten" (Watzlawick et al. 1972). Damit ist gemeint, dass jegliches Verhalten eine kommunikative Funktion hat. Selbst, wenn ich also versuche, nicht zu kommunizieren, indem ich etwa jemanden nicht grüße oder auf eine Frage nicht antworte, wird dennoch mein Verhalten von meinem Gegenüber als Kommunikation aufgefasst werden, und er wird vielleicht denken, ich sei unhöflich oder arrogant.

Watzlawick bestimmt nun einen Inhaltsaspekt (vergleichbar mit Bühlers Darstellungsfunktion) und einen Beziehungsaspekt (vergleichbar mit Appell- und Ausdrucksfunktion) von Sprache. Der Beziehungsaspekt einer Äußerung besagt, „wie ihr Sender sie vom Empfänger verstanden haben möchte" (Watzlawick et al. 1972, S. 53). Mit dem Beziehungsaspekt verknüpft Watzlawick metakommunikative Funktionen. Während der Inhaltsaspekt die rein inhaltliche Information der Äußerung bezeichnet, bietet der Beziehungsaspekt darüber hinausgehende Informationen, die z. B. durch prosodische Merkmale wie Betonung transportiert werden können. Watzlawick gibt als Beispiel die Situation, in der eine Frau eine andere Frau mit Blick auf deren Collier fragt: Sind das echte Perlen? (Watzlawick et al. 1972, S. 54). Der Inhaltsaspekt bezieht sich zwar auf die physikalische Beschaffenheit der Perlen, die metakommunikativ vermittelte Information könnte aber Neid oder Bewunderung sein.

1.2 Kommunikationsmodelle

Neben diesen theoretischen Überlegungen zur Kommunikation bestehen konkrete Modelle und Methoden, wie Kommunikation ablaufen kann. Sie können sowohl theoretisch im Unterricht besprochen als auch als Grundlage für Unterrichtskommunikation genutzt werden. Aus der Psychologie kommt z.B. das Modell von R. Cohn. Sie nennt ihr Modell „themenzentrierte interaktionelle Methode", wobei sie festlegt, dass als Interaktanten Persönlichkeit, Gruppe und Thema gelten sollen. Für diese Interaktion stellt sie verschiedene Postulate und Hilfsregeln auf, die Kommunikation erleichtern oder unterstützen sollen. Diese lauten z.B. „Vertritt dich selbst in deinen Aussagen." „Sei zurückhaltend mit Verallgemeinerungen." „Nur einer zur gleichen Zeit." (R. Cohn)

Ein weiteres Modell kommt aus der Gestaltpädagogik. Auch hier werden bestimmte Prinzipien aufgestellt, die z.T. an die des Modells von Cohn angelehnt sind (Burow / Scherpp 1981).

In strukturellen Modellen wird dagegen von einem Zeichenkode ausgegangen, der über verschiedene Kanäle zwischen Sendern und Empfängern ausgetauscht wird (z.B. in Lehmann 1975). Aus einem System von Zeichen enkodiert der Sender seine Mitteilung und sendet sie über einen oder mehrere Kanäle (z.B. über den akustischen Kanal, also die Stimme und das Ohr, oder den optischen Kanal, also über Blickkontakt) an den Empfänger, der die Mitteilung seinerseits wieder dekodieren muss. Als Basis hierfür werden verschiedene Kompetenzen definiert (z.B. die linguistische, also die Fähigkeit, aus sprachlichen Regeln Sätze zu erzeugen), ebenso wird beschrieben, wie eventuelle Störungen auftreten können.

1.3 Unterrichtskommunikation

Wie schon eingangs erwähnt, existiert eine mittlerweile sehr ausgedehnte Forschungsaktivität bezüglich der Kommunikation, die im Unterricht stattfindet. Die Ursprünge liegen auch hier in den 1960er Jahren und sind verwandt mit denen der Gesprächsforschung und der Sprachhandlungstheorie.

Die ersten Forschungen konzentrierten sich darauf, die besonderen in der Institution Schule auftretenden Interaktionsmuster aufzudecken und zu analysieren.

Studien aus den 60er und 70er Jahren ergaben folgendes Bild der Kommunikation zwischen Lehrer und Schülern (vgl. Bayer 1982):

– Grundsätzlich sind die Interaktionsmuster, die im Unterricht auftreten, wenig abwechslungsreich und hoch ritualisiert.

– Es existieren spezifische kommunikative Verfahrensweisen, die oft konträr zu alltagssprachlicher Kommunikation liegen. Die 'Lehrerfrage' z.B. verkehrt die Frage-Antwort-Situation, indem der Wissende fragt und der Unwissende antwortet (Ehlich 1981).

- Die sprachlichen Äußerungen werden zu ungefähr 80 % vom Lehrer hervorgebracht; davon macht der größte Teil Vortrag, also Informationsvermittlung, aus, gefolgt von Anweisungen und Fragen.

- Ebenso hoch ist der Anteil der Interaktionen, die vom Lehrer initiiert wurden. Schülerinitiative ist damit selten, die Schüler müssen eher zuhören und mitarbeiten.

- Nur 20 % der Schülerfragen beziehen sich auf den Inhalt des Unterrichts. Die Mehrheit sind formaler und organisatorischer Art.

Nachdem in den darauffolgenden Jahrzehnten diese Forschungsrichtung wieder etwas in den Hintergrund trat, erlebt sie in den letzten Jahren einen erneuten Aufschwung. Sie hat aber den Nachteil, dass ein großer Forschungsaufwand nötig wird. Zur optimalen Datenerhebung bedarf es des multiperspektivisch videographierten Unterrichts.

Einige dieser neueren Forschungen zur Unterrichtskommunikation basieren auf Methoden und Verfahren der Gesprächsanalyse (Becker-Mrotzek/Quasthoff 1998), auf die weiter unten noch näher eingegangen wird. Im Gegensatz zu den empirischen Erhebungen, wie sie bei Bayer (1982) dargestellt werden, gelangt die Gesprächsanalyse zu qualitativen Erkenntnissen, die Aufschluss geben über die ablaufenden kommunikativen Prozesse und die diesen zugrundeliegenden Regularitäten. So lässt sich nach Becker-Mrotzek / Vogt (2001) Unterricht in verschiedene Phasen strukturieren. So sind die Eröffnungs- und die Abschlussphase meist relativ ritualisiert und durch bestimmte rekurrente Handlungsmuster (Begrüßung etc.) gekennzeichnet. Der Lehrer nutzt die Stundeneröffnung, um „Öffentlichkeit zum Zweck der Unterrichtserteilung" (ebd., S. 142) herzustellen. Bedingungen für diese Öffentlichkeitskonstitution sind z. B., dass die Schüler sich auf dem ihnen zugewiesenen Platz befinden, dass die Aufmerksamkeit auf den Lehrer gerichtet ist und dass unterrichtsfremde Tätigkeiten eingestellt werden. Zwischen diesen Anfangs- und Endphasen findet weiterhin eine thematische Strukturierung statt, die ebenfalls bestimmten Mustern folgt. In der Abschlussphase muss die Öffentlichkeit dann wieder aufgehoben werden, z. B. durch eine Grußsequenz, aber auch schlicht und einfach durch das Klingelzeichen.

1.4 Gesprächsforschung

Die Anfänge der Gesprächsforschung liegen in den Untersuchungen aus den 1960er Jahren amerikanischer Soziologen und Ethnomethodologen (damals als „conversation analysis" bezeichnet). Ziel dieser Forschungen ist es, diejenigen Techniken und Methoden zu ergründen, die sich die Mitglieder einer Gesellschaft nutzbar machen, um sozial zu interagieren. Die Gesprächsforschung liefert Erkenntnisse über die Funktionen und Strukturen der verschiedenen Gesprächsformen.

Mündliche Gespräche sind im Allgemeinen (im Unterschied zu schriftlichen Texten) zu charakterisieren durch

- face-to-face-Interaktion. Sprecher und Hörer stehen sich von Angesicht zu Angesicht gegenüber und können so auch außersprachlich kommunizieren (Körpersprache), zumindest aber (dies gilt z. B. für Telefongespräche) prosodische Eigenschaften des Gesagten auswerten. Dies muss im Schriftlichen explizit übermittelt werden.
- Erscheinungen der spezifischen Sprachplanung und -produktion, wie Korrekturen, Satzabbrüche, Ellipsen etc.
- Turn-taking, also den regelmäßigen Sprecher-Hörer-Wechsel.
- Bestimmte kommunikative Muster und Schemata entsprechend der kommunikativen Ziele der Sprecher. Diese Muster äußern sich in Form von „rekonstruierbaren Erwartungen in den unterschiedlichen Gesprächsformen" (Becker-Mrotzek / Quasthoff 1998, S. 5).

Becker-Mrotzek / Quasthoff (1998) stellen das Unterrichtsgespräch als spezielle Form des mündlichen Gesprächs in seinen drei didaktisch relevanten Funktionen dar: als Lernziel (es soll die Fähigkeit zur mündlichen Kommunikation verbessern), als Lernmedium (mündliche Fähigkeiten sollen auf unterrichtlichen Gesprächsformen aufbauen, da schriftliche 'Gespräche' methodisch problematisch sind) und als Lernkontext (neuere Forschungen weisen auf die Erwachsenen-Kind-Interaktion, aus der heraus sich Gesprächsmuster und -strukturen entwickeln (Hausendorf / Quasthoff 1998)). Hieraus ergibt sich die Forderung, Unterrichtsinteraktion müsste „als Lernkontext systematisch Gesprächsformen fördern, in denen sich dyadische bzw. den persönlichen Zuschnitt ermöglichende Interaktionsmuster konstituieren" (ebd., S. 9). Konkrete Analysen z. B. des Lehrergesprächs geben Becker-Mrotzek / Vogt (2001).

Die Analyse gesprochener Sprache kann außerdem auch für andere sprachliche Lernbereiche herangezogen und nutzbar gemacht werden. Paul (2002) schlägt z. B. vor, im Grammatikunterricht Transkripte gesprochener Sprache zu untersuchen, um so einen Anlass zu bieten für Reflexionen über sprachliche Strukturen und deren Gebrauchsweisen.

2 Didaktische Diskussion

Als Voraussetzungen für wirkungsvolles sprachliches Handeln legt Schoenke (1991, S. 14) fest:

1. das Erfassen der Situationsbedingungen,
2. die Kenntnis unterschiedlicher Äußerungsmöglichkeiten und das Geübtsein in deren Anwendung,
3. die Fähigkeit, sich für bestimmte situationsangemessene sprachliche Äußerungen zu entscheiden, sie auch tatsächlich zu formulieren.

Aus der Theorie sprachlicher Handlungen ergeben sich eine Reihe unterschiedlicher Aktivitäten. Es muss jedoch der jeweiligen Theorie überlassen werden,
hier eine Systematisierung vorzunehmen (zu den Schwierigkeiten hierzu vgl.
Bayer 1982). Der Vorschlag zur Systematisierung sprachlicher Handlungsfelder
von Schoenke (1991) etwa sieht folgende Unterteilung vor:

1. informieren (über Dinge, Erlebnisse, sich selbst etc.)
2. erzählen (Erlebnisse, Erdachtes etc.)
3. feststellen (argumentieren, behaupten, entscheiden etc.)
4. auffordern (bitten, überreden, vorschlagen etc.)
5. soziale Beziehungen herstellen, vertiefen, interpretieren, darauf reagieren
   (schmeicheln, loben, anerkennen, trösten, tadeln etc.)
6. metakommunikative Sprechhandlungen (ein Gesprächsthema vorschlagen,
   ein Gespräch strukturieren)
7. konventionelle Sprechhandlungen (grüßen, entschuldigen)

Da eine erschöpfende Besprechung aller sprachlichen Handlungen zu weit führen würde, und sei es nur, all derjenigen, die didaktisch und methodisch aufbereitet sind, sollen hier drei mündliche Kommunikationsarten herausgegriffen und
ausführlicher besprochen werden. Ausgewählt wurden diejenigen, die auch in
den Lehrplänen und Unterrichtsmaterialien die weiteste Verbreitung finden.

2.1 Erzählen

Erzählen gehört nicht nur zu den grundlegenden Kommunikationsformen, die
sich in allen Kulturen finden lassen, es gehört auch zu den Formen, die schon in
den frühen Phasen des Spracherwerbs auftreten. Dadurch wird Erzählen zu
einem bereits mit Schuleintritt relevanten Bereich. Für die Transparentmachung
und die didaktische Unterstützung der Erzählentwicklung ist es zunächst wichtig, in die verschiedenen Erzählformen zu differenzieren. Schließlich beginnen
die Schulkinder erst allmählich, sich ein Konzept von Erzählen zu erschließen,
das dem eines erwachsenen Sprechers nahe kommt.

Sie erfahren 'Erzählen' zum einen als eine alltagssprachliche Kommunikations-
form: von etwas Erlebtem berichten. Diese 'Erlebniserzählungen' sind in den
Kontext alltäglicher Gespräche eingebettet und werden auch innerhalb dieses
Kontextes erworben (Hausendorf / Quasthoff 1998, Becker 2001).

Demgegenüber stehen die literarischen, meist fiktionalen Erzählungen, die dem
Kind über verschiedene Medien (Buch, Film, Hörspiel etc.) nahe gebracht werden.

Bei den meisten Kindern sind bei Schuleintritt die Fähigkeiten, alltagssprachlich
vermittelte Erzählungen zu produzieren – also Erlebniserzählungen –, am
stärksten ausgeprägt. Bezüglich der übrigen Formen, wie Fantasiegeschichten,
Nacherzählen von Geschichten oder Erzählen von Bildergeschichten, entwickeln sich die Erzählfähigkeiten meist erst mit Beginn des Schulalters (Becker
2001).

Für alle Erzählformen gilt, dass die Kinder mit zunehmendem Alter ihre Erzählungen auch komplexer gestalten. Nun besteht natürlich eine Reihe von unterschiedlichen Ansätzen, dieses 'Komplexerwerden' zu definieren. Damit einher gehen auch unterschiedliche Kriterien und Normen, die sich bei Erzählungen anlegen lassen:

- **narrative Struktur**: Die Erzählung verfügt über einen bestimmten strukturellen Aufbau, besteht also aus mehreren festgelegten strukturellen Phasen oder Einheiten. Hier existiert eine Vielzahl von Modellen. Für den deutschen Sprachraum ist wohl das Modell von Boueke et al. (1995) mittlerweile am meisten verbreitet. Alle Modelle sehen aber vor, dass die Kinder mit zunehmendem Alter die einzelnen strukturellen Phasen immer vollständiger in ihre Erzählungen integrieren und dabei jeweils stärker ausbilden. Bei den meisten Modellen findet sich außerdem ein zentrales „Erzählwürdigkeitskriterium", wie etwa ein Planbruch (eine unerwartete, plötzliche Begebenheit innerhalb der normal zu erwartenden Ereignisse) oder eine Minimalbedingung an Ungewöhnlichkeit.

- **Kohäsion und Kohärenz**: Als bester Altersprädiktor (Faktor, der Aussagen über das Alter zulässt) erwies sich die Fähigkeit der Kinder, einen Sprach- und Sinnzusammenhang auf der Textoberfläche zu erzeugen (Becker 2001). Dazu gehört z. B. der angemessene Umgang mit Pronomen oder deiktischen Elementen.

- **Interaktionale Konstituierung**: Für Erzählungen, die stark in einen Gesprächszusammenhang eingebettet sind, wie Erlebniserzählungen, gilt, dass die Kinder die innerhalb der Gesprächseinheit geforderten strukturellen Phasen zunehmend selbständig realisieren. Z.B. gelingt es ihnen mit fortschreitendem Alter immer besser, eine Erzählung einzuleiten und vor allem auch wieder aufzulösen, also das Ende oder den Ausgang adäquat darzustellen. Die konversationellen Erzählungen jüngerer Kinder zeichnen sich dadurch aus, dass ihnen die Anforderungen oder „Zugzwänge", die durch das Muster 'Erzählung' relevant werden, noch nicht bewusst sind. So muss oft der Hörer – meist durch Nachfragen – diese Gesprächseinheiten einfordern.

Weitere Kriterien, nach denen Erzählungen analysiert werden können, da hier spezifische Entwicklungsschritte ablesbar sind, sind der Gebrauch von Tempora, von evaluativen und affektiven sprachlichen Mitteln (z. B. expressive Verben, Adjektive, Adverbien, die der Erzählung Anschaulichkeit oder Dramatik o. ä. verleihen), ebenso der Einsatz von direkter und indirekter Rede.

Zwar sind noch nach der Primarstufe in bestimmten Erzählformen Entwicklungen zu beobachten, jedoch verlagern dort Lehrplan und Lehrpersonen das Erzählen meist weitgehend ins Schriftliche.

2.2 Argumentieren und Diskutieren

Da diese beiden Begriffe in der Literatur oft nicht getrennt werden, eine Trennung durch die Nähe der sprachlichen Handlungen auch problematisch ist, sind sie in dieser Darstellung zusammengefasst.

In unserer Gesellschaft gelten Diskutieren und Argumentieren als grundlegende demokratische Sprachhandlungen. Ebenso sind sie wichtige Werkzeuge zwischenmenschlicher Kommunikationsprozesse. Sie zählen damit zu dem, was heute gerne als „Schlüsselqualifikation" bezeichnet wird. Für Ockel (1992) ist sie die „wichtigste Redeübung überhaupt".

In der Schulpraxis lassen sich zwei Arten von Diskussionen finden:

1. die künstliche Diskussion mit rein didaktischem Anlass. Hierbei diskutieren die Schüler über ein bestimmtes vorgegebenes Thema. Sie lernen, Argumente zu entwickeln und diese konstruktiv in die Diskussion einzubringen. Die sprachliche Handlung besteht dann in erster Linie darin, eine Meinung zu vertreten. (Beispiel: Die Schülerinnen und Schüler diskutieren über Nutzen und Gefahren von Atomkraftwerken.)

2. die realitätsbezogene Diskussion, meist in Bezug auf die Institution Schule. Die Schüler diskutieren hier über Themen, die sie in ihrer Eigenschaft als Institutionsangehörige betreffen. (Beispiel: Soll eine Raucherecke auf dem Schulhof eingerichtet werden?)

Oft scheuen die Lehrpersonen vor der realitätsbezogenen Diskussion zurück, da sich die Schülerinnen und Schüler ja auch ihrer bedienen können, um sich unerwünschte Freiräume zu schaffen. Weil es jedoch in erster Linie wünschenswert ist, genügend Diskussionsanlässe zu schaffen, um die nötige Diskussionspraxis zu gewährleisten, muss natürlich hauptsächlich auf künstliche Diskussionen zurückgegriffen werden.

Zu den Besonderheiten der schulischen Argumentation (Spiegel 1999) gehört außerdem, dass

– meist keine Gleichheit der Interaktionspartner besteht,
– sie zeitlich reglementiert und begrenzt ist,
– eine Zwangsmitgliedschaft herrscht,
– häufig mangelndes Interesse an der Diskussionsfrage besteht.

Die Argumentationsforschung ist zuletzt in den 1970er Jahren verstärkt in didaktische Konzeptionen eingeflossen (vgl. hierzu die Bibliographie von Helma Behme 1977). Neuere Ansätze z. B. von Kindt (1999) empfehlen die Umsetzung der Aristotelischen Argumentationstheorie, die auf den sogenannten „Topoi" beruht. Kindt schlägt vor, so etwas wie ein Argumentationslexikon zu entwickeln, in dem argumentationsrelevante Formeln aufgelistet werden. Die Einträge enthielten dann die korrespondierenden Topoi und prototypische Verwendungsbeispiele. Außerdem würde die den jeweiligen Topoi zugrundeliegende logische Struktur veranschaulicht einschließlich ihrer Anwendungsvoraus-

setzungen. Die so erworbenen Kenntnisse über logische Argumentationsstruk-
turen ließen sich auch für literarische Interpretationen nutzbar machen. Nach
Kindt (1999, S. 36) lassen sich alltagsrelevante Kommunikationsgattungen wie
Kommentar, Leserbrief, Bewerbungsschreiben, Konfliktgespräche etc. auf
„rekurrente gattungsspezifische Argumentationsmuster" hin untersuchen und
die zugehörigen Topoirealisierungen erarbeiten.

Ein weiterer Ansatz kommt aus der Gesprächsforschung (siehe 1.4). Hier wird
das Argumentieren bestimmt als „die gemeinsame Produktion begründender
und problematisierender Gesprächsaktivitäten, die sich auf eine Quaestio beziehen, das heißt auf eine (Diskussions-)Frage bzw. auf etwas Strittiges, das argumentativ und argumentierend von den Gesprächsbeteiligten behandelt wird"
(Spiegel 1999, S. 19). In einer Untersuchung bei Schülern der 10. und 13. Jahrgangsstufe, die Spiegel (1999) in Realschulen und Gymnasien durchführte, kris-
tallisierten sich folgende Schwachstellen heraus:

– mangelnde Fokuskonstanz,

– fehlende Bezugnahme auf Beiträge anderer Schülerinnen und Schüler,

– keine Diskussionsschritte im klassischen Sinne (z. B. Position beziehen und
  verteidigen),

– Formulierungsschwierigkeiten,

– Erstarrung in formelhaften Wendungen und in Stereotypen.

In der Praxis fand sie zwei Typen von Diskussionsformen: Bei der Pro-und-Con-
tra-Diskussion übernahmen die Lehrenden die Moderationsrolle mit den zugehörigen Aufgaben wie Rederechtszuweisung und Gesprächsstrukturierung. Bei
der Klärungsdiskussion brachte sich der Lehrende stärker durch Nachfragen und
Ermunterungen mit ein, meist mittels der typischen Floskeln „Warum ist das
so?" oder „Worin sehen Sie die Gründe?". Die oben angeführten Schwierigkeiten traten eher bei der Klärungsdiskussion auf, während bei der Pro-und-Con-
tra-Diskussion leicht die analytische Bearbeitung der Fragestellung und Hinter-
grundklärungen zu kurz kamen. Aber vor allem eine zu starke Zentriertheit auf
den Lehrer erwies sich als nachteilig für den produktiven Diskussionsverlauf. Da
jedoch mit jedem Diskussionsmodell andere Vor- und Nachteile verbunden sind,
sollte besonderen Wert darauf gelegt werden, zwischen verschiedenen Diskussi-
onstypen zu wechseln, um eine gewisse Bandbreite von Argumentationsmög-
lichkeiten und -strategien zu ermöglichen. Konstruktives Diskutieren erfordert
schließlich auch eine große Breite an Fähigkeiten verbaler, intellektueller und
sozialer Art. Vorschläge für die Unterrichtspraxis finden sich außerdem bei
Berthold (1997).

2.3 Das Problem der Normen und Bewertungen

Ein Grund für die mancherorts beklagte Vernachlässigung der Förderung mündlicher Kommunikation im Unterricht ist das Problem der Normen und Be-

wertungen. Fiehler (1998, S. 53) benennt gleich drei verschiedene Stellen, an denen dieses Problem zu Tage tritt:

1. bei der Auswahl und Begründung der zu schulenden Gesprächsfähigkeiten;
2. bei den Vorgaben / Handlungsanweisungen, wie das Gesprächsverhalten aussehen soll;
3. bei der Überprüfung, ob das Gesprächsverhalten der Schülerinnen und Schüler den Vorgaben entspricht.

Zu 1.: Um eine gut begründete Auswahl an Gesprächstypen treffen zu können, die im Unterricht zu behandeln sind, sollte zunächst eine Typologie erstellt werden. Aus dieser können dann Gesprächstypen herangezogen werden, die für die Schülerinnen und Schüler von besonderer Relevanz sind, entweder im gegenwärtigen Schulalltag oder für eine zukünftige Kommunikationspraxis. Kommunikative Basisqualifikationen sind meist in den entsprechenden Lehrplänen verankert und dort beschrieben.

Als mögliche Lernziele innerhalb der Gesprächsfähigkeiten formuliert Fiehler (1998, S. 57):

> den Erwerb bzw. die Optimierung bestimmter *Gesprächsformen oder -typen* (z. B. Erzählen, Diskussion, kollektive Entscheidungsfindung, Konfliktgespräch etc.); den Erwerb bzw. die Optimierung der Fähigkeiten zur Bearbeitung *lokaler Gesprächsaufgaben* (z. B. dem anderen zuhören, sich angemessen einbringen, den anderen ausreden lassen, auf frühere Beiträge eingehen, jemandem widersprechen etc.) und die *sprachliche und sprecherische Gestaltung* der Gesprächsbeiträge (z. B. argumentieren im Fünfsatz, sich klar und einfach ausdrücken, die Aussagen begründen, in ganzen Sätzen sprechen, vermeiden von Formulierungen wie *würde ich mal sagen* etc.). (Hervorhebungen im Original)

Zu 2.: Die Gesprächsanalyse selbst ist in ihrer grundlegenden Ausrichtung rein deskriptiv. Sie geht von empirischen Regularitäten und Organisationsprinzipien aus. Das bedeutet, dass Sprecher in natürlichen Gesprächen beobachtet werden und beschrieben wird, nach welchen Regeln und Prinzipien diese sich richten, meist ohne dass es den Sprechern selbst bewusst ist. Zunächst einmal scheint die Gesprächsanalyse so mit dem sehr verbreiteten didaktischen Grundsatz vereinbar, man müsse lediglich genügend Gesprächsanlässe für die Schüler schaffen. Sollen Gesprächsfähigkeiten jedoch explizit gelehrt werden, kann man die Forderung nach konkreten Handlungsanweisungen kaum umgehen. Aus den Arbeitsweisen und Erkenntnissen der Gesprächsforschung lässt sich das folgende Verfahren ableiten (Fiehler 1998): Ausgehend von der Beschreibung und Analyse systematischer Kommunikationsprobleme wird ein „Spektrum alternativer Handlungsmöglichkeiten" (S. 60) aufgezeigt. Diese Alternativen sollen eingehend auf ihre Wirkungsweisen geprüft werden, um sie dann bewerten zu können. Hierbei können den Schülerinnen und Schülern jedoch Freiräume gelassen werden. Ein Lernziel der gesprächsanalytischen Kommunikationsschulung liegt schließlich in der Erkenntnis, dass es innerhalb der Kommunikationsprozesse nicht ein 'Falsch' oder 'Richtig' gibt. Neben der Bestimmung und Bearbeitung der verschiedenen kommunikativen Handlungsweisen darf jedoch die Fähigkeit, diese auch umzusetzen, nicht vernachlässigt werden. Hier müssen entsprechende Gelegenheiten geschaffen werden.

Zu 3.: Ein weiterer Schritt für die Lehrperson liegt darin, den Lernerfolg zu überprüfen. In einer Gesprächsbesprechung können implizite oder explizite Bewertungen vorgenommen werden. Hierfür formuliert Fiehler (1998, S. 61) folgende Maßstäbe:

– Wie ist der intuitive Eindruck des Gesprächsverhaltens (finde ich gut, gefällt mir nicht)?
– Entspricht das Gesprächsverhalten den (normativen) Vorgaben?
– Führt das Gesprächsverhalten zu Kommunikationsproblemen?
– Ist das Gesprächsverhalten funktional / zweckmäßig?

Um Kommunikationsprobleme identifizieren zu können, ist es nach den Überzeugungen der Gesprächsforschung entscheidend, dass die beteiligten Sprecher der Meinung sind, solche Probleme lägen vor. Weiterhin können Abweichungen von der 'Normalform' geprüft werden, die zuvor deskriptiv ermittelt worden waren. Da die Gesprächsforschung grundsätzlich funktional orientiert ist, beantwortet sich die Frage nach einem 'guten' Gespräch hier wie folgt:

– Es sind keine größeren Kommunikationsprobleme entstanden.
– Die Gesprächspartner sind der Meinung, Zweck und Ziel des Gesprächs erreicht zu haben.
– Das Gesprächsverhalten wich nicht allzu sehr von der Normalform ab.

Es geht also nicht primär darum, vorgefertigten Normen und Bewertungen zu entsprechen, sondern diese im Konsens der Beteiligten zu ermitteln.

3 Unterrichtspraktische Überlegungen und Hinweise

3.1 Erzählen

Die intensive Erzählforschung, die in den letzten Jahrzehnten betrieben wurde, wird mittlerweile auch von Didaktikern berücksichtigt, so dass die dort gewonnenen Erkenntnisse langsam auch in didaktische Konzeptionen münden. So konnte man in letzter Zeit nicht nur eine verstärkte didaktische Behandlung dieses Bereiches beobachten und damit auch ein zunehmendes Bewusstsein für dessen Bedeutsamkeit, mittlerweile besteht auch eine recht große Bandbreite an methodischen Umsetzungsmöglichkeiten.

Gerade für die Didaktik des Erzählens ist es wichtig, Lernziele zu formulieren, um sich von veralteten oder klischeehaften Vorstellungen zu lösen. Die didaktische Zielvorstellung, die für methodische Überlegungen grundlegend ist, ist die Ausbildung einer umfassenden Erzählfähigkeit, die nach Rank (1995) die folgenden drei Ebenen umfasst:

1. **Ebene der Interaktion:**
   - eine Erzählabsicht verwirklichen (z. B. Erzählerrolle übernehmen, eine Erzählform wählen, Beginn und Ende markieren)
   - Zuhörerperspektive berücksichtigen (z. B. Verstehensvoraussetzung sichern, auf Zuhöreräußerungen reagieren)

2. **Ebene der Sachverhalte:**
   - etwas Erzählenswertes wissen und auswählen
   - eine Ereignisfolge darstellen (Orientierung, Komplikation, Auflösung)
   - persönliche Sicht verdeutlichen (Bewertung, Evaluation)

3. **Ebene der Darstellungsmittel:**
   - Semantik (z. B. eindeutige Referenz, affektive und evaluative Sprachformen)
   - Grammatik (z. B. Textverknüpfungsmittel, Zeitformen)

Die Erzähldidaktik sollte natürlich auf all diese Ebenen ausgedehnt werden und alle Teilfähigkeiten gezielt fördern.

Hilfreicher, als aus der erwähnten Fülle an Umsetzungsmöglichkeiten willkürlich einige herauszugreifen, ist es, einige grundsätzliche Punkte zu nennen, die beim Erzählenlehren und -lernen immer beachtet werden sollten:

1. Der Erzählerwerb ist ein langwieriger Prozess, bei dem zwar zentrale Entwicklungen in der Grundschulzeit ablaufen, der sich aber durch die gesamte Schulzeit hinzieht.

2. Gerade in der Grundschule spielt die Erzählform eine große Rolle. Es sollte stets bedacht werden, welche Erzählform welche Lernbereiche betont.

3. Bislang herrschen noch unterschiedliche Auffassungen darüber, welche Wechselwirkungen und Zusammenhänge zwischen Literatur- und Erzählerwerb bestehen. Während Boueke / Schülein (1991) von einer positiven Wechselwirkung aufgrund vergleichbarer narrativer Schemata ausgehen, sprechen Rank (1995) und Becker (2001) von Entwicklungslinien unterschiedlicher Gesetzmäßigkeit, die erst allmählich zu einem einheitlichen Konzept von 'Erzählen' führen. Daraus ergibt sich einmal mehr die Notwendigkeit, auf die Differenzierung der einzelnen Erzählformen zu achten.

In der Primarstufe geht es in erster Linie darum, geeignete anregende Erzählsituationen und Erzählhilfen zu schaffen. Die Erzählwerkstatt von Claussen / Merkelbach (1995) gibt hier einige überzeugende Vorschläge. Auch das Praxishandbuch von Claudia Seidl (1999) stellt eine gute Anleitung dar.

Es sollte jedoch bedacht werden, dass Kinder zwischen sechs und acht Jahren im Allgemeinen noch mit visuellen Reizen einen hohen kognitiven Aufwand haben. Ein zu starker oder einseitiger Einsatz von Bildmaterial kann daher kontraproduktiv wirken. Oft wird nämlich zu Gunsten der Bilder der sprachliche Anreiz vernachlässigt. Gerade bei mehrsprachigen Kindern, die eventuell noch Defizite im Lexikon aufweisen, kommt es dann zu Schwierigkeiten bis hin zur Verweigerung. Sprachliche Vorlagen und Anreize können z. B. sein: Wortkärtchen, Reihenerzählungen, aber auch Nacherzählungen oder Erzählkarten.

Nach der Primarstufe wird mündliches Erzählen zu Gunsten von schriftlichem meist ganz aufgegeben. Da jedoch nun erst die geeigneten Voraussetzungen bestehen, um die oben genannten Teilfähigkeiten voll zu entfalten, muss dies als Versäumnis betrachtet werden.

Vor allem in den höheren Klassen kann dieser Bereich sehr produktiv z. B. mit Sprecherziehung kombiniert werden. Rhetorische Mittel können hier ebenso geübt werden wie zuhörerorientiertes Präsentieren.

3.2 Kommunikationstraining im Deutschunterricht (Moderieren und Präsentieren)

In den letzten Jahren verbreitete sich in der pädagogischen Literatur immer mehr das konkrete Training verschiedener Kommunikationstechniken, meist in Form von Gesprächsregeln oder Präsentationstechniken (z. B. Pädagogik 1994, H. 10 oder 1997, H. 11). Oft sind diese aus entsprechenden wirtschaftlichen Ratgebern übernommen. Nach einer Untersuchung von Berkemeier 1999 und Berkemeier / Pfennig 2001 gehen die dort beschriebenen Empfehlungen oft über die Fähigkeiten der Schülerinnen und Schüler hinaus. Denn meist werden lediglich einige Floskeln oder verallgemeinernde Regeln an die Hand gegeben. Es zeigte sich jedoch, dass schon Schüler der 6. Klasse beim Moderieren Fähigkeiten aufweisen, wie Rederecht verteilen, Zuständigkeiten abfragen, Abstimmungen durchführen, ein Gespräch abschließen etc. Andererseits waren z. B. Schwierigkeiten bei der Strukturierung von Problemlöseprozessen zu beobachten, also in Bereichen, die in der Literatur gar keine Beachtung finden. Als typische Probleme beim Präsentieren erwiesen sich die fehlenden Hörerorientierungen und die erstarrten Formulierungen.

Im Unterricht ist es geboten, dass sich sowohl die Lehrperson selbst als auch durch Vermittlung die Schüler zunächst bewusst werden, was mündliches Vortragen und mündliche Texte von Schriftlichem unterscheidet (siehe hierzu Kapitel 1 und 1.4). In einem zweiten Schritt kann dann überlegt werden, welche Hilfsmittel für die Vortragenden bestehen und wie diese eingesetzt werden können. Die Schülerinnen und Schüler werden also mit Mitteln zur Verbesserung der Hörerrezeption (Visualisierungen, Handouts, Flip-Charts etc.) und mit der Vortragsstrukturierung (Sprechvorlagen, OHP-Folien, Beamer etc.) vertraut gemacht.

Um eine konkrete Unterrichtseinheit z. B. in Jahrgangsstufe 5 zur Bespre-
chungsleitung durchzuführen, schlagen Berkemeier / Pfennig (2001) folgendes
Verfahren vor:

In den ersten Unterrichtsstunden werden unter Gesprächsleitung des Lehrers
Besprechungsregeln aufgestellt, die wie folgt lauten:
– konkretes, positives, begründetes Feedback einfordern,
– Rederecht im Raum, nach Meldehäufigkeit und wenn nötig nach Geschlecht
  verteilen,
– Rückfragen an den Vortragenden beschränken,
– ggf. Bestätigung des Gelungenen, Verbesserungsvorschläge und Stellung-
  nahmen von anderen Gesprächsteilnehmern fordern.

Als nächstes müssen Stichworttechniken eingeführt werden. Danach können
auch die Regeln für den Vortragenden vermittelt werden, die etwa heißen
können:

– bei der Besprechung zuhören,
– auf Verständnisrückfragen antworten,
– eine eventuelle Stellungnahme in der Sache an den Schluss schieben,
– Stichpunkte zu wichtigen Besprechungsinhalten notieren.

Außerdem wurden den Gesprächsleitern der 5. Gymnasialklasse folgende Tipps
an die Hand gegeben (Berkemeier / Pfennig 2001):

1. Erinnere, falls nötig, an lauteres oder langsameres Sprechen!

2. Frage, ob ein zweites Vortragen erwünscht ist!

3. Lass Zeit für das Anfertigen von Notizen nach dem Vortrag!

4. Verhindere Wiederholungen!

5. Sorge dafür, dass die Beitragenden den, der vorgetragen hat, ansprechen!

6. Beschließe das Gespräch rechtzeitig und angekündigt!

7. Achte auf Ausgewogenheit von Bestätigungen und Verbesserungsvor-
   schlägen!

8. Streue das Rederecht!

9. Achte auf positive Formulierungen!

10. Begrenze die Zahl der angesprochenen Punkte pro Meldung!

Schließlich empfiehlt sich die Regel, dass der Vortragende sich seine Gesprächsleitung jeweils selbst auswählen darf, da das Freundschaftsprinzip, nach dem
meist gewählt wird, positiv unterstützende Wirkung hat. Natürlich sollten alle
Schüler mindestens einmal die Rolle des Vortragenden und die Rolle des Leiten-
den übernehmen. Besonderen Wert sollte auf die Verbesserungsvorschläge
gelegt werden, an denen sich nicht nur Solidarität, sondern auch Toleranz gegenüber Fehlern erweisen kann.

4 Ausblick

Die Vermittlung mündlicher Kommunikationsfähigkeiten stellt eine besondere Herausforderung sowohl an die dazugehörige Forschung als auch an die methodische Realisierung im Unterricht dar. Für beide gilt die Schwierigkeit, den Widerspruch aufzulösen, natürliche Kommunikation in künstlichen Situationen zu erzeugen. Dadurch werden in besonderem Maße methodische Kenntnisse, praktische Vorbereitung, aber auch ein psychologisches Gespür für kommunikative Prozesse der Lehrperson abverlangt.

Literaturverzeichnis

Auer, Peter: Sprachliche Interaktion. Eine Einführung anhand von 22 Klassikern. Tübingen: Niemeyer 1999.

Austin, John L.: How to do things with words. Oxford: Clarendon. 1962. Dt. Zur Theorie der Sprechakte. Stuttgart: Reclam 1972.

Bayer, Klaus (Hrsg.): Studienbuch: Mündliche Kommunikation. Paderborn: Schöningh 1982.

Becker, Tabea: Kinder lernen Erzählen. Baltmannsweiler: Schneider 2001.

Becker-Mrotzek, Michael / Quasthoff, Uta M.: Unterrichtsgespräche zwischen Gesprächsforschung, Fachdidaktik und Unterrichtspraxis. In: Der Deutschunterricht 1998, H. 1, S. 3–13.

Becker-Mrotzek, Michael / Vogt, Rüdiger: Unterrichtskommunikation. Tübingen: Niemeyer 2001.

Behme, Helma: Zur Theorie und Praxis des Gesprächs in der Schule. Eine Bibliographie. Kastellaun: Henn 1977.

Berkemeier, Anne: Nonverbale rhetorische Kommunikation: Mündliche Sprachreflexion von SchülerInnen einer 10. Gymnasialklasse. In: Mitteilungen des Deutschen Germanistenverbandes 1999, H. 3, S. 330–348.

Berkemeier, Anne / Pfennig, Lothar: Gesprächsformen innerhalb schulischer Lehr-Lern-Kultur. In: Der Deutschunterricht 2001, H. 6, S. 48–56.

Berthold, Siegwart / Naumann, Carl Ludwig: Mündliche Kommunikation im 5.–10. Schuljahr. Didaktische Konzepte und Unterrichtsvorschläge. Bad Heilbrunn: Klinkhardt 1984.

Berthold, Siegwart: Reden lernen im Deutschunterricht. Übungen für die Sekundarstufe I und II. Berlin: Cornelsen Scriptor 1997.

Boueke, Dietrich / Schülein, Friedrich: Kindliches Erzählen als Realisieren eines narrativen Schemas. In: Ewers, Hans-Heino (Hrsg.): Kindliches Erzählen, Erzählen für Kinder. Weinheim, Müchen: Juventa 1991, S. 13–41.

Boueke, Dietrich et al.: Wie Kinder erzählen. München: Fink 1995.

Burow, Olav-Axel / Scherpp, Karlheinz: Lernziel: Menschlichkeit. Gestaltpädagogik – eine Chance für Schule und Erziehung. München: Kösel 1981.

Claussen, Caus / Merkelbach, Valentin: Erzählwerkstatt: Mündliches Erzählen. Braunschweig: Westermann 1995.

Ehlich, Konrad: Schulischer Diskurs als Dialog? In: Schröder, Peter (Hrsg.): Dialogforschung. Jahrbuch des IDS. Düsseldorf: Schwann 1981, S. 334–369.

Ehlich, Konrad: Zum Textbegriff. In: Rothkegel, Annely / Sandig, Barbara (Hrsg.): Text-Textsorten-Semantik. Hamburg: Buske 1984a, S. 9–25.

Ehlich, Konrad (Hrsg.): Erzählen in der Schule. Tübingen: Narr 1984b.

Fiehler, Reinhard: Bewertungen und Normen als Problem bei der Förderung von Gesprächsfähigkeiten. In: Der Deutschunterricht 1998, H. 1, S. 53–64.

Flader, Dieter / Hurrelmann, Bettina: Erzählen im Klassenzimmer. Eine empirische Studie zum „freien" Erzählen im Unterricht. In: Ehlich, Konrad (Hrsg.): Erzählen in der Schule. Tübingen: Narr 1984, S. 223–249.

Günther, Hartmut: Mündlichkeit und Schriftlichkeit. In: Balhorn, Heiko / Niemann, Heide (Hrsg.): Sprachen werden Schrift. Mündlichkeit, Schriftlichkeit, Mehrsprachigkeit. Lengwil: Libelle 1997, S. 64–73.

Hausendorf, Heiko / Quasthoff, Uta M.: Sprachentwicklung und Interaktion. Opladen: Westdeutscher Verlag 1998.

Kindt, Walther: Was sollte man in der Schule über Argumentationen lernen? Überlegungen aus der Sicht neuerer Argumentationsforschung. In: Der Deutschunterricht 1999, H. 5, S. 26–36.

Klein, Josef: Rhetorik und Argumentation. Eine Einführung. In: Der Deutschunterricht 1999, H. 5, S. 3–12.

Klein, Klaus Peter: Erzählen im Unterricht. Erzähltheoretische Aspekte einer Erzähldidaktik. In: Ehlich, Konrad. (Hrsg.): Erzählen in der Schule. Tübingen: Narr 1984, S. 263–295.

Krejci, Michael: Kommunizieren und Informieren. In: Krejci, Michael et al. (Hrsg.): Basiswissen Pädagogik. München: Moderne Verlagsgesellschaft 1977.

Lehmann, Jakob: Wo steht der Deutschunterricht heute? Kommunikation als mögliches Prinzip. In: Pädagogische Welt 1975, H. 9, S. 515–526.

Ockel, Eberhard: Rhetorik im Deutschunterricht. Untersuchungen zur didaktischen und methodischen Entwicklung mündlicher Kommunikation. Göppingen: Kümmerle 1974.

Ockel, Eberhard: Rede- und Gesprächsfähigkeiten in der gymnasialen Oberstufe. In: Jahrbuch Rhetorik 1992, S. 98–114.

Paul, Ingwer: Gesprochene Sprache als Reflexionsanlass im Grammatikunterricht. In: Der Deutschunterricht 2002, H. 3, S. 53–58.

Rank, Bernhard: Wege zur Grammatik und zum Erzählen: Grundlagen einer spracherwerbsorientierten Deutschdidaktik. Baltmannsweiler: Schneider 1995.

Schoenke, Eva: Didaktik sprachlichen Handelns. Überlegungen zum Sprachunterricht in der Sekundarstufe I. Tübingen: Niemeyer 1991.

Schuster, Karl: Mündlicher Sprachgebrauch im Deutschunterricht. Baltmannsweiler: Schneider 1998. (Deutschdidaktik aktuell; Bd. 2).

Searle, John R.: Speech Acts. Cambridge: University Press 1969.

Seidl, Claudia: Erzähl mir die Welt. Das Praxishandbuch für erfolgreiches Erzählen für Kindergarten, Grundschule und zu Hause. Linz: Veritas 1999.

Spiegel, Carmen: Argumentation von Jugendlichen im Deutschunterricht. Zwei Argumentationsformen. In: Zeitschrift für angewandte Linguistik 1999, H. 30, S. 19–40.

Spitta, Gudrun: Schreibkonferenz in Klasse 3 und 4. Ein Weg vom spontanen Schreiben zum bewußten Verfassen von Texten. Frankfurt a. M.: Cornelsen 1992.

Watzlawick, Paul / Beavin, Janet / Jackson, Don D.: Menschliche Kommunikation. Bern: Huber 1972.

ANN PEYER

Grammatikunterricht

1 Einleitung

Grammatikunterricht? Eine kleine Umfrage würde zeigen, dass dieser Lernbereich nicht bei allen Beteiligten beliebt ist. Es geht aber im Folgenden nicht darum, Grammatikunterricht zu rechtfertigen. Vielmehr ist zu fragen, auf welche Ziele die Arbeit in diesem Lernbereich ausgerichtet ist (2), wie sich diese zu aktuellen Konzepten vom Lernen verhalten (3) und welche konkreten Schlüsse sich daraus für die Gestaltung von Unterricht ergeben (4). Da über Grammatikunterricht in der Schule und in der Fachdidaktik immer wieder grundsätzlich diskutiert wird, sind auch kontroverse Positionen dargestellt.

Ein Wort zu den Literaturhinweisen: Das Thema Grammatikunterricht wird gegenwärtig v. a. in kürzeren Beiträgen behandelt. Nicht wenige dieser Beiträge enthalten als Überblick Zusammenfassungen der Diskussion, sind aber nicht ohne Engagement für die eine oder andere Position. Von dieser Beobachtung ist der vorliegende Text natürlich nicht ausgenommen. Verweise auf aktuelle Texte, v. a. auch auf Artikel im Handbuch *Didaktik der deutschen Sprache* (Bredel et al. 2003), sollen helfen, weitere Fachliteratur zu erschließen.

2 Fachwissenschaftliche Grundlagen: Ziele und Konzepte

2.1 Grammatikunterricht: Wozu? Ziele und Begründungen

In Gesprächen über Grammatikunterricht, z. B. an Weiterbildungsveranstaltungen, sind die Ziele und der Sinn von Grammatikunterricht oft Thema. Der Einfachheit halber möchte ich zwei Meinungen unterscheiden: Diejenigen Lehrpersonen, die dem Grammatikunterricht einen hohen Stellenwert einräumen und ihn nicht missen möchten, und diejenigen, die sich mit Grammatikunterricht schwer tun und ihm möglichst wenig Raum geben möchten. Tendenziell sind Vertreterinnen und Vertreter der ersten Meinung eher in der (gymnasialen) Sekundarstufe anzutreffen, diejenigen der zweiten eher im Grund- und Hauptschulbereich. Ebenso wichtig sind aber die persönliche Erfahrung, die Fächerkombination, evtl. auch die Zugehörigkeit zu wissenschaftlichen oder didaktischen 'Schulen'.

Die erste Gruppe begründet ihr Engagement für intensiven Grammatikunterricht wie folgt:

a) Grammatikunterricht soll die sprachliche Produktion (v. a. im Bereich der Schriftlichkeit) verbessern. Dank Grammatikunterricht sollen sich Texte auszeichnen durch:

Korrektheit bezüglich Orthographie, Wortformen, Bezüge (z. B. Kongruenz, Valenz), Interpunktion, Wortstellung und Struktur im einfachen Satz / Teilsatz (Valenz, Satzglieder), Struktur des komplexen Satzes (Satzverbindung, Satzgefüge);
Angemessenheit, d. h. eine angemessene Wahl der sprachlichen Mittel (v. a. bezogen auf Wortwahl und Satzbau) und eine sinnvolle Strukturierung der Abschnitte sowie des ganzen Texts. Diese Ziele beziehen sich auf das sprachliche **Können**, insbesondere auf das Schreiben.

b) Grammatikunterricht will **Wissen** vermitteln; dieses betrifft die Struktur sprachlicher Einheiten und Begriffe, die zur Kategorisierung dienen, insbesondere auf den Ebenen Wort (Wortbildung, Wortarten, Semantik), Satz (Satzglieder, Satzarten, einfacher und zusammengesetzter Satz) und Text (v. a. Kohäsion).

c) Grammatikunterricht in einem weiteren Sinn soll zu einem erweiterten Verständnis und zur **Reflexion** von Sprache führen; angesprochen sind

   – der Geltungsbereich von Normen
   – Sprache als wichtiger Teil des Mensch-Seins; Kommunikation; Sprache und Denken, Wahrnehmung der Wirklichkeit über die Sprache, sprachliche Relativität
   – Sprachvergleiche, v. a. in Situationen von Diglossie oder Mehrsprachigkeit; historische, regionale und soziale Varietäten (z. B. Dialekt, Jugendsprache)
   – Sprachkritik, Erkennen von Manipulation durch Sprache

Bereits in dieser Übersicht fällt auf, dass das systematische grammatische Wissen nicht einfach für sich steht, sondern dass es in zwei Richtungen wirken soll: einerseits erhofft man sich eine Verbesserung der Produktion – meistens bezogen auf geschriebene Texte, aber auch für die Mündlichkeit, andererseits wird ein erhöhtes Bewusstsein für sprachliche Phänomene angestrebt. Arbeit an den sprachlichen Strukturen soll also dazu führen, dass Sprache in unterschiedlichen Verwendungszusammenhängen genauer wahrgenommen wird, und dazu, dass gewisse Gebrauchsweisen kritisch hinterfragt werden. Diese Bestandesaufnahme fasst Begründungen und Ziele zusammen (ausführlicher s. Eichler 1996, S. 261–269). Ob und wie Grammatikunterricht das alles leisten kann, ist genauer zu prüfen.

Neben den erwähnten Lehrpersonen gibt es auch andere – diejenigen, die fragen, wieviel Grammatikunterricht tatsächlich nötig sei, wie ein gerade noch vertretbares Minimalprogramm aussehe. Für eine Antwort muss die Frage umformuliert werden: Für welche Ziele ist Grammatikunterricht der richtige Weg? Da wir unter 'Grammatikunterricht' unterschiedliche Anliegen zusammenfassen, gibt es kein absolutes 'Minimum'. Wenn das Ziel im Vordergrund steht, formal korrekt zu schreiben und Texte gezielt zu überarbeiten, ist ein anderer Blick auf sprachliche Strukturen nötig als dann, wenn wir diese Strukturen als solche untersuchen, vergleichen und durchschauen wollen.

Für das **Schreiben und Überarbeiten von Texten** brauchen Schülerinnen und Schüler gezielte Hilfen beim Gestalten des Schreibprozesses, v. a. der Überarbeitungsphasen. Zur raschen, präzisen Verständigung und zur differenzierten Analyse von Fehlerquellen sind ausgewählte Begriffe und grammatische Proben hilfreich. Sie können allerdings nur dann sinnvoll eingesetzt werden, wenn die Arbeit an Texten strukturiert erfolgt, d. h. wenn Phasen des Überarbeitens so gestaltet sind, dass den Schülern klar wird, mit welchem Fokus sie ihre Texte überarbeiten sollen. Der Blick auf die sprachlichen Strukturen resp. auf das Korrigieren von Fehlern ist ein Fokus unter anderen.

Das andere Ziel, das **Erforschen sprachlicher Strukturen,** kann eher intuitiv und alltagssprachlich beginnen. Wenn anschließend Beobachtungen systematisiert werden, sind jedoch grammatische Begriffe ein sinnvolles Beschreibungsinstrument. Es geht dabei nicht nur darum, einzelne Begriffe zu lernen, sondern sie einem Untersuchungsinteresse zuzuordnen, z. B.: Nach welchen Kriterien können wir Wörter zu Gruppen zusammenfassen? Was unterscheidet Begriffe für Wortarten von solchen für Satzglieder? Wie beim Überarbeiten von Texten gilt auch hier, dass der Blick auf die Struktur nicht der einzig mögliche ist. Es gibt eine Fülle interessanter Fragen (s. u. 2.3.7; vgl. auch Bremerich-Vos 1999, S. 51–61 oder das *Sachbuch* von *Sprachwelt Deutsch*).

Für beide Zieldimensionen – bewusst und korrekt schreiben und Sprache erforschen – lässt sich kein Grammatik-Minimum definieren. Beide lassen sich nicht auf Begriffswissen reduzieren. Wenn die entsprechenden Haltungen den Unterricht prägen, d. h. wenn es immer wieder darum geht, Texte zu überarbeiten oder Sprache zu erforschen, macht es Sinn, Begriffe einzuführen und sie kontinuierlich anzuwenden. Wird Begriffswissen dagegen ohne Kontext und Anwendung erarbeitet, erfahren Schülerinnen und Schüler – auch leistungsfähige – Grammatikunterricht als sinnlos und langweilig.

Statt der quantitativen Bestimmung eines bestimmten Grammatikpensums geht es also darum,

> einen Sprachunterricht (im Rahmen des integrierten Deutschunterrichts) zu verwirklichen, dessen grammatikbezogener Teil einen Zusammenhang herstellt zwischen beiden Aufgaben: der Förderung der kommunikativen Fähigkeiten der Schülerinnen und Schüler und der Fähigkeiten zur expliziten grammatischen Analyse (Voigt 2001, S. 25).

2.2 Sorgenkind Grammatikunterricht? Alte Argumente und neue Impulse

Unzufriedenheit mit dem 'Sorgenkind' Grammatikunterricht zeigt sich in der fachdidaktischen Literatur an verschiedenen Stellen:

– Die Frage nach dem Sinn und Zweck von Grammatikunterricht wird zwar immer wieder gestellt, aber nicht befriedigend beantwortet. Dennoch ist

Grammatikunterricht in der Schule fest verankert (Bremerich-Vos 1999, S. 33 f.).

– Die Ausrichtung von formalem, traditionellem Grammatikunterricht ist zu eng – sie ist zu normativ, hat nichts mit der Erfahrung von Kindern und Jugendlichen zu tun, trägt nicht zu ihrer Sprachkompetenz bei, ermöglicht keine kritische Reflexion (Neuland 1993, S. 98; Hornung 2001, S. 165).

– Desiderate wie die Erweiterung von Grammatikunterricht zur Reflexion über Sprache werden nicht umgesetzt, die bereits lange andauernde Diskussion wird als unfruchtbar und verkrampft empfunden (Neuland 1993, S. 98; Klotz 2001, S. 250).

Solche Einwände beziehen sich auf die Praxis: Lehrpersonen und Lernende empfinden Unbehagen angesichts von Zeitdruck, Orientierung an Ergebnissen statt an Suchprozessen, starker Fixierung auf die Bearbeitung von Fehlern in Texten und falsche Vereinfachungen im Bereich der verwendeten Begriffe etc. (Boettcher 1995, S. 2–7), ganz zu schweigen von pauschalen Grammatik-Klischees wie „trocken" oder „langweilig".

Ein Gesichtspunkt, der in den letzten Jahren die Diskussion neu belebt und ein Stück weit aus der Rechtfertigungshaltung herausgeführt hat, ist mit dem Stichwort 'Lernen' angesprochen. Traditioneller systematischer Grammatikunterricht ist mit aktuellen Auffassungen vom Lernen – allgemein und speziell auf sprachliches Lernen bezogen – nur bedingt vereinbar. Er wäre ein Fremdkörper in einem Unterricht, der die Eigenständigkeit individueller Lernwege hoch gewichtet und bei den Voraussetzungen anknüpft, welche die Lernenden mitbringen.

Auch wer konstruktivistische Lernkonzepte vertritt, verneint nicht, dass ein Grundstock an systematischem Wissen über die eigene Sprache grundsätzlich sinnvoll sei, nur wird der übliche, z. T. vorgeschriebene Grammatikunterricht mit seinem Stoff (Wortarten- und Satzgliedlehre) und der Verankerung in den Jahrgangsstufen 4–8 hierfür nicht als zielführend eingeschätzt. „Neue Ansprüche, alter Kanon" (Bremerich-Vos 1999, S. 28) ist eine Formel, die dieses Dilemma einprägsam fasst. Ein „neuer" Kanon hat sich noch nicht herausgebildet, weder was die zu vermittelnden Inhalte noch was geeignete didaktische Formen angeht.

Für die Realisierung von Grammatikunterricht sind die meisten Lehrkräfte angewiesen auf die gebräuchlichen Lehrmittel; außerdem haben Lehrpläne und das deutsche KMK-Verzeichnis der Fachausdrücke einen starken Einfluss auf die Arbeit im Unterricht in diesem Lernbereich. Ziel des folgenden Überblicks ist, dass Leserinnen und Leser einen Bezug herstellen können zwischen der fachdidaktischen Diskussion und den Rahmenbedingungen, die jeweils für ihre Arbeit gegeben sind.

2.3 Grammatikunterricht: Wie? Konzepte und Stichwörter

Bei der Frage nach dem richtigen Weg überkreuzen sich verschiedene Argumentationsstränge; das zeigt sich z. B., wenn wir die geläufige Unterscheidung zwischen systematischem, situativem und integrativem Grammatikunterricht vornehmen. So werden die wichtigsten Etappen der Entwicklung von Grammatikunterricht seit Mitte des 20. Jahrhunderts bezeichnet. Die weiter zurückliegende Geschichte ist zwar interessant, soll hier aber nicht einbezogen werden (verwiesen sei dafür z. B. auf die Darstellung bei Steinig / Huneke 2002, S. 41–57, 139–144 oder bei Eichler 1996, S. 253–261). Im Folgenden werden die drei Konzepte vorgestellt und die Stichwörter 'funktional', 'Werkstatt', 'Fehler' und 'Sprachreflexion' genauer erläutert.

2.3.1 Systematischer Grammatikunterricht

Ein grammatisches Thema wird systematisch, d. h. unabhängig von anderen Lernbereichen, Unterrichtsthemen oder -aktivitäten erarbeitet und geübt.

Die Auseinandersetzung mit dem Stoff kann detailliert geplant werden. Sie erfolgt entweder im Unterrichtsgespräch, d. h. vermittelt von der Lehrperson, oder wird von Lehrmitteln gesteuert. Neben klassischen Übungen sind Formen möglich wie die Arbeit mit einem Leitprogramm, elektronischen Medien oder mit einer Werkstatt (s. 2.3.5). Bei entsprechender Unterstützung können Schüler den Stoff auch außerhalb von Unterrichtssituationen erarbeiten.

Dafür gibt es Voraussetzungen:

– Systematischer Grammatikunterricht verlangt sorgfältige Ausgestaltung der Unterrichtsplanung, Sachkenntnis und konsequente Durchführung der Lektionen. Beispiele, auch solche aus Sprachbüchern, müssen auf mögliche Schwierigkeiten hin überprüft werden. Natürlich gilt diese Bedingung für jeden seriösen Unterricht! Aber Unsicherheiten bei der Behandlung grammatischer Themen wirken sich besonders fatal auf Kenntnisse und Motivation der Schüler aus (vgl. dazu das Transkript im Beitrag von Boettcher 1999, S. 196–228).

– Die Rolle der Lehrperson muss geklärt sein: Ist sie Vermittlerin von Stoff oder Beraterin der selbständig arbeitenden Schüler? Vertritt sie die richtigen Lösungen oder will sie problematisieren und zum Differenzieren anregen?

2.3.2 Situativer Grammatikunterricht

Die Besprechung grammatischer Themen soll sich aus Situationen ergeben. Beobachtungen oder Verständigungsprobleme wirken als Auslöser für grammatische Fragestellungen; die Systematik des Stoffs wird diesem Leitgedanken untergeordnet. Hinter diesem Anspruch steht die pragmatische Wende in der Linguistik der 1970er Jahre (Gornik 2003, S. 820 f.).

Die Situation – ein „bedeutungsvoller Ausschnitt der von einer Person deutend wahrgenommenen 'Welt'" (Boettcher / Sitta 1981; zit. nach Gornik 2003, S. 820) kann grundsätzlich nicht geplant werden. Situativer Grammatikunterricht setzt kommunikative Situationen voraus, in denen Sprache zum Thema wird. Unterrichtsgespräche sind deshalb ein zentrales Element, vorbereitete Unterlagen, z. B. Übersichten, kommen allenfalls ergänzend dazu.

Voraussetzungen dafür sind:

– Die Lehrperson muss in der Lage sein, Situationen zu erkennen, deren grammatische Behandlung attraktiv ist; sie muss die Wahrnehmung der Schüler entsprechend lenken können.

– Da Schüler und Lehrperson gemeinsam ein Problem untersuchen, ist Gesprächskultur Grundlage für das Entwickeln von Lösungen (s. auch Boettcher / Sitta 1981, S. 125–134).

– Ohne sicheres Überblickswissen kann eine Lehrperson keinen situativen Grammatikunterricht realisieren. Neben Wissen über die grammatische Systematik ist solches aus anderen linguistischen Teilbereichen nötig, z. B. Sprechakttheorie und Varietätenlinguistik. Außerdem braucht die Lehrperson einen schnellen Zugriff auf Nachschlagewerke und illustrierendes Material. (s. dazu den umfangreichen Anhang „Kontext- und Hintergrundwissen für den Lehrer" bei Boettcher / Sitta 1981, S. 323–378).

– Die Lehrperson muss abschätzen können, wann es sinnvoll ist, zugunsten von grammatischer Reflexion vom geplanten Unterricht abzuweichen. Solche Abweichungen dürfen nicht zu beliebigen Exkursen führen, sondern müssen durch übergreifende Zielformulierungen begründet sein. Situativer Grammatikunterricht setzt einerseits eine klare Planung, andererseits Flexibilität in der Umsetzung voraus.

2.3.3 Integrativer Grammatikunterricht

Das Konzept der Integration kann unterschiedlich gedeutet werden. Es bedeutet entweder, das ganze Spektrum zwischen systematischen und situativen Zugängen zur Grammatik auszunützen, was eine sehr hohe Kompetenz voraussetzt, oder es bedeutet, zwischen beiden Extremen einen Mittelweg zu gehen, sozusagen den dritten Weg zu beschreiten. Typisch ist z. B. ein Unterrichtseinstieg mit einem erzählenden Text, anhand dessen die Zeitformen erarbeitet oder repetiert werden (dokumentiert bei Bremerich-Vos 1993, S. 105–110). Dieses Vorgehen ist v. a. dann dem systematischen Konzept nahe, wenn der Einstieg vom grammatischen Thema her bestimmt wird – im dokumentierten Beispiel hat die Lehrerin den Text selbst verfasst. Wesentlich ist, dass die Verbindungen nicht zufällig sind, sondern von der Lehrperson oder im Lehrmittel geplant erfolgen. Ziel ist die Integration von Grammatik und Arbeit am Text, von Form und Funktion. Es besteht aber die Gefahr, dass der Text bloß als 'motivierender' Einstieg benützt wird.

Auch das verbreitete Verfahren, gesammelte Fehler aus Schülertexten einer grammatischen Analyse zu unterziehen, wird gelegentlich als integrativ bezeichnet. Dabei geht es darum, dass Schüler Verstöße erkennen, kategorisieren, mit Termini benennen, mit Proben beheben und (bestenfalls) bei weiteren Schreibanlässen korrekter schreiben. Dieses Vorgehen orientiert sich am situativen Konzept, weil verschiedene Probleme aus Schreib-Situationen den Ausgangspunkt bilden; es setzt ebenfalls Hintergrundwissen und Überblick voraus. Die Rolle der Lehrperson ist aber klar diejenige der Expertin oder sogar Richterin, v. a. dann, wenn sie Beispiele gezielt im Hinblick auf ein grammatisches Problem hin auswählt. Anzumerken ist auch, dass sich selten alle Fehler mit grammatischen Begriffen – d. h. auf der Ebene Wort und Satz – genauer fassen lassen. Oft sind auch Begriffe aus der Semantik, der Textlinguistik und der Pragmatik nötig.

'Integrativer Grammatikunterricht' ist seit Mitte der achtziger Jahre eine etablierte Kompromissformel und wird teilweise mit Resignation verbunden, als das „Backen kleinerer Brötchen" (Bremerich-Vos 1993, S. 104 f., 113 f.). 'Integrativer Grammatikunterricht' ist ein Weg, der die Nachteile von systematischem und situativem Unterricht meiden möchte, aber gleichzeitig ist damit kein einheitliches Vorgehen, sondern ein breites Spektrum von Handlungsmöglichkeiten angesprochen. Es gilt also jeweils zu fragen, was genau womit oder wohin integriert wird.

Grundsätzlich lassen sich zwei Ebenen der Integration unterscheiden: der Gegenstandsbereich, d. h. die Auswahl und Kombination von Inhalten, und der Unterricht, die konkrete Verbindung verschiedener Lernbereiche zu größeren Arbeitssequenzen. Im ersten Fall wird von einer sprachtheoretischen Begründung ausgegangen – Sprache als Grundlage menschlichen Handelns muss der Ausgangs- und Zielpunkt grammatischer Analyse sein –; die zweite Variante denkt eher von Unterrichtssituationen aus und will statt isolierter Grammatik-Lektionen eine sinnvolle Verknüpfung von Sprachgebrauch und Sprachverstehen ermöglichen: „Sprache wird da thematisiert, wo – so der Anspruch – die Einsicht in grammatische Zusammenhänge Sprachgebrauch und Sprachverstehen stärkt" (Gornik 2003, S. 821 f). Bezüglich Gegenstandsbereich ist von Integration die Rede, wenn grammatische Fragestellungen und andere Themen aus der Linguistik, z. B. Pragmatik, Varietäten, Textlinguistik oder Stilistik, aufeinander bezogen werden. Zu erwähnen ist hier auch die Verbindung von Sprach- und Literaturunterricht (s. 2.3.7). Die Vorgaben in Lehrplänen unterscheiden sich in diesem Punkt recht stark (vgl. dazu Knapp 2003).

Im Folgenden soll ein konkretes, in sich konsistent begründetes Modell vorgestellt werden, das verschiedene Aspekte von integrativem Grammatikunterricht exemplarisch darstellt. Einecke (1999) entwirft ein Konzept, in dem inhaltliche und methodisch-didaktische Gesichtspunkte verbunden werden. Der Autor formuliert nicht nur Postulate, sondern konkretisiert seine Aussagen konsequent im Hinblick auf die Planung von Sprachunterricht. Der Text enthält methodische

Hinweise zur Typologie von Aufgabenstellungen und Übungen, auf die hier nicht eingegangen werden kann. Insgesamt plädiert Einecke für einen Deutschunterricht, der in längeren Sequenzen geplant wird, so dass die unterschiedlichen Fragestellungen sorgfältig ausgestaltet und aufeinander bezogen werden können.

Solcherart geplanter Unterricht führt gerade nicht zum Zerrbild des 'motivierenden Einstiegs' für eine formal orientierte Grammatikstunde. Außerdem stellt das Konzept hohe Ansprüche an die Lehrperson, und zwar sowohl, was die didaktische und methodische Kompetenz betrifft, als auch punkto Grundlagenwissen. Gilt es doch bei der Planung von Unterricht Texte systematisch auf ihre sprachlich-grammatischen Besonderheiten hin zu analysieren, diese Analyse in eine Beziehung zu setzen mit anderen Eigenschaften des Texts und auf dieser Basis die einzelnen Unterrichtsschritte zu planen, was ein hohes Bewusstsein im Integrieren und Operationalisieren der verschiedenen Zielbereiche voraussetzt.

Konkret prägen zwei „planerische Zugriffe" den integrierten Grammatikunterricht:

> Grammatik an andere Stoffe anbinden [...] überlegen, welche Themen des Sprachunterrichts sich günstig einbeziehen lassen. – Dieser Zugriff beeinflusst die Reihenplanung. Grammatik induktiv einführen: In den Verwendungskontexten von Situationen und Texten wird eine sprachliche Erscheinung, ein grammatisches Phänomen neu behandelt; Formen und Funktionen werden erarbeitet, und die Verwendung der sprachlichen Phänomene selbst wird untersucht. Dafür gibt es einen geregelten, systematisch angelegten Lernweg, der auch lernpsychologisch abzusichern ist. – Dieser Zugriff beeinflusst die Stundenplanung. (Einecke 1999, S. 133; ausführlicher S. 132–148).

Fazit: Integration wird konsequent in zwei Richtungen gedacht. Es herrscht keine Beliebigkeit, kein schnelles Springen; die sorgfältige Planung ermöglicht das Arbeiten in größeren Bögen mit wechselnder „Stimmführung" der einzelnen Lernbereiche (Einecke 1999, S. 133). Viele Punkte, die am integrativen Ansatz kritisiert werden, gehen nicht von solcher optimaler Gestaltung aus, sondern von reduzierten Varianten, im Extremfall von der einzelnen Lektion, die mit einem „Aufhänger"-Text beginnt und dann systematische Grammatik anschließt, ohne den Bogen wieder zurück zum Text zu schlagen. Die Kritik richtet sich also oft nicht gegen das Konzept und seine Ansprüche, sondern gegen die verkürzende Realisierung.

Grundsätzliche Einwände betreffen das induktive Vorgehen – vom Einzelphänomen zur begrifflichen Systematik. Moniert wird, dass auf diesem Weg die Schüler kein Überblickswissen erwerben können. Dagegen wird Konzentration auf die Systematik gefordert, um – anhand geeigneter Aufgaben – einen Grundstock an Begriffen und Verfahren aufzubauen, die dann konsequent angewendet werden sollen, z. B. im Zusammenhang mit der Arbeit an Texten (Bremerich-Vos 1993, S. 127).

2.3.4 Funktionaler Grammatikunterricht

'Funktional' ist ein Stichwort, das ähnlich wie 'integrativ' ein wichtiges Anliegen im Zusammenhang mit Grammatikunterricht formuliert, aber nicht einheitlich verwendet wird. Der integrative Ansatz, wie ihn Einecke vertritt, ist stark funktional geprägt: Grammatische Eigenschaften von Texten werden auf die Wirkung der Texte bezogen, sprachliche Formen werden im Hinblick auf ihre Funktion untersucht, und der Erwerb des Begriffswissens, das zur Beschreibung eingesetzt wird, ist kein Selbstzweck, sondern hilft, Wirkungen genauer zu erfassen. Solche Konzepte von Grammatikunterricht argumentieren aus einer linguistischen Perspektive und lehnen sich entsprechend an funktional orientierte Referenzgrammatiken an, und sie wollen das grammatische Wissen funktional werden lassen für das sprachliche Handeln und die Reflexion über Ausdrucksmittel (Gornik 2003, S. 823 f.). Berührungspunkte mit integrativen Konzepten liegen auf der Hand.

Allerdings lässt sich die funktionale Sichtweise, v. a. wenn sie sprachwissenschaftlich verstanden wird, auch mit systematischem Grammatikunterricht verbinden: Die Untersuchung grammatischer Phänomene erfolgt dann nicht integriert in andere Lernbereiche, sondern systematisch, aber so, dass nicht die grammatischen Formen im Zentrum stehen, sondern das Zusammenwirken von Form und Funktion sprachlicher Einheiten (Köller 1998; Redder 1998). Da sprachliche Funktionen sich am besten in Texten fassen lassen, wird im Rahmen funktional orientierter Konzepte immer wieder gefordert, die klassische Wort- und Satzgrammatik sei um die Perspektive „Text" zu erweitern (Klotz 1996).

„Text" meint sowohl die Produktion als auch die Rezeption; Grammatik soll für das Schreiben und für das Lesen wirksam werden. Beim Lesen sind nicht nur Verständnisprobleme in Sachtexten angesprochen, sondern auch der Umgang mit literarischen Texten. Abraham spricht hier von „Sprache-in-Funktion unter verschärften Bedingungen" (Abraham 2001, S. 33) und plädiert dafür, nicht primär von Kinder- und Jugendbuchtexten auszugehen, sondern gerade auch anspruchsvolle literarische Texte einer grammatischen Analyse zu unterziehen. Diese soll sich aber nicht verselbständigen, sondern dem Interesse an der ästhetischen Struktur und der Auseinandersetzung mit Rezeptionswiderständen, die der Text bietet, untergeordnet sein (Abraham 2001, S. 31–37).

Ob sich diese Ansprüche an den Umgang mit grammatischem Wissen einlösen lassen, hängt davon ab, wie klar die einzelnen Fragestellungen formuliert werden und wie konsequent daraus Unterrichtssequenzen abgeleitet werden. Vieles von dem, was zum integrativen Grammatikunterricht gesagt wurde, wiederholt sich hier. Auch die Kernfrage bleibt: Wann und wie lässt sich das Begriffsinventar erarbeiten, das für die Anwendung auf „Sprache-in-Funktion" nötig ist? Sind dafür systematische Sequenzen nötig, oder lässt sich alles induktiv herleiten?

2.3.5 'Grammatik-Werkstatt'

Von den Stichwörtern 'integrativ' und 'funktional' zu 'Grammatik-Werkstatt' zu springen, mag unerwartet sein. Aber die Frage am Ende des letzten Abschnitts hat die Richtung vorgegeben. Zwar sieht Unterricht mit einer Grammatik-Werkstatt deutlich anders aus als die zuletzt beschriebene funktional orientierte Arbeit mit einem literarischen Text. Letztlich ist aber auch die Werkstatt ein Versuch, dem 'leidigen' Grammatikunterricht einen Sinn zu geben und ihn so zu gestalten, dass die Arbeit den Schülerinnen und Schülern etwas bringt.

Was tun sie in der Grammatik-Werkstatt?

> In einer Grammatik-Werkstatt ist das Material die Sprache. Die Arbeit an ihr vollzieht sich unter bestimmten Regeln. Planvolle Arbeit ist dies insofern, als mit Sprache und an ihr etwas getan werden muss, was nicht nur denkend, sondern auch experimentierend geschieht. Das 'Handwerkszeug' dabei sind grammatische Operationen. (Eisenberg / Menzel 1995, S. 14; konkrete Beispiele in Praxis Deutsch Heft 129 und in Menzel 1999).

> Der Gegenstand der Sprachwerkstatt ist nicht die Grammatik allein, sondern die Sprache als ein sinnliches und systematisches Gebilde, das sich lautlich und schriftlich manifestiert, und ihr Ziel ist nicht in erster Linie, den Fremdsprachenerwerb zu optimieren, sondern bei den Lernenden ein Verhältnis der (verspielten) Neugierde gegenüber allem Sprachlichen zu schaffen […]. (Fehlmann / Wider 2001, S. 181; die Autoren stellen eine „interdisziplinäre Sprachwerkstatt" für Deutsch und verschiedene Fremdsprachen am Gymnasium vor).

> […] der 'Gebrauchswert' einer Schulgrammatik […] ergibt sich aus dem, was die Lernenden in einem Grammatikunterricht tun: aus dem Ordnen und Abstrahieren, dem Kategorisieren, der Ermittlung der Funktionen der Kategorien und ihrer Anwendung – oder er ergibt sich, wenn man dies alles nicht tut, überhaupt nicht (Menzel 1999, S. 9).

Das wichtigste Werkzeug sind die sog. Proben (Glinz 2003, S. 432 f.). Indem die Schülerinnen und Schüler möglichst authentisches sprachliches Material bearbeiten, setzen sie sich aktiv mit grammatischen Begriffen auseinander und 'begreifen' sie deshalb auch besser, als wenn sie im Unterrichtsgespräch der Arbeit an einigen wenigen Beispielen zu folgen versuchen. Das Anwenden der Proben soll die experimentierende Haltung von Wissenschaftlern erfahrbar machen, die ihre Funde kategorisieren und die dabei angewendeten Kategorien laufend überprüfen müssen. Die „Werkstatt" wird also nicht nur mit lernpsychologischen Argumenten begründet, sondern sie soll auch einen Einblick in das Entstehen grammatischer Begriffe vermitteln (Gornik 2003, S. 817 ff.).

Gerade dieser Aspekt wird aber z. T. radikal kritisiert: Gängige Werkstatt-Modelle ließen den Schülerinnen und Schülern gerade nicht die Freiheit, Kategorien zu entwickeln, sondern seien methodisch (vielleicht) ansprechende Verfahren, um die alten, z. T. untauglichen Begriffe zu verankern (Diegritz 1996 a; Ossner 2001). Die Parallele zum (natur)wissenschaftlichen Vorgehen sei problematisch – Sprache und grammatische Kategorien sollten nicht wie Naturtatsachen behandelt werden. Außerdem setze das sichere Hantieren mit den Proben mehr sprachliches Wissen voraus, als die Lernenden mitbrächten (Switalla 2001, v. a. S. 215 und 220 f.).

Die Schärfe der Auseinandersetzung weist auf Konfliktstoff hin. Werden in der Werkstatt sinnvolle Inhalte bearbeitet? Ist die Arbeitsform zielführend? Es scheinen aber auch unterschiedliche Interpretationen vorzuliegen, was Anspruch und Reichweite der Werkstattarbeit betrifft. Wenn „Werkstatt" als eine Möglichkeit verstanden wird, eine sichere Basis im Umgang mit grammatischen Begriffen zu erwerben, ist nicht wenig gewonnen (vgl. Menzel 2001). Werkstattsequenzen in der Grundschule und in der Sekundarstufe I können den Schülerinnen und Schülern Raum geben, das Arbeiten mit grammatischen Werkzeugen zu lernen. Viel eher als im fragend-entwickelnden Unterricht können sie Lösungswege mitsamt Umwegen abschreiten und allfällige Probleme mit anderen Lernenden oder mit der Lehrperson besprechen. Wenn dazu – nicht nur danach! – Unterrichtssequenzen kommen, die in der Arbeit an Texten auf den gewonnenen Kenntnissen aufbauen und sie ausdifferenzieren, können die Nachteile, die ein enges, letztlich reproduktives 'Werkeln' mit sich bringt, aufgefangen werden. Phasen des Arbeitens in der Werkstatt können eine Lösung sein für das Problem, dass beim 'integrierten' Vorgehen oft die Zeit fehlt, sich um die Vermittlung der Begrifflichkeit zu kümmern.

2.3.6 Grammatik und Fehler

Seit der 'Linguistisierung' des Deutschunterrichts in den 1970er Jahren wird auch in der Schule verstärkt der deskriptive Blick auf Sprache vermittelt. Dennoch ist Grammatik im Bewusstsein von Laien nach wie vor eng mit Normen, d. h. mit Fehlern und Defiziten gekoppelt. Dahinter steht die Erfahrung, dass grammatische Begriffe eingesetzt werden, um Texte zu verbessern. Der Verdacht liegt nahe, dass die Begriffe nur dann zum Zuge kommen oder dass die deskriptive Zugangsweise nicht als gleich verbindlich erlebt wird. Dass die Verknüpfung von Grammatik und Fehlern im Alltagsbewusstsein so eng ist, muss für die Gestaltung von Grammatikunterricht unbedingt ernst genommen werden. Das folgende Beispiel zeigt, wie dominant der Druck der Normen sein kann:

Was fällt Dir ein zu „Satz"?

keinne fäller machen – schön Schreiben – Aufsatz.
Die Satzzeichen ↑ *vergessen*
          nicht

So äußert sich ein Fünftklässler. Angeregt von einem Weiterbildungskurs „Nachdenken über Sprache" hatte sein Lehrer die Klasse Überlegungen zum Stichwort

'Satz' notieren lassen. Besonders das nachträglich eingesetzte „nicht" macht die
Not dieses Kindes sichtbar. Wie kann es sich spielerisch-experimentierend mit
Sätzen befassen? Die Frage ist beinahe zynisch. Andere Kinder konnten mit der
gestellten Frage unbeschwerter umgehen:

> Aufsatz – Nomen, Verben, Adjektiv, Pronomen, Partikel – Im Satz kann man
> über das Leben schreiben, oder über Tiere, im Satz kann man über alles
> schreiben. – Die Satzzeichen. – Mit Satzzeichen kann man sagen was man
> fühlt. Zum Beispiel Ausrufezeichen, Fragezeichen. – Wenn man Tennis spielt
> dort gibt es auch Sätze, zum Beispiel 6 : 0 oder 6 : 1 (alle Antworten vom sel-
> ben Kind; s. auch Peyer 2003, S. 341)

Grammatikunterricht soll so stattfinden, dass er Kinder und Jugendliche zu Aussagen des zweiten Typs ermutigt. Dies ist nur dann möglich, wenn einerseits Fehler nicht der einzige Anknüpfungspunkt für Grammatik sind und wenn andererseits Grammatik nicht die einzige Antwort auf die Frage ist, wie sich Fehler vermeiden ließen.

2.3.7 'Sprachreflexion' statt 'Grammatikunterricht'

Den Schluss des Überblicks über Konzepte und Stichwörter bildet ein Ansatz,
der Grammatikunterricht ganz grundsätzlich erweitern will, also weg führt von
der Enge der Werkstatt, der Fixierung auf Fehler und auch von der detailliert
geplanten Integration von Grammatik-Sequenzen in andere Lernbereiche.

'Reflexion' meint verschiedene Aspekte des Nachdenkens über Sprache. Im
Kontext der didaktischen Diskussion in den späten 1960er und den 1970er Jahren
hat der Begriff klar eine politische Dimension: Sprachreflexion – im Gegensatz
zur stärker historisch ausgerichteten Sprachkunde oder Sprachbetrachtung – soll
Kinder und Jugendliche dazu anregen, sich mit ihrer eigenen Situation kritisch
auseinander zu setzen, also Phänomene aus dem Alltag wie soziale Varietäten
von Sprache oder die gesprochene Sprache genauer zu untersuchen und dabei
auch Fragen von Normen, sozialer Wertung und Manipulation in den Blick zu
nehmen. Die Erweiterung des Gegenstandsbereichs der Linguistik wurde
schnell und aus heutiger Sicht radikal in bildungspolitische Grundlagenpapiere
übernommen, z.B. in die Hessischen Rahmenrichtlinien von 1972 (Neuland
1993, S. 85). Der Bezug zum sprachlichen Alltag wird heute auch verbunden mit
dem Mediengebrauch und mit Situationen der Mehrsprachigkeit (s. z.B. Kurzrock 2002, Luchtenberg 2002, Neuland 1994, Oomen-Welke 2003; umfassende
Auseinandersetzung mit Sprachreflexion in Schule und Alltag: Ingendahl 1999,
Paul 1999). Das Konzept 'Reflexion über Sprache' hat in der Umsetzung viel von
seinem emanzipatorisch-kritischen Schwung verloren. Heute wird die Bezeichnung oft synonym mit 'Sprachbetrachtung' oder 'Grammatikunterricht' verwendet, als eine Art Sammelbezeichnung für 'Grammatik & Co.':

Das Wort [Grammatikunterricht] selbst gehört ja seit vielen Jahren fast auf den Index, die Substanz hingegen und einiges mehr, aber auch etliches weniger findet sich unter dem fast feierlichen Begriff „Reflexion über Sprache", auch wenn in den Schulen tatsächlich kaum über Sprache „nachgedacht" wird […]. (Klotz 2001, S. 250).

Einmal mehr zeigt es sich, dass die Rezeption und Umsetzung verschiedener Konzepte des Grammatikunterrichts immer wieder von Kontroversen geprägt ist, die zum Teil den Blick auf gemeinsame Anliegen verstellen. Ein Überblick über die verschiedenen Bezugsfelder, in die Grammatik in der Schule eingebettet ist, soll deshalb den Schluss dieses Kapitels bilden.

2.4 Grammatik in der Schule: Überblick

Der folgende Überblick zeigt, welche Themenfelder in der Diskussion um den Grammatikunterricht eine Rolle spielen, und verweist auf die Abschnitte dieser Einführung. Aus dem Schema lässt sich kein Mustermodell für aktuellen Grammatikunterricht ableiten. Es vermittelt aber einen Begründungsrahmen für didaktisch sinnvolle Entscheidungen, die den Grammatikunterricht als Teil eines umfassenden Konzepts von Sprachunterricht sehen. (In normaler Schrift: Themen; kursiv gedruckt: Bezugswissenschaften, Beschreibungsmodelle)

Spracherwerb (L1 und L2) Sprachbeherrschung
Entwicklung sprachlicher *Modelle zur Beschreibung*
Kompetenzen *von Kompetenz, Standards*

Sprachsystem, implizites/prozedurales und Grammatische Modelle,
Sprachgebrauch, explizites/deklaratives Wissen grammatische Kategorien,
Kommunikation, Sprachbewusstheit (3.1, 3.2) Terminologie
Sprachgeschichte, *Spracherwerbstheorie,* *wissenschaftliche Modelle,*
Sprachvergleich, Varietäten *Psycholinguistik, kognitive* *deskriptive Perspektive*
Linguistische Zugänge, *Psychologie, „Language*
Stilistik, Rhetorik *Awareness"-Konzepte*

Sprache als Thema
in Lehrmitteln **GRAMMATIK** Darstellung der Gram-
Beispiele, Modelle, **IN DER SCHULE** matik in Lehrmitteln,
Fachbegriffe *Verfahren und Termini*

„Sprachreflexion", Umgang mit Fehlern beim
„Nachdenken über Sprache" Schreiben und Sprechen
im weiteren Sinn, Interesse Lernziele des Deutschunterrichts (2.3.6)
für Sprache als Thema Fertigkeiten und Inhalte in den *Fehlertypologie, Regeln;*
(2.3.7, 3.2) Lernbereichen (2.1) *normative Perspektive*
Unterricht im Rahmen von *Lehrpläne, Curricula,*
„Language Awareness"- *Prüfungsprogramme*
Konzepten

Schule, Lernen, Unterricht Grammatikunterricht (2.3)
(2.2) *Konzepte und Begründungen,*
Konzepte von Lernen und *historische Perspektive*
Unterricht

Zwischen den verschiedenen Feldern bestehen vielfältige Bezüge. Einige wurden bereits erläutert oder sind Thema der folgenden Abschnitte, auf anderes sei hier kurz hingewiesen:

- **Grammatik** im engeren Sinn und **Sprache als Thema** sind im Interesse der begrifflichen Klarheit unterschieden. Grammatik meint die strukturellen Aspekte von Sprache und das Zusammenspiel von Form und Funktion sprachlicher Einheiten.

- **Spracherwerb** geschieht v. a. in der Erstsprache zu einem wesentlichen Teil außerhalb der Schule, das sprachliche Lernen in der Schule ist klar geprägt von der Auseinandersetzung mit Schriftlichkeit (z. B. Portmann-Tselikas 1998). **Sprachbeherrschung** kann zu unterschiedlichen Zeitpunkten gemessen werden. Breit angelegte Studien (z. B. PISA) untersuchen v. a. die Lesekompetenz (exemplarische Erhebungen zum Schreiben: Sieber 1994; zu Grammatikkenntnissen: Ivo / Neuland 1991). Beides – Erwerb und Beherrschung – ist in eine Beziehung zu setzen zu den Möglichkeiten, Sprache zum Untersuchungsgegenstand zu machen (s. 3.2).

- der **wissenschaftliche** Umgang mit Sprache beruht auf anderen Voraussetzungen als das **Alltagsbewusstsein**. Gerade weil es interessant ist, diese Zugänge miteinander in eine Beziehung zu bringen, ist die Unterscheidung der Zugänge wichtig (s. 3.1).

- Die **Terminologie** spielt eine wichtige Rolle in der Vermittlung von Fachwissen (vgl. Müller 2003). Für Laien, auch für Lehrpersonen, liegt hier eine Quelle von Verwirrung: Wenn z. B. eine Kategorie nicht immer gleich fein unterteilt wird, entsteht der Eindruck, eine Einheit sei 'abgeschafft' worden. In Deutschland will das „Verzeichnis grundlegender grammatischer Fachausdrücke" (sog. KMK-Liste) die Situation stabilisieren durch das Festlegen eines theorieneutralen Kanons an Begriffen. Diese „Normierung der Bennennung ohne Normierung der Begriffe" (Müller 2003, S. 465) ist natürlich problematisch. Gegensteuerung kann letztlich nur eine fundierte linguistische Ausbildung der Lehrpersonen geben – damit sind sie fähig, die Begrifflichkeit eines Lehrmittels zu verstehen und Entscheidungen der Autoren nachzuvollziehen.

- **Grammatikunterricht** findet nicht isoliert statt, sondern ist jeweils eingebettet in den Kontext der aktuellen pädagogischen, didaktischen und bildungspolitischen Diskussion über **Unterricht** und die Aufgaben der **Schule als Institution**.

Aus heutiger Perspektive ist interessant, dass in der Diskussion der 1970er und 1980er Jahre ausführlicher von Themen, von Zielen und von Unterricht die Rede war als von den einzelnen Lernenden. Hier kommt der Perspektivwechsel zum Tragen, der in den 1990er Jahren stattgefunden hat: Heute haben Lernprozesse und damit die einzelnen Lernenden einen hohen Stellenwert; Unterrichtssituationen und die Vermittlung von Stoff werden dazu in eine Beziehung gesetzt. Das gilt für die allgemeine Didaktik ebenso wie für die einzelnen Fächer. Fragen wir, was es für die Auseinandersetzung mit Grammatikunterricht bedeutet.

3   Didaktische Diskussion

3.1   Orientierung an den Lernenden

3.1.1 Können und Wissen im Spracherwerb

Solange Grammatikunterricht von seinem linguistischen Potential her konzipiert wird, vernachlässigen wir die Tatsache, dass Schülerinnen und Schüler gleichzeitig im natürlichen Spracherwerb stehen. Bereits bei Schuleintritt haben sie viele wichtige Erwerbsschritte in der L1 bereits hinter sich, aber im Bereich der Schriftlichkeit, der verschiedenen Varietäten und meist auch der Fremdsprachen gehen die Erwerbsprozesse weiter.

Sowohl beim Erwerb von L1 als auch von L2 spielen verschiedene Wissensbestände zusammen. Grob wird zwischen explizitem / deklarativem und implizitem / prozeduralem Wissen unterschieden. Alltagssprachlich ist eher von Wissen und Können die Rede. Implizites Wissen lässt sich am sichern Können ablesen, und grammatische Modelle machen implizites Wissen explizit, indem sie sprachliche Strukturen beschreiben, wobei nicht alle Beschreibungsmodelle gleich viel psycholinguistische Realität voraussetzen (Eisenberg / Klotz 1993, S. 6f.).

Solches Explizit-Machen scheint in einem platten Alltagsverständnis sinnlos oder überflüssig – es ist aber typisch für einen forschenden, systematisierenden Zugang zur Welt. Wie bei anderen wissenschaftlichen Modellen ist Verwertbarkeit nicht das unmittelbare Interesse. Dies ist deshalb zu betonen, weil wir in Situationen der Rechtfertigung mit dieser bildungstheoretischen Begründung für Grammatikunterricht oft sehr defensiv umgehen. Grammatik kann aber ebenso wie Naturwissenschaft als ein Feld verstanden werden, in dem man lernen kann, Ausschnitte der Wirklichkeit zu beobachten, Beobachtungen zu sammeln, sie nach verschiedenen Kriterien zu kategorisieren und mit Modellen zu beschreiben.

> Die Mehrheit der Grammatiker kommt gar nicht auf die Idee, ihnen gehöre die Sprache oder sie wüssten es besser als die 100 Millionen Sprecher. Sie schreiben Grammatiken, um den Sprechern und vor allem den Sprachprofis unter ihnen etwas davon zu zeigen, was sie an ihrer Sprache haben und was sie mit ihr anfangen können (Eisenberg 1999, S. 140).

Dagegen steht die Erfahrung, dass Schülertexte nicht allen Normen der Schriftlichkeit genügen, sondern dass hier gezielte und begriffsgeleitete Arbeit nötig ist (Antos 2003, S. 642). Beide Perspektiven sinnvoll zu verknüpfen, ist nach wie vor ein Anspruch, dem sich Grammatikunterricht stellen muss. Grammatikunterricht und Lehrmittel wollen sowohl das Wissen als auch das Können fördern: Sie wollen – vereinfacht – in die wissenschaftliche Systematik einführen, und sie wollen für Fehlerquellen sensibilisieren und Hilfen bieten.

Wenn das implizite Wissen nicht genügt, kann es helfen, sich systematisch mit den Regeln auseinander zu setzen, die den richtigen Zustand beschreiben. Wenn

z. B. Dialektsprechende Schwierigkeiten haben mit Präteritumformen, können sie sich mit den standardsprachlichen Regeln der Formenbildung und des Gebrauchs dieser Formen in Texten befassen und so ihre Praxis verbessern. Die systematische Beschreibung wird – als explizites Wissen der Sprechenden / Schreibenden – nutzbar für eine normgerechte Produktion. Diese Überlegung ist allerdings stark idealisiert, denn der Weg vom expliziten zum impliziten Wissen, vom Regellernen zum sicheren Können, ist nicht so direkt, wie er oft dargestellt wird. Je nach den Voraussetzungen, welche die Lernenden mitbringen (z. B. Erwerbsalter, kognitive Leistungsfähigkeit), ist er mehr oder weniger zielführend.

3.1.2 Language Awareness – Sprachbewusstheit

Implizites und explizites Wissen beschreiben sprachliche Kompetenz nicht vollständig, denn im sprachlichen Handeln spielen nicht nur Produktion und Rezeption zusammen, sondern auch Reflexion. Bereits kleine Kinder achten auf Sprache, es fällt ihnen Verschiedenes auf – Reime, Ähnlichkeiten, seltsame Sprechweisen und Akzente etc. Diese Aufmerksamkeit für sprachliche Phänomene haben auch Jugendliche und Erwachsene, obwohl sie oft nicht sichtbar oder hörbar wird.

Da das Resultat solcher Beobachtungsprozesse nicht fachlich systematisiertes, umfassendes Wissen über Sprache ist, sondern 'nur' eine mehr oder weniger strukturierte Wahrnehmung einzelner Aspekte von Sprache und Kommunikation, hat sich der Terminus 'Language Awareness' oder 'Sprachbewusstheit' eingebürgert für die „Bereitschaft und Fähigkeit [...], sich aus der mit dem Sprachgebrauch in der Regel verbundenen inhaltlichen Sichtweise zu lösen und die Aufmerksamkeit auf sprachliche Erscheinungen als solche zu richten." (Andresen / Funke 2003, S. 439; zur Begrifflichkeit s. auch Neuland 2002). Meist richtet sich nicht die volle Aufmerksamkeit auf die Sprache, und diese Beiläufigkeit macht Language Awareness zu einem schwer beobachtbaren Phänomen.

Es ist verlockend, in Language Awareness eine Art natürlicher Veranlagung zu grammatischer Analyse zu sehen. Gerade deshalb muss betont werden, dass sich die spontane Aufmerksamkeit auf Sprache meistens nicht auf grammatische Phänomene richtet. Interessanter erscheinen „Wortwahl, Redewendungen, Metaphern und Textaufbau" oder „die Frage, wie es dazu kam, dass Menschen zu sprachfähigen Wesen wurden" (Steinig / Huneke 2002, S. 154).

Dennoch ist es sinnvoll, die verschiedenen Erscheinungsformen von Language Awareness für den Sprachunterricht in der Schule ernst zu nehmen. Statt dieses Potenzial brach liegen zu lassen und daneben viel Energie auf Grammatikunterricht zu verwenden, der bei den Schülerinnen und Schülern den Eindruck hinterlässt, er habe nichts mit ihrer eigenen Wahrnehmung von Sprache zu tun, sollte Language Awareness als eine wichtige Form der Auseinandersetzung mit Sprache gewürdigt werden und zur grammatischen Arbeit in eine didaktisch reflektierte Beziehung gesetzt werden. Für die Gestaltung von Sprachunterricht können wir davon ausgehen, dass Kinder und Jugendliche auch ohne unser Zutun gelegentlich auf sprachliche Phänomene achten. Da sie aber nicht alle die gleichen sprachlichen Erfahrungen mitbringen, kann ihr Vorwissen – es ist ja eben nicht systematisiertes Wissen – nicht einfach abgerufen werden. Damit nicht beliebig und unverbindlich gesucht wird, sind differenzierte Ausgangsfragen nötig. Außerdem müssen Phasen definiert werden, in denen die Lernenden den aktuellen Stand ihrer Erkenntnisse festhalten, so dass Austausch möglich wird (Voigt 2001, S. 21 f.). Language Awareness wird dabei verstanden als „eine metasprachliche Kompetenz, von der anzunehmen ist, dass sie dem Sprachen lernenden Individuum den persönlichen Weg zu einem lernproduktiven und dynamischen Grammatik-Verständnis bahnen könnte" (Hornung 2001, S. 169). Der Einbezug von Language Awareness ist kein Zaubertrick für guten Grammatikunterricht, sondern führt zu einem Sprachunterricht, in welchem vorwissenschaftliches Nachdenken über Sprache seinen Platz hat. Dies hat Konsequenzen für die Gestaltung von Unterricht.

3.1.3 Language Awareness und Grammatikunterricht

Viele Vorschläge für Sprachunterricht auf der Basis von Language Awareness gehen bewusst von Fragen aus, die nicht direkt mit grammatischen Begriffen bearbeitet werden, z. B. Spracherwerb von Kindern, Tiersprachen oder die philosophische Frage nach dem Sprachursprung (Bremerich-Vos 1999, S. 51 ff.), Personennamen oder die Sprache der Werbung (Luchtenberg 2001, S. 92 ff.). Eine wichtige Grundlage sind sprachliche Erfahrungen im mehrsprachigen Kontext (Oomen-Welke 2003). Es ist aber auch lohnend, grammatische Begriffe unter der Language Awareness-Perspektive zu sehen: Einheiten wie Wort und Satz sind ja nicht nur fachsprachlich definiert, sondern spielen auch im Alltag eine Rolle (vgl. Eisenberg / Linke 1996). Dieses Alltagsverständnis, das meist ein Konglomerat ist aus schulischem Wissen und subjektiver Theorie, ist aus zwei Gründen ein lohnender Gegenstand von Grammatikunterricht:

– Jede Art von Lernen kann zielgerichteter erfolgen, wenn das Vorwissen thematisiert und in den Lernprozess einbezogen wird.

– Schwierigkeiten im Umgang mit grammatischen Begriffen lassen sich z. T. auf ihre Alltagsnähe zurückführen. Wieso sollen Ausdrücke wie 'Wort', 'Satz' oder 'veränderbar' plötzlich fachsprachlichen Charakter haben und Teil eines komplexen Begriffssystems sein? Grammatisch ist 'Wort' im Sinn von 'Lexem' gemeint, 'Satz' bedeutet etwas anderes als 'Äußerung', und 'veränderbar' im Kontext der Wortarten-Bestimmung meint 'konjugierbar' oder 'deklinierbar', Veränderungen wie Steigerung (Komparation) oder Ableitung (Derivation) sind nicht mitgemeint. All dieses nicht Mitgemeinte ist aber Teil des Redens über Sprache, nicht nur im Alltag, sondern auch in der Schule. Der Wechsel zur Fachsprache muss deshalb bewusst gemacht werden.

Was das konkret bedeutet, möchte ich an einigen Beispielen erläutern. Die Zitate sind Formulierungen von Schülerinnen und Schülern des 9. Schuljahrs an einem Schweizer Gymnasium, denen ich im Rahmen des Deutschunterrichts schriftlich, aber ohne Notendruck, einige Fragen zum Thema „Satz" gestellt hatte (vgl. Peyer 1998).

Sind Sätze interessant? Wenn ja: warum, wenn nein: warum nicht?

Komische Frage. Der Sinn des Satzes kann interessant sein, die Grammatik weniger (Geschmackssache). (Adi)

Ich finde diese Frage recht seltsam. Ein Satz hat ja immer einen Inhalt. Also müsste man fragen, ob der Inhalt interessant ist, und das ist ganz verschieden. Z. B.: „es schneit" tönt eigentlich nicht sehr interessant, doch wenn ich vorhabe, morgen zu schlitteln [rodeln], dann interessiert mich, ob es schneit oder nicht. (Tina)

Ich finde Sätze sehr interessant. Man kann damit Bilder erstellen, die es gar nicht gibt. Man kann von einem Traumland zum andern reisen. Es sind keine Grenzen der Fantasien gesetzt. Man hat völlige Freiheit beim Schreiben. Es tun sich Welten, die man beim Lesen erlebt, auf, die man in Wirklichkeit nie erleben kann. Und das finde ich sehr spannend. (Sarah)

Dass außer dem Inhalt auch andere Aspekte interessant sein könnten, wird meist nicht erwähnt, gelegentlich sogar explizit verneint. Dass aber die Inhalte interessant sind, steht für die Jugendlichen außer Frage. Ihre Aussagen lese ich als Hinweis darauf, dass wir neben 'zentralen' Themen der Schulgrammatik (Satzglieder, Haupt- und Nebensätze, Interpunktion) auch das aufgreifen sollten, was linguistische Laien an Sätzen interessiert, nämlich ihr Inhalt und ihr Handlungspotential. Die semantische und syntaktische Struktur wird zwar weitgehend beherrscht, ist aber, da sie als selbstverständlich vorausgesetzt wird, kein naheliegendes Thema für systematische Analysen. Der Zugang zur Struktur sprachlicher Einheiten dagegen ist nicht so selbstverständlich, wie er in der Tradition des Grammatikunterrichts erscheint. Wenn wir Strukturen dennoch zum Thema machen wollen, müssen wir dem Wechsel vom sprachlichen Alltag zur grammatischen Untersuchung mehr Aufmerksamkeit schenken (s. 3.2.2). Was oben für Sätze insgesamt formuliert wurde, gilt auch für die Binnenstruktur des einfachen Satzes, d. h. für die Ebene der Satzglieder:

Wie kann man erkennen, dass eine Reihe von Wörtern einen Satz darstellt?

Um festzustellen, ob der Wurm der Wörter ein Satz ist, muss man den Zusammenhang der Wörter erkennen. Die Wörter müssen auch eine bestimmte Reihenfolge haben. Wenn man dann weiss, was ein Satz ist, kann man auch feststellen, ob die Wörter einen Satz geben oder eben nur aneinandergereihte Wörter sind. (Susanne)

Susanne argumentiert mit implizitem Wissen, und als kompetente Sprecherin kann sie sich auf dieses Verfahren verlassen. Im folgenden Beispiel macht eine Schülerin den Schritt auf die Ebene des expliziten Wissens, wobei besonders interessant ist, dass sie nicht nur Begriffswissen abruft, sondern einen experimentellen Zugang demonstriert:

> Wie kann man erkennen, dass eine Reihe von Wörtern einen Satz darstellt?
>
> Ganz simpel beantwortet würde ich jetzt sagen, wenn sie zwischen zwei Punkten sind.
>
> Aber nehmen wir einmal an ich liesse einfach alle Punkte weg und die Grossschreibung am Anfang des Satzes auch ich weiss nicht was das verändert man versteht die Wörter, die eben trotzdem noch Sätze sind auch so [sic!].
>
> Die Wörter sind in einer bestimmten Reihenfolge angeordnet und in Satzglieder aufgeteilt, welche einen bestimmten Platz im Satz haben. Das Verb z. B. ist in den meisten Sätzen an 2. Stelle. (Jeannine)

Diese Schülerin setzt sich mit Sprache forschend auseinander. Der große Teil der Antworten bewegt sich allerdings nicht auf dieser Ebene – Grammatikunterricht ist also nötig, wenn wir auch anderen Schülern Jeannines Zugang vermitteln wollen. Die Tatsache, dass den Befragten die Ebene 'Satzglied' wenig präsent ist – obwohl sie sich in einer Aufnahmeprüfung über die entsprechenden Kenntnisse ausgewiesen hatten –, muss für die Arbeit mit Sätzen im Grammatikunterricht unbedingt berücksichtigt werden. Zwar kann man schon relativ früh Satzglieder thematisieren, aber im Bewusstsein, dass es letztlich um eine sehr abstrakte Kategorie geht und dass das sichere Verständnis sich erst mit der Zeit entwickelt. Wichtig sind deshalb einfache, klare Beispiele und zuverlässig handhabbare operationale Verfahren.

Zum Schluss zwei überraschende Antworten auf eine Frage, die auf die Funktion von Sätzen zielte:

> Wozu brauchen wir eigentlich Sätze? Genügen Wörter nicht?
>
> Ich glaube, ein Satz kommt davon, dass man jemandem etwas mitteilen will. Das war schon bei den Urvölkern so. Wenn man miteinander redet, muss man automatisch mehrere Wörter gebrauchen, um etwas deutlich zu erklären. (Gabi)
>
> Ich würde meinen, dass es Sätze eigentlich gar nicht brauchen würde. Die ersten Menschen haben sehr wahrscheinlich auch nur in Wörtern geredet, da dies viel einfacher ist als Sätze zu bilden. Aber mit dem heutigen Wortschatz ist es einfacher, ganze Sätze zu bilden. Es ist auch viel einfacher zu verstehen und es ist etwas persönlicher als „gehen dorthin!" anstelle von „würdest Du bitte dorthin gehen?" (Domi)

Dass beide Jugendlichen mit einer Sprachursprungstheorie argumentieren, erscheint vielleicht als Umweg, ist aber umso aufschlussreicher für die Vermittlung funktionaler Konzepte von Grammatik. Die Beispiele zeigen, dass es sich lohnt, Schülerinnen und Schüler auf Überlegungen anzusprechen, die sie sich zu sprachlichen Einheiten machen. Auch wenn die Verfasser der zitierten Aussagen das nicht so empfanden: Was sie formulieren, hat sehr viel mit Grammatik zu tun und macht deutlich, dass zwischen dem impliziten und dem expliziten Wissen ein Zwischenbereich liegt, der Beachtung verdient. Dieses Vorwissen kommt allerdings nur dann zum Tragen, wenn im Unterricht individualisierend gearbeitet wird (Voigt 2001, S. 22). Dies wird schnell als zeitraubend empfunden. Es schafft aber auch Freiräume, z. B. lässt sich die Systematik des Stoffs auf dieser Basis gezielter und schneller vermitteln (vgl. Peyer 1998; für ein Bsp. für „Lernen auf eigenen Wegen" in der Grundschule vgl. Berger-Kündig 1999).

3.2 Sprachliches Wissen, sprachliches Können: Perspektiven und Vernetzung

3.2.1 Wissen oder Können?

Vor allem im L2-Unterricht wird die Vermittlung von grammatischen Begriffen mit der Verbesserung der Produktion begründet. Im schulischen Alltag hat dieses Argument auch für den L1-Unterricht ein hohes Gewicht. Oben wurde dargelegt, dass diese Sichtweise zu stark verkürzt: deklaratives Wissen wird nicht unmittelbar in prozedurales umgewandelt, und außerdem ist Reflexion auf der Ebene von Language Awareness ein genuiner Bestandteil von Sprachlernen und -handeln. Die Funktion von sprachlichem Wissen ist also umfassender zu sehen:

– „Orientierung im Input und im Lernfeld"
– „Selbstkontrolle und Selbstkorrektur im Sprachgebrauch", v. a. in der Produktion
– „Lernerautonomie, […] Informationsbeschaffung in Zweifelsfällen"
– „Erhöhung und Fokussierung von Aufmerksamkeit auf Sprache" (Portmann-Tselikas 1999, S. 342).

Anders gewendet: Wissen ist zwar durchaus funktional für Können, aber nur dann, wenn Können mehr meint als automatisierte Produktion. 'Orientierung' und 'Kontrolle' weisen darauf hin, dass Grammatik in der Schule eng mit Schriftlichkeit verbunden ist, während sich linguistische Darstellungen explizit auch auf Register der Mündlichkeit beziehen: Schreibprozesse verlangsamen die Produktion, verlangen Distanz und Kontrolle, so dass es auch für linguistische Laien wie Kinder und Jugendliche plausibel ist, auf sprachliches Wissen zurückzugreifen. Sie sind zwar Experten für ihre eigene Sprache, aber ihre Kompetenz für eine standardsprachliche Kommunikation muss noch ausgebaut werden. So lässt sich begründen,

warum das Ziel der Sprachdidaktik nicht der native speaker, sondern der in der deutschen Sprache 'gebildete Sprecher' ist. Ungesteuerter Spracherwerb und schulisch gesteuerte Sprachvermittlung schließen sich nicht aus, laufen auch nicht parallel nebeneinander her, sondern sollten alters- und entwicklungsspezifisch aufeinander bezogen werden. (Antos 2003, S. 642)

3.2.2 Wechsel der Perspektive und der Begrifflichkeit

„Wie kann der Blick von den Inhalten auf den Ausdruck selbst umgelenkt werden?" (Ossner 2001, S. 233). Dies ist für Grammatikunterricht die zentrale Frage – und sie wird von der Linguistik (wie Ossner anmerkt) und von der Sprachdidaktik (wie leider zu ergänzen ist) oft zu wenig ernst genommen. Die zurzeit aktuelle Lernerorientierung ist eine Chance, Versäumtes nachzuholen. Die Metaphorik im Bereich des Sehens und Blickens lässt sich erweitern, Sprache ist dann das Fenster zum Sinn.

> Nur wenn das Fenster trübe, fleckig oder zerbrochen ist, fassen wir es selbst ins Auge, anstatt hindurchzusehen. […] Sollen wir das Fenster mit Absicht zerbrechen, damit der Blick nicht mehr hindurch gleiten kann auf das Bezeichnete, Gemeinte, Thematisierte, und sich stattdessen auf den Akt des Bezeichnens, Meinens, Thematisierens richten muss? (Knobloch, zit in: Abraham 2001, S. 31)

Um im Bild zu bleiben: es gibt neben den zerbrochenen oder undurchsichtigen Scheiben auch die bloß getrübten oder diejenigen, die so geschliffen sind, dass beabsichtigte Effekte entstehen (Abraham 2001, S. 32). Die Konnotation des Zerstörens, die im Reden über den Grammatikunterricht gelegentlich auftaucht, wird damit gemildert. Dennoch: Fenster sind meist weniger attraktive Gegenstände als das, was man durch sie hindurch sehen kann. Der Blick auf das Fenster muss also im Unterricht gelenkt und gesichert werden.

Dieser ‚Wendepunkt' ist uns bereits verschiedentlich begegnet: Der situative Grammatikunterricht wartet sozusagen ab, bis der Wechsel des Blicks sich einstellt, der integrative Grammatikunterricht inszeniert ihn sorgfältig anhand geeigneten Materials. Die Erweiterung von Grammatikunterricht zu Reflexion über Sprache beruht auf der Überlegung, dass es für den Blick auf Sprache naheliegendere und gesellschaftlich relevantere Gebiete gibt als grammatische Strukturen. Language Awareness-Konzepte schließlich betonen, dass zur Sprachkompetenz auch der Blick auf Sprache gehört. Nur der systematische Grammatikunterricht – selbst in der Form der Werkstatt – thematisiert das Problem nicht. Entsprechend können wir davon ausgehen, dass es verschiedene sinnvolle Möglichkeiten gibt, den Blick umzulenken, solange das Problem als solches erkannt wird und für die Planung von Unterricht berücksichtigt wird (s. das Stichwort „Fokussieren" bei Einecke 1999, S. 148–177). Je nach Schulstufe und Kontext ist zu konkretisieren, wohin der Blick umgelenkt wird: Genügt es, auf die Sprache aufmerksam zu werden, Unterschiede zu sehen und allenfalls zu vergleichen (Bremerich-Vos 1999, S. 49 f.), sollen Untersuchungsverfahren wie die Proben erarbeitet werden, oder ist das Ziel, deklaratives Wissen über die Sprache aufzubauen?

3.2.3 Vernetzung

Nun sind die Ausgangsfragen erneut gestellt: Wozu Grammatikunterricht? Und wie? Vielseitiger Sprachunterricht darf sich nicht mit einer einzigen Antwort begnügen, was wiederum die Gefahr der Beliebigkeit, des unscharfen Sowohl-als-Auch mit sich bringt: Geht es um Sensibilisierung, um Begriffswissen oder um Sicherheit gegenüber Normen? Statt der nahtlosen, von der Lehrperson präzis geplanten Integration verschiedener Gesichtspunkte ist es angesichts der heterogenen Alltagserfahrung von Kindern und Jugendlichen realistischer, auf die Vernetzung verschiedener Zugänge zu setzen. Vernetzung verbindet gleichberechtigte Elemente, deren vielfältige Beziehungen zueinander nicht nivelliert werden sollen (Ossner / Esslinger 1996, S. 81 ff.). Auch wenn die Integration verschiedener Themen und Lernbereiche ein wichtiges Anliegen ist, muss es Orte der Systematisierung des erworbenen Wissens geben.

> Substantive sind ohne Bezug zu den Verben und den anderen Wortarten nicht begrifflich gesichert und das Wortartenwissen ist es nicht, wenn es nicht auf die gesamte Syntax bezogen wird, und dieses ist es nicht, wenn es nicht als Wissen über die eigene Muttersprache erfahren wird. (Ossner / Esslinger 1996, S. 90).

Mit dem Stichwort 'Vernetzung' wird das Ziel der Integration aktualisiert und erweitert. Eine Voraussetzung bleibt aber bestehen oder wird sogar noch wichtiger: Solcher Unterricht setzt Lehrpersonen voraus, die ihren Unterricht bewusst konzipieren und dabei größere Einheiten im Blick haben als bloß einzelne Lektionen.

4 Unterrichtspraktische Überlegungen und Hinweise

In diesem abschließenden Kapitel soll das bisher Formulierte aufgegriffen und im Hinblick auf die Unterrichtssituation gebündelt werden. Dazu gehören Anmerkungen zu den Stufen; den Schluss bildet ein Fazit, in welchem auf die wichtige Rolle von konkreten Unterrichtssituationen hingewiesen wird, egal welchem Konzept sie verpflichtet sind.

4.1 Zu den einzelnen Stufen

Da je nach Lehrplan und Lehrmittel unterschiedliche Rahmenbedingungen gesetzt sind, beschränken sich die folgenden Abschnitte auf knappe Hinweise (ausführlicher: Eichler 1996, S. 270–281; zum Einsatz der Termini: Müller 2003, S. 471–474).

Grundschule

„Sprache betrachten und untersuchen" ist in den meisten deutschen Lehrplänen als Lernbereich des Deutschunterrichts in der Grundschule ausgewiesen
(Giese / Osburg / Weinhold 2003, S. 686). Die Verknüpfung von Grammatikunterricht mit Schreiben, insbesondere Rechtschreibung, wird unterschiedlich
akzentuiert (Giese / Osburg / Weinhold 2003, S. 690 ff.). In der fachdidaktischen
Diskussion wird moniert, dass deklaratives grammatisches Wissen zu früh eingeführt werde, dass es wichtiger sei, den Zusammenhang mit dem Schreiben zu
suchen und Handlungswissen zu vermitteln. Die Rechtfertigung, dass bestimmte
Begriffe für die weiterführenden Schulen oder für den L2-Erwerb sozusagen
bereitgestellt werden müssen, ist ernsthaft zu hinterfragen (Diegritz 1996b,
S. 306f.) – sie hält sich im Bereich der Grammatik hartnäckiger als bei anderen
Themen. Viel wichtiger ist, dass Schüler bereits in der Grundschule lernen, den
Blick auf die Sprache selbst zu lenken (vgl. Bremerich-Vos 1999, v. a. S. 47–61).

Die Bearbeitung der Einheit 'Wort' hat in der Grundschule Tradition. Dazu
kommen der einfache Satz und die Satzglieder. Das Ziel, systematisches Wissen
zu vermitteln, ließe sich am besten mit einer morphosyntaktischen Fundierung
der Begriffe erreichen (inklusive Proben); nicht wenige Lehrmittel halten aber
eine semantische Begründung für kindgerechter (Bremerich-Vos 1999, S. 19–
25). Klassisch ist die Kontroverse um das Adjektiv: Sind Adjektive Wörter, die
sagen, 'wie' etwas ist, oder Wörter, die in die Lücke zwischen Artikel und Nomen
passen? Meist hat die Lehrperson nicht völlige Freiheit, ihren eigenen Weg zu
gehen – umso wichtiger ist es, dass sie die Problematik beider Wege erkennt und
in der Arbeit an Beispielen gesichertes Basiswissen vermitteln kann.

Sekundarstufe I

Die Lehrpläne für die Sekundarstufe I unterscheiden sich in der Begrifflichkeit.
Meist taucht „Grammatikunterricht" nicht als Bezeichnung eines Lernbereichs
auf, sondern ist Teil von „Sprachreflexion", „Sprachbetrachtung" oder einem
Bereich „Sprache und Sprachverwendung" (Synopse s. Fix 2003, S. 701). Außerdem machen die Lehrpläne unterschiedliche Vorgaben, was die Integration einzelner Lernbereiche im Deutschunterricht betrifft (Fix 2003, S. 701). In der
Sekundarstufe I wird die systematische Erarbeitung grammatischen Wissens
abgeschlossen (Wortarten, einfacher und komplexer Satz); angestrebt wird die
Integration in eine umfassendere Sprachreflexion (Fix 2003, S. 706f.).

Sekundarstufe II

Der zurzeit hohe Stellenwert von Schreib- und Methodenkompetenz führt dazu,
dass Sprachunterricht in der Sekundarstufe II gegenüber dem Literaturunterricht aufgewertet wird (Mielke 2003, S. 709; am Beispiel des Lehrplans von
NRW). Allgemein ist zu beobachten, dass in der Sekundarstufe II viel Gewicht

auf die Verknüpfung verschiedener Gesichtspunkte gelegt wird. Dies macht insofern Sinn, als Schülerinnen und Schüler der Sekundarstufe II sich mit anspruchsvollen Texten auseinander setzen, und zwar sowohl beim eigenen Schreiben (und Überarbeiten!) als auch im Literaturunterricht. Die Forderung nach Begriffen, die für die Arbeit am Text funktional sind, entfaltet hier ihre größte Wirkung. Die so beschriebene Ausrichtung kann aber in der Umsetzung auf Kosten der begrifflichen Systematik gehen. Die Vorstellung, das in der Sekundarstufe I erarbeitete Wissen stehe jederzeit zur Verfügung und könne in unterschiedlichen Kontexten abgerufen werden, ist eine Idealisierung. Nicht unterschätzt werden darf auch, dass die meisten Jugendlichen spätestens in der Sekundarstufe II den Eindruck gewonnen haben, dass sie sich nicht auf die einmal gelernten Termini verlassen können: durch Wechsel der Lehrmittel und der Lehrpersonen sowie durch die Erfahrungen im Fremdsprachenlernen haben sie Inkonsistenzen erlebt, die sie nicht selbst bearbeiten können. Abhilfe bieten hier kurze systematische Sequenzen zur Sicherung des Wissens.

4.2 Unterricht als Lernsituation

Beim Vergleich von systematischen, situativen und integrativen Konzepten haben wir gesehen, dass die Vorstellungen von Vermittlungssituation und Rolle der Lehrperson unterschiedlich ausgeprägt sind. Mit den Lernenden und ihrem Wissen haben wir uns ausgiebig befasst. Eine bestimmte Form von Unterricht kann aber aus diesen Überlegungen nicht abgeleitet werden. Vieles von dem, was im Grammatikunterricht geschieht, beruht ohnehin nicht auf konzeptuellen Überlegungen, sondern auf Tradition. Das hat Vor- und Nachteile. Bevor allerdings nur kritisiert wird, müssten genauere Bilder der Situation möglich sein. Was genau vor sich geht, wenn Lernende sich grammatische Begriffe aneignen, ist ungenügend erforscht. Die wenigen publizierten Transkripte (z. B. Bremerich-Vos 1995, 1999; Boettcher 1999) zeigen mindestens, dass es lohnend wäre, eine genaue Diagnose zu stellen, bevor konkrete Therapievorschläge entwickelt werden.

Generell gilt für Grammatikunterricht, dass die Lehrperson eine zentrale Rolle spielt und ihre Verantwortung nicht an Lehrmittel, Werkstattunterlagen oder anderes Material delegieren kann. Auch wenn gutes Material zur Verfügung steht und die Lehrperson stärker beratend tätig ist: ihre Impulse, Reaktionen auf Fragen und natürlich auch die Sequenzierung von Arbeitsphasen sind prägend.

Da viele Lehrpersonen selber schlechte Erfahrungen gemacht haben mit Grammatikunterricht, fühlen sie sich latent überfordert (Boettcher 1994, div. Beiträge in Klotz / Peyer 1999).

Drei Punkte möchte ich anführen, um zu unterstreichen, dass die Ebene des konkreten Unterrichts genauso wichtig ist wie die Frage nach dem Konzept oder nach der wissenschaftlichen Fundierung:

– Reichhaltige Grammatik-Lernsituationen sind im Alltag selten; im Unterricht dagegen werden Aufgaben und Problemstellungen allein oder gemeinsam bearbeitet, werden Fragen gestellt und Hypothesen formuliert.

– Die kontinuierliche Anwendung und Vernetzung von gelernten Begriffen und Verfahren geschieht nicht von selbst, sondern im Rahmen der gemeinsamen Arbeit im Unterricht. Wenn die Lehrperson konsequent immer wieder auf Begriffe und Proben zurückkommt, können auch Lernende akzeptieren, dass der Weg vom impliziten zum expliziten Wissen und umgekehrt nicht schnell zurückgelegt wird. In diesem Zusammenhang ist wichtig, dass verschiedene Typen von Übungen bewusst eingesetzt werden (s. Einecke 1999, S. 177–181).

– Lehrerinnen und Lehrer können durch ihr Engagement für die Sache, die sie sicher beherrschen, und durch schülergerechte Vermittlung eine Haltung verkörpern – Interesse oder sogar Begeisterung für das Thema 'Grammatik'.

Lehr- und Lernprozesse müssen strukturiert und professionell begleitet werden. Dazu braucht es Lehrpersonen, die zwischen dem Stoff und den Schülerinnen und Schülern vermitteln können und diese Aufgabe auch gerne übernehmen. Die Orientierung im 'weiten Feld' Grammatikunterricht (s. 2.4) ist eine Hilfe, unterschiedliche Voraussetzungen und Zieldimensionen zu klären und Unterrichtssituationen zu gestalten, die sowohl dem 'Stoff' als auch den Lernenden gerecht werden.

Literaturverzeichnis

Abraham, Ulf: Den Blickwechsel üben. Grammatikunterricht und Literaturunterricht. In: Mitteilungen des Germanistenverbandes 2001, H. 1, S. 30–43.

Andresen, Helga / Funke, Reinold: Entwicklung sprachlichen Wissens und sprachlicher Bewusstheit. In: Bredel et al. 2003, S. 438–451.

Antos, Gerd: Vermittlungsprozesse außerhalb des Sprachunterrichts. In: Bredel et al. 2003, S. 639–649.

Balhorn, Heiko / Giese, Heinz / Osburg Claudia (Hrsg.): Betrachtungen über Sprachbetrachtungen. Grammatik und Unterricht. Seelze: Kallmeyer 2001.

Berger-Kündig, Patricia: Grammatik auf eigenen Wegen. In: Bremerich-Vos 1999, S. 81–124.

Boettcher, Wolfgang: Grammatikunterricht in Schule und Lehrerausbildung. In: Der Deutschunterricht 1994, H. 5, S. 8–31.

Boettcher, Wolfgang: Zur gegenwärtigen Praxis des Grammatikunterrichts: eine kritische Bestandsaufnahme. In: Mitteilungen des Deutschen Germanistenverbandes 1995, H. 2, S. 2–7.

Boettcher, Wolfgang: Der Kampf mit dem Präpositionalobjekt. In: Bremerich-Vos 1999, S. 193–252.

Boettcher, Wolfgang / Sitta, Horst: Der andere Grammatikunterricht. München [u. a.]: Urban & Schwarzenberg 1981 (1. Auflage 1978).

Bredel, Ursula / Günther, Hartmut / Klotz, Peter / Siebert-Ott, Gesa / Ossner, Jakob (Hrsg.): Didaktik der deutschen Sprache. Ein Handbuch. Zwei Bände. Paderborn: Schönigh 2003.

Bremerich-Vos, Albert: Grammatikunterricht – ein Plädoyer für das Backen kleinerer Brötchen. In: Bremerich-Vos 1993, S. 102–129.

Bremerich-Vos, Albert: „Dann probiert mal schön!" – Mikroskopisches zur Bildung grammatischen Wissens im schulischen Unterricht. In: Mitteilungen des Deutschen Germanistenverbandes, 1995, H. 2, S. 27–32.

Bremerich-Vos, Albert: Zum Grammatikunterricht in der Grundschule: wie gehabt, gar nicht, anders? In: Bremerich-Vos 1999, S. 13–80.

Bremerich-Vos, Albert (Hrsg.): Handlungsfeld Deutschunterricht im Kontext. Festschrift für Hubert Ivo. Frankfurt: Diesterweg 1993.

Bremerich-Vos, Albert (Hrsg.): Zur Praxis des Grammatikunterrichts. Mit Materialien für Lehrer und Schüler. Freiburg i. Br.: Filibach 1999.

Diegritz, Theodor: Wohin steuert der Grammatikunterricht? In: Der Deutschunterricht 1996, H. 4, S. 87–95. (= Diegritz 1996a)

Diegritz, Theodor: Sprachbewusstsein und Sprachwissen. Entwurf eines heuristisch-hypothetischen Rahmenkonzepts für „Reflexion über Sprache" im Deutschunterricht der Grundschule. In: Wirkendes Wort 1996, H. 2, S. 301–322. (= Diegritz 1996b)

Eichler, Wolfgang: Grammatikunterricht. In: Lange / Neumann / Ziesenis 1996, S. 252–284.

Eichler, Wolfgang / Henze, Walter: Sprachwissenschaft und Sprachdidaktik. In: Lange / Neumann / Ziesenis 1996, S. 129–152.

Einecke, Günther: Auf die sprachliche Ebene lenken. Gesprächssteuerung, Erkenntniswege und Übungen im integrierten Grammatikunterricht. In: Bremerich-Vos 1999, S. 125–191.

Eisenberg, Peter: Für wen schreiben wir Grammatiken? In: Stickel, Gerhard (Hrsg.): Sprache – Sprachwissenschaft – Öffentlichkeit. Berlin, New York: de Gruyter 1999, S. 121–142 (IdS Jahrbuch 1998).

Eisenberg, Peter / Klotz, Peter (Hrsg.): Sprache gebrauchen – Sprachwissen erwerben. Stuttgart: Klett 1993.

Eisenberg, Peter / Linke, Angelika: Wörter. In: Praxis Deutsch 1996, H. 139, S. 20–30.

Eisenberg, Peter / Menzel, Wolfgang. Grammatik-Werkstatt. In: Praxis Deutsch 1995, H. 129, S. 14–23

Fehlmann, Ralph / Wider, Werner: Interdisziplinäre Sprachenwerkstatt. In: Portmann-Tselikas / Schmölzer-Eibinger 2001, S. 180–199.

Fix, Martin: Sprachunterricht in der Sekundarstufe I. In: Bredel et al. 2003, S. 698–708.

Giese, Heinz W. / Osburg, Claudia / Weinhold, Swantje: Sprachunterricht in der Primarstufe. In: Bredel et al. 2003, S. 684–697.

Glinz, Hans: Geschichte der Didaktik der Grammatik. In: Bredel et al. 2003, S. 423–437.

Gornik, Hildegard: Methoden des Grammatikunterrichts. In: Bredel et al. 2003, S. 814–829.

Hornung, Antonie: Grammatik durch Sprachbewusstheit durch Sprachproduktion? In: Portmann-Tselikas / Schmölzer-Eibinger 2001, S. 165–179.

Ingendahl, Werner: Sprachreflexion statt Grammatik. Ein didaktisches Konzept für alle Schulstufen. Tübingen: Niemeyer 1999 (RGL 211).

Ivo, Hubert / Neuland, Eva: Grammatisches Wissen. Skizze einer empirischen Untersuchung über Art, Umfang und Verteilung grammatischen Wissens (in der Bundesrepublik). In: Diskussion Deutsch 1991, H. 121, S. 437–493.

Klotz, Peter: Grammatische Wege zur Textgestaltungskompetenz. Tübingen: Niemeyer 1996 (RGL 171).

Klotz, Peter: Noch ein paar Grammatiknotizen. In: Balhorn / Giese / Osburg 2001, S. 250–253.

Klotz, Peter / Peyer, Ann (Hrsg.): Wege und Irrwege sprachlich-grammatischer Sozialisation. Bestandsaufnahme – Reflexionen – Impulse. Baltmannsweiler: Schneider 1999.

Knapp, Werner. Sprachunterricht als Unterrichtsprinzip und Unterrichtsfach. In: Bredel et al. 2003, S. 589–601.

Knobloch, Clemens: Sprache und Sprechtätigkeit. Sprachpsychologische Konzepte. Tübingen: Niemeyer 1994.

Köller, Wilhelm: Funktionaler Grammatikunterricht: Tempus, Genus, Modus: Wozu wurde das erfunden? Baltmannsweiler: Schneider 1998 (1. Auflage 1983).

Kurzrock, Tanja: Intuitives Wissen über die neuen Medien von Jugendlichen der Sekundarstufe 1 – insbesondere hinsichtlich Mündlichkeit und Schriftlichkeit. In: Didaktik Deutsch 2002, H. 13, S. 50–65.

Lange, Günter / Neumann, Karl / Ziesenis, Werner (Hrsg.): Taschenbuch des Deutschunterrichts. Band 1: Grundlagen, Sprachdidaktik, Mediendidaktik. 5., völlig überarbeitete Auflage. Baltmannsweiler: Schneider 1996.

Lesch, Hans-Wolfgang: Das Sprachbuch im Deutschunterricht. In: Lange / Neumann / Ziesenis 1996, S. 153–172.

Luchtenberg, Sigrid: Grammatik in Language-Awareness-Konzeptionen. In: Portmann-Tselikas / Schmölzer-Eibinger 2001, S. 87–115.

Luchtenberg, Sigrid: Mehrsprachigkeit und Deutschunterricht: Widerspruch oder Chance? Zu den Möglichkeiten von Language Awareness in interkultureller Deutschdidaktik. In: Informationen zur Deutschdidaktik (ide) 2002, H. 3, S. 27–46.

Menzel, Wolfgang: Grammatik-Werkstatt. Theorie und Praxis eines prozessorientierten Grammatikunterrichts für die Primar- und Sekundarstufe. Seelze: Kallmeyer 1999.

Menzel, Wolfgang. Grammatik-Werkstatt – Antwort auf Switalla und Ossner. In: Balhorn / Giese / Osburg 2001, S. 242–248.

Mielke, Angela: Sprachunterricht in der Sekundarstufe II. In: Bredel et al. 2003, S. 709–718.

Müller, Christoph: Schulgrammatik und schulgrammatische Terminologie. In: Bredel et al. 2003, S. 464–475.

Neuland, Eva: Reflexion über Sprache. Reformansatz und uneingelöstes Programm der Sprachdidaktik. In: Bremerich-Vos 1993, S. 85–101.

Neuland, Eva: Sprachbewusstsein und Sprachvariation. Zur Entwicklung und Förderung eines Sprachdifferenzbewusstseins. In: Klotz, Peter / Sieber, Peter: Vielerlei Deutsch. Umgang mit Sprachvarietäten in der Schule. Stuttgart: Klett 1994, S. 173–191.

Neuland, Eva: Sprachbewusstsein – eine zentrale Kategorie für den Sprachunterricht. In: Der Deutschunterricht 2002, H. 3, S. 4–10.

Oomen-Welke, Ingelore: Entwicklung sprachlichen Wissens und Bewusstseins im mehrsprachigen Kontext. In: Bredel et al. 2003, S. 452–464.

Ossner, Jakob: Die nächsten Aufgaben lösen, ohne „kleinere Brötchen zu backen". Anmerkungen zu Bernd Switalla: Grammatik-Notizen. In: Balhorn / Giese / Osburg 2001, S. 232–241.

Ossner, Jakob / Esslinger, Ilona: Integration, Vernetzung, Erlebnisgesellschaft und Schule. In: Der Deutschunterricht 1996, H. 6, S. 80–92.

Paul, Ingwer: Praktische Sprachreflexion. Tübingen: Niemeyer 1999 (Konzepte der Sprach- und Literaturwissenschaft 61).

Peyer, Ann: Sätze. Praxis Deutsch 1998, H. 147, S. 12–22.

Peyer, Ann: Language Awareness: Neugier und Norm. In: Linke, Angelika / Ortner, Hanspeter / Portmann, Paul R. (Hrsg.): Sprache und mehr. Ansichten einer Linguistik der sprachlichen Praxis. Tübingen: Niemeyer 2003, S. 323–345.

Portmann-Tselikas, Paul R.: Sprachförderung im Unterricht. Handbuch für den Sach- und Sprachunterricht in mehrsprachigen Klassen. Zürich: Orell Füssli 1998.

Portmann-Tselikas, Paul R.: Die Missachtung des Sprachwissens. Überlegungen zum Diskurs über den Grammatikunterricht. In: Freudenberg-Findeisen, Renate (Hrsg.): Ausdrucksgrammatik vs. Inhaltsgrammatik. München: Iudicium 1999, S. 337–335.

Portmann-Tselikas, Paul R. / Schmölzer-Eibinger Sabine (Hrsg.): Grammatik und Sprachaufmerksamkeit. Innsbruck, Wien u. a.: Studien Verlag 2001.

Redder, Angelika: Sprachwissen als handlungspraktisches Bewusstsein – eine funktional-pragmatische Diskussion. In: Didaktik Deutsch 1998, H. 5, S. 60–76.

Sieber, Peter (Hrsg.): Sprachfähigkeiten – Besser als ihr Ruf und nötiger denn je! Ergebnisse und Folgerungen aus einem Forschungsprojekt. Aarau, Frankfurt a. M.: Sauerländer 1994.

Sprachwelt Deutsch. Sachbuch. Autorinnen und Autoren: Peyer, Ann / Friederich, Daniel / Grossmann, Therese / Bischofberger, Franziska. Bern, Zürich: Schulverlag blmv und Lehrmittelverlag des Kantons Zürich 2003 (www.sprachwelt.ch).

Steinig, Wolfgang / Huneke, Hans-Werner: Sprachdidaktik Deutsch. Eine Einführung. Berlin: Erich Schmidt 2002.

Switalla, Bernd.: Grammatik-Notizen. In: Balhorn / Giese / Osburg 2001, S. 212–231.

Voigt, Gerhard: Schwierigkeiten beim Grammatikunterricht. Ein Statement. Skizze des Bewusstseinszustands eines grammatikinteressierten Gymnasiallehrers für das Fach Deutsch. In: Mitteilungen des Germanistenverbandes 2001, H. 1, S. 18–25.

DORIS TOPHINKE

Rechtschreiben

1 Schriftlichkeit und Rechtschreibung

1.1 Normalisierung und Normierung

Einzelsprachen mit ihren spezifischen Eigenschaften sind das Ergebnis von Typisierungsprozessen, in denen sich – vor dem Hintergrund der sozial-kommunikativen und kognitiven Funktionen von Sprache – typische, d. h. wiedererkennbare und wiederholbare sprachliche Formen herausbilden. Diese typischen Formen können mehr oder weniger verbindlich werden. Sie lassen sich auf einer Skala anordnen, die von schwach verbindlichen „normalisierten" bis zu stark verbindlichen „normierten" Formen reicht (zum Konzept der Normalisierung vgl. Waldenfels 1998). Schwach verbindliche, normalisierte Formen sind dadurch gekennzeichnet, dass sie in einem bestimmten Kontext üblich sind, entsprechend häufig vorkommen und in diesem Sinne als 'normal' gelten können. Sie schließen alternative Formen noch nicht aus. Der Ausschluss alternativer Formen ist erst bei stärkerer Normierung der Fall, die im Extremfall nur noch eine Form zulassen kann.

Auch die Entstehung und Kodifizierung orthografischer Regelungen ist als Abfolge von Normalisierungs- und Normierungsprozessen zu fassen: Normalisierungsprozesse in der Schrift reduzieren die Zahl der Schreibvarianten und vereinheitlichen die schriftlichen Texte. Sie erzeugen stabile grafische Wortgestalten, die die Worterkennung erleichtern und den Schreiber davon entlasten, Wortschreibungen immer wieder neu zu erarbeiten. Prozesse orthografischer Normierung schränken den Variationsspielraum maximal ein und machen bestimmte Schreibungen verbindlich. Dies sind häufig die normalisierten Schreibungen, die sich als geeignet erwiesen haben und die bereits verbreitet sind. Aber auch nicht normalisierte oder neue Schreibungen können zur orthografischen Norm werden. Hierbei spielen orthografietheoretische Annahmen sowie Systematisierungsbemühungen eine Rolle.

Die historischen Normalisierungs- und Normierungsprozesse der deutschen Schrift sowie auch die orthografischen Reformen der jüngeren Vergangenheit sowie der Gegenwart beziehen sich auf bestimmte Aspekte der Herstellung eines Textes im Medium der Schrift:

- Markierung und Finalisierung von Sätzen: Interpunktion, satzinitiale Großschreibung,

- Markierung von Wortgrenzen durch Leerstelle (Spatium): Getrennt- und Zusammenschreibung,

- Repräsentation der Wörter durch Buchstaben: Wortschreibung,
- Markierung und Auszeichnung bestimmter Wortarten: Groß- und Klein-schreibung,
- Worttrennung am Zeilenende.

1.2 Orthografische Normalisierungs- und Normierungsprozesse in der Schriftgeschichte des Deutschen

Normalisierungsprozesse finden sich schon in der Frühphase der Schriftge-schichte des Deutschen im Mittelalter. Zwar variieren die Wortschreibungen noch sehr, die klösterlichen Schreiborte entwickeln jedoch typische Schreibspra-chen, die durch den jeweiligen Dialekt oder auch durch die Orientierung an einer bestimmten Schreibtradition bestimmt sind (vgl. Sonderegger 1987, S. 54 f.). Eine stärkere Normalisierung ergibt sich durch den Buchdruck in der zweiten Hälfte des 15. Jahrhunderts. Um Herstellung und überregionale Ver-breitung der Druckerzeugnisse zu erleichtern, werden die variierenden, am Dia-lekt des Druckorts orientierten Wortschreibungen im 16. Jahrhundert allmählich aufgegeben und durch dialektfernere Ausgleichsschreibungen ersetzt (vgl. Gie-secke 1992, Maas 1992).

Verstärkte Bemühungen um eine Vereinheitlichung der Orthografie setzen im 18. und 19. Jahrhundert ein. Sie stehen im Kontext eines wachsenden Interesses, das entstehende Nationalbewusstsein durch eine einheitliche Grafie sichtbar zu machen. Besondere Bedeutung erlangt der Entwurf von Adelung (1978 / zuerst 1788), der jedoch noch keine umfassende Regelung darstellt und vor allem im Bereich der Wortschreibungen viele Varianten zulässt.

Im 19. Jahrhundert entsteht eine sprachwissenschaftliche Diskussion über die angemessene Fundierung der Rechtschreibung, die durch zwei konkurrierende Positionen bestimmt ist: Nach der historisch-etymologischen Position soll die Orthografie sprachhistorisch sinnvoll sein und gewachsene Sprachkonventionen berücksichtigen. Vertreter der phonetischen Position fordern demgegenüber, die Schreibung mehr oder weniger stark an der Aussprache zu orientieren (z. B. *fi* für „Vieh").

Zu einer ersten, für Schulen und Behörden verbindlichen staatlichen Vereinheit-lichung der Schreibung sowie auch zu ihrer Kodifizierung führt 1902 die soge-nannte II. Orthografische Konferenz. Auch die Schweiz und Österreich über-nehmen die dort beschlossenen Regelungen. Ein älteres Regelwerk, das 1876 im Rahmen der sog. I. Orthografischen Konferenz entstanden war, war aufgrund öffentlicher Kritik nicht umgesetzt worden. Konrad Duden arbeitet die Rege-lungen in sein „Orthographisches Wörterbuch der deutschen Sprache" ein, das in späteren Auflagen kontinuierlich überarbeitet wird.

In den 1950er Jahren scheitern Bemühungen um eine Reform der geltenden Orthografie. Eine erneute Diskussion der Orthografie setzt in den 1970er Jahren ein. 1992 legt der „Internationale Arbeitskreis für Rechtschreibreform" (IAR) einen Reformvorschlag vor (*Deutsche Rechtschreibung – Vorschläge zu ihrer Neuregelung*). Er wird in modifizierter Form zur Basis des amtlichen Regelwerks, das 1998 – mit einer Übergangsregelung bis 2005 – in Schulen und Behörden verbindlich wird und 'Vorbildcharakter' für Firmen, Verlage, Redaktionen und Druckereien haben soll. Die 1997 gegründete „Zwischenstaatliche Kommission für die deutsche Rechtschreibung" hat die Aufgabe, die Einführung der neuen Rechtschreibung zu begleiten und zu beobachten (vgl. www.rechtschreib-kommission.de; Aufruf 15.5.2004). Sie fungiert gleichzeitig als Klärungsinstanz in Zweifelsfällen.

Die Rechtschreibreform und ihre Ergänzungen werden in der Öffentlichkeit heftig diskutiert und kritisiert. Die Kritik fordert u. a. eine stärkere Systematik der Regelungen sowie auch die Beibehaltung von Schreibungen, die sich in der Praxis bewährt haben. Abgelehnt werden im Bereich der Wortschreibungen etwa Neuregelungen wie *behände* und *schnäuzen*. Ihre Verwandtschaft mit *Hand* und *Schnauze* wird als für den Schreiber nicht mehr transparent angesehen. Ein zentraler Punkt der Kritik betrifft die Neuregelungen im Bereich der Getrennt- und Zusammenschreibung. Die Regelformulierungen werden als teilweise widersprüchlich und auch aus grammatischer Sicht oft nicht sinnvoll kritisiert (zur Diskussion um die Neuregelung vgl. die Beiträge in Augst / Blüml / Nerius / Sitta 1997; Ickler 1999; auch www.rechtschreibreform.de, Aufruf 15.5.2004).

1.3 Normabweichendes Schreiben

Orthografische Normen schränken die Möglichkeiten der Variation der Schreibungen stark ein. So gibt es mit wenigen Ausnahmen genau eine richtige Schreibweise für ein Wort. Schriftliche Texte sind infolgedessen in dieser Hinsicht einförmig und unterscheiden sich deutlich von Äußerungen in der Mündlichkeit, in der ein und dasselbe Wort je nach Region und Situation auf unterschiedliche Weise ausgesprochen wird. Schreibvarianten, die das Regelwerk nicht erlaubt, werden in Schulen und Behörden sowie in allen Bereichen des Schreibens, die die orthografischen Regelungen übernehmen, als 'Fehler' betrachtet. Es gibt dennoch verschiedene Bereiche der Schriftlichkeit, in denen normabweichende Schreibungen toleriert oder sogar gezielt eingesetzt werden. Hierzu gehören etwa die avantgardistische und experimentelle Literatur, die mit der Variation und Verfremdung von Wortschreibungen spielt, der Bereich der Jugend- und Szenemagazine sowie der Bereich der Werbung.

Normabweichende Schreibungen liegen vor allem auch in der elektronischen Kommunikation im Internet vor, und zwar insbesondere im 'chat', dem elektronischen 'small talk'. Hier finden sich Schreibungen, die etwa Eigenschaften der 'Umgangssprache' (vgl. ‹is gut›, ‹kannste›) oder aber regionalsprachliche Formen (vgl. ‹tach›, ‹dat auto›) wiedergeben. Diese Schreibungen resultieren in der Regel nicht aus mangelnder orthografischer Kompetenz, sondern haben eine spezifische Funktion. Sie tragen dazu bei, dass der Chat als informelle Unterhaltung begriffen wird, und wirken der Formalität entgegen, die mit einer normgerechten Schriftlichkeit tendenziell verbunden ist. Die orthografische Analyse von 'chat'-Texten zeigt, dass es stets nur einzelne Satzelemente sind, die normabweichend geschrieben werden. Auch werden die orthografischen Regelungen nicht grundsätzlich außer Kraft gesetzt, sondern bleiben als Bezugsgröße relevant (Tophinke 2002 a).

Einen weiteren Bereich der Schriftlichkeit, in denen die orthografischen Regelungen nicht gelten, bildet die Mundartliteratur. Sie muss sich weit von der Orthografie der Standardsprache entfernen und eigene Normen der Verschriftung entwickeln. Dies ergibt sich aus ihrer besonderen Aufgabe. Sie muss die Formen des Dialekts so repräsentieren, dass sie auch von Dialektunkundigen anhand der schriftlichen Formen erschlossen werden können.

2 Theorie der Orthografie

Die Orthografietheorie bildet als Teilbereich der Schrifttheorie ein eigenes Feld innerhalb der Sprachwissenschaft. Ihr Gegenstand sind einmal die Entstehung, die Funktionen und die Prinzipien historischer und gegenwärtiger Normalisierungen und Normierungen im Bereich der Schriftlichkeit. Mit der Hinwendung der Sprachwissenschaft zu Fragen der kognitiven Sprach- und Schriftverarbeitung schließt die Orthografietheorie zum anderen auch die Modellierung der kognitiven Prozesse der Erarbeitung der orthografischen Formen im Schreibprozess sowie der kognitiven Speicherung orthografischen Wissens mit ein.

2.1 Alphabetschrift

Alphabetschriften, wie sie das Deutsche besitzt, gehören zu den „kenematischen" Schriften. Für diese ist kennzeichnend, dass sie bestimmte lautliche Eigenschaften der mündlichen Wortform durch Buchstaben oder Buchstabenkombinationen repräsentieren. Alphabetschriften ermöglichen es, mit einem kleinen, begrenzten Inventar an Buchstaben, dem Alphabet, eine unbegrenzte Anzahl von Wörtern zu schreiben.

Bezugsvarietät für die Wortschreibung ist die „Explizitlautung" (Eisenberg 1998, S. 58). Sie ist eine besondere Aussprachevarietät, die sich ergibt, wenn Wortformen isoliert realisiert werden, dabei normal betont und mit allen Elementen ausgesprochen werden (Eisenberg 1998a, S. 45f.). Allerdings ist die Wortschreibung keine detaillierte Wiedergabe dieser Explizitlautung (Maas 1992, Eisenberg 1998, Augst / Dehn 1998). Die Wortform wird in ihren lautlichen Eigenschaften nur so weit repräsentiert, dass das Wort in seiner orthografischen Gestalt beim Lesen identifiziert werden kann. Es sind bestimmte phonologische, d.h. schematische lautliche Eigenschaften, die verschriftet werden. Das Erfassen der schematischen lautlichen Struktur von Wörtern, die Gliederung der Silben in konsonantische und vokalische Elemente, setzt eine Lautanalyse voraus, die von den variierenden Eigenschaften der mündlichen Wortformen abstrahiert und ihre schematische Form erfasst. Dies entspricht dem Aufbau von kognitiven Wahrnehmungskategorien für Laute (Tophinke 2002), auch „Lautschemata" (Augst / Dehn 1998, S. 79) genannt. Eichler (2003, S. 124) spricht davon, dass Schreibanfänger eine „Verklassung der Laute" vornehmen müssen.

2.2 Grammatikalisierung der Orthografie

Die Tatsache, dass die deutsche Sprache eine Alphabetschrift besitzt, die die phonologische Form der Wörter durch Buchstaben repräsentiert, lässt die grammatischen Eigenschaften der Orthografie häufig in den Hintergrund treten (vgl. Günther 1998, Naumann 2000). Dabei spielen diese in der Orthografie eine zentrale Rolle:

- Gliederung in Wörter: Die Schrift macht die grammatische Einheit „Wort" sichtbar, indem sie sie durch einen Zwischenraum, das Spatium, trennt. Dieser Zwischenraum hat keine Entsprechung in der gesprochenen Sprache. Er korrespondiert weder mit einer Pause noch mit einer anderen systematischen Markierung im Gesprochenen. Die Trennung von Wörtern durch das Spatium markiert einen wichtigen Entwicklungsschritt in der Schriftgeschichte. Sie macht das Spatium als „Wortzwischenraum" (Gallmann 1996, S. 1456) oder „Wortlücke" (Stetter 1999, S. 63) zu einem sprachlichen Zeichen. Thomé (1992, S. 218) bewertet diese Markierung von Wortgrenzen hoch, bezeichnet sie als „Basisfunktion" der Alphabetschrift.

- Ähnlichschreibung morphologisch verwandter Wörter: Die Grammatikalisierung zeigt sich darin, dass morphologisch verwandte Formen ähnlich geschrieben werden (vgl. ‹Schäfer› / ‹Schafe›, ‹lachen› / ‹Gelächter›).

- Satzinterne Auszeichnung von Satzelementen durch Großschreibung: In den didaktischen Darstellungen wird für die satzinterne Großschreibung zumeist das morphologische Kriterium der Wortartenzugehörigkeit genannt. Groß zu schreiben sind Substantive (vgl. § 55 der amtlichen Regelung). Im Deutschen ist die Wortartenzugehörigkeit allerdings in vielen Fällen nur im Satzzusammenhang erkennbar, wie etwa bei substantivierten Verben und Adjektiven (*das laute Lachen* vs. *sie lachen, das helle Blau* vs. *ich streiche die Wand blau*). Die Großschreibung basiert also letztlich auf einem syntaktischen Kriterium. Es ist der Kern einer Nominalgruppe, der durch Großschreibung markiert wird (vgl. Eisenberg / Feilke 2001, S. 9; Maas 1992, S. 161).

- Getrennt- und Zusammenschreibung: Ihr liegen morphologische Kriterien zugrunde, etwa die Zugehörigkeit zu einer Wortklasse. So werden Verben mit einer vorangehenden infiniten Verbform nicht zusammengeschrieben (‹sitzen bleiben›, ‹getrennt schreiben›; vgl. § 34 (4), (6) der amtlichen Regelung).

- Interpunktion: Die Interpunktion folgt syntaktischen Kriterien. Sie dient der Abgrenzung von Sätzen voneinander sowie der satzinternen Gliederung.

Die Grammatikalisierung der Orthografie ist das Ergebnis der Auseinandersetzung mit der Schriftlichkeit und der Suche nach einer für das Schreiben, vor allem aber für das Lesen geeigneten Schreibung. Sie ist zu Beginn der Schriftgeschichte des Deutschen im 8. Jahrhundert bereits relativ weit fortgeschritten. Dies ergibt sich daraus, dass die Schreiber der frühen deutschsprachigen Texte sich an der bereits weit grammatikalisierten lateinischen Schrift orientieren.

In der Forschung wird diskutiert, ob es einen Zusammenhang zwischen der Entdeckung sowie Erforschung von Grammatik und der Schriftlichkeit gibt. Anzunehmen ist, dass die Suche nach einer leserfreundlichen, gut gegliederten Präsentation von Sprache in der Schrift auch das Nachdenken über die grammatische Struktur der jeweiligen Sprache befördert (Stetter 1999). Dafür spricht mit Blick auf die Sprachgeschichte des Deutschen etwa, dass gleichzeitig mit den orthografischen Normalisierungsprozessen im Kontext des Buchdrucks Ende des 15. Jahrhunderts auch zahlreiche Texte entstehen, in denen die Grammatik der deutschen Sprache sowie das Verhältnis von gesprochener und geschriebener Sprache reflektiert werden (Nerius u. a. 2000, S. 291–298).

2.3 Orthografische Prinzipien

Die Repräsentation lautstruktureller Eigenschaften, die sich aus der Alphabetschrift ergibt, wird als alphabetisches, lautliches oder phonematisches Prinzip bezeichnet. Die beschriebenen Beziehungen der Orthografie zu syntaktischen und morphologischen Eigenschaften der deutschen Sprache werden in einem „grammatischen Prinzip" (Bünting u. a. 2000) zusammengefasst.

Daneben werden noch weitere Prinzipien diskutiert, die die orthografische Form der Wörter bestimmen. Hierzu gehört ein silbisches Prinzip, das bei der Silbentrennung am Zeilenende, aber auch bei der Dehnungs- und Schärfungsschreibung sowie beim silbentrennenden *h* eine entscheidende Rolle spielt (Eisenberg 1998, Maas 1992). Angenommen wird weiter ein ästhetisches Prinzip, nach dem Wortgestalten, die für das Lesen ungünstig sind, vermieden werden. Ein Beispiel ist hier die Schreibung ‹Knie› für die Mehrzahlform, die anstelle der als weniger lesefreundlich erachteten Form ‹Kniee› vorgeschrieben ist. Erkennbar ist darüber hinaus ein Homonymieprinzip, nach dem gleichlautende, aber bedeutungsverschiedene Wörter grafisch differenziert werden (vgl. ‹Laib› vs. ‹Leib›). Ferner ist ein etymologisches Prinzip fassbar, nach der die Herkunft der Wörter für die Schreibung relevant ist und das etwa dazu führt, dass Entlehnungen aus dem Griechischen mit ‹th› statt mit ‹t› geschrieben werden. Schließlich wird noch ein Textprinzip diskutiert, dessen Wirksamkeit darin gesehen wird, dass Textelemente durch Fettschrift oder Kursivschrift typografisch gestaltet und hervorgehoben werden und bei der Herstellung von Texten besondere Konventionen gelten, etwa Überschriften nicht durch Satzzeichen abgeschlossen werden (zu den orthografischen Prinzipien vgl. Bünting u. a. 2000; Thomé 2000, S. 15; Gallmann / Sitta 1996, S. 30–45; Nerius u. a. 2000, S. 84–97; Eisenberg 1998).

Die verschiedenen Prinzipien wirken nicht systematisch (Menzel 1978). Dies erklärt sich daraus, dass die Orthografie kein systematisch konstruiertes System ist. Sie ist zwar durch Reformen beeinflusst worden, aber wesentlich eine in der Schreibpraxis 'gewachsene' Norm.

2.4 Phonem-Graphem-Korrespondenzen (GPK-Regeln)

Ein zentrales Konzept in der Orthografietheorie ist die Phonem-Graphem-Korrespondenz. Es basiert auf der Annahme, dass die geschriebene und die gesprochene Wortform strukturell ähnlich aus elementaren Einheiten aufgebaut sind. Im Falle der gesprochenen Wortform sind dies die Phoneme, im Falle der geschriebenen die Grapheme. Wie die Phoneme werden auch die Grapheme als abstrakte Einheiten begriffen, die durch eine systematische Analyse ermittelt werden (vgl. Eisenberg 1998, S. 59 f.). Sie werden durch einen einzelnen Buchstaben (‹b›, ‹a›) oder auch durch Buchstabenkombinationen (‹ch›, ‹ie›) realisiert. Diese Modellierung erlaubt es, Phoneme und Grapheme in ihren Beziehungen darzustellen (vgl. die Darstellung der Phonem-Graphem-Korrespondenzen des Deutschen in Nerius u. a. 2000, S. 120 f.; Thomé 2000, S. 13). Statt von einer „Phonem-Graphem-Korrespondenz" ist auch von einer „Laut-Buchstaben-Zuordnung" die Rede. Teilweise ist dies mit einer Vereinfachung des Modells verbunden, bei der zwischen Graphemen und Buchstaben nicht mehr unterschieden wird.

Das Konzept der Phonem-Graphem-Korrespondenzen, wie es in den 1970er Jahren zunächst entwickelt wird, enthält viele Fälle nicht eindeutiger Zuordnungen, in denen einem Phonem mehrere Grapheme entsprechen. So korrespondiert das Phonem /a:/ mit drei Graphemen: ‹a›, ‹ah›, ‹aa›. Weiterentwicklungen des Konzepts sind darum bemüht, die Eindeutigkeit der Zuordnungen zu erhöhen. Eine solche besteht darin, „Basisgrapheme", die häufiger oder sogar regelmäßig für ein Phonem stehen und die einfach sind, von „Orthographemen" zu unterscheiden, die komplexer sind und ein Phonem seltener und/oder in Abhängigkeit von dem silbischen Prinzip, von grammatischen oder anderen Prinzipien repräsentieren (Augst 1984, Thomé 2000, S. 12 ff.). Im Fall des Phonems /a:/ führt dies zur Annahme des aus einem Buchstaben bestehenden Basisgraphems ‹a› (‹Tal›, ‹Schal›) und der beiden Orthographeme ‹ah› (‹Zahn›) und ‹aa› (‹Saal›), die jeweils durch zwei Buchstaben realisiert werden. Es bedarf ergänzender orthografischer Bestimmungen, die angeben bzw. ermitteln lassen, unter welchen Bedingungen eine basisgraphemische und unter welchen eine orthographemische Verschriftung der Phoneme erfolgt.

Kritisiert werden muss, dass das Konzept der Phonem-Graphem-Korrespondenz die Silbe (noch) nicht hinreichend berücksichtigt. Dies ergibt sich wesentlich daraus, dass in der strukturalistischen Phonologie der 1970er Jahre, in deren

Kontext das Konzept entsteht, die Silbe noch als ein phonetisches Phänomen betrachtet wird, das für die Phonologie nicht relevant ist. Dies ändert sich erst in den 1980er Jahren, in denen neue phonologische Modelle entstehen, die die Silbe systematisch berücksichtigen (vgl. Wiese 1986, Eisenberg / Ramers / Vater 1992). Die phonologische Struktur von Wörtern ist danach nicht mehr einfach als eine lineare Kette von Phonemen beschreibbar. Sie ist vielmehr hierarchisch: Wörter gliedern sich in betonte und unbetonte Silben und diese wiederum in Phoneme. Mit der Berücksichtigung der Silbe in der Phonologie haben sich neue Perspektiven für die Beschreibung der Regularitäten der Orthografie ergeben (vgl. Maas 1992, Eisenberg 1998, 1998 a,). So lässt sich unter Bezug auf die Silbe etwa die Verdopplung des Konsonantenzeichens (Schärfungsschreibung) auf relativ einfache Weise regeln. Maas (1992) operiert dabei mit der Kategorie des Silbenanschlusses, Eisenberg (1998) nimmt ein Silbengelenk an.

2.5 Kognitive Zugänge zur Rechtschreibung

Rechtschreiben basiert auf komplexen kognitiven Prozessen, die in einer Schreibsituation die orthografische Wortform zugänglich machen. Ein wichtiges Modell der Beschreibung dieser kognitiven Prozesse stellt das sog. Logogen-Modell zur Wortverarbeitung dar, das John Morton in den 1960er Jahren vorstellt und weiterentwickelt (vgl. Morton 1980). Es basiert auf der Annahme, dass nach erfolgreichem Rechtschreiberwerb mindestens zwei kognitive Zugänge zur orthografischen Wortschreibung gegeben sind. Dies ist einmal ein einzelheitlicher Zugang, bei dem die Wortschreibung dadurch erzeugt wird, dass den erfassten Phonemen mit Hilfe der Korrespondenzregeln Grapheme bzw. Buchstaben zugeordnet werden. Dieser Zugang erlaubt es, bekannte, unbekannte Wörter sowie auch 'Nonsense'-Wörter zu schreiben. Zum anderen wird ein ganzheitlicher Zugang angenommen, bei dem die Wortschreibung aus einem kognitiven Speicher für orthografische Wortgestalten abgerufen wird. Wörter, die nicht in diesem Wortspeicher vorhanden sind, können nicht geschrieben werden. Dieses Modell stützt sich auf Untersuchungen, nach denen es hirnorganisch erkrankte Patienten gibt, die zwar 'richtige' Wörter schreiben können, 'Nonsense'-Wörter, deren Schreibung sie ableiten müssen, aber nicht. Die Annahme zweier Zugänge bietet eine mögliche Erklärung für diesen Befund. Die Patienten verfügen nur noch über einen ganzheitlichen Zugang zur Schreibung, der einzelheitliche Zugang ist versperrt.

Die Annahme verschiedener Zugänge zur orthografischen Wortgestalt, wie sie das Logogen-Modell kennzeichnet, bestimmt auch die schriftdidaktische Diskussion (vgl. dazu Weingarten 2003). Augst / Dehn (1998) gehen davon aus, dass Erwachsene als Ergebnis des Schrifterwerbs entweder auf ganzheitlich gespeicherte „Schreibschemata" zurückgreifen oder aber die Wortschreibung über „Laut-Buchstaben-Zuordnungen" und unter Rückgriff auf Rechtschreibregeln ermitteln. Ähnlich nehmen Valtin / Naegele / Thomé (2000, S. 154) den Aufbau von „Schreibschemata" im Schrifterwerb an.

2.6 Speicherungen orthografischen Wissens

Entsprechend den verschiedenen kognitiven Zugängen zur Rechtschreibung ist anzunehmen, dass orthografisches Wissen mehrfach gespeichert ist, es verschiedene Komponenten des orthografischen Wissens gibt, die auch unterschiedlichen Typs sind. Für den Bereich der Wortschreibungen lassen sich folgende Komponenten und Typen unterscheiden:

- Speicherungen schematischer Eigenschaften der grafischen Wortgestalt: Einen ersten Typ orthografischen Wissens bilden Repräsentationen schematischer Eigenschaften der grafischen Gestalt von Wörtern, die beim Umgang mit schriftlichen Texten, beim Lesen und Schreiben entstehen. 'Schematisch' bedeutet dabei, dass variierende Eigenschaften der grafischen Wortgestalt wie etwa die Schriftgröße, Schrifttype, eine hand- oder maschinenschriftliche Realisierung keine Rolle spielen.

  Es lassen sich einzelheitliche Schemata, die stärker lokale Eigenschaften von Wortschreibungen repräsentieren, von stärker ganzheitlichen Schemata unterscheiden, die größere Wortteile oder auch die Wortgestalt insgesamt erfassen. Augst / Dehn (1998, S. 13 ff.) bezeichnen diese als Schreibschemata und gehen davon aus, dass ihnen in einer früheren Erwerbsphase der Schrift stärker bildhafte, noch nicht schematische Repräsentationen vorausgehen. Eine weitere Differenzierung ergibt sich durch einen unterschiedlichen Bezugsbereich der Schemabildungen. Das kognitive Schema kann sich auf ein Einzelwort beziehen oder auf Eigenschaften, die bestimmte Wortgruppen oder auch alle Wörter kennzeichnen. Buchstabenkombinationen wie ‹st-› oder ‹-en› etwa finden sich in bestimmten Gruppen von Wörtern (vgl. Tabelle 1). Dieser Unterschied lässt sich fassen als zunehmende Abstraktion von den individuellen Eigenschaften des Einzelworts und als Entdeckung von Eigenschaften, die auf größere Wortgruppen zutreffen.

- Assoziative Schemata: Weiter verfügen wir über assoziative Schemata, die – vereinfacht gesprochen – die kognitiven Schemata der grafischen Wortgestalt (Tab. 1) mit schematischen laut- und silbenstrukturellen Eigenschaften verbinden. Sie entstehen als Ergebnis der Entdeckung der schematischen Beziehungen zwischen der gesprochenen und der geschriebenen Wortform. Auch die Graphem-Phonem-Korrespondenzen stellen assoziative Schemata dar. Durch die Assoziation erhalten die Buchstaben bzw. Buchstabenkombinationen ihren Status als Grapheme.

  Für die Existenz solcher Schemata spricht etwa unsere Fähigkeit, unbekannte 'Quatschwörter' wie *frullen* oder *spehlen* lautsprachlich umzusetzen. Wir erfassen – im Kontext des Wortes – die Verdopplung des Konsonantenzeichens

Tab. 1: Kognitive Schemata der grafischen Gestalt von Wörtern

		einzelheitlich	← →	ganzheitlich
zunehmende Abstraktion ↓	**bezogen auf Einzelwörter**			Wortschemata ‹Stuhl›, ‹laufen›
	bezogen auf bestimmte Gruppen von Wörtern		Schemata grafischer Eigenschaften von Wörtern, Buchstabenformationen und -kombinationen (‹sp-›, ‹st›-, ‹-en›, ‹-er›, ‹-el›, ‹sch›, ‹ch›, …)	
	bezogen auf alle Wörter	Schemata der grafischen Gestalt der Einzelbuchstaben (‹A›, ‹a›, ‹B›, ‹b›, …)		

sowie den Buchstaben ‹h› als Markierungen für die schematische lautlich-silbische Struktur von Schärfungs- und Dehnungswörtern.

Der Aufbau dieser Schemata basiert vermutlich auf denselben kognitiven Fähigkeiten und Prozessen, wie sie auch für den Aufbau anderer Formen des Wissens verantwortlich sind: das Entdecken von Ähnlichkeiten und Unähnlichkeiten, die Abstraktion, Schematisierung und Dekontextualisierung sowie die Assoziation, das Herstellen von Beziehungen (vgl. etwa Langacker 1991).

- Orthografische Regeln: Schließlich werden im Rechtschreibunterricht auch orthografische Merkregeln vermittelt und erhalten die Schüler Erklärungen für orthografische Regeln (z.B. „Nach Konsonant, das merke ja, steht nie tz und nie ck!"). Sie bilden – soweit sie gespeichert werden – ebenfalls einen wichtigen Teil des orthografischen Wissens. Während es sich bei den kognitiven Schemata um ein implizites Wissen handelt, lassen sich die Speicherungen orthografischer Regeln leichter explizieren. Entsprechend geben Schülerinnen und Schüler, nach den Gründen für ihre Schreibungen befragt, zumeist die entsprechenden Merkregeln wieder.

Unklar ist, welche Rolle diese verschiedenen Komponenten des Wissens im Schreib- und Leseprozess spielen und in welcher Weise sie miteinander interagieren. So stellt sich etwa die Frage, welche Rolle die assoziativen Schemata, die die Verbindung zwischen dem Geschriebenen und Gesprochenen herstellen, beim professionellen, automatisierten Schreiben spielen. Im Schreibprozess des Schreibanfängers sind sie fraglos wichtig, weil dieser sich die Schreibung ausgehend vom Gesprochenen erarbeiten muss. Zu klären wäre auch, wie das orthografische Regelwissen mit dem allmählich entstehenden Schemawissen interagiert, ob es etwa im Zuge der Professionalisierung und Automatisierung des Schreibens in Schemawissen überführt wird. Möglicherweise ist auch das orthografische Regelwissen vor allem für Schreibanfänger wichtig und spielt beim stärker professionalisierten und automatisierten Rechtschreiben kaum mehr eine Rolle. Hier ist weitere Forschung notwendig.

3 Modelle des Erwerbs der Rechtschreibung

In die Modelle des Erwerbs der Rechtschreibung fließen Ergebnisse unterschiedlicher Forschungen ein. Dies sind einmal die Konzepte und Systematisierungen der Orthografietheorie. Es sind zum anderen Ergebnisse der Beobachtung und Analyse des Schreibprozesses und der Schreibprodukte der Kinder. Aus ihnen ergeben sich spezifische Hypothesen über die Progression des Rechtschreiberwerbs. Eine wichtige Rolle spielen auch die kognitive Psychologie sowie die kognitive Linguistik, die die Prozesse der kognitiven Verarbeitung geschriebener und gesprochener Sprache untersuchen.

3.1 Rechtschreiben und Sprachanalyse

Ausgangspunkt des Schrift- bzw. Orthografieerwerbs der Kinder ist ihre gesprochene Sprache und diese ist anders als die geschriebene Sprache strukturiert. Die gesprochene Sprache ist in phonetischer Hinsicht ein lautliches Kontinuum, eine fortlaufende Kette mehr oder weniger betonter und unbetonter Silben, die durch Atempausen unterbrochen ist. Sie ist in phonetischer Hinsicht rhythmisch gegliedert, nicht grammatisch wie die geschriebene Sprache (Tophinke 2002). Diese Rhythmik kann beim Auffinden der Wortgrenzen helfen, und sie spielt vermutlich unbewusst beim Erwerb der Morphologie des Deutschen eine zentrale Rolle (Penner 2003), sie lässt die Wortgrenzen in der Schrift jedoch nicht eindeutig bestimmen. Das Erfassen der Wortgrenzen setzt eine grammatische Analyse voraus, die ein Bewusstsein vom Wort erzeugt, so dass es in der Schrift durch Spatium getrennt werden kann (Tophinke / Röber-Siekmeyer 2001).

Darüber hinaus müssen Kinder im Schrift- und Orthografieerwerb lernen, die Silben der Wörter in ihre Elemente, die Laute, zu zerlegen. Genaues Hinhören allein ist dabei nicht ausreichend, denn „akustisch und auditiv sind Einzellaute […] nicht segmentierbar" (Günther / Pompino-Marschall 1996, S. 905). Es muss ein phonologisches Bewusstsein entstehen, das die Laute schematisch wahrnehmen lässt (vgl. auch Skowronek / Marx 1993, S. 712). Dies entspricht dem Aufbau von Kategorien für die Wahrnehmung von Lauten (Tophinke 2002). Ein phonologisches Bewusstsein kann schon vor dem Schrifterwerb entstehen, etwa durch Reimspiele, die durch Austauschen die Aufmerksamkeit auf einzelne Laute richten (Tophinke 2003). Mit dem Schrifterwerb wird das Erfassen der Lautelemente jedoch forciert, werden Laut und Buchstabe korrespondierend konkretisiert (Feilke 2003).

Einen weiteren Bereich der Sprachanalyse im Kontext der Schrift markiert die Syntax. Die Orthografie verlangt die Markierung von Satzgrenzen sowie die Binnengliederung von komplexen Sätzen durch Satzzeichen. Dies setzt in einem ersten Schritt die Auseinandersetzung mit schriftlichen Texten und die Aneignung der typischen syntaktischen Struktur schriftlicher Texte voraus. Im Kontext der mündlichen Alltagskommunikation kann der für die Schrift benötigte Satzbegriff nicht entwickelt werden, da die syntaktische Organisation hier teilweise eine ganz andere ist als in der Schriftlichkeit (vgl. dazu Schwitalla 2003). Der Erwerb von Interpunktionskompetenz verlangt darüber hinaus die Fähigkeit, die Grenzen und die Binnengliederung der Sätze, soweit sie interpunktionsrelevant ist, zu erkennen. Wie Melenk (2001) in einer Untersuchung von Schülertexten der 8. Klasse feststellt, bedarf es hierzu jedoch keines reflektierten oder explizierbaren syntaktischen Wissens, sondern scheint ein intuitiver Satzbegriff auszureichen. Zu ähnlichen Ergebnissen kommt Afflerbach (2001). Fraglich ist jedoch, ob ein intuitiver Satzbegriff für das Verfassen von Texten mit besonders komplexer Syntax ausreicht. Unsicherheiten in der Interpunktion komplexer Sätze, wie sie sich etwa in Texten von Studienanfängern dokumentieren (vgl. 4.3), sprechen eher dagegen.

3.2 Vergegenständlichung

Die mit dem Schrifterwerb verbundene Sprachanalyse verändert die Wahrnehmung und das Bewusstsein von Sprache. Sie wird nun – so weit die schriftinduzierte Sprachanalyse reicht – in ihren schematisch-phonologischen und grammatischen Gliederungen erfasst. Zusätzlich unterstützt wird dies dadurch, dass die geschriebene Sprache in anderer Weise verfügbar ist als die gesprochene. Sie ist als Gegenstand präsent, der erlesen, betrachtet, besprochen, überarbeitet oder spielerisch verändert werden kann. Dies ermöglicht auch die sukzessive Überarbeitung eines Textes im Hinblick auf seine Orthografie.

Die Vergegenständlichung von Sprache in ihren Strukturen im Medium der Schrift eröffnet Möglichkeiten auch der therapeutischen Nutzung. So kann Schrift etwa bei Aussprachestörungen (Füssenich 1991) sowie auch in der Sprachförderung von Migrantenkindern gezielt genutzt werden (vgl. Röber-Siekmeyer 2003).

3.3 Phasen- oder Stufenmodelle des Schrifterwerbs

Der Schrift- und Rechtschreiberwerb wird häufig modelliert als Abfolge von Phasen oder Stufen, in denen die Schrift in ihrer Funktionsweise und in ihren Prinzipien sukzessive erschlossen wird. Einflussreich geworden ist das Phasenmodell von Frith (1986), das für das Englische entwickelt worden ist. Allgemeine Grundannahme ist, dass der Schrifterwerb in Phasen gliederbar ist, in denen bestimmte Strategien dominieren, die dann auch in Kombination zur Verfügung stehen. Unterschieden werden eine logografische (voralphabetische) Phase, eine alphabetische sowie eine orthografische Phase. Sie zeichnen sich durch das Hinzukommen und das Erproben entsprechender Schreibstrategien aus. Die logografische Phase zu Beginn des Schrifterwerbs ist durch eine ganzheitliche Strategie bestimmt, die auf das Schreiben ganzer Wörter zielt, ohne dass bereits der Zusammenhang zwischen Wortschreibung und Lautstruktur erkannt ist. Sie wird in der zweiten Phase abgelöst durch die alphabetische Strategie, die phonografische Schreibungen möglich macht und bereits phonologisches Bewusstsein voraussetzt (‹wiawolnesn› für ‹wir wollen essen›, ‹muta› für ‹Mutter›). Orthografische Strategien schließlich zeigen sich darin, dass Wortschreibungen entstehen, die bereits die Kenntnis orthografischen Wissens verraten. Das Schreiben wird stets – so die Annahme – in Verbindung mit dem Lesen erworben, wobei in der logografischen und orthografischen Phase das Lesen führend ist und in der zweiten Phase das Schreiben. Die jeweils führende Aktivität stößt die Entwicklung der anderen an.

Das Phasenmodell ist viel diskutiert und weiterentwickelt worden (vgl. Scheerer-Neumann 1998, Valtin 2000, K. B. Günther 1986).

Eine Kritik der Phasenmodelle betrifft verschiedene Aspekte:

- Der Einfluss des Schreibunterrichts auf die Schreibstrategien bzw. die Entwicklungsphasen ist noch zu wenig erforscht. Unklar ist, ob die Beobachtungsdaten, die den Stufenmodellen zugrunde liegen, durch ein Unterrichtsangebot beeinflusst sind, das die alphabetische und die orthografische Phase trennt. Die Abfolge der Phasen darf deshalb nicht als natürlich angesehen werden (vgl. auch Bremerich-Voss 1996). Scheerer-Neumann (1998, S. 57) weist darauf hin, dass bei entsprechendem Unterricht orthografische Schreibungen schon im 1. Schuljahr vorkommen können. Gleichzeitig vermutet sie, dass beim Fehlen orthografischer Lernangebote kein Übergang zur orthografischen Phase stattfindet (Scheerer-Neumann 1998, S. 61). Friedrich (1996, S. 1253) hebt hervor, dass Kinder früh eine Vorstellung davon entwickeln, dass es richtige und falsche Schreibungen gibt. Sie suchen nach Regeln und Erklärungen für die Schreibungen und nutzen diese beim Schreiben. Ihr Schreiben ist in diesem Sinne schon früh auf Orthografie bezogen.

- Studien zur kindlichen Sprachwahrnehmung zeigen, dass es die silbisch-rhythmischen Eigenschaften sind, die den natürlichen Zugang zur Sprache bestimmen (Tophinke 2002, S. 55; dort auch weitere Literatur). Dies resultiert daraus, dass die Silbe eine physiologische Fundierung besitzt und kinästhetisch leicht wahrnehmbar ist. In den Phasenmodellen spielt die Silbe aber keine Rolle. Hier besteht die Gefahr, dass silbenbezogene Schreibstrategien der Kinder dort, wo die Phasenmodelle die Analyse der Kinderschreibungen leiten, möglicherweise nicht erkannt werden. Auch ist es sinnvoll, den Zugang der Kinder zur silbischen Strukturierung der Sprache zu nutzen und zu fördern, weil eine Reihe von orthografischen Regularitäten im Bereich der Wortschreibung an den Kontext der Silbe gebunden sind und sich unter Bezug auf die Silbe leicht vermitteln lassen.

• In der alphabetischen Phase werden – so die Annahme der Phasenmodelle – typische Phonem-Graphem-Zuordnungen entdeckt und von den Kindern erprobt. Unklar ist dabei teilweise, was als phonologische Bezugsform angenommen werden kann. In einer kognitiv-phonologischen Perspektive kann die phonologische Form nur Eigenschaften enthalten, die der Wahrnehmung der Kinder für die gesprochene Sprache zugänglich sind bzw. in der kognitiven Verarbeitung des Gesprochenen gebildet werden können (vgl. Nathan 1996). Eine Form wie /vaser/ (Wasser), wie sie in den Phasenmodellen teilweise als phonologische Bezugsform angesetzt wird, ist danach problematisch. So hat die Phonemkette /er/ keine Entsprechung im Gesprochenen. In der gesprochenen Sprache endet das Wort 'Wasser' – in fast allen Dialektgebieten des Deutschen mit Ausnahme des Alemannischen – auf einen a-ähnlichen, unbetonten Vokal, der den Kern der zweiten, unbetonten Silbe bildet (vgl. [vasè]). Ausgehend von dieser Form führt keine lautliche Analyse zur Form /vaser/. Sie ist als angenommene Bezugsform des Schreibens der Kinder also problematisch.

4 Didaktik der Rechtschreibung

Die didaktische Vermittlung der Orthografie in ihren Kernbereichen ist wichtig (zur Geschichte der Orthografiedidaktik vgl. Ossner 2003). Schriftlichkeit spielt als Medium der Speicherung und Kommunikation von Inhalten – auch im Internet – eine wichtige Rolle, und die Partizipation an den schriftlichen Kommunikationsprozessen sowie die Nutzung der schriftlichen Informations- und Unterhaltungsangebote verlangt orthografische Kompetenz. Dies betrifft sowohl das Schreiben als auch das Lesen. Ein schnelles Erfassen des Inhalts eines schriftlichen Textes setzt die Fähigkeit zum Abrufen orthografischer Schemata voraus, über die das Wort und damit die Bedeutung zugänglich wird. Diese Schemata werden als Teil des orthografischen Wissens im Schrift- bzw. Orthografieerwerb aufgebaut.

4.1 Berücksichtigung der Orthografie von Anfang an

In der Schriftdidaktik besteht Einigkeit darin, dass Rechtschreibkompetenz ein wichtiges unterrichtliches Ziel darstellt. Es bestehen allerdings divergierende Vorstellungen davon, wie dieses Ziel am besten erreicht werden kann, welchen Stellenwert die Orthografie im Unterricht haben soll und wie sie mit den Schülern behandelt werden soll. Was den Anfangsunterricht anbetrifft, so findet sich die Annahme, dass die Behandlung des Rechtschreibens nur eine nachgeordnete Rolle spielen und sich der Unterricht auf die Vermittlung des alphabetischen Grundprinzips der Schrift konzentrieren kann. Diese Annahme korrespondiert mit den Phasenmodellen des Schrifterwerbs, nach denen das Erfassen orthografischer Regularitäten erst in einer späteren Phase des Schreibenlernens erfolgt. Es wird die didaktische Schlussfolgerung gezogen, dass die Rechtschreibung zunächst zurückgestellt werden darf. Zum anderen liegt ihr teilweise ein spezifischer Blick auf die Orthografie zugrunde. Orthografie wird betrachtet als restriktive Norm, die die Möglichkeiten des Explorierens der Schrift und des Schreibens der Kinder begrenzt und einschränkt. Es besteht die Sorge, dass eine stärkere Berücksichtigung der Rechtschreibung andere, etwa kommunikativ-semantische Aspekte des Schreibens im unterrichtlichen Zusammenhang in den Hintergrund rücken lässt oder dass eine frühe Konfrontation mit den orthografischen Normen den Kindern die Freude am Schreibenlernen nehmen könnte.

Verschiedene wichtige Argumente sprechen für eine Berücksichtigung der Orthographie von Anfang an:

- Der Schrifterwerb im Anfangsunterricht ist mit einer Fülle von neuen, teilweise vorläufigen Einsichten in die Schrift und das Schreiben verbunden. Diese Einsichten leiten als Hypothesen das Schreiben der Kinder. Aufgabe des Unterrichts muss es sein, ihnen Möglichkeiten zu bieten, diese Hypothesen zu überprüfen, sie weiter zu entwickeln oder auch zu korrigieren.

  Eine Hypothese über das Schreiben, die die Kinder vermutlich schon früh entwickeln, ist, dass Schreibungen nicht beliebig sind, es richtige und andere Schreibungen gibt. Dies zeigt sich deutlich dort, wo Kinder die schriftkundigen Erwachsenen um Rückmeldungen bezüglich der Richtigkeit ihrer Schreibungen bitten. Die Kinder in dieser Hypothese zu bestätigen, bedeutet notwendig, ihnen diese Rückmeldung nicht zu verweigern und die Rechtschreibung zum Thema zu machen. Das Interesse an einer Rückmeldung von Seiten der schriftkundigen Erwachsenen zeigt überdies, dass Kinder nicht die Erwartung haben, dass ihre Schreibungen von Anfang an richtig sind. Dieser Erwartung entspricht ein Unterricht, in dem die orthografische Form als Zielform des Schrifterwerbs präsent ist, in der andere Schreibungen, wie sie die Kinder produzieren, aber – natürlich – ebenfalls anerkannt werden, in der richtige und andere Schreibungen verglichen und diskutiert werden können. Rechtschreiben wird so zum Gegenstand des Explorierens.

- Die Thematisierung der Richtigkeit der Schreibungen unterstützt die Kinder überdies in ihrer Suche nach den schriftrelevanten Eigenschaften. Werden ihre Schreibungen nicht thematisiert, haben sie keine Möglichkeiten zu erkennen, ob diejenigen Eigenschaften, die sie erfasst und durch Buchstaben repräsentiert haben, auch wirklich schriftrelevant sind (vgl. Osburg 1998, S. 18). Sie agieren gewissermaßen „zielblind" (Friedrich 1996, S. 1256). Auch besteht die Gefahr, dass Kinder irrtümlich die Hypothese entwickeln, Schreiben sei ein genaues Aufschreiben von Gehörtem. Dies gilt vor allem dann, wenn beim Suchen der Wortschreibung ein künstliches, gedehntes Sprechen eingesetzt wird, das die schriftrelevanten lautlichen Eigenschaften hörbar machen will (vgl. August / Dehn 1998, S. 78).

- Ein weiteres Argument ergibt sich mit Blick auf die zu leistende Sprachanalyse. Die schematischen lautlichen Eigenschaften, die die Schrift fixiert, sind nicht direkt hörbar (vgl. Tophinke 2002). Ihr Erfassen setzt eine Sprachanalyse voraus, die das phonetische Kontinuum der Äußerung aufbricht, von den variierenden Eigenschaften der Konsonanten und Vokalen abstrahiert und zu den schematischen, schriftrelevanten Eigenschaften findet. Diese schematische Lautanalyse, die phonologisches Bewusstsein erzeugt, wird durch die Vergegenständlichung der Wörter in der Schrift und die Auseinandersetzung mit der orthografischen Zielform wesentlich erleichtert. Die Buchstaben fixieren die schriftrelevanten Eigenschaften der Wörter, lassen die Lautsegmente, aus denen die Silben der Wörter bestehen, erfassen. So wird etwa im Fall des Wortes [ʁotʰ] (‹rot›) klar, dass die wortfinale Behauchung nicht schriftrelevant ist, sie nicht durch einen weiteren Buchstaben zu repräsentieren ist. Auch kann erfasst werden, dass der Glottisverschluss [ʔ] im Deutschen nicht verschriftet wird (vgl.[ʔastʰ] und ‹Ast›). Haben die Kinder die schematische Analyse verstanden, kann sie auf andere Wörter übertragen werden. Ebenfalls wird die Explizitlautung als Bezugsform der Wortschreibungen letztlich erst in der Auseinandersetzung mit der Schrift erkennbar. Sie wird über die Rekonstruktion der schematischen Bezugsform anhand der orthografischen Wortgestalt zugänglich, die dann gesprochensprachlich realisiert werden kann.

Dies verweist auf die Wichtigkeit des Umgangs mit der orthografischen Gestalt von Wörtern. Das gilt besonders für Wortschreibungen, in denen keine 1:1-Zuordnung vorliegt, wie es etwa bei Schärfungs- und Dehnungswörtern der Fall ist. Die systematische Beziehung zwischen charakteristischen Eigenschaften der grafischen Gestalt von Schärfungswörtern (vgl. *schwimmen, rollen, frullen*) und ihren korrespondierenden laut- und silbenstrukturellen Eigenschaften kann nur erfasst werden, wenn eine Auseinandersetzung mit der orthografischen Form von Schärfungswörtern möglich ist. Sie ist die Voraussetzung für den Aufbau eines entsprechenden orthografischen Schemas als Teil des orthografischen Wissens.

4.2 Rechtschreibunterricht

Unterstützung der Sprachanalyse und Förderung des Aufbaus orthografischen Wissens

Aufgabe des Rechtschreibunterrichts ist es, die Entwicklung orthografischer Kompetenz zu fördern. Dies bedeutet in einem weiten Sinne, Möglichkeiten einer für die Schüler sinnvollen Auseinandersetzung mit der Schrift und dem Schreiben zu bieten, in der die Orthografie als ein Aspekt des Schreibens relevant und interessant wird (zur Rolle des Interesses vgl. Richter 1998). Im engeren Sinne bedeutet es die Unterstützung zweier zentraler Leistungen im

Orthografieerwerb, der Sprachanalyse und des Aufbaus orthografischen Wissens:

- Sprachanalyse: Der Schrifterwerb verlangt eine Sprachanalyse, die die in der Schrift zu repräsentierenden und zu markierenden Einheiten – Sätze, Wörter, Silben und Laute – entdecken lässt (vgl. 3.1). Diese sprachanalytischen Fähigkeiten bringen die Kinder nicht automatisch mit, denn sie entwickeln sich als metasprachliche Fähigkeiten im Kontext des Spracherwerbs nicht selbstverständlich. Es bedarf einer Heranführung der Kinder an die Schrift, die ihnen dabei hilft, die schriftrelevanten Einheiten zu erfassen. Zwar verfügen die Kinder über eine kognitive Grammatik, die im Spracherwerb notwendig entsteht, und damit über syntaktisches, morphologisches und phonologisches Wissen. Diese Grammatik ist jedoch dem Bewusstsein nicht zugänglich, und sie kann bei der Sprachanalyse, die im Schrifterwerb verlangt ist, nicht helfen. Auch können die Gliederungen nicht der gesprochenen Sprache entnommen werden, da diese auf der Oberfläche nicht grammatisch, sondern rhythmisch gegliedert ist.

- Aufbau orthografischen Wissens: Die Kinder müssen die Prinzipien und Regularitäten erfassen, nach denen Sätze und Wörter in der Schrift korrekt repräsentiert werden. Zu berücksichtigen ist dabei, dass das orthografische Wissen aus unterschiedlichen Komponenten besteht, die im Prozess des Rechtschreibens wirksam sind. Dies ist einmal explizites Wissen, das auf dem Einprägen orthografischer Regeln basiert. Zum anderen ist es implizites Wissen als Ergebnis des Aufbaus ganzheitlicher, einzelheitlicher und assoziativer orthografischer Schemata. Viele Fragen, die die Abgrenzung, Entstehung und Interaktion dieser verschiedenen Formen orthografischen Wissens betreffen, sind noch nicht beantwortet. Hier bedarf es weiterer Forschungen. Anzunehmen ist, dass orthografische Schemata die Voraussetzung für eine automatisierte Rechtschreibpraxis darstellen.

Beide Leistungen sind miteinander verschränkt. Die Sprachanalyse wird im Schrifterwerb notwendig und ist durch das Lernziel orthografischer Kompetenz vorgezeichnet, gleichzeitig erlaubt Schreiben eine Vergegenständlichung und Fixierung von Sprache, die die Sprachanalyse unterstützt und beim Erfassen der sprachlichen Strukturen und Elemente hilft.

Phonetisch-phonologisches Wissen der Lehrerinnen und Lehrer

Zur Unterstützung dieses Lernprozesses ist es wichtig, dass die Lehrer phonetisch-phonologische Grundkenntnisse besitzen und sie sich der formalen Eigenschaften der gesprochenen Sprache bewusst sind. Nur so können sie den Kindern einen Weg von der gesprochenen Sprache, dem Ausgangsmaterial der Kinder, zur richtigen Wortschreibung weisen. Dies umfasst Wissen über die schriftrelevanten lautlichen sowie die silbischen Eigenschaften von Wörtern, die Betonung der Silben im Wort sowie ihren Aufbau aus Vokalen und Konsonanten. Die

Lehrer müssen sich überdies vergegenwärtigen, dass die Analyse der Silbe, ihre Aufgliederung in Laute für Kinder ohne Schrifterfahrung nicht selbstverständlich ist, sondern sich diese Fähigkeit – das sog. phonologische Bewusstsein – erst im Kontext des Schrifterwerbs, gebunden an das Erfassen der Symbolfunktion von Buchstaben, entwickelt. Ähnlich muss – im Rahmen der Sprachanalyse – auch ein schriftspezifisches Verständnis vom Wort und vom Satz entwickelt werden.

Qualitative Fehleranalyse

Die Gestaltung des Rechtschreibunterrichts muss den Leistungsstand der Kinder berücksichtigen. Dies verlangt die Beobachtung und Analyse ihrer Schreibungen. Eine Progression im Orthografieerwerb dokumentiert sich aber nicht allein im Rückgang der Fehlerzahlen bzw. in der Zunahme orthografisch korrekter Schreibungen, vielmehr zeigt auch eine qualitative Veränderung von Fehlern an, dass die Kinder Fortschritte machen, neue Hypothesen entwickeln und beim Schreiben erproben (vgl. dazu Eisenberg / Feilke 2001, S. 11). Dies macht eine qualitative Fehleranalyse erforderlich, die die Hypothesenbildung des Kindes auch in der noch nicht vollständig korrekten Wortschreibung erkennt. Nur im Rahmen einer qualitativen Fehleranalyse können die Kinderschreibungen zu „Indikatoren für den Lernprozess" werden, wie es August / Dehn (1998, S. 67) fordern.

Rechtschreibung als Reflexions- und Diskussionsgegenstand

Kinder bringen ein Interesse an der Schrift mit in die Schule. Um dieses Interesse wach zu halten und die Lust zu wecken, die Regularitäten der Schrift zu entdecken, muss die Rechtschreibung von Anfang an als Gegenstand der Reflexion und der Diskussion behandelt werden. Dadurch wird vermittelt, dass die Rechtschreibung etwas ist, das man – im Großen und Ganzen – einander erklären kann, dass sie sinnvoll ist. Gleichzeitig wird verhindert, dass Rechtschreibung einseitig als zu befolgende Norm betrachtet wird. Die Diskussion in den ersten Klassen konzentriert sich notwendig auf Regularitäten, die leicht erfassbar sind und sich für die Kinder leicht erklären. Mit zunehmender Kompetenz werden allmählich stärker abstrakte Regularitäten erkannt.

Die Diskussion orthografischer Normen mit Blick auf den Leser oder den Schreiber setzt ein fortgeschrittenes Reflexionsvermögen voraus (vgl. Eisenberg / Feilke 2001, S. 11). Ist dieses vorhanden, so sind kleine Experimente möglich, die die Funktion bestimmter Regularitäten der Schrift in Ergänzung untersuchen. Dies bietet sich etwa im Falle der Worttrennung durch Spatium an. Texte mit und ohne Wortgrenzenmarkierung können gegenübergestellt werden und es kann – in Selbstexperimenten – überprüft werden, wie leicht oder schwer das Erlesen der Texte ist. Ein ähnliches Experiment ist auch im Falle der Getrennt- und Zusammenschreibung denkbar.

Ebenfalls kann es interessant sein, gegenwärtige mit historischen Wortschreibungen zu vergleichen. Dies relativiert ganz allgemein die Bedeutung der aktuellen orthografischen Norm und vermittelt einen Eindruck von ihrer Veränderbarkeit. Ein entsprechendes Unterrichtsmodell entwickeln Lindauer / Nänny
(2002). Die Fabel „Vom Wolf und vom Lamm" in ihrer Originalfassung von 1530
wird der heutigen Fassung gegenüber gestellt. Diese Gegenüberstellung bietet
viele Ansatzpunkte für ein Nachdenken über Orthografie.

Für die Klassen 11–13 bieten sich weiterführende Themenstellungen an, die
etwa die Genese oder die Funktion der Orthografie betreffen. Sie zeigen gleichzeitig Möglichkeiten der Gestaltung des Sprachunterrichts auf, dessen Anteile
am Deutschunterricht immer kleiner werden (vgl. Ludwig 2002, S. 82):

- *Die deutsche Schrift im Vergleich mit anderen Schrifttypen und Schriftarten*:
  Die deutsche Schrift gehört zum Schrifttyp der Alphabetschrift und zur lateinischen Schriftart. Ein Blick auf andere – auch historische – Schrifttypen und
  Schriftarten und deren Funktionsweise erweitert das Verständnis von Schrift
  und kann helfen, die Besonderheiten der deutschen Alphabetschrift zu erfassen. Ein entsprechendes Unterrichtsmodell bietet Thomé (2001).

- *Normierungen in der Schriftgeschichte des Deutschen*: Schüler können lernen, dass Schrift immer von Prozessen der Normalisierung und Normierung
  begleitet ist, Schreiben und Rechtschreiben also auch in einer geschichtlichen
  Perspektive zusammengehören. Gleichzeitig wird die Veränderbarkeit orthografischer Normen sichtbar.

- *Vergleich von phonetischer Schrift (Lautschrift) und der Alphabetschrift des
  Deutschen*: Die phonetische Schrift ist dazu entwickelt worden, die gesprochene Sprache möglichst präzise wiederzugeben. In der Auseinandersetzung
  mit der phonetischen Schrift werden die besonderen Eigenschaften der
  gesprochenen Sprache fassbar. Der Vergleich der phonetischen Schrift mit der
  Alphabetschrift des Deutschen macht deutlich, dass sich die Alphabetschrift
  nicht aus der Transkription des Gesprochenen ergibt.

- *Wortgrenzen in der Schrift*: Die Alphabetschrift markiert die Grenzen von
  Wörtern durch einen Zwischenraum. Die gesprochene Sprache ist demgegenüber rhythmisch gegliedert. Sie kennt keine entsprechende systematische
  Markierung von Wortgrenzen. Tophinke / Röber-Siekmeyer (2001) bieten ein
  Unterrichtsmodell, das diesen Unterschied zwischen der geschriebenen und
  gesprochenen Sprache anhand von historischen und aktuellen Texten diskutiert.

- *Schreiben abseits der orthografischen Norm*: Es gibt verschiedene Bereiche,
  in denen normabweichend geschrieben wird (vgl. 1.3). Art und Funktionen
  dieser Abweichungen lassen sich genauer untersuchen. Interessanter Gegenstand ist etwa das Schreiben im Internet. Den Ausgangspunkt können eigene
  Erfahrungen der Schülerinnen und Schüler bilden.

Grammatikunterricht und Orthografie

Wie Texte von Studierenden zeigen, bestehen auch nach 13 Schuljahren noch orthografische Unsicherheiten. Um ein genaueres Bild von den orthografischen Kompetenzen von Studienanfängern zu erhalten, hat die Autorin dieses Beitrags Bildbeschreibungen analysiert, die als Hochschulzulassungsklausuren zu Beginn des WS 2003/4 entstanden sind. Die Analyse hat ergeben, dass sich die Probleme auf die Interpunktion komplexer Sätze konzentrieren, dass aber auch die Getrennt- und Zusammenschreibung sowie die Groß- und Kleinschreibung Schwierigkeiten bereiten. Im Falle der Interpunktion werden satzwertige Konstituenten nicht abgetrennt (vgl. ‹Zu sehen ist ein Raum in dem sich drei Personen befinden›), gleichzeitig aber komplexe Sätze – häufig vor oder nach Präpositionalgruppen – unnötig durch Kommata gegliedert (vgl. ‹Aus dem Blumentopf ragt eine lange Pflanze, mit großen grünen Blättern empor› oder ‹Das Gemälde „Das Frühstück im Atelier" von Manet aus dem Jahre 1868, zeigt einen Raum […]›). Schwierigkeiten der Groß- und Kleinschreibung zeigen sich in Schreibungen wie ‹beim betrachten des Bildes›, ‹ganz in schwarz gehüllt›, ‹die Farbe braun›, ‹ein dunkles graugrün›. Sie betreffen vor allem substantivierte Verben und Adjektive. Auf Unsicherheiten bei der Getrennt- und Zusammenschreibung verweisen Schreibungen wie ‹seine beige Farbene Hose› oder ‹eine dreiecks Komposition›.

Diese Schreibungen dokumentieren nicht nur orthografische Schwierigkeiten, sondern vor allem auch Unsicherheiten in der syntaktischen und morphologischen Analyse. Die komplexen syntaktischen und morphologischen Formen sind zwar automatisiert verfügbar, werden aber nicht bewusst in ihren orthografierelevanten grammatischen Gliederungen erfasst. Hier bedarf es Unterrichtsangebote, die die bewusste Auseinandersetzung mit syntaktischen und morphologischen Strukturen und deren Vergegenständlichung fördern. Die vergegenständlichte Struktur stellt dann eine stabile Bezugsgröße für die orthografischen Konventionen dar.

Die Auseinandersetzung mit den grammatischen Aspekten der Schrift – im Zusammenhang der Interpunktion, der Getrennt- und Zusammenschreibung oder der Groß- und Kleinschreibung – bietet auch eine Chance für den Grammatikunterricht. Die grammatische Auseinandersetzung erhält mit der Schrift bzw. der Rechtschreibung einen für die Schüler sinnstiftenden Rahmen (vgl. dazu auch Eisenberg / Feilke 2001, S. 14).

4.3 Rechtschreibmaterialien

Das Angebot an schulischen und außerschulischen Rechtschreibmaterialien ist groß. Es wächst insbesondere der Bereich der Lernhilfen, die für das selbstständige Lernen zu Hause gedacht sind. Folgende Konzepte bzw. Methoden bestimmen allein oder in Kombination die Materialien (vgl. auch Steinig / Huneke 2004, 133 f.):

1) Regelbasiertes Vorgehen: Vermittelt werden Merkregeln, die zumeist am amtlichen Regelwerk orientiert sind. Beispiele veranschaulichen die Regeln und es werden die Ausnahmen genannt. Verschiedene Übungen sollen den Erwerb der Regel sicherstellen.

2) Orientierung an einem Grundwortschatz: Es wird ein Grundwortschatz vermittelt, der nach bestimmten Kriterien aufgebaut ist (vgl. Naumann 1999). Dabei spielt etwa die Regularität der Schreibungen eine wichtige Rolle. Dieser Grundwortschatz bietet dann das Material für die unterrichtliche Auseinandersetzung mit der Rechtschreibung sowie für die Vermittlung bzw. Entdeckung der Rechtschreibregeln im Unterricht.

3) Analogiebildung: Den Kindern wird eine Reihe von Wortschreibungen präsentiert, die eine bestimmte Regelmäßigkeit erkennen lässt. Sie sind aufgefordert, auf der Basis des entdeckten Musters weitere Wörter zu bilden (‹Rille›, ‹Brille›, ‹Wille› → ‹St……›).

Probleme der Rechtschreibmaterialien

Berücksichtigt man die Erkenntnisse über den Rechtschreiberwerb sowie über die Entstehung und Speicherung orthografischen Wissens, so sind verschiedene Probleme erkennbar:

- Problematisch sind Verfremdungen der grafischen Wortgestalt (vgl. auch Valtin / Naegele / Thomé 2000), wie sie in Aufgaben und Übungen vorliegen, in denen Wörter aus einer Menge an Buchstaben oder Buchstabenketten, bei denen es sich um silbisch oder morphologisch definierte Fragmente von Wörtern handelt, zusammengesetzt werden sollen. Ein Beispiel hierfür bietet eine Übung für die Sekundarstufe I, in der das zu suchende Wort *Risiko* grafisch verfremdet präsentiert wird: ‹RSOKII›, ‹ROSKII›, ‹SIRKIO›, ‹SIKIOR›, ‹ISIORK›. Diese Übungen verhindern, dass die schematischen Eigenschaften der orthografischen Form von Wörtern, etwa typische Kombinationen von Konsonantenbuchstaben, gebildet werden können und graphotaktisches Wissen entsteht. Vor allem aber können orthografische Markierungen wie die Dehnungs- und Schärfungsmarkierung, die nur im Wortkontext sowie in der Beziehung zu silbenstrukturellen Eigenschaften der gesprochenen Wortform erfasst werden können, nicht entdeckt werden.

- Aus demselben Grund sind auch Aufgaben zum Auf- und Abbauen von Wörtern problematisch. Dies gilt insbesondere dann, wenn nicht beachtet wird, dass Lautelemente durch Grapheme wiedergegeben werden, die aus mehreren Buchstaben bestehen. Valtin / Naegele / Thomé (2000, S. 157) führen die Beispiele *freuen* oder *bringen* an, in denen ‹eu› und ‹ng› jeweils als Realisierungen eines Graphems zu betrachten sind und nicht getrennt werden dürfen (‹b›, ‹br›, ‹bri›, ‹brin›, ‹bring›, ‹bringe›, ‹bringen›). Gleichzeitig ändert sich in diesem und in anderen Fällen beim Auf- und Abbauen die Qualität des betonten Vokals der korrespondierenden mündlichen Wortform. Sie wird nicht nur verkürzt oder verlängert (‹B› / [bə], ‹Bi› / [bi:], ‹Bil› / [bɪl], ‹Bild› / [bɪlt]).

- Abzulehnen sind auch künstliche Ausspracheformen als Hilfestellungen für die Kinder beim Schreibenlernen (vgl. auch Valtin / Naegele / Thomé 2000, S. 156f.). Dies gilt insbesondere für das Hörbarmachen rein grafischer Markierungen wie das silbentrennende *h* oder die Verdopplung des Konsonantenbuchstabens bei der Schärfungsschreibung. Dies ist mit mehreren Problemen verbunden. Vermittelt wird einmal die falsche Vorstellung, Schreiben sei das Aufschreiben des Gehörten. Zum anderen ist für die Kinder nicht mehr die gesprochene Sprache, sondern eine künstliche Sprache die Bezugsform für das Schreiben.

- Ein weiteres Problem vieler Rechtschreibmaterialien besteht darin, dass sie den Erwerb orthografischer Kompetenz einseitig als Frage des Übens und des Trainings behandeln. Dies wird deutlich in Anweisungen und Kommentaren wie etwa *Schreibe alle Beispielwörter 5 × (!) ab und präge sie Dir ein! Da bleibt nur „Üben, Üben, Üben"! Dann geht's ans Üben – ganz locker Schritt für Schritt! Bessere Noten durch Training Deutsch!* Im Fokus stehen Ausnahmen, Problemfälle und Schwierigkeiten. Die orthografischen Regularitäten – soweit sie überhaupt sachlich korrekt angeboten werden – treten in den Hintergrund. Wichtiges Kontrollinstrument für den Lernerfolg ist das Diktat.

- Kritisiert werden muss schließlich, dass das Nachdenken über Orthografie, ihre Funktion und ihre Entstehung, der Vergleich von orthografischen und anderen Schreibungen, etwa im Hinblick auf die Lesbarkeit, in den Rechtschreibmaterialien keine Rolle spielen. Rechtschreiben wird als nicht zu hinterfragende Norm begriffen.

Rechtschreibsoftware

Neben Büchern und Spielen werden zunehmend auch Computerprogramme zur Verbesserung der orthografischen Kompetenzen angeboten. Eine Übersicht über das Marktangebot bieten etwa die Internetdatenbank SODIS, an der die Länder Deutschlands mit ihren Instituten sowie Österreich beteiligt sind (www.sodis.de; Aufruf 19.7.2004), sowie auch der Hamburger Bildungsserver (http://www.hamburger-bildungsserver.de/index.phtml; Aufruf 19.7.2004). Thomé / Thomé (2000, S. 159f.) heben in ihrer Diskussion von Rechtschreibsoftware die für Kinder zumeist ansprechende multimediale Gestaltung hervor, die Schrift, Tonmaterialien und (bewegte) Bilder kombiniert. Sie kritisieren jedoch zu Recht, dass den Aufgaben, die die Software den Schülern stellt, teilweise sachlich falsche Vorstellungen über die Rechschreibung zugrunde liegen. So unterscheiden Programme für den Primarbereich nicht zwischen den kurzen, offenen und den langen, geschlossenen Vokalen, dabei ist diese Differenzierung im silbischen Kontext bei der Schärfungs- und Dehnungsschreibung aber gerade wichtig (vgl. Thomé / Thomé 2000, S. 161). Die Software ist in dieser Hinsicht noch zu verbessern.

Neben den Offline-Materialien entwickeln sich auch die Online-Angebote im Internet. Es ist allerdings für den Bereich des Rechtschreiblernens noch nicht groß. Ein Offline-Angebot macht etwa die Internetseite www.schultuer.de/start.htm (Aufruf 19.7.2004), die verschiedene kleine Spiele und Aufgaben versammelt, die das Rechtschreiblernen unterstützen sollen. Hierzu gehören etwa Memory-Spiele, Lückentexte, Aufgaben, die ein schnelles Erlesen einer Wortform oder die Markierung einer bestimmten Buchstabenkombination (z. B. *rz*) verlangen. Die Spiele sind nach Schulklassen geordnet. Was die Qualität dieser elektronischen Angebote anbetrifft, so sind hier ähnliche Probleme erkennbar, wie sie für die gedruckten Materialien sowie für die Offline-Materialien bestehen. Dies ergibt sich teilweise daraus, dass es Elemente der gedruckten Materialien sind, die in das Internet gestellt werden.

4.4 Schriftvorbereitung im Elementarbereich

Schreibenlernen ist keine Verlängerung des Spracherwerbs. Es ist vielmehr mit sprachreflexiven Aktivitäten und neuen Einsichten in die Struktur von Sprache verbunden. Hierzu bedarf es Lernangeboten, die auf die schriftrelevanten Eigenschaften der Sprache aufmerksam machen, sie entdecken lassen. In Deutschland geschieht dies wesentlich erst in der Grundschule im Kontext des Lesen- und Schreibenlernens. In vielen anderen Ländern ist die Entwicklung von Vorläuferfertigkeiten, etwa auch die Vermittlung von Buchstabenkenntnissen, fester Bestandteil der vorschulischen Erziehung (vgl. OECD 2001).

Kinder selbst entwickeln schon vorschulisch ein Interesse an Schrift. Dies äußert sich etwa in dem Wunsch, den eigenen Namen schreiben zu können, oder auch in Kritzelbriefen, die Kinder schon vor der Schule verfassen. Das Interesse an Schrift dokumentiert, dass Kinder beginnen, die Bedeutung zu erfassen, die Schrift in der Erwachsenenwelt hat. Die Heranführung an Schrift kann an dieses Interesse der Kinder anschließen.

Forschungen im Kontext der Legastheniediskussion haben ergeben, dass Kinder, die schon im Vorschulalter die Fähigkeit zur Isolierung von Lautelementen in ihrem silbischen Kontext erwerben, eine größere Chance haben, später keine Rechtschreibprobleme zu entwickeln. Dies gilt insbesondere dann, wenn die Entdeckung der Lautelemente verbunden wird mit dem Kennenlernen von Buchstaben (vgl. Skowronek / Marx 1993, S. 718; Küspert 1998). In Übernahme eines schwedischen Programms wurde für die deutsche Sprache ein Programm entwickelt, das der Legasthenieprävention dient und die Entwicklung des phonologischen Bewusstseins im Vorschulalter fördert (Küspert / Schneider 1999).

Von schriftvorbereitenden Angeboten im Kindergarten können auch Kinder mit nichtdeutscher Erstsprache profitieren, denen der Rechtschreiberwerb häufig Schwierigkeiten bereitet. Eine Ursache für die Schwierigkeiten dieser Kinder liegt darin, dass sie sich der Aussprache von Wörtern im Deutschen noch nicht sicher sind, sie sich die lautlichen und rhythmischen Eigenschaften der deutschen Sprache noch aneignen müssen (vgl. Benholz / Lipkowski 1999, Röber-Siekmeyer 2003). In einem Osnabrücker Projekt sind schriftvorbereitende Materialien entwickelt worden, die sich besonders an die Gruppe der Kinder mit nichtdeutscher Erstsprache richten (Tophinke 2003). Die Materialien machen die Kinder in Nachsprech- und Mitsprechversen mit der rhythmischen und lautlichen Gestalt deutscher Wörter vertraut und bereiten die im schulischen Schrifterwerb notwendige Sprachanalyse vor. Sie unterstützen die Entstehung eines phonologischen Bewusstseins sowie die Entwicklung des Wort- und Satzbegriffs. Dies geschieht mit Hilfe von Buchstaben und anderen symbolisierenden Formen.

Literaturverzeichnis

Adelung, Johann Christoph: Vollständige Anweisung zur Deutschen Orthographie. Hildesheim: Olms 1978. Nachdruck von 1788.

Afflerbach, Sabine: Grammatikalisierungsprozesse bei der Entwicklung der Kommasetzungsfähigkeiten. In: Feilke, Helmuth / Kappest, Klaus-Peter / Knobloch, Clemens (Hrsg.): Grammatikalisierung, Spracherwerb und Schriftlichkeit. Tübingen: Niemeyer 2001, S. 155–165.

Augst, Gerhard: Der Buchstabe. In: Drosdowski, Günther (Hrsg.): Duden. Grammatik der deutschen Gegenwartssprache. Mannheim [u. a.]: Dudenverlag 1984, S. 59–87.

Augst, Gerhard / Blüml, Karl / Nerius, Dieter / Sitta, Horst (Hrsg.): Zur Neuregelung der deutschen Orthographie. Begründung und Kritik. Tübingen: Niemeyer 1997.

Augst, Gerhard / Dehn, Mechthild: Rechtschreibung und Rechtschreibunterricht: Können – Lehren – Lernen; eine Einführung für Studierende und Lehrende aller Schulformen. Stuttgart, Düsseldorf, Leipzig: Klett 1998.

Benholz, Claudia / Lipkowski, Eva: Erstlesen und Erstschreiben in Klassen mit Schülerinnen und Schülern unterschiedlicher Muttersprachen. In: Deutsch lernen 1999, H. 3, S. 253–272.

Bremerich-Vos, Albert: Aspekte des Schriftspracherwerbs. In: Peyer, Ann / Portmann, Paul R. (Hrsg.): Norm, Moral und Didaktik. Die Linguistik und ihre Schmuddelkinder. Eine Aufforderung zur Diskussion. Tübingen: Niemeyer 1996, S. 267–290.

Bünting, Karl-Dietrich / Eichler, Wolfgang / Pospiech, Ulrike: Handbuch der deutschen Rechtschreibung. Berlin: Cornelsen Scriptor 2000.

Eichler, Wolfgang: Über die Rolle der Grammatik im Orthographieerwerb. In: Balhorn, Heiko / Giese, Heinz / Osburg, Claudia (Hrsg.): Betrachtungen über Sprachbetrachtungen. Seelze: Kallmeyer 2003, S. 122–131.

Eisenberg, Peter: Der Buchstabe und die Schriftstruktur des Wortes. In: Drosdowski, Günther (Hrsg.): Duden. Grammatik der deutschen Gegenwartssprache. Bd. 4. Mannheim [u. a.]: Dudenverlag 1998, S. 54–84.

Eisenberg, Peter: Der Laut und die Lautstruktur des Wortes. In: Drosdowski, Günther (Hrsg.): Duden. Grammatik der deutschen Gegenwartssprache. Bd. 4. Mannheim [u. a.]: Dudenverlag 1998 a, S. 17–53.

Eisenberg, Peter / Ramers, Karl-Heinz / Vater, Heinz (Hrsg.): Silbenphonologie des Deutschen. Tübingen: Narr 1992.

Eisenberg, Peter / Feilke, Helmuth: Rechtschreiben erforschen. In: Praxis Deutsch 2001, H. 170, S. 6–15.

Feilke, Helmuth: Entwicklung schriftlich-konzeptualer Fähigkeiten. In: Bredel, Ursula u. a. (Hrsg.): Didaktik der deutschen Sprache. Bd. 2. Paderborn: Schöningh 2003, S. 178–192.

Friedrich, Bodo: Aspekte und Probleme des Rechtschreibunterrichts: Rechtschreiben. In: Günther, Hartmut / Ludwig, Otto (Hrsg.): Schrift und Schriftlichkeit. Writing and its use. 2. Halbband. Berlin [u. a.]: de Gruyter 1996, S. 1249–1260.

Frith, Uta: Psychologische Aspekte des orthographischen Wissens: Entwicklung und Entwicklungsstörung. In: Augst, Gerhard (Hrsg.): New trends in graphemics and orthography. Berlin [u. a.]: de Gruyter 1986, S. 218–233.

Füssenich, Iris: Zur Funktion der Schrift für die Therapie von Aussprachestörungen. In: Fibel ade? Lesen und Schreiben in der Grundschule. Beiträge zur Jahrestagung der Deutschen Gesellschaft für Lesen und Schreiben von 1991/1992. Hamburg: DGLS 1991, S. 22–30.

Gallmann, Peter: Interpunktion (Syngrapheme). In: Günther, Hartmut / Ludwig, Otto Ludwig (Hrsg.): Schrift und Schriftlichkeit. Bd. 2. Berlin [u. a.]: de Gruyter 1996, S. 1456–1467.

Gallmann, Peter / Sitta, Horst: Duden. Die Neuregelung der deutschen Rechtschreibung. Regeln, Kommentar und Verzeichnis wichtiger Neuschreibungen. Mannheim [u. a.]: Dudenverlag 1996.

Giesecke, Michael: Orthotypographia. Der Anteil des Buchdrucks an der Normierung der Standardsprache. In: Giesecke, Michael: Sinnenwandel, Sprachwandel, Kulturwandel. Studien zur Vorgeschichte der Informationsgesellschaft. Frankfurt a. M.: Suhrkamp 1992, S. 302–334.

Günther, Hartmut: Phonographisches Lesen als Kernproblem der Dyslexie. In: Weingarten, Rüdiger / Günther, Hartmut (Hrsg.): Schriftspracherwerb. Baltmannsweiler: Schneider 1998, S. 98–115.

Günther, Hartmut / Pompino-Marshall, Bernd: Produktion und Perzeption mündlicher und schriftlicher Äußerungen. In: Günther, Hartmut / Ludwig, Otto (Hrsg.): Schrift und Schriftlichkeit. Writing and its use. 2. Halbband. Berlin [u. a.]: de Gruyter 1996, S. 903–917.

Günther, Klaus B.: Ein Stufenmodell der Entwicklung kindlicher Lese- und Rechtschreibstrategien. In: Brügelmann, Hans (Hrsg.): ABC und Schriftsprache. Rätsel für Kinder, Lehrer und Forscher. Konstanz: Faude 1986, S. 32–54.

Ickler, Theodor: Kritischer Kommentar zur „Neuregelung der deutschen Rechtschreibung" mit einem Anhang zur „Mannheimer Anhörung". Erlangen, Jena: Palm & Ecke 1999.

Küspert, Petra: Phonologische Bewusstheit und Schriftspracherwerb: Zu den Effekten vorschulischer Förderung der phonologischen Bewusstheit auf den Erwerb des Lesens und Rechtschreibens. Frankfurt a. M. [u. a.]: Lang 1998.

Küspert, Petra / Schneider, Wolfgang: Hören, lauschen, lernen. Göttingen: Vandenhoeck & Ruprecht 1999.

Küttel, Hartmut: Entwicklung der grammatischen Rechtschreibkenntnisse. In: Bredel, Ursula u. a. (Hrsg.): Didaktik der deutschen Sprache. Bd. 1. Paderborn: Schöningh 2003, S. 380–391.

Langacker, Ronald W.: Concept, image, and symbol: the cognitive basis of grammar. Berlin [u. a.]: de Gruyter 1991.

Lindauer, Thomas / Nänny, Stephan: Bei tranck kommt es mir komisch vor. In: Praxis Deutsch 2001, H. 170, S. 28–35.

Ludwig, Otto: PISA 2000 und der Deutschunterricht. In: Der Deutschunterricht 2002, H. 2, S. 82–85.

Maas, Utz: Grundzüge der deutschen Orthographie. Tübingen: Niemeyer 1992.

Melenk, Hartmut: Kommasetzung und Grammatikkenntnisse. In: Melenk, Hartmut / Knapp, Werner (Hrsg.): Inhaltsangabe – Kommasetzung. Schriftsprachliche Leistungen in Klasse 8. Baltmannsweiler: Schneider 2001, S. 169–188.

Menzel, Wolfgang: Zur Didaktik der Orthographie. In: Praxis Deutsch 1978, H. 32, S. 14–24.

Morton, John: The logogen model and orthographic structure. In: Frith, Uta (Hrsg.): Cognitive processes in spelling. London: Academic Press 1980.

Nathan, Geoffrey S.: Steps towards a cognitive phonology. In: Hurch, Bernhard / Rhodes, Richard A. (Hrsg.): Natural phonology. The state of the art. Berlin [u. a.]: de Gruyter 1996, S. 107–120.

Naumann, Carl Ludwig: Orientierungswortschatz. Die wichtigsten Wörter und Regeln für die Rechtschreibung Klassen 1–6. Weinheim: Beltz 1999.

Naumann, Carl Ludwig: Grammatikalität der Orthographie. In Balhorn, Heiko / Giese, Heinz / Osburg, Claudia (Hrsg.): Betrachtungen über Sprachbetrachtungen. Grammatik und Unterricht. Seelze: Kallmeyer 2000, S. 114–121.

Nerius, Dieter u. a.: Deutsche Orthographie. Mannheim [u. a.]: Dudenverlag 2000.

OECD – Organisation for Economic Cooperation and Development (Hrsg.): Starting strong: early childhood education and care. Paris: OECD 2001.

Osburg, Claudia: Anlauttabellen im Unterricht – Methodische Neuheit oder didaktischer Umbruch? In: Osburg, Claudia (Hrsg.): Textschreiben, Rechtschreiben, Alphabetisierung: Initiierung sprachlicher Lernprozesse im Bereich der Grundschule, Sonderschule und Erwachsenenbildung. Baltmannsweiler: Schneider 1998, S. 97–136.

Ossner, Jakob: Geschichte der Didaktik des Rechtschreibens. In: Bredel, Ursula u. a. (Hrsg.) Didaktik der deutschen Sprache. Bd. 1. Paderborn: Schöningh 2003, S. 355–358.

Penner, Zvi: Neue Wege der sprachlichen Förderung von Migrantenkindern in der Vorschule. Frankenthal (Schweiz): Kon-Lab 2003.

Richter, Sigrun: Interessenbezogenes Rechtschreiben. Braunschweig: Westermann 1998.

Röber-Siekmeyer, Christa: Schrifterwerbskonzepte zwischen Pädagogik und Sprachwissenschaft. In: Röber-Siekmeyer, Christa / Tophinke, Doris (Hrsg.): Schrifterwerbskonzepte zwischen Sprachwissenschaft und Pädagogik. Baltmannsweiler: Schneider 2002, S. 10–29.

Röber-Siekmeyer, Christa: Die Entwicklung orthographischer Fähigkeiten im mehrsprachigen Kontext. In: Bredel, Ursula u. a. (Hrsg.): Didaktik der deutschen Sprache. Bd. 1. Paderborn: Schöningh 2003, S. 392–404.

Scheerer-Neumann, Gerheid: Stufenmodelle des Schriftspracherwerbs – Wo stehen wir heute? In: Balhorn, Heiko u. a. (Hrsg.): Schatzkiste Sprache 1. Von den Wegen der Kinder in die Schrift. Frankfurt a. M.: Arbeitskreis Grundschule und DGLS 1998, S. 54–62.

Schwitalla, Johannes: Gesprochenes Deutsch: Eine Einführung. Berlin: Erich Schmidt 2003.

Skowronek, Helmut / Marx, Harald: Developmental dyslexia and language disorders. In: Blanken, Gerhard (Hrsg.): Linguistic disorders and pathologies. An international handbook. Berlin [u. a.]: de Gruyter 1993, S. 711–724.

Sonderegger, Stefan: Althochdeutsche Sprache und Literatur. Berlin [u. a.]: de Gruyter 1987.

Steinig, Wolfgang / Huneke, Hans-Werner. Sprachdidaktik Deutsch. Eine Einführung. Berlin: Erich Schmidt 2004.

Stetter, Christian: Schrift und Sprache. Frankfurt a. M.: Suhrkamp 1999.

Thomé, Günther: Alphabetschrift und Schriftsystem. In: Zeitschrift für Germanistische Linguistik 1992, 20, S. 210–226.

Thomé, Günther: Linguistische und psycholinguistische Grundlagen der Orthographie: Die Schrift und das Schreibenlernen. In: Valtin, Renate (Hrsg.): Rechtschreiben lernen in den Klassen 1–6. Grundlagen und didaktische Hilfen. Frankfurt a. M.: Grundschulverband 2000, S. 12–16.

Thomé, Günther / Thomé, Dorothea: Computereins@tz im Rechtschreibunterricht. Marktangebot, Bewertungskriterien und Unterrichtsintegration. In: Valtin, Renate (Hrsg.). Rechtschreiben lernen in den Klassen 1–6. Grundlagen und didaktische Hilfen. Frankfurt a. M.: Grundschulverband 2000, S. 158–164.

Thomé, Günther: Keilschrift oder Alphabet. Eine Reflexion unterschiedlicher Schriftkonzepte. In: Praxis Deutsch 2001, H. 170, S. 48–51.

Tophinke, Doris: Die lautlich-segmentale Analyse des Gesprochenen und ihre Forcierung im Schrifterwerb. In: Röber-Siekmeyer, Christa / Tophinke, Doris (Hrsg.): Schrifterwerbskonzepte zwischen Sprachwissenschaft und Pädagogik. Baltmannsweiler: Schneider 2002, S. 48–65.

Tophinke, Doris: Schreiben gegen die Regel – Formen und Funktionen orthographischer Abweichungen im Internet Relay Chat (IRC). In: Bommes, Michael u. a. (Hrsg.): Sprache als Form. Opladen: Westdeutscher Verlag 2002 a, S. 169–181.

Tophinke, Doris: Sprachförderung im Kindergarten. Julia, Elena und Fatih entdecken gemeinsam die deutschen Sprache. Weinheim: Beltz 2003.

Tophinke, Doris / Röber-Siekmeyer, Christa: DERMAN WIRD WIDERNAS. Gliederungen im Gesprochenen und Geschriebenen (ein Unterrichtsmodell). In: Praxis Deutsch 2001, H. 170, S. 52–56.

Valtin, Renate / Naegele, Ingrid M. / Thomé, Günther: Nicht nachahmenswert – Vier Ärgernisse in Rechtschreibmaterialien. In: Valtin, Renate (Hrsg.): Rechtschreiben lernen in den Klassen 1–6. Frankfurt a. M.: Grundschulverband 2000, S. 154–158.

Valtin, Renate: Ein Entwicklungsmodell des Rechtschreibenlernens. In: Renate Valtin (Hrsg.): Rechtschreiben lernen in den Klassen 1–6. Frankfurt a. M.: Grundschulverband 2000, S. 17–22.

Waldenfels, Bernhard: Grenzen der Normalisierung. Frankfurt a. M.: Suhrkamp 1998.

Weingarten, Rüdiger: Schriftspracherwerb. In: Rickheit, Gert / Herrmann, Theo / Deutsch, Werner (Hrsg.): Psycholinguistik. Ein internationales Handbuch. Berlin [u. a.]: de Gruyter 2003, S. 801–812.

Wiese, Richard: Zur Theorie der Silbe. In: Studium Lingustik 1986, H. 20, S. 1–15.

SABINE SCHMÖLZER-EIBINGER

Deutsch als Zweitsprache

Spracherwerbstheoretische und didaktische Grundlagen für den
Unterricht in mehrsprachigen Klassen

1 Einleitung

Die Multikulturalität unserer Gesellschaft zeigt sich auch im schulischen Alltag:
In den Schulräumen sind Kinder verschiedener Hautfarben zu sehen und man
hört die unterschiedlichsten Sprachen. Die mehrsprachige Klasse ist zum schuli-
schen Normalfall geworden. Diese veränderte schulische Realität verlangt eine
Neuorientierung der Schule als Institution, aber auch der Lehrenden und der
Didaktik. In mehrsprachigen Klassen sind gängige Lehrverfahren zum Teil nicht
mehr zielführend und müssen im Hinblick auf die sprachliche und kulturelle
Heterogenität der Schüler neu konzipiert werden.

Ein Unterricht in mehrsprachigen Klassen stellt hohe Anforderungen an die
Lehrerinnen und Lehrer: Dies gilt nicht nur für den Sprach-, sondern auch für
den Sachunterricht. Neben interkulturellen, pädagogischen und sozialen Kompetenzen ist ein spezifisches Wissen um didaktische Instrumente und Strategien
gefordert, das es ermöglicht, Zweitsprachenlernende bei der Bewältigung der
schulischen Anforderungen zu unterstützen. Die didaktische Konzeption des
Unterrichts kann dazu beitragen, dass Zweitsprachenlernende die Lernangebote des Unterrichts besser wahrnehmen und für den schulischen Lernfortschritt
nützen können.

Zweitsprachenlernende haben im Unterricht eine Sprach- und eine Sachlernaufgabe zu meistern: Sie sollen die Zweitsprache nicht nur als ein Medium der Verständigung, sondern auch als ein Instrument des Wissenserwerbs einsetzen können. Sprachkenntnisse sind im Unterricht die Voraussetzung für die Beteiligung
im themen- und gegenstandsbezogenen Gespräch und sie sind das zentrale
Instrument des Lernens.

Schulischer Wissenserwerb vollzieht sich u. a. auf der Basis von Texten: Texte
werden gelesen, besprochen, analysiert und diskutiert, ihr Inhalt wird vorgetragen oder für das Schreiben eigener Texte verwendet. Die Fähigkeit des Umgangs
mit Texten zählt nicht nur im Schriftlichen, sondern auch im Mündlichen zu den
zentralen Voraussetzungen für das schulische Lernen: Nur wenn Lernende über
eine ausreichende Textkompetenz verfügen, können sie die inhaltlichen und
sprachlichen Lernangebote des Unterrichts wahrnehmen und nutzen. Textkompetenz ist daher in allen Fächern die Bedingung dafür, dass Lernende Sachverhalte im Unterricht verstehen, verarbeiten und selbstständig darstellen können.

Durch die Arbeit an fachbezogenen Themen und Texten kann aber auch die vorhandene Textkompetenz der Lernenden erweitert werden. Dies gilt nicht nur für Zweitsprachenlernende, sondern auch für Schüler, die über die Unterrichtssprache als Erstsprache verfügen.

Die häufigen schulischen Probleme von Migrantenkindern und -jugendlichen, die sich v. a. in den Bereichen der Lesefähigkeit, der Mathematik und der Naturwissenschaften zeigen, weisen jedoch darauf hin, dass es vor allem Zweitsprachenlernende sind, die oft nicht über eine ausreichende Textkompetenz verfügen: Der Leistungsabstand zwischen den muttersprachigen Lernern und den Zweitsprachenlernenden aus gesellschaftlich wenig anerkannten sprachlichen Minoritäten ist in den meisten europäischen Ländern eklatant (OECD 2001). Ein vordergründiges Ziel des Unterrichts in mehrsprachigen Klassen muss es daher sein, die Fähigkeit der Zweitsprachenlernenden im Umgang mit schulischen Texten zu aktivieren, weiterzuentwickeln bzw. überhaupt erst aufzubauen.

Die Anforderungen an die Lehrenden und an die Lernenden sind in mehrsprachigen Klassen somit hoch; gleichzeitig bietet die sprachliche und kulturelle Vielfalt in mehrsprachigen Klassen aber auch ein Potenzial, das es im Unterricht zu nützen gilt: Die vielfältigen Kenntnisse und Kompetenzen von Zweitsprachenlernenden können den Erfahrungs- und Wissenshorizont von Schülerinnen und Schülern in einer mehrsprachigen Klasse erweitern.

In diesem Beitrag werden grundlegende Kenntnisse über die schulische Lernsituation, den Erwerb einer Zweitsprache und die Didaktik in mehrsprachigen Klassen dargelegt. Sie sollen dazu dienen, dass Lehrende Schwierigkeiten von Zweitsprachenlernenden beim schulischen Lernen besser verstehen, deren Leistungen adäquater beurteilen und fehlende Kompetenzen gezielter aufbauen können. Diese Kenntnisse sollen auch dazu beitragen, dass Lehrende ihren Unterricht in mehrsprachigen Klassen gezielter planen und das eigene didaktische Handeln besser reflektieren und begründen können.

2 Deutsch als Zweitsprache – Deutsch als Fremdsprache – Deutsch als Muttersprache

Mit der 'Zweitsprache' ist jene Sprache gemeint, die Lernende im Zielsprachenland erwerben und beherrschen müssen, um am gesellschaftlichen Leben in einem Land überhaupt teilnehmen zu können. Die Zweitsprache hat damit eine der Erstsprache ähnliche soziale und kommunikative Bedeutung und steht ihr auch hinsichtlich des Erwerbs näher als einer Fremdsprache: Zweitsprachenerwerb findet vorwiegend ungesteuert im Kontakt mit Sprechern der Zielsprache statt. Der Begriff 'Deutsch als Zweitsprache' bezieht sich jedoch nicht nur auf den Erwerb und den Gebrauch der Zweitsprache in deutschsprachiger Umgebung, sondern auch auf die gesteuerte Vermittlung der Zweitsprache im Unterricht.

Wenn von 'Zweitsprachenunterricht' die Rede ist, so ist meist der gesteuerte Unterricht im 'Fach Deutsch als Zweitsprache' gemeint, der die Vermittlung der Zweitsprache zum Gegenstand hat. Dieser Unterricht findet in der Regel in Gruppen von Zweitsprachenlernenden unterschiedlicher Herkunft und Erstsprachen außerhalb des regulären Stundenplans statt. Daneben wird die Zweitsprache in ungesteuerten, außerschulischen Situationen im direkten Kontakt mit Sprechern der Zielsprache erworben.

In der Schule befinden sich Zweitsprachenlernende jedoch häufig in einer Situation, in der sie gemeinsam mit Muttersprachigen in der Zweitsprache unterrichtet werden, ohne dabei eine gezielte sprachliche Förderung in der Erst- oder in der Zweitsprache zu erhalten. Eine integrierte Sprachförderung, in der Sach- und Sprachlehrerinnen (für Deutsch und andere Sprachen) den Unterricht gemeinsam gestalten, findet bislang erst an wenigen Orten statt (s. Kapitel 5.1). Zweitsprachenlernende sind daher meist von Beginn an in einer Situation, in der sie die Zweitsprache als Unterrichtssprache ganz auf sich gestellt in allen Fächern verstehen und gebrauchen müssen. Die Sprachförderung von Zweitsprachenlernenden ist daher nicht nur eine Sache der Zweit- oder der Herkunftssprachenlehrer, sondern eine Aufgabe aller Lehrerinnen und Lehrer, die in einer mehrsprachigen Klasse unterrichten.

Die folgende Übersicht skizziert die wesentlichsten Unterschiede zwischen Deutsch als Zweit-, Fremd- und Muttersprache (nach Rösch 2003, S. 11; Sarter 1991, S. 134):

	DaZ Deutsch als Zweitsprache	DaF Deutsch als Fremdsprache	DaM Deutsch als Muttersprache
Funktion des Deutschen in der Schule	Deutsch ist die Kommunikations- und Unterrichtssprache in allen Fächern.	Deutsch wird als Fach im Rahmen des Fremdsprachenkanons angeboten.	Die Erstsprache ist die Kommunikations- und die Unterrichtssprache.
	Deutschkenntnisse sind obligatorisch.	Deutsch wird als Fach freiwillig gewählt.	
	Kenntnisse in der Zweitsprache sind die Voraussetzung für die Kommunikation im zielsprachlichen Alltag und für eine erfolgreiche schulische Laufbahn.	Deutschkenntnisse verbessern die Berufschancen, verbreitern das Bildungsspektrum und ermöglichen Kommunikation im deutschsprachigen Ausland etc.	
Lernsituation	Der Sprachstand in der Erstsprache ist nicht immer altersgemäß entwickelt.	Der Sprachstand in der Erstsprache ist altersgemäß entwickelt.	Der Sprachstand ist altersgemäß ausgebildet.

	Der Zweitsprachener- werb vollzieht sich u. a. ungesteuert in einem „Sprachbad", häufig in Submersionssituationen.	Das Fremdsprachenler- nen erfolgt gesteuert im Unterricht; Prozess und Stand des Fremdsprachenerwerbs sind abhängig von der Art des Unterrichts.	Der Spracherwerb ist durch eine langsame Hin- führung zur Schriftspra- che und zu den schuli- schen Fachsprachen ge- kenn- zeichnet.
	DaZ ist die Umgebungs-, Sozialisations- und Schul- sprache.	DaF ist für alle gleicher- maßen eine fremde Spra- che.	
	Es besteht die Gefahr der Verdrängung der Erst- sprache.	DaF wird meist freiwillig gewählt und stellt keine Bedrohung für die Erst- sprache dar.	
	Die Zweitsprachenler- nenden werden an den Leistungen der Mutter- sprachigen gemessen.		
Lernvo- rausset- zungen	Es gibt häufig Lerner- schwernisse aufgrund schwieriger psychosozia- ler Bedingungen und einer bildungsfernen Sozi- alisation.	Eine literale Umgebung in der Familie erleichtert die Bewältigung der schu- lischen Anforderungen.	Eine literale Umgebung in der Familie erleichtert die Bewältigung der schu- lischen Anforderungen.
	Die Erstsprache hat meist ein geringes gesellschaftli- ches Prestige und wird in der Regel nicht oder nur peripher als Unterrichts- sprache genützt.	Die Fremdsprache hat ein hohes gesellschaftliches Prestige.	Die Erstsprache ist die Sprache der gesellschaft- lich anerkannten Mehr- heit.
		Die Erstsprache steht auch im DaF-Unterricht zur Verfügung.	Die Erstsprache ist die Unterrichtssprache.
Rahmen- bedingun- gen	Oft keine bzw. keine fun- dierte Lehrerausbildung	In der Regel fundierte Lehrerausbildung	Fundierte Lehreraus- bildung
	Keine bzw. unzureichende Berücksichtigung der DaZ-Situation in den Lehrplänen und Lehr- werken	Die Lehrpläne und Lehr- werke sind dem Sprach- stand und dem Alter der Lernenden angepasst.	Der altersgemäße Sprach- stand ist die Grundlage für die Lehrpläne und Lehrwerke in allen Fächern.

Im Zweitsprachenunterricht werden vielfach methodische Ansätze aus der DaF-
Didaktik übernommen, ohne die spezifischen Lernvoraussetzungen und die
besondere Spracherwerbssituation von Zweitsprachenlernenden im schulischen
Kontext zu berücksichtigen. Eine gezielte Förderung der für die schulischen

Leistungen nötigen Kompetenzen und Kenntnisse muss jedoch gezielt an deren Lernvoraussetzungen, -erfahrungen sowie an der Spracherwerbssituation der Zweitsprachenlernenden ansetzen.

3   Eine Zweitsprache erwerben

3.1 Lernen und Erwerben

Die Planung von Unterricht in mehrsprachigen Klassen sollte auf der Basis von Grundkenntnissen über Prozesse und Merkmale des Zweitsprachenerwerbs erfolgen. Auf dieser Grundlage sind didaktische Entscheidungen gezielter zu treffen und zu begründen.

Zwei Fragen stehen vielfach im Mittelpunkt der Diskussion über eine Theorie des Zweitspracherwerbs:

- Wie wird eine Zweitsprache außerhalb des Unterrichts 'erworben'?
- Wie wird eine Fremdsprache im Klassenzimmer 'gelernt'?

Das Begriffspaar 'Lernen / Erwerben' bezeichnet zwei unterschiedliche Erwerbstypen: Der ungesteuerte Erwerb einer Zweitsprache erfolgt in zielsprachlicher Umgebung und ist jene Erwerbsform, die den Zweitspracherwerb von Migrantinnen und Migranten ganz wesentlich prägt. Das unterrichtliche, gezielt gesteuerte Lernen ist für Zweitsprachenlernende zeitlich begrenzt und stellt für die Zweitsprachenlernenden einen quantitativ weit geringeren Input bereit.

Erwerbs- und Lernprozesse beeinflussen und bedingen einander, die Grenzen zwischen dem Lernen und dem Erwerben einer Zweitsprache sind fließend: Ungesteuerter Erwerb findet nicht nur außerhalb der Schule, sondern auch im Unterricht und in den Pausen statt, Prozesse des Lernens und des Erwerbens vermischen sich im schulischen Alltag ständig (Königs 2003, S. 437). In der Fachliteratur wird die Aneignung einer Zweitsprache in nicht-erstsprachlicher Umgebung daher meist generell als 'Zweitspracherwerb' bezeichnet, unabhängig davon, ob es sich um ungesteuerte oder gesteuerte Formen der Aneignung von Sprache handelt (Henrici / Riemer 2003, S. 39).

Wie verläuft nun der Zweitsprachenerwerb? Welche Faktoren beeinflussen ihn und welche Phasen sind kennzeichnend für diesen Prozess?

3.2 Stadien und Einflussfaktoren im Zweitspracherwerb

Der Zweitspracherwerb ist ein dynamischer Prozess und verläuft im Wesentlichen gleich wie der Erwerb einer Erstsprache. Im Verlauf des Zweitsprachenerwerbs entstehen sog. 'Lernersprachen': Sie enthalten sprachliche Elemente der Erst- und der Zweitsprache, aber auch Formen, die es weder in der Erst- noch in der Zweitsprache gibt. Sprachmischungen und Interferenzen nehmen mit wachsender Sprachkompetenz zu, Elemente der neuen Sprache dringen sukzessive in die Erstsprache ein. Dies zeigt sich auf allen sprachlichen Ebenen, u.a. im Bereich der Lexik und der Semantik: Die Sprachmischung „dört **eck**leri var" („Es hat vier Ecken") eines türkischen Zweitsprachenlernenden zeigt exemplarisch, dass mitunter ganze Elemente aus der Zweit- in die Erstsprache transferiert und für Sprachmischungen aus beiden Sprachen eingesetzt werden (Peltzer-Karpf 2002, S. 65 ff.). Die Lernersprachentwicklung verläuft in mehreren Stadien: So weiß man zum Beispiel vom Erwerb der Strukturen des Deutschen, dass die Grundwortstellung (Subjekt-Prädikat-Objekt) relativ rasch erworben wird, die Verbendstellung in Nebensätzen hingegen relativ spät (Rösch 2002, S. 16), oder es ist etwa bekannt, dass sich Deutschlernende Nomen in der Regel vor Verben aneignen (Peltzer-Karpf 2002, S. 59).

In der jüngeren Zweitsprachenerwerbsforschung konnte festgestellt werden, dass Kommunikationsversuche in der fremden Sprache meist damit beginnen, dass Lernende kurze Wortketten aus dem Input herausfiltern und in eigenen Sprachproduktionen einsetzen (Peltzer-Karpf 2003, S. 447). Die ersten sprachlichen Gehversuche bestehen somit aus vorfabrizierten, auswendig gelernten sprachlichen Formeln sowie aus einfachen Sätzen mit Elementen aus der Erst- und der Zweitsprache. Die nächste Phase in der lernersprachlichen Entwicklung ist erreicht, sobald in den Sprachproduktionen der Lernenden eigenwillige Regelanwendungen, kreative Wortschöpfungen oder Übergeneralisierungen auftauchen (ebd.). Der Prozess des Zweitspracherwerbs führt somit von Phasen scheinbarer Ordnung (auswendig gelernte, reproduzierte, nicht-analysierte sprachliche Formeln) über ein sprachliches „Chaos" (Überproduktionen, Übergeneralisierungen etc.) langsam zu Stabilität und Ordnung. 'Fehler' sind in diesem Prozess ein fester Bestandteil der sprachlichen Entwicklung und ein notwendiges Zwischenstadium auf dem Weg zur Beherrschung der Zielsprache.

Innerhalb dieser relativ festgefügten Abfolge der Erwerbsphasen gibt es auch sprach- und kulturspezifische bzw. individuelle Variation (Peltzer-Karpf 2002, S. 70). Zweitsprachenerwerbsprozesse sind somit auch von den Lebens- und Lernbedingungen der Schülerinnen und Schüler geprägt. Zum Tragen kommt dabei v.a. die soziale, kulturelle und politische Unterprivilegierung vieler Zweitsprachenlernenden sowie die oftmals fehlende Integrationsbereitschaft der aufnehmenden Gesellschaft (Barkowski 2003, S. 157). Damit eng in Zusammenhang steht die Einstellung der Lernenden zur Zweitsprache bzw. zur deutschsprachigen Umgebung (z.B. soziale Integration) bzw. die Perspektiven, die mit einer gesellschaftlichen Integration verbunden werden (beruflicher, sozialer Aufstieg).

Für den Zweitspracherwerb relevant sind darüber hinaus die Möglichkeiten der Lernenden, in der Zweitsprache zu kommunizieren (Klein 1984). Dabei spielt v.a. die Häufigkeit und die Art der außerschulischen und schulischen Begegnungen mit Sprechern der Zielsprache eine Rolle: außerschulisch ist es

v. a. die häusliche Umgebung und der Freundeskreis der Schülerinnen und Schüler, im Unterricht sind es insbesondere die Rahmenbedingungen für eine intensive Interaktion. Individuell variabel sind v. a. die Lernvoraussetzungen, die Sprachlernerfahrungen, der Bildungshintergrund bzw. das Alter. Dies führt zu unterschiedlichen Geschwindigkeiten, mit der die Erwerbsphasen von Zweitsprachenlernenden jeweils durchlaufen werden (Peltzer-Karpf 2002, S. 53 f.).

Für das schulische Lernen in der Zweitsprache ist darüber hinaus auch der erreichte Sprachstand in der Erstsprache von Bedeutung, insbesondere was die Entwicklung schriftsprachlicher Kompetenzen in dieser Sprache betrifft: Ein großer Teil der für das schulische Lernen nötigen Kompetenzen im Umgang mit Sprache kann von der Erst- auf die Zweitsprache übertragen werden, sobald eine gewisse Schwelle der Sprachkompetenz in der Zweitsprache erreicht ist (Cummins 1979, Portmann-Tselikas 2002, Schmölzer-Eibinger 2004). Zweitspracherwerb in der Migration ist daher nicht einfach die Summe aus der Erst- und der Zweitsprache, sondern ein komplexes Zusammenspiel beider beteiligten Sprachen.

Eine Gefahr im Prozess des Zweitspracherwerbs stellt die Fossilierung der Sprachkenntnisse dar: Sie tritt häufig dann ein, wenn die Entwicklung der Erstsprache abbricht und der Erstspracherwerb dadurch stagniert. Dies zieht meist dramatische Folgen nicht nur für die allgemeine kognitive und sprachliche Entwicklung, sondern auch für die Persönlichkeits- und Identitätsentwicklung der Zweitsprachenlernenden nach sich (Peltzer-Karpf 2003, S. 448). Die erstsprachliche Entwicklung der Lernenden muss daher kontinuierlich über einen längeren Zeitraum und gezielt im Hinblick auf schulsprachliche Anforderungen erfolgen.

Positive Lerneffekte aufgrund schulischer Programme sind insbesondere von Formen eines bilingualen Unterrichts zu erwarten (*two-way-immersion-programs*), die auf den Erhalt und die Weiterentwicklung der Erstsprache abzielen, gleichzeitig aber auch die Zweitsprache fördern. Wichtig ist dabei v. a., dass sich die Sprachförderung nicht nur auf die mündlichen, sondern auch auf die schriftsprachlichen Kenntnisse und Fähigkeiten der Lernenden in der Erst- und in der Zweitsprache bezieht: Die bei Zweitsprachenlernenden meist relativ rasch entwickelte mündliche Interaktionskompetenz kann Tendenzen zur Fossilierung verschleiern, die sich meist erst im schriftsprachlichen Bereich und mit zunehmendem Schulalter zeigen.

Die Förderung der Erstsprache spielt somit für die Entwicklung schulsprachlicher Kompetenzen eine wichtige Rolle. Der Herkunftssprachenunterricht wird jedoch meist nur außerhalb des regulären Unterrichts angeboten und ist daher oft nur spärlich besucht. Ein erstsprachlicher Unterricht, der unabhängig vom schulischen Curriculum erfolgt, lässt zwar Fortschritte in der Herkunftssprache der Lernenden erwarten, kaum aber im Bereich des schulischen Lernens (Reich / Roth 2002, S. 22). Zweitsprachenlernende haben in der Schule jedoch nicht nur eine Sprach-, sondern auch eine Sachlernaufgabe zu bewältigen. Es gilt daher die Förderung der Erstsprachen in den regulären Sprach- und Fachunterricht zu integrieren: Erstsprachliche Förderung dient erst dann der Bewältigung schulsprachlicher Anforderungen, wenn sie im Rahmen des regulären Sprach- und Sachunterrichts erfolgt. In einem Unterricht, in dem die Erst- <u>und</u> die Zweitsprache als Lernmedium fungieren, können Zweitsprachenlernende gezielt und behutsam an die Bewältigung schulisch geforderter Aufgaben herangeführt werden. Eine sprachliche Unterstützung von Zweitsprachenlernenden, die über das fachliche Lernen in beiden Sprachen erfolgt, fördert nicht nur die Entwicklung einer ausgeglichenen Zweisprachigkeit, sondern erhöht auch die Chancen der Zweitsprachenlernenden auf schulischen Erfolg.

4   In der Zweitsprache lernen

4.1 Alltags- und Schulsprache

Der Sprachgebrauch in der Schule unterscheidet sich in vielerlei Hinsicht von jenem im Alltag: Sprachliches Handeln im Alltag hat unmittelbare, persönliche Relevanz und ist gestützt auf persönliche Erfahrungen, Erlebnisse und Eindrücke. Die praktischen Aspekte in der alltagsbezogenen Kommunikation treten in der Schule in den Hintergrund zugunsten einer Auseinandersetzung mit Themen, Gegenständen und Sachverhalten, bei der die objektive Betrachtung und die genaue Beschreibung bzw. Darstellung in den Vordergrund rückt. Sich schulisch mit Gegenständen zu beschäftigen, bedeutet daher: mit Begriffen und Konzepten zu operieren, die nicht unmittelbar aus der Alltagserfahrung heraus einsichtig, sondern vielfach nur vorstellbar sind.

Die Sprache der Schule ist Ausdruck und Mittel konzeptuellen Denkens und ist durch einen abstrakten Themen- und Fachbezug sowie durch eine Distanzierung von den Dingen gekennzeichnet. Sie ist ausgerichtet auf eine sachliche, systematische und genaue Beschreibung, auf eine verständliche und schlüssige Erklärung sowie auf die Darstellung von logisch nachvollziehbaren Zusammenhängen. Persönliche Emotionen, Wertungen und Meinungen spielen dabei eine untergeordnete Rolle (Portmann-Tselikas 1998, S. 23 ff.).

Um die schulsprachlichen Anforderungen bewältigen zu können, brauchen Lernende zum einen Kenntnisse über die Art und Weise, wie man im jeweiligen Fach über ein Thema nachdenkt und wie man Gegenstände bzw. Sachverhalte beschreibt, zum anderen bedarf es besonderer sprachlicher Kompetenzen, um an dieser spezifischen Form des Denkens und Sprechens über die Dinge teilhaben zu können (Portmann-Tselikas 1998).

4.2 Merkmale des schulischen Sprachgebrauchs

Mit dem Wort 'schulsprachlich' ist daher nicht nur eine bestimmte Form der Sprachverwendung gemeint, sondern darüber hinaus ein ganz spezifischer

Sprach- und Denkstil, der durch folgende Merkmale gekennzeichnet ist (nach Portmann-Tselikas 1998, 24 f.):

- 'Themen- und Gegenstandsorientierung': Man spricht und denkt nicht einfach über das nach, was einem spontan in den Sinn kommt, sondern auch über Dinge, die mit den eigenen Erfahrungen u. U. wenig zu tun haben; man erarbeitet ein Thema systematisch, fokussiert einen Gegenstand, bespricht ihn möglichst explizit, genau und mit Bezug auf fachsprachliche Schemata.

- 'Theoretisch motivierte Lerninhalte und -ziele': Die Wahl der Lerninhalte und -ziele erfolgt nicht (oder nur teilweise) nach Kriterien praktischer Brauchbarkeit, sondern nach übergeordneten curricularen und fachlichen Zielen; so lernt man etwa über Einzeller und Bakterien, obwohl man sie im Alltag gar nicht sehen kann, oder über den Bauplan, die Lebensweise und die verschiedenen Arten von Schnecken – und dies alles nicht, um es für die Praxis zu lernen, sondern um daran relevante fachbezogene Zusammenhänge zu erkennen.

- 'Fachsprachlich geprägte Sprache': Die Sprache in den einzelnen Fächern ist durch die Fachsprache des jeweiligen Gegenstandes geprägt. Der Sprachgebrauch in den verschiedenen Fächern unterscheidet sich u. a. durch den Grad an Abstraktheit, durch die Anhäufung von Fachtermini und durch den Gebrauch von formelhaften Wendungen. Die gemeinsamen Merkmale der fachsprachlich geprägten Schulsprache bestehen in der besonderen Lexik, in der gehäuften Verwendung von Fachtermini, in spezifischen Kollokationen, in komplexen Partizipialkonstruktionen sowie in unpersönlichen Satzkonstruktionen und Passivkonstruktionen (Hinrichs 2003, S. 36).

- 'Schriftsprachlich geprägte Sprache': Die Auseinandersetzung mit den Themen und Gegenständen des Unterrichts erfolgt fast ausschließlich über Texte. Texte ermöglichen es, unabhängig von Situationen und allein auf Sprache gestützt, Wissen zu vermitteln und zu erwerben. Texte stehen daher im Zentrum der schulischen Arbeit, nicht nur im Schriftlichen, sondern auch im Mündlichen: Selbst da, wo im Unterricht gesprochen wird, ist die Kommunikation weitgehend schriftsprachlich geprägt.

Texte sind im Unterricht nicht nur im schriftlichen, sondern auch im mündlichen Umgang mit Sprache zentral. Im Unterricht ist auch die mündliche Interaktion weitgehend schriftsprachlich geprägt. Es bestehen daher im Mündlichen meist ähnlich komplexe Anforderungen wie im Schriftlichen. Auch hier geht es um Themenorientierung, Kohärenz und Explizitheit, um genaues Benennen, Beschreiben und Argumentieren, um die sachlogische und kohärente Darstellung von Zusammenhängen sowie um die Verwendung und angemessene Verknüpfung von fachsprachlichen Begriffen vor dem Hintergrund der für das jeweilige Fach relevanten Konzepte. Kommunikation im Unterricht verlangt daher auch im Mündlichen von den Lernenden den Einsatz von Mitteln, die sonst nur im Schriftlichen gefordert sind.

Charakteristisch für die schulsprachlichen Anforderungen ist, dass sich diese im Laufe der Schulzeit verändern. Die Sprache im Unterricht nähert sich wissenschaftlichen Ausdrucks- und Denkformen immer mehr an. Während in den ersten Schuljahren noch vielfach Bezüge zu alltagssprachlichen Kontexten vorhanden sind, werden diese sukzessive durch abstrakte und praxisferne Darstellungen, Analysen und Beschreibungen ersetzt. Die steigende Komplexität der schulsprachlichen Anforderungen tritt schon ab dem 3., spätestens jedoch ab dem 5. bzw. 6. Schuljahr deutlich zu Tage: v. a. im Sach- bzw. im Fachunterricht stehen zunehmend alltags- und situationsferne Themen und Kontexte sowie fachbezogene Konzepte und Begriffe im Vordergrund. Es kommt somit zu einer 'Überformung' des alltagsbezogenen Denkens und Sprechens, die sich in einem Prozess der sukzessiven Loslösung von praktischen Kontexten und in einer Hinwendung zu Formen des textgebundenen Denkens und Sprechens äußert. Diese 'Überformung' des alltagsbezogenen Denkens und sprachlichen Handelns macht es möglich, über Dinge zu sprechen und zu denken, die uns selbst nicht direkt zugänglich sind: z. B. über Vergangenes (z. B. im Geschichtsunterricht), über nicht Sichtbares (z. B. über Zellen und Atome im Biologieunterricht) oder über gerade nicht Erfahrbares (z. B. über fremde Länder und Kulturen im Geografieunterricht). Diese Fähigkeit, sich Wissen anhand von Büchern oder Texten aus anderen Medien autonom zu erschließen, erlaubt es den Lernenden, sich neue Erfahrungs- und Wissensbereiche zu erschließen und sich in der Welt der Schule zu orientieren (Portmann-Tselikas 1998, S. 25 f.).

4.3 Die Schulsprache als Zweitsprache

Zweitsprachenlernende, die bei Schuleintritt im Zielsprachenland mit den schulsprachlichen Anforderungen bereits vertraut sind, haben damit im Unterricht meist keine längerfristigen Probleme. Dies trifft jedoch nicht auf alle Schülerinnen und Schüler zu. Vielen von ihnen sind die schulischen Formen des Umgangs mit Sprache aus ihrem außerschulischen Umfeld noch nicht geläufig. Dies ist v. a. dann häufig der Fall, wenn sie in ihrer Familie nicht von klein auf mit einer Kultur der Schriftsprachlichkeit aufwachsen. Für sie ist der Schuleintritt mit einem Verlust an Orientierung verbunden, d. h., sie können sich nicht mehr im gewohnten sprachlichen Handlungsumfeld bewegen und laufen Gefahr, die Lernangebote des Unterrichts nicht ausreichend wahrnehmen zu können.

Neben der mangelnden literalen Förderung in der Familie liegt eine Ursache für die geringe Textkompetenz von Zweitsprachenlernenden oftmals darin, dass der Zweitspracherwerb im Zielsprachenland hauptsächlich ungesteuert und in informellen Situationen (v. a. mit Gleichaltrigen) erfolgt. In diesen mündlichen Interaktionsformen sind die in der Schule vorausgesetzten schriftsprachlichen Fähigkeiten kaum bis gar nicht gefordert, sodass zwar alltagssprachliche Kompetenzen, nicht jedoch die für die Schule nötigen schriftsprachlichen Fähigkeiten entwickelt werden. Gute mündliche Sprachfähigkeiten von Zweitsprachenlernen-

den täuschen daher oftmals darüber hinweg, dass sie nicht über ähnlich gut aus-
gebildete schriftsprachliche Kompetenzen verfügen.

Zweitsprachenlernende kommen oft nur im Unterricht mit deutschsprachigen
Texten in Berührung. Eine mangelnde Textkompetenz verhindert jedoch oft
auch deren Entwicklung: Die fehlende Basis an schriftsprachlichen Kompetenzen in der Erst- oder in der Zweitsprache führt dazu, dass das Lernpotential in
der Arbeit mit Texten oft nicht genützt werden kann. Dies zeigt sich vor allem
dann, wenn die schulsprachlichen Anforderungen beim Verstehen und beim
Gebrauch der Schulsprache steigen. Bei Zweitsprachenlernenden ist dies meist
deutlich an ihren Texten zu erkennen, und zwar auch bei jenen, die mündlich
über eine gut entwickelte Zweitsprache verfügen.

Zu den schulsprachlichen Anforderungen kommt hinzu, dass im Unterricht
selbst in den Sprachfächern, aber v. a. in den Sachfächern meist keine gezielte
Arbeit an Texten erfolgt: Strategien des Verstehens und Erschließens von komplexen fachsprachlichen Texten werden meist weder in der Erst- noch in der
Zweitsprache gezielt vermittelt. Eine Ausnahme bilden jene bislang eher selte-
nen Unterrichtsformen, in denen Fachlehrer mit Sprachenlehrerinnen im Rahmen eines Unterrichts kooperieren, der inhaltliches Lernen mit Sprachlernen
verbindet, erst- und zweitsprachliches Lernen integriert und bewusst auf eine
Förderung der Textkompetenz der Lernenden angelegt ist.

Eine weitere Schwierigkeit entsteht für Zweitsprachenlernende oft durch die
Erwartungshaltung von Lehrenden, dass zu vielen Themenbereichen bereits ein
außerschulisch erworbenes Vorwissen besteht. Der dafür nötige Wortschatz und
die jeweils relevanten Zusammenhänge werden dann oft nicht mehr explizit zum
Lerngegenstand im Unterricht gemacht (Ott 2002, S. 42). Auch wenn dieses
Wissen bei Zweitsprachenlernenden vorhanden ist, so besteht es meist nur in der
Erstsprache, sodass für sie eine Integration von neuem, in der Zweitsprache ver-
mittelten Wissen nicht oder nur mit einem erhöhten Lernaufwand möglich ist.
Im Unterricht führt dies häufig zu Verständnisproblemen oder sogar dazu, dass
Zweitsprachenlernende die als anstrengend erfahrene Arbeit an Texten zuneh-
mend scheuen bzw. vermeiden.

Zweitsprachenlernende haben daher oft nicht nur unzureichende schriftsprachliche Kompetenzen, sondern auch ungenügende Möglichkeiten bzw. keine hohe
Motivation, ihre Textkompetenz im Umgang mit zielsprachlichen Texten zu aktivieren, zu erproben und durch Anwendung in unterschiedlichen Kontexten aus-
zubauen. Es fehlt ihnen dadurch jedoch vielfach die nötige Erfahrung im
Umgang mit Texten, die ihnen dabei helfen würde, die schulsprachlichen Anforderungen selbständig zu meistern. Die Probleme im Umgang mit schulsprachlichen Anforderungen werden dadurch im Laufe der Schulzeit trotz wachsender
mündlicher Sprachkompetenz oft nicht kleiner, sondern noch größer. Es sind
v. a. die steigenden Anforderungen im Bereich des Textverstehens, -verarbeitens
und -produzierens, die für Zweitsprachenlernende häufig zu immer größeren

Hindernissen im schulischen Fortkommen werden. Die Auswirkungen mangelnder schriftsprachlicher Fähigkeiten zeigen sich aber nicht nur im Umgang mit Texten, sondern auch in anderen schulischen Fächern, v. a. dann, wenn ein Verstehen, Verarbeiten und Anwenden von komplexen fachsprachlichen Texten bzw. Konzepten gefordert ist: Die schulischen Schwierigkeiten vieler Zweitsprachenlernenden nehmen insbesondere im Bereich der naturwissenschaftlich-mathematischen Fächer mit zunehmendem Schulalter häufig zu (de Cillia 2001, S. 5).

Probleme im Umgang mit schulsprachlichen Anforderungen können sich für Zweitsprachenlernende zusätzlich dadurch verstärken, dass ihnen die mit dem schulischen Sprachgebrauch verbundenen, sozio-kulturell geprägten Formen der Kommunikation nicht genügend vertraut sind; dann stehen sie vor der Aufgabe, sich nicht nur sprachlich und kognitiv, sondern auch soziokulturell neu orientieren zu müssen. Für viele Zweitsprachenlernende sind die Sprach- und Denkformen der Schule nicht nur eine Konfrontation mit einer neuen Sprache, sondern auch mit einer fremden Welt, in der sie die ihnen vertrauten Denk-, Handlungs- und Kommunikationsweisen nicht wiedererkennen und für ihr schulisches Weiterkommen nicht nützen können.

Zweitsprachenlernende bedürfen daher einer gezielten Unterstützung im Umgang mit den schulsprachlichen Anforderungen, insbesondere in der Arbeit mit schulischen Texten. Nur dann sind auch sie mit der Zeit in der Lage, die neuen Möglichkeiten des Denkens, Lernens und sprachlichen Handelns zu nützen, die sich im Unterricht auftun.

5 Unterricht in mehrsprachigen Klassen

Die Sprachdidaktik ist traditionell gegliedert in eine Muttersprachendidaktik, eine Zweitsprachendidaktik und eine Fremdsprachendidaktik. Diese Dreiteilung wurde bis heute weithin aufrecht erhalten, obwohl die sprachliche Realität in den Schulen dieser Trennung keineswegs mehr entspricht: Die Unterrichtssprache ist längst nicht mehr für alle Schülerinnen und Schüler die Muttersprache, in vielen Klassen ist die Sprache des Unterrichts für Lernende die Zweitsprache (Reich / Roth 2002, S. 37).

Wissenserwerb im Unterricht vollzieht sich in erster Linie auf der Basis von Texten: Texte werden gelesen, besprochen, analysiert und diskutiert; ihr Inhalt wird vorgetragen oder für das Schreiben eigener Texte verwendet. Texte sind somit in allen Fächern eine Grundlage des Lernens, seien es Quellentexte in Geschichte, Textaufgaben in Mathematik, Beschreibungen in Geografie, Erklärungen in Biologie, Physik oder Chemie (Kupfer-Schreiner 2001, S. 28). Die Fähigkeit, mit Texten umgehen zu können, zählt daher sowohl in der Erst- als auch in der Zweitsprache zu den zentralen Kompetenzen für das schulische Lernen. Wer über Textkompetenz verfügt, kann Texte lesen, verstehen und die daraus gewonnenen Informationen für das weitere Denken, Sprechen und Schreiben nutzen (Portmann-Tselikas 2002, S. 14). Dies gilt nicht nur für den Sprachunterricht, sondern auch für den Sachunterricht. Auch im Sachunterricht sind Texte die wichtigsten Medien des Wissenserwerbs. Neben die Frage, wie Sprache im Unterricht gelernt und vermittelt werden soll, tritt daher die Frage, wie Textkompetenz erworben bzw. gefördert werden kann (Portmann-Tselikas / Schmölzer-Eibinger 2002). Diese Frage ist für den Unterricht in allen Fächern relevant, in denen die Zweitsprache als Medium des Unterrichts fungiert.

Verfügen Lernende nicht über ausreichende Textkompetenz, so zeigt sich dies zum einen meist in Texten, in denen schriftliche Vorlagen entweder abgeschrieben oder aber unstrukturiert wiedergegeben sind; zum anderen wird dies deutlich in der Schwierigkeit vieler Lernender, Informationen aus Texten im Mündlichen flüssig und in eigenen Worten wiederzugeben. Dies lässt sich bei vielen Zweitsprachenlernenden, mitunter aber auch bei muttersprachigen Schülerinnen und Schülern beobachten und schlägt sich meist unmittelbar in der schulischen Leistungsbeurteilung nieder. Die zur Bewältigung schulsprachlicher Anforderungen erforderlichen Kompetenzen und Kenntnisse müssen in mehrsprachigen Klassen zum Teil erst geschaffen und Strategien eines effizienten schulischen Wissenserwerbs erst erarbeitet werden. Gängige didaktische Formen der Vermittlung von Kenntnissen und Kompetenzen können daher in mehrsprachigen Klassen nicht von vorneherein unter der Annahme erfolgen, dass alle Lernenden die dafür nötigen Voraussetzungen mitbringen.

Unterricht in mehrsprachigen Klassen ist nach wie vor weitgehend didaktisches Pioniergebiet. Dies betrifft nicht nur die Lehrziele, sondern auch die Materialien, die Aufgabenstellungen, die Formen des Darstellens, des Erklärens und der Interaktion im Unterricht (Portmann-Tselikas 2002, S. 18f. und 29). Im deutschsprachigen Raum ist eine Didaktik der Herkunftssprachen kaum entwickelt, eine Didaktik des Deutschen als Zweitsprache existiert nur als Anhängsel an Deutsch als Fremdsprache und für eine Didaktik der Mehrsprachigkeit gibt es erst wenige Ansätze (Schader 2000, Belke 2001, Rösch 2003).

Was fehlt, ist ein didaktisches Instrumentarium zur Entwicklung von Textkompetenz, das einen adäquaten Umgang mit Texten im schulischen Kontext fördert und motivierende, an den Fähigkeiten, Interessen und kulturspezifischen Prägungen der Lernenden orientierte Zugänge zu den Gegenständen des Unterrichts ermöglicht. Das Ziel besteht dabei insbesondere darin, Lernende zu einem bewussten und reflektierten Umgang mit schriftsprachlich geprägter Sprache zu befähigen, nicht nur beim Lesen und Schreiben, sondern auch im mündlichen Diskurs. Im Zentrum stehen dabei lernerorientierte Unterrichtsverfahren, die eine intensive Arbeit an Texten im Rahmen eines integrierten Sprach- und Sachlernens für alle Lernenden in einer Klasse erlauben.

Den Fähigkeiten im Umgang mit Texten kommt eine grundlegende, die Schule und alle Fächer durchdringende Rolle zu. Vor diesem Hintergrund werden im

Folgenden Prinzipien für den Unterricht in mehrsprachigen Klassen formuliert, in denen die Förderung der Textkompetenz im Vordergrund steht. Die Prinzipien sind so allgemein formuliert, dass sie verschiedenen Lernendengruppen und Lernsituationen gerecht werden können. Sie sind gedacht für den regulären Unterricht in den verschiedenen Fächern. Angesprochen sind daher nicht nur Lehrerinnen oder Lehrer, die für die spezifische Förderung der Zweit- oder der Herkunftssprache von Migrantenkindern und -jugendlichen in der Schule zuständig sind, sondern alle Lehrerinnen und Lehrer, die in mehrsprachigen Klassen unterrichten, sei es im Sprach- oder im Sachunterricht.

5.1 Integriertes Sprach- und Sachlernen

Sprache wird dann am besten gelernt, wenn sie zu inhaltlichen Zwecken und nicht nur als solche gelernt wird. Diese Einsicht hat in den letzten Jahren zu einer Reihe von Initiativen und Programmen im Bereich der Fremdsprachendidaktik geführt, in denen eine Verbindung des Sprachlernens mit dem Lernen von Sachverhalten angestrebt wird. Schulisch erprobt wurden u. a. Modelle eines bilingualen Fachunterrichts. Evaluierungen dieser Modelle haben gezeigt, dass eine Verbindung des Sprachlernens mit dem Sachlernen eine Reihe von positiven Lerneffekten erwarten lässt.

Sachlernen im Medium der Zweitsprache erfordert Rahmenbedingungen, die es den Zweitsprachenlernenden erlauben, sich am Lerngeschehen zu beteiligen und am Wissenserwerb zu partizipieren. Zweitsprachenlernende geraten jedoch häufig in eine Situation der 'Submersion', in der sie sprachlich überfordert sind und Gefahr laufen, im „Sprachbad" unterzugehen (Sarter 1991). Unter diesen Bedingungen können sie die Lernangebote des Unterrichts weder für das Sach- noch für das Sprachlernen nützen. Ziel des Unterrichts muss es daher sein, für Zweitsprachenlernende eine Situation der 'Immersion' zu schaffen, also ein Eintauchen in die fremde Sprache zu ermöglichen, in dem das sprachlernfördernde Potenzial des Sachlernens im Medium der Zweitsprache genutzt werden kann. Eine wesentliche Voraussetzung dafür ist, dass Lehrerinnen und Lehrer die Verstehensprobleme ihrer Schüler erkennen bzw. schon antizipieren und darauf achten, dass keine Überforderung entsteht. Dies setzt voraus, dass sich Sachlehrerinnen immer auch gleichzeitig als Sprachlehrerinnen verstehen.

Rückt man Inhalte ins Zentrum des Unterrichts, so liegt es nahe, sich auch im Sprachunterricht mit Sachthemen zu beschäftigen. Ein an den Inhalten des Sachunterrichts orientierter Sprachunterricht ist v. a. dann effektiv, wenn an einem Thema in mehreren Fächern gleichzeitig gearbeitet wird. Ein fächerübergreifender Unterricht, in dem eine gezielte Verbindung des Sprachlernens mit dem Sachlernen angestrebt wird, ist in mehrsprachigen Klassen jedoch bislang nur vereinzelt realisiert worden. Diese Form des Unterrichts stellt aber gerade für Zweitsprachenlernende ein besonderes Lernpotential dar. Es werden nicht nur die für das Thema relevanten sprachlichen Mittel verwendet und durch mehrfache Wiederholung in den verschiedenen Fächern tiefer verarbeitet und besser gemerkt; eine gezielte Spracharbeit in den Sachfächern kann auch dazu beitragen, fachbezogene Begriffe im jeweiligen Zusammenhang besser zu verstehen und zu verarbeiten. Damit wird für Zweitsprachenlernende nicht die Sprach-, sondern auch die Sachlernaufgabe überschaubarer und leichter zu schaffen. Eine Verknüpfung des Sprachlernens mit dem Sachlernen ist daher sowohl Sache des Sprach- als auch des Sachunterrichts.

Ein Unterricht, in dem Sprach- und Sachlehrerinnen im Rahmen eines fächerübergreifenden Unterrichts zusammenarbeiten, erweist sich somit sowohl für das Sprach- als auch für das Sachlernen als besonders lerneffizient. Erstsprachenlehrer sind möglichst in den Regelunterricht zu integrieren, sodass Zweitsprachenlernende auch in ihrer Erstsprache betreut werden können. Es sollten daher nicht nur Sprach- und Sachlehrerinnen, sondern auch Erst- und Zweitsprachenlehrer miteinander kooperieren. Die Funktion des erstsprachlichen Unterrichts kann dabei eine das schulische Lernen in der Zweitsprache bloß unterstützende oder aber gezielt eine der Erhaltung und Festigung der Erstsprache im Sinne eines bilingualen Sachlernens sein. Zweitsprachenlernende können ihre schulsprachlichen Kompetenzen auf diese Weise auch in ihrer Erstsprache (weiter)entwickeln und bei Verständnisschwierigkeiten auf diese zurückgreifen. Integriertes Sprach- und Sachlernen als Unterrichtsprinzip ermöglicht einen Unterricht in mehrsprachigen Klassen, der nicht nur Zweitsprachenlernende, sondern alle Schülerinnen und Schüler dabei unterstützt, die schriftsprachlichen Anforderungen in der Schule besser zu meistern.

5.2 Aufgabenorientierung

In den letzten Jahren wurden verschiedene methodische Verfahren entwickelt, die aus sprachlerntheoretischer Sicht gute Voraussetzungen für ein effizientes Sprachlernen darstellen (Portmann-Tselikas 2001, S. 15). Dazu zählen Formen des kooperativen Schreibens; Aktivitäten, die mündliche und schriftliche Interaktionen miteinander verknüpfen (Gerngross / Puchta / Krenn 1999) und verschiedene Ausprägungen des projekt- und des handlungsorientierten Lernens.

Als übergeordnetes didaktisches Konzept für diese methodischen Verfahren kann der „aufgabenorientierte Unterricht" (*task based approach*, Nunan 1983) herangezogen werden. Dieses Konzept hat sich in den letzten Jahren v. a. im Bereich der Fremdsprachendidaktik entwickelt, ist jedoch auch für die Zweitsprachendidaktik relevant. Es stellt die *Aufgabe* als ein zentrales didaktisches Element in den Mittelpunkt des Unterrichtsgeschehens und definiert Kriterien, die es erlauben, lerneffiziente Aufgaben zu planen und durchzuführen. Ein aufgabenorientierter Unterricht kann unabhängig von den jeweiligen Themen, Zielgruppen und Lernzielen umgesetzt werden und ist daher auch in mehrsprachigen Klassen dafür geeignet, ausgehend von den heterogenen sprachlichen und kulturellen Voraussetzungen der Lernenden intensive Lernprozesse im Unterricht zu initiieren.

Wie sehr Aufgaben ihr Potential entfalten, hängt immer von der konkreten Umsetzung im Unterricht ab. Es lassen sich jedoch Kriterien definieren und begründen, die bei der Planung von Aufgaben zu berücksichtigen sind, damit sie im Unterricht lernwirksam werden können. Aufgaben sollen

- für die Lernenden persönlich interessant und bedeutsam sein (Signifikanz);
- an den individuellen Fähigkeiten und Voraussetzungen der Lernenden ansetzen;
- auf inhaltlich-funktionale Ziele gerichtet sein;
- 'echte' Mitteilungsbedürfnisse wecken;
- eine mehrfache Verarbeitung von Sprache und Inhalten ermöglichen;
- eine Aktivierung und Verknüpfung verschiedener Fertigkeiten erfordern;
- zu authentischen Sprachhandlungen anregen;
- kooperatives Arbeiten erfordern;
- Wahlmöglichkeiten geben;
- dazu ermutigen, individuelle Lernwege bei der Ausführung der Aufgabe zu gehen;
- mit einem klaren Lernziel verbunden sein;
- auf ein konkretes Ergebnis abzielen;
- die Wahrnehmung eigener Lernfortschritte ermöglichen;
- an konkrete Zielgruppen und Adressaten gerichtet sein;
- eine Reflexion des Ergebnisses durch die Lernenden anregen.

Ein Grundprinzip des aufgabenorientierten Unterrichts ist 'Signifikanz' (Krenn 2002, S. 77). Aufgaben, die einem Lernenden als signifikant, d. h. als persönlich bedeutsam im Bezug auf eigene Erfahrungen, Lernvoraussetzungen, Vorkenntnisse bzw. Einstellungen erscheinen, führen zu intensiveren Lernprozessen. Sie werden meist dann als signifikant erlebt, wenn sie die persönlichen Interessen und Emotionen der Lernenden berühren. Aufgaben sollen neugierig machen, Widerspruch wecken, zum Weiterlernen anregen, Spaß machen.

Bei der Konzeption einer Aufgabe ist darauf zu achten, dass ein Thema aus mehreren Perspektiven bearbeitet wird. Die Auseinandersetzung mit ein und demselben Thema in mehreren Fächern macht für die Lernenden verschiedene inhaltliche Zugänge erfahrbar und schult sie in ihrem mehrperspektivischen und kritischen Denken. Darüber hinaus werden sie dazu angeregt, selbständig verschiedene Informationen zu einem Thema zu bewerten, zu selektieren, miteinander zu verknüpfen und vor dem Hintergrund eigener Schwerpunktsetzungen darzustellen.

Durch eine fächerübergreifende Bearbeitung eines Themas entsteht ein lernwirksamer Wiederholungseffekt: Wenn Lernende z. B. diskutieren, was man gelesen hat, einander erzählen, was man gehört hat, einen Text gemeinsam schreiben oder eine Präsentation in der Gruppe besprechen, so sind damit sprachliche Aktivitäten verbunden, in denen Inhalte immer wieder – und von verschiedenen Seiten her betrachtet – behandelt werden. Eine Wiederaufnahme

von Inhalten vor dem Hintergrund verschiedener fachbezogener Sichtweisen
führt meist ganz automatisch zu einer tieferen Verarbeitung und zu einer besseren Verankerung von Inhalten, aber auch von Sprache im Gedächtnis: Der
sprachliche Lerneffekt entsteht quasi als Nebenprodukt des inhaltlichen Lernens. Für Zweitsprachenlernende kann diese mehrfache Wiederholung und Verarbeitung dazu führen, dass der neue Wortschatz und die Strukturen der fremden
Sprache besser gefestigt, gemerkt und dadurch oft nicht mal mehr eigens gelernt
werden müssen. Gleichzeitig wird aber auch das inhaltliche Wissen erweitert.

Diese Fähigkeit zählt zu den zentralen Kompetenzen für das schulische Lernen
und ist für Lerner mit geringer Textkompetenz meist mit großen Problemen verbunden. Diese zeigen sich v. a. darin, dass Lernende in mündlichen Präsentationen kaum in der Lage sind, sich ohne schriftliche Vorlagen bzw. nur anhand von
Stichwörtern zu Sachthemen zu äußern. Sie greifen in solchen Situationen meist
entweder auf ausformulierte schriftliche Texte zurück und lesen sie vor oder aber
ihr Vortrag wird stockend, holprig, unstrukturiert und durch Pausen oftmals
unterbrochen. Zuhörenden fällt es dann in der Regel schwer, ein kohärentes Bild
von der Sache zu gewinnen. Für Zweitsprachenlernende, die nicht nur Probleme
im Umgang mit schriftsprachlich geprägter Sprache, sondern auch fehlende
Sprachkenntnisse in der Zweitsprache haben, entsteht dadurch eine zusätzlichen
Hürde. Sie schränkt deren Möglichkeiten ein, die schulischen Lernangebote
wahrzunehmen und für den eigenen Lernfortschritt zu nützen.

Darüber hinaus kann durch eine Integration verschiedener Fertigkeiten 'echte',
authentische Kommunikation im Unterricht angeregt werden. Sie findet dann
statt, wenn es etwa darum geht, dass Lernende gemeinsam einen Themenschwerpunkt festlegen, sich für bestimmte Materialien als Arbeitsgrundlage entscheiden, Tätigkeiten beim Erarbeiten der Aufgabe koordinieren, gemeinsam
Texte verfassen oder eine Präsentation in der Gruppe vorbereiten. Dabei müssen die Lernpartner u. U. erst überzeugt, Meinungen ausgetauscht, Entscheidungen ausgehandelt bzw. Ergebnisse reflektiert werden (Portmann-Tselikas
2001).

Aufgaben erfordern niemals nur eine 'richtige' Lösung; sie sind zwar durch die
Lehrerin bzw. den Lehrer vorstrukturiert, führen jedoch immer zu einem eigenen Ergebnis. Lernerprodukte sind also in einem aufgabenorientierten Unterricht nicht von vorneherein festgelegt und erlauben unterschiedliche Wege der
Bearbeitung; die Ziele einer Aufgabe müssen jedoch klar definiert sein und den
Lernenden sinnvoll und relevant erscheinen. Aufgaben erfordern die Durchführung einer Reihe von sprachlichen Aktivitäten, die im Sinne des angestrebten
Ergebnisses auszuführen sind. Dabei kommen meist unterschiedliche sprachliche Fertigkeiten ganz automatisch ins Spiel: Beim kooperativen Schreiben etwa
können sich intensive mündliche Interaktionen im Prozess des Formulierens entwickeln, die vielfältige metasprachliche und metakognitive Aktivitäten anregen.
Dabei können vorhandene Kompetenzen und Kenntnisse der Lernenden ge-

bündelt und für das gemeinsam verantwortete Lernergebnis eingesetzt werden (Schmölzer-Eibinger 2004). Wesentlich ist dabei immer, dass Lernende das Ergebnis ihrer Arbeit selbst (mit)bestimmen, verantworten und beurteilen. Im Rahmen von vorstrukturierten, offenen Aufgaben definieren sie selbst das Ziel ihrer Arbeit und entscheiden autonom, wann ein Arbeitsschritt auf den nächsten folgt bzw. das Ergebnis für sie erreicht ist.

Die Arbeitsprodukte der Lernenden sollen schließlich greifbar und öffentlich sein, entweder als sichtbares Lernergebnis in der Klasse (z.B. als Arbeitsunterlage für Mitschüler, als Präsentation, als Plakat etc.), außerhalb des Klassenzimmers (z.B. in Form einer Wand- oder Schülerzeitung, auf der Homepage der Schule) oder auch jenseits der Grenzen der Schule (z.B. als Leserbrief, als Zeitungskommentar etc.).

Motivations- und lernfördernd sind Aufgaben v.a. dann, wenn mit ihnen reale kommunikative Ziele verfolgt werden. Dies betrifft nicht nur die Arbeitsergebnisse, sondern den gesamten Lernprozess: In der Arbeit an einer Aufgabe muss ein 'echtes' Mitteilungsbedürfnis der Lernenden entstehen. Denn nur dann können sie selber Sinn darin sehen, an einem Thema zu arbeiten und darüber zu kommunizieren. Ein Beispiel mag dies veranschaulichen: Die Aufgabe, in einer Gruppe einen Text zu lesen und einander die wichtigsten Informationen aus diesem Text mitzuteilen, ist grundsätzlich für Lernende mit Textverständnisproblemen wichtig, aber für sie oft wenig interessant, weil sie das Gefühl haben, ohnehin bereits über all diese Informationen zu verfügen. Werden hingegen verschiedene Texte zum selben Thema in einer Gruppe gelesen, so ist ein Austausch von Textinformationen in der Gruppe von realer Bedeutung und es kann ein echtes Mitteilungsbedürfnis entstehen. In solchen Situationen entsteht oft eine angeregte Sprachpraxis und die Lerner sind oftmals sogar von sich aus bereit, den eigenen Text genau und mehrfach zu lesen. Auf diese Weise wird das Textverständnis sukzessive aufgebaut und Verständnislücken, die es vielleicht am Anfang der Lektüre noch gab, werden den Lernenden bewusst und können gezielt bearbeitet werden.

Die Reflexion auf den Lernprozess und das -resultat ist wichtig, um Lernergebnisse sichern und effiziente Lernstrategien entwickeln zu können. Damit verbunden ist – zumindest phasenweise – eine Veränderung der Lehrerrolle. Die Lehrenden geben Impulse, regen Lernprozesse an, sind jedoch weitgehend im Hintergrund und fungieren v.a. als Berater und Begleiter ihrer Schülerinnen und Schüler im Prozess der Arbeit an einer Aufgabe.

5.3 Kooperation in der Gruppe

Kooperation in Form von sozialer Interaktion in der Gruppe ist ein entscheidender Faktor des Lernens. Kooperation im Unterricht kann sowohl den Wissens- als auch den Spracherwerb vorantreiben: Lernfortschritte werden durch die gemeinsame Auseinandersetzung mit einer Aufgabe im Rahmen von authenti-

schen sprachlichen Handlungen möglich. In der kooperativen Arbeit an Texten
werden Bedeutungen gemeinsam konstruiert und Strategien der Erschließung
und Produktion von Texten in der Gruppe entwickelt und erprobt.

Die gemeinsame Arbeit an einer Aufgabe kann zu Ergebnissen führen, die die
Schüler ganz auf sich gestellt noch nicht leisten könnten: In der Gruppe werden
Ideen, Lösungen, Strategien und Einsichten gemeinsam entwickelt, und es kann
zu einer Bündelung der Kompetenzen und Kenntnisse aller Beteiligten kommen. In diesem Prozess wird nicht nur geplant, recherchiert und geschrieben,
sondern auch über die Arbeit an einer Aufgabe gesprochen. Dabei wird die Kritikfähigkeit und das Sprachbewusstsein der Lernenden gefördert und auch die
mündlichen Kompetenzen im Umgang mit Schriftsprache.

Im Gespräch in der Gruppe beteiligen sich meist auch jene Schülerinnen und
Schüler, die sonst eher schweigsam sind und Angst vor Fehlern haben. Die
Arbeit an Aufgaben in Gruppen gibt ihnen die Gelegenheit, ihre Kompetenzen
und Kenntnisse in einem Umfeld zu erweitern, in dem sie nicht auf sich allein
gestellt, sondern durch die anderen gestützt sind. Eine Voraussetzung für das
Gelingen von kooperativen Aufgaben ist die soziale Balance in der Gruppe und
die Bereitschaft aller Beteiligten, konstruktive Beiträge zu leisten. In sozial aus-
gewogenen Gruppen werden die Vorschläge und Ideen Einzelner gemeinsam
geprüft, diskutiert und ergänzt.

Die gemeinsame Arbeit in der Gruppe trägt bei Zweitsprachenlernenden oft
dazu bei, dass sie Sicherheit gewinnen, sich im geschützten sozialen Raum in der
fremden Sprache zu äußern. In Gruppenarbeiten treten ihre sprachlichen Probleme nicht so sehr als Defizite zu Tage; was zählt, ist das gemeinsam verantwortete Ergebnis, zu dem jeder Einzelne etwas anderes beitragen kann. Auf diese
Weise bekommen auch Fehler ein anderes Gewicht. Sie werden durch die Beiträge der anderen relativiert und machen den Zweitsprachenlernenden oftmals
ganz von selber bewusst, was sie schon wissen und können bzw. wo sie noch
Unterstützung brauchen.

5.4 Fokus auf Texte

Für den schulischen Wissenserwerb ist eine gezielte Arbeit an Texten von zentraler Bedeutung. Dabei spielt insbesondere das Schreiben eine wichtige Rolle.
Schreiben dient nicht nur der Reproduktion, sondern auch der Generierung von
Wissen: Beim Schreiben können Gedanken geordnet und weiterentwickelt werden. Schreiben ist daher ein wirksames Instrument des schulischen Lernens.

Schulisches Schreiben erfordert in der Regel sorgfältige Planung, Sachkenntnis
und Wissen über sprachliche Normen. Es geht meist weniger um das Ausdrucks-
und Mitteilungsbedürfnis der Lernenden als darum, dass sie inhaltliche und
sprachliche Erwartungen an einen Text erfüllen. Für den Wissenserwerb in der
Schule kann das Schreiben u. a. dafür genutzt werden, den Schülern die Möglichkeit zu geben, eigene Erfahrungen und ihr Vorwissen zu einem Thema in den

Unterricht einzubringen. Assoziative Formen der Schreibaufgaben sind dafür geeignet, das bestehende Wissen der Lernenden zu aktivieren. Sie führen nicht so leicht zur Überforderung wie gängiges schulisches Schreiben, das mit weit höheren Ansprüchen an Norm- und Textsortenadäquatheit verbunden ist. Assoziatives Schreiben ist meist motivierend, regt die Phantasie der Lernenden an und ist von vornherein auf die vorhandene Kenntnisse und Fähigkeiten der Lernenden bezogen. Dies gilt auch für die jeweiligen Sprachkenntnisse der Lernenden: Beim assoziativen Schreiben können Schülerinnen und Schüler auf alle ihnen zur Verfügung stehenden Sprachen zurückgreifen. Dadurch wird die Motivation der Zweitsprachenlernenden erhöht, sich auch in ihrer Herkunftssprache zu äußern (vgl. Hornung 2002). Von anderen Schreibaufgaben unterscheidet sich assoziatives Schreiben insbesondere dadurch, dass es emotionale und erfahrungsorientierte Zugänge zu einem Thema erlaubt. Lernende können dadurch Vertrauen in die eigenen Fähigkeiten gewinnen, Interesse an einem Thema entwickeln und sich in der schulischen Welt der Schriftlichkeit besser orientieren. Es können sowohl Formen des normgerechten Schreibens als auch mündliche Aktivitäten an assoziativ geschriebene Texte anknüpfen.

Die mündliche Interaktion über schriftliche Texte bietet sich v. a. im Rahmen von Aufgaben an, die rezeptive und produktive Aktivitäten erfordern und integrieren: Durch die gemeinsame Arbeit an einem Text wird die Fähigkeit der Lernenden geschult, schriftsprachlich geprägte Sprache auch im Mündlichen besser einsetzen zu können, z. B. wenn es darum geht, Verstehensprobleme zu klären, Textinhalte zu diskutieren oder Standpunkte zu behaupten. Eine Integration der Fertigkeiten ist zudem mit mehreren Verarbeitungsschritten verbunden, sodass Informationen mehrfach kodiert und dadurch tiefer verarbeitet werden.

In der Schule wird das Schreiben meist nur als Sache der Sprachfächer betrachtet. Im Sachunterricht ist das Schreiben jedoch meist einseitig auf das stichwortartige Notieren von Informationen reduziert, die die Schüler aus Texten oder von ihren Lehrern erhalten. Es handelt sich dabei vor allem um gedächtnisunterstützende Schreibformen, deren Ziel in der Memorierung des im Unterricht vermittelten Sachwissens besteht. In den Lehrbüchern gibt es v. a. Aufgaben, die eine Weiterverarbeitung und Anwendung der in den Texten enthaltenen Informationen verlangen. Dabei wird meist selbstverständlich vorausgesetzt, dass die Schüler die Texte ohne größere Mühe verstehen und keine weitere Hilfe bei der Erschließung und Verarbeitung der Textinformationen brauchen. Schreibaufgaben, die das Textverstehen, die Aktivierung und die Weiterentwicklung des vorhandenen Wissens der Lernenden ermöglichen, kommen im Sachunterricht in Schreibaufgaben nur selten vor.

Auch der Synergieeffekt, der sich dadurch ergibt, dass die kognitiven Anforderungen beim Sachlernen ähnlich sind wie jene beim Schreiben, bleiben dadurch ungenutzt: Das, was gemeint ist, muss explizit und detailliert ausgedrückt werden und Zusammenhänge sind im Detail zu erklären. Das Schreiben verpflichtet auch – genauso wie der Umgang mit Fachtexten und -begriffen – zu einer genauen Festlegung dessen, was man meint, und erfordert Aufmerksamkeit auf die sprachliche Form, aber auch auf die Genauigkeit in der Darstellung und Strukturierung von Inhalten (vgl. Portmann-Tselikas 1991, S. 236). Schreibaktivitäten im Unterricht fördern somit nicht nur sprachliche Fähigkeiten, sondern auch darüber hinausreichende kognitive Kompetenzen im Umgang mit fachspezifischen Inhalten und Texten.

Das wissensorganisierende und -gewinnende Potential des Schreibens wird jedoch für den schulischen Wissenserwerb bislang kaum genützt. Lernende mit geringer Textkompetenz finden kaum Unterstützung darin, komplexe Sachinformationen zu verstehen, zu verarbeiten und wiederzugeben. Dies führt vielfach dazu, dass sie Vorlagentexte einfach abschreiben, in Präsentationen bloß vorlesen bzw. für Prüfungen auswendig lernen. Der Lernertrag ist dabei meist gering. Diese einseitige Schreibpraxis in der Schule dürfte einer der Hauptgründe dafür sein, warum vielen Schülerinnen und Schülern der Wissenserwerb anhand von Texten im Unterricht so schwer fällt. Das Schreiben ist daher nicht nur als Sache der Sprachfächer, sondern auch als Sache der Sachfächer zu betrachten: Schreiben ist als ein Instrument des Sprach- und des Wissenserwerbs gezielt einzusetzen und als ein zentraler Lernbereich in allen schulischen Fächern zu verankern. Damit könnte ein didaktisches Potential genutzt werden, das derzeit noch vielerorts brach liegt.

Literaturverzeichnis

Anne Frank Haus (Hrsg.): Das sind wir. Interkulturelle Unterrichtsideen für Klasse 4–6 aller Schularten. Anregungen für den Unterricht. Weinheim, Basel: Beltz 1995

Barkowski, Hans: Zweitsprachenunterricht. In: Bausch, Karl-Richard / Christ, Herbert / Krumm, Hans-Jürgen (Hrsg.): Handbuch Fremdsprachenunterricht. Tübingen, Basel: Francke 2003, S. 157–163.

Belke, Gerlind: Mehrsprachigkeit im Deutschunterricht. Sprachspiele – Spracherwerb – Sprachvermittlung. Baltmannsweiler: Schneider 2001.

Cummins, Jim: Cognitive / Academic Language Proficiency, Linguistic Interdependence, The Optimum Age Question and Some Other Matters. In: Working Papers in Bilingualism: Reading in two languages 1979, Nr. 19, S. 121–129.

De Cillia, Rudolf: Sprich wie wir, dann gehörst du zu uns? Sprachpolitik zwischen Mehrsprachigkeit und Assimilation. In: ÖDaF-Mitteilungen 2001, H. 1, S. 4–23.

Ehlers, Swantje: Modelle für eine zweisprachige Erziehung von Minderheitenkindern in der BRD. In: Barkowski, Hans / Faistauer, Renate (Hrsg.): ... in Sachen Deutsch als Fremdsprache. Baltmannsweiler: Schneider 2002. S. 37–50.

Gerngross, Günter / Krenn, Wilfried / Puchta, Herbert: Grammatik kreativ. Berlin: Langenscheidt 1999.

Gogolin, Ingrid: Mathematikunterricht ist Deutschunterricht. Über das fachliche Lernen in mehrsprachigen Klassen. In: Barkowski, Hans / Faistauer, Renate (Hrsg.): ... in Sachen Deutsch als Fremdsprache. Baltmannsweiler: Schneider 2002, S. 51–61.

Haitink, Annelien / Haenen, Jacques: Kooperatives Lernen. In: Fremdsprache Deutsch 2002, H. 26, S. 18–22.

Henrici, Gert / Riemer, Claudia: Zweitsprachenerwerbsforschung. In: Bausch, Karl-Richard / Christ, Herbert / Krumm, Hans-Jürgen (Hrsg.): Handbuch Fremdsprachenunterricht. Tübingen, Basel: Francke 2003. S. 38–43.

Hinrichs, Beatrix: Deutsch lernen durch Interaktion. Förderunterricht für Kinder von MigrantInnen. In: Sprachverband Deutsch e. V. (Hrsg.): Deutsch als Zweitsprache 2003, H. 2, S. 35–39.

Hornung, Antonie: Zur eigenen Sprache finden. Modell einer plurilingualen Schreibdidaktik. Tübingen: Niemeyer 2002.

Klein, Wolfgang: Zweitspracherwerb. Königsstein: Athenäum 1984.

Knapp, Werner: Schriftliches Erzählen in der Zweitsprache. Tübingen: Narr 1997.

Königs, Frank G.: Die Dichotomie Lernen / Erwerben. In: Bausch, Karl-Richard / Christ, Herbert / Krumm, Hans-Jürgen (Hrsg.): Handbuch Fremdsprachenunterricht. Tübingen, Basel: Francke 2003, S. 435–438.

Krenn, Wilfried: Garnierung oder Hauptgericht? Überlegungen zum Einsatz literarischer Kurztexte im Unterricht Deutsch als Fremdsprache. In: Krumm, Hans-Jürgen / Portmann-Tselikas, Paul (Hrsg.): Theorie und Praxis. Österreichische Beiträge zu Deutsch als Fremdsprache 2002, H. 6, Schwerpunkt: Literatur im DaF-Unterricht, S. 15–40.

Krenn, Wilfried: Wir lesen anders. Überlegungen zur Textkompetenz von Fremdsprachenlehrenden. In: Portmann-Tselikas, Paul / Schmölzer-Eibinger, Sabine (Hrsg.): Textkompetenz. Neue Perspektiven für das Lernen und Lehren. Innsbruck: Studienverlag 2002, S. 63–90.

Kupfer-Schreiner, Claudia: Was alle angeht, müssen auch alle lösen: Interkulturelle sprachliche Bildung als integrative Aufgabe des Unterricht. In: Hummelsberger, Siegfried (Hrsg.): Didaktik des Deutschen als Zweitsprache und Interkulturelle Erziehung. Theorie, Schulpraxis und Lehrerbildung. Baltmannsweiler: Schneider 2001, S. 22–38 (Diskussionsforum Deutsch; 8).

Nunan, David: Designing tasks for the Communicative Classroom: Cambridge: University Press 1989. (Zitiert nach Krenn 2003).

Nunan, David: Task based Syllabus Design: selecting, grading and sequencing tasks. In: Crookes / Gass (Hrsg.): Tasks in a Pedagogical Context. Clevedon: Multilingual Matters 1993. (Zitiert nach Krenn 2003)

OECD (Hrsg): PISA 2000 – Programme for the International Student Assessment. Schülerleistungen im internationalen Vergleich. Berlin: http://www.mpib-berlin.mpg.de/pisa.

Ott, Margarete: Wortschatzerwerb und Erwerbsstrategien jugendlicher Zweitsprachenlernender. In: Deutsch als Zweitsprache, Jahresheft 2002, S. 25–47.

Peltzer-Karpf, Annemarie u. a.: Bilingualer Spracherwerb in der Migration: die kurze Geschichte einer Langzeitstudie. In: Deutsch als Zweitsprache 2002 (Jahresheft), S. 50–72.

Peltzer-Karpf, Annemarie: Frühkindliche Erziehung zur Zweisprachigkeit. In: Bausch, Karl-Richard / Christ, Herbert / Krumm, Hans-Jürgen (Hrsg.): Handbuch Fremdsprachenunterricht. Tübingen, Basel: Francke 2003, S. 447–449.

Portmann-Tselikas, Paul R., Sprachförderung im Unterricht. Handbuch für den Sach- und Sprachunterricht in mehrsprachigen Klassen. Zürich: Orell Füssli 1998.

Portmann-Tselikas, Paul R.: Aufgaben statt Fragen. Sprachenlernen im Unterricht und die Ausbildung von Fertigkeiten. In: Fremdsprache Deutsch 2001, H. 24: Kombinierte Fertigkeiten. Stuttgart: Klett 2001, S. 13–20.

Portmann-Tselikas, Paul R.: Textkompetenz und unterrichtlicher Spracherwerb. In: Portmann-Tselikas, Paul R. / Schmölzer-Eibinger, Sabine (Hrsg.), Textkompetenz. Neue Perspektiven auf das Lernen und Lehren. Innsbruck: Studienverlag 2002, S. 13–44.

Portmann-Tselikas, Paul R. / Schmölzer-Eibinger, Sabine (Hrsg.): Textkompetenz. Neue Perspektiven auf das Lernen und Lehren. Innsbruck: Studienverlag 2002.

Reich, Hans. H. / Roth, Hans-Joachim (Hrsg.): Spracherwerb zweisprachig aufwachsender Kinder und Jugendlicher. Hamburg, Landau: Behörde für Bildung und Sport 2002.

Rösch, Heidi (Hrsg.): Sprachförderung. Grundlagen – Übungsideen – Kopiervorlagen. Hannover: Schroedel 2003.

Sarter, Heidemarie: Sprache, Spracherwerb, Kultur. Tübingen: Narr 1991.

Schader, Basil: Sprachenvielfalt als Chance. Handbuch für den Unterricht in mehrsprachigen Klassen. Zürich: Orell Füssli 2000.

Schmölzer-Eibinger, Sabine: Textproduktion und Textkompetenz im Kontext zweitsprachlichen Lernens. In: Portmann-Tselikas, Paul R. / Krumm, Hans-Jürgen (Hrsg.): Theorie und Praxis Jahrbuch 2003. Österreichische Beiträge zu Deutsch als Fremdsprache. Innsbruck: Studienverlag 2004. (Im Druck)

HENRIETTE HOPPE

Das Sprachbuch

1 Das Medium Sprachbuch

1.1 Entstehung und Bedeutung

Ein Sprachbuch unterliegt wie jedes Schulbuch bestimmten Entstehungszusammenhängen, die die Textsorte 'Schulbuch' bestimmen: Es wird in der Regel von einem Autorenkollektiv erarbeitet, das später hinter dem Namen des Verlags zurücktritt. Der Verlag nimmt durch bestimmte Vorgaben, die sich aus verkaufstechnischen Überlegungen herleiten lassen, und vor allem durch die äußere Gestaltung Einfluss auf das Werk.

Die Hersteller des Sprachbuchs müssen sich außerdem an ministerielle Vorgaben halten: Es besteht u. a. die Auflage, dass das Unterrichtswerk an den aktuellen Lehrplänen ausgerichtet ist und die hier befindlichen Inhalte umsetzt. Dies ist die Voraussetzung dafür, dass ein Unterrichtswerk von staatlichen Behörden zugelassen wird.

Da viele Lehrpersonen sich auf die Übereinstimmung von Richtlinien und Schulbüchern verlassen, geschieht in der Praxis die Durchsetzung der Rahmenrichtlinien auf dem Umweg über die Schulbücher: das Sprachbuch fungiert als „curriculares Steuerungsinstrument" (Hacker 1980, S. 12). Allerdings wird das staatliche Zulassungsverfahren seit langem von Herstellern und Praktikern kritisiert, und zwar umso mehr, als die Rolle von Schulbüchern sich in den letzten Jahren geändert hat. Während das Schulbuch lange Zeit als Leitmedium bezeichnet wurde, hat sich seine Bedeutung in jüngster Zeit verschoben:

> Aufgrund der massenmedialen Entwicklung der letzten Jahrzehnte, der sozialisatorischen Veränderungen, der allgemeinen Öffnung von Lernprozessen in der Schule und der damit einhergehenden Verschiebungen in den wissenschaftlichen Diskussionen (Didaktik, Lehrplan- und Unterrichtsdiskussion usw.) wurde das Schulbuch theoretisch wie praktisch in seiner Funktion und Bedeutung als Leitmedium von Unterricht systematisch relativiert und kann, was seine Gegenstandskonstitution betrifft, nur als ein Medium unter anderen gefasst, konzipiert und untersucht werden (Höhne 2003, S. 16f.).

Ein gravierender Bedeutungsverlust des Schulbuchs wird dagegen nach Köpke vor allem durch die Tatsache relativiert, dass zunehmend auch fachfremd unterrichtet werden wird und die ungenügend ausgebildeten Lehrpersonen auf gutes Unterrichtsmaterial angewiesen sind (vgl. Köpke 2002, S. 32).

1.2 Die staatliche Begutachtung von Schulbüchern

Bei der Zulassung von Unterrichtswerken muss zwischen dem Zulassungs- und dem Einführungsverfahren unterschieden werden. Das Zulassungsverfahren wird vom Ministerium auf der Grundlage des Schulgesetzes durchgeführt. Die Anforderungen an Schulbücher, die von den Ministerien zugelassen werden sollen, lassen sich in vier Komplexen zusammenfassen: Übereinstimmung mit den allgemeinen Verfassungsgrundsätzen, Berücksichtigung des Grundsatzes der Gleichstellung von Mann und Frau, Übereinstimmung mit den Rahmenplänen, Erfüllung von fachdidaktischen und methodischen Ansprüchen.

Hat der Verlag ein Prüfexemplar eingereicht, lässt das Ministerium in der Regel zwei anonyme Gutachten von externen Sachverständigen anfertigen und kommt vor diesem Hintergrund zur Entscheidungsfindung. In den meisten Fällen wird das Manuskript unter bestimmten Auflagen zugelassen, wobei die Kriterien der Zulassung ausgesprochen heterogen sind. Ein zugelassenes Schulbuch muss dann von der Fach- oder Schulkonferenz einer Schule eingeführt werden, bevor es tatsächlich angeschafft wird.

Dass Lehrerinnen und Lehrer sich nicht entschiedener für eine Änderung oder gar Abschaffung des Zulassungsverfahrens einsetzen, mag daran liegen, dass die Lehrperson de facto unter Berücksichtigung der anfallenden (Kopier-)Kosten frei entscheiden kann, mit welchem Material sie unterrichtet.

Eine objektive Schwierigkeit in der wissenschaftlichen Diskussion und Darstellung des Zulassungsverfahrens besteht darin, dass die Schulbuchgutachten der Öffentlichkeit nicht zugänglich sind, sodass sich eine Kritik immer auf Einzelfälle bezieht. Erschwerend kommt hinzu, dass die Praxis von Bundesland zu Bundesland verschieden ist.

Zwei Argumente werden von staatlicher Seite für ein Bestehen des Verfahrens angeführt:

Zum einen wird das Recht und die Pflicht zur Regelung und Gestaltung von schulischen Belangen betont, welche sich in den Rahmenrichtlinien ausdrücken und durch die Überprüfung der Übereinstimmung von Unterrichtwerken wahrgenommen werden (vgl. Müller 1976). Außerdem soll „die Qualitätsprüfung als Anlass und Ansporn dienen, das fach- und erziehungswissenschaftliche Niveau" der Produkte ständig zu verbessern (Müller 1976, S. 212).

Die Gegner des Verfahrens fordern demgegenüber, dass die Ministerien ihre Funktion auf eine kommentierende und ggf. empfehlende zurücknehmen und damit den Lehrern zeigen, dass ihnen die professionelle Kompetenz zugetraut und zugemutet wird, „selbst beurteilen zu können, mit welchen Medien sie Unterricht, für den sie verantwortlich und rechenschaftspflichtig sind, gestalten" (Thonhauser 1992, S. 75). Außerdem sei es dringend notwendig, dass sich mehr Fachleute der Sache annehmen und die Entscheidung über Unterrichtsmittel in die Öffentlichkeit verlagert wird (vgl. Rohlfes 1998, S. 157). Denn das Verfahren der anonymen Begutachtung hat auch Auswirkungen auf die Art der Informationen, die die Lehrpersonen in Bezug auf Schulbücher erreichen: Meistens werden ihnen nur Rezensionen in den Fachzeitschriften zugänglich gemacht, die aus denselben Verlagen stammen wie die Lehrwerke. Demgegenüber konnte sich im DaF-Bereich, in dem kein staatliches Gutachtungsverfahren existiert, eine Lehrwerkkritik mit Öffentlichkeitscharakter etablieren (vgl. Khadjahzadeh 2002, S. 113).

1.3 Methoden der Schulbuchforschung

Die Forschungslage zum Schulbuch ist desolat. Gründe dafür liegen vermutlich in der Komplexität des Gegenstandes; weitere Ursache für mangelndes Forschungsinteresse ist zum einen die Tatsache, dass Produktion und Vertrieb privatwirtschaftlich organisiert sind (vgl. Hacker 1980), zum anderen das staatliche Zulassungsverfahren, das die wissenschaftliche Begutachtung der Bücher erschwert und zurückdrängt. Dazu kommt, dass seit den 1990er Jahren eher die sogenannten „Neuen Medien" Gegenstand von Untersuchungen sind; dies ist dadurch begünstigt, dass durch die staatlich unterstützte Ausstattung mit Computern (Schulen ans Netz) auch eine staatlich unterstützte Forschung eher die Regel ist.

Grundsätzlich können drei Typen von Schulbuchforschung unterschieden werden (vgl. Weinbrenner 1995, Thonhauser 1992):

- die prozessorientierte Schulbuchforschung, die sich am Lebenszyklus des Schulbuchs orientiert und den Prozess von der Entstehung des Schulbuchs über seine Zulassung bis zur Aussonderung des Schulbuchs betrachtet,

- die produktorientierte oder gegenstandsorientierte Schulbuchforschung, die das Schulbuch als Unterrichtsmedium betrachtet und Schulbuchanalysen vornehmlich mit inhaltsanalytischen Verfahren durchführt (auch als Schreibtischevaluation bezeichnet),

- die wirkungsorientierte Schulbuchforschung, die als Teil der Unterrichtsforschung betrachtet werden kann. Da sie auch die Wirkung untersucht, die Schulbücher auf Schüler und Eltern ausübt, wird diese Forschungsperspektive auch als Medien-, Kommunikations- und Rezeptionsforschung verstanden.

Grundlegend für die neuere Schulbuchforschung ist der mehrdimensionale Ansatz (vgl. Weinbrenner 1995), nach dem die Analyse auch durch verschiedene Bezugssysteme wie die Fachwissenschaft, die Fachdidaktik, die Pädagogik und die Politikwissenschaft bestimmt wird. Angesichts der Vielfalt und Komplexität möglicher Erkenntnisinteressen und Forschungsfragen scheint es allerdings unmöglich, ein vollständiges wissenschaftliches Bezugssystem der Schulbuchforschung zu bestimmen (vgl. Weinbrenner 1995, S. 28). Bereits in Bezug auf die Fachdidaktik unterscheidet Weinbrenner fünf Ebenen wie z. B. die Lernzielorientierung und den Richtlinienbezug.

Im Folgenden werde ich mich mit der prozessorientierten Schulbuchforschung nicht weiter auseinander setzen, sondern den Fokus auf die produkt- und wirkungsorientierte Forschung richten.

1.3.1 Produktorientierte Schulbuchforschung

Bei einer produktorientierten Schulbuchforschung dient in den meisten Fällen ein Analyseraster als Grundlage. Bei der Arbeit mit einem solchen Raster muss zwischen den Analysekriterien und den Analyseverfahren unterschieden werden: die Kriterien müssen operationalisiert werden, bevor sie an ein Sprachbuch angelegt werden können.

Neben zahlreichen allgemeinen Rastern (darunter ist besonders das *Reutlinger Raster* hervorzuheben, da es durch die systematische Auswertung und Einarbeitung von über 40 Rastern validiert wurde) liegen unter anderen einige Raster für Sprachbücher vor, z. B. die Raster von Lewandowski / Rosenthal, Conrady und Khadjehzadeh.

Der *Algorithmus zur Analyse von Sprachbüchern für die Primarstufe und die Sekundarstufe I* (Lewandowski / Rosenthal 1976) gliedert sich in 1. Ziele, 2. Inhalte, 3. Methoden. Den genannten 22 Gesichtspunkten werden sogenannte Operationen zugeordnet (z. B. werden zum Gesichtspunkt 'Ziele' die Operationen 'Die für die einzelnen Lernziele angeführten Begründungen angeben' und 'Die Überprüfbarkeit der Lernziele einschätzen' genannt); diese werden durch mögliche Zuordnungen / Bewertungen erweitert, sodass der Beurteilende eine Vorstellung von der Ausprägung der Kategorie bekommt, wenn er sich die Beispiele im Bereich Zuordnungen ansieht, die zugleich als Formulierungshilfe zu verstehen sind.

Das Raster ist also gut handhabbar. Allerdings ist es heute nur noch bedingt einsetzbar, denn aufgrund seiner Entstehungszeit in den 70er Jahren liegt ein inhaltlicher Schwerpunkt auf der Erhebung der dem Sprachbuch zugrunde liegenden Grammatiktheorie; von den inhaltlichen Operationen widmen sich nur zwei dem Bereich Textanalyse; die Textproduktion taucht als Gegenstand der Analyse nicht auf; Fragen zur Methode erscheinen unter Punkt 3 ebenfalls nur nachgeordnet.

Bei der Darstellung der Analyseelemente für die Analyse von Fibeln strebt Conrady (1995) es an, alle Aspekte zu berücksichtigen und legt dabei Wert auf die Benutzbarkeit. Das Raster ist in die Felder Lesen, Inhalte, Sprache, Zusatzmaterialien und Bild und Text eingeteilt und besteht aus einer noch übersichtlichen Anzahl von Analysefragen. Durch die Mischung aus übergreifenden Fragen und Detailfragen wird die Lehrperson zu einer vielschichtigen Beurteilung der Fibel kommen und u. U. über eigene Zuneigungen und Abneigungen informiert. Formal sind verschiedene Fragetypen (offene Fragen, Ja-Nein-Fragen) festzustellen, sodass eine Systematisierung von Ergebnissen und der Vergleich von

Analysen zu verschiedenen Sprachbüchern im größeren Rahmen anhand dieses Rasters sehr aufwändig wäre.

Khadjehzadeh erstellt ein ausführliches Raster zur wissenschaftlichen Analyse von Sprachbüchern der Sek I, die Ende des 20. Jahrhunderts erschienen sind. Vier Schwerpunkte sind zu unterscheiden:

- formbezogene Kriterien,
- didaktische Konzeption,
- Reflexion über Sprache und
- Kommunikationslehre.

Zu jedem dieser Schwerpunkte wird ein ausführlicher Fragenkatalog, der zuvor theoretisch entwickelt wurde, erstellt. Auch bei diesem Raster liegen die Fragen in gemischter Form vor, d. h. dass W-Fragen mit Ja-Nein-Fragen wechseln. Wie die Ausarbeitung von Khadjehzadeh zu verschiedenen Sprachbüchern zeigt, dienen die Fragen eher als Richtlinien, die bei der Beschreibung des Lehrwerkes nicht im einzelnen beantwortet werden, sondern in einem zusammenhängenden Text berücksichtigt werden sollen. Dieses Raster hat demnach eine völlig andere Funktion als die zuvor genannten.

Anhand des Vergleichs von Rastern wird ein durchgängiges Problem der Schulbuchforschung deutlich: das Changieren zwischen Wissenschaftlichkeit und Nutzen für den Praktiker. Je differenzierter und wissenschaftlicher ein Raster ist, desto weniger ist es für den Praktiker geeignet (vgl. Fritzsche 1992, S. 14). Dass es Ende der „90er Jahre in der Deutschdidaktik immer noch kein einheitliches und vielerseits anerkanntes, über individuelle (und institutionelle) Interessen hinausgehendes Raster zur Beurteilung von Sprachbüchern gibt" (Khadjehzadeh 2002, S. 111), ist demnach auch darauf zurückzuführen, dass sich die Arbeit mit einem Raster schwieriger darstellt als erwartet. Im Fach Deutsch ist die Lage besonders komplex, weil es mit Sprachbüchern, Lesebüchern und integrativen Unterrichtswerken drei verschiedene Typen von Deutschbüchern gibt, die bei der Analyse gesondert zu berücksichtigen wären.

Als Produkte einer Schreibtischevaluation können auch die Textsorte 'Rezension' und die zu Sprachbüchern vorliegenden Typologien betrachtet werden. Rezensionen erfüllen eine wichtige Funktion für Lehrerinnen und Lehrer, die sich schnell über die Neuerscheinungen von Schulbüchern informieren wollen. Der Mangel an wissenschaftlichen Untersuchungen zum Sprachbuch wird zudem ansatzweise durch die Rezensionen kompensiert. Ein Großteil der bislang vorliegenden Schreibtischevaluationen sind allerdings als sogenannte 'Aspektanalysen' (vgl. Weinbrenner 1992) einzuordnen. Sie beschäftigen sich mit einem Aspekt wie z. B. der Darstellung der Rolle der Frau im Sprachbuch.

1.3.2 Wirkungsevaluation

Die Wirkungsevaluation des Sprachbuchs steht noch weitgehend aus. Bei der Analyse sollte zwischen verschiedenen Personengruppen unterschieden werden, auf die ein Schulbuch wirkt (vgl. Weinbrenner 1992).

- Wirkung des Schulbuchs auf Schülerinnen und Schüler

- Wirkung des Schulbuchs auf Lehrpersonen

- Wirkung des Schulbuchs auf die Öffentlichkeit (Eltern, gesellschaftliche Gruppen, Einfluss der Gruppen auf Lehrpersonen, auf die Kultusbürokratie)

- Wirkung des Schulbuchs auf internationale Beziehungen (Darstellung anderer Länder und Kulturen; Weltoffenheit, Toleranz und Völkerverständigung, aber auch: Vorurteile, Feindbilder).

Liegt der Fokus der Wirkungsevaluation auf Schülern und Lehrern, kann die Analyse als Beitrag zur Unterrichtsforschung verstanden werden. Die sehr aufwändig gestaltete Studie zu Schulbüchern im Sachkundeunterricht (Rauch / Wurster 1997), bei der die Verwendung von Schulbüchern mithilfe von Lehrerfragebögen sowie durch Datenerhebungen im Unterricht und Interviews mit Schülern nach der Unterrichtssituation untersucht wurde, wäre hier einzuordnen. Sie füllt die empirische Forschungslücke im Bereich der Wirkungsevaluation aber nicht aus: Höhne kritisiert, dass theoretisch kein Wirkungsbegriff expliziert wurde, mit dem lerntheoretisch relevante, längerfristige Wirkungen bzw. ein tatsächlicher Lernzuwachs untersucht werden konnten (vgl. Höhne 2003). Als grundlegendes Problem bezeichnet Höhne, dass das

> Schulbuchwissen selbst nicht auf seine semantisch-semiotischen Strukturen hin untersucht wird, sondern Kategorien lediglich auf Inhalte angewendet werden (Expertinnenbefragung, Schreibtischevaluation, Schülerbefragung), die als transparent und gleichbedeutend für alle Teilnehmerinnen und Forscher vorausgesetzt werden. Unterschiede in Interpretation und Verstehen, die erst durch die Analyse sprachlich-semiotischer Strukturen auf der Mikroebene deutlich werden, fallen dadurch raus (Höhne 2003, S. 25).

Zur Bestimmung des Schulbuchwissens leistet die Arbeit von Höhne einen enormen Beitrag, der als Grundlage einer Wirkungsevaluation genutzt werden kann. Für künftige Forschungsarbeiten besteht der Anspruch, das Lehrerwissen bzw. Schülerwissen vom Schulbuchwissen zu trennen, was eine methodische Herausforderung darstellt. Allerdings fehlen auch deskriptive Arbeiten, die Auskunft über den Einsatz von Sprachlehrwerken geben, wie z.B. Fragen nach der Auflage von eingesetzten Büchern, nach der Verwendung von Lehrerbänden und Verbrauchsmaterialien.

2 Didaktische Diskussion

2.1 Kurzer Abriss zur Geschichte des Sprachbuchs und seiner Kritik

2.1.1 Einleitende Bemerkungen

Die Geschichte des Sprachbuchs zeigt, dass seine Konzeptionen von der jeweils aktuellen Strömung der Sprachwissenschaft abhängig waren, was dazu führte, dass im Laufe der Entwicklung verschiedene Bereiche in das Sprachbuch Eingang gefunden haben. Diese Entwicklung soll im Folgenden kurz nachgezeichnet werden, u. a. indem Stimmen zur Kritik von Sprachbüchern aufgegriffen werden.

Während die Lesebuchkritik bereits seit den frühen 1950er Jahren existiert (vgl. Boueke 1979; Merkelbach 1984), setzt eine Sprachbuchkritik erst mit dem Jahre 1970 ein. Dies mag daran liegen, dass das Sprachbuch die Bereiche Grammatik, mündliche und schriftliche Kommunikation und Rechtschreibung zum Gegenstand hat, so dass eine Kritik inhaltlich sehr komplex und gesellschaftlich von nicht so großem Interesse ist wie eine Diskussion von Lesebuchtexten.

Seit den Anfängen der Sprachbuchkritik bezieht sich die Mehrzahl der wissenschaftlichen Analysen auf die mündliche Kommunikation und die Reflexion über Sprache:

> Tatsächlich verhalten sich die Autoren der meisten Analysen so, als seien Sprachbücher nichts weiter als in Unterrichtsmaterialien umgewandelte sprachdidaktische Theorien und als spielten bei dieser Umwandlung die durch das Medium 'Sprachbuch' vorgegebenen Bedingungen keine Rolle (Boueke 1979, S. 418).

Neben den wissenschaftlichen Aspektanalysen gibt es auch Ansätze zu Typologien des Sprachbuchs, die dazu verhelfen können, einen Überblick über die historische Entwicklung der Sprachbuchlandschaft bzw. ihrer gegenwärtigen Lage zu bekommen.

Eine grundlegende, historisch ausgerichtete Typologie zum Sprachbuch stammt von Helmers (1972, S. 103). Er unterscheidet dabei drei historische Ausprägungen:

1. Das Sprachbuch als Grammatik
   Dieses Sprachbuch konzentriert sich auf die Darstellung der auf die deutsche Sprache übertragenen lateinischen Grammatik und wurde nach 1600 geprägt; am bekanntesten ist Johann Christoph Adelungs *Deutsche Sprachlehre für Schulen* von 1781.

2. Das Sprachbuch als Sachbuch
   Das Fundament für Sprachbücher ab 1900 war die Erkenntnis, dass der Sprachunterricht neben der Form auch den Inhalt der Sprache erfassen

müsse. Die entstehenden Sprachbücher sind nach Sachgebieten aufgebaut und stellen inhaltliche Aspekte in den Vordergrund (z. B. Karl Linkes
Sprachlehre in Lebensgebieten von 1913).

3. Das Sprachbuch als Arbeitsbuch des Sprachunterrichts
   Diese nach Helmers jüngste Ausprägung des Sprachbuchs löst das Sprachbuch als Sachbuch ab und folgt in seiner Gliederung den Lernbereichen
   des Sprachunterrichts; es umfasst auch die Rechtschreibung. (z. B:
   Unsere Welt, Sachbuch und Sprachbuch 1967) „Für die *einzelnen* Lektionen dieser Sprachbücher gilt das Prinzip der Verbindung von Inhalt und
   Form: Die sprachliche Form wird in jener inhaltlichen Sprechsituation
   geübt, in dem (sic!) sie kommunikativ vorkommt" (Helmers 1972,
   S. 105).

Diese drei Typen sind bei Helmers chronologisch hergeleitet, können aber auch
als Unterscheidungsgrundlage für derzeitige Sprachbücher gewählt werden.
Gerade in Bezug auf die jüngere Zeit ist die Typologie von Helmers allerdings
kritisiert und ausdifferenziert worden.

Entscheidende Veränderungen in der Entwicklung des Sprachbuchs haben in
den 1960er Jahren begonnen und sollen im Folgenden dargestellt werden:

2.1.2 Traditionelles Sprachbuch und Hinwendung zur Muttersprache

Der Deutschunterricht und die verwendeten Sprachunterrichtswerke waren bis
in die 1950er Jahre stark nach der lateinischen Grammatik ausgerichtet. Mit dem
Erscheinen von Weißgerbers *Tor zur Muttersprache* (1950) findet eine Hinwendung zum Deutschen als Muttersprache statt: Weißgerber propagiert eine
Sprachdidaktik, die „die inhaltlichen Möglichkeiten der Sprache in den Mittelpunkt rückt, ihren Wortschatz, ihre Metaphern und Redewendungen – nicht
jedoch grammatische Regeln und Termini" (Steinig / Hunecke 2002, S. 140).
Glinz und Brinkmann erstellen Grammatiken, die sich den für das Deutsche
typischen Merkmalen widmen; der enge Bezug zwischen Inhalt und grammatischen Formen wird betont. Die inhaltsbezogene Grammatik ist das grundlegende Konzept von Glinz' Sprachbuch *Deutscher Sprachspiegel* (Arnold /
Derlth / Glinz 1966), in dem mit Texten inhaltlich und formal gearbeitet wird;
auch die Arbeit an Wörtern der Gegenwartssprache und an Wortfeldern ist hier
absolut neu.

Die von Glinz in den 1950er Jahren entwickelten Sprachproben (Umstell-,
Ersatz-, Weglass- und Klangprobe), operationale Verfahren, mit denen man u. a.
Satzglieder ermitteln kann, haben eine weitere Veränderung des Grammatik-
unterrichts bewirkt, da sie es dem Schüler ermöglichen, seine Sprache selbst zu
entdecken. Sie sind noch heute in Sprachbüchern zu finden bzw. bilden die
Grundlage eines neueren (umstrittenen) Grammatikkonzeptes (vgl. Menzels
Grammatikwerkstatt von 1999).

In Bezug auf die Funktion von Sprachbüchern in dieser Zeit heißt es bei Hacker:

> Der unterrichtliche Kontext ist zwar im Sprachbuch angelegt, etwa in der Thematik der Einheit bzw. in der Wahl des Sprachfalls, aber er ist im wesentlichen vom Lehrer zu gestalten. *Unterrichtsgestaltung und Sprachbuchbenutzung ergänzten sich* (Hacker 1994, S. 117).

2.1.3 Sprachbücher mit linguistischem Schwerpunkt

Ende der 1960er Jahre setzten im Deutschunterricht Reformbewegungen ein, die unter dem Begriff 'Linguistisierung des Deutschunterrichts' zusammengefasst werden. Durch die Rezeption der Konstituentenstrukturgrammatik und der Generativen Transformationsgrammatik aus den USA entstanden völlig neue Konzeptionen des Grammatikunterrichts, die auf das Lernziel 'kommunikative Kompetenz' ausgerichtet waren. Sie wurden von den Verlagen sehr schnell in neuen Sprachbüchern umgesetzt (z. B. *Sprache und Sprechen, das Klett Sprachbuch)*. Dabei sehen es Sprachbuchautoren als ihre Aufgabe an, die entsprechenden Erkenntnisse der Linguistik umzusetzen, sodass die Sprachbücher als Instrumente der Linguistisierung betrachtet werden können: „Die moderne Sprachdidaktik beruft sich auf die Linguistik als ihre Grundlagenwissenschaft, deren Ergebnisse und Einsichten sie für den Sprachunterricht zu sichten, auszuwählen und schulpraktisch anwendbar umzusetzen hat" (*Sprache und Sprechen 5*, Lehrerband (alt) 1972, S. 9).

Dem Anspruch nach inszeniert *Sprache und Sprechen*

> als Lerninhalte für den mündlichen Sprachgebrauch sowie für die schriftliche Kommunikation solche Situationen, in denen kommunikatives Handeln und die Elemente der Sprechakte für den Schüler erfahrbar werden. [...] Auf der Ebene der Reflexion derartiger Sprachverwendung werden die Schüler zu einer genaueren Analyse z.B. von Sprechakten veranlaßt (Kochan 1975, S. 113).

Anders gesagt: Die Beschreibung und Reflexion sprachlicher Strukturen anhand von Vorgaben der Linguistik steht an erster Stelle, die Übung dieser Strukturen tritt dahinter zurück. Die Wissenschaftsorientierung dieser Sprachbücher führte zu einer „hochgradigen Formalisierung der Sprachbetrachtung und des unterrichtlichen Vorgehens" (Reuschling 1980, S. 26). Reuschlings Untersuchung von Sprachbüchern dieser Phase ergibt, dass Kommunikation nicht die Bezugsebene aller Lernfelder des Sprachunterrichts ist, sondern diesem additiv beigegeben. Es gehe um das Einüben isolierter Sprechhandlungsweisen und/oder das analytische Betrachten elementaristisch beschriebener Kommunikationsfaktoren, bei dem der situative Bezug sprachlichen Handelns gar nicht oder nur schwach zum Ausdruck komme (vgl. Reuschling 1980).

Nach einer begeisterten Aufnahme der Sprachbücher dieser Phase gab es von Lehrerseite bald Kritik, die an mehreren Stellen ansetzte: Die Sprachbücher stellen eine reine Umsetzung der linguistischen Ansätze dar, ohne diese methodisch aufzubereiten. Auch erfüllt sich nicht die Hoffnung, dass Schüler anhand von Satzbaumodellen zum abstrakten Denken hingeführt würden; der eingeschlagene Weg des Grammatikunterrichts ist nicht praktizierbar, weil er die Schüler nicht erreicht und nicht zu einer Verbesserung ihrer kommunikativen Kompetenz beiträgt. Dies liegt auch daran, dass durch die Linguistisierung die Inhalte der Sprache aus dem Blick geraten, dass Äußerungen nur für formale Operationen benutzt, nicht aber in ihrem funktionalen Zusammenhang betrachtet werden. Außerdem erweist es sich für die Lehrpersonen aufgrund ihrer Ausbildung unmöglich, die abstrakten Inhalte zu vermitteln.

Die wissenschaftliche Kritik der Sprachbücher bezieht sich vor allem auf die Umsetzung der linguistischen Modelle:

> Die Hektik, mit der die Verlage wegen der sich eröffnenden Marktchance die Autoren zur Produktion linguistisierter Sprachbücher veranlasst hätten, sei mit einem dilettantischen Umgang mit der neuen Linguistik und mit linguistisch gesehen inkonsistenten und widersprüchlichen Konzepten bezahlt worden (Boueke 1979, S. 431).

Hacker weist darauf hin, dass in dieser Zeit neben den Inhalten auch die Entwicklungsmodi und das didaktische Design der Schulbücher einer Änderung unterworfen wurden. Am Beispiel von *Sprache und Sprechen* zeigt er, dass das Schulbuch zum „Steuerungsinstrument des Unterrichts aufgestiegen ist" (Hacker 1994, S. 123). Aus dem Schülerbuch sei „Anregungspotential für den Lehrer" geworden.

2.1.4 Kommunikationsorientierte Sprachbücher

Ausgelöst durch Bernsteins Thesen vom restringierten und elaborierten Code, basierend auf Untersuchungen in England (Ende der 1960er Jahre), begann in Deutschland die Debatte um die Sprachbarrieren. Die nun verstärkt soziolinguistische Forschungsperspektive führte zu einem Umdenken in der Sprachdidaktik und zielte auf eine Erklärung der sozial bedingten Unterschiede im sprachlichen Verhalten, was sich auch in neuen Richtlinien niederschlug. Diese sogenannte 'kommunikative Wende' im Sprachunterricht bedeutete eine erneute Hinwendung zur Kommunikation und zugleich ein Infragestellen der Beschäftigung mit Grammatik, weil man der Überzeugung war, dass die Kenntnis von Grammatik keinen unmittelbaren Nutzen für die sprachliche Kompetenz der Schüler habe.

Exemplarisch für die kommunikationsorientierten Sprachbücher ab Mitte der 1970er Jahre können die Sprachbücher *Sprachprojekte* (Westermann 1974), das *Sprachbuch Sekundarstufe I* (Diesterweg 1975) und *Praxis Sprache* (Westermann 1977) genannt werden (vgl. Lesch 1998, S. 134–137). Gemeinsam ist diesen Büchern, dass sie versuchen, Sprachhandlungssituationen zu präsentieren, anhand derer die Schüler sprachlich aktiv werden können. Damit soll das Ziel, die Verbesserung der kommunikativen Fähigkeiten, erreicht werden; zugleich bzw. im Anschluss soll eine Analyse der Situationen erfolgen, die den Schüler zu metasprachlichen Äußerungen befähigt.

Das Buch *Sprachprojekte* hatte zwar die Gliederung nach Lernbereichen beibehalten, zeichnet sich aber besonders durch zwei Projektteile aus, die den Schülern Gelegenheit bieten, in 'realen Sprachsituationen' Sprache zu gebrauchen. Der Fortschritt von *Sprachbuch Sekundarstufe I* besteht nach Lesch zum einen darin, dass es eine konsequent durchgehaltene Grundstruktur besitzt, nämlich die Konstituierung von Einheiten, die sich an Sprechakten orientieren, zum anderen in seiner integrativen Struktur (Lesch 1998, S. 135). *Praxis Sprache* steht nach Leschs Einteilung als Beispiel für eine Gruppe von Sprachbüchern, die zwar traditionell angelegt sind, aber Elemente aus der fachdidaktischen Diskussion aufnehmen, wie etwa Projekte oder einen Teil mit Kommunikationssituationen.

Die Kritik an diesen Sprachbüchern bezieht sich vor allem auf die Behandlung der Grammatik. Sie spielte nach wie vor eine große Rolle, wurde aber in die kommunikativen Zusammenhänge eingebettet.

Im Blick auf dieses grammatische Verfahren ist zu fragen, ob eine Integration der Grammatik, wie sie hier versucht wird, im Vergleich zum Lehrgang tatsächlich das unzweifelhaft bessere didaktische Konzept ist und ob nicht möglicherweise die Gefahr besteht, daß die grammatischen Analysen entweder die kommunikativen Bezüge völlig in den Hintergrund treten lassen oder ihnen künstlich aufgepfropft erscheinen (Boueke 1979, S. 435).

2.1.5 Situationsorientierte Sprachbücher

Auch die Sprachbücher der späten 1970er und der 1980er Jahre sind dem Lernziel Kommunikation verpflichtet; sie stellen insofern eine Weiterentwicklung der kommunikationsorientierten Sprachbücher dar, als sie das Prinzip der Situationsorientierung (vgl. Boettcher / Sitta 1979) betonen. Grundlage sind Situationen, die 'sprachhandlungsträchtig' sind, in denen also partnerbezogen und interaktiv gehandelt werden kann (vgl. Klein 1984, S. 276). Eine theoretische Fundierung der Auswahl solcher Situationen wird nach Klein aber nicht vorgenommen.

Der situative Ansatz in Sprachbüchern lässt sich nach der Typologie von Klein dahingehend gliedern, ob von realen oder von fiktiven Situationen ausgegangen wird. Die realen Situationen laufen auf eine Projektkonzeption des Unterrichts hinaus und lassen die Frage nach der Funktion des Sprachbuchs im Unterricht aufkommen. Denn ein „Sprachbuch, das auf Projekte ausgerichtet ist, unternimmt den paradoxen Versuch der 'Planung des Nichtplanbaren'" (Klein 1984, S. 278). Wenn die Materialien des Sprachbuchs aber nur noch als unverbindliche Angebote deklariert werden, kann der Lehrer keinen planvollen Unterricht mit Hilfe des Sprachbuchs mehr durchführen. Aus diesem Grund gab es auch Sprachdidaktiker, die auch die fiktive Situation als Sprachlernsituation für den Unterricht rechtfertigten.

Bei den Sprachbüchern, denen die Arbeit mit fiktiven Situationen zugrunde liegt, unterscheidet Klein zwischen einem Lernbereichskonzept und einem integrativen Konzept. Sprachbücher, die nach dem Lernbereichskonzept aufgebaut sind, weisen eine Gliederung streng nach Lernbereichen auf (z. B. *Wir sprechen – Wir schreiben – Wir lesen*, Sprachbuch für die Grundschule, Diesterweg 1973; *Sprache und Sprechen*, Schroedel 1971, Neubearbeitung 1979). Klein nennt als Vorteile einer solchen Gliederung die Übersichtlichkeit, die Anordnung der Lernbereiche nach zunehmender Komplexität und die Möglichkeit für die Lehrperson, selbst zu strukturieren und die Lernbereiche aufeinander zu beziehen.

Dabei muss eingeräumt werden, dass die Unterscheidung der Lernbereiche nur ein Mittel ist, um den Komplex des Faches 'Sprache' zu gliedern und damit umzugehen. Der Schüler kann u. U. die einzelnen Bereiche nicht aufeinander beziehen und gewinnt nur „Teil-Einsichten". Es kann demotivieren, wenn die einzelnen Bereiche „lehrgangsmäßig" behandelt werden.

Das integrative Konzept untergliedert Klein danach, ob es nach den Funktionen sprachlichen Handelns (Sprachfunktionskonzept) oder nach den Erfahrungen der Schüler (Erfahrungsbereichskonzept) aufgebaut ist. Das Sprachfunktionskonzept richtet sich sprachtheoretisch an den Grundfunktionen der Sprache aus und liegt zum Beispiel vor in *Thema: Sprache* (Hirschgraben); folgende Gliederung findet sich für das 6. Schuljahr: „Auffordern – sich zu Aufforderungen stellen, Fragen stellen – Antworten geben; Etwas wissen – Aussagen prüfen; Gefühle ausdrücken – Gefühle erkennen; Rechtschreibung: Übungsteil".

Im Grundschulbereich dominiert demgegenüber die Gliederung nach dem Erfahrungsbereichskonzept, sodass Situationen wie „Im Schwimmbad, Im Zoo, Karin wünscht sich einen Hund, Mit dem Fahrrad zur Schule" (*Sprachbuch Deutsch 2*, Westermann) den Ausgangspunkt der integrierten Anlage bilden.

Zusammenfassend stellt Lesch für die Neuauflagen der älteren Sprachbücher Ende der 1970er Jahre und für die neuen Sprachbücher der 1980er Jahre fest, dass sie situationsorientiert-integrativ angelegt sind, sodass die Lehrgangssystematik in den Hintergrund tritt. Eine Orientierung an wissenschaftlichen Grammatikmodellen ist nicht mehr vorhanden; das Grammatikproblem tritt überhaupt zurück.

2.2 Aspekte der gegenwärtigen Sprachbuchlage

Für die Sprachbücher der 1990er Jahre gilt, dass die Dominanz der Kommunikation abnimmt. Stattdessen werden Methoden und Inhalte der traditionellen

Grammatik wiederbelebt, eine Zunahme von Grammatik und Rechtschreibung sowie vermehrter Übung und Anwendung ist zu beobachten (vgl. Lesch 1998). Reuschling stellte bereits für die Sprachbücher der 1980er Jahre eine gewisse Reformmüdigkeit fest, die sich darin niederschlägt, dass Altbewährtes nun in neuem methodischen Gewand erscheint (vgl. Reuschling 1987). Im Zusammenhang mit den Entwicklungen Ende der 1990er Jahre liegt der Akzent auf der Methodik (vgl. Pfaff 2003); „Lehrer verlangen das motivierend aufgemachte, nach Phasen, Formen und Lernanstößen vollständig durchstrukturierte Unterrichtsmedium" (Lesch 1998, S. 140).

Diese Feststellungen lassen sich mit Einschränkungen auch für die ersten Jahre des neuen Jahrtausends bestätigen, zugleich zeichnen sich die aktuellen Lehrwerke durch eine verstärkte Schülerorientierung aus, die auf einen weiteren Wandel in der Benutzung von Unterrichtswerken hindeutet. Als Typen von Sprachunterrichtswerken können nach wie vor die reinen Sprachbücher von den integrierten Sprach- und Lesebüchern unterschieden werden:

2.2.1 Reine Sprachbücher

Die reinen Sprachbücher unterscheiden sich im Hinblick auf die Themen, die ausgewählt werden, sowie auf die Gewichtung der Lernbereiche: Es gibt die Konzeption, die sich streng an den Lernbereichen 'Reflexion über Sprache', 'mündliche und schriftliche Kommunikation' (bzw. 'Sprechen und Schreiben') und 'Umgang mit Texten' orientiert. (z. B. *Deutschstunden. Sprachbuch, Neue Ausgabe, Cornelsen* 1998). Allerdings weicht diese strenge Gliederung mehr und mehr auf und neben den lernbereichsorientierten Kapiteln werden auch solche angefügt, die sich auf das Schreiben einer schulischen Textsorte beziehen (z. B. Inhaltsangabe) und solche, die inhaltlich orientiert sind, wie z. B. 'Theater' oder 'Medien' (vgl. *Verstehen und Gestalten,* Oldenbourg 1992). In *Wortlaut* (Buchner 1998) wird der Lernbereich 'Reflexion über Sprache' als solcher beibehalten, die mündliche und schriftliche Kommunikation wird in Sprachhandlungen wie Berichten, Beschreiben, Argumentieren und Erörtern unterteilt. Auch Projektkapitel lockern die Einteilung auf (z. B. *Unsere Muttersprache,* Volk und Wissen 2001).

Andere Sprachbücher lassen von der Konzeption kein strenges Prinzip erkennen: In *Werkstatt Sprache* (Oldenbourg 1995) gibt es z. B. die Bereiche 'Sprachbetrachtung und Grammatik' sowie 'Mit Texten umgehen', daneben eine Sprachhandlung ('Informieren') und das Kapitel 'Umgang mit anderen' sowie 'Mit Sprache kreativ umgehen'. Auch die an ein Spiralcurriculum angelehnte Gliederung liegt vor (vgl. *Sprachschlüssel,* Klett 1993). In vier Kapiteln taucht das Erzählen (Erzählen I-IV), in drei 'Beschreiben / Informieren' auf, jeweils wird auf bereits Behandeltem aufgebaut.

Für alle Sprachbücher gilt, dass das Thema 'Rechtschreibung' als ein eigenes Kapitel angefügt wird. Auch die Behandlung von literarischen Texten hat (erneut) Einzug in die Sprachbücher gefunden. In *Wortlaut* (Buchner) gibt es ein Kapitel 'Umgang mit Literatur'; im Sprachbuch *textnah* (Klett) existiert ein Materialteil, in dem zu den Texten der einzelnen Arbeitsschwerpunkte jeweils literarische Texte ergänzt werden. In nahezu allen Sprachbüchern findet sich, dem Lehrplan entsprechend, auch ein Kapitel, in dem es um das Lesen und Vorstellen eines Jugendbuchs geht. Dieser Sachverhalt deutet darauf hin, dass Annäherungsprozesse zwischen Sprach- und Lesebüchern stattfinden, die zur Folge haben können, dass Lehrpersonen sich zunehmend für ein Sprachbuch entscheiden und auf das Lesebuch verzichten (vgl. Schober 2003).

2.2.2 Integrierte Sprachlehrwerke

Der Begriff 'Integration' kann in mehrere Richtungen ausgelegt werden (vgl. Klotz 2003). Zum einen ist der fächerverbindende Unterricht gemeint. In diesem Sinne sind zum Beispiel Grundschullehrwerke (z. B. *Lollipop. Sprach-Sach-Buch*, Cornelsen 2001) angelegt, in denen das Fach Sachunterricht mit dem Fach Deutsch verbunden wird.

Im Zusammenhang mit der Diskussion über Unterrichtswerke im Fach Deutsch wird unter Integration aber das Zusammenspiel der Lernbereiche innerhalb des Faches verstanden. In integrativen Lehrwerken sollen die verschiedenen Lernbereiche, und damit Lese- und Sprachbuch, verbunden werden. Im engeren Sinne geht es bei der Integration allerdings wesentlich um das Verhältnis des Lernbereichs 'Reflexion über Sprache' (und in Maßen auch der Rechtschreibung) zu den anderen Lernbereichen. Ursprünglich sollte nach Klotz durch die Integration der „Gebrauchswert" des Grammatikunterrichts gerechtfertigt werden (Klotz 2003, S. 46f.).

Das aus den 1970er Jahren stammende *Lesen, Darstellen, Begreifen* (Cornelsen) hat in einer Neubearbeitung auch Ende der 1990er Jahre noch eine enorme Bedeutung. Es ist eines der frühen integrierten Unterrichtswerke, die die Lernbereiche verschiedenen Themenkreisen unterordnen. Aufgrund seiner Konzeption und wegen seiner Textlastigkeit hat dieses Werk Lesebuchcharakter; die Integration kann innerhalb der Themenkreise eher als additiv bezeichnet werden.

Die integrierten Werke jüngerer Zeit (in den 90ern z. B. *Deutschbuch*, Cornelsen 1997 und *Tandem*, Schöningh 1996, *Deutsch in . . .*, Schöningh 1997; für die ersten Jahre des Jahrtausends: *deutsch.de*, Oldenbourg 2001 und *D. Arbeitsbuch für den Sprach- und Literaturunterricht*, Schöningh 2003) zeichnen sich dadurch aus, dass sie im Hauptteil nach Unterrichtseinheiten gegliedert sind. Diese Einheiten orientieren sich an einem Themenschwerpunkt, der meistens gesellschaftspolitisch oder sozial motiviert ist (z. B. 'Freundschaft' (*Deutschbuch*), 'Zusammen leben' (*Tandem*), oder 'Du und ich und ihr und wir' (*D5*).

Innerhalb einer thematischen Einheit werden anhand verschiedener Textgattungen, Arbeitsaufträge und Hinweise die verschiedenen Lernbereiche angesprochen und miteinander verzahnt. Um die Lehrplananforderungen übersichtlich zu gestalten und die behandelten Lernbereiche innerhalb der Kapitel im Einzelnen zu kennzeichnen, werden von den Verlagen verschiedene Prinzipien gewählt: Den verschiedenen Lernbereichen sind Farben oder Buchstaben zugeordnet, oder am Schluss des Buches erscheint eine Übersicht, die Texte und Kapitel den Lernbereichen in einer Tabelle zuweist.

Um den Lernstoff für die Schüler übersichtlich darzustellen, wurde für die meisten integrativen Lehrwerke ein Systemteil konzipiert, in dem man grammatische Themen und Kennzeichen literarischer Gattungen oder schulischer Aufsatzarten nachschlagen kann.

Das Prinzip der hier verwirklichten Integration ist von Seiten der Fachdidaktik umstritten: Fingerhut stellt z. B. die Frage, ob in integrierten Unterrichtseinheiten noch eine literarische Grundbildung erworben werden kann (vgl. Fingerhut 2003). In Bezug auf die Integration von Grammatik muss festgehalten werden, dass nicht alle Aufgaben über die traditionellen Aufgaben des Grammatikunterrichts hinausgehen bzw. dass sie nicht funktional sind. Eine Durchsicht der integrierten Werke macht deutlich, dass der Lernbereich 'Reflexion über Sprache' sich schlecht integrieren lässt bzw. dass eine Integration hier nicht immer sinnvoll ist. Dies zeigt sich daran, dass bei bestimmten grammatischen Themen das Lehrgangsprinzip in diesen Büchern wieder aufgenommen wird (vgl. Bremerich-Vos 2003).

Demgegenüber scheint der Lernbereich 'Produktion von Texten' von der Integration der Lernbereiche eher zu profitieren. Durch die Einbettung in Lebenszusammenhänge und das Parallellesen von literarischen Texten und Sachtexten ist ein Aufsatzunterricht, dem es nur um das Reproduzieren schulischer Textsorten ging, nicht mehr haltbar.

Bezeichnend für die neuen integrierten Werke ist trotz des thematischen Zusammenhangs der Einheiten eine Bruchstückhaftigkeit im Detail. Je nach Verlag gibt es Autorenkästen, Zusatzinformationen, Hilfskästen, Arbeitshilfen, Tipps (in *deutsch. de* sogar zusätzliche Kästen mit Übungswörtern für die Rechtschreibung), die ein lineares Lesen der Unterrichtswerke verhindern. Fingerhut macht eine erneute Hinwendung zu dem dynamischen Wissensbegriff, der auf lernpsychologischen Erkenntnissen beruht und sich inzwischen in den Lehrplänen niederschlägt, für die Veränderungen in Lehrwerken verantwortlich: Lernen ist erfolgreicher, wo es sich mit bereits Gelerntem verbinden lässt, wenn es einen Lebensbezug hat, wenn es selbstverantwortlich geschieht und wenn es an die Problemlösekompetenz gekoppelt ist (vgl. Fingerhut 2003, S. 75).

Die genannten Kästchen, Checklisten und Symbole der integrierten Sprachunterrichtswerke und der reinen Sprachbücher weisen auch auf den aktuellen Schwerpunkt 'Methodenkompetenz' hin. Einzelne Kapitel werden verschiedenen Methoden gewidmet, es wird darauf Wert gelegt, dass der Schüler sich im Laufe der Arbeit mit dem Lehrwerk durch ein ausgearbeitetes Methodencurriculum eine gewisse Methodenkompetenz, auch im Umgang mit Neuen Medien, aneignet. Methoden sind inzwischen auch Bestandteil der Systematiken, die sich in früheren Lehrwerken nur auf die Aufsatzarten und grammatischen Inhalte bezogen hatten.

Wie zu erwarten war, ziehen die neuesten Unterrichtswerke bzw. die Neubearbeitungen der Unterrichtswerke der 1990er Jahre Konsequenzen aus dem schlechten Abschneiden Deutschlands in der PISA-Studie: Die Förderung der Lesekompetenz nimmt an Bedeutung zu, was sich auch an neuen bzw. bisher ungebräuchlichen Aufgabentypen wie Multiple-choice-Aufgaben ablesen lässt (vgl. z. B. *D5*, Schöningh 2003).

Zwar ist in vielen Sprachunterrichtswerken oder in den entsprechenden Lehrerhandbüchern ein Angebot zur Differenzierung vorhanden; aber nur selten wird auf die Bedürfnisse von nicht-muttersprachlichen Schülerinnen und Schülern eingegangen. Eine Ausnahme bildet hier das Lehrwerk *Doppel-Klick* (Cornelsen), das dem Anspruch nach für nicht-homogene Lerngruppen konzipiert wurde und die Methodik für „Deutsch als Zweitsprache" aufgreift. Zu diesem Unterrichtswerk liegen verschiedene Arbeitshefte zur Differenzierung vor; auch das interkulturelle Lernen ist ein Anliegen.

2.2.3 Lernmaterialien im Umkreis von Sprachunterrichtswerken

Im Zusammenhang mit dem methodisch ausgerichteten Sprachbuch kann die „Wiederentdeckung von Lernmaterialien" (Pfaff 2003, S. 62) beobachtet werden. Neben Arbeitsheften zu Sprachbüchern wären hier Sprachübungsbücher, Freiarbeitsmaterialien und Lernsoftware zu nennen. Die Arbeitshefte sind in der Regel lernbereichsorientiert und als Verbrauchsmaterialien konzipiert, sodass sie auch bei Lehrmittelfreiheit von den Schülern selbst angeschafft werden müssen. Bei manchen Sprachbüchern können die Arbeitshefte nur im Zusammenhang mit dem Schülerband benutzt werden, bei anderen ist der vom Schülerband unabhängige Einsatz möglich. Dies kann im Extremfall dazu führen, dass von der Lehrperson auf die Anschaffung des Schülerbandes verzichtet wird und das Arbeitsheft als alleiniges Arbeitsmittel für den Unterricht dient.

In jüngster Zeit werden die Sprachbücher zunehmend mit Lernsoftware oder mit zusätzlichen Materialien, die aus dem Internet bezogen werden können, ausgestattet. Inhalte solcher Materialien sind vornehmlich grammatische Übungen und Übungen zur Rechtschreibung. Pfaff unterscheidet zwei Typen von Lernsoftware (Pfaff 2003, S. 662 f.): Unter der 'Vormittagsversion' versteht er Angebote, die die Sprachunterrichtswerke ergänzen (*Deutschbuch interaktiv* 2003 ergänzt z. B. das *Deutschbuch* 1997). Andere Versionen richten sich auf dem 'Nachmittagsmarkt' an die Eltern und sind unabhängig von Unterrichtswerken konzipiert. Kritisch wäre zu diesen Angeboten anzumerken, dass die „visuelle Gestaltung vor der fachdidaktischen Fundierung" steht (Pfaff 2003, S. 663).

Der folgende Auszug aus einer Handreichung für den Unterricht zeigt, dass ein Einsatz der Neuen Medien eine Aufhebung der im Schülerbuch verwirklichten Integration nahe legt:

> *Deutschbuch interaktiv* versucht durch das Prinzip des vernetzten multimedialen Lernens den Deutschunterricht dort motivierend zu befördern, wo gewöhnlich bei den Schülerinnen und Schülern nur ein geringes Engagement und wenig Eigenaktivität bestehen: wenn es um notwendig einzuübende Fertigkeiten in Rechtschreibung, Grammatik und Textarbeit geht und – im Zusammenhang damit – um die Erarbeitung von formalen Strukturen und deren automatisierte Anwendung. […] In einem komplexen Netzwerk von Texten, Trainieren, Recherchieren und Anwenden entsteht eine Motivationsdynamik, die auf Seiten der Schülerinnen zu einem selbst organisierten und erfolgsorientierten Handeln führt und auf Seiten der Lehrkraft Freiräume bietet, nun in einer Rolle als Coach und Lernberater/in zukunftsweisende Formen von Unterricht zu erproben. (*Deutschbuch interaktiv*, Handreichung für den Unterricht, Berlin 2003, S. 7f.).

In Bezug auf Materialien, die aus dem Internet heruntergeladen werden können, ist ebenso zu unterscheiden zwischen solchen, die in Bezug zu einem Unterrichtswerk stehen, und freien Materialien. In vielen Fällen kann allerdings noch nicht davon gesprochen werden, dass man bei der Konzeption das Medium Internet berücksichtigt. Allzu oft werden Arbeitsblätter angeboten, die nur auszudrucken und dann wie gedruckte Verbrauchsmaterialien zu verwenden sind.

Unabhängig von Sprachunterrichtswerken wird im offenen Unterricht auch mit Freiarbeitsmaterialien (auch „Arbeitsmittel", Süselbeck 2001, S. 17) gearbeitet, die entweder von Verlagen gestaltet werden oder von Lehrpersonen selber entwickelt werden. Freiarbeitsmaterial ist selten im Sprachbuch angelegt, da diese Form des selbstbestimmten Lernens durch andere Formen angeregt werden soll; außerdem spielen praktische Gründe (größere Formate, Spielsteine) eine Rolle. Die Arbeitsmittel können in allen Phasen des Lernprozesses eine Rolle spielen und bieten vor allem die Möglichkeit zur Differenzierung (Süselbeck 2001, S. 16). Neuere Unterrichtsformen wie Werkstattarbeit oder Stationslernen haben zu Arbeitsmittel(über)häufung geführt, sodass „die Zurücknahme von Lehrerdominanz […] häufig nicht zur wünschenswerten Schülerorientierung, sondern zur Multimediaschau oder Arbeitsblattzentrierung [führt]" (Süselbeck 2001, S. 16). Die von den Verlagen verbreiteten Freiarbeitsmaterialien weisen unter fachdidaktischer Perspektive noch erhebliche Mängel auf; Fix vermutet, dass

> Freiarbeitsmaterialien in den Verlagen zwar mit pädagogischer Erfahrung, aber nicht unter Einbezug der aktuellen fachdidaktischen Diskussion entwickelt [werden], so dass auf diesem Weg wieder Konzeptionen, Inhalte und Methoden in den Schulen rehabilitiert werden könnten, die in der Fachdidaktik längst verworfen sind. (Fix 1997, S. 13)

Unter 'Sprachübungsbüchern' sind solche Werke zu verstehen, die ohne Genehmigung im Unterricht zur Wiederholung oder Vertiefung eingesetzt werden können (vgl. Pfaff 2003, S. 662). Als ein zunehmender Marktbestandteil sollten außerdem die Lernmaterialien für die Hand des Schülers Erwähnung finden: Verschiedene Verlage geben Hefte heraus, in denen der laut Lehrplan vorgegebene Unterrichtsstoff einer oder zweier Jahrgangsstufen aufbereitet wird. Diese Hefte (z. B. *Mentor Lernhilfe*, Mentor Verlag München) sind nach Lernbereichen gegliedert und haben Lehrgangscharakter. Aus der hohen Auflage und Ausdifferenzierung des Marktes auf diesem Gebiet kann geschlossen werden, dass Schüler von sich aus und zum Zweck des Lernens für Prüfungssituationen eher zu solchen Werken greifen. – Aber auch Lehrpersonen bedienen sich dieser Materialien und bringen sie als Kopien in den Unterricht ein. (Hier müsste die noch ausstehende Wirkungsevaluation genauere Hintergründe liefern.).

3   Unterrichtspraktische Überlegungen und Hinweise

3.1 Funktionen und Verwendungsweisen des Sprachbuchs

Die Funktionen des Sprachbuchs lassen sich unter curricularen, medialen und methodischen Gesichtspunkten beschreiben (vgl. Baurmann / Hacker 1990):

Da das Sprachbuch die Lernbereiche gliedert, die Inhalte des Lehrplans aufbereitet und systematisiert, stellt es für die Lehrperson eine enorme Arbeitsentlastung dar. Im Idealfall dient das Sprachbuch zur Vergegenwärtigung von Inhalten, die nicht einfach zur Verfügung zu stellen sind („Repräsentationsfunktion" nach Hacker 1980, S. 14). Mit einer ansprechenden Gestaltung kann es zur Motivierung der Schülerinnen und Schüler beitragen; durch verschiedene Aufgabentypen hilft es der Lehrperson auch bei der Differenzierung. Mit Hilfe des Sprachbuchs kann geübt und kontrolliert werden.

Das Sprachbuch kann auch als „Didaktischer Mittler" (Lesch 1998, S. 127), nämlich als Vermittler zwischen Fachdidaktik und Unterrichtspraxis, betrachtet werden, da es Lücken in der Ausbildung von Lehrerinnen und Lehrern kompensiert bzw. diese durch Umsetzung neuer fachdidaktischer Erkenntnisse beständig weiterbildet.

In Bezug auf die Theorie der Verwendung des Sprachbuchs kann folgende Entwicklung nachgezeichnet werden: Aufgrund einer mediendidaktischen Analyse stellen Baurmann / Hacker fest, dass an das Sprachbuch verschiedene didaktische Funktionen delegiert werden, die das Sprachbuch als Lern- und Lehrmedium zugleich qualifizieren. Der Tendenz nach sei das Schülerarbeitsbuch von einst aber auf dem Weg zum Curriculum-Material, wobei die Aufwertung zum Lehrmedium eine gleichzeitige Abwertung des Lernmediums bedeute, da „die an den Lehrer gerichteten Texte im Unterricht nicht einsetzbar sind" (Baurmann / Hacker 1990, S. 31).

Die unter Kapitel 2.2 aufgezeigten neueren Entwicklungen der Sprachunterrichtswerke laufen aber auf eine verstärkte Schülerorientierung hinaus, was wiederum die Verwendung des Sprachbuchs als Lernmedium stärkt. Denn für den Schüler ist das Buch dann relevant, wenn es Möglichkeiten zum Selbstlernen, Üben und Wiederholen bietet. Gerade in den ausführlichen Systematiken, den zahlreichen Merk- und Hilfskästen sowie den Begleitmaterialien wird eine Orientierung zum Schüler hin deutlich.

Auf einer anderen Ebene kann zwischen einem unterrichtsleitenden und einem unterrichtsbegleitendem Einsatz des Sprachbuchs (vgl. Good 1982) unterschieden werden. Wird ein Sprachbuch unterrichtsleitend eingesetzt, übernimmt es die Unterrichtsplanung und wird als ein Lehrgang durchgearbeitet. Wird es unterrichtsbegleitend eingesetzt, wird es nur als Hilfsmittel im Unterricht herangezogen; dieser Sprachunterricht kann als projektorientierter Unterricht bezeichnet werden, bei dem die Schüler mehr an der Planung und Gestaltung beteiligt werden.

In den Lehrerbänden zu gegenwärtig zugelassenen Lehrwerken wird diese Unterscheidung zwar aufgegriffen, aber theoretisch nivelliert: Die Sprachbücher sind so konzipiert, dass sie auf beide Weisen verwendet werden können; die Lehrperson kann alle Kapitel nacheinander durcharbeiten und damit sicher sein, den Lehrplan vollständig abzudecken, oder sie kann das Sprachbuch flexibler einsetzen, indem die Reihenfolge der Kapitel geändert wird oder nur einzelne Kapitel behandelt werden. In der Praxis wird durch das Lehrerhandbuch dennoch ein unterrichtsleitender Einsatz des Sprachbuchs nahegelegt, indem z. B. Stoffverteilungspläne vorgegeben werden.

Die Verwendung eines Sprachbuchs ist auch von außerunterrichtlichen Faktoren abhängig:

Es spielt eine Rolle, ob in dem Bundesland Lehrmittelfreiheit herrscht oder nicht, denn dies beeinträchtigt die Entscheidung über die Anschaffung eines Buchs. Ein weiterer Faktor ist, ob in der Klasse ein Lesebuch eingeführt ist oder nicht, denn dementsprechend viel oder wenig Zeit steht für die Arbeit mit dem Sprachbuch zur Verfügung. Zu fragen ist auch, ob weitere Arbeitsmaterialien wie z. B. Verbrauchsmaterialien / Arbeitshefte benutzt werden.

Außerdem hängt der Einsatz eines Sprachbuchs auch von der Schulstufe ab: In den unteren Klassen wird eine Lehrperson eher mit einem Sprachbuch arbeiten als in Klasse neun und zehn, da in den unteren Schulstufen mehr Grammatikthemen anfallen, die aufwändig aufbereitet werden müssen.

3.2 Aufgabentypen im Sprachbuch

Ein wichtiger Aspekt bei der Analyse von Sprachbüchern (vgl. 3.3) sollte die Aufgabenstellung sein; dieser Aspekt wird hier wegen seiner unterrichtspraktischen Relevanz auch in Bezug auf den Umgang mit dem Sprachbuch ausführlicher behandelt.

Die Aufgabenstellung im Lehrbuch richtet sich nach seiner Konzeption, d.h.
auch danach, ob das Lehrwerk integrativ angelegt ist oder die Lernbereiche
getrennt abgehandelt werden.

Zur Klassifizierung und Bewertung von Aufgabenstellungen bietet sich zunächst
eine dichotomische Groborientierung anhand folgender Begriffspaare an (vgl.
Ulrich 1996):

• deduktives Vorgehen gegenüber induktivem Vorgehen

Hier wird unterschieden, ob die Hinführung zu einem Unterrichtsthema eher
von einer Regel oder Definition ausgeht, auf deren Grundlage dann Einzelfälle
abgeleitet werden, oder ob man gerade vom konkreten Beispiel ausgeht und von
diesem die Regel ableitet. Ein deduktives Vorgehen ist abstrakter als ein induktives, dennoch ist das induktive nicht in allen Fällen vorzuziehen: die Methoden-
entscheidung muss situationsabhängig fallen.

• Ergebnisorientierung gegenüber Prozessorientierung

Die Begründung für ein eher prozessorientiertes Unterrichten basiert auf der
Annahme, dass das konkrete Faktenwissen heute schnell veraltet oder irrelevant
für die Bewältigung von Lebenssituationen sei, dagegen seien die erlernten Ver-
haltensweisen wie das Vergleichen, Unterscheiden, In-Beziehung-Setzen, Syste-
matisieren, Verallgemeinern übertragbar. Allerdings muss dabei bedacht werden, dass solide Kenntnisse an Sprach- und Faktenwissen vorhanden sein müssen, bevor bestimmte Techniken angewendet werden können.

• geschlossene Aufgabenstellung gegenüber offener Aufgabenstellung

Im offenen Unterricht wird mit offenen Aufgabenstellungen erreicht, dass der
individuelle Lernstil jedes Kindes beachtet werden kann, dass der Selbsttätigkeit
und Spontaneität der Lernenden ein großer Freiraum gewährt wird. In Unterrichtswerken kann aber nicht darauf verzichtet werden, Unterrichtsabläufe zu
antizipieren und Angebote für ein systematisches, zielgerichtetes Vorgehen zu
unterbreiten.

• monofunktionale Aufgabe gegenüber polyfunktionaler Aufgabe

Bei zu großer Offenheit einer Aufgabe kann der Lösungsweg zum Ratespiel werden. Dadurch entsteht eine unnötige Verzögerung des Lernprozesses, was zum
Aufbau von Frustrationen beitragen kann. Polyfunktionale Aufgaben zeichnen
sich dadurch aus, dass sie Denkanstöße, Handlungsimpulse in mehrere Richtungen zugleich darstellen. Diese Aufgaben werden auf mehreren Ebenen gelöst; es
besteht ein großer Interpretations- und Aktionsspielraum für die Schüler und die
Möglichkeit für differenzierenden Unterricht.

Das Thema Aufgabentypen ist u.a. im Zusammenhang mit der PISA-Studie
2000 verstärkt in den Blick der Fachdidaktik gekommen; die Unterschiedlichkeit
der Aufgabenkultur von PISA-Aufgaben und 'deutschen Aufgaben' wurde bei
näherer Analyse augenscheinlich (vgl. Köster 2003).

In Bezug auf die Konstruktion von Leseleistungen konnte festgestellt werden, dass Aufgaben, die einen Problemlöseprozess eröffnen, günstig sind; dies kann sicherlich auf alle Fertigkeitsbereiche übertragen werden und wäre für die Aufgabenstellungen in Sprachbüchern ein dringendes Desiderat. Bei solchen Aufgaben kommt der optimalen Dimensionierung der Problemstellung eine besondere Bedeutung zu. Köster betont ferner für alle Aufgaben die Wichtigkeit des Aufgabenrahmens: das heißt, dass „die den Rahmen bildenden Vorgaben sowohl hinreichend klar sein als auch hinreichend Spielraum eröffnen müssen." (Köster 2003, S. 18f.) Die Lerner müssen genau wissen, was sie tun sollen, andererseits muss die Freiheit zu eigenen Entscheidungsprozessen offen gehalten werden. Weder darf eine Orientierungslosigkeit hervorgerufen werden, noch dürfen bestimmte Antworten suggeriert werden.

Die systematische Beurteilung von Aufgaben kann nach folgenden Qualitätsmerkmalen erfolgen (vgl. Ulrich 1996):

1. Sachbezug

Entspricht die Aufgabe den realen Gegebenheiten, der tatsächlichen Sachstruktur?

Ist die didaktische Reduktion gelungen?

2. Adressatenbezug

Ist die sprachliche Formulierung der Aufgabe für die Adressaten verständlich? Ist sie motivierend?

Entsprechen die Anforderungen der tatsächlichen Leistungsfähigkeit der Schüler?

Bleiben genug Freiräume für die selbstständige Ausgestaltung oder Weiterführung der Aufgabe?

3. Zielorientierung

Ist die Aufgabe klar oder mehrdeutig?

Sind Ziel, Ergebnis, Lösung erkennbar – am Beginn, während und am Ende der Beschäftigung mit der Aufgabe?

Gibt es Möglichkeiten der Selbststeuerung, der Kurskorrektur und des Neueinstiegs bei vom Schüler erkannten Fehlern?

4. Valenz / Funktionalität

Leitet die Aufgabe zu ausschließlich rezeptivem Schülerverhalten an oder auch zu aktiv-analytischem, zu aktiv-kommunikativem oder zu produktiv-gestaltendem Lernverhalten?

Werden nur Einzelschritte formuliert oder ist die Aufgabe ein Anstoß für komplexes Handeln?

Lässt sich der durch die Aufgabe gewonnene Zuwachs an Wissen und Können zur Bewältigung anderer Situationen nutzen (positiver Transfer)?

Hinsichtlich der Merkmale 'Zielorientierung' und 'Valenz' wird es immer von der konkreten Unterrichtssituation, von den Bedürfnissen und Fähigkeiten der Schüler, von der Lehrkonzeption der einzelnen Lehrkraft und des einzelnen Lehrbuches, vom Kontext der Unterrichtseinheit abhängen, ob man sich Aufgaben wünscht, die auf vorbereiteten Bahnen zügig zu einem klar umrissenen Ziel führen, oder Aufgaben, die ergebnisoffen zum Verweilen einladen (Ulrich 1996, S. 550).

In jedem Fall muss man sich bei der Bearbeitung von Aufgaben über Ansprüche und Freiräume verständigen; das kann auch dadurch geleistet werden, dass Schüler bisweilen Aufgaben und Erwartungshorizonte selbst erstellen (vgl. Eikenbusch 2001). Eikenbusch weist ferner auf die Wichtigkeit der Lernerfahrung von Schülern hin,

> die Reichweite von Aufgaben, Aufträgen und Lösungen erkennen lernen. Deshalb müssen Aufgaben immer wieder auf Elemente verweisen, die (noch) nicht gelöst werden können und ermöglichen, Ideen erarbeiten zu lassen, wie man einer Lösung der Aufgabe nahe kommen könnte. (Dies ist z. B. bei der Bestimmung von Wortarten oder der Analyse sprachlicher Mittel eines Textes einfach möglich) (Eikenbusch 2001, S. 210).

3.3 Aspekte einer Analyse

Im Folgenden werden abschließend einige Aspekte aufgelistet, die eine Hilfe darstellen sollen, um selbstständig ein Sprachunterrichtswerk zu beurteilen. Um die Analyse handhabbar zu machen, wurde die Anzahl der Fragen bewusst gering gehalten und erhebt keinen Anspruch auf Vollständigkeit. Formal wird sich auf Fragen beschränkt, die im Bedarfsfall einer Operationalisierung unterzogen werden müssten. Wie bereits erwähnt, liegt ein ausführliches Untersuchungsraster zum Lernbereich „Reflexion über Sprache" von Khadjehzadeh vor. Einige Fragen zu den unten aufgeführten Bereichen 'Reflexion über Sprache' und 'Produktion von mündlichen Texten' wurden daraus übernommen. Eine systematische Auflistung von Themen und Gesichtspunkten für eine weiterführende wissenschaftliche Analyse ist bei Pfaff (2003) zu finden; zu anderen wissenschaftlichen Untersuchungsrastern vergleiche Kapitel 1.

Bei der Analyse werden folgende Gesichtspunkte berücksichtigt:

1. Konzeption
2. Themen
3. Methoden
4. Wissensvermittlung
5. Sprachliche Lerngegenstände
6. Äußere Gestaltung

3.3.1 Konzeption

- Welchen Aufbau hat das Sprachbuch (bzw. das integrierte Sprach- Lesebuch)?
- In welchem Verhältnis stehen die Lernbereiche?

- Bestehen integrative Ansätze?
- Welchen Umfang haben die einzelnen Teile (Erarbeitungsteil, Materialteil, Systemteil)?
- Werden neue Medien an verschiedenen Stellen thematisiert?
- Ist die Aufteilung der Kapitel auch für die Schüler nachvollziehbar?
- Welcher Art ist die Systematik? (Verständlich auch für die Hand des Schülers?)
- Besteht eine Lernzielorientierung?

3.3.2 Themen

Da die Themen für die jeweilige Klassenstufe vom Lehrplan vorgegeben sind, wäre vornehmlich eine Schwerpunktsetzung sowie die Verknüpfung von Themen und didaktischer Konzeption zu untersuchen.

- Welche Themen werden schwerpunktmäßig behandelt?
- Welche gesellschaftspolitische Haltung ist daraus ablesbar?
- Welche Bezüge bestehen zur Erfahrungs- und Lebenswelt der Schüler?
- Welche Verknüpfungen zwischen Themen und Lerninhalten liegen vor?

3.3.3 Methoden und Sozialformen

- Welche Methoden kommen vor?
- Welche Rolle spielt die Lehrperson?
- Welchen Stellenwert nehmen Aufgaben ein, die zum selbstständigen Lernen hinführen?
- Welche Sozialformen werden vorgeschlagen? Sind diese durchführbar?
- Welcher Art sind die Arbeitsaufgaben (vgl. 3.2.)?
- Bestehen ausreichende Übungsmöglichkeiten?

3.3.4 Wissensvermittlung

- Wie wird Wissen erarbeitet? (induktives / deduktives Vorgehen?)
- Wie wird das Erarbeitete zusammengefasst?
- Wie ist der Systemteil aufgebaut? Bestehen Zusammenhänge zum Hauptteil?
- Durch welche Elemente wird der Schüler besonders angesprochen?
- Sind Texte und Aufgabenstellungen verständlich?

3.3.5 Sprachliche Lerngegenstände

- Welche Lernbereiche werden schwerpunktmäßig behandelt?
- Welche Lerngegenstände sind ausgewählt?
- Werden Erkenntnisse der Fachdidaktik in das Unterrichtswerk aufgenommen?
- Besteht eine sinnvolle Verknüpfung zwischen rezeptiven und produktiven Herangehensweisen?
- In welchem Verhältnis stehen die Bereiche Schriftlichkeit / Mündlichkeit?

3.3.6 Reflexion über Sprache

- Welche Fachtermini werden benutzt (deutsch / lateinisch)?
- Werden Fachtermini einheitlich benutzt?
- In welcher Reihenfolge werden grammatische Kategorien und ihre Termini eingeführt?
- Wie wird die Sprachbetrachtung graphisch unterstützt?
- Wird die Sprachbetrachtung in einen funktionalen Zusammenhang gestellt?
- Besteht eine sinnvolle Progression innerhalb des Bandes und zwischen den einzelnen Bänden?

3.3.7 Umgang mit Texten

- Ist die Textauswahl ausgewogen (Sachtexte, literarische Texte aller Gattungen)?
- Wie wird die Lesekompetenz gefördert?
- Werden Methoden zum Erschließen von Sachtexten vorgestellt?

3.3.8 Produktion von schriftlichen Texten / Schreiben

- Welchen Raum nimmt das freie produktive Schreiben ein?
- Werden authentische Texte als Beispiele für bestimmte Textsorten gewählt?
- Werden die Textsorten in einen funktionalen Zusammenhang eingebettet?

3.3.9 Produktion von mündlichen Texten / Sprechen

- Welche kommunikativen Lernziele werden im Buch verfolgt?
- Welche Aspekte der Kommunikation werden im Sprachbuch besonders berücksichtigt?
- Wie werden Situationen aufgebaut (eher authentisch oder eher fiktiv)?
- Welche Rolle übernimmt der Lehrer im unterrichtlichen Kommunikationsprozess?
- Welche Größe, welches Gewicht hat das Buch?
- Ist das Layout ansprechend (Seitenaufteilung übersichtlich, Überschriften verschiedener Ebene unterscheidbar)?
- Welcher Art ist das Bildmaterial (Fotos *und* Malerei)?
- Welches quantitative Verhältnis besteht zwischen Bild und Text?
- Sind die Arbeitsaufträge deutlich gekennzeichnet?
- Wie sind die Lernbereiche gekennzeichnet?
- Wird mit handhabbaren Verweisen gearbeitet?

Literaturverzeichnis

Baurmann, Jürgen / Hacker, Hartmut: Das Sprachbuch zwischen unterschiedlichen Erwartungen. In: Conrady, Peter / Rademacher, Gerhard (Hrsg.): Sprachunterricht in der Grundschule: Sprachbücher und Alternativen. Essen: Die Blaue Eule 1990, S. 21–39.

Boueke, Dietrich: Sprachbuchkritik. In: Boueke, Dietrich (Hrsg.): Deutschunterricht in der Diskussion. Band I. Paderborn: Schöningh 1979, S. 416–441.

Bremerich-Voss, Albert: Nicht nur Lese- und nicht nur Sprachbuch – Anmerkungen zu einem integrativen Lehrwerk für die Sekundarstufe I. In: Ehlers, Swantje (Hrsg.): Das Lesebuch. Zur Theorie und Praxis des Lesebuchs im Deutschunterricht. Baltmannsweiler: Schneider 2003, S. 163–181 (Diskussionsforum Deutsch; 12).

Conrady, Peter: Aspekte einer Fibelanalyse. In: Conrady, Peter / Rademacher, Gerhard (Hrsg.): Fibeln im Gespräch. Kriterien zur Analyse. 2. erw. und überarbeitete Aufl. Essen: Die Blaue Eule 1995, S. 106–111.

Ehlers, Swantje (Hrsg.): Das Lesebuch. Zur Theorie und Praxis des Lesebuchs im Deutschunterricht. Baltmannsweiler: Schneider 2003 (Diskussionsforum Deutsch; 12).

Eikenbusch, Gerhard: Qualität im Deutschunterricht der Sekundarstufe I und II. Berlin: Cornelsen 2001.

Fingerhut, Karlheinz: Literarische Bildung unter den Bedingungen von Qualitätssicherung und Kompetenzerwerb in integrierten Lesebüchern für die Sekundarstufe I. In: Ehlers, Swantje (Hrsg.): Das Lesebuch. Zur Theorie und Praxis des Lesebuchs im Deutschunterricht. Baltmannsweiler: Schneider 2003, S. 74–101 (Diskussionsforum Deutsch; 12).

Fix, Martin: Fragen zur Analyse von Freiarbeitsmaterialien unter fachdidaktischer Perspektive. In: Praxis Deutsch 1997, H. 141, S. 13–17.

Fritzsche, K. Peter: Schulbücher auf dem Prüfstand. Perspektiven der Schulbuchforschung und Schulbuchbeurteilung in Europa. Frankfurt a. M.: Diesterweg 1992 (Studien zu internationalen Schulbuchforschung; 75).

Good, Bruno: Das Sprachbuch im Deutschunterricht. Linguistische und mediendidaktische Untersuchungen zu Beispielen aus dem 'Schweizer Sprachbuch'. Tübingen: Niemeyer 1982.

Hacker, Hartmut: Didaktische Funktionen des Mediums Schulbuch. In: Hacker, Hartmut (Hrsg.): Das Schulbuch. Funktion und Verwendung im Unterricht. Bad Heilbrunn: Klinkhardt 1980, S. 7–30.

Hacker, Hartmut: Sprachbuch im Wandel – ein Medium zwischen fachlichen und didaktischen Erfordernissen. In: Hohmann, Joachim S. (Hrsg.): Deutschunterricht zwischen Reform und Modernismus. Frankfurt a. M. [u. a.]: Lang 1994, S. 113–135.

Helmers, Hermann: Didaktik der deutschen Sprache. Einführung in die Theorie der muttersprachlichen und literarischen Bildung. 7. erneut bearbeitete Auflage. Stuttgart: Klett 1972.

Höhne, Thomas: Schulbuchwissen. Umrisse einer Wissens- und Medientheorie des Schulbuchs. Frankfurt a. M.: Books on Demand 2003.

Khadjehzadeh, Mohammad Hossein: Sprachbuchwandel Ende des 20. Jahrhunderts: didaktische Sprachreflexion und ihr Niederschlag in Sprachbüchern der Sekundarstufe I zwischen 1970 und 2000. Frankfurt a. M. [u. a.]: Peter Lang 2002.

Klotz, Peter: Integrativer Deutschunterricht. In: Kämper van den Boogart, Michael (Hrsg.): Deutsch Didaktik. Leitfaden für die Sek. I und II. Berlin: Cornelsen 2003, S. 46–59.

Kochan, Detlev C.: Das Unterrichtswerk *Sprache und Sprechen* – seine linguistischen Grundlagen und seine sprachdidaktische Konzeption. In: Moser, Hugo (Hrsg.): Sprache der Gegenwart. Schriften des Instituts für deutsche Sprache. Jahrbuch 1975, S. 111–127.

Köpke, Andreas: Selbstbestimmung und Subjektorientierung in Sprachbüchern für den Deutschunterricht: eine Holzkamporientierte Analyse didaktisch-methodischer Hinweise bezüglich der ihnen zugrundeliegenden lerntheoretischen Prämissen. Frankfurt a. M. [u. a.]: Lang 1999 (Europäische Hochschulschriften, Reihe 11; Pädagogik, 774).

Köster, Juliane: Konstruieren statt Entdecken – Impulse aus der PISA-Studie für die deutsche Aufgabenkultur. In: Didaktik Deutsch 2003, H. 14, S. 4–21.

Lesch, Hans-Wolfgang: Das Sprachbuch im Deutschunterricht. In: Lange, Günter / Neumann, Karl / Ziesenis, Werner (Hrsg.): Taschenbuch des Deutschunterrichts. 6. Aufl. Band 1. Baltmannsweiler: Schneider 1998, S. 124–140.

Lewandowski, Theodor / Rosenthal, Günther: Algorithmus zur Analyse von Sprachbüchern für die Primarstufe und Sekundarstufe I. In: Linguistik und Didaktik 1976, H. 28, S. 251–260.

Matthes, Eva / Heinze, Carsten (Hrsg.): Didaktische Innovationen im Schulbuch. Rieden: Julius Klinkhardt 2003, S. 173–187.

Merkelbach, Valentin: Ein Vorschlag zur Konkretisierung der Sprachbuchkritik. In: Schäfer, Rudolf (Hrsg.): Germanistik und Deutschunterricht: zur Einheit von Fachwissenschaft und Fachdidaktik. München: Fink 1979, S. 253–282.

Müller, Walter: Schulbuchzulassung. Zur Geschichte und Problematik staatlicher Bevormundung von Unterricht und Erziehung. Kastellaun: Henn 1976.

Pfaff, Harald: Sprachunterricht und Sprachunterrichtswerke. In: Bredel, Ursula / Günther, Hartmut / Klotz, Peter / Ossner, Jakob / Siebert-Ott, Gesa (Hrsg.): Didaktik der deutschen Sprache. Band 2. Paderborn: Schöningh 2003, S. 658–672.

Rauch, Martin / Wurster, Ekkehard: Schulbuchforschung als Unterrichtsforschung. Vergleichende Schreibtisch- und Praxisevaluation von Unterrichtswerken für den Sachunterricht. Frankfurt a. M. [u. a.]: Peter Lang 1997.

Reuschling, Gisela: Sprachbücher für die Primarstufe. In: Diskussion Deutsch 1980, H. 51, S. 23–46.

Reuschling Gisela: Sprachbücher für die Sekundarstufe I. In: Diskussion Deutsch 1987, H. 94, S. 180–191.

Rohlfes, Joachim: Politische und didaktische Tugendwächter. Warum unsere Schulbuch-Gutachter mehr Zurückhaltung üben sollten. In: Geschichte in Wissenschaft und Unterricht 1998, H. 3, S. 157–165.

Schober, Otto: Innovationen beim Lesebuch in der zweiten Hälfte des 20. Jahrhunderts. In: Matthes, Eva / Heinze, Carsten (Hrsg.): Didaktische Innovationen im Schulbuch. Rieden: Julius Klinkhardt 2003, S. 173–187.

Steinig, Wolfgang / Huneke, Hans-Werner: Sprachdidaktik Deutsch. Einführung. Berlin: Erich Schmidt 2002.

Süselbeck, Gisela: Lexikoneintrag „Arbeitsmittel". In: Heckt, Dietlinde H. / Neumann, Karl (Hrsg.): Deutschunterricht von A bis Z. Braunschweig: Westermann 2001, S. 15–17.

Thonhauser, Josef: Was Schulbücher (nicht) lehren. Schulbuchforschung unter erziehungswissenschaftlichem Aspekt (Am Beispiel Österreichs). In: Fritzsche, K. Peter (Hrsg.): Schulbücher auf dem Prüfstand. Perspektiven der Schulbuchforschung und Schulbuchbeurteilung in Europa. Frankfurt a. M.: Diesterweg 1992, S. 55–78 (Studien zur internationalen Schulbuchforschung; 75).

Ulrich, Winfried: „Verständlich, funktional, effektiv und motivierend!" Typisierung und Beurteilung von Aufgabenstellungen im Sprachunterricht. In: Deutschunterricht 1996, H. 11, S. 546–555.

Weinbrenner, Peter: Grundlagen und Methodenprobleme sozialwissenschaftlicher Schulbuchforschung. In: Olechowski, Richard (Hrsg.): Schulbuchforschung. Frankfurt a. M. [u. a.]: Lang 1995, S. 21–46.

Mediendidaktik

TANJA KURZROCK

Neue Medien im Deutschunterricht

1 Ausgangspunkt

Neue Medien im Deutschunterricht sollten ...

... neue Erkenntnismöglichkeiten bieten, die herkömmliche Medien nicht haben.

... Inhalte des Faches unterstützen.

... selbstverständlicher in den Unterricht integriert sein.

... die schulische Arbeit erleichtern.

... als normales Arbeitsgerät genutzt werden.

... zunehmend selbstverständlich und daher alltäglich genutzt und kritisch auf ihr Potenzial überprüft werden. Dringend muss die Diskrepanz zwischen der Ausstattung mit neuen Medien im schulischen Bereich und der Ausstattung im privaten Bereich aufgehoben werden.

... als PC vor allem eingesetzt werden im Bereich 'Zeitung', Textverarbeitung, Recherche.

... in ausreichender Zahl vorhanden sein.

... technisch funktionieren.

Neue Medien im Deutschunterricht sollten nicht ...

... zum Selbstzweck werden, Inhalte ersetzen, das Bücherlesen ersetzen, durch technische Probleme Zeitverlust bedeuten.

... den Unterricht / die kritische Reflexion über das Tun ersetzen.

... aufgrund ihrer Schnelligkeit, technischen Faszination und ihren Möglichkeiten, optisch und inhaltlich scheinbar Perfektes zu präsentieren, den Zugang zu eigenen Produktionsmöglichkeiten verhindern.

... so übermäßig Beachtung finden.

... den Unterricht behindern, weil ihre Anwendung aufgrund technischer Probleme (zu wenig Computer, Drucker defekt, Programme nicht kompatibel, Schlüssel nicht da, Belegungsplan fehlend / falsch ...) zu viel Vorlauf erfordert.

Soweit die Aussagen einiger erfahrener Deutschlehrer, die kürzlich darum gebeten wurden, spontan und subjektiv die beiden obigen Sätze zu vollenden. In ihnen spiegelt sich einerseits die grundsätzliche Bereitschaft wider, neue Medien im Deutschunterricht einzusetzen. Andererseits wird aber auch die von ungünstigen Erfahrungen mit der technischen oder organisatorischen Seite des Einsatzes neuer Medien geprägte Zurückhaltung und die Befürchtung deutlich, dass das Pferd sozusagen von hinten aufgezäumt wird: Es soll nicht der Einsatz der neuen Medien Ausgangspunkt von Unterrichtsplanung sein, sondern die Inhalte und Gegenstände des Deutschunterrichts.

Die rasante Entwicklung und Verbreitung der Informations- und Kommunikationsmedien in Beruf und Privatleben in den letzten Jahrzehnten hat dazu geführt, dass Bildung und Erziehung neue Aufgaben zugeschrieben wurden. Diese wurden festgehalten in den BLK-Beschlüssen zur Informationstechnischen Grundbildung (ITG; 1987) und Medienerziehung (1995) sowie im Beschluss der KMK zu Neuen Medien und Telekommunikation im Bildungswesen (1997). Die Diskussion, wie sich Schule und andere Bildungsinstanzen dieser Aufgabe annehmen sollen, ist durch eine Vielzahl von Positionen gekennzeichnet und wurde lange kontrovers geführt. Wermke (1997) unterscheidet bei der Einführung eines neuen Gegenstandsbereiches in Lehrpläne zwischen einem additiven, einem substitutiven und einem integrativen Prinzip. Bei der ersten Methode wird einfach ein neues Unterrichtsfach / ein neuer Lernbereich – also hier z. B. Medienerziehung – hinzugefügt, bei der zweiten ein bereits bestehendes/r ersetzt und bei der dritten wird Medienerziehung in die bestehenden Fächer / Lernbereiche integriert. In gültigen Richtlinien und Lehrplänen wird im Hinblick auf Medienerziehung nach dem Prinzip der Integration verfahren. – Informationstechnische Grundbildung wurde im Gegensatz dazu additiv in den Fächerkanon aufgenommen. – Jedes Fach ist also verantwortlich für eine adäquate Medienerziehung und greift innerhalb seiner fachlichen Inhalte einzelne medienerzieherische Aufgaben auf. Im Bezug auf das Fach Deutsch ist jedoch der Grad an Integration der neuen Medien in die Lernbereiche des Faches recht unterschiedlich. An dieser Stelle kann nicht weiter darauf eingegangen werden – hier soll der Verweis auf Wermke (1997) genügen. Allerdings kann insgesamt festgestellt werden, dass eine sinnvoll integrierte und an realisierbaren Beispielen konkretisierte Integration neuer Medien in den Richtlinien und Lehrplänen des Faches Deutsch trotz ermutigender Ausnahmen wie Schleswig-Holstein oder Rheinland-Pfalz noch aussteht. In den im Moment entstehenden Kernlehrplänen der Länder, die auf den von der KMK verabschiedeten Bildungsstandards fußen, lassen sich jedoch bereits ermutigende Ansätze feststellen. So sind z. B., wie die folgenden tabellarischen Auszüge zeigen, in den bereits im Entwurf vorliegenden Kernlehrplänen für die Sekundarstufe I des Landes Nordrhein-Westfalen in den Lernbereichen „Sprechen und Zuhören" sowie „Lesen – Umgang mit Texten und Medien" bei allen Schulformen die neuen Medien fest verankert.

Tab. 1 Entwurf Kernlehrplan Deutsch – Gymnasium – Stand: 5. März 2004

Aufgaben-schwerpunkte	Jahrgangsstufen 5/6	Jahrgangsstufen 7/8	Jahrgangsstufen 9/10
Sprechhand-lungen anwenden	1. Die Schülerinnen und Schüler sprechen im Deutschunterricht deutlich und artikuliert und lesen flüssig.	1. Die Schülerinnen und Schüler entwickeln zunehmend eine zuhörerge-rechte Sprechweise.	1. Die Schülerinnen und Schüler verfügen zunehmend über kommunikative Sicherheit.
	2. Sie erzählen eigene Erlebnisse und Erfahrungen sowie Geschichten geordnet, anschaulich und lebendig. *Schwerpunkt in einem Unterrichtsvorhaben*	2. Sie erzählen zunehmend intentional und adressatengerecht.	2. Sie setzen erzählerische Formen als Darstellungsmittel bewusst ein.
Umgang mit Sachtexten und Medien	3. Sie entnehmen Sachtexten (auch Bildern und diskontinuierlichen Texten) Informationen und nutzen sie zur Klärung von Problemen.	3. Sie untersuchen und bewerten Sachtexte, Bilder und diskontinuierliche Texte im Hinblick auf Intention und Funktion.	3. Sie verstehen Sachtexte (vor allem argumentative Texte, (politische) Reden unter Berücksichtigung rhetorischer Mittel, aber auch diskontinuierliche Texte und Bilder). Sie erkennen das Thema, den Argumentationsgang, die Stilmittel und erschließen die Aussageabsicht. Sie beziehen Stellung zu den Aussagen. *Schwerpunkt in einem Unterrichtsvorhaben*
	4. Sie unterscheiden grundlegende Formen von Sachtexten (Bericht, Beschreibung) in ihrer Struktur, Zielsetzung und Wirkung.	4. Sie orientieren sich in Zeitungen. • Sie kennen elementare Merkmale (z. B. Schlagzeile, Ressorts, Nachrichtentext). • Sie unterscheiden Textsorten und Textformen in Zeitungen und Zeitschriften (z. B. Bericht, Reportage, Kommentar, Werbung) und experimentieren mit ihnen. • Sie beschreiben Wirkungsweise und Inhalt ausgewählter Zeitungstexte.	4./5. Sie untersuchen die Informationsvermittlung und Meinungsbildung in Texten der Massenmedien (vor allem zu jugendspezifischen Themen), berücksichtigen dabei auch medienkritische Positionen. Sie verfügen über die notwendige Fachterminologie und über Methoden zur Untersuchung medialer vermittelter Texte. Sie besitzen einige Kenntnisse über den Medienmarkt. *Schwerpunkt in einem Unterrichtsvorhaben*

Aufgaben-schwerpunkte	Jahrgangsstufen 5/6	Jahrgangsstufen 7/8	Jahrgangsstufen 9/10
	5. Sie kennen Inhalte und Wirkungsweisen medial vermittelter jugendspezifischer Texte (z. B. Fernsehserien; Hörspiele), d. h. sie • untersuchen die Handlungsführung einer altersgemäßen Fernsehserie, • verfassen entsprechende Texte (z. B. Klassenzeitung) adressatengerecht und veröffentlichen diese, • kennen einfache Mittel der Gestaltung (z. B. Kameraperspektive. Zusammenwirken von Bild und Ton). *Schwerpunkt in einem Unterrichtsvorhaben*	5. Sie untersuchen Texte audiovisueller Medien (auch einfache Hypertexte) im Hinblick auf ihre Intention. Sie reflektieren und bewerten deren Inhalte, Gestaltungs- und Wirkungsweisen. *Schwerpunkt in einem Unterrichtsvorhaben*	
Umgang mit literarischen Texten	6. Sie unterscheiden einfache literarische Formen (z. B. Erzählung, Märchen, Sagen, Fabeln), erfassen deren Inhalte und Wirkungsweisen unter Berücksichtigung sprachlicher und struktureller Besonderheiten.	6. Sie unterscheiden spezifische Merkmale epischer, lyrischer und dramatischer Texte, haben Grundkenntnisse von deren Wirkungsweisen und über ihre historische Bedingtheit. Sie verfügen über die wichtigen Fachbegriffe.	6. Sie verstehen komplexere epische, lyrische und dramatische Texte, schätzen deren Wirkungsweisen ein und berücksichtigen dabei ihre historische Bedingtheit. Sie untersuchen beispielhaft den Zusammenhang zwischen Text, Entstehungszeit und Lebensumständen des Autors / der Autorin. Sie verfügen über die dazu notwendigen Fachbegriffe.

Initiativen wie „Schulen ans Netz" (SAN) oder Modellversuche in den Ländern sowie die Lehrerfortbildung haben durch Bereitstellen der notwendigen technischen Voraussetzungen bzw. einer ersten Auseinandersetzung mit Strukturen, Inhalten, Zielen und didaktisch-methodischen Möglichkeiten dazu geführt, dass nach anfänglicher Skepsis und Zurückhaltung seitens der Lehrerschaft zu Beginn der 1990er Jahre nun eine grundsätzliche Bereitschaft zu spüren ist, die neuen Medien (hier: computerbasierte Medien) in den Unterricht aufzunehmen. So ist – zumindest in den alten Bundesländern – nahezu jede Schule ans

Internet angeschlossen und mit Fachräumen mit je einem PC für zwei Schüler im Netzwerk ausgestattet. Diese Bereitschaft ist – allerdings oft nur theoretisch – auch bei Kolleginnen und Kollegen des Faches Deutsch, einem der Leitfächer im Hinblick auf Informationstechnische Grundbildung und Medienerziehung, zu spüren. Unterstützt wird sie durch eine Vielzahl von fachdidaktischen Veröffentlichungen, die – auf der Basis einer (mehr oder minder) breiten empirischen Unterrichtsforschung – nach realistischen Konzepten für den Einsatz neuer Medien im Deutschunterricht suchen. Leider ist hier oftmals – insbesondere bei Medienenthusiasten – eine fatale Tendenz zu erkennen: „Nicht die Lernziele bestimmen den Einsatz der Medien, sondern umgekehrt: Der Einsatz der Medien verlangt bestimmte Aufgaben." (Becker-Mrotzek 2003, S. 85) Wichtig wäre jedoch – salopp formuliert –, nicht zu fragen, was der Deutschunterricht für die neuen Medien tun kann, sondern zu fragen, was die neuen Medien für den Deutschunterricht tun können. Aus dieser Forderung leitet sich für den Deutschunterricht das folgende, um den Aspekt der neuen Medien erweiterte, zentrale Lernziel der Förderung einer umfassenden Literalität ab, d. h. die Förderung der Fähigkeit zur selbstbestimmten, kompetenten und kritisch reflektierten Nutzung alter sowie neuer Medien (vgl. hierzu auch Blatt / Hartmann 2000a, b und Feilke 2001). Dazu gehört, situationsangemessen und adressatenbezogen mündlich sowie schriftlich zu kommunizieren, Informationen zu suchen und in ihrer Qualität / Seriosität zu bewerten, eigene Texte zu produzieren sowie literarische Texte zu rezipieren. Dabei können die neuen Medien sowohl Inhalt als auch Mittel des Unterrichts sein. Bei der Mehrheit der dokumentierten konkreten Einsatzmöglichkeiten steht der PC als komplexes Medium für informatorische und kommunikative Zwecke im Mittelpunkt (vgl. auch Becker-Mrotzek 2003, S. 85).

Nach dieser Schilderung der Ausgangssituation ist es sinnvoll, noch einmal einen Schritt zurückzugehen und zu fragen: Brauchen wir überhaupt neue Medien in der Schule / im Deutschunterricht? Und wenn diese Frage mit ja beantwortet wird: In welcher Funktion? Genauer: Wie kann der Einsatz neuer Medien mit genuinen Aufgaben des Deutschunterrichts verbunden werden. Oder anders gefragt: In welchen genuinen Lernbereichen des Deutschunterrichts können neue Medien gewinnbringend eingesetzt werden?

Bei der Frage, ob wir die neuen Medien in der Schule überhaupt brauchen, hilft zum einen der Blick auf die Gegenwart, zum anderen der Blick in die Zukunft der Kinder und Jugendlichen. Kinder und Jugendliche wachsen mit Medien auf – auch mit neuen Medien, das wird niemand bestreiten. Trotzdem sollte man sich klar machen, wie sie im einzelnen Medien und insbesondere die neuen Medien nutzen. Zu dieser Frage liegen unterschiedliche, meist quantitative empirische Studien vor, die jährlich aktualisiert werden. Zwei sollen hier stellvertretend in den Blick genommen werden: die KIM- (Kinder und Medien; 6- bis 13-Jährige; 1201 befragte Kinder und deren Mütter) und die JIM-Studie (Jugend, Information, Multimedia; 12- bis 19-Jährige; 1209 befragte Jugendliche) 2003, beide vom medienpädagogischen Forschungsverbund Südwest.

1.1 Mediennutzung heutiger Kinder und Jugendlicher

Vergleicht man die den Kindern und Jugendlichen zur Verfügung stehenden Geräte in den Haushalten über die Jahre und Altersgruppen hinweg, lässt sich feststellen, dass der Anteil derjenigen, die einen Computer besitzen, mit der Zeit und dem Alter der Befragten ansteigt. Gleiches gilt für den Internetzugang. So besitzen 74% der Befragten der KIM- und 96% der Haushalte der JIM-Studie einen Computer, 57% bzw. 85% einen Internetzugang. Von den befragten 12- bis 19-Jährigen gaben 28% (38% der Jungen und 17% der Mädchen) an, von allen Medien am wenigsten auf den Computer verzichten zu können. Die KIM-Studie verzeichnet den Computer mit 19% als fünftliebste Freizeitaktivität ihrer Befragten. Von den 6- bis 13-Jährigen nutzen insgesamt 70% – im Vergleich zu 63% im Jahr 2002 – zumindest selten den Computer. Die geschlechtsspezifischen Unterschiede sind hier eher gering, allerdings lässt sich ein zum Teil deutlicher Anstieg mit den Umfrage-Jahren, dem Alter und dem angestrebten Schulab-schluss erkennen. So verwundert es nicht, dass bei den 12- bis 19-Jährigen die Werte insgesamt höher liegen: Unabhängig von Geschlecht, Alter und Schul-form haben (nahezu) alle Werte die 90%-Marke überschritten, während die Zahlen 1998 noch zwischen 58% und 78% lagen. Bei der Differenzierung nach Tätigkeiten am Computer erreicht bei den Befragten der KIM-Studie das Alleine-Computerspiele-Spielen die Spitzenposition mit 70%, Arbeiten für die Schule steht mit 46% an dritter Stelle, gefolgt von der Nutzung von Lernpro-grammen mit 44% (Nachschlagen im PC-Lexikon erreicht zusätzlich 25%), mit dem Computer malen / zeichnen (34%), Texte schreiben (33%) und im Internet surfen (30%). Dies sieht bei den Jugendlichen der JIM-Studie etwas anders aus: Hier steht das Internet / stehen Online-Dienste bei täglicher bzw. mehrmaliger Nutzung in der Woche unangefochten an der Spitze, mit 57% bei den Mädchen und 63% bei den Jungen. Erst an zweiter Stelle kommen hier Computerspiele, gefolgt vom Musikhören. Auf Platz vier steht mit 38% bzw. 31% das Schreiben von Texten, gefolgt vom Arbeiten für die Schule (33% bzw. 29%). An siebter Stelle steht das Nachschlagen in PC-Lexika, dicht gefolgt von der Bearbeitung von Bildern, Fotos oder Videos. Platz zehn wird von der Arbeit mit Lernpro-grammen mit immerhin noch 9% (gleicher Wert bei Mädchen und Jungen) belegt. Trotz einiger Unterschiede zwischen den unterschiedlichen Befragten-gruppen bezogen auf die Rangfolge der Tätigkeiten lässt sich feststellen, dass Kinder und Jugendliche im alltäglichen Leben viel Zeit mit dem Computer ver-bringen. Im Hinblick auf die Internetnutzung ist nicht nur eine Steigerung mit zunehmendem Alter der Befragten, sondern auch mit den Jahren der Befragung selbst zu verzeichnen: Lag der Anteil der Internetnutzer bei der KIM-Studie im Jahre 2000 noch bei 31%, so hat er sich drei Jahre später fast verdoppelt (60%).

Bei den befragten 12- bis 19-Jährigen hat sich der Anteil von 18% 1998 auf 84%
2003 mehr als vervierfacht. Differenziert man genauer nach der Art der Internet-
Aktivität ergibt sich folgendes Bild:

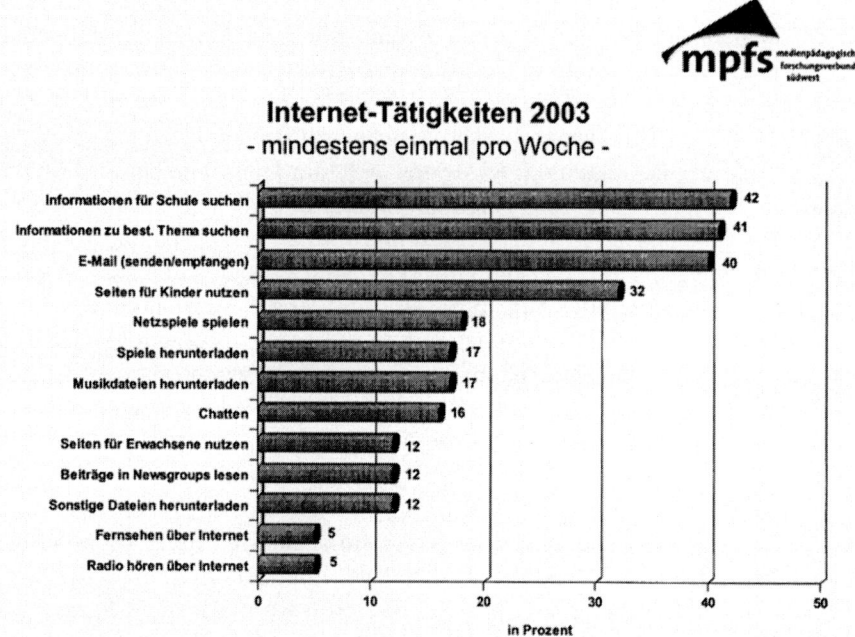

Abb. 1

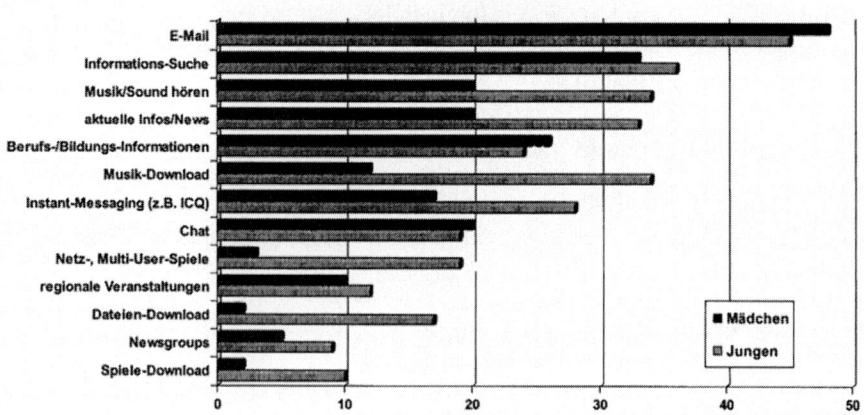

Abb. 2

Im Vergleich fällt auf, dass in beiden Befragtengruppen insgesamt die Suche nach Informationen (auch für die Schule / den Beruf) und Kommunikationsformen wie E-Mail und Chat eine große Rolle spielen. Die JIM-Studie erlaubt zusätzlich geschlechtsspezifische Aussagen: So liegen Mädchen im Hinblick auf die Kommunikationsformen E-Mail und Chat sowie bei der Suche von Berufs-/ Bildungsinformationen prozentual etwas vor den Jungen. Diese haben bei allen anderen Aktivitäten 'die Nase vorn' – besonders, wenn es ums Spielen, um Musik und um das Downloaden allgemein geht. Damit werden bereits aus anderen Untersuchungen vorliegende Ergebnisse unterstützt, dass Jungen Computer und Internet weniger zielgerichtet als Mädchen nutzen, dabei aber ein breiteres Anwendungsrepertoire haben.

Dieser kurze Einblick in aktuelle, eher quantitativ orientierte Untersuchungen soll genügen. Es ist deutlich geworden, dass Kinder und Jugendliche nicht nur mit neuen Medien aufwachsen, sondern dass sie viel Zeit mit ihrer Nutzung verbringen. Im Mittelpunkt steht – neben dem spielerischen Umgang, der jedoch mit der Zeit etwas in den Hintergrund tritt und auch bei Mädchen weniger ausgeprägt ist als bei Jungen – die Suche nach Informationen, das Kommunizieren, das Anwenden von Textverarbeitungsprogrammen oder Programmen, die der eher visuellen Aufbereitung von Daten dienen sowie das Verwenden von Lernprogrammen oder Nachschlagewerken. Damit ist das Internet zum gleichberechtigten Kommunikations-, Informations- und Lernmedium neben anderen, eher traditionellen Medien geworden.

Damit wissen wir genug über die Mediengegenwart der Kinder und Jugendlichen. Im Weiteren werden wir uns folglich der Frage widmen, wie ihre Medienzukunft aussieht. Anders gefragt: Welche Fähigkeiten und Kenntnisse benötigen die Lerner in ihrer Zukunft?

1.2 Aufgaben und Ziele für den Deutschunterricht

Vorab muss hier grundsätzlich unterschieden werden zwischen der unterrichtlichen Behandlung von neuen Medien als Lerngegenstand und als Unterrichtsmedium.

1.2.1 Neue Medien als Lerngegenstand

Zunächst ist hier auf die bereits erwähnte von der BLK 1987 festgelegte Informationstechnische Grundbildung zurückzukommen, die in den Unterricht der vorhandenen Fächer zu integrieren ist. Vertiefungen sind vorgesehen im Fach Informatik und in berufsbezogenen Angeboten. Die Zielsetzungen der ITG bestehen im Einzelnen in der

- Aufarbeitung und Einordnung der individuellen Erfahrungen mit den Informationstechniken,
- Vermittlung von Grundstrukturen und Grundbegriffen, die für die Informationstechniken von Bedeutung sind,
- Einführung in die Handhabung eines Computers und dessen Peripherie,
- Vermittlung von Kenntnissen über die Einsatzmöglichkeiten und die Kontrolle der Informationstechniken,
- Einführung in die Darstellung von Problemlösungen in algorithmischer Form,
- Gewinnung eines Einblicks in die Entwicklung der elektronischen Datenverarbeitung,
- Schaffung des Bewusstseins für die sozialen und wirtschaftlichen Auswirkungen, die mit der Verbreitung der Mikroelektronik verbunden sind,
- Darstellung der Chancen und Risiken der Informationstechniken sowie Aufbau eines rationalen Verhältnisses zu diesen,
- Einführung in Probleme des Persönlichkeits- und Datenschutzes. (BLK 1987)

In den einzelnen Bundesländern wurden zunächst Konzepte sowie Materialien entwickelt, erprobt und evaluiert, die sich auf eine oder mehrere der genannten Zielsetzungen bezogen. Dabei wurden zum einen direkte Bezüge zu vorhandenen Fächern wie Gesellschaftslehre, Mathematik, Arbeitslehre oder Technik fruchtbar gemacht, zum anderen spielten aber auch indirekte zu weiteren

Fächern eine Rolle: bei der Bearbeitung von Texten etwa zum Deutschunterricht, bei der Simulation von Ökosystemen etwa im Fach Biologie. Wie unterschiedlich die Länder die von der BLK vorgegebenen Aufgaben und Ziele umgesetzt haben, zeigt Hauf-Tulodziecki (1996) auf:

> Jedes Bundesland hat bei der Umsetzung der Aufgaben und Ziele einen eigenen Weg eingeschlagen. Beispielsweise wurden die Inhaltsbereiche unterschiedlich gewichtet oder mit unterschiedlichen Zielperspektiven verknüpft. So ist es in einigen Konzepten vorgesehen, daß Schülerinnen und Schüler die Chancen und Risiken der Informations- und Kommunikationstechnologien lediglich kennen, verstehen und nachvollziehen können sollen, was damit begründet wird, daß in den entsprechenden Jahrgangsstufen eine tiefergehende Auseinandersetzung nicht möglich wäre. Demgegenüber werden in anderen Konzepten zusätzlich auch das Beurteilen und das Bewerten unterschiedlicher Standpunkte oder Problemlagen angestrebt, damit Schülerinnen und Schüler erkennen, daß die technische Entwicklung human und sozialverträglich gestaltet werden muß und daß sie ihre eigenen Mitwirkungsmöglichkeiten in gesellschaftlichen Prozessen wahrnehmen.

Unterschieden werden können fachorientierte und fachübergreifende Konzepte. Bei Ersteren steht eine Orientierung an den fachlichen Strukturen im Vordergrund, bei Letzteren geht es um eine ganzheitliche Vermittlung eines oder mehrerer Aspekte. Somit ist hier, da ITG kein eigenständiges Unterrichtsfach werden sollte, eine Kooperation unterschiedlicher Fächer – z. B. in Form von Projekten oder Vorhaben – notwendig.

Nach der ersten Phase der Konzeptentwicklung erfolgte durch verschiedene Maßnahmen die Implementierung in der Schule: Angebote in der Lehrerfortbildung, Angebote (und sogar Vorgaben) in beiden Phasen der Lehrerausbildung, Verbreitung von Materialien (z. B. über die Bildungsserver der Länder), Überarbeitung von Richtlinien und Lehrplänen sowie dadurch die Aufnahme in die Schulprogramme und -curricula. Damit waren zumindest die notwendigen Rahmenbedingungen geschaffen, den neuen Medien den Weg in die Schule und auch den Deutschunterricht zu ebnen.

1995 hat die BLK so genannte „Aufgabenbereiche der Medienerziehung" festgelegt, bei denen sich eine Affinität zum Deutschunterricht schneller erkennen lässt als bei den Zielsetzungen der ITG. Im Einzelnen werden dabei folgende Kompetenzen als notwendig erachtet:

- Medieneinflüsse erkennen und aufarbeiten
- Medienbotschaften verstehen und bewerten
- Medienangebote auswählen und nutzen
- Medien selbst gestalten und verbreiten
- Medien hinsichtlich ihrer gesellschaftlichen Bedeutung analysieren und beeinflussen. (BLK 1995)

Es wird deutlich, dass hier nicht die technische Seite der Medien im Vordergrund steht. Vielmehr geht es darum, Medienkompetenz durch praktischen Umgang mit den Medien und Reflexion des eigenen Medienverhaltens zu erlangen. Im Deutschunterricht ist hier besonders an computergestützte Formen der Präsentation oder z. B. das Führen, Vergleichen und Bewerten von Medientagebüchern zu denken.

1.2.2 Neue Medien als Unterrichtsmedium

Beim Einsatz der neuen Medien als Unterrichtsmedien steht ihr Werkzeugcharakter im Vordergrund: Wo können sie zweckmäßig und im Vergleich zu anderen Medien ergänzend oder überlegen eingesetzt werden? Grundsätzlich denkbar ist der Einsatz in allen Lernbereichen des Deutschunterrichts. Sichtet man die Fülle an didaktischen Überlegungen und Unterrichtsmodellen des letzten Jahrzehnts, so scheint sich eine Konzentration auf den Einsatz als Informations- und Kommunikationsmedium abzuzeichnen. Angebotene Lernsoftware beschränkt sich im Allgemeinen auf relativ einfache Fertigkeiten wie Rechtschreibung sowie Zeichensetzung und wird eher im Förderbereich oder zu Hause zur Unterstützung des selbstständigen Übens eingesetzt. Dies liegt zum einen an den Rahmenbedingungen, die einen Einsatz im Unterricht erschweren (Hard-/ Software-Ausstattung, mangelnde Kompetenzen und Erfahrungen mit Formen individualisierten Lernens etc.). Zum anderen stehen aber auch die Qualität der Lernsoftware bzw. damit verbunden deren Herstellungsabläufe einem sinnvollen Einsatz des Computers im Deutschunterricht im Wege:

> Es reicht aber nicht aus, immer nur die Qualität bereits erstellter neuer Medien zu evaluieren. Dieses wäre vergleichbar mit dem unsinnigen Vorgehen, ein gedrucktes und ausgeliefertes Buch lektorieren zu wollen. Der Bewertungsprozess muss früher, auch schon während der Herstellung der Produkte, einsetzen. [...] Dazu und darüber hinaus müssen wir Qualitätskriterien definieren und diskutieren, welche neue Medien und welche Einsatzformen uns unter fachdidaktischen und lerntheoretischen Gesichtspunkten sinnvoll erscheinen, und wie diese gestaltet sein müssen, um eine größtmögliche Lernerorientierung und -aktivierung [...] bei der Erarbeitung traditioneller und neuer Inhalte zu gewährleisten (Thomé / Thomé 2000, S. 142).

Abschließend wäre der Bereich der Netzliteratur oder Hyperfiction zu erwähnen. Hiermit ist nicht allgemein Literatur im Netz gemeint, also alle Texte, die im Internet stehen. Ferner geht es nicht um Texte, die das Internet zum Gegenstand haben. Auch wenn bei der Betrachtung des Internets oftmals die dort zu findenden Sachinformationen im Mittelpunkt stehen, ist hier ebenfalls eine Fülle von fiktionalen Texten zu entdecken. Wiederum auszuschließen sind solche, die einfach nur digital verfügbar gemacht wurden, wie sie zum Beispiel auf den Seiten des Gutenberg-Projektes (http://www.gutenberg2000.de) zu finden sind. Natürlich sind dadurch die Zugriffsmöglichkeiten deutlich erhöht, das Auffinden von bestimmten Textstellen erheblich erleichtert worden, was im Deutschunterricht von Nutzen sein kann. Wesentlich neuartiger und vermutlich auch folgenreicher ist die Art von Internetliteratur, die bei der Produktion und/oder Rezeption die multimedialen Möglichkeiten des Computers auch wirklich nutzt. Diese Art der Literatur scheint momentan eher weniger für einen Einsatz im Deutschunterricht in der didaktischen Diskussion zu sein.

Dies soll als kurzer Überblick über die unterschiedlichen Arten, in denen neue Medien Eingang in den Deutschunterricht finden können, genügen.

2 Didaktische und unterrichtspraktische Überlegungen

Folgende Frage steht nun im Mittelpunkt der nachstehenden Überlegungen: Welche Gründe lassen sich für den Einsatz der neuen Medien beim Lesen- und Schreibenlernen, beim Lesen und Schreiben von Texten sowie bei der Reflexion über Sprache finden? Oder: In welchen Bereichen sind die neuen Medien den traditionelleren überlegen, bieten zumindest ein gleichwertiges Pendant, bei dem Aufwand und Nutzen in einem vernünftigen Verhältnis stehen, oder müssen im Sinne einer Medienerziehung unbedingt betrachtet werden? – Der Bereich des Sprechens und Zuhörens soll hier nicht betrachtet werden, da dort die vor einigen Jahren prognostizierten Entwicklungen (Stichwort: Spracherkennungsprogramme) für den Schulbereich noch auf sich warten lassen.

2.1 Texte lesen und schreiben

2.1.1 Texte lesen

Das Internet ist voll von Texten, Sachtexten und literarischen Texten unterschiedlichster Art. Diese bequeme Zugänglichkeit – immer vorausgesetzt, die technischen Rahmenbedingungen sind gegeben – macht das Netz der Netze zu einer immer wichtigeren Informationsquelle. Doch mit welchem Ziel wird gelesen? Geht es eher um ein ungesteuertes Stöbern oder Surfen im Netz, bei dem sich der Nutzer ein bisschen treiben lässt und sich auch schon einmal 'verlieren' kann? Oder geht es um die gezielte Suche von Informationen? Möglicherweise möchte der Nutzer aber auch gerade ästhetische Bedürfnisse oder solche nach Unterhaltung befriedigen. Alle diese unterschiedlichen Intentionen machen ebenso unterschiedliche Lesestrategien notwendig: Einerseits ist eher eine oberflächliche Lesestrategie wie das überfliegende Lesen angemessen, andererseits ist das konzentrierte, genaue Lesen das, was den Nutzer sein momentanes Ziel am besten erreichen lässt. Auch der rasche Wechsel zwischen den verschiedenen Lesestrategien ist immer wieder nötig. Bei jeder Art von Lesen geht es aber in erster Linie ums Verstehen. Inwieweit beim Lesen von Texten in den neuen Medien auch neue Anforderungen an den Leser gestellt werden, ist von der

Forschung noch nicht vollständig untersucht worden. Blatt (2000b) fasst Befunde aus an unterschiedlichen Aspekten orientierten Untersuchungen zusammen und kommt zu folgenden Ergebnissen:

> Für das „Lesen" in elektronischen Medien lassen sich aus einem Vergleich von Texten und Hypertexten bzw. Hypermedia neue Anforderungen vermuten. [...] Wie erfolgreich sie [die Nutzer; T. K.] „lesen", d. h. weiterführende Links auswählen und die einzelnen Informationseinheiten verstehen und miteinander verknüpfen, hängt aber ebenfalls von ihrem Wissen und ihren Fähigkeiten ab. [...] Das Sachwissen muss höher sein [...], da die Lesenden die verstreuten Informationsportionen auffinden, reduzierte und auf den Punkt gebrachte Angaben in den Hypertexteinheiten anreichern und isolierte Informationsportionen eigenständig in einen Zusammenhang bringen müssen (Blatt 2000b, S. 29).

Im Weiteren wird außerdem der im Vergleich zu linearen Texten höhere Grad an Lesefähigkeit genannt, wenn es darum geht, dass Wesentliches von Unwesentlichem auf dem Bildschirm schnell unterschieden und zielgeleitet gesurft werden muss. Auch auf der Ebene der Entschlüsselung werden an das Lesen in elektronischen Medien höhere Anforderungen gestellt, da gleichzeitig verschiedene Zeichen-Codes (Text, Bild, Ton) entschlüsselt werden müssen.

Zu erwähnen ist natürlich in diesem Zusammenhang auch, dass das Lesen am Bildschirm weder für die Augen noch für die Sitzhaltung des Lesenden optimal ist. Außerdem erschwert der Bildschirmausschnitt im Vergleich zum Papier in der Hand o. Ä. den Leseprozess. Nichtsdestotrotz werden im Beruf und in der Freizeit immer mehr Informationen am Bildschirm rezipiert.

Beim Lesen in neuen Medien ist das Kennen oder Suchen von geeigneten Informationen / Informationsquellen eine notwendige Kompetenz. Es gibt mittlerweile eine für den Einzelnen oft unüberschaubare Fülle von Anbietern umfangreicher, komplex strukturierter Informationen wie Zeitungsverlage, Fernsehsender, Bibliotheken, Universitäten oder andere Bildungsinstitutionen, Vereine etc. Mit zunehmendem Besuch dieser Angebote ist ein immer gezielterer und vor allem auch ökonomischer Zugriff auf das Gesuchte möglich. Der andere Weg läuft über so genannte Suchmaschinen, die einem helfen – sofern man in der Lage ist, seine Suche in geeignete Stichwörter zu übersetzen und diese wenn nötig durch weitere Verfeinerung einzuschränken – etwas Relevantes zu finden. Die Entwicklung solcher Suchstrategien ist eine genuine Aufgabe des Deutschunterrichts und kann in seinen elementaren Formen auch ohne den Computer vorbereitend geübt werden. Unterrichtspraktische Modelle zum Thema Recherchieren im Netz oder allgemein dem Recherchieren mit Berücksichtigung von elektronischen Medien gibt es in ausreichendem Maße und für alle Altersstufen (vgl. z. B. Praxis Deutsch Heft 158 und 167). Bei der Wahl von Suchmaschinen kommt es im Unterricht darauf an, solche zu vermeiden, die Werbung zulassen.

Für jüngere Lerner hat sich die Suchmaschine Blinde-Kuh (www.blinde-kuh.de) und für ältere haben sich Google oder Altavista (www.google.de; www.altavista.de) durchgesetzt.

Bei der Frage nach dem Sinn einer deutschunterrichtlichen Behandlung von Hyperfiction streiten sich die Geister. Zum einen wird der ästhetische Wert dieses Genres durchaus anerkannt, zugleich geht damit aber auch eine gesunde Skepsis hinsichtlich der Qualität von Hyperfictions einher, wie im Folgenden deutlich wird:

> Die verschiedenen neuen Kunstgattungen des Internets müssen, sofern sie relevante sprachliche Anteile haben, natürlich auch Gegenstand der ästhetischen Erziehung des Deutschunterrichts werden. Textuelle und multimediale Vernetzung, Interaktivität und Dynamik im Internet ermöglichen prinzipiell ebenso beachtenswerte Kunstwerke wie jedes andere Medium auch. Ob es zu solch einer Entwicklung kommt oder ob hier das Niveau infantiler Computerspiele nicht überschritten wird, kann zu einem Teil davon bestimmt werden, ob diese Formen zu einem Gegenstand ästhetischer Reflexion beispielsweise im Deutschunterricht werden (Baurmann / Weingarten 1999, S. 23).

Leubner (2000, S. 45 f.), der sich neben anderen mit dem Thema gründlicher auseinander gesetzt hat, gibt folgende Gründe für eine grundsätzliche Skepsis oder Vorsicht bei dem Lesen von Hyperfiction im Deutschunterricht zu bedenken: Die große Freiheit des Lesers in der Gestaltung der Handlung durch das nicht-lineare Erzählen, die z.B. Böhler und Suter folgendermaßen rühmen: „Die hyperfiktionalen Geschichten sind multipel angelegt, sie verlangen Entscheide, sie verlangen ein Mitagieren, Mitwirken, das über das Interpretieren von Handlungen und Zusammenhängen hinausgeht." (Suter / Böhler 1999, S. 18), ist nach Leubner nur sehr begrenzt, da sich der Leser durch die vom Autor vorgegebene Link-Wahl nur in einem beschränkten Rahmen bewegen kann. Außerdem weist er zu Recht auf den qualitativen Unterschied zwischen so genannter „Klick-Aktivität" und „innerer Aktivität beim Lesen" – etwa durch die Konstruktion von Bedeutung – hin. Ein weiterer kritischer Punkt wird in der mangelnden Erfahrung mit der Art von literarischer Ästhetik gesehen, wie sie sich durch hypertextuelle Strukturen zu etablieren scheint, die sich nicht mit traditionellen narrativen Strukturen wie Einleitung – Hauptteil – Schluss (mit Spannungsbogen) vergleichen lässt. Hinzu kommt, dass eine für das Gelingen des Literaturunterrichts entscheidende innere Begegnung und Auseinandersetzung der Lerner mit den Figuren einer Geschichte oder deren Handlungen gerade durch eine Zerstückelung des Textes in kleine Einheiten verhindert wird.

Unterrichtspraktische Probleme werden auch von anderen Autoren gesehen: Dass jeder Leser sich seinen individuellen Weg durch den Hypertext sucht und somit zum Mit-Autor wird, bringt nun einmal mit sich, dass die Schülerinnen und Schüler einer Klasse nicht mehr die gleiche Textgrundlage haben. Traditionelle analytisch-interpretatorische Gespräche machen bei Hyperfictions also keinen Sinn. Kepser (2000, S. 117f.) schlägt einen anderen Weg vor: Er sieht eine sinnvolle Möglichkeit darin, die Spannung, die durch weiterführende Links – und weniger durch die Texte, die hinter den Links stehen – entsteht, zur Hypothesenbildung zu nutzen. Aber auch er sieht das Problem, dass sich für lineare Texte eingeführte Methoden der literarischen Analyse und Interpretation nicht ohne weiteres auf nicht-lineare Texte übertragen lassen. Eine Behandlung nicht-linearer Texte angemessener Methoden wird zum jetzigen Zeitpunkt von den meisten Autoren eher abgelehnt – mit gutem Grund:

> Ein tieferer Einstieg in die ästhetische Theorie der Hypertexte würde aber dem didaktischen Prinzip der Exemplarität widersprechen: Hyperfictions sind nun mal eine Randerscheinung im literarischen Leben und ob sich das in Zukunft ändern wird, ist fraglich (Kepser 2000, S. 118).

2.1.2 Texte schreiben

Beim Schreiben von Texten ist zu unterscheiden, ob es um die Tätigkeit der Schriftproduktion geht oder darum, Texte zu verfassen.

Tätigkeit der Schriftproduktion

Gerade im Bereich der Grundschule und besonders bei Lernern mit spezifischen Problemen kann der Einsatz eines Textverarbeitungsprogramms zu einer enormen graphomotorischen Entlastung führen, die es den kindlichen Anwendern erlaubt, ihre begrenzten Ressourcen in anderen Bereichen des Textschreibens zu nutzen.

Aber auch die automatische Rechtschreib- und Grammatikprüfung, die in viele Textverarbeitungsprogramme integriert ist, können als Hilfsmittel genutzt werden. Allerdings ist hier Vorsicht geboten, denn diese Prüfprogramme erkennen weder alle Fehler, noch alle richtigen Schreibungen, was zum einen an ihrem geringen Wortschatz und zum anderen an der Komplexität grammatischer Strukturen liegt, die eben kontextabhängig sind. Insofern ist eine sinnvolle Nutzung nur durch den reflektierten Gebrauch dieser Hilfsmittel möglich. Diverse Untersuchungen haben gezeigt, „dass Übungen mit der Textverarbeitung den Schriftspracherwerb auf der Primarstufe sinnvoll fördern" (Kepser 2003, S. 858).

Die Möglichkeiten der Überarbeitung (Löschfunktion, Kopier- und Verschiebefunktion) und Gestaltung der Texte (Möglichkeiten des Layouts; Vorlagen für standardisierte Textsorten wie Geschäftsbriefe, Lebensläufe und Bewerbungsschreiben) sowie des kooperativen Schreibens werden ebenfalls als Vorteile der neuen Medien insbesondere für den Sekundarstufenbereich genannt.

Gerade im Bereich der Gestaltung und Präsentation von Texten sind in letzter Zeit Präsentationsprogramme wie „PowerPoint" verstärkt auch im Deutschunterricht zum Einsatz gekommen – zum Beispiel zur medialen Unterstützung bei

Referaten. Hier eröffnet sich eine weitere Aufgabe des Deutschunterrichts, denn

> die Gestaltungsmöglichkeiten sind hier ungleich höher (Farbe, Ton, Animationen). Damit Vorträge nicht im multimedialen Chaos enden, müssen Schülerinnen und Schüler künftig vermehrt für semiotische und ästhetische Fragestellungen sensibilisiert werden (Kepser 2003, S. 859).

Texte verfassen

Das Verfassen von Texten für das World Wide Web unterscheidet sich vom Verfassen herkömmlich fixierter Texte in mehrfacher Hinsicht: Zunächst sind erstere weitaus stärker von Nicht-Linearität geprägt. Diese Hypertexte bestehen aus einzelnen, miteinander über Links vernetzten Textbausteinen. Diese Vernetzungen können entweder innerhalb eines einzelnen Textes verlaufen, wenn z. B. von einer Gliederung mit einzelnen Kapitelüberschriften oder Teilthemen aus Sprungmarken zu den entsprechenden Textteilen leiten oder etwa wenn einzelne Wörter näher erläutert werden (ähnlich einem Lexikoneintrag). Das Verfassen eines solchen Hypertextes stellt besonders an die Teilkompetenz des Planens des Schreibenden erhöhte Anforderungen, wie Baurmann und Weingarten verdeutlichen:

> Die Planung eines solcherart vernetzten Textes erfordert folglich zweierlei: Einerseits muss die zu vermittelnde Sache durchdacht und auf netzwerkartige Textstruktur projiziert werden. Andererseits ist die Anlage des Vernetzungssystems auch von entscheidender Bedeutung für den Rezipienten. Mit der Netzstruktur plant man auch immer verschiedene Rezeptionsmöglichkeiten. Wissensvoraussetzungen, Interessen und Lesegewohnheiten müssen in die Textplanung einbezogen werden (Baurmann / Weingarten 1999, S. 21).

Der Computer ermöglicht aber neben der Vernetzung von Texten und Textelementen auch deren Verknüpfung mit bewegten sowie unbewegten Bildern, Tönen, Animationen, Graphiken etc, d. h. mit jeder digital darstellbarer Datenmenge. Ein derartiges Erzeugnis wird als Hypermedia bezeichnet. Aufgrund der unterschiedlichen Zeichencodes ist eine Gestaltung und Verknüpfung der unterschiedlichen Elemente noch aufwändiger. Natürlich muss auch hier überlegt werden, wie sinnvolle Pfade durch das Gesamtangebot gelegt werden können. Aber auch die Verknüpfung von Text und Bild (oder Ton o. Ä.) muss durchdacht werden. Hinzu kommt die Frage, welche Funktion die einzelnen Elemente haben sollen. Dient z. B. Bild- oder Filmmaterial der Illustration textlicher Inhalte, oder werden letztere sogar durch erstere substituiert? Wann ist welche Art der Information geeigneter als die andere? Die Anwender bzw. Schreiberinnen und Schreiber hier zu einem reflektierten Umgang mit den medialen Möglichkeiten zu erziehen, sodass nicht die Machbarkeit das eigene Handeln diktiert, ist eine genuine Aufgabe des Deutschunterrichts. Es wird deutlich, dass der

Deutschunterricht, der sich bislang auf Textverstehen – seien diese Texte gesprochen oder geschrieben – konzentriert hat, in Zukunft auch das Bildverstehen stärker in den Blick nehmen muss. Wie vielfach erwähnt ist das Vernetzungsprinzip von Hypertext und Hypermedia nicht gänzlich unbekannt: Auch bei (traditionellen) Büchern wurde das Prinzip der Linearität immer schon durch unterschiedliche Elemente wie Inhaltsverzeichnisse, Fußnoten, Quellenangaben, Verweise, Abbildungen, Tabellen, Stichwortverzeichnisse, Glossare usw. aufgebrochen. Es macht aber für den Rezipienten einen qualitativen Unterschied, ob er nur durch einen Mausklick zu einem anderen Angebot und wieder zurück springen kann oder ob er mühsam blättern und suchen oder sogar eine andere Quelle – z. B. ein weiteres Buch – zur Hand nehmen muss. Erst durch diese Bequemlichkeit und die erweiterten Möglichkeiten des Zugriffs (in einer Bibliothek kann ein Buch gleichzeitig nur von einem Benutzer verwendet werden) haben sich neue Rezeptionsweisen wie das freie Stöbern / Browsen oder das gezielte Suchen / Navigieren herausgebildet. Beiden gilt es, beim Schreiben von Hypertexten / Hypermedia gerecht zu werden.

Diesen erhöhten Anforderungen an die jugendlichen Schreiberinnen und Schreiber zum Trotz bietet das Internet jedoch die großartige Chance, schulisches Schreiben durch die Öffnung von Unterricht ernst zu nehmen, indem die von den Lernern verfassten Texte einer größeren Öffentlichkeit zugänglich gemacht werden können. So verwundert es nicht, dass gerade zu Beginn des Einzugs neuer Medien in den Deutschunterricht verstärkt Unterrichtsprojekte zur Erstellung einer Schul- oder Klassenhomepage von sich reden machten, auf der die Schule / Klasse sich vorstellte oder wiederum von Ergebnissen aus Unterrichtsprojekten berichtete. In vielen Bundesländern gab und gibt es noch heute Wettbewerbe, in denen die beste Klassen-/ Schulhomepage ausgezeichnet wurde / wird (vgl. z. B. den niedersächsischen Internetwettbewerb „Literatur@tlas Niedersachsen"). Besonders das kooperative Schreiben und das Gefühl der Gruppenzugehörigkeit kann durch solche Unterrichtsprojekte gestärkt werden. Auch in technischer Hinsicht ist kein großer Vorlauf mehr notwendig, seit Textverarbeitungsprogramme wie Microsoft Word oder der kostenlose Netscape Composer ohne HTML-Kenntnisse für die Erstellung von Internetseiten genutzt werden können.

Die Vermittlung des Schreibens von E-Mails, Mailing-List- oder News-Group-Beiträgen stellt den Deutschunterricht zunächst vor keine größeren Probleme. Diese Textsorten unterscheiden sich nicht sehr von traditionellen, die den Schülerinnen und Schülern bereits bekannt sind, wie etwa Brief, Notiz oder Mitteilung. Die Schwierigkeit und damit auch Herausforderung besteht eher darin, sinnvolle, tragfähige und langfristige Kommunikationszusammenhänge aufzubauen – z. B. in Form von Klassenpartnerschaften, Kontakt mit außerschulischen Experten etc. Eher entmutigende Erfahrungen wie das Projekt „Transatlantisches Klassenzimmer", bei dem Englischklassen aus Deutschland und

Deutschklassen aus den USA über E-Mail korrespondierten, haben gezeigt, dass große Probleme auftreten können und der hohe Aufwand in keinem Verhältnis zum Nutzen – also dem Lernerfolg – steht. Blatt / Hartmann (2000b, S. 42) sehen die Ursachen dafür besonders in einer unzureichenden leserbezogenen Schreibkompetenz der Schülerinnen und Schüler sowie dem Fehlen thematischer Vorgaben oder allgemeiner Anleitungen. Ein positives Beispiel können Blatt / Hartmann (1997) selbst vorweisen mit ihren E-Mail-Projekten zwischen Deutschklassen und Deutschdidaktikseminaren, in denen es darum geht, dass Schülerinnen und Schüler lernen, sich

> schriftlich verständlich und adressatenbezogen aus[zu]drücken und die besonderen Bedingungen der E-Mail-Korrespondenz kennen, verstehen und bewältigen lernen. Zu diesem Zweck werden Schreibprojekte eingesetzt, in denen Schüler- und Studierendengruppen zusammenarbeiten. Die Schülerteams erstellen in einem vorgegebenen Zeitrahmen einen eigenständigen Beitrag zu einem von der Klasse gewählten Oberthema (Blatt / Hartmann 2000b, S. 43).

Blatt / Hartmann sehen den Vorzug in ihrem Projekt im zielgerichteten, kooperativen Schreiben, denn die Schülerteams müssen kontinuierlich an ihrer Schreibaufgabe arbeiten und sie zu einem bestimmten Zeitpunkt auch abschließen. Während des Arbeitsprozesses müssen sie über den E-Mail-Kontakt mit dem jeweiligen Studententeam ihre Aufgabenstellung konkretisieren, Ideen und Formulierungen diskutieren, wobei Fragen gestellt und beantwortet sowie Anregungen gegeben und verarbeitet werden. Die Lerner reflektieren also während des Arbeitsprozesses ihr Schreiben. Die Situation der Kooperation mit einem persönlich Unbekannten hat zum einen den Vorteil, dass sie für die Beteiligten spannend ist. Zum anderen bereitet sie die Lernenden auf Situationen vor, wie sie sie im späteren Berufsleben zu meistern haben werden. Das Projekt von Blatt / Hartmann steht im Kontext eines umfassenden Basiskonzepts zur Vermittlung einer so genannten Medien-Schrift-Kompetenz im Deutschunterricht (vgl. Blatt / Hartmann 2000a und 2000b). Auf dieses Konzept kann hier nur verwiesen werden, da eine detaillierte Beschäftigung damit den Rahmen des vorliegenden Artikels sprengen würde.

Die aktive Teilnahme an öffentlichen und thematisch nicht gebundenen Chats empfiehlt sich aufgrund der oftmals herrschenden Belanglosigkeit nicht für den Deutschunterricht. – Dass die Betrachtung der Chatsprache dort jedoch fruchtbar gemacht werden kann, soll später thematisiert werden (vgl. 2.2 Reflexion über Sprache). Anders verhält es sich mit inhaltlich verbindlichen Chats, die im Unterricht vorher vorbereitet wurden. Häufig werden in diesem Zusammenhang die Teilnahme an informativen Fernsehsendungen anschließende Chats oder der Austausch zwischen einer Klasse und einem Kinder- oder Jugendbuchautor genannt, dessen Buch / Bücher die Schülerinnen und Schüler zuvor gelesen und besprochen haben. Auch der Austausch von verschiedenen, räumlich entfernten Lerngruppen in einem so genannten DCR (= Didaktischer Chatraum, d. h., dieser Chat ist nur für die registrierten Teilnehmer eines Seminars oder Mitglieder einer Schulklasse zugänglich) ist mehrfach mit Erfolg erprobt worden. Als Erfolgsbedingungen haben sich zum einen die thematische Planung und Vorbereitung herausgestellt, zum anderen erfordert die konkrete Durchführung eines Chats aber auch bestimmte sprachliche Strategien, die durch die Rahmenbedingungen erforderlich werden: Die Möglichkeiten der Schriftsprache bzw. des Zeicheninventars des Computers müssen adressaten- und situationsangemessen eingesetzt werden, denn Chats sind in der Regel konzeptionell mündlich, erfordern eine breit gestreute Aufmerksamkeit, schnelles Reagieren und eine ökonomische Planung dessen, was man mitteilen will.

Gibt es einerseits gegen die Rezeption von Hyperfictions im Deutschunterricht eher Vorbehalte, wird die Produktion andererseits als bereichernde Möglichkeit gerade im Hinblick auf Verfahren des produktionsorientierten Literaturunterrichts gesehen. Leubner fasst die Vorteile folgendermaßen zusammen:

> Hyperfictions sind geradezu idealtypisch geeignet für literarische Schreibunternehmungen von Schülern, die auf Kreativität, Experiment und Kooperation setzen. Schüler können im Rahmen der Produktion von Hyperfictions relativ problemlos ihre Produkte miteinander verlinken; das, was im Unterricht bislang mehr oder weniger beziehungslos nebeneinander stand, kann nun verbunden und von den Schülern leichter als eine Einheit empfunden werden. Dies bietet dem Deutschunterricht zumal im Rahmen von Projekten große Chancen (Leubner 2001, S. 54).

Leubner unterscheidet weiterhin zwischen drei Arten von Möglichkeiten, im Deutschunterricht Hyperfictions zu produzieren. Zunächst nennt er die Teilnahme an kooperativen Projekten. Bei so genannten Mitschreibprojekten werden Nutzer im Internet aufgefordert, mögliche Fortsetzungen oder Handlungsalternativen zu einer vorgegebenen Geschichte / einem vorgegebenen Geschichtenanfang zu schreiben (Solche Geschichten sind meist nach einer rhizomatischen oder Baumstruktur aufgebaut.). Der Vorteil liegt sicherlich in der Machbarkeit: Weder um die technischen Gegebenheiten, noch um einen Anfang muss man sich als Lehrender kümmern. Allerdings liegt darin auch die Crux: An diesen Mitschreibprojekten kann jeder teilnehmen, somit ist erstens eine Abhängigkeit von einer fremden Geschichte gegeben und zweitens die Gefahr, dass dieser Geschichte eine nicht unbedingt unterrichtstaugliche Wendung gegeben wird. Der Lernschwerpunkt liegt bei dieser Form auf einer Kombination von Rezeption und Produktion literarischer Texte. Es gibt mittlerweile einige Berichte von erfolgreichen Einzelprojekten, grundsätzliche didaktische Überlegungen stehen aber noch aus.

Als zweite Möglichkeit nennt Leubner die Umgestaltung literarischer Texte in hypertextuelle /-mediale Texte. Im Mittelpunkt steht hierbei die Förderung von Hypertext-Kompetenzen, d. h. Kompetenzen im Bereich der Gliederung, Vernetzung, Ausgestaltung von Texten / Textmodulen und möglicherweise der Transformation von einem Zeichencode in einen anderen, wenn z. B. ein Text in ein Bild oder einen Film oder einen gesprochenen Dialog umgewandelt oder dadurch ergänzt wird. Auch hier wird die Fachliteratur bislang von Schilderungen geglückter Einzelprojekte beherrscht.

Die eigenständige Produktion von Hyperfictions, die dritte von Leubner genannte Möglichkeit, stellt sicherlich die höchsten Ansprüche an die Lerner, da hier nicht nur erzählerische Kreativität, sondern auch mediale Kompetenz in hohem Maße erforderlich sind. So verwundert es nicht, dass hier die wenigsten Berichte in der Fachliteratur zu finden sind.

2.2 Reflexion über Sprache

Wie bereits oben mehrfach verdeutlicht, gibt es eine Vielzahl von Begründungsmustern für die Beschäftigung mit neuen Medien im Deutschunterricht. Dies gilt insbesondere für die Behandlung neuer Kommunikationsformen. Jugendliche und junge Erwachsene bilden – insbesondere im Hinblick auf SMS und Chat – eine der größten Nutzergruppen. Mit einer Thematisierung im Unterricht profitiert man folglich von einem ungeheuren Vorteil: Die Schülerinnen und Schüler sind bei diesen Kommunikationsformen unmittelbarer als andernorts an der Herausbildung und Veränderung kommunikativer Normen beteiligt. Hier wäre eine Gelegenheit, sie, um mit Weisgerber zu sprechen, als „Teilhaber am Prozess Sprache" ernst zu nehmen:

> Gerade der Sprachwandel und seine Reflexion im Unterricht eröffnen die sprachpädagogische Dimension: Der Schüler erkennt sich als Teilhaber am Prozess Sprache und übernimmt seine Mitverantwortung für diesen Prozess. So kann auch die Versöhnung zwischen Normativität und Kreativität im Sprachgebrauch wie im Sprachunterricht gelingen (Weisgerber 1998, S. 68).

Bei der Beschäftigung mit der Sprache in den neuen Medien, wie sie (z. T.) in E-Mails, in Chats oder beim SMS zu finden ist, ergibt sich unmittelbar die Frage, ob und wenn ja, inwieweit sich diese von der/den anderen Sprache(n) unterscheidet/n. Anders gefragt: Welche Auswirkungen haben die neuen Medien auf die Sprache? Aufgrund einer Vielzahl von empirischen Untersuchungen (z. B. Jakobs 1998, Kurzrock 2003, Runkehl u. a. 1998) lässt sich festhalten, dass die Unterschiede besonders im Bereich der Lexik hinsichtlich einer Erweiterung des Wortschatzes festzustellen sind und weniger bzgl. Syntax und Pragmatik. Diese Veränderungen sind als völlig normale Phänomene des Sprachwandels zu interpretieren, letzteres übrigens ein Thema, das traditionell sowohl in der Sekundarstufe I als auch in der Oberstufe behandelt wird. Bei einer vertiefenden Beschäftigung mit der Sprache in den neuen Medien stößt man schnell auf die Begriffe Mündlichkeit und Schriftlichkeit. Wegweisend in diesem Zusammenhang war und ist das Modell von Koch / Oesterreicher (1985 und 1995), das zwischen einer medialen und einer konzeptionellen Ebene unterscheidet. Mit ersterer ist die Ebene der Realisierung gemeint: Wird gesprochen oder geschrieben? Mit Konzeption werden der Duktus, die Art und Weise der Äußerungen und auch die verwendeten Varietäten zusammengefasst. Gerade die neuen Medien bieten hier ein interessantes Forschungsfeld, da mit Hilfe der neuen Telekommunikationsmedien Vorteile der (konzeptionellen) Mündlichkeit mit denen der Schriftlichkeit, wie schnelles Feedback, Teilnahme am Diskussionsprozess, größere räumliche und zeitliche Reichweite und bessere Elaboration der Texte, kombiniert werden können.

In den Lehrplänen des Faches Deutsch für die Sekundarstufe I und II finden sich neben o. g. zahlreiche Anknüpfungsmöglichkeiten für eine Auseinandersetzung mit der Sprache in den neuen Medien – insbesondere in den Lernbereichen „Umgang mit Texten und Medien" bzw. „Reflexion über Sprache". Unter ersterem werden „Texte der Massenmedien und der Informations- und Kommunikationstechnologien" oft ausdrücklich erwähnt.

Kepser kommt bei einer Sichtung vorliegender Unterrichtsmodelle und -konzeptionen zu folgendem Ergebnis:

> E-Mail-typische Abweichungen von der Standardsprache sind kaum thematisiert worden, obwohl sie sich für eine Einführung in die Semiotik (Emoticons als Beispiel für ikonische Zeichenformen; vgl. Perrin / Jörg 1995, 91) und sprachspielerische Experimente (Akronyme als Kürzel) eignen. Auch gibt es weder dokumentierte Unterrichtsversuche, die Vor- und Nachteile des Quotens [von engl. to quote = zitieren – gemeint ist die Möglichkeit des räumlich direkten Antwortens durch Hineinschreiben in die kopierte Ausgangsmail; T. K.] ins Zentrum stellen (vgl. Kepser 1999, 410), noch ist auf die Gefahr verbaler Entgleisungen eingegangen worden. [...] Auch der schriftliche Informationsaustausch via Handy (*SMS*) wartet noch auf seine Entdeckung als Gegenstand schulischer Sprachreflexion. [...] Das *Chatten* gehört gleichfalls zur jugendlichen Kommunikationspraxis und ist schon mehrmals Medium verschiedener Unterrichtsversuche geworden. So haben Schüler die sozialen Regeln im Internet beobachtet und selbst produzierte Chattexte unter pragmatischen Gesichtspunkten (Redeabsicht, Redesituation, sprachliche Muster) analysiert. Um den Unterschied zu realen Gesprächsituationen erlebbar zu machen, sind Chattexte in ein szenisches Spiel umgesetzt worden (Breilmann / Schopen 1999) (Kepser 2003, S. 862 f.).

3 Resümee

Wie in den obigen Ausführungen deutlich wurde, verändern sich Sprache und Literatur mit den neuen Medien. Die Schülerinnen und Schüler zur Teilnahme an sprachlichen und literarischen Prozessen zu befähigen und die angesprochenen Veränderungen zu analysieren sowie zu bewerten, ist eine genuine Aufgabe des Deutschunterrichts. Weiterhin müssen medienspezifische Rezeptionshaltungen und -weisen sowie ihre wechselseitigen Auswirkungen in den Blick genommen werden. Insofern müssen neue Medien Gegenstand des Unterrichts sein. Aber auch in anderen Bereichen lässt sich fachlich vom Einbezug neuer Medien oder ihrer Erzeugnisse profitieren, wenn dort von den Lernern neue sprachliche oder literarische Erfahrungen gemacht werden (können), die nicht gänzlich neu, aber eben anders sind, und die zu einer Kompetenzerweiterung beitragen, welche für die Nutzung anderer Medien bedeutsam sein können.

Literaturverzeichnis

Baurmann, Jürgen / Weingarten, Rüdiger (Hrsg.): Internet. Praxis Deutsch 1999, H. 158.

Becker-Mrotzek, Michael: Mündlichkeit – Schriftlichkeit – Neue Medien. In: Bredel, Ursula u. a. (Hrsg.): Didaktik der deutschen Sprache. Band 1. Paderborn: Schöningh 2003, S. 69–89.

Blatt, Inge / Hartmann, Wilfried: Ein gemeinsames Schreibprojekt zwischen Didaktikseminar und Schulklasse. In: Computer + Unterricht 1997, H. 28, S. 51–54.

Blatt, Inge / Hartmann, Wilfried: Deutschunterricht als Kernfach in der Informationsgesellschaft. In: Hendricks, Wilfried (Hrsg.): Neue Medien in der Sekundarstufe I und II. Berlin: Cornelsen Scriptor 2000a, S. 130–140.

Blatt, Inge / Hartmann, Wilfried: Medien-Schrift-Kompetenz im Deutschunterricht. In: Thomé, Günther / Thomé, Dorothea (Hrsg.): Computer im Deutschunterricht der Sekundarstufe. Braunschweig: Westermann 2000b, S. 24–53.

Breilmann, Sybille / Schopen, Michael: Vom virtuellen in den realen Raum. In: Praxis Deutsch 1999, H. 158, S. 48–54.

Bund-Länder-Kommission für Bildungsplanung und Forschungsförderung (BLK): Heft 16: Gesamtkonzept für die Informationstechnische Grundbildung. Bonn 1987.

Bund-Länder-Kommission für Bildungsplanung und Forschungsförderung (BLK): Heft 44: Orientierungsrahmen zur Medienerziehung. Bonn 1995.

Feilke, Helmuth: Was ist und wie entsteht Literalität? In: Pädagogik 2001, H. 6, S. 34–38.

Hauf-Tulodziecki, Annemarie: Warum es nicht reicht, nur Computer in die Schulen zu stellen. In: FIfF-Kommunikation, Themenheft Informatik-Bildung 1996, H. 2, S. 11–17.

Huber, Ludowika / Kegel, Gerd / Speck-Hamdan, Angelika (Hrsg.): Schriftspracherwerb: Neue Medien – Neues Lernen? Braunschweig: Westermann 1999.

Jacobs, Eva-Maria: Mediale Wechsel und Sprache. In: Holly, Werner / Biere, Bernd Ulrich (Hrsg.): Medien im Wandel. Opladen: Westdeutscher Verlag 1998, S. 187–209.

Kepser, Matthis: Sprachunterricht und neue Medien. In: Bredel, Ursula u. a. (Hrsg.): Didaktik der deutschen Sprache. Band 2. Paderborn: Schöningh 2003, S. 854–866.

Kepser, Matthis: Internetliteratur im Deutschunterricht. In: Thomé, Günther / Thomé, Dorothea (Hrsg.): Computer im Deutschunterricht der Sekundarstufe. Braunschweig: Westermann 2000, S. 107–125.

Kepser, Matthis: Massenmedium Computer. Bad Krozingen: D-Punkt 1999.

Koch, Peter / Oesterreicher, Wulf: Schriftlichkeit und Sprache. In: Günther, Hartmut u. a. (Hrsg.): Schrift und Schriftlichkeit. Ein interdisziplinäres Handbuch der internationalen Forschung, 1. Halbband. Berlin, New York: de Gruyter 1995, S. 587–604.

Koch, Peter / Oesterreicher, Wulf: Sprache der Nähe – Sprache der Distanz. Mündlichkeit und Schriftlichkeit im Spannungsfeld von Sprachtheorie und Sprachgeschichte. In: Romanistisches Jahrbuch 1985, H. 36, S. 15–43.

Kultusministerkonferenz (Hrsg.): Neue Medien und Telekommunikation im Bildungswesen. Bonn 1997.

Kurzrock, Tanja: Neue Medien und Deutschdidaktik. Tübingen: Niemeyer 2003.

Leubner, Martin: Hyperfiction im Deutschunterricht. In: Der Deutschunterricht 2001, H. 2, S. 44–57.

Medienpädagogischer Forschungsverbund Südwest (Hrsg.): KIM-Studie 2003: Kinder und Medien, Computer und Internet. URL: http://www.mpfs.de/studien/jim/jim03.html (download; abgerufen am 18.07.2004).

Medienpädagogischer Forschungsverbund Südwest (Hrsg.): JIM – Jugend, Information, (Multi-)Media. URL: http://www.mpfs.de/studien/jim/jim03.html (download; abgerufen am 18.07.2004).

Perrin, Daniel / Jörg, Petra (Hrsg.): NetzWerkBuch Computer. Gümlingen: Zytglogge 1995.

Praxis Deutsch 1999, H. 158: Internet.

Praxis Deutsch 2001, H. 167: Recherchieren.

Runkehl, Jens / Schlobinski, Peter / Siever, Thorsten: Sprache und Kommunikation im Internet. Überblick und Analysen. Opladen: Westdeutscher Verlag 1998.

Schlobinski, Peter (Hrsg.): Internet – Sprache, Literatur und Kommunikation. In: Der Deutschunterricht 2000, H. 1.

Schlobinski, Peter / Suter, Beat (Hrsg.): Hypertext – Hyperfiction. In: Der Deutschunterricht 2001, H. 2.

Suter, Beat / Böhler, Michael (Hrsg.): hyperfiction. Basel, Frankfurt a.M.: Stroemfeld 1999.

Thomé, Günther / Thomé, Dorothea: Zur Qualitätsbewertung von neuen Medien für den Deutschunterricht. In: Thomé, Günther / Thomé, Dorothea (Hrsg.): Computer im Deutschunterricht der Sekundarstufe. Braunschweig: Westermann 2000, S. 126–143.

Weisgerber, Bernhard: Sprachnorm und Sprachwandel. Anmerkungen unter vornehmlich sprachdidaktischem Aspekt. In: Der Deutschunterricht 1998, H. 3, S. 67–70.

Wermke, Jutta: Integrierte Medienerziehung im Fachunterricht. Schwerpunkt: Deutsch. München: KoPäd 1997.

Unterrichtsmaterialien aus dem Internet – kleine, kommentierte Auswahlliste

http://www.sonderhaus.de/deutsch.htm → Linkliste

Http://www.educeth.ch/deutsch/weiteres/links/ → Linkliste, gut kommentiert und mit interessanter Struktur

http://www.3b-infotainment.de/unterricht/mume1.htm → Mindmap zur Leistungsperspektive

http://www.lehrerfreund.de/deutsch/deutschunterricht/deutschunterrichht_internet/ → konkrete Unterrichtsmaterialien

http://www.lernarchiv-bildung.hessen.de/archiv/deutsch/neue_medien → konkrete Unterrichtsmaterialien

http://home.bu-ulm.de/~ulschrey/ → Homepage von Dieter Schrey; interessante Projekte zu Literatur und neue Medien

http://www.dagmarwilde.de/neuemedien.html → Verschiedenes zum Bereich Grundschule

http://www.leasrn-line.nrw.de/nav/mit_medien_lernen/ → verschiedene Angebote des Bildungsservers NRW (Modelle, Kompetenzbeschreibungen etc.)

http://www.zum.de → Homepage der Zentrale für Unterrichtsmedien; Verschiedenes unter Suchbegriff „neue Medien"

Literaturdidaktik

SUSANNE GÖLITZER

Lesesozialisation

In jeder Schriftkultur kommt das Lesenlernen einer Initiation gleich, einem
ritualisierten Übergang vom Zustand der Unselbständigkeit und der
beschränkten Verständigung zur Fähigkeit, mit Hilfe der Bücher am kollektiven Gedächtnis teilzuhaben und sich mit einer kulturellen Tradition vertraut
zu machen, die sich mit jedem Leseakt weiter erschließt. (Manguel 2000,
S. 89)

1 Explikation des Begriffs 'Lesesozialisation'

Ob jemand im Laufe seines Lebens zur Leserin / zum Leser wird, entscheidet
sich nicht gleich nach der Geburt, aber auch nicht erst in oder nach der Schule
oder später im Erwachsenenalter. Es gibt keinen definierten Zeitpunkt, an dem
sich Leseinteressen ein für allemal ausbilden, keine sicheren Faktoren, die die
Ausbildung einer stabilen Lesehaltung garantieren könnten. Wie jemand zur
Leserin / zum Leser wird, können wir nicht mit Sicherheit voraussagen, vielmehr
können nur unterschiedliche Faktoren, Bedingungen und Maßnahmen beschrieben werden, die in verschiedenen sozialen und institutionellen Kontexten entweder zum Lesen anregen oder die die Ausbildung einer stabilen Lesehaltung
eher erschweren. Weil Lesen und die Entwicklung zur Leserin / zum Leser offen-
kundig eingelassen ist in den sozialen Kontext, in dem ein Mensch heranwächst,
ist die Frage, wie man zur Leserin / zum Leser wird, in den letzten zwanzig Jahren
immer häufiger mit Verweis auf den Begriff der 'Lesesozialisation' beantwortet
worden. Mit dem Begriff 'Sozialisation' wird dabei der dialektische Bildungsprozess des Menschen zum „gesellschaftlich handlungsfähigen Subjekt" bezeichnet:

> Es geht nicht nur um das „Hineinwachsen" des Menschen in gesellschaftliche
> Struktur- und Interaktionszusammenhänge, sondern auch um den Erwerb
> von Kompetenzen, die es ermöglichen, diese zielbewusst mitzugestalten und
> zu verändern (Hurrelmann 1999, S. 105).

Diese Kompetenzen werden in der „sozialisatorischen Interaktion" erworben
(vgl. Oevermann 1976, S. 372) und zugleich werden die sozio-kulturellen Bedingungen, unter denen ein Mensch aufwächst und handelt, von ihm selbst mitge-
staltet und mitbestimmt. Während mit der frühen Sozialisation oder der 'Primärsozialisation' meist eine Zeitspanne von der Geburt bis zum Einschulungsalter
gemeint ist – sie ist entsprechend auf die Sozialisationsinstanz 'Familie' bezogen
– umfasst die 'Sekundärsozialisation' die Phasen eines Lebens, die nach Eintritt

in die Schule beginnen und deren Bezugsgrößen nicht mehr die Familie, sondern die Schule und die peer-group bilden. Darüber hinaus ist seit den Neunziger Jahren immer häufiger von der Sozialisation durch Medien (Film, Fernsehen, Computer, Bücher usw.) gesprochen worden.

Die Begriffe „literarische Sozialisation" und „Lesesozialisation" bezeichnen nach Cornelia Rosebrock zunächst gleichermaßen „den dialektischen Verlauf der Herausbildung des Einzelnen in der Auseinandersetzung mit literarischen Medien und den Prozess seines Hineinwachsens in die Schrift- bzw. die literarische Kultur" (Rosebrock 2003 a, S. 153).

Während der Begriff „Lesesozialisation" allerdings stärker alle Erwerbsprozesse umfasst, die mit dem Umgang mit Schrift insgesamt zusammenhängen – das kann Schrift *unterschiedlicher technischer Provenienz* [...] und *unterschiedlicher Modalität* [...]" sein (Hurrelmann 1999, S. 111 f. Hervorhebung im Original) –, bezeichnet die „literarische Sozialisation" den Prozess der Aneignung von und Auseinandersetzung mit Literatur, in dem das Medium der Schrift nicht immer eine prominente Rolle spielen muss. Dazu gehören auch Erfahrungen mit Abzählversen, Reimspielen, Theateraufführungen, Vorlesesituationen usw. (vgl. Eggert / Garbe 1995, Braun 1995).

Unterscheiden lassen sich die Begriffe besonders hinsichtlich ihrer ontogenetisch zu beschreibenden Zielperspektive. Während im Idealfall die Lesesozialisation zu einer „Reading Literacy" (PISA 2000, S. 78) führt, die eine umfassende Kompetenz bezeichnet, an der Schriftkultur aktiv teilzuhaben und somit auf den Umgang mit allen Arten von Texten, aber auch Grafiken usw. bezogen ist, werden im Laufe der literarischen Sozialisation literarische Rezeptionskompetenzen erworben, die zur Teilhabe an der literarischen Kultur befähigen (vgl. Rosebrock 2003 a; Eggert / Garbe 1995).

Es lassen sich Faktoren der Lesesozialisation angeben, die auf den Bildungsprozess im Rahmen der Lesesozialisation einwirken. Diese Faktoren (Harmgarth 1997; Harmgarth 1999; Hurrelmann 1993; Hurrelmann 1994; Köcher 1988; PISA 2000; Rosebrock 2003 a; Stiftung Lesen 2001) sind

- die soziale Schicht,
- das Geschlecht und
- die ethnische Herkunft.

Wie sich diese Faktoren manifestieren, kann an zwei Instanzen der Lesesozialisation, Familie und Schule, und den Praktiken des Lesens im Rahmen dieser Instanzen betrachtet werden.

2   Instanzen der Lesesozialisation

2.1 Die Familie als Instanz der Lesesozialisation

Die Lese- und Mediennutzungsgewohnheiten in einer Familie, die Ausstattung des Kinderzimmers mit Büchern und die Wertschätzung, die das Lesen erhält, sind in Familien sehr unterschiedlich. Zum Leser wird ein Kind / Jugendlicher durch ein leseorientiertes Klima in der Familie, das ein breites Angebot von Medien einschließt, und nicht durch einzelne Maßnahmen. Dieses leseorientierte Klima kann beschrieben werden durch:

- das habitualisierte Leseverhalten der Eltern, an dem Kinder Lesevorbilder entwickeln können;

- dialogorientierte Gespräche über das Lesen und Gelesenes (vgl. Braun 1995; vgl. Wieler 1997);

- die nicht mahnende Ermunterung der Eltern zum Lesen;

- der gemeinsame Besuch von Bibliotheken oder Buchhandlungen (vgl. Harmgarth 1999) und die damit verbundenen Auswahlhilfen.

Neben diesen, durch die Lesesozialisationsforschung gut belegten, leseförderlichen Aspekten (Köcher 1993; Stiftung Lesen 2001), müssen in den Alltag eingelassene Schrift- und Lesepraktiken als relevante Lesesozialisationsaspekte gelten. Solche Praktiken sind das allabendliche Vorlesen, das Erzählen von Geschichten, das Lesen der Zeitung auf der Toilette oder anderswo, das Nachschlagen im Lexikon, das Anlegen eines Einkaufszettels, das Organisieren des Tages über einen Kalender usw. David Barton bezeichnet diese Praktiken als „Schriftpraktiken":

> Es gibt situativ übliche Muster des Lesens und Schreibens, und Menschen bringen ihre kulturelle Erfahrung in solche Aktivitäten ein. Ihre Art, mit Schrift umzugehen, bezeichnen wir als Schriftpraktiken. [...] Schrift'praktiken' sind die in einer Kultur üblichen Formen des Schriftgebrauchs, auf die Menschen bei einem Schriftereignis zurückgreifen (Barton 1993, S. 216, Hervorhebung im Original).

Unter „Schriftereignis" versteht Barton „ein wiederkehrendes Ereignis mit bestimmten Interaktionsformen" (ebd.). Das abendliche Zubettbringen ist das Ereignis, anlässlich dessen jeden Abend auf verschiedene Praktiken des Lesens zurückgegriffen wird. Diese Praktiken können von Familie zu Familie ganz unterschiedlich akzentuiert sein und umfassen nicht nur das Vorlesen, sondern auch die Art und Weise des Sprechens über das Vorgelesene.

Auch Bettina Hurrelmann (1994, S. 33) beschreibt die „sozialen Bezüge der Lesetätigkeit" als das eigentliche „Fundament der Leseentwicklung". Sie fasst zusammen:

Kinder erfahren durch Beobachtung und Koorientierung, welchen Wert das Buch für Leser hat. Das Lesevorbild der Eltern – insbesondere der Mutter – ist wichtig. Die Beobachtung der Erwachsenen kann ein Kind aber viel leichter in eigenes Tun umsetzen, wenn die Lesetätigkeit in gemeinsame Situationen, Gespräche miteinander und Handlungen eingebunden ist. Diese soziale Einbindung des Lesens ist der wirksamste Faktor der Lesesozialisation überhaupt: Kinder, die in ihren Familien gemeinsame Lesesituationen erleben, die erfahren, daß es gemeinsame Buchinteressen gibt und daß man sich über Bücher gesprächsweise austauschen kann, die in Buchhandlungen und Bibliotheken mitgenommen werden und deren Eltern aus eigenem Interesse auch einmal Kinderbücher lesen, werden am stärksten gefördert (ebd.).

Es sind also nicht allein die textseitigen Angebote, sondern besonders auch die Interaktionsstrukturen und Medienrezeptionsgewohnheiten in der Familie, die darüber mitentscheiden, welche Lesehaltungen und Leseweisen ein Kind erwirbt. Solche Interaktionsstrukturen sind allerdings schichtspezifisch unterschiedlich. Während in Familien mit niedrigem sozioökonomischen Status in der Regel das Fernsehen das Leitmedium ist und die Interaktionen sich häufig vor dem Fernseher 'abspielen' oder auf das Fernsehprogramm bezogen sind (vgl. Hurrelmann 1996 und 1998), spielt die Rezeption von Printmedien in der Mittelschicht eine größere Rolle, obgleich das Fernsehen auch hier das Leitmedium ist (vgl. Rosebrock 2003a). Die oben als förderlich charakterisierten Praktiken des Lesens und Sprechens über Gelesenes in der Familie sind eher mittelschichtorientierte Praktiken (Bonfadelli 1995 und 1996; Franzmann 2001). Da der sozioökonomische Status häufig auch mit den Bildungsabschlüssen zusammenhängt, wird in der Lese- und Lesesozialisationsforschung auch der Bildungsgrad der Eltern als ein Indikator für ein lesefreundliches oder leseanregendes Klima in der Familie betrachtet (Stiftung Lesen 2001).

Bei den Eltern wie auch den Heranwachsenden gibt es geschlechtsspezifische Unterschiede im Leseverhalten. Väter lesen häufig weniger als Mütter, außerdem ist das Leseinteresse bei Müttern meist breiter gefächert als bei Vätern. Bei den Männern stehen oft sachorientierte Titel im Vordergrund. Für das allabendliche Vorlesen oder die Leseangebote sind häufig die Mütter verantwortlich (vgl. Hurrelmann 1993). Dieses mütterliche Lesevorbild ist möglicherweise ein Grund dafür, warum Mädchen und Frauen in allen Lebensphasen mehr lesen als Jungen und Männer und warum es ihnen mehr bedeutet (vgl. Harmgarth 1999). Lesen ist häufig die Lieblingsbeschäftigung der Mädchen (vgl. Garbe 1993; vgl. Eggert / Garbe 1995). Dieses weibliche Lesevorbild wird zusätzlich verstärkt durch die weitgehend weibliche Lehrerschaft in der Grundschule. Darüber hinaus werden die Lesevorlieben von Jungen: Comics, Mangas, Action, Thriller u.ä., die sich auch in besonderem Maße im Medienverbund auszuprägen scheinen, von den Lehrerinnen in der Regel weniger goutiert und wertgeschätzt (Garbe 2003).

Der dritte Faktor „ethnische Herkunft" gibt der Lesesozialisation in der Familie eine besondere Prägung. Kinder und Jugendliche mit Migrationshintergrund wachsen mindestens zweisprachig auf und verfügen vermutlich zu einem hohen Anteil über andere Lese- und Texterfahrungen als ihre deutschsprachigen Altersgenossen. Aus der angelsächsischen Literacy-Forschung liegen vergleichende Untersuchungen zu unterschiedlichen Schrift- und Lesepraktiken in unterschiedlichen Schichten bzw. Milieus vor, die gezeigt haben, dass die Anschlussfähigkeit der Schule in Bezug auf diese Praktiken ausgesprochen selektiv ist.

Shirley Brice Heath (1983) führt aus, mit welchen unterschiedlichen Schwierigkeiten die Kinder aus unterschiedlichen Milieus in Bezug auf den Umgang mit der mündlichen Sprache, der Schrift, mit Geschichten u. a. in der Schule zu rechnen haben. Es soll hier etwas ausführlicher darauf eingegangen werden, da es diese unterschiedlichen Ausgangsbedingungen der Schülerinnen und Schüler sind, die bei der Beschreibung der Aufgaben der Schule im Rahmen der Lesesozialisation und literarischen Sozialisation eine besondere Rolle spielen. Der Begriff 'Milieu' fokussiert stärker als 'Schicht' die Werte, Haltungen und Orientierungsmuster, die in familialen Praktiken des Schriftgebrauchs zur Geltung kommen. Mit 'Schicht' wird häufig nur der Bildungsgrad und der sozioökonomische Status der Eltern bezeichnet.

In der Schule werden Kinder und Jugendliche mit ganz spezifischen Gebrauchsformen von Schrift und Literatur bekannt gemacht. Heath konstatiert, dass die schultypischen „content and interactional features" des Sprach- und Schriftgebrauchs denen ähneln, wie sie in Schriftereignissen der Mittelschichtsfamilien, der „township people" (ebd., S. 260 ff.), vorkommen. „Content features" von Erzählungen in der Schule beispielsweise sind nach Heath: „story-teller introduces himself" oder „story-teller summarizes story with moral" u. ä. Unter „interactional features" versteht sie: „adult must request story" oder „audience directly evaluates story" u. ä. (ebd., S. 294 ff.). Das Normalmodell des Erzählens in der Schule unterscheidet sich von dem im Alltag. Kinder und Erwachsene erzählen im Alltag häufig „Geflechtserzählungen", die Erzählung wird dialogisch organisiert und realisiert (vgl. Rank 1995). Dem gegenüber steht das Normalmodell der Erlebniserzählung in der Schule, die in der Regel eine „Höhepunkterzählung" ist.

Da die Kinder mit unterschiedlichen Konzepten des Umgangs mit gesprochener und geschriebener Sprache in die Schule kommen, verstehen sie diese schultypischen „features" nicht nur unterschiedlich, sondern sie können auch unterschiedlich gut mit ihnen umgehen. Neben den narrativen „features" sind in der Schule auch „features" des Lesens und Verstehens von Texten gebräuchlich. Die „features" können auch als 'Schemata' bezeichnet werden. Der Begriff „Schemata" bezeichnet nach Reinhold Viehoff „durch Erfahrung gebildete Auffassungen von erwartbaren Eigenschaften, Handlungen, Handlungsverläufen und Ereignissen in Situationen" (Viehoff 1988, S. 11).

Über solche Schemata verfügen alle Kinder und Jugendliche, wenn sie in die Schule kommen; auf diese Schemata greifen Leserinnen und Leser zurück, wenn sie etwas lesen, sie interpretieren das Gelesene nach diesen Schemata. Andererseits werden solche Schemata aber auch erst in alltäglichen Schriftereignissen ausgebildet.

Wie unterschiedlich die Erfahrungen von Kindern und Jugendlichen mit Schrift und Lesen sind und welche Schwierigkeiten sich für die Kinder aus unterschiedlichen Milieus in der Schule daraus ergeben können, wird in der ethnographischen Untersuchung von Heath besonders deutlich. Sie beschreibt verschiedene „literate traditions" unterschiedlicher Familien in zwei Gemeinden im Südwesten der USA: Trackton und Roadville. Heath charakterisiert die Praktiken des Lesens und Schreibens in Trackton wie folgt:

> For Trackton adults, reading is a socal activity; when something is read inTrackton, it almost always provokes narratives, jokes, sidetracking talk, and a active negotioation of the meaning of written texts among the listeners. Authority in the written word does not rest in the words themselves, but in the meanings which are negotiated through the experiences of the group (ebd., S. 196).

Das Lesen hat in Trackton einen primär sozialen, geradezu öffentlichen Charakter. Zurufe, Witze, Kommentare während des Lesens und Vorlesens sind nicht nur erlaubt, sondern sogar erwünscht. Die Geltung der Deutungen des Gelesenen hängt stark von den Aushandlungsprozessen in der Gruppe / der Gemeinde ab. Heath fasst diese literale 'Tradition' in Trackton zusammen:

> Literacy events in Trackton which bring the written word into a central focus in interactions and interpretations have their rules of occurrence and appropriateness, just a talking junk, fussing, or performing a playsong do (ebd., S. 200).

In Roadville dagegen beobachtet Heath zahlreiche Lesepraktiken, die dem geschriebenen Wort eine stärkere Autorität verleihen:

> Adults believe that the proper use of words and understanding of the meaning of written words are important for their children's educational and religious success (ebd., S. 227).

Beim abendlichen Vorlesen müssen die Kinder still zuhören und die Fragen der Eltern (meist der Mütter) zielen auf eindeutige Antworten: „A dog in a book is a *dog* – not a mutt, a hound dog, or Blackie" (ebd., S. 227). Lesen übernimmt in Roadville stärker die Funktion, etwas zu lernen und die Bedeutungen des Textes unmissverständlich zu erkennen.

Die Praktiken des Lesens und Verstehens von Texten in der Schule heben sich von den Praktiken in beiden Gemeinden deutlich ab. Hier werden einige Texte allein, andere Texte gemeinsam gelesen, die Deutungen eines Textes – so erfahren die Schülerinnen und Schüler – hängen von der Textsorte und dem Kontext ab, in dem gelesen wird.

Allein die Diskrepanz zwischen den Schemata des Lesens und Verstehens in der Familie und der Schule stellt natürlich noch kein weitreichendes didaktisches oder soziales Problem dar. Erst wenn in der Schule 'spezifische' Schemata quasi selbstverständlich vorausgesetzt werden und die unterschiedlichen Schrifterfahrungen der Schülerinnen und Schüler in der Schule nicht mehr in den Blick kommen, werden unterschiedliche Schrifterfahrungen zum Distinktionskriterium. Die Leistungen der Schülerinnen und Schüler, denen schultypische Schemata fehlen und die sich schwerer damit tun, diese zu erwerben, werden entsprechend schlechter beurteilt (vgl. Wieler 2003).

Wenn der Migrationshintergrund und der niedrige sozioökonomische Status zusammenkommen, dürften sich die sozialisatorischen Nachteile für die Heranwachsenden und deren Bildungschancen noch verstärken. Die Möglichkeiten zum Kauf eines Buches, zur Teilhabe an der literarischen Kultur usw. sind aus sprachlichen, kulturellen wie auch sozioökonomischen Gründen reduziert. Obgleich wahrscheinlich ein gesellschaftlicher Konsens darüber herzustellen wäre, dass die Schule die unterschiedlichen sozialisatorischen Voraussetzungen der Kinder und Jugendlichen nicht zum schulischen Erfolgskriterium machen dürfte und die Ziele beim Erwerb von Lesekompetenzen und literarischen Rezeptionskompetenzen weder nach Schulformen noch nach Sozialstatus oder Herkunftsmilieu zu differenzieren sind, verschärft die Schule die Benachteiligung weiter. In der Auswertung der Ergebnisse des „Programme for International Student Assessment 2000" (kurz: PISA 2000) – ein Test zur Erfassung der Basiskompetenzen 15-jähriger Schülerinnen und Schüler – wurde das deutlich formuliert:

> Betrachtet man das Niveau und den sozialen Gradienten der Lesekompetenz gleichzeitig, gehört Deutschland zu den Ländern, in denen die 15-Jährigen ein unterdurchschnittliches Kompetenzniveau erreichen und in denen gleichzeitig die engste Kopplung von sozialer Herkunft und Kompetenzerwerb nachweisbar ist (PISA 2000, S. 402).

Kinder, deren Familien im unteren Viertel der Sozialstruktur anzusiedeln sind, deren Eltern maximal einen Sekundarstufen-I-Abschluss ohne Berufsausbildung aufweisen, deren Eltern zugewandert sind (PISA 2000, S. 399), werden mit einer hohen Wahrscheinlichkeit bis zum Ende ihres 15. Lebensjahrs nur Kompetenzen im Lesen erworben haben, die nach PISA auf der „Kompetenzstufe I" liegen. Bezogen auf die Subskala „Informationen ermitteln" erfordern die Aufgaben auf der Kompetenzstufe I vom Leser „eine oder mehrere unabhängige Informationen zu lokalisieren", bezogen auf „textbezogenes Interpretieren" wird vom Leser verlangt, den Hauptgedanken des Textes oder die Intention des

Autors zu erkennen, bezogen auf „Reflektieren und Bewerten" muss der Leser „eine einfache Verbindung zwischen Information aus dem Text und weit verbreitetem Alltagswissen" herstellen (ebd., S. 89). Diese Kompetenzen reichen kaum aus, um unterschiedliche Textzusammenhänge herzustellen, die mitunter komplexen Perspektiven, die in einem Text – besonders in einem literarischen Text – eröffnet werden, zu erkennen und aufeinander zu beziehen oder die unterschiedlichen Lesarten eines Textes auf unterschiedliche Wissensbereiche zu beziehen. Diese Kompetenzen sind demnach nicht hinreichend für einen verstehenden Umgang mit Texten (PISA 2000, S. 79).

Der Zusammenhang von sozialer Herkunft und schulischen (Lese-)Leistungen ist neuerdings durch die Lese- und Lesesozialisationsforschung bestätigt worden (IGLU 2004; Pieper u. a. 2004), aber auch früher schon bekannt gewesen (Lehrmann u. a. 1995; PISA 2000; Schwippert 2001). Die Gründe für die soziale Benachteiligung in der Schule, die in der ungleichen Verteilung von Bildungs- und Schulabschlüssen gipfelt, sind strukturell bedingt. Dies lässt sich an den Praktiken des Lesens im Unterricht gut nachvollziehen.

2.2 Die Schule als Instanz der Lesesozialisation

In der Schule wird anderes und anders gelesen als in der Familie oder im Freundeskreis. Nicht nur die Textauswahl, sondern auch die unterrichtlichen Praktiken des Lesens und des Umgangs mit (literarischen) Texten (Gölitzer 2004; Küppers 1999) unterscheiden sich in der Regel stark von den Schrift- und Lese-Praktiken in der Freizeit (Heath 1983; Schön 1990a; Schön 1990b). Dies ist gerade in der Lese- und Lesebiographieforschung häufig kritisiert worden (Haas 1976; Eggert 2000; Graf 1995; Schön 1995). Die Erfahrung der Nähe zwischen Eltern und Kindern beim Vorlesen beispielsweise scheint eine prägende Leseerfahrungen zu sein, die im kindlichen evasorischen Lesen später wiederholt wird (Abraham 1998). Werner Graf (1995) hat anhand von Interviews mit jungen Erwachsenen gezeigt, dass solche Erfahrungen als lesebiographisch relevant beschrieben werden. Weiterhin hat er zeigen können, dass Phasen intensiven Lesens auch von „Krisen" bedroht sind. Die erste Lese-Krise zeigt sich, wenn die Kinder in die Schule kommen. Man kann sich Lese-Krisen (vgl. Graf 2002) als schmerzhafte Diskrepanzerfahrungen vorstellen, die mit den schulischen Anforderungen im Bereich Literatur und Lesen zusammenhängen. Die Lesefähigkeiten des Kindes sind meist auch lange nach der Einschulung noch nicht soweit ausgebildet, dass es entsprechend seines Lesebedürfnisses Texte lesen und verstehen kann. In der Vorschulzeit war dieses Lesebedürfnis aufgehoben in der Vorlesesituation. Erwachsene in der Familie oder im Kindergarten verbürgen mit dem gemeinsamen Lesen den Sinn des Textes und den Sinn des Lesens gleichermaßen. Ein Teil der Entwicklungsaufgabe besteht nun darin, über das selbstständige Lesen diese doppelte Sinnzuschreibung selbst tätigen zu lernen. Entwicklungsaufgaben sind die Anforderungen, die eine Gesellschaft an die Heranwachsenden stellt (Eggert / Garbe 1995, S. 18). Wie diese Aufgaben bewältigt werden, hängt von den Individuen und den Bedingungen, unter denen die Individuen leben, ab.

Die zweite Lese-Krise fällt meist mit dem Ende der Grundschulzeit zusammen. Die meisten Kinder, die zu einem selbstständigen Leseverhalten gefunden haben, entwickeln langsam andere Lesebedürfnisse und lassen die phantasiebefriedigende Kinderlektüre zunehmend hinter sich. Aber gerade an komplexeren Lektüren müssen nun andere Leseweisen entwickelt werden. Die Kinder und Jugendlichen, die bis dahin weder in der Schule noch außerschulisch stabile Lesegewohnheiten entwickelt haben, werden in der Sekundarstufe große Schwierigkeiten beim Lesen unterschiedlicher Texte haben. Der Lese-Lernprozess gilt als abgeschlossen, gezielte Hilfestellungen und Fördermaßnahmen im Bereich Lesen von Literatur finden sie nur selten. Die Heranwachsenden brauchen aber auch nach dem primären Schriftspracherwerb zusätzliche Unterstützung und Hilfen, um die nicht organisch zusammenlaufenden Erwerbsprozesse des Lesens und des Verstehens von Texten erfolgreich bewältigen zu können. Die Interaktion zwischen einem kompetenten Anderen und den Kindern oder Jugendlichen spielt auch dabei eine wesentliche Rolle. Kinder und Jugendliche können gemeinschaftlich mit dem Erwachsenen bereits mehr als sie alleine zu tun im Stande wären (Wygotski 1986, S. 237 ff.). Sprachlich komplexe Texte oder Texte, die das Moral- und Weltverständnis eines Jugendlichen übersteigen, können Heranwachsende u. U. verstehen lernen, wenn sie in eine gemeinsame Lesesituation 'eingebettet' sind. Durch diese 'Einbettung' lassen sich die Krisen auch besser meistern. Texte lesen und Texte verstehen sind in der Schule als zwei unterschiedliche Anforderungen zu behandeln, damit die nicht ausreichenden Lesefähigkeiten – wie sie sich in Lesekrisen zeigen – nicht zu einem Abbruch der Auseinandersetzung mit Schrift führen.

Eine besondere Schwierigkeit stellt sich hinsichtlich ihrer Motivation in der Schule für Kinder und Jugendliche, die literarische Erfahrungen primär an und mit Fernsehsendungen, mündlichen Erzählungen o.ä. machen. Das Bedürfnis nach Erzählungen, Geschichten und phantastischem Stoff kann nämlich ebenso über filmische bzw. mündlich erzählte fiktionale Angebote befriedigt werden; Bücher oder literarische Texte zu lesen, stellt für diese Schülerinnen und Schüler nicht notwendigerweise eine Herausforderung dar, deren glückliche Bewältigung Befriedigung verspricht. Sie bringen das als quasi-natürlich angenommene Lesebedürfnis erst gar nicht mit in die Schule; sie verfügen nicht über die Erfahrung, dass Lesen – hat man es erst mal gelernt – zur Befriedigung unterschiedlicher Bedürfnisse dienen kann. Diese Bedürfnisse und Erwartungen an die Lektüre sind bei Viel-Lesern sehr vielfältig (vgl. Tullius 2001, S. 61 ff.). Sie lesen, um sich zu informieren, um sich zu unterhalten und um sich weiterzubilden (Tullius 2001, S. 69). Gerade für Kinder und Jugendliche, die in ihrer Primärsozialisation keine befriedigende Leseerfahrungen mit kinderliterarischen Texten gemacht haben, muss deshalb die Schule Gelegenheit für vielfältige Leseerfahrungen bieten.

Die Praktiken des Lesens in der Schule bieten häufig wenig Anschlussmöglichkeiten an und für die Privatlektüre. Anschlussmöglichkeiten an die Privatlektüre sind mit jeder Klasse neu auszuloten, da die Leseerfahrungen der Kinder und Jugendlichen in einer Klasse immer andere sein dürften. Anschlussmöglichkeiten für die Privatlektüre können sich für die Schülerinnen und Schüler nur ergeben, wenn sie schulische Lektüre als 'gewinnbringend' erleben. Ein solcher Gewinn können beispielsweise verschiedene „Leseweisen" (vgl. Graf 2001; vgl. Graf 2002) sein, die die Kinder und Jugendlichen auch außerhalb der Schule gebrauchen, nutzen und weiter ausbilden können. Bei erwachsenen Leserinnen und Lesern unterscheidet Graf folgende „Modi des Lesens" (Graf 2001, S. 207 ff.):

- die instrumentelle Lesehandlung, in der der Text ein Hilfsmittel ist, „um auf ökonomischem Weg eine bestimmte Absicht zu verfolgen";
- das Lesen zum Zwecke der literarischen Partizipation;
- das intime Lesen, das der Befreiung von psychischen Spannungen dient;
- die Pflichtlektüre im institutionellen Kontext;
- das Lesen, das durch ein eigenes abstraktes Lesekonzept bestimmt ist;
- das Lesen als ästhetische Erfahrung, in der die Lust am Text eine Lust an der Sprache und der ästhetischen Erkenntnis ist.

Viel-Leser können nicht nur unterschiedliche Erwartungen und Bedürfnisse an das Lesen knüpfen (vgl. Tullius 2001), sondern sie haben auch unterschiedliche „Leseweisen" erworben und können diese situativ und „am Text unkonventionell" (Graf 2001, S. 207) 'einsetzen'. Um dies zu tun, müssen sie auf Lesestrategien zurückgreifen können. Solche „Lesestrategien" von erwachsenen Romanleserinnen und -lesern hat Corinna Pette (2001) rekonstruiert: Lesen des Klappentextes und Hypothesenbildung, Herstellen intertextueller Bezüge, Zurückblättern, Fragen formulieren, Überspringen der unverständlichen Stellen, Einteilungen von wichtigen und unwichtigen Handlungssträngen, Suche nach Konstruktionsmerkmalen, Anschluss an relevante Themen aus dem eigenen Leben, Lesepausen einlegen, Projektion eigener Gefühle auf Figuren, ironische Kommentare, Gestaltung der Lesesituation u. a. m. Solche Strategien dienen der Verstehenssicherung, der Aufrechterhaltung von Lesebedürfnissen über den Leseprozess hinweg, der Regulation emotionaler Betroffenheit, der Erleichterung der Aneignung eines Themas an die eigene Lebenspraxis, der Erhöhung der Lese-Motivation und/oder der Selbstvergewisserung / Identitätssicherung (ebd.). Die Strategien, die der Regulation der emotionalen Betroffenheit dienen oder der Identifikation mit einer oder mehreren Romanfiguren, werden bei der Lektüre eines Romans einen größeren Stellenwert haben, als dies bei der Rezeption eines Sachtextes zu erwarten ist. Christmann / Groeben (1999, S. 194 f.) unterscheiden Textrezeptionsstrategien allgemein nach

1. Strategien zur Überwachung und Steuerung des Lesens und zur Sicherung von Textbedeutungen (Paraphrasieren, sich selbst Fragen stellen, 'Roten Faden' suchen u. a.),

2. Strategien zur Bewusstmachung und zur Steuerung der eigenen kognitiven Prozesse (Aktivierung von Vorwissen, Ziele setzen, Selbst-Korrekturen u. a.) und

3. Strategien zur Aufrechterhaltung der Lernaktivität (dies schließt auch affektive Strategien mit ein: Aufrechterhaltung der Konzentration, Angstbewältigung, Selbstmotivierung u. a.).

Lesen wird hier stark mit 'Lernen' gekoppelt. Man kann wohl annehmen, dass solche Lesestrategien auf unterschiedlichen Ebenen bei jedem Lesen ablaufen, auch wenn man die Kopplung von Lesen und Lernen nicht für jede Leseweise unterstellen möchte. 'Schlechte' und 'gute' Leserinnen und Leser unterscheiden sich vor allem hinsichtlich der „Bewußtheit über die eigenen Fähigkeiten sowie hinsichtlich der Fähigkeit zum strategischen, aufgaben- und zielbezogenen Lesen" (ebd., S. 200). Es lässt sich jetzt folgern: Wenn die Schule und der Unterricht die Heranwachsenden im Sinne einer Reading Literacy unterstützen und fördern möchten, dann sollten die Lesestrategien und der Erwerb von Lesestrategien stärker als bisher didaktisch in den Blick genommen werden.

In wenigen Arbeiten sind die schulischen Praktiken des Lesens daraufhin untersucht worden, ob sie den Erwerb verschiedener Leseweisen und Lesestrategien unterstützen. Es liegen allerdings einige Forschungsarbeiten vor, in denen folgende schulische Praktiken des Lesens herausgearbeitet worden sind:

- das laute (ungeübte) Lesen im Klassenverband (vgl. Küppers 1999; Gölitzer 2004; Pieper u. a. 2004);

- das leise Lesen im Klassenverband;

- das laute und leise Lesen von Teilen des Textes im Klassenverband oder in Gruppen.

Mit diesen Praktiken des Lesens sind häufig Formen der 'schulischen' Anschlusskommunikation (vgl. Gölitzer 2004) verbunden:

- mündlich unbekannte Wörter (die von der Lehrerin / dem Lehrer oder Schülerinnen / Schülern herausgesucht werden) im Klassenverband klären;

- mündlich oder schriftlich inhaltsorientierte Fragen zum Text beantworten (in Einzel- oder Gruppenarbeitarbeit oder Klassenverband);

- mündlich oder schriftlich Bezug zu der eigenen Lebenswelt, zur Person herstellen (in Einzel- oder Gruppenarbeitarbeit oder Klassenverband);

- nach Lehrerfragen textanalytische Operationen durchführen, wie Textsortensignale erkennen, Erzählkonzept klären u. ä. (meist im Klassenverband).

Diese Praktiken haben im Rahmen des Unterrichts besondere Funktionen, die sich durch die institutionellen Bedingungen ergeben. In der Schule treffen auf Seiten der Schülerinnen und Schüler verschiedene Voraussetzungen im Bereich der Lesekompetenz und der literarischen Rezeptionskompetenz sowie unterschiedliche Lesekulturen zusammen. Während die Eltern des Kleinkindes noch wissen können, was ihr Kind von literarischen Texten bereits versteht und womit es Schwierigkeiten haben dürfte, wissen das die Lehrerinnen und Lehrer einer Klasse zunächst einmal nicht. Während die Eltern des Kleinkindes noch annehmen können, dass ihr Kind die kulturelle Bedeutung des Lesens und des Gelesenen mit ihnen teilt, kann die Lehrerin oder der Lehrer davon nicht ausgehen. Das gemeinsame laute Lesen bietet scheinbar die Möglichkeit, den Lesevorgang zu kontrollieren und gegebenenfalls bei Schwierigkeiten helfend einzugreifen. Während die Kinder in der frühen Lesesozialisation die Praktiken des Lesens kennen lernen, die im sozio-kulturellen Milieu fraglos gegeben sind, werden die Schülerinnen und Schüler in der Schule mit kulturellen Ansprüchen konfrontiert, deren Bedeutungen sie im Lebenszusammenhang nicht praktisch 'erleben' und dessen Funktionen sie möglicherweise erst in der Zukunft verstehen lernen. Die Lehrkräfte möchten verständlicherweise durch Fragen und Fokussierungen auf die Texte sichern, dass das 'Wichtige' auch gelernt werden kann. Auf die Einlösung des kulturellen Versprechens, das sich mit dem Lesen und dem Gelesenen verbinden mag, können sie nicht warten.

In der Auswahl des Lesestoffes, der primär der Leseförderung dienen soll, greifen die Lehrerinnen und Lehrer der Grund- und Hauptschule häufig zu 'Problemtexten', zu Texten, in denen Probleme der Heranwachsenden im jeweiligen Alter der Klasse thematisiert werden, obwohl die Schülerinnen und Schüler in schriftlichen Befragungen meist ihre Lieblingslektüren im Bereich der Spannung, des Abenteuers ansiedeln (vgl. Runge 1996; vgl. Harmgarth 1999; vgl. Gattermaier 2003). Mit der Orientierung des Lesestoffes an den Problemen aus der Lebenswelt möchten die Lehrkräfte das Leseinteresse wecken, die Lesemotivation sichern. Aus der eigenen Lesesozialisation wissen sie, dass die Entdeckung des Eigenen im Fremden eine genussbringende Leseerfahrung sein kann (vgl. PISA 2000, S. 131 f.; vgl. Pette 2001). Der subjektive Bezug, zu dem Lehrkräfte in der Anschlusskommunikation häufig anregen möchten, soll die für die Schülerinnen und Schüler die lebenspraktische Relevanz des Lesens einsichtig machen.

Vermutlich sind die Praktiken des Lesens und Verstehens von Texten in der Hauptschule andere als die im Gymnasium und die in der Primarstufe unterscheiden sich von denen in der Sekundarstufe. Vergleichende Arbeiten zum Umgang mit Texten in den verschiedenen Schulformen und Schulstufen liegen nicht vor. Allerdings können aus den verschiedenen Untersuchungen zum Literaturunterricht im Gymnasium und der Hauptschule und den Ergebnissen der Lesebiographieforschung einige Hypothesen zur Kultur des Unterrichts in den jeweiligen Schulformen gezogen werden. Der unterrichtliche Umgang mit literarischen Texten im Gymnasium erinnert stark an textanalytische Zugangsweisen: es werden Deutungen entworfen und begründet, es scheint das fragend-entwickelnde Unterrichtsgespräch noch immer andere methodische Zugänge zu dominieren (vgl. Wieler 1989; vgl. Härle 2004). In der Hauptschule besteht die Textanalyse häufig darin, die unbekannten Wörter aus dem Text und inhaltliche Fragen zum Text zu klären. Während die Lehrerinnen und Lehrer im Gymnasium anscheinend stärker an der Erarbeitung wissenschaftlicher Arbeitsweisen orientiert sind und eine analytische Leseweise fördern, möchten Lehrkräfte in der Hauptschule den Wortschatz der Schülerinnen und Schüler erweitern und fördern eher das informationsentnehmende Lesen (vgl. Gölitzer 2004). In allen Schulformen und Schulstufen dürfte die Praxis des lauten Lesens im Klassenverband anzutreffen sein, auf die häufig eine Phase der Erarbeitung von Textbedeutungen oder übertragenen Bedeutungen entlang von Fragen folgt, die die Lehrkraft stellt. Überhaupt dürfte die gemeinsame Lektüre eher die Regel als die Ausnahme sein. Differenzierte und individualisierte Lesepraktiken findet man selten.

Insgesamt muss konstatiert werden, dass die Schülerinnen und Schüler das Lesen in der Schule häufig als ein Lesen erleben, das sie weder zusätzlich zum Lesen motiviert, noch zu interessanten Lektüren führt (vgl. Graf 1998; Eggert u. a. 2000; Pieper u. a. 2004). Leider unterstützt der Unterricht auch den Erwerb von Lesekompetenzen und literarischen Rezeptionskompetenzen ungenügend (vgl. PISA 2000, vgl. IGLU 2004). Umgekehrt wissen wir aus Befragungen von Schülerinnen und Schülern, dass diese sich von den Unterrichtsformen und Nachfragen der Lehrerinnen und Lehrer zur Lektüre in der Freizeit ermuntern lassen (vgl. Hurrelmann 1993; vgl. Pieper u. a. 2004). Die Frage ist, wie die Schule die Heranwachsenden noch stärker zum Lesen ermuntern und den Erwerb von Lesekompetenzen nachhaltig unterstützen kann.

3 Lesesozialisation in der Schule – normativ betrachtet

Bevor diese Frage beantwortet werden kann, müssen die Funktionen der Schule im Rahmen der Lesesozialisation bestimmt werden. Dies soll hier geschehen.

Erstens müssen die Schule und der Unterricht allen zukünftigen Mitgliedern einer Gesellschaft die Partizipation an der Schriftkultur im weiteren Sinne und der literarischen Kultur im engeren Sinne ermöglichen. Zur Teilnahme an der literarischen Kultur gehört, dass Schülerinnen und Schüler lernen, in Bezug auf verschiedene Deutungen verständigungsorientiert zu handeln, Literatur kritisch zu rezipieren, literarische Geselligkeit aufzubauen, literarische Texte in andere Ausdrucksgestalten (Alltagssprache, Bilder etc.) zu übersetzen und über unterschiedliche Leseweisen zu verfügen.

Um an der Schriftkultur im weiteren Sinne und der literarischen Kultur im engeren Sinne zu partizipieren, genügt es nicht, wenn man lesen gelernt hat. Lesen im Sinne des Entzifferns, des Dekodierens ist nur die Grundlage einer erweiterten Lesefähigkeit. Eine erweiterte Lesefähigkeit umfasst komplexe Lesekompetenzen und literarische Rezeptionskompetenzen, die nach Haueis (2002) auf drei Bedeutungshorizonte zu beziehen sind:

- die textuelle Bedeutung des zu Lesenden: sie ist durch die Sprachlichkeit von Texten gegeben;
- die kulturelle Bedeutung des Lesens für das Individuum wie für die Gesellschaft;
- die kulturelle Bedeutung des Gelesenen mit subjektiven ebenso wie mit intersubjektiven Geltungsansprüchen (ebd., ohne Seitenangabe).

Die kulturelle Bedeutung des Lesens manifestiert sich in den verschiedenen Leseweisen. Die „kulturelle Bedeutung des Gelesenen" manifestiert sich mitunter in kanonisierten Deutungen, in pädagogischen, zeitgeistigen oder historischen Lesarten. Die Geltungsansprüche dieser Lesarten können subjektiv oder intersubjektiv begründet werden. Im Literaturunterricht sind meist die kulturellen Bedeutungen des Gelesenen Gegenstand des Nachdenkens. Wenn Lehrerinnen und Lehrer nach einer 'Moral' der Geschichte fragen, wenn sie nach der Motivation der Figuren, der Bewertung von Figurenhandlungen, nach der Bedeutung von Motiven, Symbolen, Metaphern usw. fragen, fokussieren sie auf die kulturellen Bedeutungen des Gelesenen. Nur wer Kompetenzen zur Konstruktion der Bedeutungen auf allen drei Ebenen erworben hat, kann mit Hilfe der Bücher am kollektiven Gedächtnis teilhaben und sich mit einer kulturellen Tradition vertraut machen und diese weiter erschließen.

Zweitens sollten die individuellen Lesekompetenzen und literarischen Rezeptionskompetenzen einer jeden Schülerin / eines jeden Schülers in der Schule und im Unterricht erweitert werden. Dazu ist es notwendig, einerseits die verschiedenen Voraussetzungen der Schülerinnen und Schüler in Bezug auf Lesen und Literatur und andererseits die literarästhetischen oder pragmatischen Herausforderungen eines Textes zu kennen.

Zu diesen Kompetenzen gehören allerdings nicht nur kognitive Leistungen, sondern auch Leistungen zum Aufbau und zur Aufrechterhaltung der Motivation, der Gestaltung von Interaktionen im Zusammenhang mit dem Lesen und der Entfaltung und Verarbeitung von Emotionen. Die folgende Übersicht zeigt beispielhaft, welche Kompetenzen von der Leserin / dem Leser, in welchem Bereich zu erwerben sind (vgl. Hurrelmann 2002, vgl. Rosebrock 2003 b).

Kognition	Motivation	Interaktion	Emotion
Über Text-, Sach- und Weltwissen verfügen; Regeln und Konventionen des Textgebrauchs anwenden; Leseweisen situativ und unkonventionell anwenden; vielfältige Lesestrategien einsetzen;	differenzierte Lese-Gratifikationserwartungen stellen; Lese-Einstellungen und -Haltungen anpassen an Situationen und ihre Erfordernisse; Absichten entwickeln und mit dem Lesen verfolgen;	über Gelesenes mit anderen sprechen; Meinungen äußern und begründen; Urteile entwickeln; Selbstaussagen äußern; etwas gemeinsam lesen; sich durch das Lesen zurückziehen;	Empathie entwickeln; symbolische Wunscherfüllung; Versprachlichung diffuser Gefühle; Lesen genießen.

Rosebrock (2003a) hat dargelegt, wie sehr der Erwerb kognitiver Fähigkeiten von der Motivation zum Lesen abhängt. Die Bereiche dürfen demnach nicht als getrennte Leistungsbereiche begriffen werden. Sozialisatorisch ist die zentrale Erwerbssituation eine Interaktionssituation, in der über die Interaktion zwischen Erwachsenen und Kindern oder zwischen Gleichaltrigen untereinander kognitive, motivationale und emotionale Prozesse angeregt und weiterentwickelt werden.

Die Aufgliederung hat allerdings einen heuristischen Wert für die fachdidaktische Modellbildung. Mit der Fähigkeit, Texte Wort für Wort, Satz für Satz, Absatz für Absatz zu erlesen, ist noch keine komplexe Lesekompetenz erworben. Die Schule hat die Aufgabe, über möglichst vielfältige Lesesituationen den Erwerb komplexer Fähigkeiten, wie sie in der Tabelle exemplarisch aufgeführt sind, zu unterstützen. Wie sie dies unter Berücksichtigung der besonderen institutionellen Bedingungen leisten kann, ist auch an den Ergebnissen der Lesesozialisationsforschung zu lernen. Ein Erwerbsprozess wird erst möglich gemacht, wenn in alltäglich wiederkehrenden Lesesituationen (literacy events) Lesen und Gelesenes eine Bedeutung erhalten und die Geltungsansprüche dieser Bedeutungen reflektiert werden.

Das Lesen und das Gelesene müssen eine Funktion bekommen, die für Kinder und Jugendliche relevant ist. Für die Schule und den Unterricht wären zukünftig solche Lesesituationen zu modellieren, deren Lesepraktiken an unterschiedliche außerschulische Lesesituationen anschließen. Didaktisch nach funktionalen Anschlüssen zu suchen heißt allerdings nicht, die schulischen Lesesituationen mit den außerschulischen gleichzusetzen. Familiale literacy events können mit schulischen nicht identisch sein.

Wie können aber Lesesituationen in der Schule und im Unterricht modelliert werden, so dass sie den Erwerb von Lesekompetenzen und literarischen Rezeptionskompetenzen unterstützen?

4 Lesesituationen im Unterricht

Wenn die Schule allen Heranwachsenden die Möglichkeit zur Partizipation an der Schriftkultur und literarischen Kultur eröffnen möchte, muss sie die unterschiedlichen Schrift-, Buch- und Literaturerfahrungen von Kindern und Jugendlichen zum Ausgangspunkt nehmen, um von dort aus die Lesefähigkeit zu erweitern. In der Schule Gelegenheit zu geben, die Privatlektüre vorzustellen oder auch einfach fortzusetzen, wäre ein Anschluss an die private Lektürepraxis. Darüber hinaus müssen und können die schulischen Lesesituationen nicht wie familiale Lesesituationen gestaltet werden, sondern sie müssen vielmehr als „Unterstützungssysteme" (Rank 1995) im Rahmen des Lese- und Literaturerwerbs verstanden werden. Wie solche „Unterstützungssysteme" aussehen können, hat Jerome Bruner (1987) für den Spracherwerb rekonstruiert. Er hat beobachtet, wie Erwachsene und Kinder sprachspielerisch miteinander interagieren und hat diesen Spiel-Situationen die Funktion eines „Unterstützungssystems" im Spracherwerb zugewiesen. Diese Sprachspiele, aber auch andere häufig wiederkehrende Situationen, in denen Kinder und Erwachsene nach festen Rollen und festen Ablaufregeln sprachlich handeln, hat Bruner „Formate" genannt (ebd., S. 103).

Indem die „Formate" meist spielerisch eingesetzt werden, können Erfahrungsdefizite der Kinder überbrückt werden. Das Kind kann über solche „Formate" seinen Handlungsspielraum vergrößern, die Eltern können kulturell kanonische oder milieu-spezifische Sprachhandlungen an das Kind weitergeben.

Ein Format besteht aus relativ starren „Komponenten". Für das Format „Bilderbuch-Vorlesen" beispielsweise hat Bruner folgende Komponenten ausgemacht:

Aufruf, Frage, Bezeichnung, Rückmeldung (ebd., S. 66 f.).

Diese Komponenten oder „Äußerungstypen" sind immer in einer bestimmten Reihenfolge angeordnet und folgen unausgesprochenen Regeln. Diese Regeln beziehen sich auf die Einhaltung der Reihenfolge und der Berücksichtigung aller Komponenten, darüber hinaus aber auch auf die gegenseitigen Erwartungen von Kindern und Erwachsenen. Dem Kinde beispielsweise werden kommunikative Fähigkeiten unterstellt, die es noch nicht hat; vom Erwachsenen wird erwartet, dass er für die Einhaltung der Regeln sorgt und die Sinnhaftigkeit des Tuns verbürgt.

Im Rahmen dieser Formate beginnt das Kind neue Ausdrücke und Deutungen auszuprobieren. Bruner beschreibt diesen Prozess der zunehmenden Formaterweiterung so:

> Man führt ein Spiel ein, gibt einen Rahmen in dem Maße, in dem die Struktur „auf der anderen Seite" selber stehen kann. Dieses „Übergabe-Prinzip" ist so allgegenwärtig, daß wir es kaum bemerken (ebd., S. 51. Hervorhebung im Original).

Die Regeln des Spiels bilden nach Bruner die Strukturen, die dem Kind dabei helfen, die Sprachhandlungen selbst ausführen zu lernen, bis das Kind diese Regeln selbständig nutzen und auch wieder verändern kann. Mit der Zeit werden die im Spiel aufgehobenen Sprachhandlungen in konventionalisierte Formen überführt und sind damit auch übertragbar auf andere Sprachhandlungssituationen, die Formate werden dann abgelöst von weniger starren Handlungsabfolgen. Dies ist gewissermaßen der Prozess der Schemabildung.

Im Rahmen des Formats verändern sich also zuerst die Sprachhandlungen und dann ändern sich die Formate selbst. In diesem Sinne bilden die Formate Unterstützungssysteme für den Spracherwerb des Kindes. Aber auch für den Erwerb der Lesefähigkeit und der Literatur sind solche Formate hilfreich. Die Befunde der internationalen Literacy-Forschung und der Lesesozialisationsforschung in Bezug auf die familiale Lesesozialisation deuten daraufhin, dass Kinder in Formaten Schrift und Literatur verstehen und gebrauchen lernen. Einige Formate aus dem familialen Kontext dürften wohlbekannt sein:

a) Fingerspiele / Reimspiele (unterwegs, auf dem Schoß usw.);
b) Lieder singen (unterwegs, am Abend, zum Trost usw.);
c) Bilderbücher betrachten (am Abend, etwas nachsehen, zwischendurch usw.);
d) Vorlesen (am Abend, zwischendurch usw.);
e) Geschichten erzählen (am Abend, unterwegs, wenn man zusammen sitzt usw.);
f) Erlebnisse erzählen (beim Wiedersehen, am Abend usw.);
g) ein Hörbuch hören (unterwegs im Auto, zwischendurch usw.);
h) Einkaufszettel schreiben;
i) Telefonnotiz anlegen;
j) im Fernseh-/ Kinoprogramm nachsehen;
k) einen Busplan lesen;
l) einen Merkzettel anlegen;
m) eine Karte / einen Brief / eine Einladung schreiben;
n) den Namen auf ein Bild o.ä. schreiben u.v.m.

Die Formate a) bis g) sind besonders unter der Perspektive der literarischen Sozialisation, die Formate h) bis n) eher unter der Perspektive der Lesesozialisation relevant.

Es muss ausdrücklich betont werden, dass nicht alle Situationen, in denen Schrift oder Literatur eine Rolle spielen, bereits den Charakter eines Formats haben. Erst wenn diese Situationen durch – auch für das Kind – identifizierbare Komponenten und Regeln bestimmt sind und diese Situationen wiederholt erfahren werden, kann von einem Format gesprochen werden. Analog zu den Formaten wären für die Schule und den Unterricht Lesesituationen zu finden, in denen nach festen Regeln Komponenten des verstehenden Umgangs mit verschiedenen Texten (vgl. PISA 2001) und der literarischen Sprachverwendung, bzw. der literarischen Kommunikation, erworben werden können. Dem Erwachsenen kommt auch in diesen Lesesituationen die Funktion zu, die Kompetenzen bezogen auf das Lesen von Texten, über die das Kind oder der Jugendliche noch nicht verfügt, zu ergänzen.

Wie solche Lesesituationen in der Schule aussehen könnten, wird im Folgenden kurz beschrieben werden. Es werden zwei Lesesituationen exemplarisch dargestellt. Damit soll nicht gesagt sein, dass dies die einzigen oder die wichtigsten wären. Eine ausführlichere Darstellung würde den Rahmen dieses Artikels allerdings übersteigen. Des Weiteren spricht für die exemplarische Darstellung dieser Lesesituationen, dass sie im Unterricht empirisch eine große Bedeutung haben.

Da die Lesesituation als Interaktionssituation begriffen wird, ist für die jeweilige Situation die Primärrezeption und die darauf folgende Interaktionssequenz zu beschreiben.

4.1 Lesesituation 'literarische Geselligkeit'

Die Relevanz einer dialogorientierten Anschlusskommunikation für die Herausbildung einer stabilen Lesehaltung ist mehrfach betont worden (Hurrelmann 1994; Hurrelmann 1995; Hurrelmann 2002; Pieper u. a. 2004). Es darf mithin davon ausgegangen werden, dass es eine individuell lesebiographisch und gesellschaftlich relevante Lektürepraxis gibt, die eingebettet ist in das Reden, Plaudern, Austauschen und Sprechen über zu Lesendes und Gelesenes. Dabei werden subjektive Deutungen intersubjektiv in Frage gestellt oder bestätigt, Verständnisschwierigkeiten geteilt, mitunter aufgeklärt oder auch Gemeinsamkeiten und Unterschiede zwischen den Leserinnen und Lesern festgestellt. Die Motivation zu einer solchen Lektürepraxis wird getragen von dem Wunsch, die Leseerfahrung mit jemandem zu teilen. Lesen gewinnt in dieser Lesesituation die Funktion, literarische Geselligkeit zu stiften. Diese literarische Geselligkeit kann sich spontan oder geplant ereignen. Wie beim abendlichen Vorlesen wird auch hier über das gemeinsame Lesen und Sprechen Nähe zwischen der Vorleserin / dem Vorleser und der Zuhörerin / dem Zuhörer hergestellt. Diese 'Nähe' hat weniger die Gestalt der engen körperlichen Zweisamkeit als die Gestalt einer Gemeinschaft literarisch (ähnlich) Interessierter. Die Praktiken einer solchen Lesesituation sind entsprechend primär 'interaktionsorientiert' (Braun 1995).

Wie kann eine unterrichtliche Situierung nun aussehen?

Um über das Gelesene, die Geltungsansprüche der Deutungen, die Bezüge zur eigenen Lebenswelt usw. sprechen zu können, muss die Textbedeutung verstanden sein. Wer noch Probleme mit dem Entziffern der einzelnen Buchstaben oder Wörter oder Sätze hat, kann kaum mitreden. Damit Kinder und Jugendliche, die über basale Lesekompetenzen noch nicht verfügen, aber trotzdem mit komplexen Texten und der Herausforderung, diese zu verstehen, bekannt gemacht werden, kann ihnen in der Schule vorgelesen werden. Die Primärrezeption wäre in diesem Falle so zu gestalten, dass eine kompetente Leserin / ein kompetenter Leser allen oder einer Gruppe von Schülerinnen und Schülern vorliest. Ein nachfolgendes Gespräch ist – sofern es um die Stiftung literarischer Geselligkeit gehen soll – nur als offenes Gespräch zu denken, in dem jeder sich äußern darf, aber niemand muss. Keineswegs ist damit gesagt, dass alle möglichen Deutungen und Äußerungen unkommentiert stehen gelassen werden. Die Diskussion und Argumentation haben hier durchaus ihren Platz. Der Vortrag der kompetenten Leserin / des kompetenten Lesers ist bereits eine Verstehenshilfe, die auf die Textbedeutungen bezogen ist. Eine andere mögliche Erstbegegnung mit dem Text kann das stille Lesen einer selbstgewählten Lektüre sein. In diesem Fall müssen genug Bücher oder Texte (pragmatische wie fiktionale und lyrische) für alle Schülerinnen und Schüler zur Verfügung gestellt werden, müssen Auswahlhilfen gegeben und Möglichkeiten des 'Rückzugs' während des Lesens gegeben sein (eine gemütliche Ecke, ein anderer Raum, ein Kissen etc.). Das laute Vorlesen wäre in diesem Zusammenhang eine sinnvolle Lesestrategie, um Schwierigkeiten beim Verstehen der Textbedeutungen festzustellen, wenn dieses Vorlesen in eine 'echte' Vorlesesituation eingebettet ist. Zu einer solchen Vorlesesituation gehört ein interessiertes Publikum, ein geübter Vorleser und die Möglichkeit, über das Gelesene gemeinsam nachzudenken. Lesenächte, Lesesalons und andere besondere Ereignisse sind nur zusätzliche, extraordinäre Veranstaltungen, die die regelmäßige Lesesituation nicht ersetzen können. Die Lehrerin / der Lehrer kann in diesen regelmäßig stattfindenden Lesezeiten auch eigene Bücher, Lesestoffe mitbringen und vorstellen. Das Schreiben von Lesetagebüchern, Protokollen oder ähnliche, der Reflexion des eigenen Leseprozesses dienliche Verfahren sind in dem Zusammenhang daraufhin zu prüfen, ob sie der literarischen Geselligkeit dienen oder ob sie eine Zusammenkunft der am Gelesenen Interessierten eher hinderlich sind. Das Sprechen über Lektüren sollte im Kontext dieser Lesesituationen an den verschiedenen Lesarten, den subjektiven Bezügen, aber auch an der Geltung von Interpretationen orientiert sein. Die Gestaltung einer gedeihlichen Atmosphäre ist in diesem Zusammenhang keine Nebensächlichkeit, sondern eine für diese Lesesituation unabdingbare Konstituente. Sie ist gewissermaßen eine Lesestrategie, die dazu dient, die Lesemotivation erst zu schaffen oder aufrecht zu erhalten.

4.2 Lesesituation 'genre- und themenspezifische Orientierung'

Aus der Lesebiographie- und Rezeptionsforschung (vgl. Eggert u. a. 2000; vgl. Pette 2001) wissen wir, dass Leserinnen und Leser ihre Lektüren häufig nach genrespezifischen oder thematischen Gesichtspunkten auswählen. Solche Lektüre-Vorlieben sind keineswegs auf Bücher beschränkt, sondern beziehen sich auch auf andere Medien (vgl. Pieper u. a. 2004).

Im Unterricht kann an solche Vorlieben angeschlossen werden, indem die Schülerinnen und Schüler nach ihrem Lese- und Medienrezeptionsverhalten in der Freizeit befragt werden und anschließend eine ausreichende Auswahl an Büchern und genre- und themenverwandte Medienangebote zur Verfügung gestellt wird. Lesen müssen die Schülerinnen und Schüler diese Bücher alleine, möglicherweise auch zu zweit mit einer Freundin / einem Freund in der Klasse. In dieser Lesesituation wäre es funktional durchaus angemessen, wenn die Schülerinnen und Schüler sich beim oder nach dem Lesen Fragen zu den Texten überlegen sollen (das ist auch übertragbar auf die audio-visuellen Medienangebote):

- Wie entsteht Spannung?
- Woher weiß man, dass das Buch zu dem Genre 'Krimi' gehört?
- Was passiert in dem Text?
- Woher weiß man beim Lesen, ob es eine erfundene oder eine wahre Geschichte ist?
- Welcher Gegenstand spielt in dem Buch eine besondere Rolle? usw.

Solche selbst gestellten Fragen, die im unterrichtlichen Kontext dann auch von anderen Schülerinnen und Schülern beantwortet werden können, haben die Funktion, einerseits etwas über die eigenen Rezeptionsvorlieben zu lernen und andererseits dienen sie dazu, die Aufmerksamkeit während der Rezeption auf die text- und medienspezifische 'Machart' zu lenken. Sie sind, sofern sie mit Schülerinnen und Schülern entwickelt werden, auch als Lesestrategien zu verstehen. In dieser gemeinsamen Bearbeitung können Schülerinnen und Schüler lernen, wie man Fragen stellt, um das Verstehen des zu Lesenden und des Gelesenen zu vertiefen. In der amerikanischen Strategic Literacy Initiative (Schoenbach / Greenleaf 1999) wird vorgemacht, wie man auch älteren Schülerinnen und Schülern helfen kann, solche Fragen an den Text stellen zu lernen. Der (literarische) Text wird mit zunächst mündlichen, dann schriftlichen Kommentaren versehen („Think aloud"), die in der Klasse, in der Kleingruppe, mit dem Partner besprochen werden. Die Leistungen solcher Strategien liegen auf der Ebene der Überwachung und Steuerung des Lesens oder der Bewusstmachung und Steuerung der eigenen kognitiven Prozesse (Christmann / Groeben 1999).

Die Praktiken in dieser Lesesituation sind stärker 'textorientiert'. Produktions- und handlungsorientierte Aufgaben, wie sie von Haas (1997), Waldmann (1998) u. a. vielfach beschrieben wurden, können eine solche Textorientierung unterstützen, wenn sie immer wieder auf den Ausgangstext bezogen werden. In Verbindung mit anderen Medien, beispielsweise Filmen, können genretypische Merkmale im audio-visuellen Medium und im Medium der Schrift oder Motive, Symbole, Topoi, wie sie in Schrift- und Bildmedien gebraucht werden, miteinander verglichen werden.

Bei der Gestaltung von Lesesituationen in dem hier entfalteten Sinne ist einerseits zu prüfen, welche Funktion das Lesen für die werdenden Leserinnen und Leser haben soll und andererseits welche Voraussetzungen die unterschiedlichen Schülerinnen und Schüler hinsichtlich dieser Funktion schon mitbringen. Das Lesen selbst, die raum-zeitliche Situierung muss ebenso hinsichtlich des Ziels gestaltet werden wie die eingesetzten oder vorgeschlagenen Verfahren im Umgang mit Texten.

Natürlich müssen didaktisch noch andere Lesesituationen für den Unterricht entwickelt werden, deren Funktionen auf das außerschulische Lesen bezogen sind und deren Praktiken entsprechend noch ausformuliert werden müssten. Hier sollte es nur um eine beispielhafte Beschreibung von Lesesituationen in der Schule gehen, in denen Kinder und Jugendliche Lesekompetenzen und literarische Rezeptionskompetenzen erwerben können, die zu einer erweiterten Lesefähigkeit gehören. Die Orientierung an Lesesituationen soll es den Schülerinnen und Schülern ermöglichen, in der Schule vielfältige Erfahrungen mit Literatur zu machen und ihre Lese- und Verstehensfähigkeiten Schritt um Schritt zu erweitern.

Literaturverzeichnis

Einführende Literatur zur Lesesozialisation – literarischen Sozialisation

Bonfadelli, Heinz / Fitz, Angela / Köcher Renate (Hrsg.): Lesesozialisation. Bd. 2. Leserfahrungen und Lesekarrieren. 2. Aufl. Gütersloh: Bertelsmann Stiftung 1995.

Bos, Wilfried / Lankes, Eva-Maria / Prenzel, Manfred / Schwippert, Knut / Valtin, Renate / Walther, Gerd (Hrsg.): IGLU. Einige Länder der Bundesrepublik Deutschland im nationalen und internationalen Vergleich. Münster: Waxmann 2004.

Deutsches PISA-Konsortium (Hrsg.): PISA 2000: Basiskompetenzen von Schülerinnen und Schülern im internationalen Vergleich. Opladen: Leske & Budrich 2001.

Eggert, Hartmut / Garbe, Christine: Literarische Sozialisation. Stuttgart, Weimar: Metzler 1995.

Franzmann, Bodo: Die Deutschen als Leser und Nicht-Leser. In: Stiftung Lesen (Hrsg.): Leseverhalten in Deutschland im neuen Jahrtausend. Hamburg: Spiegel 2001, S. 7–31.

Graf, Werner: Literarische Sozialisation. In: Bogdal, Klaus-Michael / Korte, Hermann (Hrsg.): Grundzüge der Literaturdidaktik. München: dtv 2002, S. 49–60.

Rosebrock, Cornelia (Hrsg.): Lesen im Medienzeitalter. Biographische und historische Aspekte der literarischen Sozialisation. Weinheim, München: Juventa 1995.

Stiftung Lesen (Hrsg.): Leseverhalten in Deutschland im neuen Jahrtausend. Eine Studie der Stiftung Lesen. Hamburg: Spiegel 2001.

Lesesozialisation in der Familie

Braun, Barbara: Vorläufer der literarischen Sozialisation in der frühen Kindheit: eine entwicklungspsychologische Fallstudie. Frankfurt a. M. [u. a.]: Lang 1995.

Heath, Shirley Brice: Ways with words. Language, life, and work in communikties and classrooms. Cambridge: University Press 1983.

Hurrelmann, Bettina: Familie und Schule als Instanzen der Lesesozialisation. In: Mitteilungen des Deutschen Germanistenverbandes 1994, H. 1, S. 27–40.

Hurrelmann, Bettina: Lesesozialisation. Bd. 1. Leseklima in der Familie. 2. Aufl. Gütersloh: Bertelsmann Stiftung 1995.

Köcher, Renate: Familie und Lesen. Eine Untersuchung über den Einfluß des Elternhauses auf das Leseverhalten. Frankfurt a. M.: Buchhändlervereinigung 1988.

Wieler, Petra: Vorlesen in der Familie: Fallstudien zur literarisch-kulturellen Sozialisation von Vierjährigen. Weinheim, München: Juventa 1997 (Lesesozialisation und Medien).

Lesesozialisation in der Schule

Gölitzer, Susanne: Die Funktionen des Literaturunterrichts im Rahmen der literarischen Sozialisation. In: Härle, Gerhard / Rank, Bernhard (Hrsg.): Wege zum Lesen und zur Literatur. Baltmannsweiler: Schneider 2004, S. 121–136.

Haas, Gerhard: Lesen in der Schule – nicht nur für die Schule. In: Westermanns Pädagogische Beiträge 1976, H. 10, S. 585–591.

Lehmann, Rainer / Peek, Rainer / Pieper, Irene / Stritzky, Regine: Leseverständnis und Lesegewohnheiten deutscher Schülerinnen und Schüler. Weinheim, Basel: Beltz 1995.

Pieper, Irene / Rosebrock, Cornelia / Volz, Steffen / Wirthwein, Heike: Lesesozialisation in schriftfernen Lebenswelten. Lektüre und Mediengebrauch von HauptschülerInnen. Weinheim, München: Juventa 2004 (Lesesozialisation und Medien).

Rosebrock, Cornelia: Zum Verhältnis von Lesesozialisation und literarischem Lernen. In: Didaktik Deutsch 1999, H. 6, S. 57–68.

Rosebrock, Cornelia: Lesesozialisation und Leseförderung – literarisches Leben in der Schule. In: Kämper-van den Boogaart, Michael (Hrsg.): Deutsch-Didaktik. Berlin: Cornelsen 2003 a, S. 153–174.

Runge, Gabriele: Lesesozialisation in der Schule. Würzburg: Königshausen und Neumann 1997.

Weiterführende Literatur zur Lesesozialisation

Barton, David: Eine sozio-kulturelle Sicht des Schriftgebrauchs – und ihre Bedeutung für die Förderung des Lesens und Schreibens unter Erwachsenen. In: Balhorn, Heiko / Brügelmann, Hans (Hrsg.): Bedeutungen erfinden – im Kopf, mit Schrift und miteinander. Konstanz: Faude 1993, S. 214–219.

Bonfadelli, Heinz: Lesen im Alltag Jugendlicher. Umfang, Motivation und Modalitäten. In: Hohmann, Joachim S. / Rubinich, Johann (Hrsg.): Wovon der Schüler träumt. Leseförderung im Spannungsfeld von Literaturvermittlung und Medienpädagogik. Frankfurt a. M. [u. a.]: Lang. 1996, S. 51–65.

Bruner, Jerome: Wie das Kind sprechen lernt? Bern [u. a.]: Huber 1987.

Christmann, Ursula / Groeben, Norbert: Psychologie des Lesens. In: Franzmann, Bodo u. a. (Hrsg.): Handbuch Lesen. München: Saur 1999, S. 145–223.

Eggert, Hartmut / Garbe, Christine / Krüger-Fürhoff, Irmela Marei / Kumpfmüller, Michael (Hrsg.): Literarische Intellektualität in der Mediengesellschaft. Weinheim, München: Juventa 2000 (Lesesozialisation und Medien).

Garbe, Christine: Frauen – das lesende Geschlecht? Perspektiven einer geschlechtsdifferenzierten Leseforschung. In: Garbe, Christine (Hrsg.): Frauen lesen. Untersuchungen und Fallgeschichten zur „weiblichen Lektürepraxis" und zur literarischen Sozialisation von Studentinnen. Berlin, Paderborn: Literatur & Erfahrung 1993, S. 7–33 (Literatur & Erfahrung; 26/27).

Gattermaier, Klaus: Literaturunterricht und Lesesozialisation. Eine empirische Untersuchung zum Lese- und Medienverhalten von Schülern und zur lesesozialisatorischen Wirkung ihrer Deutschlehrer. Regensburg: Edition Vulpes 2003.

Graf, Werner: Das Schicksal der Leselust. Die Darstellung der Genese der Lesemotivation in Lektürebiographien. In: Garbe, Christine / Graf, Werner / Rosebrock, Cornelia / Schön, Erich (Hrsg.): Lesen im Wandel. Probleme der literarischen Sozialisation heute. Lüneburg: Universität 1998, S. 101–124 (Didaktik-Diskurse; 2).

Graf, Werner: Lektüre zwischen Literaturgenuss und Lebenshilfe. Modi des Lesens – Eine Systematisierung der qualitativen Befunde zur literarischen Rezeptionskompetenz. In: Stiftung Lesen 2001, S. 199–224.

Harmgarth, Friederike (Hrsg.): Lesegewohnheiten und Lesebarrieren. Gütersloh: Bertelsmann Stiftung 1997.

Harmgarth, Friederike (Hrsg.): Das Lesebarometer: Lesen und Umgang mit Büchern in Deutschland; eine Bestandsaufnahme zum Leseverhalten von Erwachsenen und Kindern 1995–1997. Gütersloh: Bertelsmann Stiftung 1999.

Haueis, Eduard: Lesenlernen und Lektürepraktiken. Seminarskript, unveröffentlichtes Typoskript. Heidelberg 2002.

Hurrelmann, Bettina: Familienmitglied Fernsehen. Opladen: Leske & Budrich 1996.

Hurrelmann, Bettina: Lese- und Mediengewohnheiten im Umbruch – Eine pädagogische Herausforderung. Aus: Stiftung Lesen (Hrsg.): Lesen im Umbruch – Forschungsperspektiven im Zeitalter von Multimedia. Baden-Baden: Nomos 1998, S. 187–195.

Hurrelmann, Bettina: Sozialisation: (individuelle) Entwicklung, Sozialisationstheorien, Enkulturation, Mediensozialisation, Lesesozialisation(-erziehung), literarische Sozialisation. In: Groeben, Norbert (Hrsg.): Lesesozialisation in der Mediengesellschaft: Zentrale Begriffsexplikationen. Köln: Kölner Psychologische Studien 1999, H. 1., S. 105–115.

Hurrelmann, Bettina: Prototypische Merkmale der Lesekompetenz. In: Groeben, Norbert / Hurrelmann, Bettina (Hrsg.): Lesekompetenz. Weinheim, München: Juventa 2002, S. 275–286 (Lesesozialisation und Medien).

Hurrelmann, Klaus: Einführung in die Sozialisationstheorie. Weinheim: Beltz 1996.

Köcher, Renate: Lesekarrieren – Kontinuität und Brüche. In: Bonfadelli / Fritz / Köcher 1995, S. 215–310.

Küppers, Almut: Schulische Lesesozialisation im Fremdsprachenunterricht: eine explorative Studie zum Lesen im Englischunterricht der Oberstufe. Tübingen: Narr 1999.

Manguel, Alberto: Eine Geschichte des Lesens. Hamburg: Rowohlt 2000.

Oevermann, Ulrich: Beobachtungen zur Struktur der sozialisatorischen Interaktion. Theoretische und methodologische Fragen der Sozialisationsforschung. In: Auwärter, Manfred / Kirsch, Edit / Schröter, Manfred (Hrsg.): Seminar: Kommunikation, Interaktion, Identität. Frankfurt a. M.: Suhrkamp 1976, S. 371–403.

Pette, Corinna: Psychologie des Romanlesens. Weinheim, München: Juventa 2001 (Lesesozialisation und Medien).

Rank, Bernhard: Wege zur Grammatik und zum Erzählen. Baltmannsweiler: Schneider 1995.

Rosebrock, Cornelia (Hrsg.): Lesen im Medienzeitalter. Biographische und historische Aspekte literarischer Sozialisation. Weinheim, München: Juventa 1995.

Rosebrock, Cornelia: Wege zur Lesekompetenz. In: Beiträge Jugendliteratur und Medien 2003 b, H. 2, S. 85–95.

Schön, Erich: Die Entwicklung literarischer Rezeptionskompetenz. Ergebnisse einer Untersuchung zum Lesen bei Kindern und Jugendlichen. In: Siegener Periodicum zur Internationalen Empirischen Literaturwissenschaft 1990 a, H. 2, S. 229–276.

Schön, Erich: Erinnerungen von Lesern an ihre Kindheit und Jugend. In: Media Perspektiven 1990 b, H. 5, S. 337–347.

Schön, Erich: „Lesekultur" – einige historische Klärungen. In: Rosebrock 1995, S. 137–164.

Schoenbach, Ruth / Greenleaf, Cynthia: Reading for Understanding. San Francisco: Jossey-Bass Publishers 1999.

Schwippert, Knut: Optimalklassen: Mehrebenenanalytische Untersuchungen: eine Analyse hierarchisch strukturierter Daten am Beispiel des Leseverständnisses. Münster: Waxmann 2001.

Tullius, Christiane: Typologien der Leser und Mediennutzer. In: Stiftung Lesen 2001, S. 61–83.

Viehoff, Reinhold: Literarisches Verstehen – neuere Ansätze und Ergebnisse. In: IASL 1988, Bd. 13, S. 1–39.

Wieler, Petra: Sprachliches Handeln im Literaturunterricht als didaktisches Problem. Frankfurt a. M. [u. a.]: Lang 1989.

Wieler, Petra: Varianten des Literacy-Konzepts und ihre Bedeutung für die Deutschdidaktik. In: Abraham, Ulf / Bremerich-Vos, Albert / Frederking, Volker / Wieler, Petra (Hrsg.): Deutschdidaktik und Deutschunterricht nach PISA. Freiburg: Fillibach 2003, S. 47–68.

Wygotski, Lem Semjonowitsch: Denken und Sprechen. Frankfurt a. M.: Fischer Taschenbuch 1986.

Didaktische Konzeptionen

Abraham, Ulf: Übergänge: Literatur, Sozialisation und literarisches Lernen. Opladen, Wiesbaden: Westdeutscher Verlag 1998.

Haas, Gerhard: Handlungs- und produktionsorientierter Literaturunterricht. Theorie und Praxis eines „anderen" Literaturunterrichts für die Primar- und Sekundarstufe. Seelze: Kallmeyer 1997.

Härle, Gerhard: Literarische Gespräche im Unterricht. Versuch einer Positionsbestimmung. In: Härle, Gerhard / Rank, Bernhard (Hrsg.): Wege zum Lesen und zur Literatur. Baltmannsweiler: Schneider 2004, S. 137–168.

Maiwald, Klaus: Literarisierung als Aneignung von Alterität. Theorie und Praxis einer literaturdidaktischen Konzeption zur Leseförderung im Sekundarbereich. Frankfurt a. M. [u. a.]: Lang 1999.

Waldmann, Günter: Produktiver Umgang mit Literatur im Unterricht. Grundriss einer produktiven Hermeneutik: Theorie – Didaktik – Verfahren – Modelle. Baltmannsweiler: Schneider 1998 (Deutschdidaktik aktuell; 1).

TATJANA JESCH

Kinder- und Jugendliteratur

1 Kinder- und Jugendliteraturwissenschaft

1.1 Was versteht man unter Kinder- und Jugendliteratur?

Kinder und Jugendliche verfügen heute (zumindest in den reicheren Weltregionen) über ein beachtliches Angebot an ihnen zugedachten bzw. für sie aufbereiteten Fakten und Fiktionen, welche sie den verschiedensten schriftgebundenen und/oder audiovisuellen Medien entnehmen können. Faktuale Schrift-, Bild- oder Hörtexte – bei Geltung eines weiten Literaturbegriffs generell als Sachliteratur zu bezeichnen – sind der nachwachsenden Generation, sieht man einmal von soziologisch bedingten Barrieren ab, ebenso zugänglich wie eine Vielzahl fiktionaler Werke, welche gleichfalls durch unterschiedliche Medien Verbreitung finden.

In diesem großen Feld der Kinder- und Jugendliteratur lassen sich je nach Adressierung, Bewertung und Gebrauch der Texte – also nach pragmatischen Gesichtspunkten – verschiedene, einander überschneidende oder umschließende Teilzonen des Gegenstandsbereichs 'einkreisen'.

So kann man gemäß dem Kriterium des tatsächlichen (selbstgesteuerten wie pädagogisch gelenkten) Rezeptionsverhaltens von Kindern und Jugendlichen das Corpus der durch diese Gruppe wirklich genutzten Werke abzirkeln – die so genannte 'Kinder- und Jugendlektüre'. Ein Randbezirk dieser Literatur ist nicht für Minderjährige geschaffen, publiziert oder empfohlen worden, und dass Heranwachsende an derartigen Texten dennoch Gefallen finden, provoziert bei den Repräsentanten der Literatur- und Medienpädagogik je nach Auswahlentscheidung der jungen Leser unterschiedliche Bewertungen und Reaktionen: Eine verfrühte Auseinandersetzung mit dem anerkannten Bildungskanon etwa wird durchaus Lob ernten, eine als weder förderlich noch schädlich eingestufte Lektüre indessen lediglich Duldung erfahren, die Hinwendung der Jugend zu Veröffentlichungen mit vermeintlich oder realiter entwicklungsgefährdendem Potenzial aber als verbotene Lektüre bekämpft – sofern sie denn nicht gänzlich unkommentiert, da unentdeckt bleibt.

Die Kinder- und Jugendlektüre überschneidet sich jedoch zugleich großflächig mit der für die betreffende Zielgruppe eigens bestimmten, als geeignet angesehenen oder gar kanonisierten Textmenge – der so genannten 'intentionalen Kinder- und Jugendliteratur'. Diese ist das Ergebnis von Auswahlentscheidungen der im kinderliterarischen Kommunikationssystem tätigen Produzenten, Distributoren, 'Zensoren' und Erzieher. Die aufgezählten Akteure harmonieren aber in ihren Interessen und Werthaltungen nicht unbedingt, sodass die Pädagogen (als Mitinhaber der kulturellen Hegemonie) immer wieder ihrer Missbilligung etwa von rein kommerziell motivierten Verlagssortimenten öffentlich Ausdruck verleihen – wodurch ein Teil der intentionalen Kinder- und Jugendliteratur 'negativ sanktioniert' wird und somit in Gegensatz zu den übrigen, 'positiv sanktionierten' Werken gerät.

Die intentionale Kinder- und Jugendliteratur, sei sie nun positiv oder negativ sanktioniert, umfasst – als ein sie beherrschendes, mit ihr aber nicht deckungsgleiches Segment – diejenigen Texte, die von den Autoren primär im Hinblick auf kindliche oder jugendliche Adressaten hervorgebracht und denselben zugeeignet worden sind. Nach dem Kriterium dieser kommunikativen Zueignungshandlung werden die originär an die Jugend gerichteten Werke terminologisch zur Gesamtheit der so genannten 'spezifischen Kinder- und Jugendliteratur' zusammengefasst.

Das folgende Diagramm soll die bislang vorgestellte Klassifikation gemäß unterscheidbaren Handlungsformen innerhalb des Kommunikationssystems der Kinder- und Jugendliteratur (vgl. Ewers 2000a, S. 15–26) noch einmal veranschaulichen:

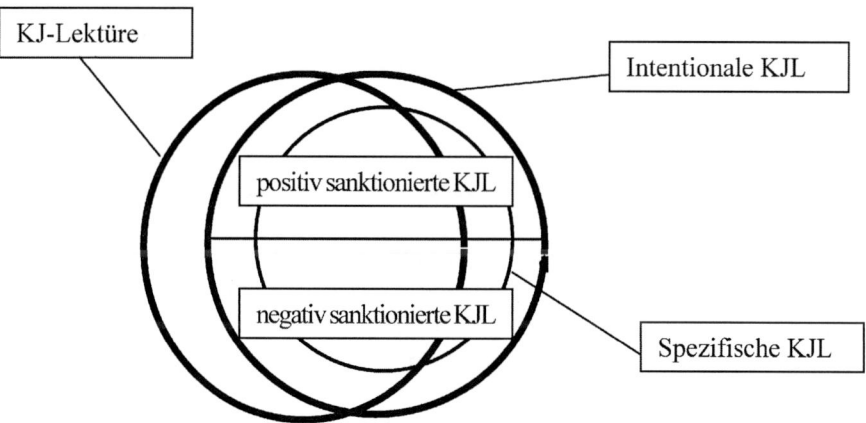

Abb. 1 Handlungsorientierte Klassifikation der Kinder- und Jugendliteratur

Dass ursprüngliche Erwachsenenliteratur – man denke an die Volksmärchen oder auch an *Gullivers Reisen* von Jonathan Swift – zuweilen nachträglich in das Corpus der intentionalen Kinder- und Jugendliteratur aufgenommen worden ist, lässt auf eine klassifikatorisch eher nachrangige Bedeutung substanzieller Textmerkmale schließen. Dennoch führen einige Didaktiker gegenstandsbezogene Diskussionen darüber, ob die Kinder- und Jugendliteratur aufgrund ihrer textuellen Beschaffenheit eine zweite Literatur zusätzlich zur Erwachsenenliteratur darstelle. Gerhard Haas (1988 a) plädiert in seinem Aufsatz *Das Elend der didaktisch ausgebeuteten Kinder- und Jugendliteratur* dafür, kinderliterarische Texte als autonome Kunstwerke anzuerkennen, an die prinzipiell die gleichen Qualitätsansprüche zu stellen sind wie an die Hochliteratur für Erwachsene. Mit diesem Appell ordnet er sich selbst in die Traditionslinie Heinrich Wolgasts ein, auf dessen Schrift *Vom Elend unserer Jugendliteratur* (1896) er im Titel seines Beitrags anspielt. Wolgast, Exponent der Ende des 19. Jahrhunderts aufkommenden Kunsterziehungsbewegung, vertritt nach Haas' Verständnis die Integration von künstlerisch anspruchsvoller Jugendliteratur in eine umfassende Allgemeinliteratur. Was Haas indes weniger betont, ist die Tatsache, dass Wolgast die Anforderung ästhetischer Qualität, welche er an die spezifische Kinderliteratur seiner Zeit richtet, von dieser nicht erfüllt sieht und ihr daher zunächst – bevor der Kinderreim in seinen Blick rückt – jegliche Akzeptanz verweigert. Nach Wolgasts ursprünglicher Vorstellung soll bis zum zwölften Lebensjahr überhaupt keine, nach seiner späteren Auffassung dann eine ausschließlich auf Reime und Volksmärchen zurückgreifende literarische Erziehung stattfinden (vgl. Ewers 1996). Ab dem Alter von zwölf Jahren stehen nach dem Konzept der Jugendschriftenbewegung neben Kunstmärchen bereits die klassischen Werke der Nationalliteratur auf dem Lektüreplan. Wolgast kann also nicht ohne weiteres als literarästhetischer Einheitsstifter firmieren – zumal sein kunsterzieherischer Vorbehalt gegen die spezifische Kinder- und Jugendliteratur deren bis in die 60er Jahre des 20. Jahrhunderts andauernde Ausgrenzung aus der Schule legitimieren half (vgl. Hurrelmann 2002, S. 136f.).

Bettina Hurrelmann (1988) betont Haas gegenüber das Eigentümliche der Kinderliteratur, deren immer schon pädagogische Funktion als Faktum hinzunehmen sei. Die Autorin konzediert zwar, dass Werke für Heranwachsende zusehends an ästhetischer Komplexität gewinnen und sich damit tendenziell der Erwachsenenliteratur annähern. Doch rechtfertige die angesprochene Entwicklung noch keine Gleichsetzung beider Textgruppen, da diese den je unterschiedlichen Bedürfnissen und Voraussetzungen ihrer Adressaten angepasst sein müssten.

Diese Ende der 80er Jahre begonnene Debatte hat sich – über die erste Rede und Widerrede zwischen Haas und Hurrelmann hinaus – noch weiter fortgesetzt, und zwar unter Beteiligung auch anderer Autoren, die entweder eher die Durchlässigkeit oder aber die Unaufhebbarkeit der Grenze zwischen Kinder- und Erwachsenenliteratur betonen (vgl. Haas 1988b; Hurrelmann 1989; Diskussion Deutsch 1989, H. 109; vgl. zudem den Sammelband Richter / Hurrelmann 1998; und die Darstellung der Diskussion bei Lange 2000a, S. 951–956). In jüngerer Zeit konstatiert Hurrelmann, manche Jugendliteratur sei von Erwachsenenliteratur tatsächlich kaum mehr zu unterscheiden, laufe dadurch allerdings Gefahr, ihre Zielgruppe nur noch zwangsweise im Rahmen des Deutschunterrichts zu erreichen (vgl. Hurrelmann 2002, S. 141, 143f.). Malte Dahrendorf pocht indes entschieden auf den präliterarischen Sonderstatus der Kinderliteratur, welche durch strukturanalytische Verfahren in ihren ureigenen, immanent pädagogischen Inhalten verfehlt werde (vgl. Dahrendorf 1997, S. 158). Heinz-Jürgen Kliewer dagegen fordert eine eingehende literaturwissenschaftliche Betrachtung nicht nur der kanonisierten Hochliteratur, sondern ebenso der fiktionalen Texte für die nachwachsende Generation (vgl. Kliewer 1997, S. 143, 146–148, 153). Ihm wird sich anschließen, wer Bedeutung als Effekt von Textstruktur und Leseraktivität begreift – also eigene 'spontane' Sinnzuschreibungen textnah und selbstkritisch zu reflektieren wünscht. Ein Wissen um die Strukturgesetze der Literarizität ist – wie Maria Lypp (1984, 1998) mehrfach gezeigt hat – Voraussetzung solcher Reflexion sogar im Umgang mit 'einfachen' Werken für Leseanfänger.

Auswahl, Bewertung und Adressierung von Kinder- und Jugenliteratur, wie sie eingangs als handlungsorientierte Klassifikationskriterien vorgestellt wurden, vollziehen sich – so viel sei den um gegenstandsorientierte Definitionen bemühten Forschern zugestanden – sicher nicht ganz unabhängig von der jeweiligen Textgestalt. Doch können als jugendgemäß empfundene Merkmale – etwa geringe Komplexität oder immanente Didaktik – durchaus Texten anhaften, die innerhalb des Kommunikationssystems Literatur (auch) für erwachsene Rezipienten vorgesehen sind. Zum Beleg mögen hier nochmals das Volksmärchen, aber ebenso die Trivial- und Unterhaltungsliteratur oder die belehrenden Werke Brechts dienen (vgl. auch Lange 2000a, S. 956). Fragwürdig sind aber auch Versuche, Schriften oder audiovisuelle Medienprodukte anhand von thematischen Gesichtspunkten der Kinderliteratur zuzuweisen. Intentionale Kinder- und Jugendliteratur konfrontiert ihre Rezipienten nicht selten mit schwerwiegenden, auch Erwachsene betreffenden Problemstellungen. Umgekehrt können kindliche Entwicklungsphasen bzw. -konflikte auch den Gegenstand erklärter Erwachsenenliteratur bilden.

Es empfiehlt sich also, zur Bestimmung des Textcorpus KJL weniger von der Beschaffenheit der Texte auszugehen als vielmehr von pragmatischen Gesichtspunkten – wie oben bereits geschehen.

1.2 Gattungen der Kinder- und Jugendliteratur

Der einleitend als intentionale und spezifische KJL identifizierte Bereich lässt sich – sofern er fiktionale Texte umfasst – in die Großgattungen Epik, Lyrik und Dramatik unterteilen, denen jeweils wieder verschiedene Subgenres angehören. Daneben gibt es aber auch faktuale KJL – sprich: Sachbücher für Heranwachsende – mit ihren eigenen Binnendifferenzierungen.

Zur Benennung von verschiedenen Erscheinungsformen der für junge Adressaten herausgebrachten Epik, Lyrik und Dramatik haben sich im wissenschaftlichen Gebrauch Genre-Bezeichnungen durchgesetzt, die auf textuelle, mediale, thematische oder adressatenbezogene Bestimmungskriterien hindeuten (vgl.

Lange 2000 b). Kritik an der oft geringen Trennschärfe solcher Etikettierungen
übt Ewers:

> Für die Kinder- und Jugendliteraturkritik waren lange Zeit eine Vermischung
> und synonyme Verwendung von literarischen, buch- bzw. medienwissen-
> schaftlichen und bibliothekarischen Kategorien bezeichnend. So wird gele-
> gentlich immer noch 'Kinder- und Jugend*buch*' gleichgesetzt mit 'Kinder-
> und Jugend*literatur*', und bei Gattungsdarstellungen stößt man bis auf die
> jüngste Zeit auf eine zumeist unreflektierte Mischung aus Text- und Buchgen-
> res (Bilder*buch*, Mädchen*buch*, Abenteuer*buch* oder Tier*buch* neben Kin-
> derlyrik, phantastischer Kinder- und Jugenderzählung oder Detektivge-
> schichte [...]) (Ewers 2000 b, S. 9, vgl. auch S. 10).

Im Folgenden soll – als die gegenüber Lyrik und Dramatik quantitativ vorherr-
schende KJL-Gattung – die an das Medium Schrift gebundene Epik mit einigen
ihrer textstrukturell unterschiedenen Einzel-Genres etwas näher betrachtet werden. Eine solche gegenstandsorientierte Darstellung ist – anders als bei der gene-
rellen Abgrenzung des KJL-Corpus – zur internen Genre-Differenzierung
durchaus sinnvoll. Aus literaturwissenschaftlich-narratologischer Sicht bildet die
Analyse und Interpretation von Textstrukturen die Basis für jede weitere Einteilung der untersuchten Erzähltexte nach jeweils gemeinter Zielgruppe oder
behandeltem Thema; denn beide Klassifizierungsmerkmale lassen sich nur unter
Voraussetzung von Textkenntnis zuweisen.

Wie in der allgemeinen Literaturwissenschaft – und ohne dass die dort übliche
Genre-Einteilung noch einmal ausführlich expliziert oder diskutiert würde – findet sich in der KJL-Wissenschaft letztlich die Grob-Differenzierung zwischen der
epischen Großform 'Roman' und der epischen Kleinform 'Kurzgeschichte' wieder. Dominantes Unterscheidungsmerkmal zwischen beiden Phänomenen der
Epik ist die Textlänge; denn fixe und charakteristische Struktureigenschaften der
Kurzgeschichte – ob sie nun erwachsenen oder jungen Lesern zugedacht ist – lassen sich tatsächlich kaum (mehr) benennen. Werkästhetische Darstellungen zum
Wandel erzählender Prosa für Kinder und Jugendliche ergeben denn auch eine
weitgehende Übereinstimmung zwischen der strukturellen Entwicklung des KJ-
Romans und der KJ-Kurzgeschichte. Diese Entwicklung wird meist als Prozess
der 'Modernisierung' aufgefasst und sowohl am 'Wie' als auch am 'Was' der
Erzählung beobachtet.

Das 'Wie' – im Sinne der 'Erzählweise' – erfährt oft eine ausdrückliche analytische Behandlung, vorzugsweise in den noch aus Franz K. Stanzels *Theorie des
Erzählens* übernommenen Termini. Aktuellere Strömungen der Narratologie,
die auf internationaler Ebene hervortreten und seit dem so genannten 'cognitive
turn' beim Nachdenken über Erzähler- und Figurenperspektiven auch den anvisierten Rezipienten berücksichtigen, werden von KJL-Forschern bislang so gut
wie gar nicht aufgegriffen (vgl. Nünning / Nünning 2002). Darüber hinaus bleibt

der Erzähler als fiktive, mithin selbst vom Autor dargestellte und daher in seiner Wahrnehmung potenziell unzuverlässige Instanz aus der – narratologisch fundierten – Betrachtung von KJL überwiegend ausgeschlossen.

Welche Erzählweisen sind nun zwecks textstruktureller Erfassung der KJ-Prosa bisher festgestellt worden? In der Zeit vor 1970 dominiert nach allgemeiner Auffassung das traditionelle, 'vormoderne' Erzählen, welches durch einen wertenden, kommentierenden und über die Gegebenheiten der dargestellten Welt umfassend informierten bzw. informierenden Erzähler bestimmt ist. In dessen Erzählerrede wiederum sind längere Passagen dialogischer Figurenrede eingebettet. Die – vor allem äußere Handlungen und Vorgänge konstituierenden – Geschehenselemente werden in chronologischer und einsträngiger Anordnung dargeboten (vgl. Steffens 2000, S. 847). Ab 1970 vollzieht sich dann – als Teilphänomen gesamtgesellschaftlicher Reformprozesse – auch ein ästhetischer Umbruch der Kinder- und Jugend-Epik: Verschiedene Spielarten personalen Erzählens kommen auf, und über geringe Selbstdistanz verfügende 'Ich-Erzähler' (besser: 'auto-' bzw. 'homodiegetische' Erzähler, da eine Beteiligung der Gestalt des Erzählers an der von ihm erzählten Geschichte nicht notwendig durch die erste Person Singular der Verb-Konjugation angezeigt sein muss; vgl. Martinez / Scheffel 1999, S. 80–84 sowie als literarisches Beispiel Charlotte Kerners Jugendroman *Blueprint Blaupause* von 1999 und dazu Jesch 2003a, S. 65) ergreifen das Wort, sodass figurale Perspektive und psychische Introspektion in den Texten immer breiteren Raum einnehmen. Zudem durchbrechen auf der Ebene der Darbietung oft temporale Permutationen die Chronologie der Geschichte. Kurz: Bereits aus der modernen Hochliteratur für Erwachsene bekannte Gestaltungsmittel der Erzählerrolle kennzeichnen nun auch Werke der KJL (vgl. Steffens 2000, S. 847).

Während derselben Entwicklungs-Phase erfährt in vielen Narrationen für Heranwachsende auch das – nur textanalytisch zu ermittelnde! – 'Was' der Erzählung einen modernisierungsbedingten Wandel: Krisenhafte Individuationsprozesse unter kritikwürdigen gesellschaftlichen Bedingungen – und eben diese problematischen Bedingungen selbst – werden in der KJL nun nachdrücklicher thematisiert als je zuvor, wenngleich laut Grenz immer noch nicht so nachdrücklich wie in der Hochliteratur für Erwachsene (vgl. Grenz 1990, S. 199, 208 f.).

Urteile über Gegenstand und Aussagetendenz der KJ-Erzähltexte kommen allerdings in der einschlägigen Sekundärliteratur nicht selten ohne methodisch transparente Herleitung zustande. Semantik und Pragmatik im Bedeutungsaufbau der dargebotenen Geschichte, für deren Analyse und Interpretation Autoren wie etwa Lotman (1972) und Eco (1987) komplexe und selbstreflexive semiotische Verfahren hervorgebracht haben, bleiben unerschlossen. Dass dies nicht durch die vermeintlich selbstevidente 'Einfachheit' der Kinderliteratur zu rechtfertigen ist, beweist Maria Lypp (1984, 1998) in ihren strukturalistisch orientierten Untersuchungen, denen sie auch und gerade Erstlesertexte unterzieht. Seit den 80er und 90er Jahren schließlich wenden sich die Autoren narrativer KJL neben der oft gesellschaftskritischen Problemorientierung verstärkt individuellen sowie familiären Themen zu, dabei auch wieder betont heitere Akzente setzend (vgl. Ewers / Wild 1999).

Für die bisherigen Ausführungen zur KJ-Epik gilt, dass sie sämtlich auf Texte des 'Realismus' zutreffen – eines Genres, das für die KJ-Erzählung erst seit 1970 begrifflich bestimmt und an die Stelle mancher themen- und adressatenorientierten Rubriken getreten ist bzw. diesen ergänzend hinzugefügt wurde. Daher können thematisch oder zielgruppenspezifisch ausgerichtete Typologien, wie etwa diejenigen des 'Adoleszenzromans' oder der 'Mädchenliteratur', zugleich auch Werke des kinder- bzw. jugendliterarischen Realismus erfassen. Die Beurteilung eines literarischen Werks daraufhin, ob es 'realistisch' genannt werden dürfe, wirft indes ein grundsätzliches erkenntnistheoretisches Problem auf, selbst wenn der im 19. Jh. noch an die betreffende Literatur gerichtete Anspruch objektiver und totaler Wirklichkeitswiedergabe inzwischen einer Auffassung von Realität als – in der Autor-Leser-Kommunikation – lediglich intersubjektiv gültig gewichen ist (vgl. Scheiner 2000, S. 158). Denn es fehlen die Maßstäbe, auf die sich eine intersubjektive Einigung über das wirklich Gegebene stützen könnte: „was die Dinge an sich sein mögen, weiß ich nicht, und brauche es auch nicht zu wissen, weil mir doch niemals ein Ding anders, als in der Erscheinung vorkommen kann" (Kant 1781, A 277), so beschränkt Kant in seiner *Kritik der reinen Vernunft* die 'Realität' darauf, wie die Dinge „uns erscheinen", und schließt aus ihr aus, „was die Dinge selbst sind" (Böhme 1986, S. 199). Die durch Sinnesdaten, Verstand und Vernunft definierbare Wirklichkeit ist also Kant zufolge stets unter den Vorbehalt der menschlichen Erkenntnisgrenzen zu stellen: Ein eigentlich Reales bleibt unzugänglich. Inwiefern nun, so ist zu fragen, vermögen KJ-Narrationen (oder literarische Werke überhaupt) einer vom Menschen – im kulturell-historischen Kontext – (re)konstruierten 'Realität' zu entsprechen?

Im 18. Jahrhundert suchen die aufklärungspädagogisch ambitionierten Verfasser spezifischer Kinderliteratur Realitätsnähe durch moralisch überformte Abbildung bürgerlicher Kindheit herzustellen und prägen dergestalt den – heutzutage nicht mehr so offen erzieherischen – Typus der 'realistischen Alltagserzählung', einer fortan stark verbreiteten Variante der Kinderkurzgeschichte. Über den Realitätsgehalt derartiger, während der Epoche der Aufklärung erscheinender Exempelliteratur ließe sich – angesichts der meist idealisierten Elternfiguren oder der allzu lehrreichen Handlungsverläufe – freilich streiten. Solche Hinterfragung ist jedoch, aus den angedeuteten epistemologischen Gründen, allgemein bei der Rezeption jeglicher Wirklichkeitsdarstellung angebracht, sei sie nun literarisch oder nicht: Denn eine Weltbeschreibung bietet allenfalls ein Modell, niemals aber ein Duplikat der in ihr nachgebildeten Realität. Zudem erschließt sich der Realitätsbezug eines Sprachkunstwerks nicht notwendig schon auf der Ebene der natürlichen Sprache, aus der es komponiert ist. Der von dieser Primärsprache (den denotativen Bedeutungen) aufgerufene Vorstellungs- und Bildkomplex ('Pictura') steht seinerseits oft wieder für eine sekundäre (konnotative) Textbedeutung ('Subscriptio'). Daher bezeichnet Lotman Literatur als 'sekundäres modellbildendes System' (vgl. Lotman 1972, S. 22 f.).

In der Literatur wird die Welt so modelliert und symbolisiert, wie es der jeweils vom Autor bzw. seinen Zeitgenossen gehegten Wirklichkeits- und Kunstauffassung entspricht (vgl. Kohl 1977). Im Klassizismus des 18. Jahrhunderts, der die (menschliche) Natur nicht in ihrer konkreten Gestalt, sondern in ihrer abstrakten Vernunft und Wahrheit 'nachzuahmen' sucht, bleibt das Dysharmonische und Hässliche aus dem künstlerischen Welt-Bild noch ausgeblendet (vgl. Kohl 1977, S. 59). Ganz anders stellt sich der Realitätsbegriff vieler KJ-Literaten seit 1970 dar: Nach Überwindung der zuvor sogar fiktive Welten erfassenden Schonraumpädagogik sehen sich junge Leser nun – wie bereits angesprochen – bei ihrer Lektüre mit einer oft harten und problematischen Lebenswirklichkeit konfrontiert. Exemplarisch sei hier in aller Kürze auf Kirsten Boies realistischen Roman *Ich ganz cool* (1992) eingegangen, in dem zwar eine schwache Hoffnung für den in desolaten Verhältnissen gefangenen Protagonisten angedeutet wird, der aber doch schonungslos ist in der Darstellung sozialer Ungerechtigkeit und emotionaler wie geistiger Verödung, welche die 'Marktwirtschaft' für einen größer werdenden Teil der Gesellschaft mit sich bringt:

Steffen, der etwa 12-jährige Protagonist und Ich-Erzähler des Romans, lebt unter krassen Armutsbedingungen mit seiner Mutter, seinem 15-jährigen Bruder und seiner vierjährigen Schwester zusammen. Zu seinem Vater hat er keinen Kontakt. An dessen Stelle gehören vielmehr die wechselnden Liebhaber der Mutter zum Haushalt, der letzte ein Alkoholiker, gefolgt von einem zur Gewalt neigenden Egozentriker. Als Vorbild wählt Steffen sich lieber seinen Bruder Kai, beeindruckt von dessen Coolness und Waghalsigkeit als S-Bahn-Surfer. Zudem sucht sich Anti-Held Steffen seine Männlichkeit, wie in seinem sozialen Umfeld üblich, im Konsum medial inszenierter Grausamkeiten zu beweisen. Nur heimlich kann er auch seinem Vergnügen an Kinderfilmen nachgeben, und trotz seiner scheinbaren Abgebrühtheit ist er der Empathie für einen realen, am Angelhaken zappelnden Fisch fähig.

Ziele der dargebotenen Handlung sind die Befreiung des Protagonisten aus der sozialen Chancenlosigkeit und die Überwindung seiner Einsamkeit. Dem steht seine schwer kommunikationsgestörte Familie entgegen. Auch die Hoffnung auf den sozial besser gestellten biologischen Vater, der überraschend ein Treffen mit dem Sohn herbeiführt, zerschlägt sich. Einzig Sebastian alias „Schnulli", von der Clique des Protagonisten verfemt, verfügt über soziale Interaktionsmuster, die Steffen einen Ausgleich seiner zwischenmenschlichen Defizite versprechen.

Während die Sicht des erzählenden Ich unzuverlässig, weil begrenzt ist – unterstrichen durch den auch in der Syntax reduzierten Jugend- und Unterschicht-

Slang –, eröffnet der aus dem Text zu rekonstruierende Autor durch die Brüche zwischen Steffens cooler Pose und seinen dennoch zu Tage tretenden Schwächen und Ängsten sowie seinen in wiederholten Tagtraum-Sequenzen zum Ausdruck kommenden Sehnsüchten ein komplexes Psychogramm des erzählten und erzählenden Ich. In diesem Stück realistischer Literatur findet sich ein nicht materiell greifbarer und dennoch existenter, ja überaus wirkungsmächtiger Seinsbereich impliziert – die unbewussten Identitäts- und Beziehungskonflikte eines Heranwachsenden.

Ist im gegenwärtigen literarischen 'Realismus' – hier repräsentiert durch Boies Roman – der (Tag-)Traum als Teil der Wirklichkeit anerkannt, so kann gemäß dem moraldidaktisch motivierten Klassizismus des 18. Jahrhunderts sogar das empirisch nicht mehr zu Legitimierende als 'realistisch' fungieren:

> Da die klassizistische Kunst ihr Ziel im moralischen Einwirken auf den Rezipienten sah und 'Nachahmung' nur als Mittel, dieses Ziel zu erreichen, liegt auf der Hand, daß jede Art von Wirklichkeitstreue geopfert werden konnte, wenn die moralische Wirksamkeit durch andere Mittel besser gewährleistet schien. (Kohl 1977, S. 66) Die Dichtung ist damit von der Verpflichtung zur Darstellung der äußeren Natur befreit; ja, die Irrealität des Dargestellten wird geradezu zum notwendigen Merkmal des Kunstwerks, das seinem didaktischen Auftrag nachkommen will (Kohl 1977, S. 67).

Eine 'immanente Didaktik' der KJL (vgl. Dahrendorf 1998, S. 11) und eine besondere Wirkung des Wundersamen auf junge Menschen vorausgesetzt, wären dem zitierten Argumentationsmuster zufolge pädagogische Wahrheiten vorzugsweise in fantastischen Geschichten zu übermitteln – die für sich eine Art höheren 'Realismus' beanspruchen dürften. Fantastik kann aber ebenso gut unabhängig von didaktischen Textstrukturen (die übrigens nicht der KJL vorbehalten sind) zum adäquaten – wenn auch erst auf der Subscriptio-Ebene verständlichen – Realitätsausdruck dienen. Aus empirischer Sicht irreale Metaphern eignen sich bisweilen zur verdichtenden Codierung psychischer Realität: So erweist sich etwa das Land Phantásien in Michael Endes *Unendlicher Geschichte* (1979) auf der sekundären Bedeutungsebene als gleichermaßen gefährdete wie dem Subjekt gefährliche Seelenlandschaft.

Da jede Literatur, die nicht belanglos sein will, sich mit Phänomenen der Wirklichkeit auseinander setzt – und sei es auch in 'fantastischer' Verfremdung –, wird die Entgegensetzung von 'Realismus' und 'Fantastik' hinfällig, sobald man die Texte im Hinblick auf ihr eigentliches Thema analysiert. Die einschlägige Forschung ist gleichwohl in differenzierter Weise um Grenzbefestigung bemüht und behandelt die fantastische Epik als Gegenstand von eigener Gestalt (vgl. Rank 1994). Einige wesentliche Erkenntnisse zur Struktur (nicht nur) der kinder- und jugendliterarischen Fantastik, verstanden im engeren wie im weiteren Sinne des Begriffs, seien hier zusammengetragen: Todorov (1970) schränkt die Fantastik auf solche Texte ein, in denen der implizite Leser im Unklaren darüber bleibt, ob er es mit einem irrealen Wunderbaren oder mit einem nach den Gesetzen der Realität erklärbaren Unheimlichen zu tun hat. Je nach schlussendlicher Entscheidung dieser Ungewissheit im Verlauf der Erzählung liegt eine fantastisch-unheimliche oder eine fantastisch-wunderbare Mischform vor (vgl. Todorov 1992, S. 25–54). Nur wenige Texte – zu denen auch E.T.A. Hoffmanns *Nussknacker und Mausekönig* gehört, insofern die wundersamen Abenteuer der Bürgerstochter Marie Stahlbaum möglicherweise deren Fieberwahn entsprungen sein könnten – wahren durchgehend die eigentlich fantastische Schwebe zwischen Natürlichkeit und Übernatürlichkeit.

KJL-Forscher folgen Todorov in seiner restriktiven Definition des Fantastischen nicht, sondern begnügen sich mit dem Kriterium zweier Sphären von unterschiedlichem Wirklichkeitsstatus, die in der dargestellten Welt aufeinander treffen (vgl. Meißner 1989, S. 14, 94, 105, 110). Sogar Erzähltexte, in denen nur eine einzige 'extra-empirische' (vgl. Biesterfeld 1993, S. 75) Welt dargeboten ist, wie etwa in Michael Endes *Jim Knopf*-Abenteuern (1960/1962) oder in Philip Ardaghs Nonsense-Roman *Awful End/Schlimmes Ende* (2000/dt.2002), gelten der KJ-Wissenschaft als im weiteren Sinne fantastisch. Meißner bezeichnet sie spezifizierend als „Literatur des Imaginären" (1989, S. 81; vgl. S. 81–88).

Haas schließlich fasst den Begriff der Fantastik noch weiter, als es in der KJL-Forschung ohnehin üblich ist, wenn er ihm zusätzlich auch Märchen, Sage und Science-Fiction zuordnet (vgl. Haas / Klingberg / Tabbert 1984). Eine wesentliche Gemeinsamkeit dieser Textgruppen erblickt er darin, dass in ihnen das 'wilde Denken' wirke, wie Claude Lévi-Strauss es beschrieben habe: als ein bildliches und alogisches Denken (vgl. Haas 1978, S. 348f. einschl. Anm. 46, 47, S. 353). Haas' Darstellung jedoch, derzufolge Lévi-Strauss das 'wilde Denken' zur Logik in Opposition setzen soll, zieht Meißner in Zweifel. Nach dessen konkurrierender Lesart offenbart das 'wilde Denken' vielmehr gerade die Universalität von Logik und Vernunft (vgl. Meißner 1989, S. 33–35) – was Lévi Strauss auch ausdrücklich so schreibt:

> Das wilde Denken ist in demselben Sinne und auf dieselbe Weise logisch, wie es unser Denken ist […] [S]o bleibt […] die Tatsache bestehen, daß dieses Denken […] mit den Mitteln der Vernunft und nicht der Affektivität arbeitet (Lévi-Strauss 1994, S. 308).

Dennoch ist Haas' Anliegen nachvollziehbar, von historisch-kulturell festgelegten 'Realitäts'-Auffassungen abweichende Erzähltexte unter eine übergreifende Kategorie subsumieren zu wollen. Unter diese Kategorie fällt auch ein aus schuldidaktischer Sicht besonders wichtiges Genre der intentionalen KJL, nämlich das 'Volksmärchen'.

Die genre-typischen Merkmale dieser in ihrer Genese – nicht immer zutreffend – auf eine orale Erzähltradition zurückgeführten Textsorte sind in verschiedenen, mittlerweile klassischen Ansätzen unterschiedlich differenziert beschrieben worden. André Jolles (1930) rechnet das 'Volksmärchen' zu den 'Einfachen Formen' und sieht in ihm zwei grundlegende Prinzipien am Werk: zum einen dasjenige der „Allgemeinheit" (Jolles 1974, S. 234) von Sprache, Raum, Zeit, Figuren und erzählten Begebenheiten, die „jedesmalig" (Jolles 1974, S. 235) im Sinne von nicht künstlerisch-einzigartig sind (vgl. Jolles 1974, S. 234–236); zum anderen dasjenige einer besonderen „Geistesbeschäftigung" (Jolles 1974, S. 238), der gemäß die tragische Ungerechtigkeit, welche der Mensch in seiner extratextuellen Lebenswirklichkeit mit all ihren Entsagungen und Benachteiligungen empfindet, am Schluss der dargebotenen Geschichte zur vollen Befriedigung der „naiven Moral" (Jolles 1974, S. 243) aufgehoben wird (vgl. Jolles 1974, S. 242 f.). Solch ein märchenhaftes Ende, das die Erniedrigte zur Königin oder den Armen reich macht, kann nur zustande kommen durch Einwirkung des Wunderbaren – welches zur naiv-gerechten Märchenwelt wie selbstverständlich dazugehört (vgl. Jolles 1974, S. 243).

Max Lüthi (1947) sucht die für das europäische Volksmärchen charakteristischen Züge der fiktionalen Raum- und Zeitdarstellung zu erfassen. 'Flächenhaftigkeit' und 'abstrakter Stil' lassen ihm zufolge die Oberfläche von Gegenständen und Figuren hervortreten, ohne dass Details und (psychische) Tiefenstruktur erkennbar würden. Entsprechend äußerlich und geradlinig ist die – historisch stets unbestimmte – problemlösende Handlung angelegt. Geschehenssequenzen wie auch Figuren zeigen sich in ihr zugleich 'isoliert' und 'allverbunden', sind also einerseits oft wirkungs- und bindungslos, andererseits aber variabel kombinierbar. Lebensweltliche Erfahrung geht 'sublimiert', d. h. stark stilisiert und von konkreter Wirklichkeit entleert, in das – auf solche Weise 'welthaltige' – Volksmärchen ein. Die Märchenwelt ist 'eindimensional', insofern ihre diesseitigen, anthropomorphen Bewohner Vertretern und Phänomenen des jenseitigen Wunderbaren ohne jedes Erstaunen begegnen (vgl. Lüthi 1974).

Vladimir Propp (1928) hat mit seinem dem russischen Formalismus verpflichteten Ansatz eine detaillierte Beschreibung von Rekurrenz, Stereotypie und Variabilität der Volksmärchen-Handlung geleistet und damit zugleich weit über die Grenzen der Märchenforschung hinaus inspirierend auf die nachfolgende strukturalistische Narratologie gewirkt. Die auch bei Jolles und Lüthi benannte märchentypische Geschehensabfolge von Mangelerfahrung und letztendlicher Aufhebung aller Not unterzieht Propp einer Mikroanalyse, die zahlreiche, in ihrer Reihenfolge festgelegte, aber immer nur selektiv ausgeübte Funktionen der handelnden Figuren erkennen lässt – etwa ein über den Protagonisten verhängtes Verbot und dessen unvermeidliche Übertretung oder die rettende Abreise des Helden aus dem häuslichen Bereich, gefolgt von seiner Prüfung und späterer Rückkehr (vgl. Propp 1975).

Nicht zuletzt aus didaktischer Sicht ist für ein vertieftes Verständnis von Märchen neben rein textwissenschaftlichen Erkenntnissen auch der Rückgriff auf psychoanalytisches, entwicklungspsychologisches und kognitionspsychologisches Wissen erforderlich (vgl. Jesch 2003 b).

2 Didaktik der Kinder- und Jugendliteratur

Die oben dargestellte Debatte um eine oder zwei Literaturen ist eng verbunden mit der Kontroverse, ob es denn neben der allgemeinen Literaturdidaktik einer eigenen KJL-Didaktik bedarf. Wer die charakteristische Besonderheit kinder- und jugendliterarischer Textgestaltung hervorhebt, wird in der Regel geneigt sein, auch eine separate Didaktik für angebracht zu halten. Wer hingegen das Corpus der KJL pragmatisch statt textstrukturell definiert, wird tendenziell eine einheitliche Literaturdidaktik favorisieren, deren Ausdifferenzierung im Hinblick auf Zielsetzungen und Methoden nicht von der Dichotomie zwischen Kinder- und Erwachsenenliteratur, sondern von der jeweiligen, innerhalb beider Textgruppen heterogenen Beschaffenheit der Primärliteratur wie auch von den Voraussetzungen der anvisierten Schüler abhängt. Dennoch sind eine Reihe von literaturdidaktischen Konzeptionen entwickelt worden, die auf den schulischen Umgang besonders mit KJL abzielen.

2.1 Zur Geschichte der Kinder- und Jugendliteraturdidaktik

Sieht man einmal ab von den Bemühungen der auch schulreformerisch ambitionierten Aufklärungspädagogen, die im letzten Drittel des 18. Jahrhunderts mit programmatischer Emphase erstmals spezifische KJL – nicht zuletzt für die schulische Verwendung – hervorbringen; und sieht man ab von der wenig erfreulichen Aufmerksamkeit, welche etwa 150 Jahre später bildungspolitische NS-Organe auf eine linientreue Aufstockung der durch ideologisch motivierte Büchervernichtung in ihren Beständen dezimierten Schulbibliotheken verwenden (vgl. Graf 1997, S. 18) – zu diesem Zweck erstellte Empfehlungslisten führten unter anderem spezifische KJL an und durften auch bei der Lektüreauswahl für den Unterricht mit herangezogen werden (vgl. Graf 1997, S. 18–22; Aley 1967, S. 41–48) –: so gedeiht auf westdeutschem Boden erst seit den 70er Jahren des 20. Jahrhunderts eine schulbezogene Didaktik, die sich erklärtermaßen auch spezifischer KJL als Unterrichtsgegenstand zuwendet. Denn erst seit dieser Zeit erobert für Leser im Schulalter produzierte Literatur zusehends die Klassenzimmer.

Maßgeblich zu dieser Entwicklung beigetragen hat Anna Krüger mit ihrer Studie *Kinder- und Jugendbücher als Klassenlektüre* (1963), in der ausgewählte KJL zum Unterrichtsgegenstand erklärt wird. Krüger möchte ästhetisch gelungene Texte für junge Leser als Kunst anerkannt und – wie die Allgemeinliteratur – einer philologischen Analyse gewürdigt wissen. Vom Einsatz wertvoller KJL in der Schule verspricht sich die Autorin einen Beitrag zur literarischen Bildung der

Heranwachsenden. Weniger anspruchsvolle Werke hingegen stellt sie in den Dienst der Förderung von Kritikfähigkeit.

Eben dieses allgemeine Lehrziel liegt der in den 60er und 70er Jahren einflussreichen Didaktik des 'Kritischen Lesens' mit ihrem ideologiekritischen Zugriff auf KJL und Trivialliteratur zugrunde (vgl. Lange 2000a, S. 945). Hurrelmann (2002, S. 137) weist indes auf einen Grundkonflikt hin, den ein solcherart textkritischer KJL-Unterricht provozieren kann, indem er den Schülern zunächst in ihrer Neigung zu einem kommerziellen Print- oder AV-Medium entgegenzukommen scheint, ihnen dann aber eine Distanzierung von der lustvoll rezipierten Fiktion abverlangt. Hier ist eine Kontroverse der KJL-Didaktik von Anfang an vorgezeichnet, die noch in der Gegenwart vom Widerstreit zwischen kritisch-analytischer Gegenstandsorientierung und Schülerorientierung geprägt ist.

Von ihrem Anspruch her eine Versöhnung zwischen beiden Ausrichtungen verspricht seit Ende der 70er Jahre die 'Rezeptionsorientierte Literaturdidaktik', die literaturtheoretisch auf der Rezeptionsästhetik basiert, wie sie etwa Wolfgang Iser vertritt (vgl. Iser 1994a). Aus rezeptionsästhetischer Sicht entsteht Bedeutung im Zusammenspiel von Textstruktur und Leseraktivität. Diese theoretische Aufwertung des Lesers verschafft in der didaktischen Konzeption auch dem lesenden Schüler neuen Spielraum für seine Verstehensprozesse, die gleichwohl an die lenkende „Appellstruktur der Texte" gebunden bleiben sollen (vgl. Iser 1994b). Am ehesten meinen sich Didaktiker noch von der KJL versprechen zu dürfen, dass die textstrukturellen Appelle bei den jungen Rezipienten tatsächlich verfangen. Die mit der 'Rezeptionsorientierten Didaktik' zunehmende Schülerorientierung hat also Auswirkungen auch auf die Auswahl des literarischen Gegenstands, welcher zumindest für die unteren Klassen immer öfter dem Corpus der KJL entnommen wird.

In den späten 70er sowie den 80er Jahren schlägt sich das verstärkte Interesse der Literaturdidaktiker an den leserseitigen Vorgängen beim Literaturverstehen in einer methodisch-didaktischen Neuausrichtung nieder, der Gerhard Haas den allseits übernommenen Namen 'Handlungs- und Produktionsorientierung' verliehen hat (vgl. Haas 1997; Haas / Menzel / Spinner 1994). Gemäß diesem Ansatz, der bis in die Gegenwart das Feld der Literaturdidaktik dominiert, sollen sich Kinder spielend und schreibend Literatur aneignen.

Dass solche Spiel- und Schaffensfreude vom auslösenden Text auch wegführen kann, sodass sie zu dessen Verständnis letztlich wenig beiträgt, hat sich in der Praxis vielfach gezeigt und ist in den 90er Jahren nachdrücklich kritisiert worden: „Sind die handlungs- und produktionsorientierten Verfahren nicht längst Ersatzformen, Prothesen für ausbleibendes Textverstehen geworden?", so die provokante Frage Hans Küglers (1996, S. 20) – auf die Vertreter des so genannten 'Textnahen Lesens' eine deutlich bejahende Antwort geben, wenn sie den Missbrauch von Literatur „als Assoziationsbaustelle für bloß subjektive Deutungen" (Belgrad / Fingerhut 1998, S. 5f.) beklagen.

Nichtsdestoweniger trauen sowohl produktionsorientierte Didaktiker, wie etwa Günter Waldmann (1999, S. 275), als auch ausdrücklich um Textnähe bemühte Didaktiker, wie Elisabeth K. Paefgen, einer recht verstandenen produktiven Umgangsweise mit Literatur durchaus zu, dass sie das analytische Textverständnis der Schüler fördert. Paefgen betont dabei den Gedanken der Leseverzögerung und schlägt u. a. vor, an den in den 80er Jahren von Harald Frommer (1981 a, 1981 b) vertretenen Ansatz anzuknüpfen (vgl. Paefgen 1998, S. 21). In Frommers Arbeiten wird vor dem Hintergrund eines strukturalistischen Textbegriffs die Tendenz von Schülern problematisiert, die strukturellen Besonderheiten künstlerischer Texte zu übersehen und somit das 'sekundäre System' Literatur (vgl. Lotman 1972, S. 61, 76f.) mit den Regeln der Normalsprache zu dechiffrieren. Um dieser normalisierenden Rezeptionshaltung entgegenzuwirken, gilt es – im literarischen Text angelegte – Irritationen der lesenden Schüler zu antizipieren und Letztere durch gezielte Produktionsaufgaben vor die Alternative zwischen automatisierter und entautomatisierter Lesart zu stellen. Die verschiedenen Entscheidungen lassen sich dann in der Begegnung mit dem Originaltext je nach Klassenstufe und kognitivem Entwicklungsstadium der Schüler mehr oder weniger explizit reflektieren. Eine Form solcher Reflexion kann in der Begründung des eigenen Produkts sowie in anschließenden Begründungsversuchen für die Gestaltung des literarischen Originals bestehen.

Sieht die Handlungs- und Produktionsorientierung eine solche dem Text wie dem Leser gleichermaßen verpflichtete Didaktik im Einklang mit der Rezeptionsästhetik zunächst noch grundsätzlich vor, so erheben in den 90er Jahren – als Gegenpol zur 'textnahen' Fraktion – ein literaturwissenschaftlich fundierter Dekonstruktivismus (Spinner 1995) und Konstruktivismus (vgl. Scheffer 1992, 1995) die unabschließbar polyvalente Ausdeutbarkeit von Literatur bzw. die Subjektivität der Textwahrnehmung zum didaktischen Programm. Die ebenfalls konstruktivistische Lerntheorie unterstützt eine dezidiert schüler- und prozessorientierte Didaktik sogar schon seit Ende der 1960er Jahre (vgl. Roth 1969) und bis in die Gegenwart hinein (vgl. Spinner 1994, 1999). Hier fließen neuere Erkenntnisse der Kognitionspsychologie ein (vgl. Rinck 2000), deren schematheoretischer Ansatz bereits Anfang der 80er Jahre als – auch in didaktischer Hinsicht – ergiebig für eine Theorie des Literaturverstehens erkannt worden ist (vgl. Kaiser 1982).

2.2 Gegenwärtige Tendenzen der Kinder- und Jugendliteraturdidaktik

Die KJL-Didaktik reagiert in der Gegenwart verstärkt auf die neuen multimedialen Herausforderungen, und zwar indem sie die Dringlichkeit der 'Leseförderung' hervorhebt, die sich eine Gruppe von Didaktikern seit den 90er Jahren auf die Fahnen geschrieben hat. Den Konflikt zwischen Gegenstandserschließung und Schülerorientierung entscheiden die 'Leseförderer' nicht einheitlich: Sowohl Sahr (1998) als auch Maiwald (1999) möchten Kinder und Jugendliche durchaus zur Wahrnehmung von Textstrukturen anleiten – und sie gleichzeitig zum Lesen motivieren. Hurrelmann (1994, 2002) beharrt dagegen um der Lese-motivation willen etwas entschiedener auf Freiräumen für Schüler zur Selbst-steuerung bei Auswahl und Konsum ihrer bevorzugten Medienprodukte und nimmt Abstand von analytischen Anforderungen an die Lernenden. Frey / Rich-ter (2001) plädieren ebenfalls für eine mediale Öffnung der Schule, verbinden damit aber die Hoffnung, dass Kinder bei entsprechender Instruktion einen Transfer von ihrer filmischen Rezeptionserfahrung zur Erkenntnis solcher Struk-turen schriftgebundener Literatur vollziehen, die dem cineastischen Code ana-log sind.

Gleichfalls dem Ziel der Leseförderung, aber auch dem einer Sensibilisierung für soziale Konfliktlagen verschreibt sich eine weitere, vor allem durch Dahren-dorf (1996) vertretene Richtung der KJL-Didaktik, die als 'Problemorientie-rung' firmiert und bezüglich ihrer gesellschaftskritischen Ausrichtung zwar in der Tradition des 'Kritischen Lesens' steht, die Anwendung und Vermittlung diffizi-lerer textanalytischer Verfahren aber als der KJL unangemessen vermeidet. Literatur für Heranwachsende bedarf laut Dahrendorf in der Regel keiner philo-logischen Operationen (vgl. Dahrendorf 1998, S. 21), kann jedoch aufgrund ihres „Adressatenbezug[s]" (Dahrendorf 1998, S. 15) als 'immanent didaktisch' gelten, insofern sie „genügend Leseanreiz bietet", „an die Erfahrungen und Interessen ihrer Leserschaft anknüpft", dieselbe nicht durch einen zu hohen Komplexitätsgrad überfordert und ihr dennoch einen Wissenszuwachs und soziale Reifungsfortschritte ermöglicht (vgl. Dahrendorf 1998, S. 15). Mit einem strukturalistischen Textbegriff ist die hier vorausgesetzte Trennung zwischen als nahezu selbstevident aufgefasstem Inhalt einerseits und zu vernachlässigender literarischer Struktur andererseits unvereinbar.

Unvereinbar ist sie daher auch mit dem von Maria Lypp und in zahlreichen Ver-öffentlichungen ebenso von Hans-Heino Ewers favorisierten Ansatz der 'Litera-rischen Bildung' (vgl. Ewers 1995, 1997), der gerade auf einer sehr genauen Betrachtung von Textstrukturen basiert. Die (zur literaturdidaktisch umstritte-nen Kanonisierung tendierende) Literaturauswahl für den Unterricht folgt u. a. den Kriterien der von Lypp beschriebenen essenziell literarischen 'Einfachheit', welche dem Leseanfänger die Bedeutung erzeugende künstlerische Regelhaftig-keit und Rhythmisierung poetischer Sprache transparent macht. Besonders aus-geprägt sind diese Muster von Wiederholung und Variation im Kinderreim, aber auch in der von oraler Erzähltradition geprägten Prosa für Kinder, wie etwa im Märchen. Sofern Kinder im Rahmen einer gelingenden Lesefrühsozialisation schon vor der Aneignung des Mediums Schrift durch Erzähl- und Vorleseerfah-rungen mit solcherart verdichteter Mündlichkeit vertraut gemacht werden, erfüllt diese als Merkmal von Erstleseliteratur später beim Literatur- und Schrift-spracherwerb eine Brückenfunktion. Züge umgangssprachlicher Kommunika-tion, die sich in der Kinderliteratur ja auch 'simuliert' findet, etwa durch scheinbar spontane Leseransprache von Seiten des fiktiven Erzählers, tragen das ihre zu dieser literarisch bildsamen Form 'immanenter' 'Leseförderung' bei (vgl. Lypp 1989, Ewers 1991). Zur Präzisierung der literaturdidaktisch relevanten Begriffe von Mündlichkeit und Schriftlichkeit empfiehlt sich eine Anleihe bei der Sprachwissenschaft, die – ebenfalls unter Bezugnahme auf folkloristisches Erzählgut – eine Differenzierung zwischen „elaborierter" „distanzsprachlicher" und „hergestellter" „nähesprachlicher" Mündlichkeit als zwei Erscheinungsweisen der „konzeptionellen" im Unterschied zur „medialen" Mündlichkeit erlaubt (Koch / Oesterreicher 1985, S. 24, 29–31; vgl. Ewers 2000a, S. 263). In diesen Überlegungen zu einem erleichterten Einstieg in die literarische Kommunikation erschöpft sich der Horizont der 'Literarischen Bildung' aber noch nicht. Er umfasst vielmehr auch die Folgeschritte eines literarischen Bildungsprozesses, der von der 'einfachen' Kinderliteratur über die komplexere, in ihrer Regelhaftigkeit weniger leicht durchschaubare Jugendliteratur bis hin zur Hochliteratur für Erwachsene führt. Hier erweist sich die gegenwärtige Bildungsorientierung als ein Vermächtnis Anna Krügers, die dichterischer KL gleichfalls propädeutische Funktion zuwies. Überlebt hat sich allerdings die in den 50er und 60er Jahren verbreitete Wertungshierarchie zugunsten der Erwachsenenliteratur, sodass im poetischen Sinne 'einfache' Werke, zumal wenn sie generationenübergreifend mehrfach adressiert sind (vgl. Ewers 1997, S. 69), unter Didaktikern höchste Wertschätzung genießen können. Von Etappe zu Etappe eines literaturbezogenen Bildungsweges gewinnt– sei es aufgrund der wachsenden Literaturkenntnis des Subjekts, sei es aufgrund der zunehmend von intertextuellen Verweisen durchdrungenen Werke – im Lesevorgang eine Art Kanon an Bedeutung, den Autor und Leser als Hintergrundwissen für verstehensnotwendige Inferenzen miteinander teilen. Daher wird seit den 90er Jahren der zwei Dekaden zuvor als bürgerlicher Bildungsballast demontierte Kanon in erweiterter, weniger elitärer und modernisierter Form von einigen Autoren rehabilitiert (vgl. Heydebrand 1993; Ewers 1997, S. 63–69).

Eine vierte Hauptströmung der KJL-Didaktik ist die 'Handlungs- und Produktionsorientierung'. Ihr Eindringen in sämtliche anderen hier umrissenen Hoheitsgebiete der KJL-Didaktik verdankt sie vor allem ihrer methodischen Reichhaltigkeit und Kompatibilität. Bevor aber auf diese Methodik im folgenden Abschnitt noch eingegangen wird, gilt es die zur Didaktik der Handlungs- und Produktionsorientierung schon gegebenen Informationen weiter zu ergänzen und zu spezifizieren. Zwei in der entsprechenden Diskussion besonders prominente Modelle, die Ansätze von Gerhard Haas und Kaspar H. Spinner, haben gemeinsam, dass sie auf ein alle Sinne umfassendes ('ganzheitliches') Lernen abzielen, welches außer den kognitiven Fähigkeiten auch die Imagination, die Kreativität und die Affektbildung fördern soll. Haas (vgl. 1997) begründet dieses Konzept mit der Notwendigkeit einer Rücksichtnahme auf analytisch nicht begabte Schüler und mit den Erkenntnissen der Rezeptionsästhetik. Spinner (vgl. 1995, 1999) beruft sich, wie angedeutet, darüber hinaus auf neuere literatur-wissenschaftliche und lernpsychologische Entwürfe, aber auch auf die Entwick-lungspsychologie nach Piaget und Kohlberg. Entsprechend verfolgt er stärker als Haas, der in erster Linie und letzter Konsequenz das Textverstehen fördern möchte, persönlichkeitsbezogene Lehrziele: Die Schüler sollen in ihrem Eigen- wie Fremdverstehen, in ihrer moralischen Urteilsfähigkeit und in ihrer Kreativi-tät unterstützt werden (vgl. Spinner 1989 a, 1989 b).

Methoden der Vermittlung von Kinder- und Jugendliteratur

Die von Literaturdidaktikern vorgeschlagenen Methoden zur schulischen Ver-mittlung von KJL sind vielfältig – selbst innerhalb der einzelnen 'Lager' (vgl. Haas 1980 ff.; Daubert 1996 ff.). Zwar sehen die Leseförderer übereinstimmend immer (auch) entschulte Angebote des Literaturumgangs vor, wie die Öffnung der Schule für das literarische Leben (durch Einladung von Autoren, Koopera-tion mit Bibliotheken und Buchhandlungen etc.), die Veranstaltung von Lese-nächten, die Einrichtung von Leseecken oder dergleichen mehr motivationsför-dernde Initiativen; und zwar kommen regelmäßig handlungs- und produktions-orientierte Verfahren zum Einsatz, denen „die Methoden der Leseförderung mit KJL" – wie etwa die Anregung zum Führen eines Lesetagebuchs oder zur Insze-nierung von Theaterstücken – „sehr verwandt" (Hurrelmann 2002, S. 146) sind. Aber die Verfechter der 'Leseförderung' ahnen offenbar selbst, woran Cornelia Rosebrock angesichts der durch die PISA-Studie aufgedeckten Lese-Inkompe-tenz bundesdeutscher Schüler zu Recht erinnert:

> Deutlich wird [...], dass Leseförderungskonzepte sich nicht weiterhin mit dem Ziel der Motivierung zum Lesen zufrieden geben dürfen. Die gängigen Formen der Verlockung zum Buch orientieren sich auf Schüler, deren Lesefä-higkeit lediglich im motivationalen Bereich gehemmt ist. Dabei wird überse-hen, dass für einen erheblichen Teil der Heranwachsenden die mit diesen Maßnahmen verheißenen Genussversprechungen beim Lesen deshalb nicht wirksam werden können, weil andere Bereiche der Lesekompetenz zu wenig ausgebildet sind, um die erhoffte Wirkung erzielen zu können (Rosebrock 2003, S. 168).

Die nötige Ergänzung der reinen Verführungsstrategie suchen an Leseförderung interessierte Didaktiker in der Anbahnung literarästhetischer Rezeptionskom-petenz: Maiwald (1999) stellt daher Mittelstufenschüler gelegentlich vor eine sachstrukturelle Aufgabe und unternimmt mit ihnen bei Bedarf gegenstandsori-entierte Exkurse. Sahr (1998) richtet auf dem Wege auch multimedialer Textver-gleiche bereits an Grundschüler gewisse analytische Anforderungen. Frey / Richter (2001) verlangen Schülern der Grundschule wie der Sekundarstufe I erzähltextanalytische Begriffsübertragungen zwischen AV- und Printtexten ab und erklären, dass „ eine neue Aporie 'Lesemotivation' – 'Literarisches Lernen' eher Sichten verstellt als eröffnet" (Frey / Richter 2001, S. 130). Die Verbindung beider Faktoren einer gelingenden Leseförderung versprechen sich Sahr (vgl. 1998, S. 100–109) und Maiwald (vgl. 1999, S. 214–225) zusätzlich zu ihren vorgenannten Arbeitsformen vom Lektüregespräch innerhalb der Lerngruppe.

Die ebenfalls auf Leseförderung ausgerichtete und zugleich um inhaltliche Auseinandersetzung mit den literarisch dargebotenen Stoffen bemühte 'Problemorientierung' greift wiederum auf die Methode des Textvergleichs zurück, wählt aber auch Formen der Projektarbeit (Dahrendorf 1996, S. 33–35) und des 'offenen', nicht auf der Zentralfigur des Lehrers, sondern auf der Eigenaktivität der Schüler aufbauenden Unterrichts (vgl. Dahrendorf 1996, S. 41 f.) – Formen also, welche ihrerseits verschiedene Berührungspunkte mit der Handlungs- und Produktionsorientierung aufweisen.

In der Didaktik der 'Literarischen Bildung' werden methodische Fragen bezüglich des schulischen Erlesens von KJL bislang kaum kommentiert. Literarisch bildsam können beispielsweise solche – im Wissen um die jeweilige poetische Struktur überlegte – handlungs- und produktionsorientierte Verfahren sein, die letztlich ein textnahes Lesen, eine genaue Wahrnehmung des in szenisches Spiel zu übersetzenden oder schriftlich zu transformierenden Werkes zwingend erfordern. Entsprechend plädiert Paefgen für Schreibaufgaben zur Texterschließung (vgl. Paefgen 1998, S. 21), versteht aber ansonsten unter 'Textnahem Lesen' eher ein „*genaues, langsames, gründliches Studieren eines literarischen Textes*", ohne dass dieses „*statarische[…] Lesen*" (Paefgen 1998, S. 14; Hervorhebung im Original) durch einen motivierenden Auftrag beflügelt würde.

Die Techniken der Handlungs- und Produktionsorientierung schließlich, die den übrigen didaktischen 'Schulen' nicht minder zugute kommen, sind von unabschließbarer Vielfalt und mehrfach in verschiedenen Publikationen exemplarisch aufgelistet worden (vgl. Spinner 2000, S. 984–988; Haas / Menzel / Spinner 1994, S. 24). Sie umfassen die verschiedensten Möglichkeiten der produktiven Ergänzung und Modifikation oder der handelnd-spielerischen Verarbeitung von Texten. Vereinbar sind sie mit 'offenem Unterricht', und sinnvoll kombiniert finden sie sich (bei Spinner) mit Textvergleichen und Unterrichtsgesprächen.

Literaturverzeichnis

Primärliteratur

Ardagh, Philip: Schlimmes Ende (engl. Erstersch. 2000). München: Omnibus 2002.

Boie, Kirsten: Ich ganz cool. Hamburg: Oetinger 1992.

Ende, Michael: Jim Knopf und Lukas der Lokomotivführer (Erstersch. 1960). Jim Knopf und die Wilde 13 (Erstersch. 1962). Stuttgart: Thienemann 2000.

Ende, Michael: Die unendliche Geschichte. Stuttgart: Thienemann 1979.

Hoffmann, E.T.A.: Nussknacker und Mausekönig (Erstersch. 1816). In: Hoffmann, E.T.A.: Poetische Werke Bd. 5. Berlin [u.a.]: de Gruyter 1993, S. 231–302.

Kerner, Charlotte: Blueprint Blaupause. Roman. Weinheim: Beltz. 1999.

Sekundärliteratur

Aley, Peter: Jugendliteratur im Dritten Reich. Dokumente und Kommentare. Gütersloh: Bertelsmann 1967.

Belgrad, Jürgen / Fingerhut, Karlheinz: Textnahes Lesen. Annäherungen an Literatur im Unterricht. In: Belgrad, Jürgen / Fingerhut, Karlheinz (Hrsg.): Textnahes Lesen. Annäherungen an Literatur im Unterricht. Baltmannsweiler: Schneider 1998, S. 5–13.

Biesterfeld, Wolfgang: Utopie, Science Fiction, Phantastik, Fantasy und phantastische Kinder- und Jugendliteratur: Vorschläge zur Definition. In: Lange, Günter / Steffens, Wilhelm (Hrsg.): Literarische und didaktische Aspekte der phantastischen Kinder- und Jugendliteratur. Würzburg: Königshausen u. Neumann 1993, S. 71–80.

Böhme, Gernot: Philosophieren mit Kant. Zur Rekonstruktion der Kantischen Erkenntnis- und Wissenschaftstheorie. Frankfurt a. M.: Suhrkamp 1986.

Dahrendorf, Malte: Überlegungen zur immanenten Didaktik und Pädagogik der Kinder- und Jugendliteratur. In: Richter / Hurrelmann 1998, S. 11–25.

Dahrendorf, Malte: Kinder- und Jugendliteratur in schulischer (didaktischer) Perspektive. In: Beiträge Jugendliteratur und Medien 1997, H. 3, S. 153–160.

Dahrendorf, Malte: Vom Umgang mit Kinder- und Jugendliteratur. Plädoyer für einen lese- und leserorientierten Literaturunterricht. Berlin: Volk und Wissen 1996.

Daubert, Hannelore (Hrsg.): Lesen in der Schule mit dtv junior. Lehrertaschenbücher. München: dtv 1996ff.

Eco, Umberto: Lector in fabula. Die Mitarbeit der Interpretation in erzählenden Texten. München: Hanser 1987.

Ewers, Hans-Heino: Literatur für Kinder und Jugendliche. Eine Einführung in grundlegende Aspekte des Handlungs- und Symbolsystems Kinder- und Jugendliteratur, mit einer Auswahlbibliographie Kinder- und Jugendliteraturwissenschaft. München: Fink 2000 a.

Ewers, Hans-Heino: Was ist Kinder- und Jugendliteratur? Ein Beitrag zu ihrer Definition und zur Terminologie ihrer wissenschaftlichen Beschreibung. In: Lange 2000b, S. 2–16. (Ewers 2000b)

Ewers, Hans-Heino: Kinderliteratur, Literaturerwerb und literarische Bildung. In: Rank, Bernhard / Rosebrock, Cornelia (Hrsg.): Kinderliteratur, literarische Sozialisation und Schule. Weinheim: Deutscher Studienverlag 1997, S. 55–73.

Ewers, Hans-Heino: Eine folgenreiche, aber fragwürdige Verurteilung aller „spezifischen Jugendliteratur". Anmerkungen zu Heinrich Wolgasts Schrift *Das Elend unserer Jugendliteratur* von 1896. In: Dolle-Weinkauff, Bernd / Ewers, Hans-Heino (Hrsg.): Theorien der Jugendlektüre. Beiträge zur Kinder- und Jugendliteraturkritik seit Heinrich Wolgast. Weinheim: Juventa 1996, S. 9–25.

Ewers, Hans-Heino: Kinder- und Jugendliteratur und literarische Bildung. In: Deutschunterricht 1995, H. 7/8, S. 348–357.

Ewers, Hans-Heino: Kinder brauchen Geschichten. Im kinderliterarischen Geschichtenerzählen lebt die alte Erzählkunst fort. In: Ewers, Hans-Heino (Hrsg.): Kindliches Erzählen – Erzählen für Kinder. Erzählerwerb, Erzählwirklichkeit und erzählende Kinderliteratur. Weinheim: Beltz 1991, S. 100–114.

Ewers, Hans-Heino / Wild, Inge (Hrsg.): Familienszenen. Die Darstellung familialer Kindheit in der Kinder- und Jugendliteratur. Weinheim: Juventa 1999.

Frey, Ute / Richter, Karin: Didaktik der Kinder- und Jugendliteratur, Leseförderung in der 'Medingesellschaft' und Entwicklung von Medienkompetenz. In: Kinder- und Jugendliteraturforschung 2000/2001, S. 116–131. (Frey / Richter 2001)

Frommer, Harald: Statt einer Einführung: Zehn Thesen zum Literaturunterricht. In: Der Deutschunterricht 1981a, H. 2, S. 5–9.

Frommer, Harald: Verzögertes Lesen. Über Möglichkeiten, in die Erstrezeption von Schullektüren einzugreifen. In: Der Deutschunterricht 1981 b, H. 2, S. 10–27.

Graf, Werner: Lesen und Biographie. Eine empirische Fallstudie zur Lektüre der Hitlerjugendgeneration. Tübingen: Francke 1997.

Grenz, Dagmar: Jugendliteratur und Adoleszenzroman. In: Ewers, Hans-Heino / Lypp, Maria / Nassen, Ulrich (Hrsg.): Kinderliteratur und Moderne. Ästhetische Herausforderungen für die Kinderliteratur im 20 Jahrhundert. Weinheim: Juventa 1990, S. 197–211.

Haas, Gerhard: Handlungs- und produktionsorientierter Literaturunterricht. Theorie und Praxis eines 'anderen' Literaturunterrichts für die Primar- und Sekundarstufe. Seelze: Kallmeyer 1997.

Haas, Gerhard (Hrsg.): Lesen in der Schule mit dtv junior und dtv. Anregungen, Unterrichtsvorschläge, Texte. München: dtv 1980–1993.

Haas, Gerhard: Das Elend der didaktisch ausgebeuteten Kinder- und Jugendliteratur. In: Praxis Deutsch 1988a, H. 89, S. 3–5.

Haas, Gerhard: Wider die alte Eindimensionalität. In: Praxis Deutsch 1988b, H. 92, S. 8–9.

Haas, Gerhard: Struktur und funktion der phantastischen literatur. In: Wirkendes Wort 1978, H. 5, S. 340–356.

Haas, Gerhard / Klingberg, Göte / Tabbert, Reinbert: Phantastische Kinder- und Jugendliteratur. In: Haas, Gerhard (Hrsg.): Kinder- und Jugendliteratur. Ein Handbuch. 3., völlig neu bearb. Aufl. Stuttgart: Reclam 1984, S. 267–338.

Haas, Gerhard / Menzel, Wolfgang / Spinner, Kaspar H.: Handlungs- und produktionsorientierter Literaturunterricht. In: Praxis Deutsch 1994, H. 123, S. 17–25.

Heydebrand, Renate von: Probleme des 'Kanons' – Probleme der Kultur- und Bildungspolitik. In: Janota, Johannes (Hrsg.): Kultureller Wandel und die Germanistik in der Bundesrepublik. Vorträge des Augsburger Germanistentages 1991. 4 Bde., Bd.4. Tübingen: Niemeyer 1993, S. 3–22.

Hurrelmann, Bettina: Kinder- und Jugendliteratur im Unterricht. In: Bogdal, Klaus-Michael / Korte, Hermann (Hrsg.): Grundzüge der Literaturdidaktik. München: dtv 2002, S. 134–146.

Hurrelmann, Bettina: Leseförderung. In: Praxis Deutsch 1994, H. 127, S. 17–26.

Hurrelmann, Bettina: Abschließender Versuch der Störung eines Rituals. In: Praxis Deutsch 1989, H. 94, S. 14.

Hurrelmann, Bettina: Wider die neue Eindimensionalität. In: Praxis Deutsch 1988, H. 90, S. 2–3.

Iser, Wolfgang: Der Akt des Lesens. Theorie ästhetischer Wirkung (Erstersch. 1976; 2., durchges. u. verb. Aufl. 1984). 4. Aufl. München: Fink 1994a.

Iser, Wolfgang: Die Appellstruktur der Texte. In: Warning, Rainer (Hrsg.): Rezeptionsästhetik. Theorie und Praxis (Erstersch. 1975). 4., unveränd. Aufl. München: Fink 1994, S. 228–252. (Iser 1994b)

Jesch, Tatjana: Die alten Leiden der neuen Homunculi. Über das Verhältnis zwischen Literatur und Philosophie am Beispiel von Jugendromanen zum Thema Gentechnik. In: Kinder- und Jugendliteraturforschung 2002/2003, S. 54–75. (Jesch 2003a)

Jesch, Tatjana: Subjektwerdung im und durch das Märchen. Ein textnahes und produktionsorientiertes Lektüremodell für den Deutschunterricht. In: Jesch 2003c, S. 173–212. (Jesch 2003b)

Jesch, Tatjana (Hrsg.): Märchen in der Geschichte und Gegenwart des Deutschunterrichts. Didaktische Annäherungen an eine Gattung. Frankfurt a. M. [u. a.]: Lang 2003c.

Jolles, André: Einfache Formen. Legende, Sage, Mythe, Rätsel, Spruch, Kasus, Memorabile, Märchen, Witz (Erstersch 1930). Studienausg. d. 5., unveränd. Aufl. Tübingen: Niemeyer 1974.

Kaiser, Michael: Die Schematheorie des Verstehens fiktionaler Literatur. Bemerkungen zur For-
schungssituation. In: Deutsche Vierteljahrsschrift für Literaturwissenschaft und Geistesge-
schichte 1982, Sonderheft, S. 226–248.

Kant, Immanuel: Kritik der reinen Vernunft (Erstersch. 1781). Hamburg: Meiner 1976.

Kliewer, Heinz-Jürgen: Lady Punk Unterm Rad. Ist die Literaturdidaktik unteilbar? In: Rank,
Bernhard / Rosebrock, Cornelia (Hrsg.): Kinderliteratur, literarische Sozialisation und
Schule. Weinheim: Deutscher Studien Verlag 1997, S. 139–156.

Koch, Peter / Oesterreicher, Wulf: Sprache der Nähe – Sprache der Distanz. Mündlichkeit und
Schriftlichkeit im Spannungsfeld von Sprachtheorie und Sprachgeschichte. In: Romanistisches
Jahrbuch 1985, S. 15–43.

Kohl, Stephan: Realismus. Theorie und Geschichte. München: Fink 1977.

Krüger, Anna: Kinder- und Jugendbücher als Klassenlektüre. Ein Beitrag zur Reform des Leseunterrichts. Berlin: Luchterhand 1963.

Kügler, Hans: Die bevormundete Literatur. Zur Entwicklung und Kritik der Literaturdidaktik.
In: Belgrad, Jürgen / Melenk, Hartmut (Hrsg.): Literarisches Verstehen – literarisches
Schreiben. Positionen und Modelle zur Literaturdidaktik. Baltmannsweiler: Schneider 1996,
S. 10–24.

**Lange, Günter: Zur Didaktik der Kinder- und Jugendliteratur. In: Lange 2000 b, S. 942–967.
(Lange 2000 a)**

**Lange, Günter (Hrsg.): Taschenbuch der Kinder- und Jugendliteratur. 2 Bde. Baltmannsweiler:
Schneider 2000 b.**

Lévi-Strauss, Claude: Das wilde Denken (frz. Erstersch 1962). 9. Aufl. Frankfurt/M.: Suhrkamp
1994.

Lotman, Jurij M.: Die Stuktur literarischer Texte. München: Fink 1972.

Lüthi, Max: Das europäische Volksmärchen. Form und Wesen (Erstersch. 1947). 4., erw. Aufl.
München: Francke 1974.

Lypp, Maria: Der Struktur auf der Spur. Die Kinderliteratur im Spannungsfeld zwischen Leseförderung und literarischer Bildung. In: JuLit. 1998, H. 1, S. 17–24.

Lypp, Maria: Einfachheit als Kategorie der Kinderliteratur. Frankfurt a. M.: Dipa 1984.

Lypp, Maria: Literarische Bildung durch Kinderliteratur. In: Conrady, Peter (Hrsg.): Literatur-
Erwerb. Kinder lesen Texte und Bilder. Frankfurt a. M.: Dipa 1989.

Maiwald, Klaus: Literarisierung als Aneignung von Alterität. Theorie und Praxis einer literaturdidaktischen Konzeption zur Leseförderung im Sekundarbereich. Frankfurt a. M. [u. a.]: Lang
1999.

Martinez, Matias / Scheffel, Michael: Einführung in die Erzähltheorie. München: Beck 1999.

**Meißner, Wolfgang: Phantastik in der Kinder- und Jugendliteratur der Gegenwart. Theorie und
exemplarische Analyse von Erzähltexten der Jahre 1983 und 1984. Würzburg: Königshausen u.
Neumann 1989.**

Nünning, Ansgar / Nünning, Vera (Hrsg.): Neue Ansätze in der Erzähltheorie. Trier: WVT 2002.

Paefgen, Elisabeth K.: Textnahes Lesen. 6 Thesen aus didaktischer Perspektive. In: Belgrad,
Jürgen / Fingerhut, Karlheinz (Hrsg.): Textnahes Lesen. Annäherungen an Literatur im
Unterricht. Baltmannsweiler: Schneider 1998, S. 14–23.

Propp, Vladimir: Morphologie des Märchens (sowj. Erstersch. 1928). Hrsg. v. Eimermacher,
Karl. Frankfurt a. M.: Suhrkamp 1975.

Rank, Bernhard (Hrsg.): Erfahrungen mit Phantasie. Analysen zur Kinderliteratur und didaktische Entwürfe. Baltmannsweiler: Schneider 1994.

**Richter, Karin / Hurrelmann, Bettina (Hrsg.): Kinderliteratur im Unterricht. Theorien und
Modelle zur Kinder- und Jugendliteratur im pädagogisch-didaktischen Kontext. Weinheim:
Juventa 1998.**

Rinck, Mike: Situationsmodelle und das Verstehen von Erzähltexten. Befunde und Probleme. In:
Psychologische Rundschau 2000, S. 115–122.

Rosebrock, Cornelia: Lesesozialisation und Leseförderung – literarisches Leben in der Schule. In: Kämper van den Boogaart, Michael (Hrsg.): Deutschdidaktik. Leitfaden für die Sekundarstufe I und II. Berlin: Cornelsen Scriptor 2003, S. 153–174.

Roth, Heinrich (Hrsg.): Begabung und Lernen. Stuttgart: Klett 1969.

Sahr, Michael: Leseförderung durch Kinderliteratur. Märchen, Bilder- und Kinderbücher im Unterricht der Grundschule. Baltmannsweiler: Schneider 1998.

Scheffer, Bernd: Klischees und Routinen der Interpretation: Vorschläge für eine veränderte Literaturdidaktik. In: Der Deutschunterricht 1995, H. 3, S. 74–83.

Scheffer, Bernd: Interpretation und Lebensroman. Zu einer konstruktivistischen Literaturtheorie. Frankfurt a. M.: Suhrkamp 1992.

Scheiner, Peter: Realistische Kinder- und Jugendliteratur. In: Lange 2000b, S. 158–186. (Scheiner 2000)

Spinner, Kaspar H.: Handlungs- und produktionsorientierter Umgang mit Kinder- und Jugendliteratur. In: Lange 2000b, S. 978–990. (Spinner 2000)

Spinner, Kaspar H.: Die eigenen Lernwege unterstützen. Die so genannte kognitive Wende in der Deutschdidaktik. In: Spinner, Kaspar H. (Hrsg.): Neue Wege im Literaturunterricht. Informationen, Hintergründe, Arbeitsanregungen. Hannover: Schroedel 1999, S. 4–9.

Spinner, Kaspar H.: Poststrukturalistische Lektüre im Unterricht – am Beispiel der Grimmschen Märchen. In: Der Deutschunterricht 1995, H. 6, S. 9–18.

Spinner, Kaspar H.: Neue und alte Bilder von Lernenden. Deutschdidaktik im Zeichen der kognitiven Wende. In: Beiträge zur Lehrerbildung 1994, H. 2, S. 146–158.

Spinner, Kaspar H.: Fremdverstehen und historisches Verstehen als Ergebnis kognitiver Entwicklung. In: Der Deutschunterricht 1989a, H. 4, S. 19–23.

Spinner, Kaspar H.: Literaturunterricht und moralische Entwicklung. In: Praxis Deutsch 1989b, H. 95, S. 13–19.

Steffens, Wilhelm: Moderne Formen des Erzählens in der Kinder- und Jugendliteratur der Gegenwart. In: Lange 2000b, S. 844–861. (Steffens 2000)

Todorov, Tzvetan: Einführung in die fantastische Literatur (frz. Erstersch. 1970). Frankfurt a. M.: Fischer Taschenbuch Verlag 1992.

Waldmann, Günter: Produktiver Umgang mit Lyrik. 6., korr. Aufl. Baltmannsweiler: Schneider 1999.

Wolgast, Heinrich: Das Elend unserer Jugendliteratur. Ein Beitrag zur künstlerischen Erziehung der Jugend (Erstersch. 1896). 4. Aufl. Hamburg: Selbstverlag. Leipzig: Wunderlich 1910.

ANJA SAUPE

Epische Texte und ihre Didaktik

1 Was sind 'Epische Texte'?

Damenherbst

Zwei junge Mädchen hielten sich, statt sich in Männer zu verlieben oder
Familien zu gründen, aneinander, genügten einander und lebten miteinander. Und es bestünde die Versuchung, wie im Märchen zu sagen: wenn sie
nicht gestorben sind, so leben sie heute noch. Aber eines Tages, als die nun
nicht mehr jungen Mädchen bereits alte Damen waren, auf einem Urlaub,
wie sie ihn jedes Jahr unternahmen, an einem Urlaubsort, den sie jedes Jahr
aufsuchten, auf einem Spaziergang, den sie jeden Abend an diesem Urlaubsort machten, die Sonne war kurz vorm Untergehn, der Himmel verfärbte sich
brandrot und die Häuserdächer mit den Fernsehantennen, die es auch hier
gab, hoben sich schwarz davon ab, ist die eine der alten Damen mitten auf
diesem Spaziergang plötzlich stehengeblieben und hat gesagt: Jetzt hab ich
genug. – Sie hat sich umgedreht, ist weggegangen, abgefahren und nie wiedergekommen.

Mehr kann ich dazu eigentlich nicht sagen.

Ist dieser Text, den Helmut Heißenbüttel geschrieben und in *Eichendorffs
Untergang und andere Märchen. Projekt 3/1* (1978) veröffentlicht hat, ein
epischer Text?

Das *Reallexikon der deutschen Literaturwissenschaft* (Martínez 1997) trägt zur
Beantwortung dieser Frage mit dem Hinweis bei, dass 'episch' ein Sammelbegriff für alle Werke der erzählenden Literatur sei. 'Epische Texte' werden also
einerseits – durch das Merkmal 'literarisch' – von Alltagserzählungen, aber auch
von visuellen Erzählungen abgegrenzt: Epische Texte sind poetische beziehungsweise fiktionale sprachliche Werke. Und andererseits unterscheiden sie sich –
durch das Merkmal 'erzählend' – von lyrischen und dramatischen Texten (jedenfalls wenn 'erzählend' in einem engeren Sinne verstanden wird): 'Epische Texte'
stellen eine durch einen Erzähler vermittelte Handlung dar, anders als Gedichte,
die zumindest häufig auf eine Handlung verzichten, und anders als Dramen, die
zumindest in ihrer traditionellen Form ihre Handlung nicht durch einen Erzähler
präsentieren. *Damenherbst* gehört nach dieser Definition zu den epischen Texten: Zweifellos wird hier eine Handlung im Medium der Sprache durch einen
Erzähler dargestellt. Dass die Erzählung eine fiktionale ist, darauf verweist vor
allem ihre Kennzeichnung als 'Märchen' im Titel des Sammelbandes. Und als
poetisch kann zum Beispiel der Einschub komplexer Beschreibungen zwischen

der Ankündigung „Aber eines Tages" und der Darstellung eines unerwarteten Geschehens gelten.

Epische Texte sind nach heutigem Verständnis typischerweise Prosatexte in schriftlicher Form, umfassen aber entsprechend ihrer Bestimmung als literarische Erzähltexte auch mündlich überlieferte Erzählungen und Erzählungen in Versen. Die epischen Texte lassen sich unterteilen in 'Einfache Formen' und in Kunstformen. Zu den 'Einfachen Formen' zählen die von André Jolles (1982) untersuchten epischen Untergattungen Legende, Sage, Mythe, Rätsel, Spruch, Kasus, Memorabile, Märchen und Witz, außerdem Schwank und Anekdote (die auch als Kunstformen auftreten können). Die Kunstformen der Epik können in Lang-(Groß-)Formen – Epos, Saga und Roman – sowie in Kurz-(Klein-)Formen wie Fabel, Parabel, Kalendergeschichte, Novelle, Kunstmärchen, Verserzählung, Erzählung (im Sinne eines epischen Textes, der sich vom Roman durch Kürze und geringere Komplexität unterscheidet), Kurzgeschichte und Kürzestgeschichte unterteilt werden.

Wie sich am Beispiel *Damenherbst* zeigt, ist es nicht in allen Fällen möglich, einen epischen Text eindeutig einer Untergattung zuzuordnen. Die Erzählung könnte mit Bezug auf den Titel des Sammelbandes als ein modernes Anti-Märchen gelten; ihre starke Verknappung spricht aber andererseits dafür, sie als Kürzestgeschichte zu betrachten. Und wie alle Versuche, literarische Gattungen gegeneinander abzugrenzen, leistet auch die Bestimmung von epischen Texten als literarische Erzählungen keine trennscharfe Definition. So bleibt aufgrund des Merkmals 'erzählend' offen, ob weitgehend beschreibende (Prosa)texte einschließlich Idylle und Satire und Texte der sprachexperimentellen Prosa zu den epischen Texten gehören. Die Kennzeichnung 'literarisch' erlaubt keine klare Zuordnung von Mediengenres, die, wie zum Beispiel der Comic, Schrifttext und Bild miteinander verbinden. Und vor allem lässt das Kriterium – aufgrund eines fehlenden wissenschaftlichen Konsenses über die Verbindung der Merkmale 'Fiktionalität' und 'Poetizität' in literarischen Texten – einige weitere Unklarheiten bestehen: Epische Texte sind in den meisten Fällen fiktional. Doch lässt sich einerseits darüber streiten, ob fiktionale, aber nicht poetische Erzählungen wie zum Beispiel Werke der Trivialliteratur oder fiktionale Alltagserzählungen zu den epischen Texten gehören. Und andererseits ist ungeklärt, in welchem Maße nichtfiktionale Erzählungen wie zum Beispiel (Auto-)Biographien poetischen Charakter aufweisen müssen, um zur Epik zu zählen. Darüber hinaus finden sich Genres, die die Kriterien 'erzählend' und 'literarisch' eindeutig erfüllen, aber dennoch (auch) einer der anderen literarischen Hauptgattungen angehören wie das episch strukturierte Drama oder die Ballade.

2 Wie lassen sich epische Texte analysieren und interpretieren?

Die strukturalistische Erzähltheorie, die die sprachlichen Zeichen epischer Texte auf wiederkehrende Ordnungsmuster hin untersucht, bemüht sich seit den zwanziger Jahren um Antworten auf diese Frage. Für eine Reihe von Ansätzen ist dabei die Annahme grundlegend, dass epische Texte – wie Erzählungen überhaupt – durch zwei Ebenen bestimmt sind, die Ebene der Handlung ('histoire', 'Was' der Erzählung) und die Ebene der Darstellung, das heißt der Art und Weise, wie die Handlung in einem bestimmten Medium vermittelt wird ('discours', 'Wie' der Erzählung). Diese beiden Ebenen literarischer Erzähltexte sind von der strukturalistischen Erzähltheorie in unterschiedlichem Maße und mit unterschiedlichem Erfolg betrachtet worden: Während die Darstellungsebene in differenzierter Weise untersucht wurde und die Ergebnisse dieser Untersuchungen auch in Lehrwerke für Schüler Eingang gefunden haben, bleiben die vereinzelten Modelle zu einer Analyse der Handlungsebene jeweils in unterschiedlichen Aspekten ergänzungsbedürftig. Ein weiterer Schwachpunkt der strukturalistischen Erzähltheorie liegt darin, dass sie wenig Ansatzpunkte für eine Interpretation von Texten bietet; insbesondere wird kaum berücksichtigt, dass sich eine Bedeutung literarischer Werke nur durch das Zusammenwirken von Handlung und Darstellung ergibt und dass Elemente der Darstellung immer schon inhaltliche Funktionen aufweisen, wie Mario Andreotti in *Die Struktur der modernen Literatur* (2000) ausgeführt hat. Die seit einiger Zeit nicht nur in der Literaturwissenschaft, sondern auch in der Didaktik immer dringlicher gestellte Frage, wie denn nun über die Analyse von Textelementen hinaus ein Verstehen literarischer Werke möglich wird – ob nun im Sinne der hermeneutischen Annäherung an einen verborgenen Textsinn oder der dekonstruktivistischen Annahme einer in stetem Wandel begriffenen Bedeutung –, wird auf diese Weise nicht befriedigend beantwortet.

Neuere, die sogenannten 'postklassischen', Ansätze der Erzähltheorie erheben nun den Anspruch, diesen Mangel auszugleichen, indem sie die epischen Texte nicht isoliert betrachten, sondern ihre historische Entwicklung, ihre kulturellen Kontexte und vor allem die Beziehung von Text, Produzenten und Rezipienten einbeziehen. Insbesondere die 'pragmatische' und die 'kognitive' Erzähltheorie könnten zu einer Weiterentwicklung der strukturalistischen Forschung beitragen. Diese Ansätze gehen davon aus, dass ein epischer Text Bedeutung gewinnt, indem der Rezipient „frames" an den Text heranträgt, das sind zu konventionalisierten kognitiven Schemata verdichtete Erfahrungen der Lebenswirklichkeit, aber auch des Umgangs mit literarischen Werken. Durch die Strukturen des Textes werden zunächst – je nach Rezipient eventuell verschiedene – „frames" aufgerufen und im Verlauf der Rezeption dann durch andere ergänzt, ersetzt und an die Textinformationen angepasst, während die Elemente der Handlungs-, aber auch der Darstellungsebene durch die „frames" eine Ergänzung erfahren. So einleuchtend die Annahme solcher Rezeptionsprozesse auch sein mag, ist es aber der 'postklassischen' Erzähltheorie noch nicht gelungen, auf dieser Grundlage nachvollziehbare Modelle für die Textinterpretation zu entwerfen: Der Nachweis bestimmter „frames" für Rezipienten unterschiedlicher kultureller Prägung, der es erst ermöglichen würde, „konkrete literarische Kommunikationsprozesse zu verstehen und angemessen zu beschreiben", steht noch aus (Strasen 2002, S. 215).

2.1 Die Handlungsebene

Die kleinste notwendige Einheit der Handlung in epischen Texten ist ein Geschehen, das nach der Definition von 'Erzählung' im *Reallexikon für Literaturwissenschaft* (Schmeling / Walstra 1997, S. 517–519) als ein an eine Figur geknüpfter „dynamischer Situationswechsel" beschrieben werden kann – ein solcher Situationswechsel wird zum Beispiel mit dem Satz „Den Brief an meine Tochter Ursel zerriß ich wieder und ging nach draußen" zum Ausdruck gebracht. Zu den Geschehnissen eines epischen Textes treten in unterschiedlichem Maße Vorgänge, Zustände und Eigenschaften, die Personen oder Gegenständen zugeschrieben werden – zum Beispiel mit den Sätzen „Ein Auto rollte vorbei", „Ich fühlte mich nämlich leicht", „Dieser Herbst war naß und kalt".

Matías Martínez und Michael Scheffel haben in *Einführung in die Erzähltheorie* (1999) dargestellt, dass sich eine Handlung im engeren Sinne, eine 'Geschichte', erst dann ergibt, wenn die Elemente der Handlung nicht nur chronologisch aufeinander, sondern nach einer bestimmten Gesetzmäßigkeit auseinander erfolgen, zum Beispiel, indem sie sich kausal motivieren. Über diese Einschätzung hinaus setzt die strukturalistische Erzähltheorie voraus, dass sich die konkrete Handlung eines epischen Textes auf komplexere Handlungsschemata zurückführen lässt, die zumindest für einzelne Untergattungen, wenn nicht für alle Erzähltexte gültig sind. Dabei fassen eine Reihe von Autoren semantische Gegensätze und ihre Überschreitung als grundlegende Strukturen erzählender Werke auf. Unter diesen Ansätzen hat Jurij M. Lotmans vor allem in *Die Struktur des künstlerischen Textes* (1973) entworfene Theorie des „Sujets" einen gewissen Einfluss auf didaktische Überlegungen erlangt. Lotmann bestimmt die Handlung erzählender Texte als Folge von „Ereignissen" oder als „Sujet". Einer solchen Handlung liegt die Teilung der erzählten Welt in gegensätzliche Bereiche zu Grunde: Semantische Kontraste – wie zum Beispiel 'arm'/'reich', 'gut' / 'böse', 'natürlich' / 'künstlich' – werden dabei an räumliche Gegensätze gebunden – wie zum Beispiel an 'Schloss' / 'Hütte', 'Himmel' / 'Erde', 'Land' / 'Stadt'. Die zugleich räumlich und semantisch bestimmte Grenze zwischen diesen Bereichen erscheint im vom Text entworfenen Weltbild als eigentlich unüberwindlich. Ein „Ereignis" beziehungsweise „Sujet" kommt nun zustande, wenn der die Handlung tragende Held diese Grenze dennoch überschreitet, um schließlich entweder in seinen angestammten Bereich zurückzukehren oder aber Teil der anderen Welt zu werden.

Ob die räumliche Struktur tatsächlich in allen und insbesondere in modernen
epischen Texten als handlungsbestimmend im Sinne Lotmans gelten kann, muss
allerdings als zweifelhaft gelten. So kann das Geschehen in *Damenherbst* zwar
als Überschreitung einer Grenze zwischen zwei Bereichen verstanden werden,
die sich in etwa durch die Merkmale 'Leben in festen Strukturen' / 'Leben außerhalb dieser Strukturen' kennzeichnen lassen, und offensichtlich ist diese Überschreitung mit einem Ortswechsel verbunden. Doch ist fraglich, ob der Gegensatz zwischen den beiden Lebensbereichen tatsächlich fest mit dem Gegensatz 'innerhalb' / 'außerhalb des Urlaubsortes' verknüpft ist.

In anderen Ansätzen erscheint dagegen eine Folge von Komplikation und Auflösung als grundlegende Struktur der Handlung in erzählenden Texten. Auf der
Basis früherer soziolinguistischer Arbeiten hat Teun A. van Dijk in *Textwissenschaft* (1980) eine „generative Erzählgrammatik" entwickelt, mit deren Hilfe die
konkrete Handlung von Alltagserzählungen abgeleitet werden kann. In einem
Baumdiagramm stellt er die Struktur einer Erzählung folgendermaßen dar:

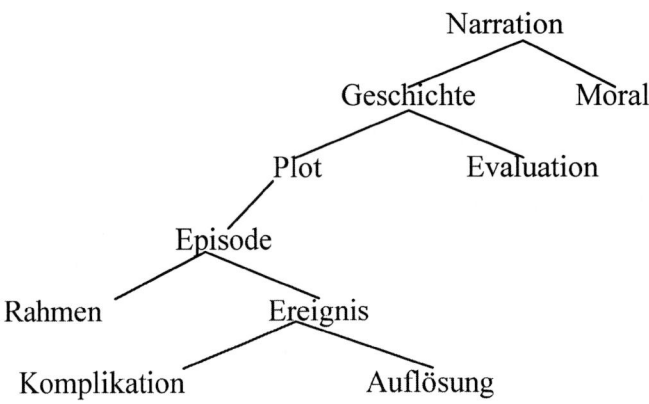

„Komplikation" und „Auflösung" ergeben gemeinsam das „Ereignis", den Kern
einer Erzählung. Zusammen mit dem „Rahmen", der Ort, Zeit und Umstände
des Ereignisses näher bestimmt, bildet das „Ereignis" eine „Episode". Mehrere
„Episoden" können sich zu einem „Plot" zusammenfinden. Der „Plot" wiederum wird mit der „Evaluation" des Erzählers zur „Geschichte" ergänzt. Und
die „Geschichte" bildet gemeinsam mit der „Moral", einer auf die gegenwärtige
Kommunikationssituation von Erzähler und Rezipient bezogenen Schlussfolgerung, die „Narration". Für die Ableitung von literarischen Erzählungen hält van
Dijk allerdings komplexe Differenzierungen seines Systems, insbesondere eine
genrespezifische genauere Bestimmung der Komplikation, für notwendig. Bei
van Dijk wird die „Komplikation" lediglich durch ein „Interessantheitskrite-
rium" beschrieben, das sich aus einer Abweichung von Erwartungen oder

Gewohnheiten (des Rezipienten) ergibt. Die „Auflösung", die positiv oder negativ ausfallen kann, entsteht durch eine Reaktion von Personen auf die Komplikation.

Mit van Dijk kann Vladimir Propps *Morphologie des Märchens* (1972) als Beispiel für ein strukturalistisches Modell herangezogen werden, das die Komplikation für eine epische Untergattung genauer darstellt. Propp hat unveränderliche Elemente („Funktionen") des Zaubermärchens beschrieben, das sind für die Handlung bedeutungsvolle Aktionen einer Person. Als zentrale „Funktionen", die die Märchenhandlung in Gang bringen und damit als Komplikationen gelten können, werden die „Schädigung" (der böse Gegenspieler fügt einem Familienmitglied einen Schaden oder Verlust zu) und die „Mangelsituation" (einem Familienmitglied fehlt irgend etwas, es möchte irgend etwas haben) genannt. Eine weitere von Propp festgestellte „Funktion", die Aufhebung des anfänglichen Unglücks oder Mangels, lässt sich als genauere Bestimmung der Auflösung verstehen.

Jörn Stückrath (s. Lit.-Verz.) schließlich hat anhand der Beispielanalyse eines Märchens die nähere Bestimmung von Strukturen der Handlung in das Zentrum einer systematischen Analyse und Interpretation von Erzähltexten gestellt. Allerdings versteht Stückrath die von van Dijk und Propp beschriebene Komplikation nur als eine Variante von „zentralen Erlebnissen" und bestimmt ein „Erlebnis" in allgemeiner Weise als ein Geschehen, das eine Figur in bestimmter Weise beeindruckt. Stückraths Modell bietet sich als Grundlage einer schulischen Arbeit mit epischen Texten insofern besonders an, als es eine Verbindung von Textanalyse – einschließlich einer Bestimmung von Strukturen wie der Beziehung von „Erzählzeit" und „erzählter Zeit" und der Haltung des fiktiven Erzählers zum Geschehen – und Interpretation leistet. Dabei kann das Modell als eine Ergänzung zu den Ansätzen van Dijks und Propps verstanden werden, weil es nach den „Faktoren" fragt, die die „Erlebnisse" explizit oder implizit motivieren – im Fall des untersuchten Märchens ist die Gewichtung der sozialen, moralischen und geistigen Figurenmerkmale für die „Erlebnisse" entscheidend. Ein Abgleich der „Faktoren" mit einer Analyse der 'wertenden Instanzen' – zum Beispiel des fiktiven Erzählers – führt dann zu Aussagen über die Intention der Erzählung.

Auch wenn Propp nicht den Anspruch erhebt, ein Begriffssystem für die Analyse epischer Texte zu entwickeln, erscheint das Modell van Dijks unter Einbeziehung der Differenzierungen Propps und der Ergänzungen Stückraths als durchaus geeignet, die Handlung in traditionellen epischen Texten zu untersuchen. In modernen literarischen Erzählungen zeigen sich jedoch mehr oder weniger deutliche Abweichungen von diesem Modell. So lassen sich in *Damenherbst* zwar alle Elemente der von van Dijk beschriebenen Handlungsstruktur feststellen, doch lediglich in Form der Negation oder der Andeutung. „Evaluation" und „Moral" werden ausdrücklich verweigert. Der „Rahmen" bleibt sehr undeutlich. Und es lässt sich zwar mit einiger Wahrscheinlichkeit annehmen, dass der Handlung eine Komplikation zugrunde liegt, die nähere Bestimmung der Komplikation bereitet aber Schwierigkeiten. Es kann lediglich vermutet werden, dass zumindest die eine der beiden Damen durch ihre Lebensgemeinschaft einen Schaden oder einen Mangel erlitt. In dem Abschnitt „Aber eines Tages [...] hoben sich schwarz davon ab" deutet sich eine nähere Bestimmung dieses Schadens beziehungsweise Mangels an: Die Gemeinschaft der beiden Damen, obgleich eine Alternative zu gewohnten Lebensmodellen, war offenbar von festen Gewohnheiten geprägt und dürfte damit eine Entfaltung der Individuen verhindert haben. Die Faktoren für die Komplikation bleiben jedoch weitgehend unklar. Die Erwähnung der „Fernsehantennen, die es auch hier gab" bietet lediglich einen vagen Hinweis darauf, dass das Geschehen mit der Allgegenwärtigkeit von Medien in Verbindung zu bringen ist. Und schließlich kann auch nicht mit Sicherheit festgestellt werden, ob die eine der Damen durch ihr Handeln tatsächlich eine positive Auflösung der Komplikation erreicht hat.

2.2 Die Darstellungsebene

Die Darstellungsebene epischer Texte umfasst neben der für alle literarischen Werke bedeutsamen sprachlichen Form die zeitliche Gestaltung der Handlung sowie ihre Präsentation durch einen Erzähler, die narrative Instanz. Korrekter als die Bezeichnung 'Erzähler' ist die der 'narrativen Instanz', weil der Erzähler nicht unbedingt persönliche Züge tragen muss.

2.2.1 Die zeitliche Gestaltung epischer Texte

Die zeitliche Gestaltung epischer Texte ist systematisch erstmals von Günther Müller (1974) und dann vertiefend von Eberhard Lämmert (1993) untersucht worden. Dabei ist zum einen in den Blick geraten, dass die Abfolge des Geschehens in der Erzählung häufig von der chronologischen Ordnung der Handlung abweicht, die der Erzählung zugrunde liegt. Lämmert hat in *Bauformen des Erzählens* (1993) die „Rückwendung" und die „Vorausdeutung" als grundlegende Typen dieser Abweichungen bestimmt. Und zum anderen ist deutlich geworden, dass die Zeit, die für das Erzählen der Handlung in Anspruch genommen wird (Erzählzeit), fast ausnahmslos von ihrer ursprünglichen Dauer (erzählte Zeit) abweicht. Auf Grundlage von Müllers im Band *Morphologische Poetik* gesammelten Aufsätzen (1974) kann festgestellt werden, dass sich aus den unterschiedlichen Beziehungen zwischen „Erzählzeit" und „erzählter Zeit" grundlegende Typen von Erzählgeschwindigkeit ergeben:

Erzählzeit < erzählte Zeit	zeitraffendes Erzählen
Erzählzeit = erzählte Zeit	zeitdeckendes Erzählen
Erzählzeit > erzählte Zeit	zeitdehnendes Erzählen

In traditionellen Erzählungen herrscht das zeitraffende Erzählen vor; außer durch Raffungen im engeren Sinne kann diese Erzählgeschwindigkeit auch durch „Aussparungen" zustande kommen. In epischen Texten außerdem häufig anzutreffen ist der Wechsel von zeitraffendem Erzählen und zeitdeckendem Erzählen, das durch die „szenische Darstellung" z.B. direkter Rede entsteht. Eher selten findet sich schließlich das zeitdehnende Erzählen, das vor allem durch ausführliche Beschreibungen äußerer Objekte beziehungsweise innerer Vorgänge zustande kommt.

Gérard Genette hat dann in *Die Erzählung* (1994) auf den Grundlagen seiner Vorgänger ein noch präziseres Modell vorgelegt, mit dem sich die Zeitstruktur epischer Texte analysieren lässt. Unter der Kategorie „Ordnung" beschreibt Genette Abweichungen von der Chronologie der Handlung („Anachronien"): In der „Analepse" wird ein Element der Handlung dargestellt, das zeitlich vor dem in der Erzählung bereits erreichten Zeitpunkt liegt; die „Prolepse" nimmt dagegen ein in der Zukunft liegendes Geschehen vorweg. Unter der Kategorie „Dauer" werden unterschiedliche Erzählgeschwindigkeiten zusammengefasst: Beim „summarischen Erzählen" ist die Erzählzeit kürzer als die erzählte Zeit; die „Szene" bringt beide ungefähr zur Deckung; in der „Ellipse" wird ein Zeitraum der erzählten Zeit in der Erzählung ausgespart; und in der „Pause" steht die erzählte Zeit zugunsten von Kommentaren oder Beschreibungen still, die nicht in der Sicht einer Figur liegen. Unter der Kategorie „Frequenz" betrachtet Genette darüber hinaus, ob in einer Erzählung ein Ereignis einmal („singulativ") oder mehrfach („repetitiv") dargestellt wird und ob wiederholte Ereignisse mehrfach oder nur einmal zusammenfassend („iterativ") zum Ausdruck kommen.

Die kurze Erzählung *Damenherbst* ist rein chronologisch aufgebaut, weist aber einen auffälligen Wechsel im Erzähltempo auf. Während der erste Satz eine radikale Raffung der erzählten Zeit vornimmt, kommen Erzählzeit und erzählte Zeit in dem Abschnitt „ist die eine der alten Damen mitten auf diesem Spaziergang plötzlich stehengeblieben und hat gesagt: Jetzt hab ich genug. – Sie hat sich umgedreht" annähernd zur Deckung. Mit den folgenden Satzteilen beschleunigt sich das Erzähltempo dann wieder zunehmend. Die Kategorien Genettes sind für eine Analyse von *Damenherbst* hilfreich, weil sie es erlauben, die Sätze „Und es bestünde die Vermutung [...]" und „Mehr kann ich dazu eigentlich nicht sagen" als „Pausen" zu kennzeichnen. Auch der Abschnitt „Aber eines Tages

[…] hoben sich schwarz davon ab" kann wohl angemessener als eine – zum Teil
mit „iterativem" Erzählen vermischte – „Pause" denn als „Zeitdehnung" verstanden werden. Wie auch der Wechsel der Erzählgeschwindigkeiten insgesamt
dürfte vor allem die lange, nicht durch eine Satzgrenze markierte „Pause" zu
einer Spannungssteigerung führen, die dann durch die zeitdeckende Darstellung
eines unerwarteten Geschehens aufgelöst wird.

2.2.2 Präsentation der Handlung durch einen Erzähler

Unter den Versuchen, die Präsentation einer Handlung durch ihren Erzähler
näher zu bestimmen, hat im deutschen Sprachraum Franz K. Stanzels Typologie
von „Erzählsituationen" in seinem Hauptwerk *Theorie des Erzählens* (1985) –
bis in Lehrwerke für die Schule hinein – den größten Einfluss gewonnen. Stanzel
unterscheidet die auktoriale Erzählsituation, die Ich-Erzählsituation und die
personale Erzählsituation. Diese Systematik ist insofern flexibel, als sie die Möglichkeit des Wechsels und der Modifikation von Erzählsituationen in einem Werk
einräumt und dabei – entgegen einer häufig in der Schule vermittelten Auffassung – für die auktoriale Erzählsituation keinen durchgängig allwissenden
Erzähler annimmt. Dennoch gilt Stanzels Ansatz seit einiger Zeit als überholt,
weil er zur Bestimmung der Erzählsituationen Merkmale zu festen Einheiten
zusammenfasst, die unterschiedlichen Ebenen der Darstellung angehören und in
zahlreichen epischen Texten tatsächlich nicht gemeinsam auftreten. Die Erzähltheorie bemüht sich nun darum, für die Analyse der narrativen Instanz Kategorien zu bestimmen, deren Merkmale jeweils in unterschiedlicher Weise miteinander kombiniert werden können.

Auf der Basis einer von Jürgen Petersen (1993) entwickelten Systematik, die
schon früh von Klaus Gerth (1985) für ein Modell des Textverstehens im
Deutschunterricht genutzt worden ist, können nach Hans-Albrecht Kochs Einführung in die *Neuere deutsche Literaturwissenschaft* (1997) vor allem „Erzählform" und „Erzählverhalten" als grundlegende Kategorien zur Bestimmung der
Art und Weise gelten, in der die Handlung durch einen Erzähler vermittelt wird.
Die Kategorie „Erzählform" umfasst die Erscheinungsformen des Erzählers,
vor allem die Er-Form und die Ich-Form. Das „Erzählverhalten" gibt an, ob und
aus welcher Sicht Kommentare, also zum Beispiel Reflexionen, Meinungen oder
Urteile, in die Erzählung eingemischt werden. Dabei wird zwischen drei Möglichkeiten unterschieden:

Auktoriales Erzählverhalten	Es liegen Kommentare aus Sicht des Erzählers vor.
Personales Erzählverhalten	Es liegen Kommentare aus Sicht einer (oder mehrerer) Figuren vor.
Neutrales Erzählverhalten	Es liegen keine Kommentare vor.

Sowohl das auktoriale als auch das personale und das – seltenere – neutrale Erzählverhalten können in Ich- und in Er-Form auftreten. Die Kategorien „Erzählhaltung", „Erzählperspektive" und „Erzählerstandort" vervollständigen nach Petersen die Analyse der narrativen Instanz: Die „Erzählhaltung" fasst die Einstellungen zusammen, mit denen ein Erzähler seiner Erzählung – jenseits expliziter Kommentare – zustimmend oder distanzierend gegenübertritt. Die „Erzählperspektive" bestimmt, ob Figuren aus der Außen- oder Innensicht dargestellt werden. Und der „Erzählerstandort" lässt erkennen, welchen räumlichen und zeitlichen Abstand der Erzähler zur dargestellten Handlung einnimmt.

Damenherbst weist ein auktoriales Erzählverhalten in Ich-Form auf: Die Sätze „Und es bestünde die Vermutung […]" und „Mehr kann ich dazu eigentlich nicht sagen" sind eindeutig Kommentare einer narrativen Instanz, und auch der Abschnitt „Aber eines Tages […] hoben sich schwarz davon ab" lässt sich wohl als Einschub dieser Instanz verstehen. Allerdings bietet dieser Einschub vor allem Beschreibungen, die den räumlichen Kontext des Geschehens in gewissem Maße verdeutlichen, darüber hinaus auf die Strukturen der dargestellten Lebensgemeinschaft verweisen und einen Zusammenhang zwischen diesen Strukturen und den allgegenwärtigen Medien andeuten. Reflexionen, Meinungen oder Urteile, die dem Leser eine feste Orientierung für ein Verstehen und Bewerten der Handlung bieten könnten, werden dagegen nicht gegeben, ja durch den Schlusssatz sogar ausdrücklich verweigert. In den Erzählerkommentaren wird vor allem eine ironisch-distanzierte Erzählhaltung deutlich, darüber hinaus – durch die Feststellung „Sie […] ist […] nie wiedergekommen" – ein erheblicher zeitlicher und wohl auch räumlicher Abstand zum Geschehen. Zusammen mit einer Beschränkung auf die Außenperspektive tragen diese Besonderheiten der 'narrativen Instanz' dazu bei, dass das Geschehen in *Damenherbst* in hohem Maße bedeutungsoffen bleibt.

Über die Bestimmung von 'Erzählsituationen' hinaus ist von der strukturalistischen Erzähltheorie die Art und Weise genauer betrachtet worden, in der der Erzähler Rede und Gedanken seiner Figuren zur Darstellung bringt. Nach Dorrit Cohns *Transparent Minds* (1978) unterscheiden sich Formen der Rede- und Bewusstseinswiedergabe durch ein unterschiedliches Maß an Gestaltung durch den Erzähler, das den Eindruck von Mittelbarkeit erzeugt und so Distanz bewirkt. Während der Erzähler im Rede- oder Gedankenbericht deutlich präsent ist, überschneiden sich in der indirekten Rede und vor allem in der 'erlebten Rede' (in der 3. Person Präteritum, ohne Eingangsformel) die Sicht des Erzählers und die Sicht der Figur. In der direkten Rede – der einzigen Form der Figurenrede in *Damenherbst* – und verstärkt im 'inneren Monolog' (in der 1. Person Präsens, ohne Eingangsformel) entsteht dagegen der Eindruck, als ob sich eine Figur unmittelbar äußern würde. In epischen Texten der Moderne treten die indirekte und die direkte Rede gegenüber 'erlebter Rede' (Beispiel: „Er hatte

das Gefühl, ein völlig grundloses Gefühl, etwas versäumt oder verpatzt zu
haben, was?") und 'innerem Monolog' (Beispiel: „Was ich jetzt soll, male ich
aus. Was hier ankommt, zerre ich weiter.") zurück. Eine Extremform des 'inneren Monologs' in modernen Erzählungen ist der 'Bewusstseinsstrom', der assoziative Bewusstseinsabläufe einer Figur anscheinend direkt wiedergibt (Beispiel:
„Ja, ja, Lasski, ja, Lisa, und das Wetter und Ursel, der ich zu weit weg war, zu unverständlich, Maria in London, die Englisch sprach mit einer anderen Stimme,
die Matte unter meinen Füßen, vielleicht sollte ich mal wieder wegfahren
[…].").

Das vollständigste und differenzierteste Modell zur Analyse der Art und Weise,
in der ein Erzähler seine Geschichte präsentiert, hat wiederum Gérard Genette
in *Die Erzählung* (1994) auf Grundlage älterer Ansätze der strukturalistischen
Erzähltheorie entworfen. Genette unterscheidet zur Bestimmung der narrativen
Instanz die Kategorien „Modus" und „Stimme". Unter der Kategorie „Modus"
sind diejenigen Merkmale epischer Texte zusammengefasst, die die Mittelbarkeit ihrer Darstellung („Distanz"), vor allem die Mittelbarkeit der gesprochenen
und „inneren Figurenrede", und die Perspektivierung des Geschehens („Fo-
kalisierung") betreffen. Genette unterscheidet drei Typen der Fokalisierung: In
Erzählungen mit „Nullfokalisierung" sagt der Erzähler mehr als irgendeine der
Figuren weiß; in Erzählungen mit interner Fokalisierung sagt der Erzähler nicht
mehr, als die Figur weiß; und in Erzählungen mit externer Fokalisierung sagt der
Erzähler weniger, als die Figur weiß. Unter der Kategorie „Stimme" wird von
Genette dann der Akt des Erzählens beschrieben, und zwar nach den Aspekten
Zeit und Ort der Narration, Narrative Ebenen, Beteiligung des Erzählers am
erzählten Geschehen und Beziehung von Erzähler und (fiktionalem) Adressaten. So richtet sich die Frage nach den Ebenen der Erzählung darauf, ob in einem
epischen Text ein Erzählakt („extradiegetische" Erzählung) dargestellt wird, der
eine zweite Erzählung („intradiegetische" Erzählung) hervorbringt. Und unter
dem Aspekt Beteiligung des Erzählers lassen sich epische Texte in zwei Typen
unterscheiden: In solche, in denen der Erzähler als Figur in der von ihm erzählten Geschichte anwesend ist („homodiegetische Erzählung"), und in solche, in
denen der Erzähler – wie in *Damenherbst* – als Figur in der von ihm erzählten
Geschichte nicht vorkommt („heterodiegetische Erzählung").

2.3 Traditionelle und moderne epische Texte

Aussagen über die historische Entwicklung epischer Texte und insbesondere
über die Funktionen von Darstellungsverfahren in unterschiedlichen (historischen) Kontexten sind in der strukturalistischen Erzähltheorie selten zu finden.
Mario Andreotti hat jedoch in *Die Struktur der modernen Literatur* (2000) typische Merkmale traditioneller und moderner Erzählprosa dargestellt, die einen
Anhaltspunkt für eine grundlegende Unterscheidung bieten: Während in traditionellen epischen Texten Figuren mit festen, individuellen Eigenschaften dar-

gestellt werden und das Bild einer sinnvoll geordneten Wirklichkeit entworfen wird, finden sich in modernen literarischen Erzählungen auf kollektive Grundkräfte reduzierte Figuren als Elemente einer von unaufgelösten Widersprüchen bestimmten Welt. In der Welt der traditionellen epischen Texte führt der Handlungsverlauf zur Überwindung einer für die Erzählung grundlegenden Mangelsituation, in der modernen Erzählliteratur wird die Mangelsituation dagegen nicht überwunden. Der Auffassung einer geordneten Wirklichkeit und individueller Figuren in traditionellen literarischen Erzählungen entsprechen vor allem das auktoriale Erzählen, der Erzählerbericht und ein zeitliches Nacheinander der Handlungselemente. Die unübersichtliche Welt und die entindividualisierten Figuren der modernen Epik legen dagegen unter anderem ein vorwiegend personales Erzählen, ein Zurückteten des Erzählerberichtes zugunsten von erlebter Rede und innerem Monolog sowie ein „vermehrtes Neben- und Durcheinander" von Handlungselementen nahe. Während *Damenherbst* Andreottis Auffassung von Handlung, Figuren und Weltbild in modernen Erzählungen weitgehend bestätigt, zeigt der Text zugleich deutliche Abweichungen von den beschriebenen Merkmalen dieser Erzählungen auf der Darstellungsebene. Wie alle Aussagen über epochentypische Eigenschaften von Literatur ist auch die von Andreotti getroffene Unterscheidung von traditioneller und moderner Epik nur mit Einschränkungen gültig.

3 Warum und wozu sollen epische Texte im Deutschunterricht gelesen werden?

Im Kontext der Diskussion um Lernziele des Deutschunterrichts hat sich eine allgemein anerkannte Antwort auf diese Fragen noch nicht ergeben. An vorliegende didaktische Ansätze lassen sich aber Überlegungen anschließen, die einer Begründung und einer Bestimmung von Lernzielen für die Arbeit mit epischen Texten im Literaturunterricht zugrunde gelegt werden können.

3.1 Begründung für die Arbeit mit epischen Texten im Deutschunterricht

Auf die Frage, warum epische Texte im Unterricht gelesen werden sollen, hat Joachim Pfeiffer in *Romane und Erzählungen im Unterricht* (2002) mit der Feststellung geantwortet, dass Erzählen ein menschliches Grundbedürfnis ist. Wie Roland Barthes dargestellt hat, ist allen Menschen gemeinsam, dass sie erzählen und Erzählungen zuhören oder sie lesen:

> Die Menge der Erzählungen ist unüberschaubar. Da ist zunächst eine erstaunliche Vielfalt von Gattungen, die wieder auf verschiedene Substanzen verteilt sind, als ob dem Menschen jedes Material geeignet erschiene, ihm seine Erzählungen anzuvertrauen [...]. Außerdem findet man die Erzählung in diesen nahezu unendlichen Formen zu allen Zeiten, an allen Orten und in

allen Gesellschaften; die Erzählung beginnt mit der Geschichte der Mensch-
heit; nirgends gibt und gab es jemals ein Volk ohne Erzählung; alle Klassen,
alle menschlichen Gruppen besitzen ihre Erzählungen (Barthes 1988,
S. 102).

Erklärbar ist dies Bedürfnis damit, dass Erzählungen – und zwar sowohl epische
Texte als auch Alltagserzählungen – eine grundlegende Funktion miteinander
teilen, die Sinnbildung angesichts einer als chaotisch erscheinenden Lebenswirklichkeit:

> Erzählend (und zuhörend oder lesend) fixieren, wiederholen, ordnen, über-
> prüfen, deuten und verändern wir geschehene (faktische) oder erfundene
> (fiktive) Handlungen. Wir erkunden den Raum der wirklichen Welt und die
> Räume der Einbildungskraft – zu unserer Lust und/oder unserem Schrecken
> (Vogt 1997, S. 288f.).

Diese Sinnbildung ist deshalb besonders bedeutsam, weil sie nicht auf das produ-
zierende oder rezipierende Subjekt beschränkt bleibt, sondern durch die Erzählung „in den intersubjektiven Raum der Kommunikation" geholt wird (Gumbrecht 1980, S. 409). Entsprechend dieser gemeinsamen Funktion von epischen
Texten und Alltagserzählungen ist betont worden, dass Produktion und Rezeption des alltäglichen sowie des literarischen Erzählens auf gemeinsamen Mustern
beruhen und so eine Teilhabe an der Erzählfähigkeit notwendig ist, „um auch die
literarische Kommunikation gelingen zu lassen" (Ehlich 1980, S. 13). Dass die
Sinnbildung durch Erzählen eine hohe Bedeutung für Kinder und Jugendliche
hat, leuchtet unmittelbar ein. Darüber hinaus lassen die Gemeinsamkeiten von
literarischem und nichtliterarischem Erzählen die Förderung von Erzählkompe-
tenz als ein wichtiges Anliegen des Deutschunterrichts erscheinen. Die Frage,
warum im Unterricht literarische Erzähltexte besondere Beachtung finden sollten, ist damit aber noch nicht zufriedenstellend beantwortet. Eine genauere Antwort, die weder pädagogische Ziele absolut setzt noch die poetische Qualität einzelner literarischer Werke als einzige Begründung für ihre Lektüre im Unterricht
betrachtet, müsste zu klären versuchen, welchen Mehrwert denn nun die Sinnbildung durch epische Texte gegenüber der durch nichtliterarische Erzählungen
aufweist.

Ein Beitrag zu einer solchen Klärung kann sich ergeben, wenn die Funktionen
der einzelnen epischen Untergattungen auf Grundlage der Leistungen von literarischen Texten überhaupt betrachtet werden. Literarische Texte unterscheiden
sich von Alltagserzählungen wohl insbesondere durch eine zentrale Funktion:
Während nichtliterarisches Erzählen nur mitunter eine „seinen eigenen Alltag
sprengende Kraft entfaltet" (Ehlich 1980, S. 20), fordert Literatur – so der
kleinste gemeinsame Nenner unterschiedlicher literaturtheoretischer Ansätze
einschließlich der 'postklassischen' Erzähltheorie – zu einer Überschreitung des
Gewohnten heraus. Durch literarische Texte wird dem Rezipienten eine

„Umschichtung sedimentierter Erfahrung" (Iser 1994, S. 216), das heißt: eine Veränderung, Erweiterung und Differenzierung von Schemata des Denkens und der Wahrnehmung nahe gelegt. Zwar gilt diese Annahme in vollem Maße nur für hochliterarische Werke. Der Trivialliteratur wird häufig – zum Beispiel in Peter Nussers Einführung *Trivialliteratur* (1991) – im Gegenteil eine Bestätigung des Gewohnten zugewiesen. Doch ist fraglich, inwiefern die neuere Unterhaltungsliteratur dieser Einschätzung tatsächlich noch entspricht. Und darüber hinaus könnte diskutiert werden, ob nicht jede Form von Literatur, auch wenn ihr in bestimmten Kontexten durchaus eine gesellschaftsstabilisierende Funktion zukommen kann, den begrenzten „Spielraum gesellschaftlichen Verhaltens" auf „neue Wünsche, Ansprüche und Ziele" hin durchsichtig macht, wie es Hans Robert Jauß in *Literaturgeschichte als Provokation* für die Hochliteratur in Anspruch nimmt (Jauß 1970, S. 202).

Diese zentrale Funktion literarischer Texte lässt sich für die epischen Untergattungen jeweils genauer fassen, auch wenn die Versuche einer solchen Präzisierung sicher nicht für alle Erzählformen gleichermaßen konsensfähig sind und selbstverständlich das Bedeutungspotential des Einzeltextes nur in mehr oder weniger hohem Maße festlegen. Unter Bezug auf André Jolles' *Einfache Formen* (1982) hat Monika Schrader in *Epische Kurzformen* (1986) traditionelle epissche Kurzformen als didaktisch relevante „Modelle der Wirklichkeitsdeutung" beschrieben:

> Das Prinzip, das die sprachlichen Gesten zur Einfachen Form verdichtet, nennt Jolles „Geistesbeschäftigung". Mit diesem Begriff ist eine bestimmte Form der Welterfahrung gemeint. Jede einzelne Form repräsentiert im Sinne von Jolles eine bestimmte „Geistesbeschäftigung", die die sprachlichen Einzelheiten zur Einheit einer „gestaltbildenden" „Kraft" organisiert (Schrader 1986, S. 11).

Nach Schrader stellt die Sage Wirklichkeit in der Spannung zwischen Alltag und Mythos dar; der Schwank fasst Wirklichkeit als Bereich komischer Situations-, Charakter- und Sprachkonstellationen auf; in der Fabel wird sie als Bereich gesellschaftlichen und individuellen Rollenverhaltens verstanden; die Parabel entwirft ein Bild der Wirklichkeit als Gleichnis einer höheren Ordnung; und das Märchen beschreibt Welt als Raum der Verwandlung, in dem Grundkonstellationen menschlicher Existenz unter dem Prinzip der „poetischen Gerechtigkeit" variiert werden. Diese Definitionsversuche sind teilweise zu spezifisch, im Falle des Märchens dagegen zu allgemein. Nach Werner Ziesenis' Darstellung in *Fabel und Parabel im Unterricht* (1998, S. 554–578) müssen Fabel und Parabel beide als gleichnishafte Darstellungen menschlicher Problemlagen gelten; die beiden Untergattungen lassen sich nur schwer gegeneinander abgrenzen, allenfalls unterscheidet sich die moderne Parabel von der Fabel durch einen offeneren Bedeutungshorizont. Und in *Märchen und Sage im Unterricht* (1998,

S. 532–553) hat Ziesenis zusammengefasst, dass die Sage Erklärungsmöglich-
keiten für unerhörte Gegebenheiten und Ereignisse bietet; die 'dämonische
Sage', in der Menschen mit übernatürlichen Wesen konfrontiert werden, ist nur
eine Variante dieser Untergattung. Das Märchen stellt dagegen die Bewältigung
einer Konfliktsituation durch den Helden dar, der sich dabei zumeist mit Unterstützung übernatürlicher Helfer bewährt und so zu sich selber findet. Festgehalten werden kann jedoch in Übereinstimmung mit Schrader, dass in den traditionellen epischen Kurzformen unterschiedliche Sichtweisen der Wirklichkeit zum
Ausdruck gebracht werden. Diese Sichtweisen gehen jeweils auf einen Bereich
lebensweltlicher Erfahrung zurück, unterliegen aber einer – elementaren –
„Literarisierung"; die Wirklichkeitsmodelle der epischen Kurzformen fordern
damit zu einer Überschreitung bestimmter lebensweltlicher Erfahrungen
heraus.

Auch wenn die Langformen beziehungsweise die modernen Untergattungen der
Epik eine größere Variationsbreite aufweisen als die 'Einfachen Formen', dürften auch diese variableren Textsorten jeweils eine besondere Sicht der Wirklichkeit in – komplexerer – literarischer Form zum Ausdruck bringen und damit eine
Differenzierung bestimmter lebensweltlicher Erfahrungen nahe legen. So lässt
sich die Wirklichkeitsauffassung des – für die moderne Epik paradigmatischen –
(hochliterarischen) Romans als Darstellung einer für das Ich problematischen
Außenwelt bestimmen. Sowohl Epos als auch Roman gestalten nach Georg Wilhelm Friedrich Hegels *Vorlesungen über die Ästhetik* (1970) mit der Handlung
eines Individuums zugleich die „Totalität" der gesellschaftlichen Wirklichkeit, in
der diese Handlung stattfindet. Während sich aber im Epos Welt und Individuum
in Übereinstimmung miteinander befinden, wird im Roman ein Konflikt zwischen der „Prosa der Verhältnisse" und der „Poesie des Herzens" dargestellt.
Jürgen Schramke hat dann in *Zur Theorie des modernen Romans* (1974) die pro-
blematische Beziehung von Ich und Welt im Roman unter Bezug vor allem auf
Hegel und Georg Lukács genauer beschrieben, indem er deutliche Veränderungen vom traditionellen zum modernen Roman feststellt: Während Innen und
Außen im (Entwicklungs-)Roman des 18./19. Jahrhunderts in einen Konflikt
geraten, der häufig eine gegenseitige Veränderung hervorruft und mit einer Versöhnung endet, wird der Widerspruch im modernen Roman unaufhebbar und
führt schließlich sogar zu einer gegenseitigen Auflösung von Ich und Welt. Subjektive Glücksansprüche erscheinen dabei als Utopie, die sich höchstens ge-
brochen oder indirekt zeigt, indem der Rezipient Alternativen zur trostlosen
Wirklichkeit des Romans imaginiert. Auch kürzere epische Texte der Moderne
und die sogenannten 'postmodernen' Romane der Gegenwartsliteratur folgen
häufig der Darstellung eines unaufhebbaren Widerspruchs von Ich und Welt. In
Damenherbst deutet sich ein solcher Widerspruch zumindest an: Indem der Aus-
bruch eines Individuums aus einer alternativen, aber dennoch von festen Strukturen bestimmten Lebensgemeinschaft geschildert und diese private Gemein-

schaft mit der Mediengesellschaft in eine vage Verbindung gebracht wird; darüber hinaus dadurch, dass der Schlusskommentar von Märchenhandlungen ironisch zitiert wird.

Die traditionelle Kennzeichnung epischer Texte durch ihren ausgeprägten Gegenstandsbezug lässt sich nun auf Grundlage von Funktionsbestimmungen der epischen Untergattungen differenzieren: Der 'Mehrwert' literarischen Erzählens ergibt sich durch den Entwurf von unterschiedlichen, die Alltagswahrnehmung überschreitenden Sichtweisen der Wirklichkeit, nicht ausschließlich, aber vor allem von solchen der Außenwelt in ihrer Beziehung zum handelnden und wahrnehmenden Subjekt. Diese Funktionsbestimmung bietet eine zentrale Begründung für die Arbeit mit epischen Texten im Deutschunterricht, denn es dürfte für Heranwachsende von besonderem Interesse sein, unterschiedliche literarische Modelle von Erfahrungen der (äußeren) Wirklichkeit kennen zu lernen.

3.2 Ziele der Arbeit mit epischen Texten im Deutschunterricht

Die für den Literaturunterricht nach Kaspar H. Spinners Zusammenfassung in *Zielsetzungen des Literaturunterrichts* (1999) gültigen zentralen Lernziele: Förderung der Freude am Lesen, Texterschließungskompetenz, Literarische Bildung, Förderung von Imagination und Kreativität, Identitätsfindung und Fremdverstehen sowie Auseinandersetzung mit anthropologischen Grundfragen gelten auch oder sogar in besonderem Maße für die Lektüre epischer Texte im Unterricht. So wird sich die Leseförderung bevorzugt auf fiktionale Erzähltexte stützen; wie Valentin Merkelbach in *Zur Didaktik epischer Langformen* (1999) und Wolfgang Wangerin in *Romane im Unterricht* (1998) ausgeführt haben, können insbesondere Romane der Kinder- und Jugendliteratur lesefördernd wirken:

> Sie sind insgesamt gesehen von der Erfahrungswelt der jungen Leser weit weniger entfernt und ermöglichen es dem Lehrer, bei der Auswahl der Texte die Lesebedürfnisse der Schüler ernst zu nehmen und das Leseangebot nach und nach zu erweitern. Sie sind auch am ehesten geeignet, die weniger lesebegeisterten und leseerfahrenen Kinder und Jugendlichen anzusprechen (Wangerin 1998, S. 609).

Die Förderung von Texterschließungskompetenz und literarischer Bildung sollten nun nach einem sich abzeichnenden Konsens in der Fachdidaktik nicht als Gegensatz, sondern als unabdingbare Grundlage und Weiterführung der Leseförderung betrachtet werden. Und die Ziele des Fremdverstehens – einschließlich einer Förderung der sozialen Handlungsfähigkeit, des moralischen Urteils und der Identitätsfindung – und der Auseinandersetzung mit anthropologischen Grundfragen wie Liebe, Tod und moralischen Konflikten sind selbstverständlich auch, wenn nicht insbesondere für die Arbeit mit literarischen Erzählungen gültig. Doch erscheint eine Ergänzung der von Spinner besonders in den Blick genommenen Ziele des Fremdverstehens und der Auseinandersetzung mit anthropologischen Grundfragen entsprechend den Funktionen epischer Texte als notwendig. Diese Ergänzung schließt an Überlegungen von Wangerin und Merkelbach an, die eine Selbstaufklärung der Schüler beziehungsweise eine Entwicklung von Problemlösekompetenz als zentrale Gründe für die Lektüre literarischer Erzählungen im Unterricht anführen: Wenn sich epische Texte durch den Entwurf unterschiedlicher, die Alltagswahrnehmung überschreitender Deutungen von Außenwelt in ihrer Beziehung zum Subjekt auszeichnen, dann ist es sinnvoll, anhand dieser Texte Schülern eine Überprüfung, Vertiefung und eventuell eine Modifikation ihrer eigenen Wirklichkeitssicht nahe zu legen. So würde es sich anhand einer Arbeit mit *Damenherbst* anbieten, das hier dargestellte Verhältnis von Individuum und Lebensgemeinschaft auf die Auffassung der Schüler von menschlichen Bindungen zu beziehen.

4 Welche epischen Texte sollen im Deutschunterricht gelesen werden?

Diese Frage wird in der Literaturdidaktik bereits in wichtigen Aspekten übereinstimmend beantwortet. Dabei haben sich spätestens seit Anfang der achtziger Jahre die Auswahlkriterien für epische Texte deutlich gewandelt. Weil sich der Deutschunterricht bis in die siebziger Jahre hinein auf hochliterarische Texte beschränkte, blieben Romane und andere längere Erzählungen aus dem Unterricht der Primarstufe und der Sekundarstufe I – vor allem der Hauptschule – lange Zeit weitgehend ausgeschlossen: Die Schüler sollten mit zunehmendem Alter und zunehmender literarischer Kompetenz von den epischen Kurz- zu den Langformen geführt werden. Nach einer Öffnung des Literaturunterrichts für Werke der Unterhaltungs- sowie der Kinder- und Jugendliteratur gilt dagegen, wie Joachim Pfeiffer in *Romane und Erzählungen im Unterricht* (2002) ausgeführt hat, nicht mehr die Länge, sondern die Komplexität als zentrales Auswahlkriterium, wenn danach gefragt wird, welche epischen Werke den Schülern zugänglich gemacht werden können. Ein Roman der Unterhaltungs- oder der Kinder- und Jugendliteratur kann weniger komplex ausfallen als ein Werk der modernen Kurzepik: Der Schwierigkeitsgrad epischer Texte ergibt sich zum Beispiel aus einer Verknüpfung mehrerer Handlungsstränge, Abweichungen vom chronologischen Erzählen, unmittelbar dargestellter Figurenrede und wechselnder Perspektivierung. Dementsprechend – und weil Romane der Kinder-, Jugend- und Unterhaltungsliteratur als besonders leseförderend gelten – werden heute auch für die Grund- und Hauptschule sowie für den Beginn der Sekundarstufe höherer Schulformen längere epische Texte empfohlen. So können in der Primarstufe neben Märchen, Fabeln und einer Auswahl von Texten weiterer Untergattungen der Kurzepik bereits Ganzschriften der Kinderliteratur gelesen werden. Für den Beginn der Sekundarstufe I bieten sich außer traditionellen und modernen epischen Kurzformen längere Erzählungen der Jugendliteratur und zum Beispiel Abenteuerromane oder Werke der Genres Fantasy und Science-Fiction an. Im weiteren Verlauf der Sekundarstufe I können dann unter anderem Adoleszenzromane, Kriminalromane und weitere Genres der Unterhaltungsliteratur, (Auto-)Biographien und die zum Teil gegenüber dem modernen Roman einfacher strukturierten Romane der Postmoderne hinzutreten.

Allerdings ergibt sich aus einer Klärung der Fragen, welche Formen der Epik Schülern welcher Altersstufe zugänglich gemacht werden können und welche der Leseförderung besonders zuträglich sind, noch kein Curriculum des literarischen Erzählens. Abgesehen davon, dass jedes einzelne epische Werk für den Unterricht entsprechend seinen besonderen Qualitäten in Bezug zu den Bedürfnissen der Lerngruppe ausgewählt werden muss, wäre vor allem grundlegend zu diskutieren, welche der epischen Untergattungen sich aufgrund der von ihnen zum Ausdruck gebrachten Wirklichkeitssicht für eine Arbeit im Deutschunterricht besonders anbieten und welche als weniger geeignet erscheinen. Weitgehend konsensfähig ist wohl mittlerweile die Lektüre von Märchen, Fabeln, Parabeln, Novellen und Kurzgeschichten. Hat aber etwa das durch die Sage oder die Anekdote vermittelte Weltbild noch Bedeutung für heutige Schüler? Und ganz besondere Beachtung verdient die Frage, welche Ausprägungen des Romans für sie von Interesse sein könnten.

So wird zwar kaum noch bestritten, dass Romane der Trivial- und Unterhaltungsliteratur im Deutschunterricht gelesen werden können, es besteht aber kein Konsens darüber, welches Ausmaß diese Lektüre einnehmen soll. Günter Lange hat in *Trivialliteratur und ihre Didaktik* (1998) zusammengefasst, dass Trivialliteratur mit den Zielen einer kritischen Reflexion der Werke und ihrer gesellschaftlichen Hintergründe sowie einer distanzierten Betrachtung der „affirmativen Lesehaltung" im Deutschunterricht bearbeitet werden und außerdem einer Vorbereitung komplexerer Texte dienen kann. Zur Beantwortung der Frage, welcher Stellenwert den Romanen der Trivial- und Unterhaltungsliteratur im Unterricht zukommen soll, wäre aber darüber hinaus zu klären, ob sich eine differenziertere Auseinandersetzung mit den durch die Unterhaltungsliteratur vermittelten Wirklichkeitsauffassungen für die Schüler lohnen könnte. Auf der anderen Seite wäre zu diskutieren, ob die Darstellung eines unauflösbaren Widerspruchs von Ich und Welt im modernen hochliterarischen Roman und anderen modernen Formen der Epik Heranwachsenden bei ihrer Sinnsuche behilflich sein kann – oder vor allem mit dem Ziel, die literarische Bildung und die Texterschließungskompetenz zu fördern, einen begrenzten Platz hauptsächlich im gymnasialen Deutschunterricht einnehmen sollte. Am Beispiel von *Damenherbst* würde in diesem Fall die Erschließung eines hochgradig verknappten und deshalb bedeutungsoffenen literarischen Textes geübt werden. Der modernen Epik könnte dann ein zentraler Stellenwert im Unterricht zugesprochen werden, falls die moderne Lebenswirklichkeit tatsächlich als hochgradig problematisch gelten soll, vor allem aber dann, wenn den Schülern Fähigkeiten zur Auseinandersetzung mit einem pessimistischen Weltbild einschließlich der Imagination von Alternativen zugetraut werden. Mit den weitgehend etablierten individuell und sozial konstruktiven Lernzielen des Deutschunterrichts, darauf hat Karlheinz Fingerhut in *Haben die Ideen der Aufklärung noch eine Chance im Literaturunterricht der achtziger Jahre?* (1989) verwiesen, sind die Besonderheiten moderner und postmoderner literarischer Texte allerdings nicht ohne weiteres zu vereinbaren.

5 Wie sollen epische Texte im Deutschunterricht gelesen werden?

Für die Lektüre epischer Langformen im Unterricht muss zunächst geklärt werden, auf welche Weise die Texte vor dem Beginn weiterer Arbeitsschritte gelesen werden sollen. Mehrheitlich wird in methodischen Vorschlägen die Auffassung vertreten, dass die Schüler Romane in freier Lektüre zu Hause lesen sollen. Wangerin weist jedoch darauf hin, dass ein solches Vorgehen wegen des unterschiedlichen Lesetempos und der unterschiedlichen Leseerfahrungen der Schüler auch als problematisch betrachtet wird; zumindest angesichts von schwierigeren Romanen könnte sich dementsprechend ein abschnittweises Lesen von Stunde zu Stunde als günstiger erweisen. Darüber hinaus wird seit einiger Zeit das Vorlesen als eine Möglichkeit diskutiert, Schülern auch längere epische Texte nahe zu bringen. Vorlesen ist hier allerdings nicht etwa im Sinne des Missbrauchs eines literarischen Werkes zu Leseübungen zu verstehen. Vielmehr kann nur ein vorbereitetes Vorlesen durch den Lehrer oder auch durch Schüler eine dem Text angemessene ästhetische Wirkung entfalten. Auch zu den Fragen des weiteren Vorgehens in der Arbeit mit literarischen Erzählungen zeichnet sich in der Deutschdidaktik noch keine konsensfähige Antwort ab. Im Kontext der Diskussion um Methoden des Literaturunterrichts lässt sich lediglich aufzeigen, welche Chancen und Grenzen die unterschiedlichen Verfahren bieten – so dass die Auswahl von Methoden für eine Lektüre epischer Texte im Deutschunterricht jeweils mit Blick auf die Besonderheiten der Untergattung beziehungsweise des Einzeltextes und die Bedürfnisse der Lerngruppe erfolgen muss.

5.1 Textanalyse

Die Textanalyse fand seit den sechziger / siebziger Jahren des 20. Jahrhunderts im Literaturunterricht Verbreitung und ist wohl in der Sekundarstufe heute noch das häufigste Verfahren im Umgang mit epischen Texten. Dieser methodische Ansatz hat seine fachwissenschaftliche Grundlage vor allem im Strukturalismus: Textanalyse beruht auf der systematischen Zerlegung eines Textes in seine Einzelelemente und auf einer Bestimmung von funktionalen Zusammenhängen zwischen diesen Elementen. Die Methode nimmt für sich in Anspruch, lernbare

Verfahren anzuwenden und überprüfbare Lernerfolge zu ermöglichen. Entgegen einer längere Zeit vorherrschenden Ablehnung von „Lernzielformalismus" (vgl. Wangerin 1998, S. 615) gerade für die Arbeit mit epischen Texten dürfte die Textanalyse aufgrund dieser Ansprüche in der Deutschdidaktik zukünftig wieder verstärkt Beachtung finden, weil eine Vermittlung nachprüfbarer Kompetenzen der Texterschließung in Folge der PISA-Studie als dringlich erscheint. Ungeklärt ist aber vor allem, wie die Analyse mit einer – auf den Text beschränkten oder Kontextwissen einbeziehenden – Interpretation eines literarischen Werkes verbunden werden soll.

Kaspar H. Spinner hat in *Textanalyse* (1989) die Grundsätze eines motivierenden und ergiebigen textanalytischen Literaturunterrichts zusammengefasst: Textanalyse soll den Schülern einen ihnen einleuchtenden Erkenntnisgewinn ermöglichen, insbesondere zur Klärung von Verständnisschwierigkeiten beziehungsweise einer Vertiefung des Textverstehens beitragen. Mit diesem Ziel ist das in der Schule immer noch häufig durchgeführte Abarbeiten einer Reihe von formalen Beobachtungskriterien ebenso zu vermeiden wie eine zu starke Lenkung durch den Lehrer. Statt dessen sollen die Schüler anhand einer induktiv eingeführten begrenzten Menge von Begriffen Fragestellungen bearbeiten, die ihnen Freiraum für eigene Entdeckungen lassen und dabei lohnende Aufschlüsse über den Text ermöglichen. Für eine Arbeit mit epischen Texten müssten sich Aufgaben dazu in der Regel auf Figuren und Handlung richten sowie ausgewählte Aspekte der Darstellung auf ihre Funktion für die Handlungsebene befragen.

Ein Blick auf die Aufgabenstellungen zu epischen Texten in aktuellen Lehrwerken und die für Schüler empfohlenen Leitfäden der Interpretation lässt befürchten, dass eine Umsetzung dieser Grundsätze in der Praxis durchaus noch nicht selbstverständlich ist. Dieser Mangel dürfte in den fachwissenschaftlichen Grundlagen des Deutschunterrichts zumindest mitbegründet sein: Eine sinnvolle analytische Arbeit mit epischen Texten in der Schule wäre umfassend nur auf der Basis von literaturwissenschaftlichen Modellen zu verwirklichen, die eine systematische Textanalyse und -interpretation ermöglichen.

5.2 Handlungs- und produktionsorientierte Verfahren

Handlungs- und produktionsorientierte Verfahren haben seit den achtziger Jahren den textanalytischen Unterricht immer stärker zurückgedrängt. Als fachwissenschaftliche Grundlagen dieser Verfahren gelten sowohl die Rezeptionsästhetik als auch der Poststrukturalismus. Im handlungsorientierten Unterricht sollen sich die Schüler durch ein selbsttätiges ganzheitliches Tun, im produktionsorientierten Unterricht literarisch schreibend mit literarischen Texten auf nicht-analytische Weise auseinander setzen. In allerdings sehr unterschiedlicher Gewichtung erheben die Vertreter des handlungs- und produktionsorientierten Unterrichts den Anspruch, damit sowohl schülerbezogene Lernziele wie eine emotionale Verbindung zum Text, Imagination, Fremderfahrung und Identitätsbildung zu fördern als auch Zugänge zu literarischen Werken zu eröffnen. Fraglich bleibt allerdings vor allem, ob durch handlungs- und produktionsorientierte Verfahren tatsächlich ein Verstehen literarischer Texte möglich wird.

Günter Waldmann gehört zu den Vertretern produktionsorientierten Unterrichts, die eine Erschließung literarischer Texte in den Mittelpunkt stellen. Zusammen mit Katrin Bothe hat er im Band *Erzählen* (1992) ein Konzept zum „produktiven Verstehen" literarischer Erzähltexte für Schüler der Sekundarstufe I und II vorgelegt. Nach diesem Konzept sollen durch das Umgestalten von literarischen Erzählungen und das Schreiben eigener Geschichten in Anlehnung an literarische Muster die Darstellungsverfahren epischer Texte – in ihrer Differenz sowohl zu Alltagerzählungen als auch zu anderen epischen Werken – konkret erfahrbar werden. Die produktiv zu erarbeitenden Verfahren lassen sich größtenteils den von Genette verwendeten Kategorien Zeit, Perspektivierung, Modus sowie Beziehung von Erzähler und (fiktionalem) Adressaten zuordnen. Waldmann und Bothe beschränken sich nicht auf Vorschläge zur Erarbeitung formaler Textelemente, sondern berücksichtigen ihre unterschiedlichen Funktionen und dabei insbesondere die Unterschiede zwischen Formen traditionellen und modernen Erzählens. Aus Waldmanns an anderer Stelle entworfenem didaktischen Phasenmodell einer „Produktiven Hermeneutik" (1998, S. 27–42) lässt sich darüber hinaus schließen, dass Erfahrungen mit der Darstellungsebene epischer Texte nicht isoliert bleiben, sondern mit einer Erschließung der Handlung verbunden und in die Phasen einer subjektiven Aneignung des Textes sowie einer textüberschreitenden Auseinandersetzung mit dem literarischen Werk eingebettet werden sollen. Auch unter Einbeziehung dieses Modells bleibt aber offen, wie denn nun die Erarbeitung von Aspekten der Darstellung zu einer Interpretation des Gesamttextes führen soll.

Im Unterschied zu Waldmann legen andere Ansätze des handlungs- und produktionsorientierten Unterrichts ihren Schwerpunkt deutlicher auf die interpretierende Beschäftigung mit Handlung und Figuren epischer Texte, vor allem durch die Füllung von Leer- und Unbestimmtheitsstellen. So sollen Schüler etwa Briefe oder Tagebucheinträge in der Rolle eines Protagonisten verfassen, zusätzliche Dialoge oder Nebenhandlungen entwerfen oder die Erzählung über ihr Ende hinaus fortsetzen. Es sind allerdings Zweifel daran angemeldet worden, ob durch ein solches Vorgehen das Verstehen der Texte ausreichend gefördert wird. So hat Karlheinz Fingerhut in *Der subjektive Faktor im neuen Literaturunterricht* (1985) schon früh zu bedenken gegeben, dass Schüler in ihren eigenen Produktionen dazu neigen, die durch Literatur nahe gelegten neuen und fremden Sichtweisen von Wirklichkeit durch Muster der Alltagswahrnehmung zu überschreiben: „Selektive, auf Bestätigung angelegte Textwahrnehmung ist nur schwer zu durchbrechen" (ebd., S. 353). Und nach der Auffassung Hans Küglers in *Die bevormundete Literatur* (1996) wird schon allein mit dem Ausfüllen von Leerstellen durch materielle Handlungen eine vorschnelle „Vereindeutigung" erzielt, die ein Verstehen des ganzen literarischen Textes gerade verhindert.

Diese neuerdings verstärkt diskutierten Bedenken dürften wohl dazu führen, dass die seit längerem für die Arbeit mit epischen Texten besonders empfohlenen produktionsorientierten Verfahren in Zukunft mit etwas größerer Zurückhaltung eingesetzt werden. Handlungs- und produktionsorientierter Unterricht, der Schülern eine Erschließung epischer Texte ermöglichen will, müsste sich zur Vermeidung der genannten Gefahren verstärkt um die von Karlheinz Fingerhut geforderte Verbindung von produktiven Verfahren mit einer analytischen Betrachtung der literarischen Werke bemühen. Darüber hinaus wäre eine didaktische Reflexion von epischen Texten und Untergattungen unter der Fragestellung notwendig, welche Leerstellen in welcher Phase des Lernprozesses sinnvoll produktiv gefüllt werden können, ohne dass Schüler dabei in Versuchung geraten, den komplexen literarischen Text mit Hilfe von Schemata der Alltagswahrnehmung zu überschreiben.

5.3 Das Unterrichtsgespräch

In den letzten Jahren wird in der Fachdidaktik das – in der einen oder anderen Form schon lange praktizierte – Gespräch zu literarischen Texten im Unterricht zunehmend auf theoretischer Grundlage reflektiert, weiterentwickelt und als Alternative zu textanalytischen und produktionsorientierten Verfahren erörtert. Die Ansätze dieser Richtung haben ihre literaturtheoretische Grundlage vor allem in der Hermeneutik. Sie sind keinesfalls als Befürworter des fragend-entwickelnden Unterrichtsgespräches zu verstehen, sondern vertreten einen Abgleich verschiedener subjektiver Auffassungen von einem literarischen Text. Dabei nehmen die Konzepte in allerdings sehr unterschiedlicher Gewichtung in Anspruch, sowohl ein differenziertes Verstehen eines Werkes zu ermöglichen als auch die Verständigung zwischen den Gesprächsteilnehmern zu fördern. Ungelöst ist vor allem die Frage, wie das Macht- und Kompetenzgefälle zwischen Lehrer und Schülern mit den Grundsätzen eines freien Austausches im Gespräch vereinbart werden kann.

Während andere Ansätze mit Gesprächen über Literatur im Unterricht vor allem die Kommunikation zwischen den Schülern vorantreiben wollen, vertritt Gerhard Härle ein Konzept des literarischen Unterrichtsgespräches, das ein Verstehen des literarischen Textes in den Mittelpunkt stellt. Zusammen mit Marcus Steinbrenner hat er in „*Alles Verstehen ist ... immer zugleich ein Nicht-Verstehen". Grundzüge einer verstehensorientierten Didaktik des literarischen Unterrichtsgesprächs* (2003) ausgeführt, dass literarisches Verstehen auf das „wahre Gespräch" angewiesen ist. In einem solchen Gespräch nähern sich die Teilnehmer gemeinsam an neue Sichtweisen der Wirklichkeit an, die durch den Text nahe gelegt werden: „Der Raum des Verstehens ist der Raum, in den der Text uns ruft, ganz im Sinne von Rilkes *Archaïschem Torso Apollos,* damit wir dort *gemeinsam lernen.*" (Härle / Steinbrenner 2003, S. 151)

Die Voraussetzungen eines „wahren Gespräches" – das personale und authentische Zusammenwirken von Menschen in einem freien Austausch – geraten in Widerspruch zu den institutionellen Bedingungen von Unterricht. Dieser Widerspruch wird dann besonders deutlich, wenn sich der Lehrer nicht auf die Rolle eines Moderators beschränkt, sondern sich mitsamt seines Kompetenzvorsprungs und seiner institutionellen Funktion in das Gespräch einbringt, wie es Härle für notwendig hält, um eine authentische Gesprächssituation zu schaffen. Zur Milderung des nicht auflösbaren, sondern nur zu „gestaltenden" Widerspruchs könnte aber eine Ergänzung des literarischen Unterrichtsgesprächs durch Unterrichtseinheiten beitragen, die die textanalytische Kompetenz der Schüler fördern. Dabei sollten die Gespräche eine Notwendigkeit textanalytischer Fähigkeiten bewusst machen, die dann wieder das Gespräch bereichern. Eine solche Verbindung von Textanalyse und literarischem Unterrichtsgespräch könnte sich als geeignete Grundlage zur Bewältigung der Aufgaben erweisen, die in Zukunft für den Literaturunterricht anstehen: Im Umgang mit epischen und anderen literarischen Werken nachprüfbare Kompetenzen der Texterschließung zu fördern, den Schülern zugleich aber Zugänge zur Literatur zu eröffnen, die über die Anwendung solcher Kompetenzen hinausgehen.

Literaturverzeichnis

Andreotti, Mario: Die Struktur der modernen Literatur. 3. Aufl. Bern [u. a.]: Haupt 2000.

Barthes, Roland: Einführung in die strukturale Analyse von Erzählungen. (Das frz. Original erschien 1966). In: Barthes, Roland: Das semiologische Abenteuer. Frankfurt a.M.: Suhrkamp 1988, S. 102–143.

Cohn, Dorrit: Transparent Minds. Narrating Modes for Presenting Consciousness in Fiction. Princeton: Princeton University Press 1978.

Ehlich, Konrad: Der Alltag des Erzählens. In: Ehlich, Konrad (Hrsg.): Erzählen im Alltag. Frankfurt a.M.: Suhrkamp 1980, S. 11–25.

Fingerhut, Karlheinz: Der subjektive Faktor im neuen Literaturunterricht. In: Diskussion Deutsch 1985, H. 84, S. 349–359.

Fingerhut, Karlheinz: Haben die Ideen der Aufklärung noch eine Chance im Literaturunterricht der achtziger Jahre? In: Diskussion Deutsch 1989, H. 107, S. 217–234.

Fingerhut, Karlheinz: L-E-S-E-N: Fachdidaktische Anmerkungen zum „produktiven Literaturunterricht" in Schule und Hochschule. In: Kämper-van den Boogaart, Michael (Hrsg.): Das Literatursystem der Gegenwart und die Gegenwart der Schule. Baltmannsweiler: Schneider 1997, S. 98–125.

Fischer, Eva / Merkelbach, Valentin / Reuschling, Gisela / Schindler-Schwalb, Sabine / Seeliger, Barbara: Zur Methodik epischer Langformen. In: Merkelbach, Valentin (Hrsg.): Romane im Unterricht. Lektürevorschläge für die Primarstufe. Baltmannsweiler: Schneider 1999, S. 18–39.

Genette, Gérard: Die Erzählung. München: Fink 1994. (Das frz. Original *Discours du récit* erschien 1972).

Gerth, Klaus: Lesen und Verstehen epischer Texte (Sekundarstufe I). Hannover: Schroedel 1985.

Gumbrecht, Hans Ulrich: Erzählen in der Literatur – Erzählen im Alltag. In: Ehlich, Konrad (Hrsg.): Erzählen im Alltag. Frankfurt a.M.: Suhrkamp 1980, S. 403–417.

Härle, Gerhard / Steinbrenner, Marcus: „Alles Verstehen ist ... immer zugleich ein Nicht-Verstehen". Grundzüge einer verstehensorientierten Didaktik des literarischen Unterrichtsgesprächs. In: Literatur im Unterricht 2003, H. 2, S. 139–162.

Hegel, Georg Wilhelm Friedrich: Werke 15. Vorlesungen über die Ästhetik III. Frankfurt a. M.: Suhrkamp 1970. (Erstmals erschienen 1835).

Heißenbüttel, Helmut: Eichendorffs Untergang und andere Märchen. Projekt 3/1. Stuttgart: Klett 1978.

Iser, Wolfgang: Der Akt des Lesens. 4. Aufl. München: Fink 1994.

Jauß, Hans Robert: Literaturgeschichte als Provokation. Frankfurt a. M.: Suhrkamp 1970.

Jolles, André: Einfache Formen. 6. Aufl. Tübingen: Niemeyer 1982.

Koch, Hans-Albrecht: Epik. In: Koch, Hans-Albrecht: Neuere deutsche Literaturwissenschaft. Darmstadt: Wissenschaftliche Buchgesellschaft 1997, S. 85–97.

Kügler, Hans: Die bevormundete Literatur. Zur Entwicklung und Kritik der Literaturdidaktik. In: Belgrad, Jürgen / Melenk, Hartmut (Hrsg.): Literarisches Verstehen – Literarisches Schreiben. Positionen und Modelle zur Literaturdidaktik. Baltmannsweiler: Schneider 1996, S. 10–24.

Lange, Günter: Trivialliteratur und ihre Didaktik. In: Lange, Günter / Neumann, Karl / Ziesenis, Werner (Hrsg.): Taschenbuch des Deutschunterrichts. 6. Aufl. Bd. 2. Baltmannsweiler: Schneider 1998, S. 761–786.

Lämmert, Eberhard: Bauformen des Erzählens. 8. Aufl. Stuttgart: Metzler 1993.

Lotman, Jurij M.: Die Struktur des künstlerischen Textes. Frankfurt a. M.: Suhrkamp 1973.

Lukács, Georg: Die Theorie des Romans. Ein geschichtsphilosophischer Versuch über die Formen der großen Epik. Frankfurt a. M.: Luchterhand 1988. (Erstmals erschienen 1920).

Martínez, Matías: Episch. In: Weimar, Klaus u. a. (Hrsg.): Reallexikon der deutschen Literaturwissenschaft. Bd. 1. Berlin, New York: de Gruyter 1997, S. 465–468.

Martínez, Matías / Scheffel, Michael: Einführung in die Erzähltheorie. München: Beck 1999.

Merkelbach, Valentin: Zur Didaktik epischer Langformen. In: Merkelbach, Valentin (Hrsg.): Romane im Unterricht. Lektürevorschläge für die Primarstufe. Baltmannsweiler: Schneider 1999, S. 3–17.

Müller, Günther: Morphologische Poetik. Gesammelte Aufsätze. 2. Aufl. Darmstadt: Wissenschaftliche Buchgesellschaft 1974.

Müller-Dyes, Klaus: Gattungsfragen. In: Arnold, Heinz Ludwig / Detering, Heinrich (Hrsg.): Grundzüge der Literaturwissenschaft. 2. Aufl. München: Deutscher Taschenbuch Verlag 1997, S. 323–348.

Nünning, Ansgar / Nünning, Vera: Von der strukturalistischen Narratologie zur 'postklassischen' Erzähltheorie: Ein Überblick über neue Ansätze und Entwicklungstendenzen. In: Nünning, Ansgar / Nünning, Vera (Hrsg.): Neue Ansätze der Erzähltheorie. Trier: Wissenschaftlicher Verlag 2002, S. 1–33.

Nusser, Peter: Trivialliteratur. Stuttgart: Metzler 1991.

Petersen, Jürgen H.: Erzählsysteme. Eine Poetik epischer Texte. Stuttgart: Metzler 1993.

Pfeiffer, Joachim: Romane und Erzählungen im Unterricht. In: Bogdal, Klaus-Michael / Korte, Hermann: Grundzüge der Literaturdidaktik. München: Deutscher Taschenbuch Verlag 2002, S. 190–202.

Propp, Vladimir: Morphologie des Märchens. München: Hanser 1972. (Das russische Original erschien 1928).

Schmeling, Manfred / Walstra, Kerst: Erzählung. In: Weimar, Klaus [u. a.] (Hrsg.): Reallexikon der deutschen Literaturwissenschaft. Bd. 1. Berlin / New York: de Gruyter 1997, S. 517–519.

Schrader, Monika: Epische Kurzformen. Theorie und Didaktik. 2. Aufl. Frankfurt a. M.: Scriptor 1986.

Schramke, Jürgen: Zur Theorie des modernen Romans. München: Beck 1974.

Spinner, Kaspar H.: Textanalyse. In: Praxis Deutsch 1989, H. 98, S. 19–23.

Spinner, Kaspar H.: Zielsetzungen des Literaturunterrichts. In: Franzmann, Bodo u. a. (Hrsg.): Handbuch Lesen. München: Saur 1999, S. 597–601.

Spinner, Kaspar H.: Handlungs- und produktionsorientierter Literaturunterricht. In: Bogdal, Klaus-Michael / Korte, Hermann (Hrsg.): Grundzüge der Literaturdidaktik. München: Deutscher Taschenbuch Verlag 2002, S. 247–257.

Stanzel, Franz K.: Theorie des Erzählens. 3. Aufl. Göttingen: Vandenhoeck & Reprecht 1985.

Strasen, Sven: Wie Erzählungen bedeuten. Pragmatische Narratologie. In: Nünning, Ansgar / Nünning, Vera (Hrsg.): Neue Ansätze der Erzähltheorie. Trier: Wissenschaftlicher Verlag 2002, S. 185–218.

Stückrath, Jörn: Die Erzählung „Dat Wettlopen twischen den Hasen und den Swinegel up de lütje Haide bi Buxtehude" von Wilhelm Schröder. Analyse und Interpretation. In: http://kirke.ub.uni-lueneburg.de.

van Dijk, Teun Adrianus: Textwissenschaft. Eine interdisziplinäre Einführung. München: Deutscher Taschenbuch Verlag 1980.

Vogt, Jochen: Grundlagen narrativer Texte. In: Arnold, Heinz Ludwig / Detering, Heinrich (Hrsg.): Grundzüge der Literaturwissenschaft. 2. Aufl. München: Wissenschaftlicher Verlag 1997, S. 287–307.

Waldmann, Günter / Bothe, Katrin: Erzählen. Eine Einführung in kreatives Schreiben und produktives Verstehen von traditionellen und modernen Erzählformen. Stuttgart: Klett 1992.

Waldmann, Günter: Produktiver Umgang mit Literatur im Unterricht. Grundriss einer produktiven Hermeneutik. Theorie – Didaktik – Verfahren – Modelle. Baltmannsweiler: Schneider 1998 (Deutschdidaktik aktuell; 1).

Wangerin, Wolfgang: Romane im Unterricht. In: Lange, Günter / Neumann, Karl / Ziesenis, Werner (Hrsg.): Taschenbuch des Deutschunterrichts. 6. Aufl. Bd. 2. Baltmannsweiler: Schneider 1998, S. 600–620.

Zerweck, Bruno: Der *Cognitive Turn* in der Erzähltheorie: Kognitive und 'natürliche' Narratologie. In: Nünning, Ansgar / Nünning, Vera (Hrsg.): Neue Ansätze der Erzähltheorie. Trier: Wissenschaftlicher Verlag 2002, S. 219–242.

Ziesenis, Werner: Märchen und Sage im Unterricht. In: Lange, Günter / Neumann, Karl / Ziesenis, Werner (Hrsg.): Taschenbuch des Deutschunterrichts. 6. Aufl. Bd. 2. Baltmannsweiler: Schneider 1998, S. 532–553.

Ziesenis, Werner: Fabel und Parabel im Unterricht. In: Lange, Günter / Neumann, Karl / Ziesenis, Werner (Hrsg.): Taschenbuch des Deutschunterrichts. 6. Aufl. Bd. 2. Baltmannsweiler: Schneider 1998, S. 554–578.

GABRIELE GIEN

Lyrische Texte und ihre Didaktik

1 Fachwissenschaftliche Grundlagen

1.1 Begriffliche Abgrenzung

Lyrische Texte unterscheiden sich von Alltagstexten und sprechen ihre eigene Sprache.

Für viele Schüler ist immer noch der Endreim der wichtigste Indikator für ein Gedicht, und oft wird übersehen, dass es weitaus mehr bedeutsame Merkmale gibt, die das Wesen und die Leistung von lyrischen Texten ausmachen, was besonders deutlich wird, wenn man sie von epischen Texten abgrenzt (vgl. Waldmann 2001, S. 5 ff.).

Kaspar Spinner sieht in Lyrik die ästhetische Manifestation von Sprache (Spinner 1999, S. 8) und rückt so die verdichtete Semantik und Form von lyrischen Texten in den Mittelpunkt. Waldmann nennt als signifikantes Merkmal der Lyrik, dass sie ein von Alltagssprache verschiedenes, in Versen geschehendes Sprechen ist. Die Hauptmerkmale leitet Waldmann aus der Differenz zwischen Gedicht und Prosafassung ab und kommt zu dem Schluss:

> Das Merkmal, das […] also Lyrik definiert und in dem sich ihre Differenz zu alltagssprachlichen Texten realisiert (mit dem sie „von normalsprachlichen Rede abweicht"), ist eine durch die Versform erfolgende „Segmentierung", nämlich die (vermehrte und andersartige) Einrichtung von Pausen. Sie bewirkt eigene phonetische („rhythmische") und „syntaktische" Funktionen der Versform, doch hat diese daneben durchaus auch semantische Funktionen (Waldmann 2003, S. 12).

Damit sieht Waldmann in seinem Ansatz die Versstruktur als das entscheidende Merkmal lyrischer Texte im Unterschied zu alltagssprachlicher Rede. So lässt sich auch moderne Lyrik, die vorwiegend nur noch dieses Merkmal aufweist, als realisierte Grundform definieren.

1.2 Merkmale von lyrischen Texten

Im Folgenden sollen wichtige Merkmale von lyrischen Texten herausgestellt werden:

1.2.1 Rhythmus

Der Rhythmus eines lyrischen Textes gehört zu den grundlegendsten Merkmalen, von dem wohl auch die elementarste Wirkung, die Lyrik evoziert, ausgeht. Rhythmus basiert auf dem metrischen Grundmaß von Zeilen/Versen und strukturiert so schriftlich fixierte Texte beim stillen Lesen, lauten Sprechen und beim

Vortragen. Der Rhythmus ist nach Reger abhängig von „erkannten Gehaltsaspekten und ihrer Gewichtung sowie von der ermittelten Intention" (Reger 2000, S. 150), d. h., vor allem sinntragende Wörter werden betont.

Der Rhythmus ist abzugrenzen vom Metrum, das durch die Wiederholung von betonten und unbetonten Silben das Grundmaß für viele lyrische Texte darstellt. Das Metrum von lyrischen Texten basiert auf der Variation der Versfüße (Jambus ◡ –/kurz-lang bzw. unbetont-betont; Trochäus – ◡ /lang-kurz bzw. betont-unbetont ...) und ihrer Anzahl pro Zeile (zwei-, dreifüßig usw.).

Metrum und Rhythmus können auch zusammenfallen, dann entsteht beim Sprechen ein „leiernder Vortrag", was häufig bei Abzählreimen der Fall ist:

> Ich und du
> Müllers Kuh,
> Müllers Esel
> das bist du.

Durch die Entwicklung zum freien Vers tritt die Bedeutung des metrischen Verses allerdings etwas zurück, wie folgendes Beispiel zeigt:

> Du
> Ich geh in deinem Gesicht spazieren.
> Alles ist vertraut:
> Dein Mund,
> deine Nase.
> Ich fühle
> die weiche Haut
> und muss halten
> bei den lachenden Augen.
> Ich zähle die kleinen Falten.
> Kuschle mich
> in deinen Arm,
> fühl mich geborgen.
> Du bist so warm.
> (Regina Schwarz, in: Gelberg 1986, S. 164)

Da Lyrik im Gegensatz zu anderen literarischen Formen heute (immer noch) vorwiegend gelesen und kaum gehört wird, fällt es oftmals noch schwer, die Lautstrukturen eines Verses überhaupt zu erfassen. Waldmann (2003, S. 10) hebt hervor, dass beim lyrischen Text signifikant mehr Wörter als in der Alltagssprache betont sind, wodurch lyrisches Sprechen sich deutlich von der Alltagssprache abgrenzt.

1.2.2 Reim und Strophe

Reim und Strophe gelten als konstitutive Merkmale des Aufbaus vieler – vor allem traditioneller – Gedichte, sind aber teilweise auch in modernen Gedichten zu finden.

Unter Reim (Endreim) versteht man den Gleichklang von Wörtern ab dem letzten betonten Vokal im Gegensatz zum Stabreim als anlautendem Gleichklang betonter Stammsilben (Reger 2000, S. 155).

Folgende gebräuchlichste Reimarten sind zu unterscheiden:

Kreuzreim: Jede Verszeile reimt sich mit der übernächsten Zeile (abab)

Beispiel:

> Abend im März
> Ich trete in die Türe ein,
> der Mond war vor mir dort.
> Ach Mond, du sollst nicht bei mir sein!
> Er schweigt und geht nicht fort. [...]
> (Günter Eich: Gesammelte Werke. Bd. 1. Frankfurt a. M.: Suhrkamp 1973)

Paarreim: Immer zwei aufeinander folgende Verszeilen reimen sich (aabb)

Beispiel:

> Um Mitternacht
> Gelassen stieg die Nacht ans Land,
> lehnt träumend an der Berge Wand;
> Ihr Auge sieht die goldne Waage nun
> Der Zeit in gleichen Schalen stille ruhn. [...]
> (Eduard Mörike, in: Kliewer 2002, S. 27)

Umschließender Reim: Die erste und die vierte, die zweite und die dritte Verszeile reimen sich (abba).

Beispiel:

> So kam die Nacht
> So kam die Nacht: Sie stieg vom Tal herauf
> und hing das Dunkel in die lichten Wipfel.
> Die spielten's höher, warfen's über Gipfel
> und droben fing's der weite Himmel auf. [...]
> (Wolfgang Bächler, in: Nachtleben. Gedichte. Frankfurt a. M.: Fischer 1982)

Außer diesen gebräuchlichsten Reimarten gibt es noch weitere:

Binnenreim: Zwei nicht unmittelbar aufeinander folgende Wörter einer Zeile reimen sich.

Schlagreim: Zwei unmittelbar aufeinander folgende Wörter einer Zeile reimen sich.

Kehrreim: Immer wieder kehrende Wiederholung von Wortgruppen oder mehrerer Zeilen

Schüttelreim: Kennzeichen des Schüttelreimes ist die Vertauschung der Anfangskonsonanten der reimenden Silbenpaare.

Neben dem Reim ist die **Strophe** ein Merkmal vieler lyrischer Texte, die diese formal und optisch gliedert.

Strophen können zwei- oder mehrzeilig sein, auch Variationen in der Zeilenanzahl sind von Strophe zu Strophe möglich. Es sind sowohl freie Rhythmen und Verse zu finden als auch variierende oder gleichbleibende metrische Schemata.

1.2.3 Klang

Der Klang spielt neben dem Reim und dem Rhythmus bei lyrischen Texten eine entscheidende Rolle. Vor allem bei Sprachspielen auf phonetischer Ebene dominieren Klangelemente, deren Sinngehalt häufig sekundär ist. Daneben existieren aber auch reine, abstrakte Lautgedichte, die sich jeglicher Sprachnormen entziehen und vor allem assoziativ fassbar sind.

Zum Klangerleben bei lyrischen Texten muss ein Gedicht nicht nur gelesen, sondern auch gehört werden. Die sinnliche Erfahrung des Klangs spielt also – oft in Verbindung mit dem Reim und Rhythmus – eine entscheidende Rolle.

Vokal- und Konsonantenwiederholung als Klangmerkmal

Besonders häufig findet man sprachspielerische Klangmerkmale bei Gedichten mit Vokal- oder Konsonantenwiederholung, eines der bekanntesten Beispiele dürfte wohl Ernst Jandls „ottos mops" sein:

> ottos mops trotzt
> otto: fort mops fort
> ottos mops hopst fort
> otto: soso
>
> otto holt koks
> otto holt obst
> otto horcht
> otto: mops mops
> otto hofft
>
> ottos mops klopft
> otto: komm mops komm
> ottos mops kommt
> ottos mops kotzt
> otto: ogottogott
>
> (in: Kliewer 1989, S. 162)

Als weiteres Beispiel, bei dem mit dem bedeutungtragenden Wechsel von Vokalen gespielt wird, dient das Gedicht von Hans Manz:

Echo im Schwarzwald

Hu!	*Ha!*
Huhu!	*Haha!*
Buch!	*Bach!*
Fluch!	*Flach!*
Wurm du!	*Warm da!*
Sulzhuhn!	*Salzhahn!*
Ungezogener Lumpenschuft!	*Angezogener Lampenschaft!*
Du kannst nicht husten!	*Du kannst nicht hasten!*
Hund	*Hand*
Rund	*Rand*
Wund	*Wand*
Bund!	*Band!*
Uhuuu!	*Ahaaa!*

(Hans Manz, in: Gelberg 1986, S. 129)

Analog zu den Vokalgedichten gibt es auch Konsonantengedichte wie „Berta Butz" von James Krüss:

Berta Butz begann als Baby
Bald schon mit der Brabbelei. […]

(James Krüss 1976, S. 59)

Auch Kombinationen aus beiden sind möglich:

R war eine rote Rose,
rose,
sose
frohse
rose,
stets in Pose
rote Rose

(Edward Lear, in: Gelberg 2000, S. 53)

Abstrakte Klanggedichte

Bei dem Klanggedicht Karawane von Hugo Ball wird der Inhalt nur noch über den Klang assoziiert:

Karawane

Lolifanto bambla o falli bambla
Grossigna m'pfa habla horem […]

(Hugo Ball: Karawane. In: Schütt-Hennings, Annemarie (Hrsg.):
Gesammelte Gedichte. Zürich: Arche 1993)

Lautmalerei

Lautmalerei ist ein wichtiges Merkmal von Lyrik. Hier werden klangmalende Wörter oder Laute assoziativ eingesetzt, sie sind oft noch wichtiger als der Sinn. Je nach dem Grad der Abweichung von der Normalsprache wirken sie grotesk oder witzig.

Auch möglich ist eine gezielte Referenz auf verschiedene Sinne wie zum Beispiel in dem bekannten Gedicht „Das Feuer" von James Krüss:

> Hörst du, wie die Flammen flüstern,
> knicken, knacken, krachen, knistern,
> wie das Feuer rauscht und saust,
> brodelt, brutzelt, brennt und braust?
>
> Siehst du, wie die Flammen lecken,
> züngeln und die Zunge blecken,
> wie das Feuer tanzt und zuckt,
> trock'ne Hölzer schlingt und schluckt?
>
> Riechst du […].
> (James Krüss: Das Feuer, in: Krüss 1961)

Alliteration

Unter Alliteration versteht man die wiederholte Verwendung des gleichen Anlauts innerhalb einer Zeile. Auch hier kann man sprachspielerische und nicht sprachspielerische Funktionen unterscheiden. Alliterationen können als untergeordnetes Merkmal von Lautmalerei oder als eigenwertige Alliterationen auftreten. Im ersten Fall soll die Alliteration die klangmalende Wirkung von anlautgleichen Wörtern in Zeilen steigern, im zweiten Fall sollen Wörter mit besonderer Bedeutung anlautgleich und klangbetont ausgewiesen werden (Reger 2000, S. 176).

Die schon zitierte Zeile in dem Gedicht „Das Feuer" von James Krüss mag als Beispiel für Alliteration gelten:

> Hörst du, wie die Flammen flüstern,
> knicken, knacken, krachen, knistern […]

oder ein Beispiel mit sprachspielerischer Funktion:

> Mahlende Müller mahlen Mehl.
> Mahlende Maler malen Mehl.
> Mahlende Maler malen Müller. […]
> (Brigitte Peter: Mahlen & Malen, in: Gelberg 1986, S. 137)

1.2.4 Genauigkeit und Verdichtung

Ein wesentliches weiteres Merkmal von lyrischen Texten ist die Abweichung von der Alltagssprache: In wenigen Worten wird viel gesagt, sie sind „Haltepunkte der Konzentration" (Spinner 1999, S. 6). Dadurch, dass die Sprache vom alltäglichen Gebrauch abweicht, fordert sie zu einer veränderten Wahrnehmung auf. Bildhafte, metaphorische Wendungen evozieren neue Lesarten. Die Metapher bedeutet etwas anderes als das wörtlich Gesagte vermuten lässt, weist also auf eine übertragene Bedeutung hin.

Linguistisch kann man zwischen lexikalisierten, konventionellen und kreativen, innovativen Metaphern unterscheiden, letztere prägen vor allem lyrische Texte.

Das Bilden von Analogien als wesentliche Voraussetzung für das 'Verstehen' von Metaphern ist ein komplexer Prozess, der zu völlig neuen Erkenntnissen führen kann und in der verdichteten Sprache Phänomene und Gegenstände in einem ganz neuen Licht erscheinen lässt. Folgendes Gedicht von Christine Busta sei ein Beispiel für die Verwendung von (vor allem personifizierenden) Metaphern im Gedicht:

> Der Sommer
> Er trägt einen Bienenkorb als Hut,
> blau weht sein Mantel aus Himmelsseide,
> die roten Füchse im gelben Getreide
> kennen ihn gut.
> Sein Bart ist voll Grillen. Die seltsamsten Mären
> summt er der Sonne vor, weil sie's mag,
> und sie kocht ihm dafür jeden Tag
> Honig und Beeren.
> (Christine Busta, in: Kliewer 1989, S. 120)

Waldmann (2003, S. 11.) schlägt eine weitere Darstellungsmöglichkeit der Grundstruktur lyrischer Texte vor, nämlich die Überlegung, wie sich die von der Alltagssprache abweichende lyrische Sprache im Bereich des Lautes, des Wortes, des Satzes und des Textes als phonologische, semantische, syntaktische und textuelle Verschiedenheit versmäßig realisiert.

1.3 Kinderlyrik

1.3.1 Definition

'Kinderlyrik' ist ein weiter, durchaus sehr unterschiedlich definierter Begriff.

Klaus Doderer (Doderer 1977, S. 197) interpretiert den Begriff sehr offen als diejenige Gattung, die alle für oder von Kindern verfasste oder von ihnen adaptierten Gedichte umfasst. Begriffe wie 'Kinderlied', 'Kinderreim' oder 'Kindergedicht' werden teilweise synonym mit 'Kinderlyrik' verwendet.

Ruth Lorbe (1984), die in ihren Untersuchungen vor allem vom volkstümlichen Kinderreim und Kinderlied ausgeht, fasst alle Formen unter dem Begriff 'Kinderlyrik' zusammen.

Kurt Franz und Harald Reger kommen zu einer ähnlichen Definition:

> Kinderlyrik sind sämtliche in gebundener, nicht unbedingt gereimter Sprache und in einer bestimmten Form von Kindern und von Erwachsenen für Kinder vom Kleinkindalter bis etwa 10 Jahren verfassten und von diesen rezipierten sprech-, les- und z. T. auch singbare Texte zu verstehen. (Franz 1979, S. 10; Reger 2000, S. 1)

Dementsprechend sehen die letztgenannten Autoren auch die Kinderlyrik als eigenständigen Bereich der Lyrik. Kinderlyrik und Erwachsenenlyrik weisen ähnliche konstitutive Elemente auf und sind deshalb nicht als Vor- oder Übergangsform zu sehen.

Harald Reger (2000) ordnet Kinderlyrik zum großen Teil der Gebrauchsliteratur zu, die er als kommunikatives Instrumentarium sieht (z. B. Abzählreime, Kinderspiellieder etc),

Kliewer stellt diese Auffassung jedoch zur Diskussion:

> Soll man die alte Diskussion wieder aufnehmen, ob Gedichte für Kinder Gebrauchslyrik sind, nur weil die Zielgruppe genannt wird? Sind Gedichte für Erwachsene schon deshalb dem Makel des Gebrauchs entzogen, weil es sich von selbst versteht, daß sie für niemand anderes geschrieben sein können, weil sie den Adressatenbezug nicht an der Stirn tragen? (Kliewer 1989, S. 284)

1.3.2 Typologie der Kinderlyrik

Unter dem Aspekt der Funktionalität ist es sinnvoll, Kategorien, Arten und Unterarten von Kinderlyrik in einer Typologie darzustellen, wie es schon mehrmals versucht wurde (Franz 1979, Reger 2000):

Im Rahmen dieses Beitrags werden nur die wichtigsten Kategorien genannt:

Gebrauchsverse

- Nachahme- und Deutreime

  Beispiele: Geräusche aus der Tier- und Umwelt, musikalische Signale

  Funktion: Nachahmen oder Deuten von Lauten und Geräuschen

- Brauchtumslieder

  Beispiele: Jahreskreis, festliche Anlässe

  Funktion: je nach Art eher informierend und unterhaltend, belehrend oder appellativ akzentuiert

- Kindergebete

  Funktion: bitten, danken oder/und reflektieren

- Abzählreime

  Beispiele: Suchspiele, Pfandauslösen, verbotene Verse

  Funktion: in der Regel appellativ

- Albumverse

  Beispiele: Poesiealbum, Freundschaftsbücher

  Funktion: wünschen, belehren, auffordern oder auch parodieren

- Kinderstubenreime

  Beispiele: Schlaf- und Wiegenlieder, Kniereiterreime, Schaukelreime, Tanzliedchen ...

  Funktion: unterhalten und informieren, belehren und auffordern, beruhigen und besänftigen, je nach Art des Kinderstubenreims

- Neckreime

  Beispiele: Neckspiele, Namenneckreime ...

  Funktion: reizen zum Lachen, komisch, humorvoll oder auch satirisch, je nachdem kontaktfördernd oder kontaktbelastend

- Spottreime

  Beispiele: Satiren, Parodien

  Funktion: berechnender Spott oder beißende Ironie, Entlarvung und/oder spöttisches Spiel

Erlebnis- und Stimmungslyrik

Im Gegensatz zu den eher kommunikativen Gebrauchsversen findet man in der Erlebnis- oder Stimmungslyrik vor allem poetische, ästhetische Kinderlyrik.

- Naturgedichte
- Tiergedichte
- Lebensweltgedichte (meistens heile Welt)

Reflexionslyrik

Die Reflexionslyrik greift Probleme aus der Lebenswelt der Kinder auf, ist alltagsbezogen und realitätskritisch.

Geschehnislyrik

- Ballade
- Erzählgedicht
- Versfabel
- Moritat
- Bänkelsang

Sprachspiele

- Sprachspiele auf der grafischen Ebene
- Sprachspiele auf der phonetischen Ebene
- Sprachspiele auf der semantischen Ebene
- Sprachspiele auf der stilistischen Ebene

Im Rahmen einer Einführung können die Kategorien nur im Überblick dargestellt, aber nicht einzeln erläutert werden.

1.3.3 Spezifische Merkmale von Kinderlyrik

Grundsätzlich sind für Kinderlyrik die gleichen Merkmale konstituierend wie für die Erwachsenenlyrik, dennoch kann man einige Spezifika herausarbeiten, die besonders charakteristisch sind:

Themen und Motive

Bei vielen Kindergedichten tritt die inhaltliche Aussage hinter dem Klang und dem Rhythmus zurück. Thematisch kann man mit Ruth Lorbe (1974, S. 200) feststellen, ist das ganze Spektrum der Lebenswelt des Kindes repräsentiert (Natur, Tiere, Wind, Wetter, Freunde etc.). Immer noch findet man – wie ein Blick in die Lesebücher zeigt – viele lyrische Texte zum Thema Brauchtum. Neuere Gedichte, wie man sie zum Beispiel in den Sammlungen Gelbergs (1986, 2000) lesen kann, thematisieren zunehmend den technischen Fortschritt, wobei oft neuere mit älteren Motiven vermischt werden. So gibt es bei Guggenmos („So geht es in Grönland") einen Mercedes am Nordpol. Darüber hinaus findet man gerade neuere Texte, die ethische oder sozialkritische Momente aufgreifen.

Sprache und Stilmittel

Der Wortschatz vieler Kindergedichte ist in der Regel der jeweiligen Altersstufe angemessen und vom Umfang relativ beschränkt. Schwierige Ausdrücke, Fremdwörter und abstrakte Begriffe liest man nur selten in typischen Kindergedichten. Gerade bei den Sprachspielen, die in allen möglichen Varianten die Kinderlyrik prägen, findet man sogar häufig 'Relikte alter Zeit' wieder. Moderne Kinderlyrik spielt oft in parodistischer Weise mit dieser Sprache. Auch verschiedene Formen der Konkreten Poesie sind wichtiger Bestandteil der Kinderlyrik geworden.

Nicht selten wird durch die Wortwahl ein Kontrast erzeugt, was sich in der Adjektivauswahl spiegeln kann (spannenlang – nudeldick oder: riesengroß – winzigklein).

Lautmalerische Wörter unterstützen häufig diese Wirkung, ebenso wie die starke sinnliche Referenz der Gedichte („Hörst du ...", „siehst du ...", „riechst du ...").

Typisch ist auch die direkte Anrede des kindlichen Lesers („Weißt du, wie der Sommer schmeckt?" – Ilse Kleberger „Sommer", in: Kliewer 1989, S. 132).

Vor allem bei älteren Kindergedichten findet man eine gehäufte Ansammlung von Diminutivformen, also Verkleinerungen und Verniedlichungen („Büblein", „Mäuslein" usw.).

Kurt Franz führt auch besonders ungewöhnliche Personennamen und lautmalende, sprechende Phantasienamen an, z. B. die Hexe Pimpernelle bei Halbey. (Franz 1979, S. 69).

Bezogen auf die syntaktische Struktur ist es unmöglich, in einem Überblicksartikel alle Aspekte darzustellen, besonders typisch ist jedoch eine – im Vergleich zur Erwachsenenlyrik – relativ einfache Syntax (ausgenommen natürlich Nonsensgedichte und verfremdende Sprachspiele), auch die Reihung ist ein häufiges Prinzip unter den Satzfiguren (z. B. „Es war ein Mann ein Mann" oder „Der Herr, der schickt den Jockel aus"), ebenso die Wiederholung eines syntaktischen Grundmusters (vgl. „Das Feuer" von James Krüss). Viele Kindergedichte sind geprägt durch eine intensive Bildlichkeit, Personifizierungen von Tieren, Pflanzen, Gegenständen und sogar Gefühlen und kommen so dem kindlichen Anschauungsvermögen entgegen. Vergleiche und einfache Metaphern aus dem Bereich des kindlichen Weltwissens vertiefen diese Anschaulichkeit.

Reim, Metrum, Rhythmus

Sowohl die traditionelle als auch ein großer Teil der neueren Kinderlyrik ist in einem verhältnismäßig festen metrischen Rahmen eingebunden (vgl. Reger 2000, S. 149 ff.); darin unterscheidet sich die Kinderlyrik deutlich von der Erwachsenenlyrik. Häufig werden entwicklungsgeschichtliche und entwicklungspsychologische Argumente angeführt. Gleichwohl findet man in den Sammlungen Gelbergs (1986, 2000) gelungene Beispiele reimloser Dichtung (Borchers, Busta, Härtling u. a.).

Oft jedoch werden im Kinderreim Kurzzeilen mit zwei, drei oder vier Hebungen bevorzugt, das metrische Schema wird von Trochäen, Jamben und Daktylen bestimmt; diese werden allerdings nicht konsequent durchgehalten.

Innerer und äußerer Aufbau

Der volkstümliche Kinderreim ist meistens seiner Struktur nach sehr einfach, er besteht häufig aus nur einer Strophe, der Paarreim überwiegt (Sonderformen wie der Kettenreim und das Schwellgedicht ausgenommen), während die Kinderkunstlyrik eher zur strophischen Einteilung neigt, wobei vierzeilige Strophen bevorzugt werden.

Obwohl das Kindergedicht der Gegenwart auch hier keine extremen Formen aufzeigt, gibt es doch eine ganze Palette von Variationsmöglichkeiten. Dennoch sind alternierende Metren, einfache Reimfolgen und ein Vorherrschen des Zeilenstils dominante Merkmale von Kinderlyrik.

2 Didaktische Diskussion

2.1 Allgemeine Vorüberlegungen

Im Gegensatz zu Märchen oder zur Kinder- und Jugendliteratur gibt es nur sehr wenige empirische Untersuchungen, die sich mit dem Verhältnis von Kindern und Lyrik auseinander setzen. Veröffentlichte Untersuchungen zur Gedichtrezeption, zur Vorliebe für bestimmte Gedichte, zum Verhältnis frühkindlicher Gedichtrezeption und deren Einfluss auf den späteren Umgang mit Gedichten usw. wären dringend notwendig, um auch die didaktische Diskussion zu vertiefen.

Seit den achtziger Jahren prägen vor allem kreative, handlungs- und produktionsorientierte Verfahren die didaktische Landschaft. Deren Ziel ist – mit unterschiedlichen Schwerpunkten – eine selbsttätige, methodisch vielfältige (aber nicht beliebige), an künstlerischen Entstehungsprozessen und nicht auf kognitive Verstehensleistung allein orientierte Ausrichtung des Unterrichts.

Viele der heutigen Ansätze (Spinner 1992, Menzel 1994, Haas 1997 u. a.) versuchen, eigenes Schreiben und die Erfahrungen mit Lyrik miteinander zu verbinden. Waldmann betont jedoch zu Recht, dass neben dem produktiven Umgang mit Lyrik ergänzend ein Umgang stehen muss, bei dem die Schüler sich im Hören, im Erlesen, Erspielen, Erleben, im Nachsinnen und Betrachten, in Analyse, Reflexion und Kritik auf Gedichte einlassen und sie deutend zu verstehen versuchen (Waldmann 2001, S. 275).

Je nach Schwerpunkt des didaktischen Ansatzes kann man übergreifend folgende sich ergänzende wesentliche Zielperspektiven formulieren:

- Ästhetisches Erleben und Sensibilisierung für die lyrische Sprache,
- Hinführung zu Elementen der Lyrik,
- Förderung der Lese-, Artikulations- und Vortragsfähigkeit und des intensiven Zuhörens,
- Vertiefung literarischer Verstehensprozesse und Förderung imaginativer Prozesse,
- Anbahnung und Steigerung literarischer Produktivität und Kreativität und
- das Wecken des Gemeinschaftsbewusstseins und Initiierung von Sozialisations- und Selbstfindungsprozessen.

2.2 Aktuelle didaktische Ansätze im Überblick

Die gegenwärtige didaktische Diskussion wird von einem konstruktivistischen Lernbegriff geprägt, bei dem man davon ausgeht, dass Wissen nicht einfach übernommen wird, sondern Lösungswege selbst gesucht und Handlungsmodelle entwickelt werden. Beim Lesen beispielsweise wird – wie schon die Rezeptionsästhetik deutlich gemacht hat – der Sinn eines Textes immer vom Leser mitgeschaffen. „Die Beteiligung des Lesers an der Sinnbildung ist in der literaturdidaktischen Diskussion mit der Eigenart literarischer Texte, ihrem Leerstellencharakter oder ihrer Polyvalenz begründet worden" (Spinner 1999, S. 5).

Es ist nicht leicht, die aktuellen, didaktischen Ansätze zum Umgang mit lyrischen Texten zu strukturieren. Alle hier vorgestellten Konzeptionen lassen sich aber – mit verschiedenen Ausrichtungen – dem handlungs- und produktionsorientierten Literaturunterricht zuordnen.

2.2.1 Handlungs- und produktionsorientierter Umgang mit lyrischen Texten

Produktive Verfahren sind eine Antwort auf die genannten Aufgaben der Rezeptionsästhetik, da die aktive Beteiligung des Lesers an der Sinnbildung unterstützt und sichtbar gemacht wird. Die eigenen Vorstellungen der Schülerinnen und Schüler stehen im Mittelpunkt dieses Ansatzes und fördern die Selbsttätigkeit des einzelnen. Im Kontext des handlungs- und produktionsorientierten Literaturunterrichts, der kognitive und emotive Prozesse gleichermaßen für sich beansprucht, steht das „imaginative Lernen" (Abraham 1999, S. 10), das die aktive Vorstellungsbildung unterstützt und vor allem körperorientiert, szenisch und themenzentriert gefördert werden kann.

Seit Mitte der siebziger Jahre tritt neben den 1971 zunächst grob skizzierten Ansatz des handlungsorientierten Literaturunterrichts auch noch der Begriff der Produktionsorientierung, den Günter Waldmann zunächst in die Diskussion eingebracht hat. Es ist sein Ziel, Struktur und Eigenarten lyrischer Texte durch Eigenproduktion aufzudecken. Daher geht er in seinen Vorschlägen auch immer von konstitutiven Elementen der Lyrik aus, während andere Didaktiker (z. B. Spinner 1999) in ihrer Darstellung einen methodischen Überblick bevorzugen. Im Folgenden wird der Begriff der Handlungs- und Produktionsorientierung als übergeordneter Begriff verwendet, um beide Aspekte gleichgewichtig erscheinen zu lassen.

In der Überblicksdarstellung werde ich verschiedene ausgewählte aktuelle Ansätze dieser Konzeption 'unterordnen', indem verschiedene Zugangsweisen als Unterscheidungskriterien gewählt werden.

2.2.2 Darstellung einzelner Verfahren

Operative Verfahren

Dieser Begriff wurde vor allem von Wolfgang Menzel (1994) geprägt, aber auch Haas, Spinner und Waldmann nehmen in verschiedenen Zugriffen und Kontexten diese Verfahren immer wieder auf. Auch ihnen geht es um das aktive, produktive Eingreifen des Lesers in einen Text, allerdings – innerhalb dieser Verfahrensgruppen – schwerpunktmäßig im Sinne der Ergänzung, der Transformation und der Variation.

Wichtige operative Verfahren sollen in folgendem Überblick kurz dargestellt und erläutert werden:

Restaurieren und Antizipieren

Die Schülerinnen und Schüler sollen sich **vor** der Begegnung mit dem Original durch das eigene Tun schon mit Elementen des lyrischen Textes auseinander setzen.

- Vers- oder Strophenfolge herstellen

  Die Schülerinnen und Schüler bekommen ein in Verse oder Strophen zerschnittenes Gedicht und setzen es selbst zusammen, die Ergebnisse werden untereinander und mit dem Original verglichen.

- Zeilenumbruch vornehmen

  Die Schülerinnen und Schüler erhalten einen lyrischen Text in 'Prosaform' und sollen die Versform wieder herstellen.

- Ausgelassene Wörter oder Zeilen ergänzen

  Die Schülerinnen und Schüler erhalten einen Text, bei dem Wörter oder/und Verszeilen fehlen. Beim Ergänzen sollen dann Kontexte, Imaginationen usw. als Deutungshilfen entwickelt werden.

- Aus Formulierungsangeboten auswählen

  Ausgelassene Wörter/Zeilen oder Überschriften werden mit Hilfe von Angeboten ergänzt. Dieses Verfahren eignet sich auch zur Differenzierung des letzten Vorschlags.

- Zu vorgegebenen Reim- oder Schlüsselwörtern ein eigenes Gedicht schreiben

  Die Schülerinnen und Schüler sollen aus den Reim- oder Schlüsselwörtern ein eigenes Gedicht entwerfen und dann die Lösungen untereinander, aber auch mit dem Original vergleichen.

- Montagegedichte verfassen

  Aus Schlagzeilen, Bildern, Fotos etc. soll zu einem Thema ein Montagegedicht erstellt werden.

Transformieren

Die Schülerinnen und Schüler setzen sich **im Anschluss** an die Gedichtbegegnung handlungs- und produktionsorientiert mit dem Text auseinander.

- Eine Fortsetzung oder einen Schluss eines Gedichtes schreiben

  Die Schülerinnen und Schüler sollen ihre eigenen Vorstellungen entfalten und ein Gedicht fortsetzen oder abschließen.

- Ein Gedicht in eine andere Textsorte umschreiben

  Vor allen Dingen Erzählgedichte eignen sich, um sie in eine andere Textsorte (z. B. Zeitungsartikel) umzuschreiben.

- Parallel- oder Gegengedichte schreiben

  Die Schülerinnen und Schüler schreiben in der Struktur eines Gedichtes ein ähnliches (z. B. Sommer, Winter) oder schreiben bewusst ein Gegengedicht (lauschiges Naturgedicht/Gedicht über einen verrauchten U-Bahnschacht).

- Interpretierendes Schreiben

  Zwischen die originalen Zeilen werden Kommentare, Bemerkungen, Gegenaussagen, eigene Gedanken etc. eingefügt.

Sinnlich-ästhetische (ganzheitliche) Verfahren

Lyrische Texte sind für viele Kinder die erste sprachästhetische Erfahrung, die sie vor allem ganzheitlich (z. B. durch Singen und gleichzeitiges Wiegen bei einem Einschlaflied) erfahren. Auch im schulischen Kontext sollen Kinder die Gelegenheit haben, ihrem sprachästhetischen Sinn im Umgang mit Gedichten nachzukommen. Während bei den operativen Verfahren das Experimentieren, das Ausprobieren und Verändern von Texten im Mittelpunkt stehen, sollen nun innerhalb dieser Verfahrensgruppe Möglichkeiten aufgezeigt werden, lyrische Texte als ästhetische Gebilde zu empfinden und diesen Erfahrungen Ausdruck zu verleihen oder wie Wulf Wallrabenstein es ausdrückt: „Entdecken, Erinnern, Genießen" (Wallrabenstein 2004, S. 8).

- Gedichte vorlesen und selber lesen

  Es mag vielleicht verwunderlich erscheinen, dass diese 'Selbstverständlichkeit' hier als didaktische Möglichkeit angeführt wird, doch sollte man im Zuge der vielen handlungsorientierten Zugänge auch den Ansatz von Ute Andresen ernst nehmen, die besonderen Wert auf das verweilende Lesen legt und Kindern, nicht nur 'Kinderlyrik', sondern alle

Gedichte, die ihr und ihnen gefallen, anbietet: „Es ist so einfach: Wir können die Literatur, die uns etwas bedeutet, mit Kindern teilen, indem wir sie vorlesen oder auch mehrfach vorlesen lassen, ohne dass viel darüber geredet wird. So erklärt sich auch ein schwieriger Text, weil jeder, der ihn für andere liest, sein persönliches Verständnis mit laut werden lässt." (Andresen 1993, S. 20)

Auch das Verlassen des Schulhauses und das Vorlesen eines Gedichtes an einem passenden oder kontrastierenden Ort intensiviert den Eindruck beim Vorlesen (vgl. dazu Gien 2001, S. 163 ff.).

- Gedichte sprechen und vortragen

  Verschiedene Sprechweisen ausprobieren, anderen vorsprechen, in der Gruppe oder in variierender räumlicher Aufteilung lesen, ein Gedicht szenisch vortragen.

- Gedichte miteinander vergleichen

  Mehrere thematisch ähnliche Gedichte zu einem Thema werden miteinander verglichen, reflexiv im Gespräch, durch verschiedene Möglichkeiten der Darstellung (z. B. zu zwei Wintergedichten Bilder malen) oder individuell reflektierend.

- Weitere akustische Gestaltungsmöglichkeiten

  Einen Text mit Körperinstrumenten, Geräuschen, Instrumenten selbst vertonen oder eine geeignete Hintergrundmusik suchen, ein Gedicht in einen Song oder Rap umwandeln.

- Szenische Gestaltungen zu Gedichten

  Standbilder zu einzelnen Verszeilen oder Strophen bauen, ein Gedicht oder Teile daraus pantomimisch darstellen, ein Gedicht spielerisch umsetzen (als Puppen-, Schatten- oder Marionettenspiel), ein Gedicht verfilmen oder einen Videoclip zu einem Gedicht herstellen.

- Visuelle Gestaltungsmöglichkeiten zu Gedichten

  Ein Gedicht grafisch gestalten oder in eine seine Aussage bezeichnende Schreib- oder Druckform übersetzen, ein Bild zu einem Gedicht malen, eine Collage gestalten, die die Aussage des Gedichtes unterstützt oder kontrastiert, eine Zeitung oder ein Büchlein zu einem Dichter zusammenstellen, Gedichttische oder -schachteln gestalten, auf oder in denen zum Gedicht passende Gegenstände präsentiert werden, Poster, auf denen das Gedicht gestaltet und mit Fragen oder Assoziationen versehen wird, Gedichte als 'Geschenke' verpacken, ein Spiel oder ein Puzzle zu einem Gedicht herstellen.

Besonders viele praktische Anregungen zum ganzheitlichen Umgang mit Gedichten finden sich bei Gundrun Schulz (1998) und Petra Selnar (1998), aber auch Haas, Menzel, Spinner, Waldmann und andere zeigen in ihren vielfältigen Veröffentlichungen integrative Möglichkeiten der Verfahrensgruppen auf.

Spielerische Verfahren im Umgang mit Gedichten

Besonders Sprachspiele und Nonsensgedichte verlangen noch nach weiteren Möglichkeiten des Umgangs als die bereits aufgeführten, aus diesem Grund sollen noch einige Varianten extra aufgeführt werden. Eine besondere Rolle spielt hier auch der soziale Aspekt, da sich Sprachspiele besonders auch für die Partner- oder Gruppenarbeit anbieten.

- Auf der Ebene der Grapheme

  Buchstaben umstellen oder vertauschen, weglassen oder hinzufügen, graphische Veränderung von Buchstaben, Schreiben eigener ABC- oder Buchstabengedichte.

- Auf der Ebene der Phoneme

  Austausch von Vokal- oder Lautgruppen, verschiedene Sprechweisen, lautmalende Wörter, eigene lautmalerische Wörter finden, Gedichte im Dialekt vortragen, Parallelgedichte verfassen (z. B. „annas gans" anstelle von „ottos mops").

- Auf der Ebene der Morpheme und Lexeme

  Einfügen, Anhängen oder Weglassen von Lautgruppen in Wörtern, Erkennen von Wortteilen oder Wörtern in anderen Zusammenhängen, Zusammensetzen von sinnlosen Lautgruppen, ersetzen von Wörtern durch andere, Wörtlich-Nehmen von Begriffen, falsche Analogiebildung, Sprachmontage auf der Wortebene, Ziffern, Buchstaben oder Zeichen für Wörter einsetzen, graphisches Darstellen von Wörtern.

- Auf der Ebene der Syntax und des Textes

  Redensarten und Sprichwörter untersuchen und verändern, Lautspiele im Satzverband, falsche Grammatikbezüge herstellen, Spiel mit poetischen Formen, sprachliche Rätsel, Montagen auf der Satzebene, graphisches Anordnen von Sätzen.

Besonders viele Anregungen zum Spielen mit Sprache finden sich bei Bernd Stadler (1986), Wilhelm Steffens (1998) und Eva Maria Kohl (2003).

Selberschreiben von Gedichten

Auch wenn das eigene Schreiben Teil aller vorgestellter Methodengruppen ist, soll es hier noch einmal extra hervorgehoben werden. Reimwörter ergänzen, eigene Reime finden, Strophen ordnen, Gedichte lesen und vortragen sind nur einige Beispiele, um die Kinder für das eigene Schreiben von Gedichten vorzubereiten und anzuregen.

Für das eigene Schreiben von Gedichten gibt es verschiedene Möglichkeiten:

- Schreiben eigener Gedichte nach formalen Vorgaben

  Akrostichon (die Buchstaben eines Schlüsselwortes werden untereinander geschrieben und bilden das Gerüst für Assoziationen),

  Elfchen (elf Wörter, angeordnet nach folgendem Schema: erste Zeile – ein Wort; zweite Zeile zwei Wörter, dritte Zeile drei Wörter, vierte Zeile vier Wörter, letzte Zeile ein Wort),
  Haiku (Silben als Dreizeiler angeordnet 5-7-5),
  Rondell (beruht auf der Wiederholung von Sätzen).
  Dieses sind nur einige Beispiele, die ergänzt werden können.

- Schreiben von Parallelgedichten/ Gedichtfortsetzungen

  Nach dem Muster eines Gedichts wird ein Parallelgedicht geschrieben oder ein Gedicht 'im gleichen Stil' fortgesetzt.

- Freies Schreiben von Gedichten

  In der Schreibwerkstatt zu einem beliebigen Thema, zu Jahreszeiten, eigenen Bildern, Kunstbildern, Stimmungen, Emotionen usw.

Zum eigenen Schreiben von Gedichten finden sich besonders viele anregende Beispiele bei Ingrid Böttcher (1999).

2.2.3 Kritische Einwände gegen den handlungs- und produktionsorientierten Umgang mit Gedichten

Die vorgestellte Konzeption des handlungs- und produktionsorientierten Umgangs mit Gedichten ist in der Fachdiskussion nicht ohne Kritik geblieben: Die wichtigsten Einwände sind:

– Handlungs- und produktionsorientierter Literaturunterricht kann in Beliebigkeit ausarten, wenn einzelne Verfahren nicht mit dem Ausgangstext abgestimmt werden.

– Literarischen Texten wird ihre Eigengesetzlichkeit abgesprochen, wenn man sie verändert, zerschneidet und sie an der Subjektivität der Schüler ausrichtet.

– Einige sehen die Gefahr des Dilettantismus, wenn kindliche Dichter wie 'kleine Genies' behandelt werden.

An den Kritikpunkten sieht man sehr deutlich, dass gerade handlungs- und produktionsorientierter Unterricht mit Gedichten sehr genau geplant werden muss und eine sachanalytische Grundlegung und eine Auswahl geeigneter Methoden unerlässlich sind.

3   Unterrichtspraktische Überlegungen und Hinweise

3.1 Einsatzmöglichkeiten für den Umgang mit lyrischen Texten im Unterricht

Neben ausgewählten Einzelstunden und dem Vorlesen von Gedichten sollte der Umgang mit Gedichten zu etwas Alltäglichem werden.

Damit die Schülerinnen und Schüler immer wieder individuell mit Gedichten arbeiten können, empfiehlt es sich, eine Freiarbeitskartei oder eine Schreibwerkstatt zu lyrischen Texten einzurichten. Motivation und Leseinteresse können gerade bei Gedichten nur geweckt werden, wenn den Schülern eine geeignete Auswahl an Texten zur Verfügung steht und unterschiedliche Zugänge zu verschiedenen Gedichten gewählt werden können. Ein vielfältiges Angebot schafft Möglichkeiten,

- selbst die Initiative zu ergreifen,
- Gedichte persönlich auszuwählen (und auch eigene mitzubringen),
- eigene Interessen zu entdecken,
- kooperativ zusammenzuarbeiten,
- den eigenen Erfahrungsbereich zu erweitern,
- kreative Prozesse in Gang zu setzen und
- verschiedene ästhetische Erlebnisse auf sich wirken zu lassen.

In der Literatur finden sich vielfältige Angebote für Lyrikkarteien, sie sollten jedoch mehr als Ideenbörse dienen und erst nach sorgfältiger Prüfung der Verfahren eingesetzt werden.

Gute Anregungen für die Primarstufe finden sich bei Petra Selnar (1998, S. 245 ff.); sie differenziert ihre Kartei einmal nach der Art der Arbeitsaufträge (Dichter-, Künstler-, Komponisten-, Bühnen- und Forscherauftrag), des Weiteren nach inhaltlichen Kriterien (Mut- und Wutgedichte, Jahr- und Zeitgedichte und Sach- und Lachgedichte).

Beispiel aus der Gedichtekartei von Petra Selnar 1998, S. 261):

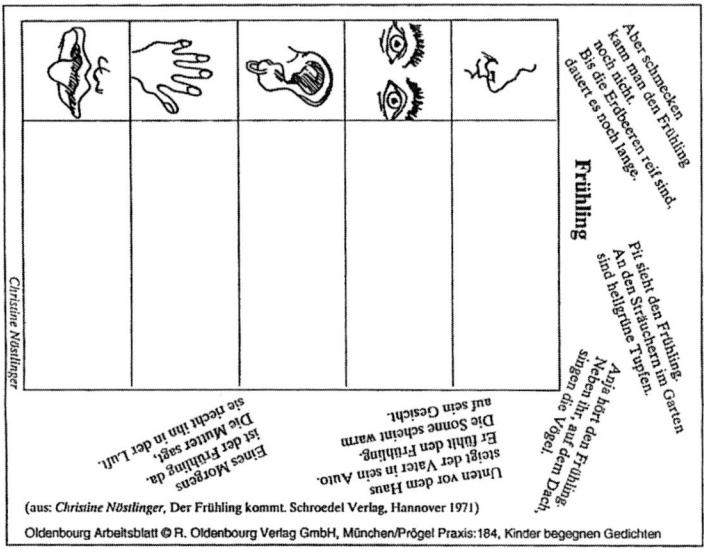

(aus: *Christine Nöstlinger*, Der Frühling kommt. Schroedel Verlag, Hannover 1971)

Oldenbourg Arbeitsblatt © R. Oldenbourg Verlag GmbH, München/Prögel Praxis:184, Kinder begegnen Gedichten

Frühling

Ordne die Strophen in der richtigen Reihenfolge.
Lies genau. Dann erkennst du jeweils ein Zeitwort, das zu einem Bild passt.
Lösungskarte Nr.

Mutter, Vater, Anja und Pit sind Figuren, die sich Christine Nöstlinger ausgedacht hat, um zu zeigen, wie man den Frühling mit allen seinen fünf Sinnen erleben kann.
Tausche die Personen aus.
Schreibe von dir und von Menschen, die du magst.
Du darfst dabei auch Textteile verändern. Man kann den Frühling auch bei anderen Gelegenheiten und an anderen Orten riechen, sehen, hören, fühlen und schmecken.

Das Nöstlinger-Original oder dein Gedicht kann das erste Blatt in einem **Frühlingsgedichtebuch** werden.
Sammle Frühlingsgedichte, die dir gut gefallen. Du findest sie in Lesebüchern, Gedichtbänden und Zeitschriften, auf Kalenderblättern und Postkarten.
Schreibe sie ab und gestalte Schmuckblätter. Am Ende malst du ein Deckblatt, auf das du auch gepresste Blüten kleben kannst.
Binde alle Blätter mit einem Wollfaden oder einem Geschenkband zusammen.

Oldenbourg Arbeitsblatt © R. Oldenbourg Verlag GmbH, München/Prögel Praxis:184, Kinder begegnen Gedichten

Für die Sekundarstufe finden sich viele Vorschläge in der Gedichte-Kartei von Jochen Hering (2004). Im Gegensatz zu Petra Selnar differenziert er nach Methoden:

Malen zu Gedichten; Bilder bedichten; Geschichten zu Gedichten erzählen; Reimwörter, Reimpaare, Reimformen – das Reimen lernen; Gedichten einen Sinn geben durch betontes Sprechen usw.

Beispiel aus der Arbeitskartei von Jochen Hering (2004, S. 85):

65   Ein Gedicht zum Klingen bringen

Bildhafte Sprache musikalisch begleiten

Mondnacht

1 Es war, als hätt der <u>Himmel</u>   *Glockenspiel* /\ *(leise)*

Die Erde still geküsst,

Dass sie im Blütenschimmer

Von ihm nur träumen müsst.

5 Die Luft ging durch die Felder,

Die Ähren wogten sacht,

Es rauschten leis die Wälder,

So sternklar war die Nacht.

Und meine Seele spannte

10 Weit ihre Flügel aus,

Flog durch die stillen Lande,

Als flöge sie nach Haus.

Joseph von Eichendorff

Gruppenarbeit: Besorgt euch einfache Instrumente (ein Stabspiel, eine Flöte, ein Tamburin, Klangstäbe, eine Rassel, eine Trommel, ein Glöckchen oder Ähnliches).

Während eine von euch das Gedicht vorträgt,
versuchen die anderen,
die Wörter mit ihren Instrumenten zu untermalen.

Dazu müsst ihr euch Zeit lassen, ausprobieren,
genau hinhören, etwas anderes ausprobieren,
bis ihr mit eurer Arbeit zufrieden seid.

Wenn ihr euer musikalisches Gedicht fertig habt,
könnt ihr es den anderen in der Klasse vorstellen.

Um den Schülerinnen und Schülern auch vielfältige Gestaltungsmöglichkeiten zu geben, empfiehlt es sich, verschiedene Papiersorten und Schreibwerkzeuge bereitzuhalten, einschließlich eines Computers.

Neben den von der Lehrerin oder dem Lehrer ausgewählten Gedichten sollten Kinder Zugang zu einem breiten Angebot an Gedichten – auch aus der 'Erwachsenenlyrik' – erhalten. Deshalb könnte man mehrere Gedichtsammlungen auslegen und die Schüler immer wieder auffordern, Lieblingsgedichte aufzuschreiben oder vorzulesen.

3.2 Überarbeiten und Bewerten produktiver Aufgaben im Umgang mit Lyrik

Nach der produktiven Aufgabe ist man als Lehrer oft ratlos, was man mit den verschiedenen Texten, Zeichnungen o.ä. der Schülerinnen und Schüler tun soll. Welche Art der Auswertung ist angemessen? Sollen die Aufgaben überarbeitet und bewertet werden?

Die didaktische Diskussion ist hier äußerst ambivalent bis kontrovers.

Im Hinblick auf die Auswertung ist es wichtig, dass produktive Aufgaben ihren deutlichen Stellenwert im Unterricht erhalten. Wenn produktive Aufgaben in Einzelarbeit durchgeführt werden, kann man nicht die Ergebnisse jedes einzelnen vorlesen lassen, hier bietet sich ein Austausch in Kleingruppen an. Auch eine optische Präsentation als Plakat, als Gedichtekiste usw. ist möglich. Damit der Literaturunterricht auch im Bereich der Lyrik spannend bleibt, ist es wichtig, nicht nur bei den Arbeitsaufträgen, sondern auch bei der Auswertung auf Abwechslung zu achten.

Zur Bewertung kann man sich nicht pauschal äußern. In Übereinstimmung mit Spinner (Spinner 1999, S. 40) kann man sicher behaupten, dass sich assoziativ-subjektive Verfahren nur schlecht bewerten lassen. Andererseits kann man – gerade wenn z.B. formale Kriterien gegeben sind – die Einhaltung dieser Kriterien als Benotungsgrundlage benützen. Sollen beispielsweise Schüler ein Elfchen, Haiku oder Rondell verfassen oder eine bestimmte Reimstruktur nachahmen, kann man die Erfüllung dieser Vorgaben, neben inhaltlichen Aspekten, sehr wohl vergleichen. Andere relevante Kriterien wären die innere Kohärenz, also der Zusammenhang einzelner Teile des Gedichtes, oder der Bezug von Aufgabe zum Text. Soll zum Beispiel eine Fortsetzung eines Gedichtes geschrieben werden, müssen Anknüpfungspunkte des Ausgangstextes erkennbar sein (z.B. Erkennen der Grundstimmung). Daneben treten sicher noch weniger fassbare Kriterien wie das Verwenden bildhafter Sprache, originelle Einfälle, Detaildarstellung usw., die hier nicht weiter erörtert werden können.

Eine andere Variante wäre das Anlegen einer Gedichtemappe, in der die Kinder ihre kreativen Aufgaben sammeln und die dann entweder auf Grund ihres 'Gesamteindrucks' bewertet wird, wobei sich auch die Entwicklung einzelner

Schülerinnen und Schüler zeigt oder aus der man in Absprache mit den Kindern einzelne Texte auswählt, die dann bewertet werden.

3.3 Präsentieren der Ergebnisse

Nicht nur beim Auswerten, sondern auch beim Präsentieren von lyrischen Texten sind abwechslungsreiche Verfahren unerlässlich, um die Neugierde der Kinder immer wieder neu zu wecken. Im Kontext der Präsentation kann man darüber nachdenken, wie man besonders 'wertvolle' Gedichte verschenken kann. Einige Möglichkeiten seien kurz erwähnt:

- Themenhefte

    können von einzelnen Kindern individuell oder von der ganzen Klasse gemeinsam gestaltet werden. Hier bieten sich Jahreszeiten- oder Brauchtumshefte an.

- Gedichtplakate

    sind sinnvoll, wenn schreibgestaltende oder künstlerische Aufträge den anderen vorgestellt werden sollen.

- Gedichtekisten

    bieten sich vor allem bei längeren Erzählgedichten an.

- Gedichteaufführungen

    sind interessant, wenn arbeitsteilige Aufträge bearbeitet werden und die Gruppen ihre Ergebnisse vorstellen.

- Gedichte können als Geschenk verpackt werden, indem man sie
    - als Leporellos in Zündholzschachteln klebt und das Äußere entsprechend dem Inhalt verziert,
    - als Lesezeichen oder Button gestaltet,
    - auf eine Stofftasche schreibt,
    - als Tischset laminiert,
    - als Adventskalender gestaltet,
    - als Flaschenpost verpackt u. ä.

Literaturverzeichnis

Primärliteratur (Anthologien)

Andresen, Ute (Hrsg.): Im Mondlicht wächst das Gras. Gedichte für Kinder und alle im Haus. Ravensburg: Maier 1991.

Fühmann, Franz: Die dampfenden Hälse der Pferde im Turm von Babel. Berlin: Kinderbuchverlag 1978.

Gelberg, Hans-Joachim (Hrsg.): Geh und spiel mit dem Riesen. Weinheim, Basel: Beltz 1971.

Gelberg, Hans-Joachim (Hrsg.): Überall und neben dir. Gedichte für Kinder. Weinheim, Basel: Beltz 1986.

Gelberg, Hans-Joachim (Hrsg.): Großer Ozean. Gedichte für alle. Weinheim, Basel: Beltz 2000.

Guggenmos, Josef: Was denkt die Maus am Donnerstag? 123 Gedichte für Kinder. Illustr. v. G. Stiller. 5. Aufl. München: dtv 1975 (zuerst Recklinghausen: Bitter 1967).

Guggenmos, Josef: Sieben kleine Bären. Geschichten und Gedichte für Kinder. Illustr. v. H. Lentz. 3. Aufl. München: dtv 1976 (zuerst Recklinghausen: Bitter 1971).

Guggenmos, Josef: Das Geisterschloß. Bilder v. K. Pitter. Reinbek: rotfuchs 1974.

Guggenmos, Josef: Der kleine Elefant marschiert durchs Land. Geschichten und Gedichte für Kinder. Illustr. v. E. J. Rubin. München: dtv 1977.

Guggenmos, Josef: Der Hase, der Hahn und die Kuh im Kahn. Illustr. v. W. Blecher. München: dtv 1977.

Guggenmos, Josef: Es las ein Bär ein Buch im Bett. Zungenbrecher von A – Z. Illustr. v. B. Oberdieck. Recklinghausen: Bitter 1978.

Halbey, Hans Adolf (Hrsg.): Von wegen – die lieben Kleinen!! 70 Versgedichte über ungezogene Kinder. Zürich: Sanssouci 1997.

Kliewer, Hans-Jürgen (Hrsg.): Die Wundertüte. Alte und neue Gedichte für Kinder. Stuttgart: Reclam 1989.

Kliewer, Hans-Jürgen und Ursula (Hrsg.): Über den halben Himmel. Gedichte für die Grundschule. Baltmannsweiler: Schneider 2002.

Krüss, James: So viele Tage wie das Jahr hat. 365 Gedichte für Kinder und Kenner. Gütersloh: Mohn 1959.

Krüss, James: Der wohltemperierte Leierkasten. Gütersloh: Mohn 1961.

Krüss, James (Hrsg.): Gedichte für ein ganzes Jahr. Ravensburg: Ravensburger 1966.

Krüss, James: Naivität und Kunstverstand. Gedanken zur Kinderliteratur. 2. Aufl. Weinheim, Basel: Beltz 1970.

Krüss, James: Seifenblasen zu verkaufen. Das große Nonsens-Buch mit Versen aus aller Welt. Für jung und alt. Gütersloh: Mohn 1972.

Krüss, James: Der fliegende Teppich. Hamburg: Oetinger 1976.

Maar, Paul: Dann wird es wohl das Nashorn sein. Weinheim, Basel: Beltz 1988.

Morgenstern, Christian: Liebe Sonne, liebe Erde. Ein Kinderliederbuch. Illustr. v. E. Eisgruber. Oldenburg: Stalling 1943.

Ringelnatz, Joachim: Kinder-Verwirr-Buch. Berlin: Rowohlt 1931.

Zakis, Ursula: Wenn die weißen Riesenhasen abends übern Rasen rasen. Kindergedichte aus vier Jahrhunderten. Zürich: Sanssouci 1988.

Sekundärliteratur

Abraham, Ulf: Vorstellungsbildung und Literaturunterricht. In: Spinner, Kaspar H.(Hrsg.): Neue Wege im Literaturunterricht. Hannover: Schroedel 1999, S. 10 ff.

Andresen, Ute (Hrsg.): Versteh mich nicht so schnell. Gedichte lesen mit Kindern. 2. Aufl. Weinheim: Quadriga 1993.

Böttcher, Ingrid (Hrsg.): Kreatives Schreiben. Berlin: Cornelsen 1999.

Doderer, Klaus: Kinderlyrik. In: Doderer, Klaus (Hrsg.): Lexikon der Kinder- und Jugendliteratur. Bd. 2. Weinheim, Basel: Beltz 1977, S. 197–198.

Ewers, Hans-Heino: Kinderlyrik als Naturlyrik. Vom romantischen Kindergedicht zur westdeutschen Kinderlyrik der Nachkriegszeit (mit Anmerkungen zum kinderlyrischen Werk von James Krüss und Josef Guggenmos). In: Nassen, Ulrich (Hrsg.): Naturkind, Landkind, Stadtkind. München: Fink 1995, S. 177–197.

Forytta, Claus/Hanke, Eva (Hrsg.): Lyrik für Kinder – gestalten und aneignen. Frankfurt a. M.: Arbeitskreis Grundschule 1989.

Franz, Kurt: Kinderlyrik. Struktur, Rezeption, Didaktik. München: Fink 1979.

Franz, Kurt/Gärtner, Hans (Hrsg.): Kinderlyrik zwischen Tradition und Moderne. Baltmannsweiler: Schneider 1996.

Franz, Kurt: Moralgedicht und Sprachscherz. Kinderlyrik im historischen Prozeß. In: Franz, Kurt/Gärtner, Hans (Hrsg.): Kinderlyrik zwischen Tradition und Moderne. Baltmannsweiler: Schneider 1996, S. 5–29.

Franz, Kurt: „Kommt ein Kühlschrank geflogen …“. Verfremdung von Kinderlyrik in der Sprache der Gegenwart. In: Franz, Kurt/Gärtner, Hans (Hrsg.): Kinderlyrik zwischen Tradition und Moderne. Baltmannsweiler: Schneider 1996, S. 111–147.

Franz, Kurt: Sprache und Poesie des Kindes. Seine Reime und Gedichte. In: Buch – Partner des Kindes. Wien: ÖBV 1998, S. 113–129 und S. 196–199.

Gelberg, Hans-Joachim: Auf der Suche nach neuen Gedichten für Kinder. In: JuLit 1993, H. 2, S. 47–59.

Gien, Gabriele: Lyrik im Cafe'. In: Metzger, Klaus/ Köppert Christine (Hrsg.): Entfaltung innerer Kräfte. Velber: Friedrich 2001, S. 163 ff.

Haas, Gerhard: Handlungs- und produktionsorientierter Literaturunterricht. Seelze: Kallmeyer 1997.

Haas, Gerhard/Spinner Kaspar H./Menzel Wolfgang: Handlungs- und produktionsorientierter Literaturunterricht. In: Praxis Deutsch 1994, H. 123, S. 17–25.

Hering, Jochen: Gedichtekartei. Horneburg: Persen 2004.

Kliewer, Heinz-Jürgen: Elemente und Formen der Lyrik. Ein Curriculum für die Primarstufe. Baltmannsweiler: Schneider 1974.

Kliewer, Heinz-Jürgen: Ein Schmetterling ist ein Schmetterling oder Gibt es Naturlyrik für Kinder? In: Nassen, Ulrich (Hrsg.): Naturkind, Landkind, Stadtkind. München: Fink 1995, S. 163–175.

Kliewer, Heinz-Jürgen und Ursula: Gedichte im Unterricht. Grundschule und Orientierungsstufe. Baltmannsweiler: Schneider 2002.

Kohl, Eva Maria: Spielen mit Sprache. In: Die Grundschulzeitschrift 2003, Sonderheft.

Lorbe, Ruth: Kinderlyrik. In: Haas, Gerhard (Hrsg.): Kinder- und Jugendliteratur. Zur Typologie einer literarischen Gattung. Stuttgart: Reclam 1974, S. 178–219.

Lorbe, Ruth: Kinderlyrik. In: Haas, Gerhard (Hrsg.): Kinder- und Jugendliteratur. Ein Handbuch. 3. völlig neu bearb. Aufl. Stuttgart: Reclam 1984, S. 339–368.

Mattenklott, Gundel: Gedichte sind gemalte Fensterscheiben. Lyrik für Kinder heute. In: JuLit 1993, H. 2, S. 8–10.

Menzel, Wolfgang: Vom sprachlichen Handeln zum Text. In: Praxis Deutsch 1994, H. 123, S. 63–68.

Payrhuber, Franz-Josef: Gedichte im Unterricht – einmal anders. Praxisbericht mit vielen Anregungen für das fünfte bis zehnte Schuljahr. München: Oldenbourg 1993.

Reichgeld, Manfred: Gedichte in der Grundschule. München: Oldenbourg 1993.

Reger, Harald: Kinderlyrik in der Grundschule. Literaturwissenschaftliche Grundlegung – Schülerorientierte Didaktik. 4. Aufl. Baltmannsweiler: Schneider 2000.

Ricœur, Paul: Die lebendige Metapher. München: Fink 1986.

Schulz, Gudrun: Wie gehen Kinder mit Geschichten um? In: Grundschulunterricht 1995, H. 9, S. 9–14.

Schulz, Gudrun: „Der Mond, der ist gestorben …“. Kinder auf dem Weg zu metaphorischer Kompetenz. In: Gärtner, Hans/Franz, Kurt (Hrsg.): Kinderlyrik zwischen Tradition und Moderne. Baltmannsweiler: Schneider 1996, S. 148–162.

Schulz, Gudrun: Umgang mit Gedichten. Geschichtewerkstatt, Karteikarten für die Freiarbeit, Anregungen für Spiele und Projekte. München: Oldenbourg 1998.

Selnar, Petra: Kinder begegnen Gedichten. München: Oldenbourg 1998.

Spinner, Kaspar H.: Die eigenen Lernwege unterstützen. Die sog. Kognitive Wende in der Deutschdidaktik. In: Spinner, Kaspar H. (Hrsg.): Neue Wege im Literaturunterricht. Hannover: Schroedel 1999, S. 4ff.

Spinner, Kaspar H.: Produktive Verfahren im Literaturunterricht. In: Spinner, Kaspar H. (Hrsg.): Neue Wege im Literaturunterricht. Hannover: Schroedel 1999, S. 33ff.

Spinner, Kaspar H.: Umgang mit Lyrik. 4. Auflage. Baltmannsweiler: Schneider 2000.

Spinner, Kaspar H.: Kreativer Deutschunterricht. Seelze: Kallmeyer 2001.

Spinner, Kaspar H.: Synästhetische Bildung in der Grundschule. Donauwörth: Auer 2002

Stadler, Bernd: Sprachspiele in der Grundschule. 2. Aufl. Donauwörth: Auer 1986.

Steffens, Wilhelm: Spielen mit Sprache im ersten bis sechsten Schuljahr. Baltmannsweiler: Schneider 1998.

Vogdt, Ines-Bianca: … mit den Worten des Kindes. Kinderlyrik und Lyrik der Moderne. Seitenblicke auf eine rätselhafte Beziehung. In: Ewers, Hans-Heino [u. a.] (Hrsg.): Kinder- und Jugendliteraturforschung 1997/98. Stuttgart: Metzler 1998, S. 32–47.

Waldmann, Günter: Produktiver Umgang mit Literatur im Unterricht: Grundriss einer produktiven Hermeneutik. Theorie – Didaktik – Verfahren – Modelle. 3. Aufl. Baltmannsweiler: Schneider 2000 (Deutschdidaktik aktuell; 1).

Waldmann, Günter: Produktiver Umgang mit Lyrik. Eine systematische Einführung in die Lyrik, ihre produktive Erfahrung und ihr Schreiben. Für Schule (Primar- und Sekundarstufe) und Hochschule sowie zum Selbststudium. 7. Aufl. Baltmannsweiler: Schneider 2001.

Waldmann, Günter: Neue Einführung in die Literaturwissenschaft. Baltmannnsweiler: Schneider 2003.

Wallrabenstein, Wulf: Mit Kindern Gedichte entdecken. In: Die Grundschulzeitschrift 2004, H. 174, S. 6ff.

Zeitschriften

Die Grundschulzeitschrift 1990, H. 128: Kinder und Lyrik.

Die Grundschulzeitschrift 2004, H. 174: Gedichte erschließen.

Praxis Deutsch 1991, H. 105: Gedicht-Vergleich.

HANS LÖSENER

Konzepte der Dramendidaktik

1 Einleitung

Nicht erst in der neueren Literaturdidaktik gelten Dramentexte als schwieriger Unterrichtsgegenstand, schon Anfang der siebziger Jahre beklagte Gert Kleinschmidt, dass sich die Schule mit dem Drama so schwer tue (Kleinschmidt 1970, S. 43). Umso dringlicher stellt sich daher die Frage nach einer Legitimation der Dramenbehandlung im Deutschunterricht. Dabei dürfte es kaum ausreichen, auf Lessings Auffassung vom Theater als Mittel zur Erziehung des Menschengeschlechts oder auf Schillers Plädoyer für die Schaubühne als moralische Anstalt hinzuweisen, nicht nur weil die Rezeptionsbedingungen für Theateraufführungen im Zeitalter der multimedialen Unterhaltungskultur neu zu überdenken sind, sondern vor allem weil Lessings und Schillers Blick auf das Theater, eben auf die Schaubühne gerichtet ist und nicht auf den Dramentext als solchen, um den es im Unterricht in erster Linie geht. Denn die grundlegenden Probleme des Dramenunterrichts erwachsen ja aus der 'Textualität' des Dramas, weshalb im Zentrum der Dramendidaktik jene Fragen stehen, die das Lesen, genauer gesagt das Verhältnis zwischen Lesen und Inszenieren betreffen: Schließen beide Tätigkeiten einander aus oder ergänzen sie sich vielmehr? Sind Dramentexte überhaupt als Lesetexte geeignet? Brauchen sie nicht die Inszenierung auf der Bühne? Kann die Inszenierung die Lektüre ersetzen oder die Lektüre die Inszenierung? Da jeder Versuch, Antworten auf diese Fragen zu finden, weitreichende Konsequenzen für die didaktische Modellbildung nach sich zieht, sollen dem folgenden Überblick über verschiedene dramendidaktische Konzeptionen einige grundsätzliche Überlegungen zum Verhältnis zwischen Lektüre und Inszenierung vorangestellt werden. Im Mittelpunkt dieser Überlegungen stehen drei Formen der Inszenierung, nämlich die 'aufgeführte Inszenierung', die auf der Bühne realisiert wird, die 'mentale Inszenierung' im Kopf des Dramenlesers und die in den Dramentext selbst eingeschriebene 'implizite Inszenierung' (Kap. 2: Drei Formen der Inszenierung). Obwohl sie in einem gegenseitigen Abhängigkeitsverhältnis stehen, handelt es sich doch um jeweils verschiedene Realisierungen der Tätigkeit des Inszenierens, weshalb jede Inszenierungsform unterschiedliche didaktische Zugänge zum Umgang mit dem Drama im Unterricht eröffnet. Wer die aufgeführte Inszenierung privilegiert, wird eher zu spielorientierten Dramendidaktiken neigen, wer dagegen von der mentalen Inszenierung des Lesers ausgeht, wird produktionsorientierten Modellen den Vorzug geben, und wem es in erster Linie um die Entdeckung der impliziten Inszenierung im Text geht, wird den Schwerpunkt auf textorientierte Unterrichtskonzepte legen. Jede dieser drei Möglichkeiten wird im zweiten Teil des Beitrags anhand je eines didaktischen Konzepts vorgestellt werden (Kap. 3: Dramendidaktische Modelle). Als Beispiel für eine spielorientierte Dramendidaktik dient Ingo Schellers Konzeption der szenischen Interpretation (Kap. 3.1: Das Konzept der szenischen Interpretation). Anhand von Günter Waldmanns Vorschlägen für einen produktiven Umgang mit Dramentexten werden Formen der produktionsorientierten Dramendidaktik diskutiert (Kap. 3.2: Elemente einer produktionsorientierten Dramendidaktik), und mit Harald Frommers Überlegungen zur Dramenlektüre wird eine textorientierte Dramendidaktik vorgestellt (Kap. 3.3: Die Inszenierung im Text entdecken). Im letzten Abschnitt schließlich wird noch einmal nach der Legitimation des Dramas als Unterrichtsgegenstand gefragt (Kap. 4: Die Schule des Dramas).

2 Drei Formen der Inszenierung

Wir sind es gewohnt, das 'Lesen' und das 'Inszenieren' eines Dramentextes als zwei grundverschiedene Tätigkeiten zu begreifen: Wer ein Drama liest, hat noch nicht angefangen, es zu inszenieren, und wer es inszeniert, hat es schon gelesen, was bedeutet, dass die Inszenierung auf die Lektüre folgt und somit nicht selbst Teil der Lesearbeit sein kann. Diese Trennung zwischen Lektüre und Inszenierung entspricht dem landläufigen Verständnis des Begriffs der Inszenierung, über den man etwa im *Metzler Literatur Lexikon* Folgendes erfährt:

> **Inszenierung,** f., Einrichtung und Einstudierung eines Bühnenstückes (Schauspiel und Oper) für eine Aufführung auf dem Theater. Die I. umfaßt die Bearbeitung des Stückes (→ Bühnenbearbeitung, → Bühnenmanuskript), die Besetzung der Rollen, die Herstellung von Bühnenbild und Kostümen, die Regie (Wortregie, Bewegungsregie, Szenenregie); hinzu kommt gegebenenfalls die musikal. Einstudierung. (Schweikle 1990, S. 221 f.)

Vom Lesen ist hier zunächst nicht die Rede. Die Arbeit an der Inszenierung setzt – so legt es der Lexikonartikel nahe – erst nach Abschluss der Textlektüre ein: mit der Herstellung einer Bühnenbearbeitung, dem Besetzen der Rollen und dem Einstudieren des Stückes. Deutlicher könnte die Abkopplung der Inszenierung von der Lektüre kaum sein. Und doch ist das Lesen auch hier allgegenwärtig. Denn die „Einrichtung und Einstudierung" des Bühnenstückes wird von einer ebenso intensiven Text-, also Lesearbeit begleitet wie die Erarbeitung der Wort-, Bewegungs- und Szenenregie. Anders als es zunächst scheint, impliziert der Begriff der Inszenierung also mitnichten eine strikte Trennung zwischen der Lektüre- und der Inszenierungsarbeit. Vielmehr geht jede dramaturgische Inszenierungstätigkeit mit einer vielfältigen Vertiefung und Differenzierung jener Lesetätigkeit einher, die vor der sichtbaren szenischen Umsetzung begonnen hat. Die Inszenierung beruht also nicht nur auf der Lektüre, sondern setzt diese auch fort. Aus dem Blickwinkel der Inszenierung kann es daher schwerlich einen Gegensatz zwischen den Tätigkeiten des Lesens und des Inszenierens geben. Aber wie stellt sich dieses Verhältnis aus der Perspektive der Lektüre dar? Beginnt auch in der Lesearbeit bereits die Arbeit an der Inszenierung? Um diese Frage zu beantworten, ist es notwendig, das Phänomen der Inszenierung genauer zu fassen und mindestens drei Formen der Inszenierung zu unterscheiden, nämlich die aufgeführte (Theater-)Inszenierung, die mentale (Lese-)Inszenierung und die implizite (Text-)Inszenierung. Diese drei Inszenierungsbegriffe stehen, wie aus der nachfolgenden Graphik hervorgeht, in einem bestimmten Abhängigkeitsverhältnis.

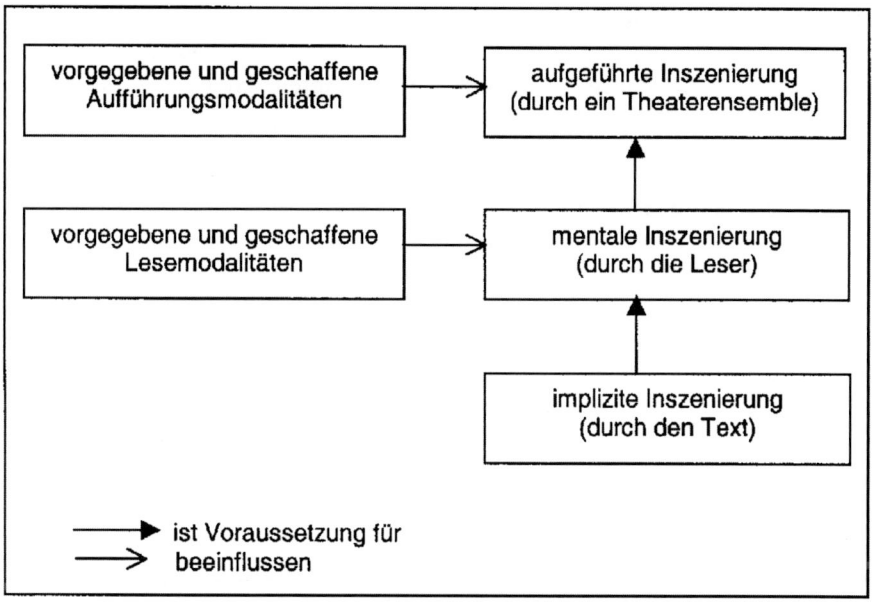

Abb. 1 Bezüge zwischen den verschiedenen Ebenen der Inszenierung

Zunächst einige Bemerkungen zur **aufgeführten Inszenierung**, die im Mittelpunkt des eingangs zitierten Lexikonartikels stand. Sie ist das Ergebnis eines meist kollektiven Arbeitsprozesses, bei dem eine Reihe von Aufführungsparametern (Bühne, Personal etc.) vorgegeben sind, andere wiederum durch die Probenarbeit modifiziert oder erst hergestellt werden (Bühnenbild, Kostüme, Requisiten) oder sich erst im Moment der Aufführung konstituieren (Publikum), und bei dem das Drama als Theaterstück noch einmal neu als in sich stimmige Ganzheit geschaffen werden muss. Obwohl der Maßstab für das Gelingen der aufgeführten Inszenierung die Wirkung auf das Publikum und nicht die Treue zur Textvorlage ist, geht es den meisten Theaterensembles in der Regel auch um eine Annäherung an das dramatische Wirkungspotential des schriftlich vorliegenden Textes. Die aufgeführte Inszenierung steht daher notwendigerweise in einer dialektischen Spannung zu den imaginierten Inszenierungen der Ensemblemitglieder und des Regisseurs. Jede aufgeführte Inszenierung setzt also eine Art innere Inszenierungsarbeit voraus, darf jedoch nicht einfach als 1 : 1-Umsetzung verschiedener Inszenierungsvorstellungen betrachtet werden, da die aufgeführte Inszenierung das Ergebnis eines Arbeitsprozesses ist, in dem eine Reihe von sich gegenseitig modifizierenden Inszenierungsgrößen miteinander interagieren (Text, Regisseur, Ensemble, gegenwärtige Theaterpraxis, räumliche und zeitliche Voraussetzungen, konzeptuelle Vorgaben, Bühnen- und Finanzverhältnisse etc.). Dennoch spielen in diesem Entstehungsprozess die inneren – oder wie es im Folgenden heißen wird –, die mentalen Inszenierungen des Regisseurs und der Akteure zweifellos eine Schlüsselrolle. Ein Großteil der Probearbeit dient daher der schauspielerischen Umsetzung und der gegenseitigen Annäherung der verschiedenen Inszenierungsentwürfe. Bereits aufgrund dieser engen Verflechtung zwischen aufgeführter und mentaler Inszenierung lässt sich die Arbeit an der Aufführung von der Lesearbeit überhaupt nicht trennen.

Die **mentale Inszenierung** findet auf einer „inneren Bühne" (Willenberg 1999, S. 99), also in der Vorstellung des Lesers, statt; sie realisiert sich als „simulierte Inszenierung" (Henze 1987, S. 10) während des Leseaktes und verlangt daher eine Praxis der „aufführungsbezogenen Lektüre" (Payrhuber 1991, S. 74ff.). Entscheidende Voraussetzung für die mentale Inszenierung ist also die Ausbildung bestimmter Lesefähigkeiten. Denn bekanntlich ist nicht jeder, der lesen kann, deshalb auch schon in der Lage, Dramen zu lesen (vgl. etwa Renk 1980, S. 7ff. und Frommer 1995, S. 45). Die mentale Inszenierung eines Dramentextes ist in der Tat etwas anderes als die innere Vergegenwärtigung einer Passage aus einem Roman. Wer ein Drama wie eine Erzählung oder einen Roman liest, wird unweigerlich den Eindruck gewinnen, einen unvollständigen Text vor sich zu haben. Er muss glauben, es mit einem Textgerippe zu tun zu haben, bei dem nur noch die wörtliche Rede und einige Beschreibungsfetzen übrig geblieben sind, und wird leicht zu dem Schluss gelangen, dass Dramentexte eben nicht eigentlich zum Lesen geeignet sind. Dies ist allerdings ein voreiliger Schluss, denn nicht die Art des Textes verhindert den Lesezugang, sondern die Art des Lesens den Textzugang. Was not tut, ist daher eine andere Art des Lesens, ein Lesen, das den Text von seinen dramatischen Qualitäten her begreift und die Inszenierung in der Lektüre beginnen lässt. Ein solches Erlesen der textuellen Inszenierung, also des Textes 'als Theaterstück' bezeichne ich als mentale Inszenierung. August Wilhelm Schlegel war diese Lesepraxis nicht fremd, wie eine Passage aus seiner zweiten, 1809 erschienenen Vorlesung über dramatische Kunst und Literatur zeigt:

> Es ist offenbar, daß in der Form der dramatischen Poesie, d. h. in der Vorstellung einer Handlung durch Gespräche ohne alle Erzählung, die Anforderung des Theaters als ihrer notwendigen Ergänzung schon liegt […]. Wir sind schon darauf geübt, beim Lesen dramatischer Werke uns in die Aufführung hinzuzudenken (Schlegel 1966, S. 30).

Die mentale Inszenierung hängt nicht allein von den Lesefähigkeiten des Lesers, sondern auch von seinen Erfahrungen mit aufgeführten Inszenierungen ab, denn das mentale Inszenieren setzt voraus, dass eine irgendwie geartete Vorstellung von der Spielpraxis des Theaters bereits vorhanden ist. Insofern beginnt das Lesenlernen von Dramen wohl meist im Theater selbst, im Erlebnis des Theaterspiels als Zuschauer oder Mitspieler. Die Erinnerung an aufgeführte Inszenierungen liefert dann das „Material" für die eigene Inszenierungsarbeit des Lesers. Wenn die mentale Inszenierung als erster, notwendiger Schritt zur Realisierung der aufgeführten Inszenierung anzusehen ist, so stellen Erfahrungen mit aufgeführten Inszenierungen also ihrerseits eine Voraussetzung für das Erlernen der mentalen Inszenierungsarbeit dar. Dies ist aber nur eine, nämlich die situative, leserbezogene Voraussetzung für die Möglichkeit der mentalen Inszenierung. Die 'textuelle' Voraussetzung der mentalen Inszenierung liegt in der impliziten Inszenierung des Textes, von der im folgenden Abschnitt die Rede sein wird. Festzuhalten ist zunächst einmal, dass auch die mentale Inszenierung nicht einfach als Umsetzung der impliziten Inszenierung aufgefasst werden darf. Denn jeder Leser steht in anderen historischen Bezügen, hat einen anderen Zugang zu den impliziten Inszenierungsmomenten des Textes und imaginiert den jeweiligen Dramentext deshalb auf seine, ihm gemäße Weise. Die mentale Inszenierung resultiert folglich aus der dialektischen Beziehung zwischen der impliziten Inszenierung des Textes und den vorgegebenen und geschaffenen Modalitäten des Lesens (vgl. Abb. 1).

Der Begriff **implizite Inszenierung** schließlich bezeichnet diejenige Dimension der Inszenierung, die durch den Text selbst geschaffen wird. Wie sich die implizite Inszenierung in dem jeweiligen Dramentext artikuliert, welche Inszenierungsgrößen (Raum, Sprache, Körper, Bewegung, Beleuchtung etc.) jeweils inszeniert werden und in welcher Weise, wird sich von Drama zu Drama und von Autor zu Autor und von Theatertradition zu Theatertradition unterscheiden. Dennoch wird es wohl keinen Dramentext geben, in dem überhaupt kein Moment einer impliziten Inszenierung zu finden wäre. Bereits die Zuweisung von Äußerungen an zwei unterschiedliche Personen bewirkt ja eine Vielzahl von impliziten Inszenierungseffekten (Sprechhaltungen, Sprechweisen, Positionen im Raum etc.). Um die implizite Inszenierung lesen zu lernen, muss man zunächst von der weit verbreiteten Vorstellung Abschied nehmen, dass die Inszenierung eines Dramas Sache des jeweiligen Regisseurs im Theater sei und dass der Text lediglich das Material für die Erarbeitung einer originären Aufführung liefere. Träfe dies zu, dann wäre die Lektüre von Dramentexten in der Tat eine recht trockene Angelegenheit, und es wäre kaum zu rechtfertigen, warum Schüler Texte lesen sollten, die nichts anderes darstellten als sprachliches Rohmaterial für die Regie- und Probenarbeit auf der Bühne. Eine Variante dieser Vorstellung ist übrigens die Annahme, dass im Drama der Haupttext sagt, <u>was</u> die Schauspieler sagen, und der Nebentext, <u>wie</u> sie es jeweils sagen und was sie dabei tun (vgl. etwa Mahler 1997, S. 76). Wäre dies der Fall, dann enthielten die meisten Dramentexte nur Fragmente von impliziten Inszenierungen. Die antiken Tragödien, die Dramen Shakespeares oder Racines, in denen sich wenig oder gar keine Nebentexte zu den einzelnen Repliken (= Äußerungen der Personen) finden, wären dann Dramen fast ohne implizite Inszenierungen und damit vielleicht spielbare, aber kaum lesbare Texte. Schon die Tatsache, dass Shakespeares Stücke vor allem als 'Lesedramen' ihren tiefgreifenden Einfluss auf die deutsche Literatur des 18. Jahrhunderts ausgeübt haben, weist darauf hin, dass die Dinge anders liegen. Die implizite Inszenierung hängt nicht vom Vorhandensein oder vom Umfang der in den Nebentexten enthaltenen Szenen- und Spielanweisungen ab, vielmehr resultiert die Behandlung der verschiedenen Inszenierungsgrößen (Sprache, Bewegung, Gebärden, Sprechweisen etc.) aus den Beziehungen der Textelemente zueinander, weswegen etwa bei Goldoni oder Molière Körper- und Sprechhaltungen auch dort allgegenwärtig sind, wo die spärlichen Nebentexte keinerlei Spielanweisungen enthalten.

So wenig wie die mentale Inszenierung ist die implizite Inszenierung unabhängig von der aufgeführten Inszenierung. Die implizite Inszenierung des jeweiligen Dramentextes steht in einem engen Bezug zur historischen Theaterpraxis. Selbst dort, wo bewusst gegen die Möglichkeiten und Konventionen des zeitgenössischen Theaters verstoßen wird, wie im Fall von Goethes *Götz von Berlichingen* oder von Musils *Die Schwärmer*, ist dieser Bezug gegeben. Dennoch sollte nicht übersehen werden, dass das Substantiv 'Inszenierung' in dem Begriff 'implizite Inszenierung' nicht mehr die gleiche Bedeutung hat wie in dem Ausdruck 'aufgeführte Inszenierung'. Der Text inszeniert ein Stück mit anderen Mitteln als ein Theaterensemble: Während im Text die gesamte Inszenierung sprachlich organisiert sein muss, wird sie in der aufgeführten Inszenierung multimedial realisiert. Dennoch suggeriert der Text häufig schon eine ganze Reihe multimedialer Aspekte für die aufgeführte Inszenierung: So können häufig (wenn auch nicht immer) Pausen, Tempowechsel, Überraschungseffekte, Bewegungen im Raum, Körperhaltungen und -aktionen, Sprechweisen und Sprechhaltungen etc., also wesentliche Parameter, die den 'Rhythmus' einer Inszenierung ausmachen, aus der internen Gliederung der einzelnen Repliken, aus den Nebentexten und dem Zusammenspiel der Repliken im dialogischen Gefüge erschlossen werden. Bereits dem Dramentext selbst ist auf diese Weise ein spezifischer Rhythmus eingeschrieben, durch den die implizite Inszenierung ihren je eigenen dramatischen Charakter erhält. Und dieser Rhythmus, der nicht mit einem metrischen Schema oder einer Taktstruktur verwechselt werden darf, da er aus der jeweiligen Artikulation der großen und kleinen Sinneinheiten des Textes entsteht (vgl. Meschonnic 1982 und Lösener 1999), bildet das entscheidende Bindeglied zwischen den verschiedenen Formen der Inszenierung. Die Verwandlung der impliziten Inszenierung in die mentale und der mentalen in die aufgeführte kann nur insofern gelingen, als der dem Drama spezifische Rhythmus beim Übergang von einer Inszenierungsform in die nächste mit hinüber genommen wird. Eine aufgeführte Inszenierung, die den Rhythmus der mentalen Inszenierung ignoriert, wird das Regiekonzept verfehlen, eine mentale Inszenierung, die den Rhythmus der impliziten Inszenierung überliest, das Stück selbst.

Die Tatsache, dass die Inszenierung schon im Text selbst beginnt, bedeutet aber weder, dass es immer leicht ist, diese Inszenierung mitzulesen, noch, dass in allen dramatischen Texten die Ausgestaltung der impliziten Inszenierung den gleichen Prinzipien gehorcht. Grundsätzlich kann man davon ausgehen, dass jeder Text anders inszeniert und andere Inszenierungsgrößen in den Vordergrund rückt. Im textuellen Inszenierungsprozess kommt dennoch drei Inszenierungsgrößen meist eine besondere Bedeutung zu: der Inszenierung des Raums, des Körpers und des Sprechens. Denn erst aus dem Zusammenspiel dieser Größen entsteht das, was wir dann die „Charaktere", die „Handlung", das „Tempo", die „Spannungskurve", die „Atmosphäre" etc. des Stückes nennen. Festzuhalten ist dabei zum einen, dass sich die textuelle Inszenierung der genannten Inszenierungsgrößen sowohl im Nebentext als auch im Haupttext findet und aus dem Zusammenwirken aller Textteile ergibt; und zum anderen, dass sich nicht notwendigerweise von jedem Element der impliziten Inszenierung (hierzu zählen beispielsweise Leitmotive oder Sprechfiguren, die in verschiedenen Szenen bei verschiedenen Sprechern wiederkehren) vorhersagen lässt, wie es in einer aufgeführten Inszenierung umgesetzt werden wird. Nicht unbedingt ist die implizite Inszenierung also als 'direkte' Spielanweisung zu verstehen. Verhielte es sich so, dann gäbe es nur eine einzige 'richtige' aufgeführte Inszenierung, nämlich die, welche die Anweisungen der impliziten Inszenierung genau umsetzt. Dies ist aber nicht der Fall. Die Analyse der impliziten Inszenierung des Textes ersetzt nicht das Inszenierungskonzept eines Regisseurs. Es stellt zwar eine Voraussetzung für die Regiearbeit dar, nicht aber deren Vorwegnahme. Denn die implizite Inszenierung gibt weniger Spielanweisungen als vielmehr Spielwerte vor, d.h., sie schreibt häufig nicht exakt vor, wie ein bestimmtes Element spielerisch umzusetzen ist, sondern legt in der Regel lediglich fest, welchen Wert es im Textzusammenhang (= Textsystem) hat, also in welchen Beziehungen es zu anderen Elementen des Dramas steht. Um die implizite Inszenierung aus dem Text herauszulesen, muss man daher in der Lage sein, immer wieder die systemischen (= textinternen) Bezüge der Elemente zu entdecken. Wenn etwa der gedemütigte Bürger Miller in Schillers *Kabale und Liebe* gegenüber dem mächtigen Präsidenten die Fassung verliert und wie in der folgenden Replik in seine zornige Rede immer wieder ein den Sprachfluss unterbrechendes „Halten zu Gnaden" einflicht:

MILLER *der bis jetzt furchtsam auf der Seite gestanden, tritt hervor in Bewegung, wechselweis für Wut mit den Zähnen knirschend und für Angst damit klappernd.* Euer Exzellenz – Das Kind ist des Vaters Arbeit – Halten zu Gnaden – Wer das Kind eine Mähre schilt, schlägt den Vater ans Ohr, und Ohrfeig um Ohrfeig – Das ist so Tax bei uns – Halten zu Gnaden (Schiller 1784, S. 49).

so kann diese Unterwürfigkeitsfloskel auf unterschiedliche Art und Weise into-
natorisch umgesetzt werden (verzweifelt, demütig, erschrocken, zornig etc.);
entscheidend ist – und das gibt die implizite Inszenierung durch die Segmentie-
rung der Äußerungen Millers vor –, dass diese Wendung einen Gegenwert im
Redefluss Millers darstellt, dessen Sprechen somit ganz unter der gegensätzli-
chen Spannung von Angst und Wut steht, einer Spannung, die seine Rede regel-
recht zerreißt.

Die Überwindung der klassischen Polarisierung zwischen Theatralität und Textualität, die durch die Differenzierung zwischen den drei Formen der Inszenierung ermöglicht wird, bildet eine Voraussetzung für die didaktische Modellbildung. Denn erst, wenn Lektüre und Inszenierung nicht mehr als Gegensätze
gedacht werden, kann der Dramentext selbst (und nicht nur seine Aufführung)
zum Unterrichtsgegenstand werden. In den meisten neueren Dramendidaktiken
werden deshalb auch immer wieder die Verknüpfungen und Übergänge zwischen Lektüre und Inszenierung nutzbar gemacht und in handlungsorientierte
Lektüremodelle überführt.

3 Dramendidaktische Modelle

Didaktische Modellbildung und unterrichtliche Praxis sind auch in der Dramendidaktik nicht immer deckungsgleich. Tatsächlich wird in der gegenwärtigen
Unterrichtspraxis der Frage nach der Beziehung zwischen Lektüre und Inszenierung häufig nur ein marginales Interesse entgegengebracht. Meist werden Dramentexte in der Sekundarstufe I und II immer noch wie epische Texte gelesen,
also ohne Rücksicht auf die spezifische Inszenierungsdimension dieser Textgat-
tung. Dies belegen die zahlreichen Interpretations- und Lektürehilfen, die verschiedene Schulbuchverlage mit Erfolg in immer neuer Aufmachung, aber mit
ähnlicher inhaltlicher Konzeption auf den Markt bringen. Als Beispiel seien hier
nur die Interpretationshilfen der Reihe „Lektüre Durchblick" aus dem Mentor
Verlag erwähnt, die nach einem festen Schema aufgebaut sind: Im ersten Teil
jedes Bändchens, das jeweils einem literarischen Werk gewidmet ist, wird der
Inhalt abgehandelt („Thematik", „Handlung in Kürze", „Die Personen", „Die
Handlung"), im zweiten Teil werden das dazugehörige Hintergrundwissen sowie
formale und gattungsgeschichtliche Informationen geliefert („Der Autor", „Das
Gesamtwerk", „Die Entstehungszeit", „Der Text in seiner Zeit", „Die literarische Gattung", „Der Aufbau des Textes [Schaubild]", „Die sprachliche Form",
„Lesetipps"). Daran schließen sich noch Hinweise zur Interpretation des jeweiligen Werkes und Vorschläge für Klausuraufgaben an (z. B. „Schillers Freiheitsge-
danke", „Politische Aussagen des Textes", „Schillers Theatertheorie", „Schillers
Geschichtsphilosophie", „Schillers Frauenbild", vgl. Geist 1996). Am Aufbau
der Interpretationshilfen lässt sich ablesen, welche Anforderungen an die Inter-
pretationsfähigkeiten der Schüler gestellt werden: Die Interpretationsarbeit

konzentriert sich auf die Erstellung von Inhaltswiedergaben zu den einzelnen Szenen und die Einbindung des Textes in das bereitgestellte Hintergrundwissen, so dass der Text selbst unter Umständen gar nicht mehr gelesen werden muss: Die Kenntnis der Lektürehilfe ersetzt den Akt der Lektüre, da an die Stelle des Leseaktes das Verbinden vorgefertigter Informationsbausteine tritt. Bezeichnend für die didaktische Konzeption der Reihe ist der Umstand, dass der Aufbau der einzelnen Interpretationshilfen, an keiner Stelle die Spezifik des literarischen Genres berücksichtigt: Die Bändchen sind immer gleich aufgebaut, gleichgültig, ob es sich um die Interpretation einer Novelle, eines Romans oder eines Dramas handelt. Für den Interpretationsvorgang spielt die literarische Spezifik des Textes folglich überhaupt keine Rolle, denn alle Werke lassen sich nach dem Schema 'Inhalt + Epoche + Form' aufschlüsseln. Auch wenn es andere Interpretationsreihen gibt, die diesem starren Schematismus entgehen, bleibt das grundsätzliche Problem einer Dramendidaktik bestehen, die die Begegnung mit dem Dramentext auf die Kenntnis des Handlungsverlaufs reduziert. Zu kurz kommt in einer solchen Auseinandersetzung mit dem Text das Lesen selbst, und zwar ein Lesen, bei dem es um das Entdecken und Aufspüren von dramatischen Effekten und Konstellationen, von Entwicklungen innerhalb der Szenen und Akte, von Beziehungen zwischen Sprechen und Spielen, zwischen den Repliken der Personen, zwischen Raum, Körper und Sprache geht.

Gerade in Anbetracht der Tatsache, dass das Erstellen von Inhaltsangaben und das Einordnen des Textes nach vorgegebenen Textsorten- und Gattungsmerkmalen im gegenwärtigen Literaturunterricht weiterhin einen beträchtlichen Raum einnimmt, verdienen jene dramendidaktischen Konzeptionen besondere Aufmerksamkeit, die in den letzten Jahrzehnten entstanden sind und andere Wege des Umgangs mit Dramentexten eröffnen, indem sie den Dramenunterricht von der Beziehung zwischen Lektüre und Inszenierung her konzipieren. Je nachdem, ob sie von der aufgeführten, der mentalen oder der impliziten Inszenierung des Textes ausgehen, lassen sich in der gegenwärtigen Dramendidaktik drei Richtungen unterscheiden, nämlich 'spielorientierte', 'produktionsorientierte' und 'textorientierte' Unterrichtskonzepte.

3.1 Das Konzept der szenischen Interpretation

Zu den bekanntesten 'spielorientierten' Dramendidaktiken gehört gegenwärtig das von Ingo Scheller entwickelte Konzept der szenischen Interpretation. Scheller greift die These von der Dramenlektüre als einer defizitären Rezeptionsform auf und verweist in diesem Zusammenhang auf das vielzitierte Bild vom Dramentext als „Partitur", die der „Versinnlichung" des Textes in der Inszenierung gegenübergestellt wird (Scheller 1989, S. 8). Den Dramentext als Partitur zu begreifen, bedeutet für Scheller, davon auszugehen, dass das Drama als Text außerhalb der szenischen Realisierung unvollständig und abstrakt bleiben muss. Der Dramenautor, so Scheller, „skizziert nur Teile seiner Inszenierung und das in verkürzter Form", so dass der Text „offen bleibt für die Vorstellungen, Ideen und Lebensentwürfe der Leser/innen" (ebd.). Es komme daher darauf an, die Leser in die Lage zu versetzen, „ihr Wissen, ihre Erlebnisse, Phantasien und Gefühle [zu] aktivieren und probeweise auf die Figur und ihre Situation zu übertragen", um sich in diese einzufühlen (ebd., S. 23). Da die „Einfühlung", also das Thematisieren und Bewusstmachen eigener Erfahrungen und Fantasien, bei der „bloßen Lektüre des Dramentextes" nur den wenigsten Lesern gelingt, schlägt Scheller verschiedene Formen der szenischen Umsetzung vor. Es geht dabei vor allem um Darstellungsweisen, die sich „weniger an der Theateraufführung als an der Theaterprobe und -improvisation" orientieren (ebd., S. 25). Als Einstieg in die Arbeit können sogenannte „Rollentexte" dienen, anhand derer die Schüler imaginierte Rollenbiographien für die Personen des Stücks entwerfen. Scheller schlägt etwa für die Figur der Charlotte aus Jakob Michael Reinhold Lenz' Komödie *Die Soldaten* folgenden Rollentext vor:

> Du bist Tochter des Galanteriehändlers Wesener in Lille. Dein Vater ist streng. Du und deine Schwester Marie müssen im Haushalt und im Geschäft bei der Herstellung von Schmucksachen hart arbeiten. Auf der Winkelschule hast du lesen und schreiben gelernt, das ist dir leicht gefallen. Da du häßlich bist, hast du nur wenig Chancen, eine gute Partie zu machen. Hin und wieder macht dir Herr Heidevogel die Aufwartung, aber der ist so steif.
>
> Deine jüngere Schwester hat es da einfacher: sie ist schön, der Liebling des Vaters und schon fast an den Tuchhändler Stolzius vergeben. Du hältst sie für dumm und verkommen, aber sie hat mehr Glück (Scheller 1991, S. 14).

Ausgehend von den selbst verfassten Rollenbiographien können dann Geh-, Steh- und Sitzhaltungen für die Figuren entwickelt und mit den erarbeiteten Figurenkonzepten Gruppen gebildet werden, für die *Soldaten* von Lenz etwa nach Standeszugehörigkeit (Bürgertum vs. Adelsstand). Damit nähert sich die Arbeit schon jenem Verfahren an, für die Schellers Dramendidaktik vor allem bekannt geworden ist: dem Entwerfen von Standbildern. Scheller versteht Standbilder als „fotografische Momentaufnahmen", in denen „Szenen und Handlungsverläufe fixiert und Zustände, Haltungen und Beziehungen ausgestellt und gedeutet werden" (Scheller 1989, S. 62). Sie können durch das Unterbrechen von szenischen Spielverläufen entstehen, bei denen Körperhaltungen, Gestik und Mimik „eingefroren" werden, um dann in einem zweiten Schritt interpretiert zu werden. Dazu kann entweder ein Beobachter die erstarrten Haltungen der Mitspieler von außen deuten oder sich mit einer Figur identifizieren, indem er als „Hilfs-Ich" fungiert und dem betreffenden Mitspieler die Hand auf die Schulter legt, um dann Gefühle und Gedanken aus dessen Perspektive zu erläutern (ebd., S. 64). Eine andere Möglichkeit stellt das bewusste Konstruieren von Standbildern dar:

> Das Bauen von Standbildern ist leicht, erfordert aber ein wenig Disziplin. Die gestaltende Spielerin, Hauptspielerin genannt, sucht aus der Gruppe diejenigen

aus, die schon äußerlich – also in Gestalt, Gesicht, Frisur usw. – den darzustellenden Personen ähnlich sehen, und holt sie nach vorne. Dann bringt sie sie in die gewünschte Position und formt Körperhaltung und Gestik mit den Händen so lange bis sie dem vorgestellten Bild entsprechen (Scheller 2002, S. 61 f.).

Die anschließende Deutung des Standbildes erfolgt dann ähnlich wie bei den eingefrorenen Momentaufnahmen aus einer Szene, hier aber durch die Hauptspielerin, indem diese entweder die Situation als Ganzes erläutert oder die Perspektive einzelner Figuren einnimmt. Das Verfahren des Bauens und Deutens von Standbildern verdeutlicht die zentrale Bedeutung, die Interpretationshandlungen in Schellers Konzept zukommen, da die szenische Umsetzung die Interpretation nicht etwa ersetzt, sondern vielmehr vorbereitet und ermöglicht. Scheller plädiert also nicht für eine Abkehr von der Interpretation zugunsten der szenischen Darstellung, sondern stellt diese in den Dienst von Interpretationsprozessen, die im Zentrum der Arbeit stehen. Die didaktische Akzentverschiebung, welche Scheller vornimmt, findet folglich auf der Ebene des Interpretationsobjektes statt, das nicht mehr, wie im traditionellen Dramenunterricht, der Dramentext bildet, sondern die in Szene gesetzten, mentalen Inszenierungen der jeweiligen Rezipienten. In dieser Verschiebung liegt sowohl die Chance, die Wahrnehmungen der Schüler zu thematisieren und zu diskutieren, als auch die Gefahr, die textuelle Dimension der Inszenierung aus dem Blick zu verlieren. Dennoch können die verschiedenen szenischen Arbeitsformen, die Scheller vorschlägt (szenisches Lesen, Rollengespräche, Standbilder etc.) durch ihre unmittelbare Anschaulichkeit immer wieder zu einer Auseinandersetzung mit Aspekten der impliziten Inszenierung führen, etwa wenn die „abgehackte, lakonische Redeweise Woyzecks" in der Rasierszene von Büchners Dramenfragment, die in der Sekundärliteratur hin und wieder als Hinweis auf Woyzecks geistige Verfassung gedeutet wurde, in ein anderes Licht rückt, sobald die Szene spielerisch umgesetzt wird und die Sprechweise durch mit der Tätigkeit des Rasierens verbundene Handlungen motiviert wird (Scheller 1989, S. 24).

3.2 Elemente einer produktionsorientierten Dramendidaktik

Auch für Günter Waldmann, der zu den bekanntesten Vertretern einer 'produktionsorientierten' Dramendidaktik gehört, ist ein Dramentext „eigentlich kein Lesetext, sondern eine *Partitur*, ein *Spielentwurf*, eine *Anweisung* für seine aktive und produktive szenische Umsetzung" (Waldmann 1999, S. 2). Die Partiturthese dient einerseits dazu, die Aufführung gegenüber dem Text aufzuwerten und andererseits, die enge Beziehung zwischen Text und Aufführung hervorzuheben. Der textuelle Bezug zur Aufführung wird bei Waldmann allerdings nicht durch szenische Arbeit mit dem Text, sondern in erster Linie durch produktive Schreibaufgaben (Weiter- und Umschreiben von Dramensequenzen, Schreibexperimente mit Haupt- und Nebentext, Verfassen von Minidramen etc.) hergestellt. Begründet wird diese Zugangsweise mit der Feststellung, dass der

Dramentext „nur 'schematischer Entwurf' ist" (ebd.), also nur eine Skizze darstelle, die der Vervollständigung durch den Leser bedarf. Und eben diese
genuine Unvollständigkeit des Dramentextes macht nach Waldmann produktive
Rezeptionsakte notwendig, in die der Leser seine eigenen Befindlichkeiten ein-
bringen kann und soll. Die produktiven Schreibaufgaben sollen aber nicht nur
Raum für subjektive Schreiberfahrungen eröffnen, sondern auch das „Interesse
für dramatische Formmerkmale" wecken; die „Funktionen und die Leistungen
dramatischer Formen, Formmittel und Techniken", die in der herkömmlichen
Dramenanalyse nur schwer fassbar seien, sollen „an der Wirkung der eigenen
dramatischen Produktionen" (ebd.) unmittelbarer erfahren werden.

Als Einstieg in die Erkundung dramatischer Grundstrukturen schlägt er kleine
Schreibübungen vor, die dazu dienen, die Schüler mit den Grundstrukturen
dramatischer Texte vertraut zu machen. Sie gehen zum Beispiel von ganz alltäglichen Situationen aus:

> Jemand ist in den falschen Zug eingestiegen. (Waldmann 1999, S. 6)

Dazu wird folgender Arbeitsauftrag erteilt:

> Bilden Sie etwa sechs Gruppen von vier bis fünf Teilnehmern, und schreiben Sie
> mit zwei Gruppen über diese Situation eine kurze Szene. Wählen Sie dabei
> bestimmte Figuren für den falsch Eingestiegenen (aggressive alte Frau, breitspu-
> riger Tourist, rechthaberischer Akademiker, paranoider Neurotiker, farbige Aus-
> länderin usw.) und für die Mitreisenden (Schülergruppe, Kegelklub, Fußball-
> fans, verschiedene, u. a. seltsame Einzelreisende usw.). Spielen Sie Ihre Szenen
> und vergleichen Sie sie miteinander (ebd.).

Es geht Waldmann bei dieser Gruppenarbeit darum, dass die Schüler die für das
dramatische Geschehen konstitutive Bedeutung der Figurenwahl erfahren: Je
nach Figurenkonstellation ändert sich die dramatische Entwicklung der Handlung. Bereits hier wird deutlich, dass Waldmann – und das gilt für seine Dramendidaktik insgesamt – schreiborientierte und spielorientierte Aufgabenstellungen
miteinander verbindet, wobei die schreiborientierten Arbeitsphasen häufig zur
Vorbereitung der spielorientierten Umsetzung dienen: Die mentale Inszenierung bereitet die aufgeführte vor, ohne dass eine solche dann auch tatsächlich
stattfinden muss. Das gilt auch für die Umformung einer Erzählung in einen
Dramentext, die Waldmann anhand von Peter Weiss' Erzählung „Abschied von
den Eltern" (1961) exemplarisch vorführt (ebd., S. 26–46). Mit Hilfe verschiedener Arbeitsaufträge sollen Textpassagen aus der Erzählung in dramatische
Szenen mit Haupt- und Nebentext umgeschrieben werden. Die so entstandenen
dramatischen Adaptionen des Textes erlauben durch den Vergleich mit dem Original die Möglichkeiten und Grenzen der Gattung zu erfahren: Nicht alles, was
in der Erzählfassung enthalten ist, kann in ein dramatisches Textgefüge umgewandelt werden und umgekehrt enthalten die Dramatisierungen zusätzliche Elemente, die in der Erzählung fehlen. Durch die Auseinandersetzung mit dem

Erzähltext treten neben schreib- und spielorientierte auch textanalytische Arbeitsformen hinzu. Dass es Waldmann auch um das Lesen von Dramentexten geht, zeigen dann insbesondere seine exemplarischen Vorschläge zum „szenischen, produktiven und analytischen Umgang" mit Friedrich Dürrenmatts Komödie *Der Besuch der alten Dame* (ebd., S. 157 ff.). Waldmann stellt neben szenischen Verfahren (Entwerfen von Rollenbiographien, Experimentieren mit Standbildern etc.) und analytischen Zugängen (Dialog- und Motivanalysen, Textvergleiche zwischen analogen Szenen, verschiedenen Fassungen oder literarischen Vorbildern) Schreibaufgaben vor, die eine intensive Auseinandersetzung mit dem Text verlangen. So schlägt er für die erste Unterredung zwischen Claire Zachanassian und Ill im Konradsweilerwald (1. Akt), die bei Dürrenmatt so beginnt:

> CLAIRE ZACHANASSIAN Ich schätze Zigarren. Eigentlich sollte ich jene meines Mannes rauchen, aber ich traue ihnen nicht.
> ILL Dir zuliebe habe ich Mathilde Blumhard geheiratet.
> CLAIRE ZACHANASSIAN Sie hatte Geld.
> ILL Du warst jung und schön. Dir gehörte die Zukunft. Ich wollte dein Glück. Da mußte ich auf das meine verzichten.
> CLAIRE ZACHANASSIAN Nun ist die Zukunft gekommen. (Dürrenmatt 1985, S. 37)

folgende Schreibaufgabe vor:

> Reduzieren Sie mit Ihrer Gruppe die Szene im Konradsweilerwald […] auf die Begegnung der beiden Hauptfiguren, und schreiben Sie sie so um, dass es eine wehmütig-gefühlvolle Begegnung von zwei Menschen wird, die sich vor 45 Jahren geliebt haben. Einer reichen, wohltätigen, warmherzigen – körperlich gut erhaltenen – Frau, die in die Fremde gegangen ist (und ihren früheren Geliebten natürlich nicht töten lassen will), und einem schlichten, aufrechten, in der Heimat gebliebenen Mann (der seine frühere Geliebte jetzt natürlich nicht einwickeln und ausnehmen will), die nun vor allem an ihre frühere Liebe denken und die Natur genießen. Spielen Sie dann mit Ihrer Gruppe diese Szene (ebd., S. 161).

Die geforderte Texttransformation bringt nicht nur eine Variante zu der vorgegebenen Szene hervor, sondern ermöglicht es auch, die Motivation der einzelnen Repliken bei Dürrenmatt zu erschließen. Vor der Folie des geglätteten Gegentextes, der die Unterredung in eine „wehmütig-gefühlvolle Begegnung" umdeutet, tritt der Kontrast zwischen Claires unerbittlicher Kälte und Ills berechnender Sentimentalität noch deutlicher hervor.

Wie vielfältig die Funktionen der Schreibexperimente bei der Erarbeitung des Dramentextes sein können, lässt eine Auflistung der von Waldmann bevorzugten „produktiven Verfahren" erkennen, die in seinem exemplarischen Unterrichtsmodell zu Dürrenmatts *Besuch der alten Dame* zum Einsatz kommen:

- Antizipatorisches Fortführen des Dramenanfangs
- Rollenspiele

- Pro- und Contra-Diskussion
- Umschreiben einer Szene in eine andere Fassung
- Umschreiben eines Dialogs in eine andere Dialogform
- Umschreiben des Dramenschlusses
- Schreiben von Berichten und Erzählungen über eine Szene
- Schreiben eines Briefs des Autors zur Veränderung einer Szene
- Schreiben einer Szene aus der Vorgeschichte des Dramas
- Schreiben von Nachspielen zum Drama
- Herstellen eines Programmhefts für das Drama

(vgl. Waldmann 1999, S. 158)

Trotz der breiten Palette an Schreibverfahren, die Waldmann vorstellt und erläutert, bedarf die Verortung Waldmanns in das Feld der produktionsorientierten Dramendidaktik einiger erläuternder Worte, vor allem da bei ihm neben spielorientierten Verfahren auch traditionelle analytische Formen der Drameninterpretation ausführlich berücksichtigt werden. Tatsächlich charakterisiert das Attribut „produktionsorientiert" die spezifische Ausrichtung seiner Didaktik auf jene Verfahren, die der Aktivierung der mentalen Inszenierungstätigkeit der Schüler dienen und die häufig – wenn auch nicht immer – mit experimentellen Schreibaufgaben verbunden sind. Denn obwohl Waldmann im Vorwort seines Buches für einen spielorientierten Umgang mit Dramentexten plädiert, zielt er – anders als Ingo Scheller – nicht auf eine Spiel- oder Theaterdidaktik ab. Die Wurzeln seiner Konzeption bilden vielmehr jene rezeptionsästhetischen Prämissen, die die „produktive Rezeption" des Lesers (ebd., S. 2) ins Zentrum rücken: Wenn er postuliert: „Literarisches Lesen ist *produktives* Lesen" (ebd.), so bedeutet dies für Waldmann, dass der Leser „*Koproduzent* des literarischen Textes" (ebd., S. 141) wird und dass diese Produktionstätigkeit sich auch jenseits und unabhängig vom Sinnsystem des Textes vollziehen kann. Während sich für Scheller die Rezeption des Dramas in Verfahren vollzieht, die sich an der aufgeführten Inszenierung orientieren, rückt Waldmann also die mentale Inszenierung ins Zentrum der Auseinandersetzung mit dem Text. Dabei läuft Waldmanns Konzept allerdings Gefahr, die mentale Inszenierung des Lesers von der impliziten Inszenierung des Textes abzukoppeln. Denn produktiv ist der Leseakt für ihn ja insofern, als dieser über die Vorgaben des Textes hinausgeht. Um diese Aufwertung des Leseaktes gegenüber der Textvorlage zu legitimieren, bemüht Waldmann den alten Form-Inhalt-Dualismus und erklärt den dramatischen Text kurzerhand zur bloßen Form und den Rezeptionsakt zum sinnschaffenden Ereignis:

> Dass der Leser mit seinen – mehr oder weniger großen – literarischen Erfahrungen (formal) den Text als literarischen Text und nach seiner literarischen Gestalt vollzieht, dass er (inhaltlich) im Horizont seiner literarischen Erfahrungen die schematischen Entwürfe des literarischen Textes realisiert und ihn sinnaktualisiert, bedeutet ein aktives, kreatives, *produktives* Handeln des *Lesers*. (Ebd.)

Würde erst der Leser die „schematischen Entwürfe" des Textes mit Sinn füllen, dann begänne die Inszenierung tatsächlich im Leser, in dessen mentaler Inszenierung. Aber die rezeptionsästhetische Aufwertung des Lesers und der mentalen Inszenierung blendet jenes Moment aus, das ebenfalls im Bild vom Dramentext als Partitur enthalten ist und auf das der englische Dramatiker und Regisseur Harley Granville-Barker (1877–1946), der Erfinder der Partitur-Metapher („The text of a play is a score waiting performance", Granville-Barker 1946, S. 5), ursprünglich hinweisen wollte, nämlich die in den Dramentext selbst eingeschriebene Inszenierung. Die Entdeckung dieser Inszenierung steht im Zentrum der textorientierten Dramendidaktik von Harald Frommers.

3.3 Die Inszenierung im Text entdecken

Es gibt eine Reihe von Bezügen zwischen Harald Frommers didaktischem Konzept und dem Modell von Günter Waldmann. Bereits der Untertitel von Frommers Buch zur Dramendidaktik (*Lesen und Inszenieren. Produktiver Umgang mit dem Drama auf der Sekundarstufe*, 1995) erinnert an Waldmanns Konzept der handlungsorientierten Textarbeit. Tatsächlich spielen produktive Schreib- und Gestaltungsaufgaben auch bei Frommer eine wichtige methodische Rolle. Und wie Waldmann wertet Frommer die „'Entdeckung des Lesers' durch die Rezeptionsästhetik" als entscheidende Wende für die Entwicklung einer modernen, schülerorientierten Dramendidaktik (ebd., S. 19). Diese Wende hat aber nicht nur eine stärkere Produktionsorientierung des Literaturunterrichts ermöglicht, sondern eröffnet auch – und hier beschreitet Frommer einen anderen Weg als Waldmann – eine grundsätzliche Neubewertung des Verhältnisses zwischen Lesen und Inszenieren. Wenn nämlich das Lesen als produktives Geschehen aufzufassen ist, also als Konkretisation im Sinne von Roman Ingarden (1975), dann „rückt der Begriff des Lesens noch ein wenig näher an den des Inszenierens heran" (Frommer 1995, S. 19): Der Unterschied zwischen „imaginärer" und „materieller Konkretisation" löst sich auf, und das Lesen wird selbst zur Inszenierungsarbeit. Die Annäherung zwischen Leseakt und Inszenierungstätigkeit bewirkt eine Aufwertung des Leseaktes, der nun nicht mehr nur als unzureichendes Substitut für die Inszenierung betrachtet werden kann:

> Auf keinen Fall sollte sich die Schule auf die Abwertung des Lesens einlassen, die sich z. B. darin äußert, daß man der gedruckten Fassung des Dramas die Qualität eines „Textes" abspricht, ihr allenfalls zubilligt, ein „sprachlich-fixiertes Textsubstrat" zu sein und die Bezeichnung „Text" der Aufführung vorbehält (ebd., S. 31).

Entscheidend für Frommers Konzept ist die Tatsache, dass mit der von ihm geforderten Aufwertung des Lesens eine Kritik jenes Textbegriffs einhergeht, der den Dramentext lediglich als undeterminiertes Sprachmaterial für konkrete Aufführungsprojekte begreift. Da für Frommer der Text mehr als nur ein sprachlicher Rezeptionsimpuls ist, entdeckt er mit dem Eigenwert des Lesens auch die textuelle Seite der Inszenierung. Seine Unterrichtsvorschläge zielen daher auch immer darauf ab, durch verschiedene mentale Inszenierungsaufgaben Aspekte der impliziten Inszenierung im Text offenzulegen und zu erkunden. Dass für diese Erkundungen bestimmte Lesefähigkeiten erforderlich sind, verdeutlicht Frommer am Beispiel der Textsorte Inhaltsangabe: Die bloße Zusammenfassung des „Inhalts" einer Dramenszene führt in der Regel zu einer Tilgung der dialogischen Prozesse, also jener Dimension des Textes, von der das dramatische Geschehen lebt („Der Dialog wird mißverstanden als bloße Fassade von Inhalten." Ebd., S. 41). Anhand verschiedener Inhaltsangaben von Schülern der Oberstufe zeigt Frommer, wie die Doppelbödigkeit, die Indirektheit und die Performativität des Sagens immer wieder überlesen wird:

> Was den Schülern zu schaffen macht, ist die Eigenart des Dramas, 'gesprochene Handlung' zu sein […], die vertrackte Kombination von Rede und Tun, bei der sich das Tun hinter der Rede verbirgt. Mehr als die anderen Gattungen verführt das Drama seinen Leser zur Oberflächlichkeit; es gewährt ihm freien Zugang zur Rede und ihren Inhalten und verstellt ihm damit zugleich den Blick auf die Handlung (ebd., S. 45).

Die Schüler verpassen das Drama beim Lesen, wenn sie aufgrund der gelernten Fixierung auf die Inhaltsebene die dramatische Dimension des Sprechens, das Tun in der Rede, außer Acht lassen. Frommer plädiert daher für ein „eindringliches Lesen", das aus der Verknüpfung von Konkretisation und Interpretation resultiert (ebd.). Diese Verknüpfung soll die Gefahren beider Verfahren neutralisieren: einerseits die Gefahr der Konkretisation, sich vom Text zu entfernen und diesen aus dem Blick zu verlieren, da sie ja bei dem Unausgesprochenen, Unausgeführten, also den Leerstellen des Textes ansetzt und diese ausfüllt und weiterspinnt – Frommer spricht ausdrücklich von der Konkretisation als „Zusatztext" (ebd., S. 49), und andererseits die Gefahr der Interpretation, die den Text auf einer Metaebene der Bedeutung festlegt und dadurch semantisch reduziert („Der Text selbst wird dabei getilgt, wird gewissermaßen durch die ihm zugeschriebene Bedeutung ersetzt." Ebd., S. 50). Erst das Zusammenwirken beider Praktiken, der Interpretation und der Konkretisation, ermögliche daher fruchtbare Leseprozesse.

Was Konkretisationen für den Leseprozess zu leisten vermögen, zeigt sich bei der Abfassung von „Vor- und Nachtexten" und bei der Gestaltung von „Untertexten". Vor- und Nachtexte dienen dazu, diejenigen Ereignisse zu thematisieren, die im dialogischen Geschehen einer Szene zwar implizit eine Rolle spielen, aber vor bzw. nach dem Auftritt stattfinden. Wie ein Nachtext zu einer Szene aus Brechts *Furcht und Elend des Dritten Reiches* aussehen könnte, zeigt eine Schülerin aus einer zwölften Klasse. Ausgangspunkt ist ein kurzer Dialog („Verrat") aus Brechts Stück, in der ein Ehepaar, das einen Nachbar wegen angeblichen Hörens von Auslandssendungen denunziert hat, im Treppenhaus verstohlen beobachtet, wie der Nachbar von der Gestapo abgeholt wird. Der Dialog endet bei Brecht mit der Feststellung des Mannes, dass die Gestapoleute dem Nachbarn die Jacke nicht hätten zerreißen müssen. Die Schülerin führt den Dialog wie folgt weiter:

> DER MANN: Sie hätten sie ihm nicht zerreißen brauchen.
> DIE FRAU: Komm, vergiß die Geschichte!
> DER MANN: Nein, ich kann nicht!
> DIE FRAU: Doch! komm!
> DER MANN: Ich geh auf die Wache!
> DIE FRAU: Nein! Bleib da! es hat doch keinen Wert!
> DER MANN: DIE werden ihn umbringen! (Ebd., S. 72)

Frommer weist darauf hin, dass in dieser Konkretisation der sich in dem Brecht'schen Ausgangstext selbst abspielende Rollentausch zwischen den Ehepartnern zugespitzt wird. Bei Brecht hatte die Frau ihrem Mann zunächst Vorwürfe gemacht („Warum gehst du nicht zur Wache und sagst, daß sie keinen Besuch hatten am Samstag." Zit. ebd., S. 66), um dann plötzlich nach einer Pause in der Mitte der Szene die Verhaftung zu billigen („Es geschieht ihm recht. Warum mischt er sich in die Politik." Zit. ebd.), worauf nun ihr Mann Zweifel an seiner Handlungsweise bekommt. Der Nachtext der Schülerin greift die anfängliche Parteinahme der Frau für den Nachbarn (bei Brecht) nicht wieder auf, im Gegenteil, die Frau zeigt nun im Gegensatz zu ihrem Mann überhaupt kein Interesse mehr am Schicksal des Nachbarn. Der Nachtext entlarvt damit die Vorwürfe, die die Frau in der Brecht'schen Vorlage geäußert hat, als „Nadelstiche im Ehekrieg", „die wehtun, aber nicht beim Wort genommen werden" müssen (ebd., S. 72). Indem die Nachtexte die Szene weiterspinnen und die Konflikte weiter entfalten, gewichten sie das Geschehen und ermöglichen so Interpretationsprozesse, die die dramatische Vielschichtigkeit des Textes offenlegen. Noch deutlicher wird diese analytische Dimension der Konkretisationen bei der Gestaltung von Untertexten. Frommer übernimmt den Begriff von dem russischen Regisseur Konstantin S. Stanislavski (1863–1938), für den der Untertext „das nicht offen ersichtliche, aber innerlich spürbare 'geistige Leben der Rolle'" darstellt, „das beständig unter den Worten des Textes strömt und sie unablässig rechtfertigt und belebt" (zit. ebd., S. 78). Die Gestaltung solcher Untertexte, etwa als stumme, innere Monologe, die zu dem dialogischen Geschehen hinzutreten, können die Motivation der einzelnen Repliken verdeutlichen, indem sie das im Gesagten Verschwiegene offenlegen. Dies geschieht etwa in dem folgenden Untertext eines Schülers zu der erwähnten Szene:

Originaltext	Untertext
DIE FRAU: Sie haben das Geländer zerbrochen. Er war schon bewußtlos, wie sie ihn aus der Wohnung geschleppt haben.	– Wie er aussah, als sie ihn hinunterschleppten! Schrecklich! Und alles ist Karls Schuld.
DER MANN: Ich habe doch nur gesagt, daß das Radio mit den Auslandssendungen nicht von hier kam.	– Nur gesagt, nur gesagt, er hat noch viel mehr gesagt, ich bin mir sicher. Er konnte Herrn Krause ja nie leiden. Aber daß er ihn gleich verraten würde, er muß doch wissen, was ihn jetzt erwartet. Er muß noch was anderes gesagt haben.
DIE FRAU: Du hast doch nicht nur das gesagt.	
[...]	[...] (ebd., S. 75).

Der Untertext entwickelt die unausgesprochenen Gedanken der Frau während des Dialogs als stillen Kommentar zu ihren eigenen Worten und zu denen ihres Mannes. Dabei treten Motive, die bei Brecht erst aus dem dialogischen Gefüge erschlossen werden müssen, wie die versteckten Vorwürfe, die die Frau ihrem Mann angesichts der Verhaftung des Nachbarn macht, deutlich hervor. Indem er die emotionale Anspannung, die konfliktgeladene Atmosphäre des dialogischen Geschehens ausspricht, macht das Verfassen des Untertextes die dramatische Dimension des Textes für die Schüler erfahrbar. Denn sobald der Leser die situative Performativität der einzelnen Repliken zu erkennen und den Vorwurf in der sachlichen Feststellung, die Unsicherheit in der beiläufigen Aussage mitzulesen vermag, gibt der Text auch seine impliziten Inszenierungshinweise preis: Sprechweisen und -haltungen, gestisch-mimische Interventionen und Bewegungen im Bühnenraum können dann an zahlreichen Stellen aus dem Text erschlossen werden. Gelingen kann ein solch tastendes Entdecken der impliziten Inszenierung des Textes allerdings nur, wenn die einzelnen Repliken nicht als isolierte Aussagen, sondern als Teile eines dialogischen Geflechts, also als Werte eines systemischen Textzusammenhangs gelesen werden. Dass in einer Äußerung über ein kaputtes Geländer ein Vorwurf liegen kann, lässt sich eben nur erkennen, wenn man die situativ-dialogische Eingebundenheit des Gesagten mitliest und die Wertigkeit der einzelnen Replik innerhalb des Textsystems erkennt. Das Verfassen von Untertexten und eine Reihe anderer von Frommer vorgeschlagener Gestaltungsaufgaben führen immer wieder zu solch systemischen Leseprozessen, die vielfältige Zugänge zu den impliziten Inszenierungen dramatischer Texte eröffnen.

4 Die Schule des Dramas

Was die hier vorgestellten Dramendidaktiken über alle konzeptuellen Unterschiede hinweg miteinander verbindet, ist, neben ihrem entschiedenen Eintreten für handlungsorientierte Lernformen, die Abkehr von einem Literaturunterricht, der die dramatische Dimension der Texte verfehlen muss, wenn er nur Formen und Inhalte, Strukturen und Handlungsverläufe sieht, wo es tatsächlich um ein Machen im Sagen geht, um ein performatives In-Szene-Setzen des Körpers, des Sprechens und des Raums. Es ist vielleicht vor allem die Erfahrung dieser umfassenden 'Performativität', aus der sich die Bedeutung des Dramentextes für den Deutschunterricht ergibt. Der Begriff der Performativität geht zurück auf John L. Austin, der in einer 1955 gehaltenen Vorlesung mit dem Titel *How to Do Things with Words* die pragmatische Wende in der Sprachtheorie einleitete, indem er zwischen konstativen ('das Kind ist getauft') und performativen ('Ich taufe dich auf den Namen ...') Sätzen unterschied und so die Handlungsdimension der Sprache in den Blick rückte (Austin 1962). Inzwischen hat sich gezeigt, dass der Performativitätsbegriff von Austin (und seinem Schüler John R. Searle) erweitert werden muss: Nicht nur einzelne Satztypen können als Sprechakte aufgefasst werden, sondern jeder geschriebene oder gesprochene Äußerungsakt weist eine performative Dimension auf, durch die Situationen und Wahrnehmungen verändert, Haltungen und Wertungen geschaffen werden und das sprechende Subjekt in seinen Bezügen verortet wird (zur aktuellen Diskussion vgl. etwa Wirth 2002 und Fischer-Lichte 2003). Beginnt man die Sprache von ihrer umfassenden Performativität her zu denken, so tritt die anthropologische Seite der Sprache, die Untrennbarkeit von Sprache, Körper und Subjekt, zu Tage: Wir benutzen Sprache eben nicht als bloßes Mittel der Kommunikation, sondern gestalten durch die Sprechtätigkeit unsere gesamte Lebenswirklichkeit. In diesem Sinne meinte bereits der französische Sprachwissenschaftler Emile Benveniste, die Sprache diene weniger dazu, etwas mitzuteilen, als vielmehr dazu zu *leben* („[…] je dirais que, bien avant de servir à communiquer, le langage sert à *vivre*." Benveniste 1966, S. 217). In jedem Sketch, jedem Märchenspiel, jedem Drama ist diese sprachliche Performativität, die den ganzen Menschen einbezieht, sein Sprechen, seine Stimme, seine Körperlichkeit, seine Situation, erfahrbar und beobachtbar, häufig unmittelbarer noch als in Alltagssituationen, wo die eigene Eingebundenheit in die Ereignisse das distanzierende Heraustreten aus dem Geschehen verhindert. Schülern Zugänge zu dieser anthropologischen Dimension der Sprache spielerisch und experimentell zu eröffnen, heißt, ihnen Sprache als Lebensform im Sinne Ludwig Wittgensteins bewusst zu machen. Von den ersten Sprech- und Spieltexten der Primarstufe an bis zu den komplexen Bühnenstücken des Lesekanons der Oberstufe kann der Dramenunterricht daher ein Sprachbewusstsein fördern, bei dem es nicht um formale oder inhaltliche Richtigkeit geht, sondern um den offenen oder verdeckten Gestaltungscharakter jeder Äußerung. Wer dramatische Texte lesen kann, vermag auch

Ungesagtes im Gesagten mitzulesen: die Drohung in der freundlichen Einladung, den Vorwurf in der nüchternen Feststellung, die Verzweiflung in der selbstbewussten Behauptung. Die Dramenlektüre kann so zu einer Schule der Sprachaufmerksamkeit werden, zu einer Schule des Hörens auf die Doppelbödigkeit der Sprache, auf das, was suggeriert, aber nicht direkt ausgesprochen wird, 'auf den Ton, der die Musik macht'.

Die Dimension des Performativen im Dramentext erschöpft sich jedoch nicht in der 'dargestellten' Performativität, sie ist ebenso als erfahrene Performativität wirksam. Die dargestellte Performativität gehört in das Feld der Inszenierung, sie wird durch die Schauspieler, durch die Phantasie des Lesers oder durch den Text selbst in Szene gesetzt, die erfahrene Performativität dagegen betrifft die 'Wirkung' des Stückes auf den Zuschauer oder auf den Leser. Denn das Drama inszeniert ja nicht nur die Performativität der Sprache, sondern es ist selbst als komplexe, vielstimmige Sprachhandlung performativ. Von dieser erfahrenen Performativität ist in der Poetik des Aristoteles, der ältesten und einflussreichsten Dramentheorie des Abendlandes, die Rede, wo der Tragödie – übrigens unabhängig davon, ob sie gesehen oder gelesen wird – eine solche performative Wirkung zugestanden wird. Durch das Miterleben des tragischen Geschehens, löse sie, wie Aristoteles erläutert, im Zuschauer „Jammer und Schaudern" (griech. éleos und phóbos) aus und führe so zu einer „Reinigung" (griech. kátharsis) von „derartigen Erregungszuständen" (Aristoteles 1982, S. 19). Diese alte aber keineswegs überholte Auffassung von der Wirkung der Tragödie spielt auch für die dramendidaktische Reflexion eine entscheidende Rolle, weil sie die Frage nach der Auswahl des Dramentextes aufwirft: Wenn nämlich Dramen auch im Rezipienten Gefühle, Wahrnehmungen und Haltungen erzeugen und verändern können, dann muss man sich fragen, welche Stücke für welche Schulform und für welche Altersstufe als geeignet angesehen werden müssen: Kann man in der Hauptschule *Wilhelm Tell* lesen, muss man in der Oberstufe den ersten Teil von Goethes *Faust* behandeln und eignet sich Becketts absurdes Drama *Warten auf Godot* überhaupt als Schullektüre? Die Dramendidaktik hat auf die Frage nach der alters- und schulformgerechten Textauswahl verschiedene Antworten gefunden (vgl. etwa Müller-Michaels 1975, Payrhuber 1998), die auch zeigen, dass mit einer starren, allgemeinverbindlichen Kanonbildung wenig gewonnen ist. Die Entscheidung für ein Drama als Lerngegenstand hängt in der Praxis von so vielen situativen Faktoren ab, dass Leselisten immer nur Vorschlagscharakter haben können. Dennoch sollte man auf die Erstellung solcher Auswahllisten, etwa im Rahmen curricularer Planungen, nicht verzichten, da die Schule noch immer derjenige Lernort ist, an dem vielen Schülern erste und oft auch einzige Zugänge zu Theaterstücken und damit zur Welt des Theaters insgesamt eröffnet werden.

Literaturverzeichnis

Aristoteles: Poetik. Griechisch / deutsch. Übersetzt und herausgegeben von Manfred Fuhrmann. Stuttgart: Reclam 1982.

Austin, John L.: How to Do Things with Words. Oxford: Oxford University Press 1962.

Benveniste, Emile: La forme et le sens dans le langage (1966). In: Benveniste, Emile: Problèmes de linguistique générale II. Paris: Éditions Gallimard 1974. S. 215–229.

Bogdal, Klaus-Michael / Kammler, Clemens: Dramendidaktik. In: Bogdal, Klaus-Michael / Korte, Hermann (Hrsg.): Grundzüge der Literaturdidaktik. München: Deutscher Taschenbuch Verlag 2002. S. 177–189.

Dürrenmatt, Friedrich: Der Besuch der alten Dame. Eine tragische Komödie. Neufassung 1980. Zürich: Diogenes Verlag 1985.

Fischer-Lichte, Erika: Performativität und Ereignis. Tübingen: Francke 2003.

Frommer, Harald: Lesen und Inszenieren. Produktiver Umgang mit dem Drama auf der Sekundarstufe. Stuttgart: Klett 1995.

Geist, Alexander: Friedrich Schiller – Maria Stuart, Inhalt, Hintergrund, Interpretation. München: Mentor 1996.

Göbel, Klaus (Hrsg.): Das Drama in der Sekundarstufe. Kronberg: Scriptor 1977.

Granville-Barker, Harley: Prefaces to Shakespeare. Princeton, NJ: Princeton University Press 1946.

Henze, Walter: Dramen lesen – Dramen spielen. Hannover: Schrödel 1987.

Ingarden, Roman: Konkretisation und Rekonstruktion. In: Warning, Rainer (Hrsg.): Rezeptionsästhetik. Theorie und Praxis. München: Fink 1975, S. 42–70.

Johnstone, Keith: Improvisation und Theater. Berlin: Alexander 2000.

Kleinschmidt, Gert: Das Drama im literarischen Unterricht der Grund- und Hauptschulen. In: Walz, Ursula (Hrsg.): Literaturunterricht in der Sekundarstufe. Stuttgart: Klett 1970, S. 53–71.

Kunz, Marcel: Spieltext und Textspiel. Szenische Verfahren im Literaturunterricht der Sekundarstufe II. Seelze: Kallmeyer 1997.

Lösener, Hans: Der Rhythmus in der Rede. Linguistische und literaturwissenschaftliche Aspekte des Sprachrhythmus. Tübingen: Niemeyer 1999 (Konzepte der Sprach- und Literaturwissenschaft).

Mahler, Andreas: Aspekte des Dramas. In: Brackert, Helmut / Stückrath, Jörn (Hrsg.): Literaturwissenschaft. Ein Grundkurs. 5. Aufl. (1. Aufl.: 1992). Reinbek: Rowohlt 1997. S. 71–85.

Meschonnic, Henri: Critique du rythme. Anthropologie historique du langage. Paris: Éditions Verdier 1982.

Müller-Michaels, Harro: Dramatische Werke im Deutschunterricht. 2. überarbeitete Auflage (1. Auflage 1971). Stuttgart: Klett 1975.

Payrhuber, Franz-Josef: Das Drama im Unterricht. Aspekte einer Didaktik des Dramas. Rheinbreitbach: Dürr und Kessler 1991.

Payrhuber, Franz-Josef: Dramen im Unterricht. In: Lange, Günter / Neumann, Karl / Ziesenis, Werner (Hrsg.): Taschenbuch des Deutschunterrichts. 6. Aufl. Bd. 2: Literaturdidaktik. Baltmannsweiler: Schneider 1998. S. 647–668.

Renk, Herta Elisabeth: Dramatische Texte im Unterricht. Vorschläge, Materialien und Kursmodelle für die Sekundarstufe I und II. Stuttgart: Klett 1980.

Scheller, Ingo: Wir machen unsere Inszenierungen selber I. Szenische Interpretation von Dramentexten. Theorie und Verfahren zum erfahrungsbezogenen Umgang mit Literatur und Alltagsgeschichte(n). Oldenburg: Zentrum für pädagogische Berufspraxis 1989.

Scheller, Ingo: Wir machen unsere Inszenierungen selber II. Szenische Interpretation von Dramentexten: „Die Soldaten" (Lenz) – „Faust I" (Goethe) – „Maria Stuart" (Schiller) – „Der gute Mensch von Sezuan" (Brecht) – „Andorra" (Frisch) – „Die Physiker" (Dürrenmatt). Verlaufspläne und Materialien für einen erfahrungsbezogenen Umgang mit Literatur und Alltagsgeschichte(n). Oldenburg: Zentrum für pädagogische Berufspraxis 1991.

Scheller, Ingo: Szenisches Spiel. Handbuch für die pädagogische Praxis. 3. Auflage (1. Auflage 1998). Berlin: Cornelsen 2002.

Schiller, Friedrich: Kabale und Liebe (1784). In: Schillers Werke. Nationalausgabe. 5. Bd. Hrsg. v. Burger, Heinz Otto / Höllerer, Walter. Weimar: Hermann Böhlaus Nachfolger 1957. S. 3–107.

Schlegel, August Wilhelm: Vorlesungen über dramatische Kunst und Literatur. Erster Teil. Stuttgart [u. a.]: Kohlhammer 1966.

Schuster, Karl: Das Spiel und die dramatischen Formen im Deutschunterricht. Theorie und Praxis. 2. vollst. überarb. Auflage. Baltmannsweiler: Schneider 1996.

Schweikle, Günther und Irmgard (Hrsg.): Metzler Literatur Lexikon. Begriffe und Definitionen. 2., überarbeitete Auflage. Stuttgart: Metzler 1990.

Waldmann, Günter: Produktiver Umgang mit dem Drama. Eine systematische Einführung in das produktive Verstehen traditioneller und moderner Dramenformen und das Schreiben in ihnen. Für Schule (Sekundarstufe I und II) und Hochschule. Baltmannsweiler: Schneider 1999.

Willenberg, Heiner: Lesen und Lernen: eine Einführung in die Neuropsychologie des Textverstehens. Heidelberg [u. a.]: Spektrum Verlag 1999.

Wirth, Uwe: Performanz: zwischen Sprachphilosophie und Kulturwissenschaften. Frankfurt a. M.: Suhrkamp 2002.

MARTIN LEUBNER

Gebrauchstexte und ihre Didaktik

„Geiz ist geil!" – „Wie manches Gute werd' ich zurückbringen, wenn ich mit meinem Schiffchen zurückkehre, doch vor allem ein fröhliches Herz, fähiger, das Glück, was mir Liebe und Freundschaft zudenkt, zu genießen.": Der Werbeslogan ist augenscheinlich weit entfernt von Reflexionen, die wir in Goethes *Italienischer Reise* finden (vgl. 15.09.1787). Dennoch stehen die betreffenden Texte aus didaktischer Perspektive eng nebeneinander: Werbeslogans können heute ebenso wie Reiseberichte als so genannte Gebrauchstexte Gegenstand des Deutschunterrichts sein, und wenn im Unterricht einer Klasse diese Textsorten nicht vorkommen, dann doch zumindest andere, die den Gebrauchstexten zugerechnet werden. Gebrauchstexte gehören auf diese Weise mit Selbstverständlichkeit zum schulischen Alltag. In der Didaktik sind sie über längere Zeit jedoch nur noch stiefmütterlich behandelt worden. Nicht zuletzt die im internationalen Vergleich nicht befriedigenden Leistungen deutscher Schüler im Umgang mit Texten, die die PISA-Studie ermittelt hat, haben nun einen 'didaktischen Neustart' eingeleitet.

1 Fachwissenschaftliche Grundlagen

1.1 Gegenstandsbestimmung und Kategorisierung

1.1.1 Was sind Gebrauchstexte? – Gegenstandsbestimmung und Begriff

Der schmucklose Begriff 'Gebrauchstexte' ist durchaus Programm: Er zielt auf diejenigen Texte, die nicht zu den renommierten Gattungen lyrischer, dramatischer und epischer Texte gehören. Aufgekommen ist der Begriff, als um 1970 Textsorten jenseits der etablierten literarischen Gattungen zunehmend fachwissenschaftliche und -didaktische Aufmerksamkeit fanden und als eigenständige Einheit neben der Gattungstrias aus Lyrik, Drama und Epik ausgewiesen werden sollten. Unter dem Oberbegriff Gebrauchstexte, der an wertneutral verstandene Begriffe wie 'Gebrauchssprache' anschloss und mit den mittlerweile mehr oder weniger synonym gebrauchten Begriffen 'Sachtexte', 'pragmatische Texte' und 'expositorische Texte' konkurrierte, wurde eine große Zahl von teils völlig unterschiedlichen Textsorten wie Gebrauchsanweisung, Zeitungskommentar und Biografie zusammengefasst. Diese Fülle heterogener Textsorten hat sich für eine Definition des Begriffs 'Gebrauchstexte' als Problem erwiesen; auch die Opposition zur 'schönen Literatur' definiert den Begriff nicht – schon deshalb nicht, weil Gebrauchstexte in Abhängigkeit vom gewählten Literaturbegriff im Einzelfall durchaus selbst als literarisch gelten.

Als Ansatzpunkt für einleuchtende Definitionsversuche ist mehrfach der 'Gebrauchscharakter' von Gebrauchstexten genutzt worden: Gebrauchstexte würden, so Belke in den siebziger Jahren, „der Sache [dienen], von der sie handeln" – im Unterschied zu einer als zweckfrei verstandenen Literatur (Belke 1973, S. 320); präziser ist die Definition von Schwitalla aus den neunziger Jahren: Gebrauchstexte seien „Texte, die in den Funktiolekten der beiden finiten Sinnprovinzen 'Alltag' und 'Institutionen' produziert und rezipiert werden" (Schwitalla 1997, S. 664). Auch diese Bestimmung leistet keine trennscharfe Definition; eine extensionale Definition, die den zur Diskussion stehenden Begriff über die Angabe der betroffenen Textsorten bestimmt, ist aber keine Alternative: Insgesamt sind knapp 1600 Gebrauchstexttextsorten einschließlich von Ableitungen (wie Zeitungsanzeige von Anzeige) gezählt worden (Abkommen, Aktennotiz, Anleitung, Anordnung, Antrag, Anzeige, Aufruf, Autobiografie ... Waschzettel, Werbetext, Wetterbericht; – vgl. Rolf 1993).

1.1.2 Wie sind Gebrauchstext-Textsorten zu klassifizieren?

Für die Fülle von Gebrauchstext-Textsorten liegen verschiedene, miteinander konkurrierende Klassifizierungen vor. Die Kriterien, nach denen die Klassifizierungen vorgenommen werden, unterscheiden sich zum Teil wesentlich; sie erfolgen etwa nach der Art der Themenbehandlung (argumentierend, polemisierend ...), nach den Themen der Texte (Wetterbericht, Sportbericht ...), nach – von der Prager Schule der 30er Jahre bestimmten – „Funktionalstilen" (Stil der Alltagsrede, der Wissenschaft, der öffentlichen Rede ...), nach der Kommunikationssituation (Privatgespräch, Dienstgespräch, Privatbrief, Geschäftsbrief) und nach dem Medium (mündlich, schriftlich, Film, Zeitung, Radio, Internet ...).

In den letzten Jahren hat sich – in der Fachwissenschaft wie -didaktik – mehr und mehr eine Klassifikation von Gebrauchstextsorten nach Textfunktionen durchgesetzt, wobei unter Textfunktion die dominierende Funktion innerhalb einer Kommunikationssituation verstanden wird. So führt etwa Klaus Brinkers Unterscheidung nach Textfunktionen zu fünf Klassen von Texten:

- Informationstexte (Nachricht, Bericht, Sachbuch, Rezension ...)
- Appelltexte (Werbeanzeige, Kommentar, Gesetz, Antrag ...)
- Obligationstexte (Vertrag, Garantieschein, Gelöbnis ...)
- Kontakttexte (Danksagung, Kondolenzschreiben, Ansichtskarte ...)
- Deklarationstexte (Testament, Ernennungsurkunde ...) (vgl. Brinker 1992).

Die durch das Kriterium der Textfunktion abgegrenzten Klassen sind noch sehr umfangreich. Eine Unterscheidung dieser Großklassen in Subklassen und eine Annäherung an die Textsorten kann vor allem durch zwei weitere Kriteriengruppen, die eng mit dem Basiskriterium 'Textfunktion' verknüpft sind, geleistet werden: durch kontextuelle Kriterien, die die Kommunikationssituation etwa im Hinblick auf mediale Aspekte näher differenzieren, und durch textstrukturelle Kriterien, die vor allem auf thematische Aspekte Bezug nehmen.

1.1.3 Können Gebrauchstexte literarisch sein?

Das neue Interesse an Gebrauchstexten seit Ende der sechziger Jahre geht einher mit einem gewandelten, erweiterten Literaturbegriff. Vor allem Friedrich Sengle hat auf der Grundlage seiner Studien zur Literatur der Biedermeierzeit die Gattungstrias als unhistorisch abgelehnt und ist für das Weiterleben einer vierten Hauptgattung, der sogenannten didaktischen Literatur (wie der Predigt), eingetreten. Mittlerweile hat sich ein weiter Literaturbegriff, der auch bestimmte Gebrauchstexte umfasst, weitgehend durchgesetzt. Als 'Eingangspforte' zur Literarizität gilt dabei die Poetizität, die in einem weiten Sinne verstanden wird. Beispielhaft hierfür sind die Ausführungen von Vogt zur „Literarisierung" von Gebrauchstexten: „Von *Literarisierung* in diesem Sinn möchte ich sprechen, wenn Sachverhalte in einer Weise dargestellt werden, die den Leser oder die Leserin zur *affektiven* oder *reflexiven* Teilnahme einlädt; wenn der Text also in der einen oder anderen Weise *über den* konkret behandelten *Einzelfall hinausführt*; wenn eine *kompositorische Sorgfalt* zu erkennen ist, die über schematische Textmuster hinausgeht; und schließlich *rhetorische* bzw. *literarische Verfahren* verwendet werden (z. B. Tropen und Figuren, Zitate und Anspielungen, Leseranreden und Selbstreflexionen des Autors)." (Vogt 1999, S. 165 f.)

Die verbreitete Wertschätzung von literarischen Gebrauchstexten kommt auch darin zum Ausdruck, dass Autoren mit einem wesentlich durch Gebrauchstexte geprägten Oeuvre als Literaten gelten. Dies trifft etwa zu auf Kurt Tucholsky und Karl Kraus (der wiederum bereits in den zwanziger Jahren in seine öffentlichen Vorlesungen literarischer Werke Briefe von Rosa Luxemburg aus dem Gefängnis aufgenommen hat!).

Als 'Haupttextsorten' literarischer Gebrauchstexte gelten die Autobiografie, die Biografie, der Brief, der Essay, das Tagebuch sowie der Reisebericht und die Predigt. Für sie hat sich der Begriff der Kunstprosa eingebürgert, der zugleich Gattungen wie den Aphorismus, den Dialog und das Fragment umfasst (vgl. Weissenberger 1985). Die literaturnahe Stellung von Autobiografie, Brief und Tagebuch wird durch die Tatsache deutlich, dass diese Textsorten fiktionale Pendants (den autobiografischen Roman, den Tagebuch- oder Briefroman) ausgebildet haben. Ein weiter Literaturbegriff umfasst jedoch auch Texte weiterer Gebrauchstext-Textsorten (vgl. im *Reallexikon der deutschen Literaturwissenschaft* die Berücksichtigung zum Beispiel von Feuilleton, Gelegenheitsgedicht, Glosse, Grafitti, Rede, Reportage, Slogan, Sprichwort, Vorwort, Werbetext, Widmung).

1.2   Fachwissenschaftliche Analyse

1.2.1 Textlinguistik und Kategorien der Textanalyse

Die große Fülle von Gebrauchstext-Textsorten scheint eine Vielzahl von methodischen Zugängen zu Gebrauchstexten zu bedingen. So ist eine Analyse von
politischen Reden in der Regel anders angelegt als eine von Gebrauchsanwei-
sungen. Vor allem in der noch jungen Disziplin der Textlinguistik sind jedoch
auch übergreifende Modelle für die Textanalyse entwickelt worden. In ihren
Grundzügen ähnliche Modelle sind in den letzten Jahren beispielsweise von
Heinemann / Viehweger und Brinker vorgelegt worden. Im Folgenden wird
exemplarisch das von Klaus Brinker vorgelegte Analysemodell vorgestellt (vgl.
Brinker 1992). Brinker unterscheidet drei Basiskriterien für die Textanalyse:

a) Textfunktion

Drei Fragen erschließen zentrale Aspekte der Textfunktion: (1) Wie lässt sich die
Textfunktion bestimmen? (durch sprachliche Indikatoren wie explizit performative Formeln, nicht-sprachliche Indikatoren wie die grafische Textgestaltung und
Abbildungen und kontextuelle Indikatoren wie Weltwissen und Textsortenwissen) – (2) Welcher Grad an Direktheit bzw. Indirektheit in Bezug auf die
Signalisierung der Textfunktion liegt vor? – (3) Wie ist die Relation zwischen
Textfunktion und 'wahrer Intention' des Textproduzenten? – Textfunktion und
thematische Textstruktur gehören eng zusammen und bedingen sich in erheblicher Weise gegenseitig.

b) Thematische Textstruktur

Für die Analyse der thematischen Textstruktur sind vor allem folgende drei
Aspekte bedeutsam:

– Textthema und evtl. vorhandene Teilthemen; – mit „Thema" ist der Kern des
  Textinhalts gemeint, wobei der Terminus „Textinhalt" den auf einen oder mehrere Gegenstände (d. h. Personen, Sachverhalte, Ereignisse, Vorstellungen
  usw.) bezogenen Gedankengang eines Textes bezeichnet. Das Textthema
  (sofern es nicht z. B. in der Überschrift explizit genannt ist) muss aus dem Textinhalt abstrahiert werden: durch das Verfahren der zusammenfassenden (ver-
  kürzenden) Paraphrase; das Textthema stellt dann die 'kürzestmögliche
  Kurzfassung' des Textinhalts dar;

– Themenentfaltung (gedankliche Ausführung eines Themas) und thematischer
  Entfaltungstyp (Grundformen: deskriptiv / beschreibend, explikativ / erklä-
  rend, argumentativ / begründend, narrativ / erzählend); die Grundformen
  können in vielfältigen Ausprägungen und Kombinationen erscheinen; sie
  bestimmen die thematische Struktur der Texte (je nachdem, welche Grundform dominiert, wird von einer primär deskriptiven, narrativen, explikativen
  oder argumentativen Textstruktur gesprochen);

- Modalität der Themenbehandlung / Realisationsform der Themenentfaltung (deskriptiv: sachbetont oder meinungsbetont; argumentativ: rational-überzeugend oder persuativ-überredend, wertend; – zusätzlich: ernsthaft, spaßig, ironisch usw.).

c) (Medien-) Kontext / kontextuelle Merkmale

Für die (medial bedingte) Kommunikationssituation, in die Texte eingebettet sind, sind vor allem zwei Aspekte von Bedeutung:

- Handlungsbereich: Nach Art des Rollenverhältnisses zwischen den Kommunikationspartnern wird zwischen privatem, offiziellem und öffentlichem Handlungsbereich unterschieden.

- (mediale) Kommunikationsform: Zu unterscheiden sind Medien der Kommunikation wie Rundfunk, Telefon und Internet (sowie die Face-to-face-Kommunikation!) und situative Merkmale (dialogische / monologische Kommunikationsrichtung; in zeitlicher und räumlicher Hinsicht unmittelbarer / mittelbarer Kontakt, gesprochene / geschriebene Sprache). Dieser Aspekt wird durch die neuen Medien mit ihren nicht-linearen und multimedialen Texten zunehmend wichtiger, ist jedoch noch nicht hinreichend in textlinguistischen Modellen (wie überhaupt in der Gebrauchstexte-Diskussion) berücksichtigt.

1.2.2 Zur Analyse, Interpretation und Edition von literarischen Gebrauchstexten

Für literarische Gebrauchstexte gilt das skizzierte Modell der Textanalyse ebenso wie für die übrigen Gebrauchstexte. Hinzu kommt das literaturwissenschaftliche Interesse an der Literarizität entsprechender Texte: Was macht die Literarizität im Falle einer bestimmten Textsorte aus? Dabei werden in der Literaturwissenschaft vor allem folgende Aspekte – häufig in ihrem Zusammenspiel – thematisiert: Unter historischem Aspekt wird nach der Geschichte von literarischen Gebrauchstexten einer bestimmten Textsorte bzw. Gattung gefragt. Unter systematischem Aspekt gilt die Aufmerksamkeit den Typen solcher Texte innerhalb einer Gattung. Ein dritter Aspekt zielt auf das Werk einzelner Autoren, von Fall zu Fall verbunden mit Editionsprojekten.

Am Beispiel des literarischen Briefs lassen sich entsprechende literaturwissenschaftliche Ansätze demonstrieren. So gibt es zu der Frage, was einen Brief zu einem literarischen Text macht, unterschiedliche Positionen. Briefe gelten teilweise bereits dann als literarisch, wenn sie bestimmten rhetorischen Mustern beispielhaft entsprechen. Nach anderer Auffassung ist erst dann von literarischen Briefen zu sprechen, wenn Briefe – seit dem 18. Jahrhundert – eine 'individuelle Handschrift' aufweisen – ohne dass sie sich dabei durch sprachliche Originalität auszeichnen müssen. Die Mehrzahl der heute geschätzten Briefschreiber ist erst durch lange Zeit nach ihrem Tod erschienene Editionen als Briefschreiber bekannt geworden. Autoren wie Goethe und Kleist sind inzwischen als 'Brief-Klassiker' kanonisiert worden. Die Liste dieser Klassiker ist offen; in jüngerer Zeit ist die Aufmerksamkeit beispielsweise auf den Briefschreiber Lichtenberg gelenkt worden.

1.3 Kognitionspsychologisch orientierte Leseforschung

1.3.1 Leseprozess, Leseleistung und Leseförderung

Die kognitionspsychologisch orientierte Leseforschung, die Theorien des Lesens und Textverstehens formuliert, ist in den letzten Jahren zunehmend wichtiger für die Didaktik geworden. Vor allem drei Fragekomplexe stehen dabei im Zentrum des Interesses: (1) Wie erlangt der Leser überhaupt ein Verständnis eines Textes? Welche Komponenten bzw. Teilprozesse des Leseprozesses lassen sich unterscheiden? (2) Wie lässt sich ein Leseprozess steuern? In welchem Maße lassen sich Strategien für eine solche Steuerung erwerben? (3) Wie lässt sich eine bestimmte Leseleistung messen, um Aussagen über einen Förderbedarf zu erlangen? Welcher Begriff von Lesekompetenz bietet sich dazu als Maßstab an?

(1) Zum Leseprozess: In den zur Zeit diskutierten Modellen des Textverstehens wird Lesen als komplexer Vorgang mit einer Reihe von Teilprozessen beschrieben. Repräsentativ ist das Modell von Kintsch (1998), das zwar nicht unumstritten ist, aber in der aktuellen Debatte über Lesekompetenz gleichwohl eine wichtige Rolle spielt – nicht zuletzt deshalb, weil es das Lesekompetenz-Modell der PISA-Studie beeinflusst hat. Kintsch unterscheidet fünf Komponenten: (1) Aufbau einer propositionalen Textrepräsentation: Auf der Basis einer Identifikation von Wörtern werden mentale Repräsentationen von Propositionen / 'einfachen' semantischen Relationen von Wortfolgen (wie „Der Schüler schlief") gebildet. (2) Lokale Kohärenzbildung: Es werden (mittels Textelementen wie Konjunktionen und mittels Weltwissen) einzelne Propositionen in Beziehung zueinander gesetzt (Unterordnung, Reihung ...); dabei entstehen Mikrostrukturen. (3) Globale Kohärenzbildung: Durch verschiedene Prozeduren (wie Zusammenfassen von Mikropropositionen) entstehen Makrostrukturen, die größere Texteinheiten umfassen. (4) Bildung von Superstrukturen: Aufbau von Superstrukturen (sie umfassen im Sinne eines abstrakten Schemas konventionalisierte Textstrukturen – etwa von Textsorten mit ihren je eigenen Merkmalen, von argumentativen Texten ...); die bereits vorhandenen Superstrukturen werden beim Aufbau von Makrostrukturen genutzt. (5) Erkennen rhetorischer Strategien: Die rhetorischen, stilistischen, argumentativen Strategien werden in ihrer Funktion wahrgenommen.

Das Ergebnis des Verstehensprozesses ist ein – so der von Johnson-Laird 1983 geprägte Begriff – „mentales Modell": eine mentale „Repräsentation des im Text beschriebenen Sachverhalts, die Textinformationen und Vorwissen in integrierter Form enthält und losgelöst ist von sprachlichen Strukturen." (Christmann / Richter 2002, S. 34) Der Leseprozess selbst stellt eine aktive Auseinandersetzung mit dem Text dar. Die verschiedenen Komponenten dieses Prozesses sind hierarchisch organisiert – die ersten beiden gelten als hierarchieniedrig und die folgenden drei als hierarchiehoch – und interagieren untereinander. Durch diese Interaktion ist keine eindeutige Abfolge von Schritten gegeben, auf die im Unterricht Bezug genommen werden könnte. Es kommt zu einem Zusammenspiel von daten- und konzeptgeleiteten Aktivitäten (bottom-up-Verstehensprozess mittels Verstehen von einzelnen Wörtern und Sätzen durch lexikalisches und grammatisches Wissen vs. top-down-Verstehensprozess mittels Konstruktions- und Interpretationsprozessen durch Erfahrungs- und Weltwissen). Der Leseprozess beruht insgesamt auf dem erfolgreichen Zusammenwirken von basalen Lesefähigkeiten, kognitiven Grundfähigkeiten sowie Sprach-, Welt- und inhaltlichem Vorwissen. Dazu kommen neben motivationalen Faktoren strategische Kompetenzen.

(2) Zur Steuerung des Leseprozesses: Der Leseprozess läuft zwar bis zu einem gewissen Grad automatisch ab, bei Verständnisproblemen wird jedoch „eine bewusste Steuerung notwendig, bei der zum Beispiel aktiv logische Schlussfolgerungen gezogen werden"; auch „ein tieferes Verstehen eines Textes, der nicht allein auf leicht verfügbarem Weltwissen beruht, bedarf der intentionalen und strategischen Steuerung des Lernprozesses" (Artelt u. a. 2001, S. 73); eine solche Steuerung kann als Merkmal eines „guten Lesers" gelten: „Insgesamt lassen die vorliegenden Befunde darauf schließen, dass sich schlechte von guten Lesern vor allem hinsichtlich der Bewusstheit über die eigenen Fähigkeiten sowie hinsichtlich der Fähigkeiten zum strategischen, aufgaben- und zielbezogenen Lesen unterscheiden" (ebd.). Unterricht muss also die Vermittlung von Lesestrategien und metakognitivem Wissen anstreben. Als grundlegende Strategien können 'Lesestile' gelten: globales ('überfliegendes'), selektives und detailliertes Lesen; sie werden ergänzt durch zahlreiche weitere Strategien (wie Schlüsselwörter erkennen und Texte gliedern; vgl. u.).

(3) Zur Messung von Leseleistungen / Lesekompetenz: Die PISA-Studie aus dem Jahr 2001 ist unabhängig von ihren Ergebnissen in diesem Zusammenhang bereits deshalb wichtig, weil sie auf eine international vergleichende Messung von Lesekompetenz zielt und als Grundlage dieser Messung ein Lesekompetenz-Modell entwirft. Was versteht nun PISA unter Lesekompetenz? Die PISA-Studie wurde auf der Grundlage eines funktionalistischen Grundbildungsverständnisses konzipiert und folgt mit ihrem Lesekompetenzbegriff dem angelsächsischen (hier zu Lande viel kritisierten) „Reading Literacy"-Begriff: „Lesekompetenz (Reading Literacy) heißt, geschriebene Texte zu verstehen, zu nutzen und über sie zu reflektieren, um eigene Ziele zu erreichen, das eigene Wissen und Potenzial weiterzuentwickeln und am gesellschaftlichen Leben teilzunehmen" (zit. n. Artelt u. a. 2001, S. 80).

Für die Messung von Leseleistungen werden im Rahmen eines Lesemodells drei Teilaspekte des Lesens unterschieden: (1) Informationen ermitteln (der Leser lokalisiert gezielt eine oder mehrere Informationen bzw. Teilinformationen im Text); (2) Textbezogenes Interpretieren (der Leser nutzt primär textinterne Informationen; er konstruiert Bedeutungen und Schlussfolgerungen aus einem oder mehreren Teilen des Textes; (3) Reflektieren und Bewerten (der Leser nutzt externes Wissen – wie eigene Erfahrungen –, um z. B. die Schlussfolgerungen eines Autors zu bewerten). Für die drei Teilaspekte des Lesens werden (fünf) Schwierigkeitsniveaus unterschieden. Diese Kompetenzstufen betreffen etwa beim „textbezogenen Interpretieren" die Art der geforderten Interpretation: (1) Hauptgedanke des Textes erkennen (Hauptgedanke ist markiert z. B. durch Wiederholungen) … (2) Erkennen eines wenig auffallenden Hauptgedankens … (3) Aussagen in verschiedenen Textteilen berücksichtigen und integrieren, um Hauptidee zu erkennen … (4) Auslegen von Sprachnuancen … (5) vollständiges und detailliertes Verstehen eines Textes, dessen Format und Thema unbekannt sind. Gute und schlechte Leistungen eines Lesers beziehen sich darauf, in welchem Maße er diese Aspekte kompetent bewältigt.

So umstritten die PISA-Definition von Lesekompetenz ist: Dieses Konzept zur Leistungsmessung mittels Isolierung von unterschiedlichen Leseleistungen und Festlegung von Kompetenzstufen ist nun in fachdidaktischen Debatten präsent und wird künftige Leistungsmessungen beeinflussen.

1.3.2 Textverstehen, PISA und literarische Gebrauchstexte

Die skizzierten Modelle des Textverstehens sind indifferent im Hinblick auf den Unterschied zwischen literarischen und nicht-literarischen Texten. Die PISA-Studie berücksichtigt ein breites Spektrum von Texttypen, die für Jugendliche als relevant eingestuft wurden; neben fortlaufend geschriebenen Texten (kontinuierliche Texte) werden auch nicht-kontinuierliche Texte (Diagramme, Bilder, Karten, Tabellen) einbezogen. Zudem werden unterschiedliche Anwendungssituationen erfasst, indem Texte für verschiedene Lesesituationen – etwa private und öffentliche – berücksichtigt werden. Literarische Texte sind dabei deutlich in der Minderzahl. Dem funktionalistischen Lesekompetenz-Begriff entsprechend wurden zudem Aufgaben gestellt, die auf den 'instrumentellen' Gebrauch von Gebrauchstexten ausgerichtet sind. Dies führt dazu, dass 'literaturspezifische' Rezeptionsweisen kaum eine Rolle spielen. Hinzuzufügen ist: Entsprechende Rezeptionsweisen lassen sich auch nur bedingt messen; nach welchem Maßstab sollte beispielsweise die von einem literarischen Text ausgelöste Imagination und die von ihm ermöglichte Fremderfahrung bewertet werden?

Im Hinblick auf literarische Gebrauchstexte ist dieser Umgang mit Texten durchaus erforderlich; wer beispielsweise das in der „Italienischen Reise" geschilderte Rom-Erlebnis Goethes verstehen will, muss zunächst genau lesen, um die differenzierten Beobachtungen und Reaktionen Goethes zur Kenntnis zu nehmen.

Insgesamt geht eine angemessene Rezeption dieses Reiseberichts jedoch über eine solche 'informationsentnehmende' Tätigkeit hinaus und beschäftigt sich auch mit Dimensionen dieses Werkes, die die diskursive Ebene überschreiten.

2   Didaktische Diskussion

2.1   Ziele: Die Behandlung von Gebrauchstexten im Deutschunterricht

2.1.1 Weshalb Gebrauchstexte im Deutschunterricht?

Aus dem Bildungsziel, die Schüler zur Gestaltung der eigenen Lebenswelt und zur selbstständigen Teilhabe am öffentlichen Leben zu befähigen, wird seit den 70er Jahren die Aufnahme von Gebrauchstexten in den Deutschunterricht abgeleitet: Weil (Gebrauchs-)Texte im privaten und beruflichen Alltag sowie im öffentlichen, im politischen, sozialen und kulturellen Leben, an dem der einzelne partizipieren oder doch zumindest partizipieren können soll, von großer Bedeutung sind, hat die Schule die Schüler beim Erwerb eines kompetenten Umgangs mit Gebrauchstexten zu unterstützen. Diese Begründung ist auch heute noch trotz der rapiden Wandlung unserer Gesellschaft zur Mediengesellschaft mit einer vermeintlich geringeren Bedeutung von Printtexten triftig; die zunehmende Komplexität der Medienwelt – und die Bedeutung von Texten auch in den neuen Medien – verstärkt eher noch die Notwendigkeit der schulischen Behandlung von Gebrauchstexten, wobei die Textauswahl freilich diesem Wandel Rechnung tragen muss.

In der aktuellen didaktischen Debatte werden vor allem die schlechten PISA-Ergebnisse der Schüler in Deutschland als Beleg dafür angeführt, dass die Behandlung von Gebrauchstexten im Deutschunterricht dringlich ist. Didaktische Zielsetzungen sind freilich stets im Kontext von bestimmten gesellschaftlichen Anliegen zu formulieren. Die PISA-Ergebnisse sind in dieser Perspektive aber tatsächlich ein Beleg für ein gesellschaftliches Problem: Schüler in Deutschland haben in dem für die Berufswelt wichtigen Umgang mit Texten gravierende Schwierigkeiten. Auf nationaler Ebene sind hier vor allem Hauptschüler betroffen, die zunehmend weniger Chancen beim Start in die Berufswelt haben. In internationaler Perspektive geht es schließlich um alle Schüler: Durch den Wegfall von (europäischen) Grenzen wird eine internationale Konkurrenzfähigkeit bald mehr denn je gefragt sein.

Schule sollte jedoch – so hat die Debatte um die PISA-Ergebnisse gezeigt – auch weiterhin mehr als nur instrumentelle Fähigkeiten vermitteln. Für die Identitätsbildung und soziale Handlungsfähigkeit von Schülern wird vor allem aufgrund der vielfach nachlassenden Förderung von Kindern durch ihre Eltern die Schule immer wichtiger, und in diesem Zusammenhang spielt das Potential von (zumindest bestimmten) Gebrauchstexten eine Rolle, weil sie Erfahrungen Gestalt geben und öffentliche Angelegenheiten kontrovers zur Sprache bringen können. Die Diskussion um Gebrauchstexte ist auf diese Weise in wichtige gesellschaftspolitische Debatten eingebunden.

Die aktuelle Zuwendung zu den Gebrauchstexten hat bereits zu einer kontroversen Diskussion der Frage geführt, ob Gebrauchstexte künftig ein stärkeres Gewicht im Deutschunterricht haben sollten, auch auf Kosten literarischer Texte. Eine zweite Kontroverse betrifft Gebrauchstexte als fächerübergreifende Aufgabe: Sollte der Umgang mit Gebrauchstexten vor allem im Deutschunterricht oder gleichberechtigt in verschiedenen Fächern gelernt werden?

2.1.2 Ziele: Gebrauchstexte verstehen und nutzen

Die Frage, was Schüler eigentlich im Umgang mit Gebrauchstexten lernen sollen, lässt sich in allgemeiner Weise leicht beantworten: Sie sollen den kompetenten Umgang mit solchen Texten, eine Gebrauchstext-Kompetenz, erwerben. Was das jedoch im Einzelnen heißt, ist Gegenstand der didaktischen Diskussion. Eine aktuelle Bestimmung des Ziels 'Gebrauchstext-Kompetenz' wird durch die „Bildungsstandards im Fach Deutsch für den Mittleren Schulabschluss" geleistet; diese Präzisierung ist insofern bedeutend, als die formulierten Ziele verbindlich sind. Unter der Rubrik „Sach- und Gebrauchstexte verstehen und nutzen" (S. 19) werden folgende Kompetenzen genannt: (1) verschiedene Textfunktionen und Textsorten unterscheiden: z. B. informieren: Nachricht; appellieren: Kommentar, Rede; regulieren: Gesetz, Vertrag; instruieren: Gebrauchsanweisung; (2) ein breites Spektrum auch längerer und komplexerer Texte verstehen und im Detail erfassen; (3) Informationen zielgerichtet entnehmen, ordnen, vergleichen, prüfen und ergänzen; (4) nicht-lineare Texte auswerten: z. B. Schaubilder; (5) Intention(en) eines Textes erkennen, insbesondere den Zusammenhang zwischen (Autor-)Intention(en), Textmerkmalen, Leseerwartungen und Wirkungen; (6) aus Sach- und Gebrauchstexten begründete Schlussfolgerungen ziehen; (7) Information und Wertung in Texten unterscheiden. Im Stile herkömmlicher Lehrpläne erfolgt hier eine Auflistung von Kompetenzen. Ein System, das diese Addition leitet, ist nur bedingt zu erkennen: Die Kompetenzen zielen auf Textsorten (1), auf Lesestile (detailliert / 2, selektiv / 3), auf das Kriterium (Nicht-)Linearität (4), auf den Zusammenhang von Textfunktion, thematischer Struktur und Kontext (5), auf die thematische Entfaltung (Aspekt Information vs. Wertung / 7) sowie auf die allgemeine Fähigkeit, Schlussfolgerungen aus Texten zu ziehen (6). Lesestrategien werden zudem in einer eigenen Rubrik im Lernbereich „Lesen" aufgeführt. Sie werden in jüngster Zeit besonders betont, weil sie unter den wichtigsten Variablen der Lesekompetenz (wie kognitive Grundfähigkeit und inhaltliches Vorwissen) die zentrale und die am besten beeinflussbare bzw. förderbare Variable für Lesekompetenz sind.

Eine alternative Zielbestimmung könnte sich vor allem durch eine klare Systematik auszeichnen, indem sie in systematischer Weise Bezug auf die Textlinguis tik und die linguistische Kognitionspsychologie nähme – etwa in der folgenden Art: Gebrauchstext-Kompetenz ist die Kompetenz, Texte in textsortenspezifischen Kommunikationssituationen zu verstehen und zu nutzen. Diese Fähigkeit erfordert Teilkompetenzen im Umgang mit den Aspekten (Text-)Funktion, Thema bzw. thematischer Struktur und (Medien-)Kontext von Gebrauchstexten unter Berücksichtigung des Zusammenspiels dieser Aspekte; das Vermögen zur Reflexion und Bewertung von Texten (die die deutschen Schüler in der PISA-Studie nur unzureichend nachweisen konnten!) ist Teil dieser Fähigkeit. Grundlage der Gebrauchstext-Kompetenz ist die Fähigkeit zum gezielten Einsatz von Lesestrategien (vor allem: nach Maßgabe des Leseinteresses sind globale, selektive und detaillierte 'Lesestile' erfolgreich einzusetzen) und im Einzelfall die Fähigkeit zur Produktion von Gebrauchstexten (z. B. Bewerbungsschreiben).

Die genannten Aspekte einer Gebrauchstext-Kompetenz sind recht allgemein gehalten. Im Rahmen einer Präzisierung sind Schwerpunkte zu setzen und auch Beschränkungen vorzunehmen. Dabei dürften viele Präzisierungen konsensfähig sein; so sollten Schüler im Bereich 'Textfunktion' den Unterschied zwischen Textfunktion und 'wahrer' Intention eines Autors erkennen können, aber über explizites Wissen über Indikatoren von Textfunktionen brauchen sie wohl nicht zu verfügen. Über andere Fragen hingegen ist kontrovers zu diskutieren: Soll der Unterricht die im Alltag dominierenden 'Lesestile' des überfliegenden und selektiven Lesens in den Mittelpunkt stellen oder soll – wie bislang – die detaillierte Analyse, die die höchsten Anforderungen an die Schüler stellt, besondere Beachtung finden? Soll die Analyse der thematischen Struktur von Texten mehr Gewicht haben als die ihres gesellschaftlichen und medialen Kontextes? (Die „Bildungsstandards" blenden die gesellschaftliche Dimension der Wirkung von Texten weit gehend aus!) Zielt der Unterricht eher auf Textsorten, die für die Gestaltung des privaten Lebens wichtig, oder auf solche, die für die Gestaltung des öffentlichen Lebens von Bedeutung sind? – Vor dem Hintergrund des oben skizzierten gesellschaftlichen Kontextes, in dem zur Zeit die Aufnahme von Gebrauchstexten in den Unterricht erfolgt, sollte in jedem Fall darauf geachtet werden, dass bei der erforderlichen Präzisierung von (Teil-)Kompetenzen nicht der Aspekt 'Berufsqualifizierung' gegen den der 'Identitätsbildung' ausgespielt wird.

2.2 Gegenstände: Die Auswahl von Textsorten und Texten

2.2.1 Kriterien zur Auswahl von nicht-literarischen Textsorten und Texten

a) Zur Auswahl von Textsorten

In den „Bildungsstandards für das Fach Deutsch" wird ebenso wie zunehmend in den Lehrplänen der Länder darauf verzichtet, bestimmte Textsorten oder gar einzelne ausgewählte Texte als verbindlichen Unterrichtsgegenstand festzulegen. Es gilt stattdessen das Prinzip der exemplarischen Auswahl von Textsorten.

Dieses Auswahlprinzip wird wie in den „Bildungsstandards" zumeist auf die
Textfunktionen bezogen. Es führt in der Praxis allerdings nicht dazu, dass alle
Textfunktionen in gleicher Weise berücksichtigt werden. Im Unterricht dominieren die informativen Texte, gefolgt von appellativen und argumentierenden,
während expressive Texte kaum vertreten sind. Diese Tendenz lässt sich über die
letzten Jahrzehnte verfolgen.

Zudem erfolgt ungeachtet des exemplarischen Prinzips die Auswahl von Textsorten für den Unterricht nicht allein und aus der Perspektive des einzelnen Lehrers
vermutlich noch nicht einmal an erster Stelle im Hinblick auf deren jeweilige
Textfunktion. Die Auswahl von Textsorten dürfte und sollte in der Praxis vor
allem unter dem Gesichtspunkt vorgenommen werden, ob eine bestimmte Textsorte für die Schüler im Sinne der oben genannten Ziele augenblicklich oder
künftig relevant ist, sein könnte oder auch sein sollte. Das Kriterium der Relevanz sollte jedoch nicht zu eng verstanden werden, um eine einförmige Auswahl
zu vermeiden.

Es bietet sich an, die Frage nach der Relevanz von Textsorten mit Blick auf den
jeweils betroffenen Handlungsbereich zu beantworten: Ist eine Textsorte für den
privaten, institutionell-offiziellen oder öffentlichen Handlungsbereich relevant?
Insgesamt sollten im Sinne der genannten Bildungsziele Textsorten so ausgewählt werden, dass sich Schüler angemessen in allen drei Handlungsbereichen
bewegen können. Dabei ist der institutionell-offizielle Handlungsbereich nicht
zu vernachlässigen. Der Lebenslauf und das Bewerbungsschreiben gehören
bereits obligatorisch in die abschließenden Jahrgangsstufen der Sekundarstufe;
andere Textsorten spielen jedoch kaum eine Rolle, obgleich beispielsweise Ver-
träge – etwa für das Handy – für Schüler durchaus wichtig sein können. Von zentraler Bedeutung für die Textauswahl bleibt jedoch der öffentliche Handlungsbereich, der vor allem die Massenmedien und ihre Textsorten betrifft.

b) Textauswahl: (Private) Lebenswelt der Schüler und (altersbedingtes) Schülerinteresse

Im Kontext der seit der PISA-Studie verstärkten Aufmerksamkeit für
Gebrauchstexte im Deutschunterricht wird auch die Frage diskutiert, wie Schüler für die Beschäftigung mit solchen Texten zu gewinnen seien. Dabei kann
durchaus an ältere Diskussionen angeknüpft werden. In der Debatte um
Gebrauchstexte ist vor allem der Gedanke betont worden, dass diese Texte für
die Schüler attraktiv sein sollten. In den siebziger Jahren haben Didaktiker im
Zeichen der kommunikativen Wende der Deutschdidaktik dieser Forderung
etwa dadurch zu entsprechen versucht, dass sie Texte aus alltäglichen
Kommunikationssituationen in den Unterricht aufgenommen haben. In der
gegenwärtigen Diskussion ist dieses Konzept durchaus präsent, aber es gilt nicht
als 'Zauberformel' für die Attraktivität von Texten. Es herrscht eher die allgemeine und in der Didaktik wohl bekannte Forderung vor, dass die Texte auf die

Lebenswelt der Schüler ausgerichtet sein sollten. Teilweise wird dabei der Nutzen des Unterrichts für den Alltag in besonderer Weise betont – wie beispielsweise von Abraham (2003). Die früher durchaus berücksichtigte historische Dimension von Gebrauchstexten tritt dagegen zunehmend in den Hintergrund. Ergänzt wird der Grundsatz der Lebenswelt-Orientierung durch die Berücksichtigung von Jahrgangsstufen: die Texte sollten altersgerecht sein. Zudem wird stärker als früher die Unterrichtsorganisation einbezogen: Sachtexte sollen thematisch in den Unterricht eingebunden sein. Thematisch orientierte Unterrichtseinheiten sollen demnach passende Sachtexte berücksichtigen, gegebenenfalls kombiniert mit literarischen Texten (s. u.).

Der Lebensweltbezug lässt sich unter thematischen und Textsorten-Aspekten ausdifferenzieren. Den weit gestreuten thematischen Interessen von Schülern entsprechen in den Lehrwerken Sachtexte zu einer Fülle von Themen. Zumindest bestimmte Tendenzen lassen sich jedoch feststellen. So ist in der Sekundarstufe I in den unteren Jahrgangsstufen häufig ein deutliches Interesse für Berichte über Abenteuer und Tiere vorhanden, während in den höheren Jahrgangsstufen unterschiedliche Aspekte der Identitätsfindung eine bedeutende Rolle spielen – von Geschlechtsidentität (mit Themen wie „Typisch Mädchen? Typisch Junge?") über das Verhältnis der Geschlechter untereinander bis zur Berufswelt.

Eine grundsätzliche Diskussion betrifft die Frage, ob es sich bei den im Unterricht behandelten Gebrauchstexten um authentische Texte handeln sollte. Zumindest Lehrwerke bis zur sechsten Klasse weichen von diesem Prinzip häufig ab. Weiterhin werden Möglichkeiten des fachübergreifenden Unterrichts mit Gebrauchstexten erörtert.

c) Ein Textsorten-Curriculum? – Das Beispiel 'Medien-Texte'

In Lehrplänen und Lehrwerken für den Deutschunterricht hat es immer wieder Versuche gegeben, ein Textsorten-Curriculum für die Sekundarstufe I zu entwickeln. Mittlerweile wird in der Didaktik solchen Versuchen mit Skepsis begegnet – zumal auf Grundlage der zunehmenden Orientierung an Kompetenzen als Zielen des Deutschunterricht. Kaspar H. Spinner bringt diesen Aspekt wie folgt auf den Punkt:

> Erforderlich wäre ein genaueres Nachdenken darüber, welche Teilkompetenzen der Lesefähigkeit vermittelt und gefördert werden sollen. Eine solche kompetenzorientierte Sicht ist etwas anderes und mehr als nur die Auflistung, welche Textsorte in welchem Schuljahr dran ist. (Spinner 2003, S. 245)

Der Unterricht zu Gebrauchstexten in der Sekundarstufe I zeichnet sich im Hinblick auf die Vermittlung von Kompetenzen wohl vor allem dadurch aus, dass in den unteren Jahrgangsstufen informierende Texte fast uneingeschränkt dominie-

ren, während in den höheren Jahrgangsstufen argumentierende und appellative
Texte zunehmend eine bedeutende Rolle spielen.

Eine Kompetenz-Orientierung des Gebrauchstext-Unterrichts sollte jedoch
nicht aus dem Blick geraten lassen, dass bestimmte Textsorten oder jedenfalls
Textsortengruppen obligatorisch sein und ihren Ort in bestimmten Jahrgangsstufen haben sollten. Dies trifft vor allem auf einen Teilbereich der Medien-Texte
zu: auf publizistische Textsorten in Zeitungen und Zeitschriften, aber auch in
Rundfunk und Fernsehen. In den Klassen 5 und 6 erfolgt im Rahmen der integrierten Medienerziehung im Regelfall eine Auseinandersetzung mit der Medienwelt der Schüler; beliebt sind Unterrichtseinheiten zum Thema 'Fernsehen' –
teilweise unter Einbeziehung von Fernsehzeitschriften und der in ihnen enthaltenen Programmankündigungen als eigener Textsorte. Zumeist in Klasse 8
erfolgt dann die Zuwendung zu publizistischen Textsorten und vor allem zum
Aufbau von (Tages-)Zeitungen. In den Klassen 9 und 10 werden von Fall zu Fall
ergänzende Unterrichtseinheiten durchgeführt; die integrierte Medienerziehung zielt hier jedoch eher auf Filme und neuerdings auch auf die Neuen Medien
mit entsprechenden Textangeboten.

Durch die Neuen Medien sind neue Fragen zu den Medien-Texten und ihren
Textsorten aufgekommen; sie betreffen vor allem Texte im Internet: Wann können und sollen Schüler eine kompetente Internet-Recherche erlernen? Ab wann
können Schüler Quellen im Internet kritisch bewerten (nicht zuletzt im Hinblick
auf die Nutzung von Quellen für Referate etc.)? Wann können sie die Kompetenz eines umsichtigen Umgangs mit Kontaktmöglichkeiten via Internet etwa
durch Chat-Angebote erwerben? etc. Diese Fragen zielen nicht oder nicht in erster Linie auf (Medien-)Textsorten und können als weiterer Beleg für die These
gelten, dass eine künftige Kompetenzorientierung nicht in erster Linie auf Textsorten konzentriert sein dürfte.

d) Exkurs: „Zurück ins Funkhaus!" – Fußball-Rundfunkreportagen im Deutschunterricht?

Zwar gibt es keine ausgearbeitete Didaktik der Fußball-Rundfunkreportage,
aber immerhin werden in Deutschbüchern solche Reportagen seit den siebziger
Jahren als Beispiel für die Textsorte (Live-)Reportage hin und wieder berücksichtigt – zumeist im Rahmen eines Vergleichs von Hörfunkreportage mit Fern-
sehreportage oder Zeitungsbericht, in dem 'nur' allgemeine Merkmale von Hör-
funkreportagen bestimmt werden. Weitere Aspekte ließen sich jedoch berücksichtigen:

Zumindest eine dieser Reportagen ist seit Jahrzehnten in Deutschland weithin
bekannt – jedenfalls bekannter als jede andere und als manches bedeutende
Buch; gemeint ist Herbert Zimmermanns Reportage vom Endspiel der Fußball-
weltmeisterschaft 1954 im Berner Wankendorfstadion – mit dem bekannten
Schluss: „Aus! Aus! Aus! Das Spiel ist aus! Deutschland ist Weltmeister!" Im

Jahr 2003 hat diese Reportage durch Sönke Wortmanns Spielfilm „Das Wunder von Bern" neue Popularität gewonnen. Auch in der Literatur ist diese Reportage längst verewigt; zu nennen ist F. C. Delius' autobiografische Erzählung „Der Sonntag, an dem ich Weltmeister wurde", in der Delius ausgiebig beschreibt, wie er als 13-Jähriger fasziniert die Reportage Zimmermanns hört. Ein 'Querpass' zur literarischen Erzählung und zum Spielfilm ist also möglich. Die Reportage Zimmermanns kann auch Ausgangspunkt für eine historische Betrachtung entsprechender Reportagen sein – mittlerweile liegen Fußballreportagen aus den letzten Jahrzehnten als Hör-CD vor. Dabei sollte auch die historische Wandlung solcher Reportagen unter veränderten Medienbedingungen – etwa durch die Fernsehkonferenz bei Premiere – und veränderten Rezeptionsgewohnheiten, die zu kürzeren Einblendungen und höherer Emotionalität der Reportagen führen, untersucht werden.

Schließlich verdient die Rundfunkreportage als reine Sprachproduktion Beachtung, die sich gegen die weithin vorherrschenden Bilderfluten im Bereich der elektronischen Medien behauptet (und inzwischen Reporter mit Kultstatus wie Manni Breuckmann als „Stimme des Reviers" hervorgebracht hat). Dies ist unter didaktischem Aspekt insofern von Bedeutung, als der Rundfunk in der Deutschdidaktik zur Zeit praktisch keine Rolle mehr spielt; attraktiv erscheinen vor allem die mit Bildern und/oder Interaktivität operierenden Medien. – Die Fußballreportage wird im Deutschunterricht gewöhnlich im 'Abseits' bleiben, aber sie steht exemplarisch für die Textsorten, die unter originellen Fragestellungen für den Unterricht neu zu entdecken sind!

2.2.2 Kriterien zur Auswahl von literarischen Gebrauchstextsorten und Gebrauchstexten

Die literarischen Gebrauchstextsorten spielen eine wichtige Rolle, wenn es um das oben genannte Bildungsziel der Identitätsentwicklung geht. Ein zentraler Aspekt ist in diesem Zusammenhang in der didaktischen Diskussion bisher noch kaum berücksichtigt worden: Gebrauchstexte erhalten durch ihren künftig mutmaßlich höheren Stellenwert im Deutschunterricht eine größere Bedeutung im Rahmen der Leseförderung; es ist sogar zu fragen, ob sie nicht auch Aufgaben übernehmen könnten, die bislang den epischen, dramatischen und lyrischen Texten zugewiesen wurden. Der Gedanke an eine solche Funktionsübertragung ist zumindest auf den ersten Blick nicht unproblematisch; durch eine geeignete Textauswahl könnte hier jedoch durchaus auch eine Chance für den Deutschunterricht bestehen.

a) Kriterium Lebensformen und Fremderfahrung

Der alarmierende Befund der Lesesozialisationsforschung über Lesekrisen in der Primar- und in der Sekundarstufe lautet: „Ein Drittel der Mädchen und mehr als die Hälfte der Jungen sind für die 'Lesekultur' (und nicht nur die 'literarische

Kultur') am Ende ihrer Pflichtschulzeit verloren!" (Garbe 2003, S. 70); vor allem Jungen zeigen in der Sekundarstufe eine zunehmende Reserviertheit gegenüber fiktionaler Literatur, zumal gegenüber solcher mit ausgiebiger Innensicht. Eine zumindest auf den ersten Blick radikale Alternative zu diesen Texten könnte von Fall zu Fall eine Teilgruppe der Gebrauchstexte sein: solche Gebrauchstexte, die menschliche Schicksale und Lebensformen darstellen. Vor allem bieten sich hier literarische Gebrauchstexte an – wie zum Beispiel Autobiografien, Biografien und Reiseberichte. Diese Texte sind nicht fiktional, wie die gängigen erzählenden Texte im Deutschunterricht, und Nichtfiktionalität korrespondiert zumeist mit dem Fehlen detaillierter Innensicht; hinzu kommt, dass diese Texte – im Idealfall – nicht trivial sind – wie der gebräuchliche Begriff 'Kunstprosa' deutlich zum Ausdruck bringt. Durch ihre Nicht-Fiktionalität und zumal ihren Verzicht auf detaillierte Innensicht können diese Texte vor allem für Jungen attraktiv sein, denn diese mögen zwar literarische Fiktionen – vor allem in der zweiten Hälfte der Sekundarstufe I – vielfach ablehnen, aber sie sind durchaus an menschlichen Schicksalen und Lebensformen interessiert.

Im Deutschunterricht haben sich vor allem literarische Autobiografien etabliert. Sie sind aus didaktischer Sicht besonders interessant, weil die häufig die Entwicklungsgeschichte eines Menschen und seine Identitätssuche zeigen. Autobiografien können, so Müller-Michaels (2002, S. 6), mit besonderer Aufmerksamkeit rechnen, weil es in den Erzählungen häufig um die Erfahrungen im Elternhaus, in der Schule, mit Freunden und mit der Gesellschaft geht. Die Jugenderinnerungen beispielsweise von Stefan Zweig mit der Darstellung von Schule, ersten erotischen Erlebnissen und beginnender Teilhabe am kulturellen Leben sind noch und vielleicht gerade heute ein eindrucksvolles Zeugnis einer für uns mittlerweile fast fremden Welt. Mit der Lektüre fremder Lebensgeschichten kann zugleich eine Entdeckung der eigenen Person einhergehen – nicht in der Weise, dass unmittelbar die Erfahrungen anderer übernommen werden, sondern durch, so Müller-Michaels, eine 'Übersetzung' von Einsichten in die eigene Lebenswelt.

Ein mit Autobiografien vergleichbares didaktisches Potential besitzen Reiseberichte. Weil heute Informationen über fast alle Teile der Welt schnell zu beschaffen sind und zudem Reisen in ferne Gebiete vergleichsweise problemlos unternommen werden können, sind diejenigen Reiseberichte – auch aus didaktischer Perspektive – besonders interessant, die sich weniger durch ihre neutrale und verlässliche Beschreibungen von Sehenswürdigkeiten, Landschaften und Leuten auszeichnen als durch einen individuellen, originellen Blick auf das, was im Prinzip jeder sehen kann. Solche Reiseberichte zeigen, wie Menschen auf Reisen, geprägt von Erwartungen und je eigenen Wahrnehmungsmustern, fremde Gegenden, Kulturen und Menschen erleben, und sind dabei nicht selten Zeugnisse einer Begegnung der Reisenden mit Facetten des eigenen Wesens und einer Veränderung der eigenen Persönlichkeit durch die Konfrontation mit dem

Fremden. Unter didaktischem Aspekt sind deshalb „die Prägung der Wahrnehmung und deren Veränderung; die Ambivalenz von Identifikation und Abgrenzung, Selbstfindung und Selbstentfremdung" hervorzuheben (Wermke 2003, S. 3).

Insgesamt könnten literarische Gebrauchstexte im Deutschunterricht als eine Teil-Kompensation für das nachlassende Interesse von Jugendlichen auch vor allem von Jungen an literarischen Fiktionen genutzt werden. Ein weiterer Aspekt kommt hinzu: Wenngleich Ortwin Beisbarts Behauptung, der Deutschunterricht habe sich zur „Gegenwelt gegen eine als kalt empfundene Welt entwickelt" (Beisbart 2003, S. 225), übertrieben zu sein scheint, so kann sie doch als Appell für einen realitätsnahen Deutschunterricht durchaus anregend sein; literarische Gebrauchstexte könnten zur geforderten Realitätsnähe beitragen, ohne dass dies auf Kosten der Literatur geschehen müsste.

b) Kriterium sprachliche Gestaltung / Sprachkunst

Literarische Gebrauchstexte gleich welcher Textsorte können durch ihre sprachliche Gestaltung und/oder sprachkritische Ausrichtung zu wichtigen Gegenständen im Deutschunterricht werden. In der öffentlichen Wahrnehmung wie in der didaktischen Diskussion wird dabei wohl zumeist an Essays gedacht. Tatsächlich gibt es jedoch noch weitere Textsorten, die Aufmerksamkeit verdienten – wie etwa die Glosse. Von besonderem Interesse dürfte der Typus der sprachkritischen Glosse sein; beispielhaft sind die Texte des Wiener Autors Karl Kraus (1874–1936): seine sprachkritische Glossierung vor allem von Zeitungsmeldungen richtet sich gegen Phrasen und den Kontext, in dem sie gedeihen. Mitunter bietet Kraus nur eine knappe Ergänzung einer Zeitungsmeldung – wie im folgenden Beispiel, in dem eine Zeitungsmeldung über die Rationierung von Lebensmitteln im Ersten Weltkrieg (durch die kleinere Schrifttype für die Leser als Zeitungsmeldung erkennbar) – nur durch eine Überschrift ergänzt wird:

> Der Tritt ins Leben
> [Das Jubiläum der Brotkarte.] Morgen werden es drei Jahre sein, daß die Brot- und Mehlkarte ins Leben trat ...

Durch die Umformung der neutral gemeinten Wendung „ins Leben trat" in die Überschrift „Der Tritt ins Leben" werden neben der Phrasenhaftigkeit der Pressesprache die Folgen des Krieges und der Krieg als solcher als das bezeichnet, was er nach Ansicht von Kraus war. Dieses Verfahren der 'Verdrehung' öffentlicher Rede ist seit Lichtenberg und Seume populär.

In unserer Zeit ist die Glossierung vor allem in Fernsehen und Rundfunk beliebt – Harald Schmidt steht für diesen Trend; er ist bereits im Deutschbuch *wortstark 10* präsent. Auch in den Printmedien ist die sprachkritische Glossierung zu finden; zu denken ist beispielsweise an das *Streiflicht* in der *Süddeutschen Zeitung*. Die (sprachkritische) Glossierung von Nachrichten in den Medien und im öffentlichen Sprachgebrauch kann im Einzelfall sprachkünstlerisch gestaltet sein – und im Unterricht auch insofern zur Spracherziehung beitragen, da ein Bewusstsein für eine 'phrasenhafte' öffentliche Sprache und das Interesse für eine 'phrasenfreie' eigene Sprache geweckt werden kann.

3 Unterichtspraktische Überlegungen und Hinweise

3.1 Grundsätze der Unterrichtsgestaltung

Gebrauchstexte im Unterricht können schnell zur Qual werden – vor allem wenn sie isoliert und mittels eines vorgegebenen und dem natürlichen Leseprozess widersprechenden Fragenkatalogs zu erarbeiten sind und wenn ein inhaltliches Interesse der Schüler fehlt. Zu einem solchen Vorgehen gibt es jedoch Alternativen. Sie lassen sich unter zwei Prinzipien zusammenfassen: Problemorientierung und Leseprozessorientierung. Die Problemorientierung ist als übergeordnetes Prinzip zu verstehen, das Unterrichtseinheiten und einzelne Unterrichtsstunden zu strukturieren vermag, während die Leseprozessorientierung stärker auf die Lektüre eines einzelnen Textes zielt. Lesestrategien spielen für beide Prinzipien eine Rolle.

Der Begriff '(Lese-)Strategie' fungiert in der Didaktik inzwischen als in seiner Weite nicht unproblematischer Sammelbegriff; er füllt, so Abrahams treffende Beschreibung,

> eine Leerstelle in der fachdidaktischen Begrifflichkeit zwischen dem, was man traditionell „Lesehaltungen" nannte, und dem, was „Arbeitstechniken" hieß und vom *Methodenlernen* her begründet wurde [...]. „Lesehaltung" ist ein eher kognitiv-affektiv gemeinter, auf grundlegende Fähigkeiten zielender Begriff (z. B. eine positive Haltung gegenüber der Schriftlichkeit, eine Habitualisierung von Strategien des selbstständigen Umgangs mit Texten, eine metakognitive Grundhaltung) gewesen, „Arbeitstechnik" ein eher instrumenteller, auf eine Fertigkeit zielender. „Strategie" bringt nun beides zusammen (Abraham 2003, S. 213).

3.1.1 Problemorientierung und Lesestrategien

Ein problemorientierter Unterricht soll die Schüler zur selbstständigen Auseinandersetzung mit Aufgaben, Problemen, Fragestellungen befähigen. Problemorientierung von Unterricht liegt dann vor, wenn Unterricht als systematische Beschäftigung mit Problemen bzw. Fragestellungen konzipiert und durchgeführt wird, wobei die Fragestellungen nach Möglichkeit von den Schülern selbst formuliert und anschließend selbstständig bearbeitet werden – bis hin zur abschließenden Beantwortung von Fragen (einschließlich der kritischen Erörterung der eigenen Ergebnisse). Im Umgang mit Gebrauchstexten sind Schüler im Idealfall auch an der Auswahl von bzw. der Suche nach geeigneten Texten beteiligt.

Für die Planung von problemorientiertem Unterricht mit Gebrauchstexten bietet es sich an, die Lernprozesse in funktionale Zusammenhänge einzubetten (situiertes Lernen) – wie dies mustergültig in Projekten der Fall ist, die auf die Herstellung eines 'öffentlichen' Produktes, beispielsweise eine Ausstellung, ausgerichtet sind. Dieser Ansatz ist durchaus kompatibel mit dem in den siebziger Jahren entwickelten Prinzip der Kommunikationsorientierung, nach dem sich Unterricht mit Gebrauchstexten an 'reale' Kommunikationsanlässe anschließen soll bzw. solche Kommunikationsanlässe im Mittelpunkt des Unterrichts stehen sollen.

Das Ideal des problemorientierten Unterrichts kann und muss im Einzelfall natürlich nicht in allen Aspekten erfüllt werden – schon deshalb, weil Deutschbücher durchaus thematische Einheiten anbieten, deren ausgewogene Textauswahl die Beschaffung von weiteren Texten durch die Schüler überflüssig macht. Hinzu kommt ein grundsätzliches Problem: Zum selbstständigen Umgang mit Texten gehört die zielgerichtete Nutzung von Lese- bzw. Lernstrategien; die Schüler brauchen

> konkretes Wissen darüber, wann und unter welchen Umständen es effektiv ist, bestimmte Techniken und Strategien zu verwenden, welcher Nutzen damit verbunden ist und wie sie Aufgabenanforderungen adäquat einschätzen können (Artelt u. a. 2001, S. 77).

Weil Schüler dieses Wissen erst nach und nach erwerben, müssen Lehrer von Fall zu Fall die Texterschließung mehr oder weniger stark steuern, indem sie beispielsweise geeignete Strategien der Texterschließung vorgeben.

Im Rahmen eines problemorientierten Unterrichts können und sollen auch die Lernwege selbst Gegenstand der Erörterung werden, damit Schüler metakognitive Strategien erwerben, die ein explizites Wissen über Lese- und Lernstrategien, ihre Nützlichkeit, Anwendbarkeit sowie ihre Vor- und Nachteile (für Planung, Überwachung und Steuerung des Arbeitsprozesses) umfassen. Solche Strategien sollten, so die PISA-Studie, künftig stärker thematisiert werden: „Das Wissen über effektive Strategien der Textverarbeitung des verstehenden Lesens und Lernens aus Texten wird […] im schulischen Unterricht viel zu selten thematisiert" (Artelt u. a. 2001, S. 132).

3.1.2 Leseprozessorientierung als methodische Herausforderung

Der Unterricht mit Gebrauchstexten folgt in älteren Lehrwerken häufig folgendem Muster: Zunächst erfolgt die Klärung von Verstehensproblemen auf Wortebene und anschließend wird zur detaillierten Analyse übergeleitet, bevor abschließend allgemeine Aussagen über den Text gewonnen werden sollen. Dieses Muster ist vor dem Hintergrund der Ergebnisse der linguistischen Kognitionspsychologie in die Kritik geraten. Die Beschäftigung mit einzelnen Texten, so die prägnante Alternative, sollte leseprozessorientiert erfolgen: die einzelnen

Aufgaben sollen den 'natürlichen' Leseprozess steuern und begleiten. Die entsprechenden Aufgaben lassen sich – wegen der komplexen Interaktionsprozesse beim Lesen – drei Phasen der Lektüre zuordnen: Aufgaben vor, während und nach dem Lesen. Für diese Phasen lassen sich – in Anlehnung an die zehn „Tipps" von Kühn (2003) für einen konzeptgeleiteten Verstehensprozess – insgesamt fünf zentrale Prinzipien für Aufgabenstellungen bestimmen:

Phase 1: Aufgabentypen vor dem Lesen

(1) (verstehens-)vorbereitende Aufgaben: das Textverstehen wird durch Aufgaben vorbereitet, die (a) der Aktivierung des Vorwissens, (b) dem Aufbau eines Erwartungshorizonts und (c) der Vorgabe / Formulierung / Aktivierung von Verstehenszielen dienen (vgl. Kühn 2003, S. 7);

Phase 2: Aufgabentypen während des Lesens

(2) konzeptgeleitete Aufgaben: mit konzeptgeleiteten Fragen beginnen, die auch Textfunktion und (medialen) Kontext / pragmatische Situierung berücksichtigen: „Wo findet man solche Texte? Wer hat den Text geschrieben? Was für eine Textsorte liegt vor? Über welches Thema handelt der Text? Wie ist der Text gegliedert? Was bezweckt der Autor des Textes? usw." (ebd., S. 9) (Regel: zunächst das Wort-für-Wort- und Satz-für-Satz-Lesen zu Gunsten der Erarbeitung der 'Gesamtbedeutung' des Textes vermeiden);

(3) verstehensprogressiv angelegte Aufgaben: Aufgaben zielen auf die allmähliche Vertiefung des Verstehens, z. B. Aufgaben zum Globalverstehen vor denjenigen zum selektiven Verstehen oder Detailverstehen;

(4) vorwissensorientierte Aufgaben: zunächst Bekanntes thematisieren, dann erst Klärung unverstandener Stellen (vgl. ebd.: der „Hinweis auf Unverstandenes ('Was habt ihr nicht verstanden?') fördert Wort-für-Wort-Strategien und ist wenig motivierend");

Phase 3: Aufgabentypen nach dem Lesen

(5) nachbereitende / weiterführende Aufgaben: die Aufgaben nach dem Lesen beziehen sich auf die sprachliche und inhaltliche Weiterverarbeitung eines Textes: Aufgaben zum Weiterschreiben, Kommentieren, Verfassen von Paralleltexten etc. (vgl. Menzel 2002).

Weil der Verstehensprozess als „Zusammenspiel von konzeptgeleiteten und datengeleiteten Aktivitäten" aufzufassen ist, müssen insgesamt die „Aufgaben und Übungen zum Leseverstehen auf beide Verarbeitungsprozesse ausgerichtet sein" (Kühn 2003, S. 9).

3.1.3 Lesestrategien und Aufgabenstellungen in Auswahl

In der didaktischen Diskussion sind systematische Entwürfe für Lesestrategie-Klassifizierungen, die Grundlage für den gezielten Einsatz dieser Strategien im Unterricht sein könnten, bislang nicht hinreichend diskutiert. Konkurrierende

Kriterien für Klassifizierungen beziehen sich vor allem auf Lesestile (global, selektiv, detailliert), thematische Textstruktur (Thema, Themenentfaltung …), Phasen von Arbeitsprozessen (Planung, Überwachung, Steuerung) und Unterrichtsphasen (Hinführung, Erarbeitung, Sicherung). Für die folgende Auflistung von Strategien (in Anlehnung an Abraham (2003), Menzel (2002) u. a.) ist eine 'neutrale' Klassifizierung nach Phasen des Leseprozesses gewählt:

a) Strategien / Aufgaben vor dem Lesen
- zu Überschrift (ggf. auch zu Bildern, Illustrationen, Lead-Texten …): brainstorming, cluster, Formulierung von Erwartungen im Gespräch oder in einem kurzen Text;

b) Strategien / Aufgaben während des Lesens
- Schlüsselwörter markieren / an den Rand schreiben … [Textstruktur / Thema erfassen];
- Texte in Abschnitte gliedern [Textstruktur / Unterthemen und Themenentfaltung erfassen];
- zu Textabschnitten (Zwischen-)Überschriften formulieren (oder vorgegebene zuordnen) [s. o.];
- Abschnitte eines Textes / einen Text zusammenfassen [s. o.];
- Stichwörter / Randbemerkungen formulieren [Textstruktur / Themenentfaltung];
- Bezüge zwischen Textteilen herstellen (z. B. nach Wenn-Dann-Verbindungen suchen) [s. o.];
- Fragen aus dem Text ableiten und beantworten;
- Informationen zielgerichtet entnehmen, ordnen, prüfen und ergänzen [vgl. selektive Lektüre];
- zu Texten Schaubilder / Skizzen / Verlaufs- oder Strukturdiagramm anfertigen;
- Wortbedeutungen klären (mittels Auswertung des Kontextes oder mittels Wörterbuch).

c) Strategien / Aufgaben nach dem Lesen
- Fixieren von Leseergebnissen für Eigenbedarf (z. B. Exzerpt) oder Fremdbedarf (z. B. Resümee; vgl. auch: „Erzähle jemandem, was dir an dem Text wichtig war"; „Beantworte Fragen, die einer stellt, der den Text nicht gelesen hat" (Menzel 2002, S. 23)).

Die Auswahl spiegelt den Sachverhalt wider, dass die etablierten Strategien in ihrer Mehrzahl auf die thematische Analyse von Texten bezogen sind. Problematisch ist diese Konzentration vor allem insofern, als der in jüngster Zeit in der didaktischen Diskussion betonte Aspekt 'Bewertung und Reflexion' nicht angemessen berücksichtigt ist. Angesichts der augenblicklichen Tendenz, den Begriff 'Strategie' in einem weiten Sinne unter Einschluss von habitualisierten Umgangsweisen mit Texten zu verwenden, wäre zu überlegen, ob grundlegende Aufgaben zur 'Bewertung und Reflexion von Texten' als Strategien definiert werden sollten (etwa: Informationen verständlich und hinreichend präzise? – für argumentative Texte: Ist die Argumentation insgesamt schlüssig? Sind die einzelnen Argumente überzeugend? etc.). Bei einer solchen Ausweitung ließe sich jedoch fragen, ob nicht weitere zentrale Aspekte der Beschäftigung mit Texten zu Strategien 'aufsteigen' sollten (z. B. Sprachfunktionen erkennen [informierende, argumentierende etc. Themenentfaltung erfassen], kritisch lesen [Information von Kommentaren / Wertungen unterscheiden], sprachkritisch lesen [Umgang mit der Sprache prüfen]; vgl. die Auflistung in „Deutschbuch 10" / Cornelsen, S. 296). Eine solche Begriffserweiterung könnte allerdings dazu führen, dass der Begriff 'Strategie' für jede systematische Beschäftigung mit Texten genutzt würde und seine Trennschärfe verlöre.

3.2 Lernbereichsorientierung: Texte lesen – Texte schreiben

3.2.1 Vom Lesen zum Schreiben: Die Gebrauchstexte der Schüler

Der Umgang mit Gebrauchstexten in der Schule betrifft in erster Linie den Lernbereich „Lesen", in dem folglich die Gebrauchstexte etwa in den „Bildungsstandards für das Fach Deutsch" angesiedelt sind. Das Lesen von Gebrauchstexten in der Schule wird jedoch, wie bereits die oben genannten Lesestrategien zeigen, zumeist durch schriftliche Tätigkeiten, wie beispielsweise eine Textzusammenfassung, ergänzt. Zusätzlich können solche Aufgabenstellungen in den Unterricht integriert werden, durch deren Bearbeitung die Schüler ihre Schreibkompetenzen verbessern. In den „Bildungsstandards für das Fach Deutsch" wird dieses Prinzip bei den Aufgabenbeispielen zu den Gebrauchstexten durchgängig eingehalten. Die Aufgaben sind in der Regel so gestaltet, dass Schüler nicht nur „Sach- und Gebrauchstexte verstehen und nutzen", sondern auch „einen Schreibprozess eigenverantwortlich gestalten" sollen (indem die Schüler beispielsweise einen „Schreibauftrag verstehen und einen Schreibplan entwickeln", „einen Textentwurf entsprechend der Planung fertigen", „gedanklich geordnet schreiben" und „Ergebnisse einer Textuntersuchung darstellen" sollen).

Einen Sonderfall stellt die Produktion von Texten einer zuvor erarbeiteten Textsorte dar: Sofern Schüler Texte einer bestimmten Textsorte selbst verfassen können sollen (wie das Bewerbungsschreiben, den Lebenslauf und Reden / Vorträge), wird der Unterricht in der Regel so konzipiert, dass die Schüler die Eigenarten der betroffenen Textsorte durch die Analyse von Beispielen erarbeiten. Die methodischen Spielräume sind bei diesem Verfahren vor allem dann eng begrenzt, wenn es sich um stark reglementierte Textsorten wie Lebenslauf und Bewerbungsschreiben handelt; allerdings gibt es auch in solchen Fällen Möglichkeiten, Schüler nicht einfach zur Imitation vorgegebener Muster aufzufordern –

bei der Textsorte Lebenslauf beispielsweise durch den Einsatz eines Schaubildes, in dem ganz unterschiedliche Merkmale aufgelistet sind (wie „geleistete Praktika" und „Haar- und Augenfarbe"), die die Schüler als relevant bzw. irrelevant für Lebensläufe erörtern (die Schüler erarbeiten auf diese Weise selbst Kriterien für die Textsorte). – Eine Ausnahme stellt der Versuch dar, Schülern (der Sekundarstufe II) „günstige Arbeitsschritte" für das Verfassen von Gebrauchstexten zur Verfügung zu stellen („1. Thema / Gegenstand: Worüber schreibe ich? – klare Formulierung, Abgrenzung von Verwandtem; 2. Anlass und persönliches Interesse …; 3. Absicht …; 4. Adressat …; 5. Textsorte …; 6. Struktur …; 7. Sprache / Bildmaterial …; 8. Medium …" (vgl. *Sachtexte verstehen und produzieren*, Schroedel-Verlag 2002, S. 59).

3.2.2 Literarische Gebrauchstexte: Das Beispiel Autobiografien

Für die Arbeit mit literarischen Gebrauchstexten im Unterricht gelten keine grundsätzlich anderen Regeln als für die mit 'normalen' Gebrauchstexten. Dennoch verlangen die jeweiligen Eigentümlichkeiten literarischer Gebrauchstexte und im besonderen deren Literarizität eine eigene Rücksichtnahme; aus dieser Rücksichtnahme können sich deutliche Überschneidungen mit dem 'normalen' Literaturunterricht, der auf epische, dramatische und lyrische Texte ausgerichtet ist, ergeben. Das Beispiel des autobiografischen Schreibens in der Schule zeigt, wie hier Analyse und eigene Schreibversuche gleichermaßen möglich sind.

a) Autobiografien als Gegenstand der Analyse: Wenngleich sich autobiografische Texte nicht zum 'Abarbeiten' eines Fragekatalogs eignen, so gibt es doch für die Analyse typische Fragestellungen: (1) Themen: Welche Themen werden gewählt? Wie umfangreich werden sie dargestellt? Welche Gewichtung erhalten die einzelnen Themen im Vergleich? Welche Themen werden nicht berücksichtigt? (2) Aufbau: Welche Einteilung in Kapitel oder Abschnitte liegt vor? Wird die Chronologie des Lebenslaufs durchbrochen? (3) Das autobiografische Ich: Welche (expliziten / impliziten) Motive gibt es für die Autobiografie? (4) Verfahren: In welchem Umfang stützt sich der Autobiograf auf seine eigenen Erinnerungen? Wie problematisiert er sie? (nach Wortmann 2002, S. 27). Diese Fragen gewinnen mit der Höhe der Jahrgangsstufe an Gewicht; stärker als in der Sekundarstufe I kann in der Sekundarstufe II schließlich die besondere Aufmerksamkeit auf unterschiedliche autobiografische Erzählmodelle gelenkt werden.

b) Autobiografische Texte als Muster für autobiografisches Schreiben: Als literarische Gattung bietet sich die Autobiografie wie andere literarische Gattungen zu eigenen Schreibversuchen an. Autobiografisches Schreiben bietet neben Möglichkeiten der Selbsterfahrung auch die der Erarbeitung literarischer Formen. Für die Konzeption einer entsprechenden Unterrichtseinheit hat Günter Waldmann (2000) vier Schritte vorgeschlagen: 1. Entscheidung für einen Schwerpunkt (Gattungsschwerpunkt Autobiografie oder thematischer Schwerpunkt wie Kindheit und Jugend); 2. Beginn mit einem Textauszug aus einer konventionellen Autobiografie (etwa der von Goethe); 3. Besprechung von Textauszügen moderner Autobiografien (etwa auch: autobiografisches Schreiben mit fiktionalen Teilen) mit Konzentration auf Differenzen der autobiografischen Modelle und der in ihnen verwendeten Formen modernen Erzählens (wie innerer Monolog); 4. produktiver Umgang mit modernen autobiografischen Texten: die Schüler sollen „in denjenigen literarischen Formen, die ihnen zusagen, selbst auch autobiografisch schreiben"; dabei sollte „vermieden werden, dass die produktive Arbeit der Schüler ausschließlich im Nachproduzieren literarischer Texte" besteht (Waldmann 2000, S. 223). Für die Besprechung der Schülertexte schlägt Waldmann ebenfalls produktive Verfahren vor (z. B. die weitere Arbeit an Texten). – Auf Probleme beim autobiografischen Schreiben in der Schule weist Waldmann selbst hin (mangelnde Distanz der Schüler der Sekundarstufe I zu ihrem Ich; mangelnde „lebensweltliche Substanz" (ebd., S. 223 f.); ggf. Abneigung gegen eine 'Preisgabe' von Innerem und Privatem).

3.3   Perspektiven und didaktische Herausforderungen

3.3.1 Explizites Lesestrategietraining als methodisches Problem

In den seit der PISA-Studie veröffentlichten Deutschbüchern hat die Vermittlung von Lesestrategien deutlich an Gewicht gewonnen. Dabei wird auch für das explizite Lesestrategietraining nach methodisch ansprechenden Verfahren gesucht. Die Schwierigkeiten, die hier auftreten, stellen für Fachdidaktiker eine wichtige Herausforderung dar – wie das folgende Beispiel zeigt.

In *Doppelklick 5* wird den Schülern ein „Textknacker" vorgestellt:

> Einen Text lesen [...] ist so wie eine Nuss knacken. / Eine harte Nuss musst du knacken, damit du an ihren weichen Kern herankommst. Dazu brauchst du einen Nussknacker. / Einen Text musst du auch „knacken", genauso wie eine harte Nuss. Erst dann kannst du ihn verstehen. Dazu brauchst du ebenfalls einen Nussknacker – nein, einen Textknacker.

Anschließend wird der Textknacker vorgestellt:

„Der Textknacker funktioniert so:

1. Ein Bild erzählt dir viel, bevor du den Text überhaupt gelesen hast.
2. Die Überschrift sagt dir oft, was das Thema eines Textes ist.
3. Absätze gliedern den Text. Manchmal stehen auch Zwischenüberschriften über den Absätzen. Was in einem Absatz zusammensteht, gehört inhaltlich zusammen.
4. Manche Wörter werden am Rand oder unter dem Text erklärt.
5. Die Bilder am Rand des Textes oder die Bilder im Text helfen dir, den Text zu verstehen.

6. Manche Wörter fallen dir auf, weil sie z. B. unterstrichen oder fett gedruckt sind. Diese Wörter sind wichtig, sie sind Schlüsselwörter.

7. Suche Wörter, die du nicht verstehst, im Lexikon – aber erst zum Schluss."

Auf diese Auflistung folgt ein Text unter dem Titel „Nussknacker" – mit Überschrift und Absätzen, 'angereichert' mit Worterklärungen am Rand, Bildern (die Thema, Absätze und Wörter erklären) und (farblich) markierten Wörtern. Die anschließenden Fragen:

„1. Was erzählt dir das Bild?

2. Wie lautet das Thema? Lies die Überschrift.

3. Wie viele Absätze gibt es im Text? Worum geht es im ersten Absatz?

4. Welches Wort wird am rechten Rand erklärt?

5. Was zeigen die Bilder? Welche Absätze oder Wörter werden durch sie erklärt?

6. Wie heißen die Schlüsselwörter? [im Text farbig markiert! M. L.]

7. Welche Wörter musst du im Lexikon (oder im Atlas) nachsehen?"

Die Fragen zielen auf die Klärung von Verständnisschwierigkeiten und auf Klärungen auf thematischer Ebene: Thema, Unterthemen und Gliederung des Textes werden behandelt; das Strategietraining beschränkt sich auf eine Art 'Kernanalyse' auf thematischer Ebene; es fehlt deshalb auch der Aspekt 'Reflexion und Bewertung'. Bei den Aufgaben wird durchaus oben formulierten Prinzipien der Leseprozessorientierung entsprochen: Eine zum Thema hinführende Aufgabe vor dem Lesen ist berücksichtigt, die Nutzung eines Lexikons steht am Schluss der Aufgaben. Eine altersgerechte Vermittlung von Strategien wird durch die hinzugefügten Illustrationen angestrebt – und wohl auch durch die übertriebene Hilfe bei der Bestimmung der im Text farbig markierten Schlüsselwörter (wobei zu bedenken ist: in der didaktischen Diskussion ist die Frage, mit welchen Strategien Schüler nichtmarkierte Schlüsselwörter als solche erkennen können, bislang nicht systematisch erörtert).

Ein grundsätzliches Problem wird hier jedoch (wie auch in anderen Schulbüchern) nicht gelöst: Die Schüler entdecken die Strategien und ihre Funktion nicht selbstständig; das Kapitel ist deduktiv angelegt. In nächster Zeit wird hier eine wesentliche Aufgabe für die Didaktik liegen: In welchen Jahrgangsstufen können Schüler, so ist zu fragen, auf welche Weise explizites Lesestrategiewissen selbstständig erarbeiten?

3.3.2 'Integrierte Gebrauchstexterziehung': Literatur und Gebrauchstexte kombiniert?

Sollte – analog zu der 'integrierten Medienerziehung' – eine 'integrierte Gebrauchstexterziehung' erfolgen, bei der Gebrauchstexte in Einheiten mit literarischen Texten integriert werden? In Lesebüchern erfolgt eine solche Textkombination häufig, teilweise durch Zusammenstellung von 'normalen' Gebrauchstexten und literarischen Texten sowie literarischen Gebrauchstexten. Als Beispiel sei die Einheit „Sternkinder" im Lesebuch *Magazin* für achte Klassen vorgestellt. Der Titel der Einheit ist dem Buch *Sternkinder* von Clara Asscher-Pinkhof (holl. 1946, dt. 1961, Vorwort von Erich Kästner) entliehen, in dem Schicksale von jüdischen Kindern in der NS-Zeit – durch den aufgezwungenen Judenstern zu „Sternkindern" geworden – geschildert werden. Im Zentrum der Einheit steht das Schicksal von Inge Auerbacher: Zwei Textauszüge ihrer Autobiografie werden ergänzt durch amtliche Dokumente aus Auerbachers Leben (darunter ihre „Kennkarte" mit dem aufgedruckten „J" für Jude) sowie durch Auerbachers Gedicht *Ich bin ein Stern*. Zudem werden der Einheit mehrere informierende Texte zu den „Sternkindern" (u. a. von Erich Kästner), weitere autobiografische Textauszüge (von Anne Frank, Louise Jacobson und Isabella Leitner) sowie ein Gedicht von Rose Ausländer (*Werben*) beigefügt. Diese Texte und weitere Materialien vermitteln insgesamt ein eindringliches Bild von den „Sternkindern".

Mit den autobiografischen Texten wird in dem Lesebuch insofern behutsam umgegangen, als sie nicht zur Einübung von Lesestrategien genutzt werden; die Aufgaben verzichten sogar völlig auf textanalytische Verfahren. Im Untertitel des Kapitels wird der angestrebte Umgang mit den Texten deutlich: „Mitfühlen, sich informieren, erinnern: nachforschen, eigene Texte schreiben, eine Ausstellung gestalten". Das Ziel des 'mitfühlenden' Lesens ist in diesem Fall angebracht, lässt sich jedoch nicht ohne weiteres durch Aufgaben wie die folgenden erreichen:

> Es fällt schwer, sich die Situation der Untergetauchten vorzustellen, weil wir so etwas noch nie erlebt haben. Überlege dennoch, was du am meisten vermissen würdest, wenn du untertauchen müsstest.

und – abschließend – „Schreibe deine Gedanken und Gefühle beim Lesen der Texte über die Sternkinder." (S. 139). Die weiteren Aufgaben zielen auf ein Projekt: eine Ausstellung: Die Schüler sollen aus den präsentierten Texten Ausschnitte auswählen und für die Ausstellung abschreiben, die entsprechenden Autobiografien in Bibliotheken recherchieren und weiteres Material sammeln.

Diese Einheit zeigt, wie Texte aufeinander 'abgestimmt' werden können – und wie dabei der Verzicht auf den Einsatz eines expliziten Lesestrategietrainings im Einzelfall angebracht sein kann. Zugleich wird eine Gefahr deutlich: lyrische Texte werden neben informierenden Gebrauchstexten eingesetzt, ohne dass Aspekte ihrer Literarizität thematisiert werden. Wie 'gemischte' Kapitel der jeweils spezifischen Rezeption von literarischen Texten der Gattungstrias sowie literarischen und nichtliterarischen Gebrauchstexten gerecht werden können, ohne dass es zu einer 'Einebnung' der Unterschiede kommt, bedarf noch der näheren Untersuchung.

Literaturverzeichnis

Abraham, Ulf / Bremerich-Vos, Albert / Frederking, Volker / Wieler, Petra (Hrsg.): Deutschdidaktik und Deutschunterricht nach Pisa. Freiburg: Fillibach 2003.

Abraham, Ulf: Lese- und Schreibstrategien im themazentrierten Deutschunterricht. Zu einer Didaktik des selbstgesteuerten und zielbewussten Umgangs mit Texten. In: Abraham u. a. 2003, S. 204–219.

Artelt, Cordula / Stanat, Petra / Schneider, Wolfgang / Ulrich Schiefele: Lesekompetenz: Testkonzeption und Ergebnisse. In: Baumert, Jürgen u. a. (Hrsg.): PISA 2000. Basiskompetenzen von Schülerinnen und Schülern im internationalen Vergleich. Opladen: Leske + Budrich 2001, S. 67–137.

Asscher-Pinkhof, Clara: Sternkinder. Berlin: Cecilie Dressler 1961 (mit einem Vorwort von Erich Kästner).

Beisbart, Ortwin: Didaktische Folgerungen aus den PISA-Ergebnissen zur Verbesserung der Leseförderung. In: Abraham u. a. 2003, S. 220–237.

Belke, Horst: Gebrauchstexte. In: Arnold, Heinz-Ludwig / Sinemus, Volker (Hrsg.): Grundzüge der Literatur- und Sprachwissenschaft. Bd. 1. München: dtv 1973, S. 320–341.

Bos, Wilfried / Lankes, Eva-Maria / Prenzel, Manfred / Schwippert, Knut / Walther, Gerd / Valtin, Renate (Hrsg.): Erste Ergebnisse aus IGLU. Schülerleistungen am Ende der vierten Jahrgangsstufe im internationalen Vergleich. Münster, New York, München, Berlin: Waxmann 2003.

Bräuer, Christoph: Als Textdetektive der Lesekompetenz auf der Spur – Zwei Blicke auf ein Unterrichtskonzept zur Vermittlung von Lesestrategien. In: Didaktik Deutsch 2002, H. 13, S. 17–32.

Brinker, Klaus: Linguistische Textanalyse. Eine Einführung in Grundbegriffe und Methoden. 3. durchgesehene und erweiterte Auflage. Berlin: Erich Schmidt 1992.

Christmann, Ursula / Richter, Tobias: Lesekompetenz: Prozessebenen und interindividuelle Unterschiede. In: Norbert Groeben / Bettina Hurrelmann (Hrsg.): Lesekompetenz. Weinheim: Juventa 2002, S. 25–58. (Lesesozialisation und Medien)

Franz, Kurt: Lese- und Medienverhalten von Schülerinnen und Schülern der 8. Jahrgangsstufe. Ausgewählte Ergebnisse einer empirischen Untersuchung in vier Bundesländern. In: Franz, Kurt / Payrhuber, Franz-Josef (Hrsg.): Lesen heute. Leseverhalten und Leseförderung im Kontext der PISA-Studie. Baltmannsweiler: Schneider 2002, S. 2–25.

Garbe, Christine: Warum lesen Mädchen besser als Jungen? Zur Notwendigkeit einer geschlechterdifferenzierenden Leseforschung und Leseförderung. In: Abraham u. a. 2003, S. 69–89.

Grzesik, Jürgen: Textverstehen lernen und lehren. Geistige Operationen im Prozess des Textverstehens und typische Methoden für die Schulung zum kompetenten Leser. Stuttgart: Klett-Cotta 1990.

Honef-Becker, Irmgard / Kühn, Peter / Melan, Fernand / Reding, Pierre: Sprachdiagnose-Test. Texte lesen und verstehen. In: Lernchancen 2003, H. 35, S. 22–42.

Kintsch, Walter: Comprehension: A paradigm for cognition. Cambridge: Cambridge University Press 1998.

Kühn, Peter: PISA und die Lesekompetenz. Wie die Muttersprachendidaktik von der Fremdsprachendidaktik (Deutsch als Fremdsprache) profitieren kann. In: Deutschunterricht 2002, H. 4, S. 91–95.

Kühn, Peter: Lesekompetenz und Leseverstehen. Didaktisch-methodische Orientierungen zur Leseförderung im Muttersprachenunterricht. In: Lernchancen 2003, H. 35, S. 5–9.

Menzel, Wolfgang: Lesen lernen dauert ein Leben lang. Methoden zur Verbesserung der Lesefähigkeit und des Textverständnisses. In: Praxis Deutsch 2002, H. 176, S. 20–24.

Müller-Michaels, Harro: Autobiografien im Unterricht. In: Deutschunterricht 2002, H. 4, S. 4–10.

Rolf, Eckhard: Die Funktionen von Gebrauchstextsorten. Berlin [u. a.]: de Gruyter 1993.

Schwitalla, Johannes: Gebrauchstexte. In: Weimer, Klaus u. a. (Hrsg.): Reallexikon der deutschen Literaturwissenschaft. Bd. 1. Berlin [u. a.]: de Gruyter 1998, S. 664–666.

Sengle, Friedrich: Die literarische Formenlehre. Vorschläge zu ihrer Reform. Stuttgart: Metzler 1967.

Spinner, Kaspar H.: Lesekompetenz nach PISA und Literaturunterricht. In: Abraham u. a. 2003, S. 238–248.

Vogt, Jochen: Einladung zur Literaturwissenschaft. München: Fink 1999.

Waldmann, Günter: Autobiografisches als literarisches Schreiben. Kritische Theorie, moderne Erzählformen und -modelle, literarische Möglichkeiten eigenen autobiografischen Schreibens. Baltmannsweiler: Schneider 2000.

Weissenberger, Klaus (Hrsg.): Prosakunst ohne Erzählen. Die Gattungen der nicht-fiktionalen Kunstprosa. Tübingen: Niemeyer 1985.

Wermke, Jutta (Hrsg.): Wege durch Europa. Reisen und Reiseliteratur im fächerübergreifenden Unterricht. Bd. 1: Sekundarstufe I; Bd. 2: Sekundarstufe II. Baltmannsweiler: Schneider 2002.

Willenberg, Heiner: Lesen und Lernen. Eine Einführung in die Neuropsychologie des Textverstehens. Heidelberg, Berlin: Spektrum 1999.

Wortmann, Elmar: Identitätsarbeit – Moderne Lebensentwürfe. In: Deutschunterricht 2002, H. 4, S. 24–27.

Bildungsstandards im Fach Deutsch für den Mittleren Schulabschluss. Beschluss der Kultusministerkonferenz vom 4.12.2003.

ANDREA HÜBENER

Das Lesebuch

1 Einleitung

Das heutige Lesebuch ist mehr als eine Anthologie verschiedener Textsorten. Es ist „ein Unterrichtsmedium, das spezifische Lehrfunktionen übernimmt, wie die Strukturierung eines Lernbereichs, die Tradierung kulturellen Wissens und Einüben in Fertigkeiten des Lesens und Interpretierens von Texten" (Ehlers 2003a, S. 3). Lesebücher müssen sich an den geltenden Rahmenrichtlinien der jeweiligen Bundesländer orientieren und bedürfen der Genehmigung durch die Kultusbehörden.

Neben Texten, die der eigentliche Gegenstand des Literaturunterrichts sind, finden sich im Lesebuch Fragen und Aufgabenstellungen zu den Texten. Hinzu kommen spezifische Bereiche, die der Übung von Fertigkeiten sowie der Vermittlung von Hintergrund- und Methodenwissen dienen. Einige der neueren Lesebücher sind kombinierte Sprach- und Lesebücher, die auf eine verstärkte Integration von Sprach- und Literaturunterricht zielen.

Das Lesebuch teilt sich fast immer in verschiedene Unterrichtsmedien auf: das eigentliche Lesebuch, das Schülerarbeitsheft, den Lehrerband und möglicherweise Lernsoftware und/oder andere Medien (Hörkassette, CD, DVD, Video), sodass der Ausdruck 'Leseunterrichtswerk' (Ehlers 2003a, S. 9) hier angemessener wäre als 'Lesebuch'. Die Vielfalt eines solchen multimedial konzipierten Lesebuches verlangt die Berücksichtigung und Abstimmung daran geknüpfter Lern- und Lehrziele, Wirkungsabsichten und -weisen. Dabei hat das Lesebuch der sprachlichen und kulturellen Vielfalt an den Schulen Rechnung zu tragen. Die gegenwärtige Diskussion um das Lesebuch stellt sich als ein Prozess fortwährender neuer Problemstellungen und -lösungsversuche dar, der Schüler und Lehrer, Fachdidaktiker, Literatur- und Medienwissenschaftler, Verlage und Kultusbehörden gleichermaßen betrifft. (Aus Gründen grammatischer Übersichtlichkeit werden im Folgenden die männlichen Formen bevorzugt.) Das Lesebuch erweist sich hierbei als ein wichtiges Bindeglied zwischen verschiedenen, an die Schule herangetragenen Bildungsaufgaben – und oft auch als Projektionsfläche sämtlicher Erwartungen an Bildung überhaupt, die vom Deutschunterricht und dem Lesebuch nur bedingt zu erfüllen sind.

Das Lesebuch stellt für Referendare und Berufsanfänger eine wertvolle Hilfe in Bezug auf Inhalte und Methoden des Literaturunterrichts dar. Durch seine Umsetzung neuerer literaturdidaktischer Forschungsergebnisse kann es darüber hinaus auch der Weiterbildung und Horizonterweiterung erfahrener Lehrer dienen.

Lesebücher lassen sich je verschieden klassifizieren: nach Gliederungsweisen (z. B. Themen, Textsorten, Wirkungen, Fertigkeiten), nach Inhalt und zentraler Funktion (z. B. Textanthologie oder Arbeitsbuch, Trennung bzw. Integration von Sprach- und Literaturbuch), nach der Präsentation (Bezug von Text und Aufgaben, Text und Bild, Text und Zusatzwissen, Layout), nach literaturdidaktischen Schwerpunktsetzungen (z. B. medienpädagogisch, textanalytisch, produktionsorientiert), nach der Schulform, für die sie konzipiert sind, usw. Diese Differenzierungen sind überwiegend neueren Datums, einige Aspekte jedoch finden sich bereits in der Vorgeschichte des Lesebuches angedeutet. Daher ist ein grober Überblick über seine Entwicklung in Deutschland und die Lesebuchdiskussion nach 1945 auch hilfreich für das Verständnis heutiger Problemstellungen.

2 Entwicklung des Lesebuchs und historische Lesebuchformen

Der Begriff 'Lesebuch' entsteht gegen Ende des 16. Jahrhunderts und bezeichnet zunächst ein Elementarwerk zum Lesenlernen wie die Fibel. Als „Lesebüchlein" ist der Begriff selbst zum ersten Mal in der Weimarischen Schulordnung von 1619 nachgewiesen, das *Leßbüchlein für die angehenden Schulknaben* von 1637 ist der erste bekannte Titel eines so bezeichneten Lehrwerkes (Helmers 1970, S. 287). Der heute noch verwendete Begriff 'Fibel' für das Leselernbuch ist dagegen bereits um 1419 nachweisbar und wird von Martin Luther ca. 100 Jahre später in die deutsche Schriftsprache eingeführt; allgemein gebräuchlich wird der Begriff aber erst im 18. Jahrhundert (Baumgärtner 1981, S. 34). Man erklärt das Wort 'Fibel' überwiegend als eine kindersprachliche Umwandlung von 'Bibel', die damals als vorrangige Textgrundlage der Fibeln dient. Manchmal wird der Begriff auch auf 'fibula' für 'Schnalle / Spange' zum Zusammenhalten der Buchblätter zurückgeführt.

Hermann Helmers hat in seiner relativ weit gefassten Definition des Lesebuchs sechs verschiedene Ausprägungsformen definiert, die man aufgrund ihrer häufigen Verwendung in der Lesebuchdiskussion kennen sollte: (1) das erwähnte Leselernbuch und Leselehrbuch, (2) die Chrestomathie, (3) das Sachbuch, (4) das Morallesebuch, (5) das sogenannte Gesinnungslesebuch und (6) das literarische Arbeitsbuch (Helmers 1970, S. 11).

Diese Auflistung ist nicht unbedingt als chronologische Abfolge zu verstehen, wenngleich einige dieser Formen sich vorrangig einer bestimmten Epoche zuordnen lassen. Mit diesen Lesebuchformen werden jedoch wichtige Einzelaspekte innerhalb der Lesebuchentwicklung benannt, die sich im Einzelfall überlappen können.

(1) Die Leselern- bzw. Leselehrbücher vom Beginn des 16. Jahrhunderts werden außer als Fibeln auch als ABC-, Buchstabier-, Lese- oder Stimmenbüchlein bezeichnet und enthalten zunächst ausschließlich religiöse Texte: Gesangbuchlieder sowie Auszüge aus Bibel und Katechismus. Der

Umschlag früher Lesebücher bildet vielfach den Lehrer mit seinen Schülern und den Hahn als Sinnbild für Wachsamkeit und Fleiß ab (Baumgärtner 1981, S. 34).

(2) Die Chrestomathien (gr. 'nützliches Wissen') sind Musterbücher in der Tradition rhetorischer Dichtungslehre seit der Antike, d. h. zur Nachahmung gedachte Beispielsammlungen rhetorischer und dichterischer Gattungen und Genres. Im Unterschied zu den lateinischsprachigen Regelwerken des Mittelalters, die sich an Rede- und Dichtungsformen der Antike orientieren, entstehen seit 1700 für das deutsche Gymnasium zunehmend Chrestomathien in deutscher Sprache. Diese Lehrwerke enthalten nicht mehr vorrangig Texte religiösen Inhalts.

(3) Das Sachbuch vermittelt Sachwissen auf unterschiedlichen Gebieten. Diese Aufgabe übernimmt zunächst das Lesebuch, das mit seinen Texten ein inhaltliches Interesse an den verschiedenen Themen wecken soll. Als Vorform eines solchen Sachbuches gilt der *Orbis pictus* (Sichtbare Welt) von Comenius (1658). Das Neue am *Orbis pictus*, der zunächst als Sprachlehre konzipiert ist, liegt in seiner Eigenschaft als illustriertem Sachbuch, das jeweils an einzelnen, bezifferten Bildern ein weit gefächertes Universalwissen vermittelt, und zwar neben Latein auch in deutscher Sprache. Seine Wirkung ist außerordentlich groß, wie die Vielzahl der Nachdrucke und Bearbeitungen beweist. Aufgrund der aufwendigen Gestaltung ist er jedoch häufig zu kostspielig für die Verwendung in Volksschulen. Das Interesse an empirischen Fakten zur Zeit der Aufklärung lässt weitere Sachbücher entstehen: Beispiele sind die *Vorübungen zur Erweckung der Aufmerksamkeit und des Nachdenkens* (1768) von Sulzer oder *Der deutsche Kinderfreund* (1801) von Wilmsen. Neben Sachwissen über die Welt finden sich in ihnen auch Unterweisungen zur Moral. Im Falle Sulzers wird zugleich gattungspoetisches Wissen im Sinne der Chrestomathien vermittelt.

(4) Das Morallese- oder Morallehrbuch ist, wie die vorhergehenden Beispiele bereits zeigen, im 18. Jahrhundert nicht selten mit dem Sachlesebuch kombiniert und kann diese Funktion deutlich überlagern. Helmers führt die Entstehung des Morallesebuches auf die Säkularisierung zur Zeit der Aufklärung zurück, die ehemals religiös bestimme ethische Grundhaltungen nun philosophisch zu begründen und zu vermitteln sucht. Die bevorzugten Textformen des Morallesebuch sind Beispielgeschichten, die von den Lesebuchautoren überwiegend selbst verfasst werden, und Fabeln. Beispiele sind Rochows Volksschullesebuch *Der Kinderfreund* (1776/9) und das für den Hausschullehrer gehobener Stände konzipierte Lesebuch *Neues ABC-Buch* (1772) von Weiße.

(5) Das Gesinnungslesebuch bezeichnet ein nach sogenannten Gesinnungskreisen geordnetes Lesebuch, das mittels dichterischer Texte eine bestimmte „Gesinnung" der Schüler anstrebt. Seine Vorgeschichte beginnt

für Helmers mit den Morallesebüchern des 18. Jahrhunderts. Das Problem des Begriffes „Gesinnungslesebuch" macht Helmers' eigene Argumentation deutlich, die das unter romantischen Vorzeichen verfasste *Deutsche Lesebuch* Wackernagels von 1843 mit dem nationalsozialistischen Lesebuch *Dich ruft Dein Volk* von 1942 vergleicht (Helmers 1970, S. 194, 198f. u. 201). Die geistige Indoktrination durch die nationalsozialistischen Lesebücher ist mit dem Begriff der Gesinnungsbildung allzu verharmlosend beschrieben und wird Wackernagels Lesebuchkonzept, bei aller Kritikwürdigkeit, insgesamt nicht gerecht (Schober 1998, S. 514f.) Andere Autoren beziehen den Begriff des Gesinnungslesebuchs u. a. auf die Lesebücher nach 1945, die sich an Texten und Lesebuchkonzepten aus der Zeit vor 1933, z. B. *Lebensgut* (1925), orientieren und wie diese thematisch gegliedert sind.

(6) Das literarische Arbeitsbuch ist ausschließlich nach Gattungen und Genres gegliedert, seine Texte werden nach ihrer sprachlichen und dichterischen Qualität ausgewählt. Erklärte Ziele dieses Lesebuches sind u. a. die Vermittlung literarischer Strukturen und der selbstständige und kompetente Umgang der Schüler mit Literatur. Beispiele hierfür sind Gerths *Lesebuch 65* (1965) und das *Lesebuch für Hauptschulen* (1967) von Helmers. Beide Lesebücher verstehen sich bereits als Reaktion auf eine seit den fünfziger Jahren geführte Diskussion um das Lesebuch.

3 Lesebuchforschung nach 1945: Kontroversen und allgemeine Tendenzen

Die fachdidaktische Diskussion um das Lesebuch erhält ihren entscheidenden Impuls durch den französischen Germanisten Robert Minder (1953). Dieser weist auf den fundamentalen Unterschied zwischen Frankreich und Deutschland in Bezug auf die Konzeption ihres Literatur- und Sprachunterrichts hin. Während in Frankreich Literatur immer im Kontext historischer und geistesgeschichtlicher Zusammenhänge vermittelt werde, herrsche in den deutschen Lesebüchern der Nachkriegszeit eine strikte Trennung zwischen Dichtung und Wirklichkeit. Das Lesebuch konserviere das Bild einer Gesellschaft, das in keiner Weise der modernen Realität Deutschlands entspreche:

> Fielen dem Mann im Mond solche Lesebücher in die Hände, er dächte: ein reiner Agrarstaat muß dieses Deutschland sein, ein Land von Bauern und Bürgern, die in umhegter Häuslichkeit schaffen und werkeln und seit Jahrhunderten nicht mehr wissen, was Krieg, Revolution, Chaos ist (Minder 1953/1969, S. 9).

In der von Minder angestoßenen Lesebuchdiskussion richtet sich die Kritik vorrangig auf die in den Lesebüchern zum Ausdruck gebrachte gedankliche Rückständigkeit, die in der Beschränkung auf die „heimatliche Scholle" nationalistischem Denken Vorschub leiste und eine Erziehung zur Demokratie verhindere. Es wird insbesondere die mangelhafte literarische Qualität der Texte, ihre fehlende intellektuelle Herausforderung für die Schüler und eine Sentimentalisierung dargestellter Konflikte kritisiert.

Zwölf Jahre später legen Gerth (1965) und Helmers (1967) ihre literarischen Arbeitsbücher vor, die ausschließlich Texte hoher sprachlicher Qualität enthalten. Nach Gattungen geordnet, folgen sie der Idee eines Spiralcurriculums, bei dem die Schüler in jeder Jahrgangsstufe mit zunehmend komplexer werdenden Texten der Grundgattungen konfrontiert werden. Beide Autoren unterscheiden „Dichtungen" und „Sachprosa" (Gerth 1965/1969, S. 174). Helmers nimmt allerdings nur ausgewählte Sachprosa – worunter er Briefe, Tagebücher und Essays versteht – in sein Lesebuch auf. Er möchte so einer Funktionalisierung des Lesebuches für den Sach-, Sprach- und Aufsatzunterricht vorbeugen (Helmers 1966/1969, S. 190f.) Anders als die Bezeichnung 'literarische Arbeitsbücher' vermuten lässt, sind diese Lesebücher aber reine Textanthologien. In Abgrenzung zu dem früheren Modell einer Literatur als Lebenshilfe verfolgen die Herausgeber das Ziel einer „Einführung in die Struktur der Literatur" (ebd., S. 185). Es wird der literarische Eigenwert von Literatur betont, die sich nicht in ihrer Widerspiegelungsfunktion von Wirklichkeit erschöpfe. Die Schüler sollen durch ein literarisches Sachwissen zu intellektueller Selbstständigkeit befähigt werden. Diese an literarischen Strukturen orientierten Lesebücher bestimmen trotz bald einsetzender Kritik den Deutschunterricht bis über die siebziger Jahre hinaus. An ihnen wird in der Folge ein „elitärer" und „bildungsbürgerlicher" Literaturbegriff kritisiert. Außerdem wird bei der gattungstypischen Gliederung der Lesebücher der von Minder geforderte Gesellschaftsbezug vermisst.

Unter dem Einfluss kommunikationswissenschaftlicher und soziologischer Positionen entsteht mit dem Lesebuch *Lesen Darstellen Begreifen* (1970) das erste integrative Lesebuch, das den Lese- und Sprachunterricht konzeptuell aufeinander bezieht. (Frühere Bestrebungen waren gerade dahin gegangen, Sprach- und Literaturunterricht zu trennen, um eine Indienstnahme dichterischer Texte für den Grammatik- und Aufsatzunterricht zu verhindern.) Dieses Lesebuch ist nach Lernzielen aufgebaut und gibt Lernwege durch Fragen und Aufgabenstellungen vor. Es werden nicht nur dichterische Texte und Sachprosa, sondern vielfältige Textformen der Nachrichten- und Unterhaltungsmedien (darunter Werbung, Comics, Horoskope etc.) aufgenommen. Erklärtes Ziel ist die Teilnahme aller Schüler am literarischen Leben und die Befähigung zu einem kritischen Lesen.

Ein neues literarisches Arbeitsbuch, das im Gegensatz zu seinen Vorgängern auch Trivialliteratur und eine größere Bandbreite an Sachtexten aufnimmt, erscheint mit *schwarz auf weiß* von Bauer (1973). Hier sind die Bände der Klassen 5–8 nach Textsorten, die Bände 9 und 10 aber nach unterschiedlichen

Themen gegliedert, die im engeren oder weiteren Zusammenhang von Literatur stehen (Motive / Stoffe, Literaturbetrieb, Literaturgeschichte etc.).

Ebenfalls ab 1973 erscheinen die sich als soziologisch verstehenden Lesebücher. Entscheidende Anregungen hierfür geben die von Glotz / Langenbucher herausgegebenen *Versäumten Lektionen* (1965), die nicht als eigentliches Lesebuch, sondern als polemischer Gegenentwurf zu bestehenden Lesebüchern und als Anregung neuer Lesebücher gedacht waren. Die *Lektionen*, zu denen Texte aus Politik, Publizistik und Wissenschaft gehören, bestimmen auch die Textauswahl der folgenden Lesebücher. Das Lesebuch wird nun als „ ,Informatorium' der Wirklichkeit" aufgefasst (Gail 1966/1969, S. 192). Literatur ist in diesem Lesebuch vorrangig als Dokument der Sozialgeschichte präsent und wird auf politische Wirksamkeit und angestrebte Veränderung bestehender Herrschaftsverhältnisse hin untersucht. Diese Lesebücher sind im Unterschied zu ihren gattungsbezogenen Vorgängern inhaltsbezogen aufgebaut. Ihre Themenkreise orientieren sich an der kritisch gesehenen Arbeits- und Lebenswirklichkeit. Die Lesebücher dieser Generation, *Kritisches Lesen* (1973) und *drucksachen* (1974), enthalten nun auch triviale Texte, Zeitungstexte, Comics und Kinder- und Jugendliteratur. Dafür gibt es beträchtliche Lücken bei den dichterischen Texten. Diese werden vorrangig nach politischen Kriterien und ihrer Eignung für eine „kritische Lektüre" ausgewählt. Der verlangte Gegenwartsbezug der Texte fordert weitere 'Opfer' in Bezug auf die literarische Tradition, so dass die Erarbeitung historischer Entwicklungslinien anhand der verbliebenen Texte kaum noch möglich ist. Doch selbst der anvisierte Gegenwartsbezug wird nicht eingelöst: die Lesebücher zeigen „Bilder industrieller Arbeitswelt, die im Übergang zur Dienstleistung[s]-Gesellschaft Anfang der siebziger Jahre mindestens genauso veraltet sind wie die bäuerlichen Idyllen der alten Lesebücher" (Müller-Michaels 2003b, S. 16). Leitfragen zwingen die Schüler zu einer „ideologiekritischen" Literaturbetrachtung und fordern ausschließlich kognitive Leseprozesse, ohne dass dabei die verschiedenen Alters- und Entwicklungsstufen der Schüler berücksichtigt werden.

Gegen eine einseitige gattungs- oder problemorientierte Ausrichtung von Lesebüchern wenden sich zur gleichen Zeit Kritiker wie Kreft, Ott und Fingerhut. Sie fordern eine stärkere Berücksichtigung kommunikationstheoretischer und rezeptionsästhetischer Fragestellungen bei der Lesebuchgestaltung: Problem- und gattungsorientierte Textsequenzen im Lesebuch sollen durch Sequenzen ergänzt werden, die der Motivationserzeugung und der Vermittlung von Texterschließungsverfahren dienen. Diese Vorschläge werden ab Mitte der siebziger Jahre auch für die Lesebücher der Grundschule umgesetzt. Andere Lesebücher wie das *Arbeitsbuch Literatur* (R) (1971) nehmen die Anregungen für komplexe Curricula auf und berücksichtigen vielfältige Faktoren im Zusammenhang literarischer Produktion und Rezeption.

Darüber hinaus widmen sich Einzeluntersuchungen wie die von Ritz-Fröhlich und Reger auch den in Lesebüchern vermittelten Werten und Normen sowie den geschlechts- und altersspezifischen Rollenbildern oder erarbeiten wie Marenbach erste Ansätze für Analysekategorien einer Schulbuchforschung (vgl. Ehlers 2003a, S. 8).

Insgesamt sind die siebziger und achtziger Jahre, in denen die eigentliche Umsetzung der 1953 begonnenen Lesebuchdiskussion stattfindet, durch zwei unterschiedliche Ansätze geprägt: die werkbezogene Textinterpretation, die den Schwerpunkt auf formale und fachwissenschaftliche Fragen legt, und die adressatenorientierte Textinterpretation, die sich auf inhaltlich-thematische Fragen konzentriert und sich vorrangig an den Schülern als Lesern und an deren Interessen orientiert.

Von den siebziger Jahren an zeichnet sich eine Tendenz der „zunehmenden „Operationalisierung von Unterrichtszielen in den Lesebüchern" ab (Ehlers 2003a, S. 8); Arbeitsaufgaben werden zu einem wichtigen Bestandteil des Lesebuches. Damit entwickelt sich das Lesebuch von einem „Begleitmedium" zu einem „Leitmedium". Seit den achtziger Jahren finden verstärkt handlungs- und produktionsorientierte Verfahren Eingang in die Lesebücher.

4   Lesebücher der Gegenwart: Systematisierungsversuche

4.1 Lesebuchtypen

Der heutige Lesebuchmarkt stellt viele verschiedene Typen von Lesebüchern zur Verfügung. Für eine erste Orientierung schlägt Ehlers (2003a, S. 29) eine Unterteilung in drei Haupt-Typen vor:

1. das literarische Arbeitsbuch,
2. das Lesebuch, das sich als Lese- und Arbeitsbuch versteht,
3. das integrierte Lesewerk, das Sprach- und Lesewerk in einem ist.

4.1.1 Das literarische Arbeitsbuch versteht sich vorrangig als Anthologie dichterischer Texte und enthält, wenn überhaupt, nur wenige Arbeitsvorschläge und Fragen zu den einzelnen Texten. Diese Lesebücher sind zumeist für das Gymnasium konzipiert und zielen auf die literarische Bildung der Schüler.

Beispiele sind *Lektüre, LesArt, Lesereise* und *Lesezeichen.*

4.1.2 Das Lese- und Arbeitsbuch integriert verschiedene Methodenteile: differenzierte Verfahrensweisen im Umgang mit Texten, Magazine, Werkstätten, Freiarbeitsphasen, selbständige Aufgabenteile und Unterrichtsvorschläge. Neben Texten, die im Unterricht behandelt werden sollen, und solchen, die vorrangig zur eigenen weiterführenden Lektüre der Schüler anregen sollen, finden sich Textpassagen, die Methoden zur selbständigen Lektüre und Wissensaneignung vermitteln.

Beispiele sind *Facetten* (O), *Leseland* (R, M), *Seitenwechsel* (G), *Treffpunkte* (H, R), *Unterwegs* (Fö, M, R, G, GS) und *Wort und Sinn* (G, Sek.I).[1]

4.1.3 Das integrierte Lesewerk ist aufgrund der Verzahnung von Literatur- und Sprachbuch relativ komplex strukturiert. Seine Gliederung erfolgt nach Arbeits- und Lernbereichen wie etwa „Lesen und Verstehen", „Sprechen und Schreiben", „Reflexion über Sprache", „Umgang mit Texten". Methodisch vielfältige Querverweise zwischen den Arbeitsbereichen erfordern einen relativ großen Umfang des Lesebuchs.

Beispiele sind *Deutsch plus* (G), *Deutschbuch* (G, R, GS), *Deutschstunden* (R, G), *Dialog Deutsch* (G, Sek.I), *Doppel-Klick* (H, GS), *Lesen Darstellen Begreifen* (H, R, G) und *Tandem* (R, GS, O, M).

4.2 Analysekriterien eines Lesebuches

Zu den von Ehlers (2003a, S. 9–20) aufgestellten formalen Analysekriterien eines Lesebuches zählen:

1. der Medienverbund, in den das Lesebuch gehört: Lesebuch, Lehrerhandbuch, Schülerarbeitshefte, weitere Medien, Software,

2. angebotene Arbeitshilfen: Erklärungen zu Begriffen, zu Autoren und Texten, Merkhilfen, Vermittlung von Arbeitstechniken und Lernstrategien, Arbeitsblätter (z.T. im Anhang oder ausgelagert aus dem Lesebuchband in Lehrerbände bzw. Schülerarbeitshefte),

3. der Aufbau des Buches nach Themen, Gattungen, Funktionen von Text, historischen Gesichtspunkten, Medien, Arbeitstechniken, Lernzielen oder – in integrierten Lesebüchern – nach Lernbereichen (Sprechen und Schreiben, Reflexion über Sprache, Umgang mit Texten) und

4. die Binnengliederung eines Kapitels: Kapiteleinstieg, wechselnder Textumfang, steigende Komplexität, Zusatzinformationen, die Position von Fragen- und Aufgabenstellungen.

4.3 Lesebuchkonzeption, Lesebuchkonzepte

Hinweise zum Konzept von Lesebüchern finden sich überwiegend in den Lehrerhandbüchern. Insbesondere Lesebücher mit kommunikationstheoretischer und rezeptionstheoretischer Ausrichtung wenden sich verstärkt an die Schüler (und Eltern) als Adressaten, um ihnen die sinnvolle Benutzung des Lesebuches zu erleichtern. Über solche expliziten Erklärungen hinaus lassen die Lesebücher in Aufbau und Inhalt Schwerpunktsetzungen erkennen, die von unterschiedlichen didaktischen und fachwissenschaftlichen Ausgangspositionen bzw. Zielvor-

---

[1] Verzeichnis der Abkürzungen: Fö = Förderstufe, G = Gymnasium, GR = Grundschule, GS = Gesamtschule, H = Hauptschule, M = Mittelschule, O = Oberstufe, OR = Orientierungsstufe, R = Realschule.

stellungen abhängen. Hiervon sollen vier Haupttendenzen heutiger Lesebücher im Anschluss an Ehlers (2003 a, S. 22–26) kurz umrissen werden.

4.3.1 Zu den fachwissenschaftliche Ausgangspositionen, die heutige Lesebücher bestimmen, gehört eine oft als „subjektive Wende" beschriebene Verlagerung des Interesses auf den Leser als Rezipienten von Literatur. Diese Verlagerung lenkt gleichfalls die Aufmerksamkeit auf die mit der Rezeption zusammenhängenden lern- und lesepsychologischen Prozesse. Beide Interessenverlagerungen haben, wie erwähnt, auch im Lesebuch eine Hinwendung zu Techniken und Verfahren des literarischen Verstehens sowie zu Handlungs- und Produktionsorientierung in den Frage- und Aufgabenstellungen des Lesebuches geführt.

4.3.2 Eine Aufgabe, die sich nicht erst seit den Ergebnissen der PISA-Studie stellt, ist die verstärkte Förderung der Lese- und Schreibfähigkeit von Schülern. Diese didaktische Ausgangsposition bzw. Zielvorstellung liegt auch integrierten Lesewerken mit ihrer Verzahnung der Lernbereiche zugrunde. Gleiches gilt für Lesebücher, die sich speziell der Leseförderung und -motivation widmen.

4.3.3 Die europäische Einigung und vor allem Migrationsbewegungen haben zu einer Internationalisierung der Schulklassen geführt. Dies stellt insbesondere den Deutschunterricht vor neue Aufgaben. Interkulturelles Lernen und Mehrsprachigkeit sind erklärte Schwerpunkte neuerer Lesebücher wie *Facetten*, *Lektüre* und *LEO*. *Doppel-Klick* bietet darüber hinaus auch Schülerarbeitshefte für Deutsch als Muttersprache (DaM) und Deutsch als Zweitsprache (DaZ) an (Ehlers 2003 a, S. 111–114).

4.3.4 Die didaktische Ausgangsposition für die erwähnten integrierten Lesewerke geht von einer grundsätzlichen Zusammengehörigkeit der Lernprozesse im Zusammenhang von Sprache und Literatur aus und erhofft sich aus der Verknüpfung beider eine gegenseitige Erhellung von Problemen. Die ursprüngliche Entwicklung und Ausdifferenzierung von verschiedenen Lernbereichen des Deutschunterrichtes wird dagegen als nicht mehr zeitgemäß empfunden.

Mit diesen vier fachwissenschaftlichen und didaktischen Ausgangspositionen der verschiedenen Lesebuchkonzepte hängen Themenstellungen und Problemkomplexe der gegenwärtigen Lesebuchdiskussion aufs engste zusammen.

5 Problem- und Themenkomplexe der gegenwärtigen Lesebuchforschung

Während sich die Fragen nach Textkanon, Gliederung, Sequenzbildung, Methodenwahl etc. bei der Konzeption eines Lesebuches immer wieder neu stellen, lassen sich gegenüber den Diskussionen insbesondere der sechziger und siebziger Jahre neue Akzentsetzungen innerhalb der Lesebuchforschung erkennen. Hierzu werden in dem von Ehlers (2003 b) herausgegebenen Sammelband zum

Lesebuch von verschiedenen Beiträgern wichtige Probleme und Themenschwerpunkte vorgestellt. Die behandelten Diskussionspunkte betreffen die Planung, Produktion und Rezeption von Lesebüchern. Im Folgenden werden miteinander verbundene Aspekte der besseren Übersichtlichkeit wegen getrennt dargestellt; ihre Reihenfolge impliziert keine Aussage über ihre Bedeutung für die Forschungsdiskussion.

5.1 Umsetzung von Lesebuchkonzepten

Bei der Planung, Entstehung und Drucklegung von Lesebüchern wirken verschiedene Personengruppen und Faktoren zusammen. Zu ihnen gehören als wichtigste:

1. die Kultusbehörden, die die Lernziele und -inhalte vorgeben und über die Zulassung des Lesebuches für die jeweiligen Bundesländer entscheiden;

2. die Herausgeber und Autoren des Lesebuches, die in Zusammenarbeit mit einem Verlag diesen Vorgaben entsprechend ein Lesebuch entwickeln;

3. die Zielgruppe des Lesebuches (Lehrer, Schüler), die zugleich die eigentliche Ursache für die Entwicklung des Lesebuches ist und, sobald das Lesebuch zugelassen und produziert ist, z. T. auch über sein Weiterbestehen, mögliche Verbesserungen etc. mitbestimmt.

Diese Konstellation macht deutlich, dass neben inhaltlichen auch ökonomische und politische Faktoren die Lesebuchentwicklung beeinflussen (Schober 2003 b, u. a. S. 72). Die unterschiedlichen Rahmenrichtlinien der einzelnen Länder führen zu vielen verschiedenen Lesebuchausgaben innerhalb Deutschlands. Einige Lesebücher sind nur in bestimmten Bundesländern zugelassen, andere gibt es in verschiedenen Ausgaben für einzelne Regionen. Nach groben Schätzungen sind in Deutschland gegenwärtig ca. siebzig Titel lieferbar (Ebd., S. 56). Die bei Ehlers (2003 b, S. 205–208) aufgeführten rund vierzig Titel der allein ab 1990 erschienenen Lesebücher deuten demgegenüber die kleinere, wenngleich immer noch beträchtliche Anzahl tatsächlich genutzter Lesebuchausgaben an. Zu dieser Zahl ist noch die Reihe der in den Schulen verwendeten Lesebücher älteren Datums hinzuzurechnen. Hierzu liegen keine genauen Ziffern vor.

Dem Vorteil, unter z. T. sehr verschiedenen Lesebüchern auswählen zu können, stehen folgende Nachteile gegenüber:

1. hohe Kosten, die nicht nur Schulen und Eltern belasten, sondern auch im Falle neuer, u. a. integrierter Lesebücher zum Risiko für Verlage und Herausgeber werden können;

2. eine erschwerte Orientierung unter den vorhandenen Lesebüchern u. a. für die Lehrenden;

3. unterschiedliche Maßstäbe in den Bundesländern, die sich in Bezug auf Schulwechsel oder die anschließende Berufsausbildung als problematisch erweisen können.

Müller-Michaels (2003b, S. 6) bemängelt zudem die gegenwärtige Zulassungs-
praxis bei Schulbüchern. Deren Erscheinen werde häufig an Auflagen geknüpft,
die sich weniger an fachspezifischen als an politischen Forderungen orientierten.
Er schlägt daher die Prüfung der Lesebücher durch eine unabhängige überregionale Kommission ausgewiesener Fachleute vor. Von einer damit zu errei-
chenden Vergleichbarkeit der Maßstäbe verspricht er sich eine höhere Chancen-
gleichheit der Schüler und einen Bildungsstandard, der sich mit dem Ausland
messen könne (ebd., S. 20). Es wird ebenso darauf hingewiesen, dass die zeitliche Verzögerung zwischen der Konzeption eines Lesewerkes und seinem
Erscheinen immer bedeutet, dass dieses Lesebuch zwar den vorausgegangen,
nicht aber den aktuellen Forschungsstand der Lesebuchdiskussion abbilden
kann.

5.2 Textformen im Lesebuch

Der seit den 60er und 70er Jahren des 20. Jahrhunderts erweiterte Literaturbegriff ist grundlegend für die Zusammenstellung heutiger Lesebuchtexte. Es sind
in ihnen – unter Berücksichtigung von Klassenstufe, Schulform und curricularen
Anforderungen – fiktionale und nicht-fiktionale Texte, Trivialliteratur sowie
Kinder- und Jugendliteratur vertreten. Hinzu kommen im Zuge einer in den
Deutschunterricht integrierten Medienerziehung Text- und Bildformen moderner Medien und deren Genres. Zwar sind grundsätzlich alle Gattungen im Lesebuch enthalten. Umfangreiche Genres wie Roman und Drama können allerdings
nur als Auszüge präsentiert werden.

Das alte Argument der „Häppchen-Literatur", das schon zu Beginn des zwan-
zigsten Jahrhunderts gegen das Lesebuch und für die Ganzschrift angeführt
wurde, kann insofern entkräftet werden, als die Textauszüge der Lesebücher keineswegs die Lektüre der gesamten Werke ersetzen wollen und sollen. Vielmehr
bieten sie einerseits die Möglichkeit, einige formale Textbesonderheiten – wenn
auch nicht alle – zu erarbeiten, zum anderen können sie zu einer selbständigen
Lektüre des gesamten Werkes hinführen. Ein Textausschnitt motiviert hierzu in
stärkerem Maße als eine bloße Literaturempfehlung (Hasubek 1986, S. 493).
Diese Hinführung zu weiteren Texten ist nicht nur im Sinne einer privaten Leseförderung sinnvoll. Sie erscheint angesichts der geltenden Praxis, nur wenige
exemplarische Texte, diese aber intensiv, im Deutschunterricht zu behandeln, als
Möglichkeit, zumindest im Ansatz ein literarisches Überblickswissen zu erwerben, das sich auf mehr als epochale Überblicksdarstellungen und die relativ
begrenzte Anzahl der behandelten exemplarischen Texte stützen kann.

Gegen die Aufnahme von Texten der Tagespresse in das Lesebuch ist verschiedentlich das schnelle Veralten ihrer Inhalte geltend gemacht worden. Lesebücher werden hier den Akzent weniger auf die Aktualität des Inhalts als auf die
verschiedenen journalistischen Textformen und ihre Gestaltung legen. Aktuelle
Beispiele sind dagegen durch Lehrer oder Schüler im Rahmen von Arbeitsauf-

gaben leicht zu ergänzen. Die begrenzten Möglichkeiten des Lesebuches sind damit – wie schon im Falle der Dramen- und Romanauszüge – zugleich eine Chance für die Anknüpfung an Texte und Medien außerhalb des Lesebuchrahmens und für die Hinführung zur Literatur.

Die Frage der verschiedenen Textformen im Lesebuch ist eng an die Frage des Kanons geknüpft. Der Begriff des Kanons wird in der didaktischen Literatur gelegentlich im Sinne eines 'Wissenskanons' verwendet, der auch methodische Kenntnisse mit einschließt (Ehlers 2003a, S. 54). Im Folgenden ist hier 'Kanon' ausschließlich im Sinne von 'Literaturkanon' zu verstehen. Dieser umfasst diejenigen Autoren und Texte, die aufgrund ihrer ästhetischen, geistesgeschichtlichen, kulturellen oder historischen Bedeutung Wertschätzung genießen. Der allgemeine Literaturkanon unterliegt einer ständigen Revision, wie man an den 'Hitlisten' der zu lesenden Buch-'Klassiker' ablesen kann, die mindestens einmal pro Jahr von den Medien lanciert werden. Auch die Herausgeber eines Lesebuches sind von dem Prozess der Kanonrevision betroffen, wenn auch in einer Weise, die zu weiteren Differenzierungen zwingt. Denn sie wählen Texte und Textauszüge vor allem nach fachspezifischen und didaktischen Kriterien aus, die sowohl die ästhetische und epochentypische Qualität der Texte wie auch die thematische Relevanz für die Schüler berücksichtigen (Fingerhut 2003b, S. 85). Schulische Curricula sind ihrerseits an der allgemeinen Kanonbildung beteiligt. Ihnen kommt eine relativ hohe Verantwortung in Bezug auf die Tradierung literarischer und kultureller Muster zu, da der Sprach- und Literaturunterricht gerade Schülern, die in einem bildungsfernen Kontext aufwachsen, Möglichkeiten der Partizipation am literarischen Leben eröffnen soll.

Hier setzt z. B. die Kritik von Müller-Michaels an, der an heutigen Hauptschullesebüchern einen im Vergleich zu Gerths *Lesebuch 65* ablesbaren „Verzicht auf Bildung für breite Schichten des Volkes" bemängelt (Müller-Michaels 2003b, S. 13). Eine gegenteilige Meinung zumindest in Bezug auf die integrierten Lesebücher vertritt Gudrun Marci-Boehncke. Sie begrüßt in Hinblick auf eine Medienerziehung den „Abschied von einem elitären Textanspruch", der nicht mehr allein „Ästhetik und Bildung" gleichsetze (Marci-Boehncke 2003b, S. 134). Wilfried Bütow tritt insbesondere vor dem Hintergrund der PISA-Studie für eine Revision des Kanons in Hinblick auf literarische Texte im Lesebuch ein. Ausgehend von einem allgemein akzeptierten pragmatischen Bildungsbegriff plädiert er für die Vermittlung eines breiten Sachwissens, das möglichst vielen Schülern einen Zugang zu Literatur und Kunst ermöglichen solle (Bütow 2003b, S. 105).

5.3 Gegenstands- und Lernerorientierung in Lesebüchern

Ein mit der Kanonfrage eng zusammenhängendes Problem betrifft die Konzeption der Lesebücher in Hinblick auf das literarische Sachwissen und die geforderten Text- und Handlungskompetenzen von Schülern. Über die allgemeinen Lernziele des Deutsch- bzw. Literaturunterrichts ist man sich in der Forschung relativ einig; dieser soll neben einem sprachlichen und literarischen Sachwissen auch das dafür notwendige Methodenwissen vermitteln und die Schüler zu einem selbstbestimmten Umgang mit alten und neuen Medien befähigen. In Bezug auf die Gewichtung der einzelnen Ziele und die fachdidaktischen Konzepte, die zum Erreichen dieser Ziele führen sollen, ist man jedoch z. T. unterschiedlicher Meinung.

5.3.1 Lesebuchaufgaben

Lesebuchaufgaben sind eines der kontrovers diskutierten Themen der Lese-buchforschung. Lesebuchaufgaben verschieben, nicht zuletzt durch die Beto-nung von Arbeitstechniken, produktionsorientierten Verfahren und methodi-schen Zielvorgaben, den Fokus des Lesebuches in Richtung einer Kompetenz-vermittlung (gegenüber einer vorrangigen Vermittlung von Fakten). Ein Haupt-problem von Aufgabenstellungen im Lesebuch liegt in dem grundsätzlichen Widerspruch zwischen der geforderten Offenheit literarischer Rezeptionsvor-gänge und ihrer Lenkung durch Fragen und Aufgaben:

> Wird von einer Lese- und Verstehenstheorie ausgegangen, nach der das Ver-stehen eines Textes ein konstruktiver Prozess der Bedeutungsbildung ist, dann besteht von didaktischer Seite eine Schwierigkeit darin, Aufgaben zu konstruieren, die die Deutung nicht vorgeben, sondern bedeutungsbildende Prozesse bei Lernern auslösen und eine Balance herstellen zwischen der Len-kung einerseits und der postulierten Offenheit andererseits. Dieses Ausba-lancieren und Initiieren von Prozessen der eigenen Sinnbildung gelingt nicht immer in den Lesebüchern (Ehlers 2003 a, S. 83).

Ehlers unterteilt Lesebuchaufgaben in Fragen und Aufforderungen. Letztere werden noch weiter differenziert in Vergleichs-, Anwendungs-, Suchaufgaben, kreative Aufgaben und produktive Aufgaben (die im Unterschied zu kreativen Aufgaben an einen Text gebunden sind). (Ehlers 2003 a, S. 72 f.) Fragen unter-teilt sie dagegen in diejenigen, die

1. das Verhältnis von Text und Form,
2. das Verhältnis von Text und Inhalt,
3. den Leser selbst und
4. das Verhältnis von Text und Leser

betreffen.

Aufgaben kann man zusätzlich unterscheiden nach ihren „externen Merkmalen" (ebd., S. 64):

1. ihrer Position zum Text, auf den sie sich beziehen (unmittelbar davor, danach oder daneben, am Ende einer Seite, – eines Kapitels, – einer Sequenz, – des Buches, im Schülerarbeitsheft, im Lehrerhandbuch),
2. ihrer möglichen Zusammenstellung mit anderen Fragen und
3. ihrer drucktechnischen Hervorhebung.

Die „internen Merkmale" (ebd., S. 67) betreffen dagegen:

1. die Verständlichkeit,
2. den Schwierigkeitsgrad,
3. die angemessene Position innerhalb des Lesebuches in Bezug auf hierfür erforderliche Kompetenzen,
4. die Trennung von neuen Lerninhalten und neuen Lernformen,
5. die Komplexität der Aufgabe,
6. die benötigte Zeit,
7. die Arbeits-/ Sozialform,
8. die Reichweite der Aufgabe (welches Maß an Hintergrundwissen, welche Zusatztexte sind zur Bewältigung der Aufgabe notwendig?),
9. Zielbezogenheit und Inhalt (möglichst verbunden mit Problemlösungsaktivitäten),
10. die Form (offen, halb geschlossen, geschlossen – je nach Vorgabe oder Fehlen von Mustern oder Modellen),
11. die Anredeform,
12. den Steuerungsgrad und
13. die Definition von Ziel und Inhalt der Aufgabe.

In der Lesebuchdiskussion ist der didaktische Sinn von Aufgabenstellungen im Rahmen von Lesebüchern umstritten. Bütow (1996) fordert die Trennung von Lesebuchtext und Aufgaben, um eine Beeinflussung des Leseverstehens zu vermeiden. Kritisiert wird von ihm vor allem der hohe Steuerungsgrad von Fragen, die situationsunabhängige Vorplanung von Prozessen des Textverstehens im Lesebuch und die z. T. nicht nachvollziehbaren Lernziele von Aufgaben. Jörg Schlewitt (1996, S. 566) stimmt der Ausgliederung von Fragen in Bezug auf die Lesebücher der Primar- und Sekundarstufe I zu. Im Gegensatz zu Bütow versteht er allerdings Aufgaben im Lesebuch primär als „unverbindliches Angebot" an Lehrer und Schüler und nicht als „allgemeine Empfehlung" der Textbetrachtung.

Vor allem im Zusammenhang mit integrierten Lesebüchern werden Aufgabenstellungen bemängelt, die an den spezifischen literarischen Eigenschaften der Texte vorbeizugehen drohen (vgl. u. 5.4).

In den neuesten Lesebuchausgaben beobachtet Schlewitt insgesamt ein sprunghaftes Ansteigen von Aufgabenstellungen (Schlewitt 2003b, S. 145). Dabei konstatiert er einen inzwischen erfolgten Ausgleich von handlungsorientierten (synthetisierenden) und hermeneutisch orientierten (analysierenden) Aufgabenstellungen (ebd., S. 148). Neben Frage und Aufforderung findet sich in neueren Lesewerken der Impuls als dritter Aufgabentyp, der den weitesten Handlungsspielraum für die Schüler lässt. Schlewitt zufolge werden in Lesebüchern der Hauptschule handlungsorientierte Aufgaben bevorzugt. Lesebücher für die Realschule und die Sekundarstufe I lassen tendenziell eine Mischung beider Aufgabentypen erkennen. In der gymnasialen Oberstufe dagegen überwiegen analytische gegenüber textproduktiven Aufgaben.

5.3.2 Relevanz, Aktualität und historisches Textverstehen

Bei einer vorrangigen Orientierung an den thematischen Interessen und Problemen der Schüler kann insbesondere die Vermittlung der historischen Dimension von Literatur zum Problem werden, wie die Analyse einiger Unterrichtswerke zeigt (Fingerhut 2003 b, S. 89–95).

Verschiedene Autoren bemängeln das Fehlen eines angemessenes historischen Textverstehens in den Lesebüchern (Müller-Michaels, Ehrismann / Hardt, Bütow, Fingerhut, in: Ehlers 2003 b). In diesem Zusammenhang wird u. a. auf das Verschwinden literarischer, insbesondere traditioneller, Texte im Lese-(buch)kanon und auf die Vernachlässigung historischer Gliederungsprinzipien zugunsten thematischer hingewiesen. Dabei können sich die Aspekte von Relevanz und Aktualität, die der Lesemotivation dienen sollen, als eine Hürde für historisches Textverstehen erweisen. Die Notwendigkeit, thematische Zusammenhänge zwischen den Problemen der Schüler und denen der jeweiligen Texte herzustellen, geht dabei verschiedentlich auf Kosten der tatsächlichen Problematik eines historischen Textes und ebnet seine ursprüngliche Vieldeutigkeit ein.

Damit entsteht ein falsches Bild historischer und literarischer Zusammenhänge. Eine solche Vereinfachung trägt zur Bildung von Klischees bei; dies gilt besonders für Texte des Mittelalters (Ehrismann / Hardt 2003 b, S. 47 u. ö.). Mit der Einebnung historischer und kultureller Differenzen wird sowohl die Möglichkeit eines angestrebten „Fremdverstehens" wie auch die Bewusstwerdung eigener Vorstellungs- und Denkmuster und deren historischer Bedingtheit versäumt. Hiermit ist die Gefahr einer Trivialisierung von Literatur verbunden, die nun eher der Bestätigung vorhandener Vorurteile dient.

Gegenbeispiele aus dem Lesebuch zeigen, dass eine Behandlung früherer Epochen und ihrer Texte im Literaturunterricht an die Erfahrungen heutiger Schüler anknüpfen können, ohne dass darunter die Komplexität der Fragestellung oder der Texte leidet und ohne dass den Schülern dabei ein Reflexionsniveau zugemutet wird, das ihrem Alter nicht entspricht (Fingerhut 2003 b, S. 95–97).

5.4 Integrierte Lesewerke

Mit rund zwanzig Titeln ist die Anzahl der auf dem Markt befindlichen integrierten Lesebücher noch relativ überschaubar. Wie die lange Nutzung auch älterer Lesebuchtitel dieses Typs zeigen kann, findet es vor allem bei Lehrern Anklang, die die Trennung von Sprach- und Literaturunterricht „für obsolet halten und von einer Verbindung aller Teilbereiche miteinander Synergieeffekte erwarten" (Schober 2003 b, S. 61 f.).

Die Idee einer Integration von Sprach- und Literaturunterricht im Lesebuch wird von der Forschung überwiegend begrüßt. Müller-Michaels begreift die integrierten Lesebücher als „notwendige Antwort auf die zunehmenden Ausdifferenzierungen in den Lernbereichen des Deutschunterrichts" (Müller-Michaels

2003b, S. 20). Er sieht aber bereits Tendenzen für das Erscheinen von Lehrwerken, die wieder nach Literatur- und Sprachunterricht trennen und zugleich in einem übergreifenden „Jahresplan" koordiniert werden. Gegenstand seiner Kritik an einem Beispiel eines integrierten Lesebuches bildet die Funktionalisierung von Literatur zum Zweck kommunikativer Akte und die Vernachlässigung weiterer Texterschließungsverfahren (ebd., S. 19).

Andere Autoren warnen davor, Textsorten zum einigenden Band zwischen Sprach- und Literaturunterricht zu machen und literarische Texte für grammatische Übungen zu funktionalisieren (Bütow 2003b, S. 102; Fingerhut 2003b, S. 90; Bremerich-Vos 2003b, S. 165).

Albert Bremerich-Vos sieht den potenziellen Vorteil einer Integration von Sprach- und Literaturunterricht vor allem in einer bewussteren Differenzierung der spezifischen Aufgaben eines Sprach- und Literaturunterrichts – anstelle ihrer häufig betonten Verbindung. In seiner Untersuchung ausgewählter integrierter Lehrwerke zieht er jedoch gerade in Hinblick auf die Vermittlung von grammatischem Standardwissen eine eher skeptische Bilanz (Bremerich-Vos 2003b).

Bei einigen integrierten Lesebüchern stellt Otto Schober eine programmatische Auffälligkeit des Designs fest. Dieses sei allein mit den gewachsenen Anforderungen an die Orientierungsmöglichkeiten innerhalb der komplexen Strukturen dieses Lesebuchtyps nicht zu begründen. Vielmehr vermutet Schober, dass die Lesebuchverlage den auf ihnen lastenden Selektionsdruck durch eine solche Gestaltung für sich zu nutzen versuchen (Schober 2003b, S. 63f.).

Zu einem grundsätzlich positiven Urteil über die Konzeption integrierter Lesebücher kommt Gudrun Marci-Boehncke (2003b) in Bezug auf die Umsetzung einer Medienerziehung im Deutschunterricht.

5.5 Medienerziehung im Lesebuch

Viele Verlage haben vor allem den Werbefaktor „Medienerziehung" erkannt und stellen diesen Aspekt bei neueren Lesebüchern besonders heraus. Marci-Boehncke verweist in diesem Zusammenhang jedoch auf die häufig ungenügende Einbeziehung von Medien in die Lesebuchgestaltung. Kritisiert wird insgesamt ein falsches Verständnis von 'Medientext'. Dieser bewege sich immer auf „unterschiedlichen Zeichenebenen" und bezeichne nicht einfach „Texte über oder an Medien". Solche Texte würden bereits vom erweiterten Textbegriff erfasst (Marci-Boehncke 2003b, S. 128f.). Ein weiteres Problem stellt die angestrebte Vermittlung von Intermedialität an, die sich auch didaktisch und methodisch im Aufbau eines Lesebuches niederschlagen soll. Vor allem integrierte Lesewerke kommen in ihrer komplexen Struktur dem Ideal dieser Intermedialität am nächsten (ebd., S. 132f.), während vorwiegend literarisch orientierte Lesebücher den Anforderungen an eine integrierte Medienerziehung nicht gerecht werden (ebd., S. 141).

Mit den gewachsenen Aufgaben eines Deutschunterrichts als Medienunterricht ergibt sich auch das Problem neuer Inhalte, die gleichfalls Platz und Zeit beanspruchen. Wie der Hinweis auf den „Abschied von einem elitären Textanspruch" (ebd., S. 134) in den integrierten Lesebüchern vermuten lässt, ist im Sinne einer modernen Medienerziehung auch an eine Eingrenzung literarischer Lerninhalte gedacht. Dabei ist den Schülern mit einer bloßen Ersetzung traditioneller Gegenstände des Deutschunterrichts durch medienspezifische vermutlich wenig gedient, denn Medien basieren auf Sprache und tradieren vielfach literarische Gattungen. Es bleibt abzuwarten, welche konkreten Formen die angestrebten Veränderungen annehmen: ob die Lesebücher zum Medienunterricht eine weitere Reduktion von Texten der literarischen Tradition und literarhistorischer Fragestellungen mit sich bringen oder ob die angestrebte Intermedialität des Lesebuches neue und traditionelle Textformen und Medien gleichermaßen betrifft und diese auf eine Weise miteinander verknüpft, die zu gegenseitiger Erhellung beiträgt.

5.6 Mediale Präsentation, Layout

Wie bereits erwähnt, wird im Lesebuch die Intention eines eingefügten dichterischen Textes von der didaktischen Intention des Herausgebers überlagert, der diesen Text in den Kontext des Buches stellt. Zu diesem Kontext können etwa der einführende Text eines Lesebuchautors, der Titel des Kapitels, die gesamte Sequenz, benachbarte Texte usw. gehören. Durch den Kontext wird das Verständnis eines Textes bereits auf eine bestimmte Weise gelenkt: derselbe Text wird im Rahmen einer thematischen Sequenz anders gelesen als in einer gattungsorientierten oder methodischen Sequenz. In ähnlicher Weise wird die Textrezeption durch farbliche oder drucktechnische Markierungen beeinflusst, indem z. B. Texte gegenüber anderen farblich hervorgehoben werden oder indem sie innerhalb von thematischen Sequenzen ein Symbol o. ä. erhalten, das sie systematisch einer bestimmten Gattung zuordnet.

Große Bedeutung kommt den Abbildungen in einem Lesebuch zu. Diese treten gleichfalls in ein Wechselverhältnis mit dem Text des Buches. Ehlers (2003a, S. 91–93) unterscheidet hierbei:

1. darstellende Bilder (Karikatur, Cartoons, Piktogramme, Collage, Symbole),
2. logische Bilder (Schema, Diagramm, Grafik, Schaubilder, Tabelle),
3. Zeichnungen (Piktogramme, farbige oder schwarz-weiße Bilder),
4. Fotos (Personen, Szenerien, Dokumente).

Diese Abbildungen können verschiedene Funktionen übernehmen, zu ihnen gehören als wichtigste: Motivation, Textentlastung, Impulsgebung, Auflockerung, Illustration, Verstehenshilfe (durch inhaltliche Zusatzinformationen, die der Text nicht enthält).

Generell bemühen sich neue Lesebücher um ein ansprechendes Layout, das die Aufmerksamkeit der Schüler wecken soll. Aus dem Wechselverhältnis von Text

und Bild ergeben sich aber auch Probleme, die bei der Auswahl eines Lesebuches für den Unterricht von Bedeutung sind.

Der Abnutzungseffekt einer grellen Farbgestaltung ist relativ hoch: Die Freude
über das zunächst als aufregend empfundene Design des Buches kann schnell in
Überdruss umschlagen. Ein Buchdesign, das sich stark an Modetrends der Werbung orientiert, veraltet schneller als eine 'konservative' Gestaltung. Überla-
dene Lesebuchseiten wirken sich bei längerer Benutzung eher negativ auf die
Lesemotivation aus. Auch ist der zunächst positiv gedachte Impuls des Hinfüh-
rens zum Lernen durch optische Reize nicht unproblematisch in Hinblick auf die
eigentliche Textlektüre. Hier können Bilder einen wesentlichen Faktor der
Ablenkung darstellen. Wie verschiedentlich kritisiert wird, erziehen einige Lesebücher durch ihr unruhiges Design eher zur Lektüre der Boulevardpresse als zur
Lektüre schwarz-weißer Buchseiten (Bütow 1996, S. 419).

Damit stehen die Lesebuchherausgeber vor der Herausforderung, einerseits
durch die Ausgestaltung des Buches Interesse für die darin eingebetteten Texte
zu wecken, zugleich aber eine Reizüberflutung zu vermeiden und vor allem eine
Konzentration auf den Text zu ermöglichen. Allerdings kann mit der Entscheidung für eine ästhetisch ansprechende Gestaltung ein hohes finanzielles Risiko
verbunden sein, wie die Beispiele von *Lesereise* und *AugenBlicke* (Schober
2003 b, S. 65) nahe legen.

Eine gelungene Präsentation und anspruchsvolle Bildgestaltung findet sich auch
in *Deutsch. Texte-Literatur-Medien* (R, H, G).

6 Lesebücher im Deutschunterricht

Das Lesebuch lässt sich auf vielfältige Weise verwenden: als Mittel der Unter-
richtsvorbereitung wie auch der didaktischen Weiterbildung des Lehrers, als
Grundlage des Unterrichts und als Arbeitsbuch für die Schüler, die über die
Unterrichtsstunde hinaus mit dem Lesebuch selbstständig arbeiten können.

Über die tatsächliche Verwendung von Lesebüchern liegen bislang wenig empirische Untersuchungen, und diese nicht über aktuelle Lesebücher vor (Ehlers
2003 a, S. 115). Ehlers zufolge zeichnen sich in den vorhandenen Untersuchungen zumindest einige allgemeine Tendenzen in der Lesebuchbenutzung ab.
Demnach tendieren Lehrer, die offene Unterrichtsformen bevorzugen und
methodisch vielfältig arbeiten, weniger zur Arbeit mit dem Lesebuch. Ein Interesse an schülerorientierten Unterrichtskonzepten ist jedoch bei Lehrern aller
Schulformen zu finden. Allerdings überwiegt den Studien zufolge eine thematische und leserbezogene Perspektive bei Lehrern integrierter Gesamt- und
Hauptschulen, während Gymnasiallehrer den Schwerpunkt auf die literarische
Bildung und die kulturelle Tradition legen (ebd.)

6.1 Auswahl von Lesebüchern

Die Auswahl richtet sich nach den im Bundesland zugelassenen Lesebüchern für eine bestimmte Schulform bzw. -stufe. Über pragmatische Gründe hinaus, die nicht immer im Entscheidungsbereich der Lehrer selbst liegen (z. B. Vorhandensein von Lesebuchreihen an der Schule), gibt es weitere inhaltlich-konzeptuelle Kriterien für die Auswahl eines Lesebuches im konkreten Falle. Derartige Kriterien hat Swantje Ehlers systematisiert und in Form von tabellarischen Analysebögen bereitgestellt (Ehlers 2003a, S. 132–38). Der Analysebogen A6 listet die notwendigen ersten Arbeitsschritte bei der Auswahl eines passenden Lesebuches auf. Die weiteren Bögen helfen bei der Analyse des Konzeptes, das dem Lesebuch zugrunde liegt, und erlauben, die Reihe der zur Verfügung stehenden Lesebücher in Bezug auf konkrete Erfordernisse weiter einzugrenzen.

Für einen lernbereichsübergreifenden Ansatz ist danach der Typ der integrierten Lesebücher sinnvoll. Interkulturelle Lernziele erfordern dagegen Lesewerke, die wie *Doppel-Klick* und *LEO* die sprachlichen und kulturellen Aspekte im Zusammenhang von Deutsch als Erst- und Zweitsprache bereits thematisch wie strukturell berücksichtigen. Für einen handlungs- und produktionsorientierten Deutschunterricht bieten sich entsprechende Lesewerke wie *Unterwegs, Treffpunkte, Leseland* oder *Seitenwechsel* an. Leseförderung insbesondere für leseschwache Schüler bietet das Lesebuch *Magazin*, aber auch das *Hirschgraben-Lesebuch*. Dagegen legen *Deutsch plus, Deutsch, Lektüre* und *Facetten* ihre Schwerpunkte auf Weltliteratur, literarische Gattungen und Epochen.

6.2 Funktionen des Lesebuches im Deutschunterricht

Moderne Lesebücher übernehmen durch Strukturen, Aufgabenstellungen, Sequenzierungen und eine insgesamt differenzierte Methodenwahl verschiedene didaktische, methodische und praktische Funktionen (Ehlers 2003a, S. 118, 126 und 127). Die didaktischen Funktionen (= Lehrfunktionen) des Lesebuches lassen sich dabei auf die „Phasen unterrichtlicher Lernprozesse – Einstieg, Erarbeitung, Vertiefung, Wiederholung, Übung, Anwendung und Kontrolle – beziehen" (ebd., S. 119).

6.2.1 Die didaktischen oder Lehrfunktionen differenziert Ehlers folgendermaßen:

1. Die motivationale Funktion (z. B. durch Design ausgehende Leseanregung),
2. die Informationsfunktion,
3. die Erarbeitungsfunktion,
4. die Differenzierungsfunktion (Binnendifferenzierung vorrangig ins Lehrerhandbuch ausgelagert),
5. die Übungs-/ Anwendungsfunktion,
6. die Wiederholungsfunktion,

7. die Organisationsfunktion (z. B. Querverweise auf inhaltliche oder struktu-
relle Zusammenhänge des vermittelten Wissens im gesamten Lesebuch),
8. die Kontrollfunktion (oft in Schülerarbeitsblätter ausgelagert).

6.2.2 Die „methodischen Funktionen" des Lesebuches zielen sowohl auf bestimmte Fertigkeiten und Techniken zum sinnvollen Textverstehen wie insgesamt
auf metakognitive Kompetenzen der Schüler, also ihre Befähigung zur selbständigen Wissensaneignung und zum Entdecken individueller Lernstrategien.

6.2.3 Mit den „praktischen Funktionen" des Lesebuches sind die durch Arbeitsanregungen und Aufgaben initiierten Einzelhandlungen der Schüler gemeint.

Die genannten Funktionen des Lesebuchs können den Lehrer bei der Planung
und Durchführung von Unterrichtseinheiten entlasten. Entsprechend den eigenen Erfordernissen lassen sich Arbeitsaufgaben und Fragestellungen aus dem
Kontext des Lesebuches herauslösen und in die eigene Unterrichtsplanung integrieren (z. B. durch Übernahme oder Abwandlung von Aufgabenstellungen,
Verwendung historischer und methodischer Informationen). Textsequenzen und
Grobstrukturen von Kapiteln, thematische oder formale Zusammenhänge können eigenen Unterrichtssequenzen als Vorbild dienen. Auch ganze Lesebuchka-
pitel oder Textsequenzen können zur Basis ganzer Unterrichtseinheiten gemacht
werden.

Wie die oben genannten Diskussionspunkte im Rahmen der Lesebuchforschung
zeigen, kann die Vorplanung von Arbeitsschritten durch das Lesebuch aber auch
in Konflikt mit eigenen Unterrichtsplänen und -zielen geraten. Die spezifischen
Funktionen insbesondere der Aufgabenstellungen in den verwendeten Passagen
des Lesebuches sind daher auf ihre Verträglichkeit mit den eigenen Lehrinhalten
und -zielen zu prüfen.

In der didaktischen Fachliteratur finden sich regelmäßig kritische Kommentare
zu neu erschienenen Lesebüchern und -unterrichtswerken. Die zitierte Studie
zum Lesebuch von Swantje Ehlers (2003a) untersucht viele neuere Lesewerke
auf ihre spezifischen Eigenschaften und kann gerade aufgrund ihrer vorrangig
deskriptiven Herangehensweise wertvolle Hilfestellungen bei der Auswahl
geeigneter Lesebücher geben. Auch ältere Untersuchungen, die einen Eindruck
von dem Vorgehen und den zu berücksichtigenden Kriterien bei der Beurteilung
von Lesebüchern geben, können sich als hilfreich erweisen, so die 1993 von
Schlewitt vorgelegte Expertise zu verschiedenen Lesebüchern. Darüber hinaus
finden sich in allen Beiträgen des zitierten Sammelbandes zum Lesebuch, das
Ehlers (2003b) herausgegeben hat, weitere ausführliche und punktuelle
Kommentare zu einzelnen Lesewerken, deren Bandbreite hier nur angedeutet
werden kann.

Literaturverzeichnis

Bamberger, Richard: Jugendliteratur und Schulbuch. In: Schober, Otto (Hrsg.): Abenteuer Buch. Bochum: Kamp 1993, S. 158–166.

Baumgärtner, Alfred Clemens: Literarische Erziehung und das Lesebuch. In: Literarische Erziehung mit dem Lesebuch. Bochum: Kamp 1969, S. 11–22.

Baumgärtner, Alfred Clemens: Aus der Geschichte des Schulbuchs. Anmerkungen zu einigen exemplarischen Lehrwerken. In: Blickpunkt Schulbuch 1981, H. 24, S. 33–38.

Baumgärtner, Alfred Clemens: Lesebücher – zweihundert Jahre alt und immer im Wandel. In: Die Grundschule 1991, H. 1, S. 40–44.

Boueke, Dietrich: Lesebuch. In: Doderer, Klaus (Hrsg.): Lexikon der Kinder- und Jugendliteratur. Bd. 2. Weinheim, Basel: Beltz 1977, S. 350–352.

Brandes, Helga: Lesebuch Sekundarstufe I. In: Müller-Michaels, Harro (Hrsg.): Arbeitsmittel und Medien für den Deutschunterricht. Kronberg/Ts.: Scriptor 1976, S. 116–152.

Bremerich-Vos, Albert: Nicht nur Lese- und nicht nur Sprachbuch – Anmerkungen zu einem integrativen Lesebuch für die Sekundarstufe I. In: Ehlers 2003 b, S. 163–180.

Bütow, Wilfried: Lesebuchaufgaben. Indikator für Verstehens- und Lernkonzepte. In: Deutschunterricht 1996, H. 9, S. 419–426.

Bütow, Wilfried: Leselern-Angebote für vergnügliche Anstrengung mit Literatur und Bildlichkeit. In: Ehlers 2003 b, S. 101–124.

Dahrendorf, Malte: Eine neue Lesebuch-Generation. Das Lesebuch als Antwort auf eine konkrete gesellschaftliche Situation. In: Bertelsmann Briefe 1973, Nr. 78, S. 7–20.

Ehlers, Swantje: Umgang mit dem Lesebuch. Analyse – Kategorien – Arbeitsstrategien. Baltmannsweiler: Schneider 2003a (Deutschdidaktik aktuell; 13).

Ehlers, Swantje (Hrsg.): Das Lesebuch. Zur Theorie und Praxis des Lesebuchs im Deutschunterricht. Baltmannsweiler: Schneider 2003b (Diskussionsforum Deutsch; 12).

Ehlers, Swantje: Das Lesebuch im Kontext von Zwei- und Mehrsprachigkeit. In: Ehlers 2003b, S. 181–202.

Ehni, Jörg: Das Bild der Heimat im Schullesebuch. In: Helmers 1969, S. 248–336.

Ehrismann, Otfried / Hardt, Isabelle: Vom Hildebrandslied zum Eulenspiegel: Der Mittelalter-Kanon im Lesebuch. In: Ehlers 2003b, S. 22–53.

Fingerhut, Karlheinz: Literarische Bildung unter den Bedingungen von Qualitätssicherung und Kompetenzerwerb in integrierten Lesebüchern für die Sekundarstufe I. In: Ehlers 2003b, S. 74–100.

Frommholz, Rüdiger: Lesebuchkritik. In: Boueke, Dietrich (Hrsg): Deutschunterricht in der Diskussion. Forschungsberichte. Paderborn: Schöningh 1974, S. 419–441.

Gail, Anton J.: Das Lesebuch – ein „Informatorium" der Wirklichkeit? In: Wirkendes Wort 1966, S. 49–57 (auch in: Helmers 1969, S. 192–205).

Geißler, Rolf: Kritische Bemerkungen zu einer verbreiteten Ansicht über die „Kind- und Jugendgemäßheit" von Lesestoffen. In: Helmers 1969, S. 206–218.

Gerth, Klaus: Gedanken zu einem neuen Lesebuch. In: Die deutsche Schule 1965, S. 23–31 (auch in: Helmers 1969, S. 165–179).

Glotz, Peter / Langenbucher, Wolfgang: Versäumte Lektionen. In: Helmers 1969, S. 145–164.

Hacker, Hartmut (Hrsg.): Das Schulbuch. Funktion und Verwendung im Unterricht. Bad Heilbrunn: Klinkhardt 1970.

Härter, Andreas: Textpassagen. Lesen – Leseunterricht – Lesebuch. Frankfurt a. M.: Diesterweg 1991.

Hasubek, Peter: Das Lesebuch nach 1945. In: Lange, Günter / Neumann, Karl / Ziesenis, Werner (Hrsg.): Taschenbuch des Deutschunterrichts. 4. Aufl. Bd. 2. Baltmannsweiler: Schneider 1986, S. 486–507.

Helmers, Hermann: Das Lesebuch als literarisches Arbeitsbuch. In: Der Deutschunterricht 1966, H. 4, S. 9–18 (auch in: Helmers 1969, S. 180–191).

Helmers, Hermann (Hrsg.): Die Diskussion um das deutsche Lesebuch. Darmstadt: Wiss. Buchgesellschaft 1969.

Helmers, Hermann: Geschichte des deutschen Lesebuchs in Grundzügen. Stuttgart: Klett 1970.

Killy, Walther: „Zugelassen zum Gebrauch in Schulen." Kritische Anmerkungen zur Physiognomie des deutschen Lesebuchs. In: Helmers 1969, S. 14–23.

Killy, Walther: Zur Geschichte des deutsche Lesebuchs. In: Helmers 1969, S. 355–377.

Kreft, Jürgen / Ott, Günther: Lesebuch und Fachcurriculum. Düsseldorf: Schwann 1971.

Marci-Boehncke, Gudrun: Medienerziehung im Lesebuch. In: Ehlers 2003b, S. 125–144.

Melzer, Helmut: Das Lesebuch in der Sekundarstufe I. In: Baurmann, Jürgen / Hoppe, Otfried (Hrsg.): Handbuch für Deutschlehrer. Stuttgart: Kohlhammer 1984, S. 221–242.

Minder, Robert: Soziologie der deutschen und französischen Lesebücher. In: Helmers 1969, S. 1–13.

Mißfeldt, Ernst: Über den Aufbau von Lesebüchern. In: Helmers 1969, S. 232–247.

Müller-Michaels, Harro: Konzepte und Kanon in Lesebüchern nach 1945. In: Ehlers 2003b, S. 6–21.

Pielow, Winfried: Nationalistische Muster im Lesebuch. In: Helmers 1969, S. 337–354.

Rebel, Karlheinz (1964): Das deutsche Lesebuch – einst und jetzt. In: Helmers 1969, S. 84–107.

Schlewitt, Jörg: Lesebuchexpertise (I, II, III). Eine vergleichende Betrachtung zu Angeboten verschiedener Verlage. In: Deutschunterricht 1993, H. 4, S. 209–217; 1993, H. 5, S. 258–264; 1993, H. 6, S. 315–326.

Schlewitt, Jörg: Zu Lesarten von Aufgabenstellungen in Lesebüchern. In: Deutschunterricht 1996, H. 11, S. 566.

Schlewitt, Jörg: Funktion und Struktur von Aufgabenstellungen in Lesebüchern der neueren Generation. In: Ehlers 2003b, S. 145–162.

Schober, Otto: Lesebuch. In: Lange, Günter / Neumann, Karl / Ziesenis, Werner (Hrsg.): Taschenbuch des Deutschunterrichts. 7. Aufl. Bd. 2. Baltmannsweiler: Schneider 1998, S. 508–531.

Schober, Otto: Neue Lesebücher: Erscheinungsformen und ihre Hintergründe. In: Ehlers 2003b, S. 54–73.

Verzeichnis der Herausgeber, Autorinnen und Autoren

Becker, Tabea, Dr., geb. 1970, Akademische Oberrätin am Germanistischen Institut der Westfälischen Wilhelms-Universität Münster. Studium der Germanistik und Anglistik an der Technischen Universität Darmstadt. Forschungsschwerpunkte: Sprachwissenschaft und -didaktik, Spracherwerb, Schriftspracherwerb, mündliche Kommunikation und Grammatikunterricht. Wichtige Publikationen: *Kinder lernen erzählen* (²2005), Hrsg. *Narrative Interaction* (zus. mit U. M. Quasthoff 2005), Hrsg. *Gesteuerter und ungesteuerter Grammatikerwerb* (zus. mit C. Peschel), in Vorb. *Schriftspracherwerb in der Zweitsprache.*

Gien, Gabriele, Dr., geb. 1962, Professorin für Didaktik der deutschen Sprache und Literatur an der KU Eichstätt-Ingolstadt und Vizepräsidentin für Studium und Lehre. Studium der Germanistik, Pädagogik und des Lehramtes Grundschule an der LMU München. Zehn Jahre Lehrerin an der Grundschule und Mitglied in der Kommission für Hochbegabte. Ab 1996 Akad. Rätin, später wiss. Mitarbeiterin an der Universität Augsburg, ab 1.4. 2009 Ruf an die PH Freiburg, ab 1.10.2009 Ruf an die KU Eichstätt-Ingolstadt. Forschungsschwerpunkte: Ästhetische Bildung, Kinder- und Jugendliteratur, Sprachentwicklung, bes. Entwicklung metaphorischer Kompetenz im Grundschulalter. Hochschuldidaktikforschung. Wichtige Publikationen: *Die Bedeutung von Kunstbildern in der kindlichen Lebenswelt als Impuls für einen ganzheitlich mehrdimensionalen Umgang mit Bildern im Grundschulalter* (1996), *Visuelle Gestaltung und bildliche Wahrnehmung als Grundlage der Produktion von Gedichten* (1999), *Bilder und Wörter der Nacht* (2002), *Gedichte mit allen Sinnen* (2003), *Körpersprache und Theaterspiel im ganzheitlichen Deutschunterricht* (2004).

Gölitzer, Susanne, Dr., geb. 1966, wissenschaftliche Assistentin am Institut für Deutsche Sprache und Literatur und ihre Didaktik an der Pädagogischen Hochschule Heidelberg. Studium der Pädagogik und des Faches Deutsch an der Universität Frankfurt am Main. Acht Jahre lang Lehrerin an verschiedenen Schulen in Frankfurt am Main. Forschungsschwerpunkte: Lesesozialisation/literarische Sozialisation, Unterrichtsforschung, Literatur- und Mediendidaktik. Wichtige Publikationen: *Unterrichtsbesprechungen in der Deutschlehrerausbildung* (1999), Hrsg. *Deutschdidaktik und Neue Medien* (2003), *Die Funktionen des Literaturunterrichts im Rahmen der literarischen Sozialisation* (in: Härle/Rank 2004).

Hoppe, Henriette, geb. 1968, abgeordnete Lehrerin an der PH Schwäbisch Gmünd. Studium der Germanistik/DaF, Romanistik und Pädagogik an den Universitäten Düsseldorf und Berlin. Tätigkeit in der Erwachsenenbildung und als

Lehrerin (Sek. I und II) an verschiedenen Schulen. Forschungsschwerpunkte: Textproduktion, Schulbuchforschung, Filme im Deutschunterricht. Wichtige Publikation: *Schreibdidaktische Konzeptionen in Sprachunterrichtswerken*. In: Matthes/Heinze (Hrsg.) 2005, Mitautorin des Deutschunterrichtswerks *Tandem* (Schöningh 2004).

Hübener, Andrea, Dr., geb. 1960, Institut für Germanistik TU Braunschweig, 1990–1997 Stud. Germanistik, Komparatistik, Anglistik (TU Berlin, Cardiff); 2000 Promotion; 1999–2001 Mitarbeit *Kritische Nachlassedition zu Wilhelm Heinse* (5 Bde. 2003, 2005). Forschungsschwerpunkte: Vorklassik, Europäische Romantik, Briefwechsel 19. Jh., Gegenwartsliteratur, Kinder- und Jugendliteratur und ihre Didaktik. Publikationen: *Kreisler in Frankreich* (2004), *Erich Kästners Kinder- und Jugendbücher in der Grundschule und Sek. I* (2006), Mhrsg. *Rilke-Blätter* 2008, H. 29, Festschrift *Rilkes Welt* (2009).

Jesch, Tatjana, Dr., geb. 1963, Studienrätin für Deutsch und Philosophie am Lessing-Gymnasium Hamburg. Studium der Germanistik und Philosophie (Magister und Lehramt) an den Universitäten Marburg und Hamburg. Habilitandin an der Universität Jena mit einer Arbeit über literaturspezifische Lesekompetenzen und Lesestrategien. Forschungsschwerpunkte: (Empirische) Literaturdidaktik, Kinder- und Jugendliteratur, Märchen, (kognitive) Narratologie, psychoanalytische Literaturwissenschaft. Wichtige Publikationen: Zus. mit Garbe/Holle: *Texte lesen: Textverstehen – Lesedidaktik – Lesesozialisation* (2009), *Autorkonzepte von Dritt- und Viertklässlern. Ein Beitrag zur Ermittlung von literarischer Kompetenz im Sinne der pragmatisch-kognitiven Narratologie.* (In: Stückrath/Strobel [Hrsg.]: *Deutschunterricht empirisch* 2005), Hrsg.: *Märchen in der Geschichte und Gegenwart des Deutschunterrichts* (2003), *Das Subjekt in Märchenraum und Märchenzeit* (1998).

Kurzrock, Tanja, Dr., geb. 1969, Fachleiterin für Deutsch am Studienseminar Köln (Gymnasium/Gesamtschule). Studium der Germanistik, Mathematik und Erziehungswissenschaft an der Bergischen Universität Wuppertal. Langjährige außerschulische Arbeit im Bereich Lese-Rechtschreibschwierigkeiten/Legasthenie, Deutsch als Fremdsprache und Alphabetisierung. Forschungsschwerpunkte: Sprachwissenschaft und -didaktik insb. Neue Medien, Schulbuchforschung, Mündlichkeit und Schriftlichkeit. Wichtige Publikationen: *Intuitives Wissen über die neuen Medien von Jugendlichen der Sekundarstufe I – insbesondere hinsichtlich Mündlichkeit und Schriftlichkeit* (2002), *Neue Medien und Deutschdidaktik. Eine empirische Studie zu Mündlichkeit und Schriftlichkeit* (2003), Mhrsg.: *Sprachreflexion im medialen Umfeld* (2006).

Lange, Günter, geb. 1941, Akademischer Direktor (i. R.) am Seminar für Deutsche Sprache und Literatur an der TU Braunschweig. Studium der Germanistik, Geschichte und Pädagogik an den Universitäten Heidelberg, Zürich und Göttingen. Vizepräsident der Deutschen Akademie für Kinder- und Jugendliteratur. Forschungsschwerpunkte: Literaturwissenschaft, Literatur- und Mediendidaktik, Kinder- und Jugendliteratur. Wichtige Publikationen: Mhrsg. der Reihen: *Deutschdidaktik aktuell* (31 Bde.) und *Diskussionsforum Deutsch* (27 Bde.), *Erwachsen werden. Jugendliterarische Adoleszenzromane im Deutschunterricht* (²2004), Hrsg.: *Taschenbuch der Kinder- und Jugendliteratur* (4. Aufl. 2005); Mhrsg.: *Taschenbuch des Deutschunterrichts* (8. Aufl. 2003), Mhrsg.: *Kinder- und Jugendliteratur – Ein Lexikon* (1995 ff.), *Charlotte Kerners Jugendromane in der Sek. I und II* (2006), *Paul Maars Kinder- und Jugendbücher in der Grundschule und Sek. I* (2007), *Otfried Preußlers Kinder- und Jugendbücher in der Grundschule und Sek. I* (2008), *Hans-Georg Noacks Jugendliteratur und Übersetzungen in der Sek. I* (2009), *Textarten – didaktisch* (5. völlig überarb. Aufl. 2010).

Leubner, Martin, PD Dr., geb. 1961, wissenschaftlicher Oberassistent am Institut für Germanistik der Universität Flensburg. Studium der Germanistik und Geschichte an den Universitäten Göttingen und Konstanz; Promotion an der Universität Göttingen, Referendariat für das Lehramt an Gymnasien in Niedersachsen, Tätigkeit als Lehrer in Thüringen; seit 1997 an der Universität Flensburg mit den Forschungsgebieten Literatur, Medien und ihre Didaktik. Wichtige Publikationen: *Karl Kraus' „Literatur oder Man wird doch da sehn". Genetische Ausgabe und Kommentar* (1996), *Literatur interaktiv adaptiert. Zur multimedialen und interaktiven Transformation von Kinder- und Jugendliteratur in historischer und systematischer Perspektive* (Habilitationsschrift; Publikation in Vorbereitung).

Lösener, Hans, Dr. habil., geb. 1964, Studienrat im Hochschuldienst an der Westfälischen Wilhelms-Universität Münster. Studium der Fächer Germanistik, Romanistik und Geschichte (1. und 2. Staatsexamen) in Marburg, Paris, Montpellier und Freiburg i. B.. Forschungsschwerpunkte: Literaturtheorie und -didaktik. Ausgewählte Publikationen: *Zwischen Wort und Wort. Interpretation und Textanalyse* (2006), *Geschichte des Schulaufsatzes in Beispielen* (2007, zus. mit Otto Ludwig), *Die intermediale Lektüre. Wege zur Inszenierung im Text. In:* Marion Bönnighausen/Gabriela Paule (2009), *Gedichtanalyse als didaktisches Problem. Gibt es eine Alternative zur Form-Inhalt-Interpretation? In:* Eduard Haueis/Peter Klotz (2009), *Sprechgestaltungen in Gedichten entdecken. Eine Unterrichtsanregung zum hörenden Lesen von Gedichten* (zusammen mit Ulrike Siebauer). In: PD 2009, H. 213.

Peyer, Ann, Dr., geb. 1962, Dozentin für Fachdidaktik Deutsch an den Pädagogischen Hochschulen Zürich und Aargau. Studium der Fächer Germanistik, Latein und Philosophie an der Universität Zürich. Langjährige Unterrichtstätigkeit am Gymnasium, an der Universität Zürich und in der Weiterbildung von Lehrpersonen, Lehrmittel-Autorin. Arbeitsschwerpunkte: Syntax/Textlinguistik, Grammatikunterricht, Language Awareness. Wichtige Publikationen: *Satzverknüpfung – syntaktische und textpragmatische Aspekte* (1997), *Sätze* (PD 1998, H. 147), *Wege und Irrwege sprachlich-grammatischer Sozialisation* (1999, Hrsg. zus. mit Peter Klotz), *Sprachwelt Deutsch. Lehrmittel für die Sekundarstufe I* (2003, zus. mit Bischofberger, F./Friederich, D./Grossmann, Th.), *Lehrpläne/Curricula* (2003), *Language Awareness: Neugier und Norm* (2003).

Saupe, Anja, Prof. Dr., geb. 1963, Professorin für Didaktik der deutschen Sprache und Literatur am Institut für Germanistik der Universität Leipzig. Studium der Fächer Deutsch und Geschichte an den Universitäten Göttingen und Konstanz, Promotion an der Universität München, Referendariat für das Lehramt an Gymnasien in Niedersachsen, Tätigkeit als Lehrerin für Deutsch als Fremdsprache, Habilitation an der Universität Lüneburg. Forschungsschwerpunkte: Literatur und Medien in kulturwissenschaftlicher Perspektive, moderne erzählende Literatur und ihre Didaktik, Förderung von Textverstehenskompetenz. Zentrale Publikationen: *„Die erdabgewandte Seite der Geschichte". Die Prosa Nicolas Borns* (1996), *Erzählungen in Literatur und Medien und ihre Didaktik* (2006, zus. mit Martin Leubner), *Textverstehen im Literaturunterricht und Aufgaben* (2008, zus. mit Martin Leubner).

Schmölzer-Eibinger, Sabine, Ao. Univ.-Prof. Dr., geb. 1964, außerordentliche Universitätsprofessorin für Sprachlehrforschung und Deutsch als Fremd-/Zweitsprache am Institut für Germanistik der Karl-Franzens-Universität Graz. Studium der Germanistik und Sprachwissenschaft. Leiterin des Fachdidaktikzentrums Deutsch/Geschichte/Latein/Philosophie; Lehreraus- und -fortbildnerin. Arbeitsschwerpunkte: Zweitspracherwerb und -vermittlung, Schriftlichkeitsforschung und Schreibdidaktik, Theorie und Didaktik der Textkompetenz, Deutsch als Unterrichts- und Zweitsprache, Integriertes Sprach- und Sachlernen in allen Fächern. Aktuelle Publikationen: *Textkompetenz* (2008), *Lernen in der Zweitsprache* (2008), *Sprachförderung im naturwissenschaftlichen Unterricht in mehrsprachigen Klassen* (2009), *Unterrichtliches Schreiben und Kompetenzentwicklung* (2010), *Interaktion und Kooperatives Schreiben* (2010).

Tophinke, Doris, Prof. Dr., geb. 1963, Professorin für Allgemeine und Germanistische Sprachwissenschaft am Institut für Germanistik der Universität Paderborn. Studium der Sprachwissenschaft und Soziologie an der Universität Osnabrück. Forschungsschwerpunkte: Schrift- und Orthographietheorie, Schrifterwerbsforschung, Schriftvorbereitung im Elementarbereich, Sprach- und Schriftgeschichte des Deutschen, Sprache in den digitalen Medien. Aktuelle Publikationen: *Regional schreiben: Weblogs zwischen Orthographie und Phonographie* (2008), *Vom Vorlesetext zum Lesetext: Zur Syntax mittelniederdeutscher Rechtsverordnungen im Spätmittelalter* (2009), *Sprachwandel* (2009), *Wirklichkeitserzählungen im Internet* (2009).

Weinhold, Swantje, Dr., geb. 1968, Professorin für deutsche Sprache und ihre Didaktik an der Leuphana Universität Lüneburg. Studium der Germanistik, Romanistik und Pädagogik an der Universität Hamburg. Langjährige außerschulische Arbeit im Bereich Lese-Rechtschreibschwierigkeiten/Legasthenie. Forschungsschwerpunkte: Schriftspracherwerb, Orthographiedidaktik, LRS und Textproduktion. Wichtige Publikationen: *Text als Herausforderung. Zur Textkompetenz am Schulanfang* (2000), *Sprachunterricht in der Primarstufe* (zus. mit Giese, H.W./Osburg, C. 2003). *Schreibkonzepte von Grundschulkindern. Ergebnisse einer Befragung zum Textschreiben im Kontext neuer Medien* (in: Dehn/Hüttis-Graff 2004), *Schriftspracherwerb empirisch. Konzepte, Diagnostik Entwicklung* (2006). *Rechtschreiben* (zus. mit CL Naumann) (in: Bremerich-Vos et al. 2009 *Bildungsstandards für die Grundschule*), *Effekte fachdidaktischer Ansätze auf den Schriftspracherwerb in der Grundschule* (2009).

Wildemann, Anja, Prof. Dr., geb. 1972, Juniorprofessorin für Didaktik der deutschen Sprachen an der Universität Vechta. Studium der Germanistik, Gehörlosenpädagogik, Verhaltensgestörtenpädagogik und Erziehungswissenschaft an der PH Flensburg und der Universität Hamburg. Zusatzausbildung für „Deutsch als Zweitsprache" und langjährige praktische Erfahrungen im Bereich der vorschulischen Sprachförderung von Kindern mit Migrationshintergrund. Forschungsschwerpunkte: Schriftspracherwerb, Schrift-Sprachlichkeit von Kindern mit Hörschädigungen, Transkulturelle Deutschdidaktik, Deutsch als Zweitsprache. Wichtige Publikationen: *Kinderlyrik im Vorschulalter. Kinder zwischen Mündlichkeit und Schriftlichkeit* (2003), *Zeichen und Symbole um uns herum, Papers of Excellence. Ausgewählte Arbeiten aus den Fachdidaktiken. Band 1: Deutsch- und Englischunterricht – empirisch betrachtet* (mit Elsner, D. 2009), *Zauberbuchstaben – Buchstabenzauber. Kinder erforschen die Schrift* (in: *klein & groß*, mit Tenta 2009, H. 04), *Bildungschancen hörgeschädigter Schülerinnen und Schüler. Beiträge zur Bildungsdebatte* (2010), Mhrsg. der Fachzeitschrift *Grundschule Deutsch*.